Rethinking Evidence

Exploratory Essays (Second Edition)

"十二五"国家重点图书出版规划

法学译丛·证据科学译丛 / 丛书主编 张保生 王进喜

反思证据

开拓性论著

（第二版）

[英] 威廉·特文宁（William Twining） 著

吴洪淇 等 译

中国人民大学出版社

·北京·

本书系2014年高等学校全国优秀博士学位论文作者专项资金资助项目“司法证明过程的机理与规制”（项目批准编号：201406）和中央高校基本科研业务费专项资金项目“证据排除规则的内部结构与运行环境”（项目批准编号：ZK1006）研究成果。

重新理解我们的证据法

(代译序)

一

在我对证据法不太长的研习历程当中，域外证据法学者中令我受益最大的主要有三位：第一位是比较法大家、耶鲁大学法学院米尔伊安·达玛什卡，他有关诉讼法和证据法的理想型比较研究已经在我国法学界广为人知。第二位是美国西北大学法学院威格摩尔讲座教授，也是我在西北大学法学院访学时的联合培养导师罗纳德·艾伦教授，他直接参与指导了我博士论文的写作。他对证据法的分析性进路以及有关司法证明过程一系列前沿问题的开创性研究，常常挑战我的智力极限。第三位但同时也是影响最为深远的是本书的作者、英国伦敦大学学院威廉·特文宁教授。而特文宁的理论和研究成果又是国内所不熟悉的。正因为如此，从我博士阶段学习以来，对特文宁著作的研习和译介便成为我一直在努力的一个方向。

关于特文宁，国内读者相对不是很熟悉。特文宁教授是英国著名的证据法学家、法理学家，伦敦大学学院（UCL）法学院教授，1996 年退休，现在担任奎恩法理学讲席荣休教授。特文宁教授 1934 年出生于乌干达，青年时期曾分别在英国牛津大学（B. A.）和美国芝加哥大学（J. D.）受过教育，先后在非洲、欧洲、美洲、亚洲等十余个国家任教。对于这样一段丰富经历他自己戏言称，“有着一个殖民地的童年、一个反殖民主义的青年、一个新殖民主义的职业开端和一个后殖民主义的中年”[①]。他早年深受牛津法理学派的影响，1955 年赴美学习后开始深入研究以卢埃林、弗兰克为代表的现实主义法理学。1972 年在英国华威大学任教时根据法学院的要求，每一位教师都必须以更宏大的视角选择某一学科进行反思，特文宁从此便开始与证据法结下不解之缘。特文宁教授的治学范围很广，包括法理学（尤其是现实主义法学、法律与全球

① 对特文宁的一个深入访谈，see Raymundo GAMA, “Interview with William Twining”, at http: //www. ucl. ac. uk/laws/academics/profiles/twining/ALICANTEINTERVIEW10Jan2010. pdf，最后访问时间：2010－09－19。

化、法律传播）、证据法学、法学教育、法律修辞学，等等，特文宁教授在法理学界和证据法学界都有着非常广泛的影响力。[②] 美国法学会证据法研究会将第一届终身成就奖颁给了威廉·特文宁和杰克·魏因斯坦法官，以表彰他们多年来对证据法所作出的巨大贡献。

对于英美证据法过去四十年来的知识转型来说，特文宁扮演着三重身份：第一重身份是总结者，他对英美证据法的思想传统给予了系统的整理与总结，在此基础上提炼出英美证据法的理性主义传统这一理论框架；第二重身份是参与者，他对英美证据法的理论解读和反思、对证据分析方法尤其是叙事法的研究等，成为英美证据法知识转型过程的重要组成部分；第三重身份则是组织者，特文宁通过有意识的学术组织活动推动了英美证据法的知识转型。因此，皮特·蒂勒斯教授称其为“证据法学界的毛泽东，他采取了许多步骤来使这场证据革命得以制度化，他所努力建立的程式与共同体确保了证据研究能够进一步深化与演进”[③]。从某种意义上说，在英美证据法的这场知识转型过程中，特文宁扮演着枢纽的角色，其证据理论与贡献值得法学界来认真对待。[④]

二

特文宁对证据法的理论贡献主要体现在其“证据理论三部曲”中。[⑤] 如果说《证据理论：边沁与威格摩尔》一书是特文宁整理英美证据法理论传统的一个初步成果总结的话，那么，本书则是特文宁证据理论的集大成之作，汇集了其数十年来在证据理论领域辛勤耕耘的精华。《反思证据》一书收入了特文宁在证据方面最有代表性的论文，这些论文写作跨度长达二十余年。第一版出版于 1990 年，主要涵盖了前面 7 章，第二版出版于 2005 年，增加了有关叙事在

② 近年来，特文宁教授的著作也陆续被翻译成中文，其中法学理论的翻译有《全球化与法律理论》（钱向阳译，北京，中国大百科全书出版社，2009）。

③ Peter Tillers，“Introduction of William Twining”，*Steon Hall Law Review*，Vol. 38：871.

④ Paul Roberts，“Rethinking the Law of Evidence：A Twenty-First Century Agenda for Teaching and Research”，*Current Legal Problems*，(2002) 55 (1) .

⑤ 这三部曲分别是《证据理论：边沁与威格摩尔》，see William Twining，*Theories of Evidence*：*Bentham and Wigmore*，Stanford University Press，1985；《反思证据：开拓性论著》，see William Twining，*Rethinking Evidence*：*Exploratory Essays*，second edition，Cambridge University Press，2006；以及他与其他人合著的《证据分析》，*see* Terence Anderson，David Schum & William Twining，*Analysis of Evidence*，second edition，Cambridge University Press，2006。这三部曲都已译成中文。参见［英］特伦斯·安德森、戴维·舒姆、威廉·特文宁：《证据分析》，张保生等译，北京，中国人民大学出版社，2012；［英］威廉·特文宁：《证据理论：边沁与威格摩尔》，吴洪淇、杜国栋译，北京，中国人民大学出版社，2015。

事实认定中的作用、概括与论证、证据教育以及证据作为跨学科主题等8章。

全书以“反思证据”为主题，以反思为基本姿态对涉及证据、证明与事实认定的一系列基本问题作出了最具根本性的探讨和思考。这些思考大致可以分为以下几个部分：（1）英美证据法理论传统的清理与总结。通过对从16世纪到20世纪英美证据法主要学者证据法思想传统和怀疑论传统正反两条主线的梳理，特文宁提炼出了英美证据法的理性主义传统这一理论框架（详见第三章、第四章）。如今这一理论框架已经为两大法系证据法学者们所广泛接受和应用，成为进一步研究证据法的一个基础性框架。⑥（2）英美证据法基本范畴的理论阐释。对英美证据法的研究传统上更多关注对证据法内部制度细节的讨论，而对其独特范畴的整体性理论阐述相对还比较少见。⑦特文宁在本书中对英美证据法的内在基本结构进行富有启发性的理论阐述，令英美法系的局外人可以更为宏观地、更为准确地把握英美证据法（详见第七章）。这一点在我们当前大力移植英美证据法的时代背景下显得尤其重要。（3）叙事在案件事实认定中的角色。有关法律人的叙事如何展开、叙事在事实认定过程中扮演什么样的角色、叙事与论证之间是什么关系等这些以往为证据法学者几乎完全忽略的问题，在本书当中得到了认真的对待（详见第九至十三章）。（4）证据与证明的法学教育问题。在传统法学院教育当中，证据的组织、分析和评价等事实认定问题被认为是无须讲授也无法讲授的常识性问题，对这方面知识的讲授几乎是缺略的。特文宁在本书中大声疾呼要在法学教育中“认真对待事实”，并且根据自己和其他人的讲授经验提出了一个初步方案（详见第二、十四章）。（5）跨学科视野下证据问题研究的基本框架。与许多传统证据法学家相比，特文宁将证据问题放在更为宏大的一般性层面来审视，将证据问题视为多学科交叉研究的一个主题。为了使多学科交叉研究成为可能，特文宁提出了“诉讼中信息”（IL）这样一个基本框架来取代传统的“证据、证明与事实认定”（EPF）框架（详见第七章、第十五章）。

由于特文宁本身就是一流的法理学家，所以本书中许多章节实际上是在与法学理论最前沿问题的对话中来展开的，其背后有一种强烈的理论关怀。传统法学理论往往将案件事实当成一个既定的前提，国内讨论得如火如荼的法律方

⑥ Paul Roberts, “Rethinking the Law of Evidence: A Twenty-First Century Agenda for Teaching and Research”, *Current Legal Problems*, (2002) 55 (1). 大陆法系学者的应用，比如参见 Floris J. Bex, Arguments, Stories and Criminal Evidence: A Formal Hybrid Theory, Springer, 2010。

⑦ 达玛什卡的《漂移的证据法》算是一个整体性理解的努力，不过，达玛什卡更多的还是从程序维度角度来审视英美证据法，而特文宁更多则是从证据法本身的范畴体系来阐述。

法与法律论证当中，事实认定环节也常常处于缺略状态。但正如作者所说的，司法实践中 90%的法律人花费 90%的时间来处理他们所面临的事实问题，如果真是如此的话，那么，“认真对待事实”就不应仅仅是一个口号（详见第二章）。通过本书，特文宁将事实问题重新拉回到法学理论的“版图”当中，让事实问题在法学理论的层面获得一种认真的对待。当然，对于原著来说，任何的概括都是挂一漏万的，只有深入到特文宁的理论体系当中去聆听他娓娓道来的叙说，才能真正理解他及其背后的英美证据法理论“丛林”。

三

那么这样一本具有很强理论性以至于让许多诉讼法学者感觉艰深甚至敬而远之的著作对于我们、对于我们的法治建设究竟具有多大意义呢？对一本书意义的评估更多取决于读者而非作者或译者，我这里只能更多地基于自己的阅读体验来谈几点看法。

首先，从单纯知识层面来看，区别于大多数译介进来的证据法著作，本书是对英美证据法知识体系的立体性研究。这种立体性体现在三个方面：第一是从纵向维度来看，本书对英美证据法思想体系的流变进行详细的探讨，向我们清晰地展示了英美证据法制度和知识体系在不同历史阶段的演变状况。第二是从横向维度来看，本书将证据置于诉讼整体过程来加以宏观的描述，这种开阔的视野在某种意义上摆脱了传统证据法的技术性细节，而使证据法在整体诉讼格局中的基本定位变得更加清晰。第三是从学科体系来看，本书在某种意义上超越了法学学科，将证据问题置于跨学科的背景中来进行审视。在这一层意义上，证据问题被还原为知识问题，证据法对证据的规制转换成知识的重现与取舍问题。上述三个维度所呈现出来的立体性研究使得证据和证据法领域作为知识体系的“根本之根本”得以呈现。这一点与传统上译介进来的证据法著作与教科书形成鲜明的对比，传统的证据法著作或教科书更多的还是对英美证据法规则体系进行阐释性论述，而对于这一规则体系背后的发展源流、运作环境、基本理念和知识论基础等都语焉不详。从这一点来说，本书恰恰弥补了传统证据法著作与教科书的不足，展现出真正的——如本书副标题所说——“开拓性”。

其次，从更为功利主义的层面来看，这样一本著作对于我国的证据法改革同样具有重要的价值。1996 年《刑事诉讼法》修改之后，为了填补诉讼法当中留下来的制度空缺，应对屡屡出现的冤假错案，我国在证据立法方面一直进行着不懈的努力。在经历了十余年的证据立法运动之后，我国的证据法规范体系建设开始得以建立，这一点从最近几年来《刑事诉讼法》《民事诉讼法》的修改便可以看出。在这种大背景下，对英美证据法基础理论的研究显得尤为重要。一方面，在这种证据立法运动当中，证据法规范发达的英美证据法已经成为我们重要的移植对象，许多证据规则都进入立法和司法解释当中，成为我国证据法规范体系的一个重要组织部分。[⑧] 在制度移植的背景下，对于被移植制度的运行背景、基本理念和制度基础的研究无疑是必要的，也是制度移植得以良性运行的前提性工作。而本书的研究恰恰是这样一些基础性工作。另一方面，证据法制度移植之后，被移植的制度将脱离原来的制度语境而进入一个新的制度语境当中并在其中生成新的意义。在这一过程中，面临的一个基本问题就是制度的重新组合与建构。在这种解构和重构的过程中，制度运作的原理性知识就显得尤为重要。

最后，对于我国的证据法研究和教学来说，本书及其背后的研究体系将为我们提供丰富的理论资源。第一，我国传统上对证据法研究的主要群体为诉讼法和理论法学两大群体，分别从各自的既有理论视域来审视证据法。在这种视域之下，证据法研究呈现出四分五裂的基本格局。[⑨] 本书当中对证据法的哲理性研究、对叙事的研究以及对证明过程的研究都大大扩展了证据和证据法的知识疆域，也大大扩展了我们对证据法的理解空间。本书所提供的证据研究的基本框架至少为我们沟通证据法当前四分五裂研究格局提供一个参照。第二，本书在某种意义上说是对过去四十年来英美证据法研究的一个理论总结。其不仅为证据法和诉讼法研究生提供一个难得的读本，而且本书中有关证据和证据法教育进行反思的两篇文章更是为我国证据法教学提供英美法方面的借鉴。第三，也是最重要的，特文宁多年来对证据法领域持续的理论化工作为我国证据法学者提供了一个重要的参考。正如苏力所说，“一个民族的生活创造它的法制，而法学家创造的仅仅是关于法制的理论”[⑩]。证据法制度和实践只有上升到了理论的层面才能变成可以交流和传授的知识体系，才能与其他国家证据法理论特别是英美证据法理论进行有效的对话。因此，对于中国的证据法学者来说，如何在纷繁复杂的证据法制度和实践中总结出属于中国的证据法理论是必须去承担的一项工作。特文宁的工作是对英美证据法多年理论积累和司法实践的一个自觉的总结，他的方法、步骤、程式生动地向我们清楚地展示了英美证据法理论化工作的实现过程（本书第一章）。从这一意义上说，他是我们对证据法进行理论化工作的一位先行者。

⑧ 参见陈瑞华：《证据法学研究的方法论问题》，载《证据科学》，2007年（1）（2）。在我国法律体系中出现了许多英美证据法的规范与术语，比如“排除合理怀疑”“非法证据”等。

⑨ 参见吴洪淇：《证据科学的走向：国际视野与中国语境》，载《证据科学》，2009（4）。

⑩ 苏力：《法治及其本土资源》，289页，北京，中国政法大学出版社，1996。

四

本书的翻译始于2009年我在美国西北大学法学院访学的时候。最初翻译时没有太多考虑出版的问题，更多的是出于一种求知的需要。因为本书前7章的论述，尤其是有关证据法理性主义传统及其怀疑论源流的细致考证、有关英美证据法核心架构高屋建瓴的概括等一系列问题的论述，恰好很好地满足了我当时理论上的饥渴需求。因此在访学的前半年，我开始翻译本书的前7章，也就是本书第一版所涵盖的部分。这半年时间里，除了为博士论文收集资料外，主要时间都花在了翻译本书上面。西北大学法学院图书馆坐落在风景绝佳的密歇根湖畔，每天过去第一件事就是找一个靠窗的位置，然后开始进行阅读和翻译。翻译的过程也是一个阅读和对话的过程，尤其当思维进入一个文本世界的时候，常常会有停不下来的感觉。很多时候过了图书馆关门的时间。时间长了，连负责打扫图书馆的那位来自前南斯拉夫的大妈也知道我正在翻译一个东西。大概完成前面7章将近三十万字的翻译初稿之后，我开始萌生将其出版的念头。在张保生老师的安排下，有几位同门加入到本书的翻译工作中。

我在完成前半部分的翻译之后，便开始投入博士论文的写作当中。本书的后续翻译和校对工作也就搁浅下来了。回国之后，毕业、入职法学院、开始新的职业生涯、帮忙照顾孩子等，开始了人生中最为繁忙的一个阶段。尽管如此，我从未真正放弃本书的翻译，有点空闲便拿出来校对一段，只是进度非常缓慢。2012年，为了让中国法学界更完整地理解特文宁教授的思想，我着手翻译特文宁教授"证据理论三部曲"的第一部、总结英美证据法思想传统的经典著作《证据理论：边沁与威格摩尔》。2014年年初，趁着完成《证据理论：边沁与威格摩尔》的劲头，我开始拿出大段的时间来翻译和校对《反思证据》一书，最后在多位师友的帮助下，终于完成了本书的翻译。

一个入行不算太久的学术新人，将其职业生涯开端的很大一部分精力投入到对一位域外学者的译介当中，这本身就是一种非常冒险的行为。之所以能够坚持下来并最终完成翻译，除了个人兴趣之外，还因为本译本凝聚着无数人的支持与心血。在这里无法列出所有人的名字，但下列这些人是我必须提及的。

首先应该感谢的自然是特文宁教授。特文宁教授已经年过八十，还依然活跃在法学理论和证据法理论的第一线。2009年我跟其联系翻译事宜时，特文宁教授在版权联系方面给予了重要的帮助。为方便我们展开翻译工作，特文宁教授还特意将本书的word版本发给我。每念及此，我会为自己的拖沓而深感愧疚，深感对不起老先生的信任。希望本译本和《证据理论》一书的出版可以稍微弥补我这份歉意。感谢张保生教授，他培养了我对证据法基础理论持久的兴趣，也正是在他的鼓励和安排下，本书才得以顺利翻译、出版。感谢王进喜教授，最早接触这本书，是源于他的介绍和指引。他惠允将其之前已作为单篇译文发表的第十五章收入本书，这不仅加快了本书的翻译进度，也使本书增色不少。感谢吴丹红老师，他从台湾“中央研究院”复印了这本书，而我又从他手里复印了这本书，复印本一直陪伴我多年，如今已经面目全非了。感谢常林院长及证据科学研究院其他同事，在这个卧虎藏龙的学术共同体当中，不做点什么常常会觉得不好意思。感谢学术界中对本书的翻译和出版一直关注的一些朋友，他们在不同场合下的关心与鼓励无形中对我产生巨大的压力和动力。我的学生于晓琳和李史密特通读了译稿，指出若干错误。

我需要表示歉意的是我的诸位合译者们，主要由于我个人的原因，本书的出版拖延至今天。师弟樊传明和郑飞对其中我所翻译的第三章和第七章提出了很好的修改建议。他们在参与翻译本书时还是硕士一年级研究生，如今已经博士毕业，分别成为法学院系的老师了。为了让特文宁的理论更为国内学界所知，本书的第二章、第六章、第十四章和第十五章曾先后以单篇译文的形式发表于《刑事法评论》《法学方法》《证据学论坛》等刊物，感谢这些刊物及编者的支持与厚爱。[11] 感谢中国人民大学出版社的编辑团队，感谢他们耐心的等待和出色的编辑。最后也最需要感谢的是我的家人，尤其是我的妻子和儿子，他们忍受了我因为翻译这本书而常常带来的黑白颠倒的生活，同时在生活中给予我最重要的精神支持。

翻译尤其是这种“研究型翻译”从某种意义上说是阅读的延伸，是一种自我训练，也是“家庭作业”的一部分。我把过去五六年来对特文宁两本著作的翻译看成是我研习证据法的一次“家庭作业”，是我对证据法进行系统讨论之前所必须做的功课。将翻译的作品拿出来与学界同仁共享，内心深处还是希望这些文字能够有助于我们更好地理解我们的证据法、理解我们的证据法学，能够为我们的证据法改革与研究提供些许的理论资源。译事难为，在翻译完这两本著作近百万言之后，内心更多的是战战兢兢，如履薄冰。希望本书能够大致传译出特文宁理论的精髓，也希望读者对本书翻译中的错误之处提出修改意见。

吴洪淇

[11] 参见［英］威廉·特文宁：《证据：跨学科的科目》，王进喜译，《证据学论坛》，第 13 卷，2007 年；［英］威廉·特文宁：《什么是证据法?》，吴洪淇译，载《刑事法评论》，第 35 卷，2015；［英］威廉·特文宁：《认真对待事实》，吴洪淇译，载《法律方法》，第 12 卷，2012；［英］威廉·特文宁：《再次认真对待事实》，吴洪淇译，载《法律方法》，第 13 卷，2013。

献给皮特

序 言

本书的第一版出版于 1990 年，该版由 11 篇相关的文章组成，最后一章——“反思证据”——勾勒出一个有关诉讼中信息处理与运用的一般视角并将这种视角作为法律中证据研究的一种跨学科进路的基础。这些文章的撰写已经横跨了 16 个年头并且以一种知识演进（intellectual progression）形式展现出来，开篇是一篇题为“一个计划的故事”的概览。

在本增订版中，原来的篇章中有 3 章被删除或者被取而代之，而有另外 8 篇文章——都是 1990 年后撰写的——被加入其中。导论（第一章）已经有所扩展，而第十一章也变成了第七章。一个知识演进的故事这样一种想法依然不变。第二章至第七章除了一些微小的修正和额外的脚注——这些脚注将用方括号标注出来——之外未作大的改动。这些篇章是第一版的浓缩版。每一篇都是各自独立的，但是从一个融贯的历史和理论主题出发将它们汇聚在一起。剩下的篇章将延续这样一个故事。

从第一版完成以来，法律中的证据这一主题在理论、法律和实务方面当然已经发生了许多进展，要想在这里对这些进展进行全面的总结将需要彻底改变本书的模样。本书采用了另一种做法：直接相关的进展将会在新近的一些文章尤其是第八、十四、十五章中讨论或者援引，有一些重要的资料将在第一章至第七章中以带方括号的脚注予以呈现。①

自 1990 年以来，我在证据方面的工作主要以三种方式来展开：第一，我

① 1990 年英国程序与证据法的主要进展记录于第六章中。在 Zander（2003a）、Cross 和 Tapper（2004）和 Roberts 与 Zuckerman（2004）中可以找到有价值的概述。与此类似，在美国，相关的法学进展可以在权威的参考著作、案例书以及补遗（supplement）［比如 McCormick（1999）及补遗］的最新版本中找到踪迹。关于澳大利亚，see Ligertwood（1998）and Odgers（2002）。在科学证据方面，有着非常丰富的文献，其中包括一些重要的理论性作品。〔比如，see Allen（1991），Damaska（1997），Hacck（2003a），（2003b）and Becher—Monas（forthcoming，2006）。〕自本书第一版以来，对证据法的思想史和法律史方面作出重要贡献的包括 C. Allen（1997），Franklin（2001），Langbein（2003），McNair（1999），Shapiro（1991）and Swift（2000）。其他理论贡献则相对分散，不那么容易追溯。第八、十四和十五章以及 Roberts and Zuckerman（2005）会处理其中一部分。See further J. Jackson（1996），Twining（1997b）（1997e），Allen and Leiter（2001），Park（2001）以及专业性杂志比如《国际证据与证明期刊》（*The International Journal of Evidence and Proof*）、《法律、概率与风险》（*Law, Probability and Risk*）的最近几期。

继续把证明的逻辑作为一套致力于对有关事实问题的论证进行建构、重构和评估的知识与实务技能向法学学生讲授。正如从《证据分析》（Analysis of Evidence）（Anderson and Twining，1900；Anderson，Schum，and Twining，2005）第一版和第二版之间的差异可以看出的是，我的合作作者——特里·安德森（Terry Anderson）和大卫·舒姆（David Schum）——和我已经在不改动基本进路的情况下改进和调整了我们对这一学科的讲授。可以把《反思证据》一书当作那本书的姐妹篇来读，它为《证据分析》中那种更为实务的进路提供了历史和理论背景。通过互相参照，这两本书现在更好地结合在一起了。

第二，在过去的 15 年里，我继续研究与叙事相关的诸多主题，特别是法律语境中的叙事与论证之间的关系。第八章至第十三章从多个视角探讨了这些主题。②

1990 年以来的第三个进展是我关注点的扩展：首先是将一个大陆法辖区（荷兰）包括在内，然后是考察了其他学科中的证据。1994—1995 年，特里·安德森作为荷兰高等研究院（NIAS）的研究员参与了一个有关“荷兰刑事司法系统中的法庭专业技能”的小组项目。这是我第一次持久地接触一个大陆法律系统。这次经历强化了我关于证据的一些普遍性理念和技术（推论性推理的诸多原则、理性主义传统、叙事的作用）之可移植性的信念，但也使我认识到荷兰、英国和美国在法律实务与程序之间巨大的文化和制度差异。纠缠于荷兰刑事程序的细节使我深陷于一系列文化震动之中，这些震动并未随着日渐熟悉而逐渐消除——有一些反倒更加强烈了。这些特殊经历的主要结果已经发表在其他地方了③，但这一段经历已经微妙地影响着一个人对许多主题的理解。

关注点上的另外一种扩展则是一种不同类型。对法律中证据的研究常常会涉及其他学科的相互影响，但是在科学、计算机、恐怖主义、政治活动、政策制定以及小说中的最新进展已经在不同地以非常高的频度集中地提出涉及证据的问题，这反过来提出这样一个问题：是否可能存在一个证据的统一的跨学科的主题（subject）（或者甚至“科学”）？《历史与法律中的证据和推论》〔2003，和伊恩·汉普舍-蒙克（Iain Hampsher-Monk）一起编撰〕就是于 1994 年发端于荷兰高等研究院的一个扩展型跨学科项目的产物，而且反过来也可以被视为在伦敦大学学院一个更大的有关证据的跨学科项目（2003— ）的一个前

② 这是我有关叙事和论证的写作的一个精选。See also GJB，chs. 13 and 14 and Twining (1999).

③ 以我们的项目为基础，我为一本书——*Complex Cases* [Malsch and Nijboer (eds.) 1999] ——撰写了文章，而且撰写了多篇独立的论文 [Twining (1995) (1997b) (1997c)]。

兆。“证据作为跨学科的主题”（第十五章）就是这种核心思想的一个项目陈述，它表明了在《反思证据》中所发展出来的那种一般视角如何能够被扩展至远超于法律之外。不过，《反思证据》依然是一本有关法律中的证据这一主题的著作，它包含着一些让非法律人有着潜在兴趣的问题，但主要读者是法律人。相比之下，大卫·舒姆正在计划的证据的一般介绍（我也参与其中）将是一本面向一般读者的真正的跨学科著作。

致 谢

第一版

学术生活中的一大幸事便是享受一种超越机构、国家和学科的合作。撰写这些文章的跨度超过了16年，在这一期间，我从无数的学生、同事、编辑、图书馆馆员及其他人的评论、建议、批评和友情中获益良多。他们的数量如此之多，以至于我无法在这里一一提及。我已经在单篇文章——这里或在一些情况下首次发表的其他地方——的尾注中表示了部分谢忱。一个更为一般化的谢意应该归于特里·安德森、伊恩·丹尼斯（Ian Dennis）、尼尔·麦考密克（Neil MacCormick）、大卫·舒姆、阿列克西·斯坦（Alex Stein）、皮特·蒂勒斯（Peter Tillers）以及阿德里安·朱克曼（Adrian Zukerman）。一如既往，最应该感谢的是我的妻子，她所给予我的支持、建议和实际帮助超过我所应该获得的。

1990年于伊夫利

第二版

感谢澳大利亚法律图书出版公司、巴兹尔·布莱克维尔出版公司（Basil Blackwell Ltd.）、巴特沃斯/律商联讯（Butterworth/Lexis-Nexis）（加拿大）、爱思唯尔（Elsevier）科学有限公司、法学教育期刊、西北大学出版社、牛津大学出版社、南得克萨斯法律评论以及约翰威立国际出版公司（John Wiley and Son）惠允重印相关的文章（详细参见各篇文章脚注）。除了在第一版当中已经表过谢意之外，他们当中所有人都还继续影响和激励着我，其中我要特别感谢菲利普·达维德（Philip Dawid）、汉斯·尼泊尔（Hans Nijboer）以及苏珊·哈克（Susan Haack），他们都曾以不同的方式刺激着我有关证据的思考。我特别要感谢剑桥大学出版社的编辑职员们，感谢他们的耐心、娴熟与帮助；感谢朱迪斯·奥迪（Judith Audy）精心的版本编辑（copy-editing）；感谢钱特尔·汉米尔（Chantal Hamill）帮忙制作了索引；感谢诺厄·考克斯（Noah Cox）的研究协助以及Eileen Russell对表格制作上的帮助。比起第一版来犹有过之的，这个版本端赖我妻子佩内洛普（Penelope）娴熟而又切实的帮助，在本书准备出版的过程中，她承担了许多吃力不讨好的编辑工作。

威廉·特文宁2005年于伊夫利

[illegible]

[illegible]

[illegible]

[illegible]

[illegible]

缩略语

ABA	美国律师协会
ABAJ	《美国律师协会期刊》
Analysis (1991)	T. 安德森与威廉·特文宁：《证据分析》(1st edition 1991，Boston：Little，Brown and Company；London：Weidenfeld and Nicholson；reissue 1998 Evanston：Northwestern University Press)
Analysis (2005)	T. 安德森、D. 舒姆与威廉·特文宁：《证据分析》(New York：Cambridge University Press，2005)
Bentham *Works*	《杰里米·边沁文集》(*The Works of Jeremy Bentham*)，在伦敦大学院边沁委员会的监督下出版 (London：Athlone Press，1968－82；Oxford：Oxford University Press，1983－)
Boston UL Rev.	《波士顿大学法律评论》
Calif L. Rev.	《加利福尼亚法律评论》
CJA	《刑事司法法案 2003》
CLRC	刑事法修订委员会
Col. L. Rev.	《哥伦比亚法律评论》
Crim. L. Rev.	《刑事法评论》
Cross on Evidence	R. (后来是鲁珀特爵士) 克罗斯，(London，1st edn.，1958；6th edn. by C. Tapper，1985；now *Cross and Tapper*，10th edn.，2004)
E and P	《国际证据与证明期刊》
EBM	循证医学
EPF	证据、证明与事实认定
FL	威廉·特文宁编：《法律中的事实》，ARSP Beiheft No. 16 (Wiesbaden，1983)
GJB	威廉·特文宁：《法律大集市：法学家的文本与法律人的故事》(Aldershot：Ashgate，2002)
Harv. L. Rev.	《哈佛法律评论》
HTDTWR	威廉·特文宁与 D. 迈尔斯 (D. Miers) (1999)：《如

	何依规则行事》（2nd edn.，London，1982；3rd edn.，1991；4th edn.，1999）
IL	诉讼中信息
Jo. Leg. Ed.	《法学教育期刊》
JSPTL（NS）	《法学公共教师协会期刊》（新系列）（后改为《法学研究》）
LIC	威廉·特文宁：《语境中的法律：扩展一个学科》（Oxford：Oxford University Press，1997）
LQR	《法律季评》
LTCL	威廉·特文宁编：《法学理论与普通法》（Oxford：Blackwell，1986）
Mich. L. Rev.	《密歇根法律评论》
MLR	《现代法律评论》
NIAS	荷兰高等研究院
NILQ	《北爱尔兰法律季刊》
NITA	国家法庭辩护研究所
NYUL Rev	《纽约大学法律评论》
Oxford Jo. Leg. Stud.	《牛津法学研究期刊》
TEBW	威廉·特文宁：《证据理论：边沁与威格摩尔》（London：Weidenfeld and Nicholson，1985）
U. Chi. L. Rev.	《芝加哥大学法律评论》
UCL	伦敦大学学院
UCLA Rev.	《加州大学洛杉矶分校法律评论》
U. Pa. L. Rev.	《宾夕法尼亚大学法律评论》
Vand. L. Rev.	《范德比尔特法律评论》
Wigmore *Science*	《司法证明原则》（波士顿：1913 年第 1 版；1931 年第 2 版；1937 年第三版改名为“司法证明科学”）
Wigmore *Treatise*	《普通法审判中的英美证据制度专论》〔Boston：Little，Brown and Co.，1904－5 年第一版，cited as 1 Wigmore *Treatise*，s. －；later editions cited as 1 Wigmore *Treatise*（Tillers rev.，1983），s. －.（1998）*The New Wigmore*：*A Treatise on Evidence*，R. Friedman（ed.），New York.（cited as *The New Wigmore*）〕.

案例列表

Brown v. Board of Education 347 US (1954), 349US 294 (1955) 314

Candler v. Crane Christmas [1951] 2 KB 164, CA 282 , 283, 300 - 3, 304, 305, 306, 314, 321n16, 330n138, 343n48, 416n55

Central London Property Trust Ltd. v. High Trees House Ltd. [1947] KB 130, KB 282, 321n20

Commonwealth v. Woodward (1997) 7 Mass. L. Reptr 449, WL 694119 (Mass. Super.) 433n70

Daubert v. Merrell Dow (1993) 113 Sup. Ct. 2786 230n35

Davis v. Johnston [1979] AC 272, HL 414n20

Donoghue v. Stevenson [1932] AC 462, 301, 315, 397, 414n25, 415n39, 416n55

DPP v. Boardman [1972] AC 421, HL 234n85, 434n74

Gouriet v. Union of Post Office Workers [1972] AC 1027 320n4

Hedley Byrne and Co. Ltd. v. Heller and Parners [1964] AC 456, HL 325n71, 330n138

Lanford v. General Medical Council [1996] AC 13, 228n17

LeLievre v. Gould [1893] 1 QB 491, CA 326n87

LimPoth Choo v. Camden and Islington Area Health Authority [1979] 1All ER 332, CA 326n96

Liversidge v. Anderson [1943] AC 206, HL 413n1

Lloyd Bank Ltd. v. Bundy [1975] QB 326, CA 282

McTaggart v. McTaggart [1949] P 94 231 n54

Miller v. Jackson [1977] QB 966, CA 282, 303 - 5, 306, 314, 312n17

People v. Collins, 68 Cal 2d 319, 438, P 2d 33 (1968) 74, 245, 333

R. v. Adams [1966] 2Cr. App. T 467, CA; R. v. Adams (No. 2) [1998] 1Cr App. R. 377, CA 341 n17, 454 n44

R. v. Alladice [1988] 87 Cr. App. Rep. 380 234n88

R. v. Bow Street Metropolitan Stipendiary Magistrate, exp. Pinochet

目 录

第一章　导论：一个计划的故事*

从前，一位处于职业生涯中期的法理学家确定是到了将他那些更为一般化的理念的意涵和适用性，放在不那么抽象的层面来检验和考察的时候了，而起始之点是一种对“将法学研究从内部扩展开来”的兴趣，这种兴趣是将法学学科作为主要致力于知识的创造和传播以及在“法律文化”范围内的批判性理解的知识性活动这样一种理念的一个组成部分。①

第一步是选择一个看起来适合于反思的传统领域。当时有这么几个候选领域：侵权，他已经讲授了数年并且该领域正处于解构和重新分配的过程之中；合同，正日益被视为法学研究的范例或者试验地；土地法，有几位同事已经作出了富有希望的基础清理（ground-clearing）工作，但还未从封建制度与中世纪教义的灌木丛中开辟出一条清晰的道路；而证据，曾经有过以边沁、威格摩尔、塞耶和弗兰克为代表的出类拔萃的先驱，但近些年来似乎正在经历一个多少有些停滞的阶段。

对证据的选择是由某一个顿悟的时刻所注定的。1972 年，在一场有关对《刑事证据》的改革提议的激烈争论中，鲁珀特·克罗斯爵士（Sir Rupert Cross）——战后英国最主要的证据学者——说：“我正在为有朝一日我的学科被取消而工作”②。这在几个层面都是一种刺激。在当时情境下，这句话对于有些人来说是意识形态上的冒犯，这些人至少将现存的某些证据规则视为象征着公民重要的自由价值并且为犯罪嫌疑人或被告人提供一些尽管被认为虚弱的保护。在个人层面，则令人好奇地去揣摩这一评论表面上的矛盾或者自虐。成功的解释者对于他们所选择的领域的生死存亡有着一种根深蒂固的兴趣。令人更为好奇的是这样一种观点：一旦证据规则被废止了，那么就没有什么可研究的了。在这一评论中包含的学科概念就是指将证据法的范围与证据学科的范围

* 本章撰写于三个不同的时间：主体部分写于 1989 年，未作改动；另外还包含了对一个肇始于 1979 年的项目早期阶段所作描述的广泛援引；最后两页（11～12 页）简要介绍了那些完成于 1990—2004 年这段时间的系列文章。

① 参见我的论文《法理学的一些工作》〔“Some Jobs for Jurisprudence”（1974）〕、《告别路易斯·埃利奥特》〔“Goodbye to Lewis Eliot”（1980）〕以及《证据与法律理论》〔“Evidence and Legal Theory”（1984）〕；完整的引用参见后面书目。

② 我无法确定他所使用的确切字眼。关于克罗斯在那场辩论中的立场，see Cross（1973）；一个替代性观点参见下文第六、七章。

等量齐观——这一领域的学院主流（school-rules）观点。[③] 这很自然就带来了以下问题：证据规则是由多少证据规范组成的？假如规则不复存在的话，我们将研究什么？除了规则之外，我们还应该研究证据或者“证据加（evidence
2 plus)”的什么？在该主题的一个扩展性概念中，证据法应处于什么位置？还有，根据什么标准一个人可以去判断我们现存的证据规范遗产的哪些部分值得保留或者扩展？

这样一个偶然的评论却为我的计划提供了一个近乎完美的起点，因为“将法学研究从内部扩展开来”这样一项事业难道不是特别指向为这种狭隘的、为规则所束缚的“形式主义”建构替代物吗？难道证据法——被狭隘地想象着，充斥着技术细节，在英国相比较而言不被视为一门学术研究的学科并且倾向于循环的、自我重复的且令人极为不满的政治争论 ——不是已经到了应该以这种方式来进行反思的时候了吗？

大约在六年之后——但依然是我研究的相对较早时期，我将我的计划报告如下[④]：

> 一个核心问题或许表述如下：大多数英美传统中的证据法学研究（在这里，我将有关证据法的教学和有关证据问题的公共论辩都包含在内）已经集中于并且被组织围绕在证据规则尤其是排除规则及其相当有限的概念框架周边。在这一传统之内，与证据、证明和事实认定相关的其他方面的工作最多不过是零散的、间歇性的。像法庭科学、证人心理学、证明逻辑学、概率理论以及对事实认定制度和程序的系统研究等诸如此类的研究工作，很大程度上是在独立自主的情况下开展的，不仅仅同证据规范的研究相互分离，而且彼此之间也是相互独立的。所有这一系列探究——还包括其他许多方面——看似相关，但是这种关系的确切性质令人迷惑不解、晦暗不清。从法律学术的一个扩展性观念的立场出发，值得追问的是：有没有可能为证据、证明和法律学术中的相关问题研究发展出一套融贯的框架？
>
> 作为应对这一问题的第一步，我力求去分析和诊断我对证据研究和论辩之主流传统之所以深感不满的主要原因。毕竟，当一个人能够说明白他自己对某一类文献主体不满的主要原因时，至少能够为一种更令人满意的

③ See Simpson（1986）.

④ 援引自 Twining（1980a）。

进路提供一些内在的标准，这些标准也许随后会被表述、界定和系统化。经过一番深思熟虑之后，我总结道：从一般层面上说，对于数年前的传统文献可以至少作出以下4点批评：第一，它过于狭隘。因为它几乎排他性地集中关注可采性规则，它已经几乎系统地忽略了一整套其他问题，比如像有关证明的逻辑和心理问题。第二，它是缺乏理论根基的：像边沁或古尔森（Gulson）或杰罗米·迈克尔（Jerome Michael）这样的主流证据理论家在近些年来要么几乎完全被忽视，要么就是被异乎寻常地选择性使用或者滥用；就大多数证据问题之讨论的进行都缺乏任何明确表达的、融贯的理论框架来对现存规则、实践或者制度进行描述、解释或者评估。大体上说，传统的证据法研究已经预设了一种相当天真的常识性经验主义，这无法应对对传统诸多假设的一系列怀疑论挑战：从杰罗米·弗兰克的事实怀疑主义到政治意识形态（politico-ideological）的批判，再到不同形式的认识论相对主义。它已经是在几乎完全脱离哲学相关分支之进展的情况下进行研究。第三，就传统的学术研究讨论已经走出简单的阐释而言，它已 3
经倾向于陷入非融贯的状态：因为法律规范的概念框架常常未能提供一个恰当的基础来使其与其他类型的讨论联系起来，大体上说，证据法就是如此。比方说，传统的阐释性框架无法轻易提供哪怕是像法庭语境中有关概率之推理的性质那样重要的问题，最近，这个问题在这个国家已经被乔纳森·科恩、格兰维尔·威廉姆斯（Glanville Williams）和理查德·埃格里斯顿爵士（Sir Richard Eggleston）置于相当突出的地位。[⑤] 第四，阐释性传统会导致一些关键证据问题和现象的扭曲与误解。这种批评的一个弱化版本就是由于集中关注某些问题而忽略了其他问题，得到的一个错误印象便是作为整体的学科。一个强化版本则是这样一种不平衡实际上已经带来了误解和谬见。在这里，只要举一例子便已足够：由于集中关注排除规则，几乎所有有关供述的现存文献都将翻供视为常态，但翻供无疑仅仅代表着所有供述中的一小部分而已。相当典型的是，无论是学术文献还是公共论辩，都没有对刑事程序中的供述给出一个平衡的、现实的审视，比如说，作为程序过程中一个重要阶段的供述对于辩诉交易所具有的意义。证据法研究已经无法对于作为一种现象的刑事程序中的供述给出一个系统的论述，结果是，它无法给诸如下列这样的问题以一个清楚的答案：在什么

⑤ Cohen (1977); Williams (1979a and 1979b); Eggleston (1978, 1979). [See Analysis (2005) and Appendix Ⅰ.]

样的条件下谁跟谁供述了什么、以什么样的形式以及带来什么样的结果？这样就很难理解人们如何能够期望在对这些问题缺乏哪怕是尝试性的初步回答的情况下对于与供述和讯问相关的政策问题作出明智的、信息充分的判断。

这种批评意味着，为了实现这样一些目标——就它们更够理由、更为充分而言，证据法研究的一些更开阔的进路需要满足某一标准。为了应对过于狭隘的指责，就有必要至少将那些最为重要的问题辨别出来，对这些问题应该以一种证据法研究的系统性和综合性进路来着手加以处理，而这需要一个恰当的理论和概念框架。

为了应对非融贯的指责，探究的不同路线（lines）之间需要被精心地、翔实地描绘出来，比方说，在证明的逻辑学与心理学之间的联系，或者在证据和证明的研究为一方和刑事与民事程序的研究为另一方之间的联系上还存在着一些令人费解的问题。

为了回应对理论天真的批评，就需要对重要的理论难题和争论加以辨别与考虑。通过假想那些怀疑论者不存在或者他们所说的是不相干的这样一种方式来打发他们并非善策，但将他们的观点过于夸大或许同样不足取。

而为了应对扭曲和误解的指责，重要的在于尽可能写实地将正在思考的现象像整幅图画那样勾勒出来，这样，具体的问题就可以被放置于某一视角之中，这一视角于整体有着相当合理平衡和现实主义的概览。这就是研究语境中的法律所蕴含的道理之一。比如说，刑法修改委员会（CLRC）第十一号报告的主要缺陷之一就在于它倾向于将公诉（on in-
4 dictment）审判视为所有审判的代表，而将职业罪犯当成所有犯罪嫌疑人的代表，而在它原来所声称要讨论的对诸多现象和多种类型的行为进行评估方面则缄默不语。[6] 同样的批评或许也可以适用于有关辨认的德芙林报告，只是程度要轻一些。[7] 要是近来有关排除规则和事实认定中的具体难题比如同辨认相关的难题的公共论辩被放置于一个开阔的而且平衡的整体图景中的话，那么，对这些问题以及被提交出来的一些解决方式进行富有信心的判断将会容易得多。在这样一个视角之下，刑法修改委员会或许很难完全忽视治安法院中的证据难题，而德芙林委员会也就很难

⑥ 刑事法修订委员会，11th Report（Evidence）（1972）。

⑦ Devlin Report（1976）.

对青少年错误辨认之难题这样一个事实视而不见，但这一难题很少会进入公诉审判阶段，却是错误辨认难题整体中最为严重的一个方面。这样一些思考表明，为了对证据问题研究发展出一个更为开阔的进路，对于裁判程序领域中的证据、证明和事实认定发展出一个行之有效的理论将是有所助益的，也可能是必要的。⑧

到了这一阶段之后，下一个要问的问题自然而然是：之前有人尝试着去发展这样一个理论吗？很快就会发现这绝不是一件新鲜事，即便在英美证据法研究传统之内。尤其是，边沁的《司法证据原理》以及其在证据和程序方面的其他非常广泛的写作，还有威格摩尔的《司法证明原则》，都可以被视为各自为证据和证明问题研究的一种开阔进路发展出一种行之有效的理论的努力。⑨ 无论它们存在什么样的缺陷，这些著作的每一部都可以列入我们学术传统的重大成就，它们每一部都可以为努力发展出一个力求满足上面所提及的那种标准提供一个丰富而又便利的起点，但它们已经在很大程度上被忽略了。

证据研究的思想史充满了令人着迷的曲折变化。我怀疑，它可以被看做英美法学思想史的一个代表性研究范例。它包含了许多反常与悖论：传统的证据法研究已经成为法学研究中最不具实证导向的分支之一。像威格摩尔和克罗斯这样的证据法专家的著作位于法学研究的最高成就之列，但与证据相关的许多二手著述难道不是——借用霍姆斯的一句话——“高高地矗立在虚幻之上”⑩？

这段历史的一个侧面与我当前的主题尤其相关：在英美法传统之内有一种普遍倾向将证据研究视为发端于18世纪，首先是吉尔伯特和皮克早期的阐释性专著，然后是边沁有关证据的著述。⑪ 根据这种看法，法官们零散地发展出普通法规则，而早期的阐释者们试图将判例法压缩成一定程度的秩序，而在这样做的过程中便给了边沁一个用于攻击的靶子：程序的 5
技术体系以及整体的证据规则。尽管边沁已经意识到了逻辑学和心理学方

⑧ 对这样一个理论的核心概念的表述是尝试性的。边沁提出了一个证据理论；威格摩尔提出了普通法审判中的一个证明理论。这里所要提出的比那些理论要宏大得多：它至少将扩展到所有的诉讼类型，也扩展到这一过程的所有阶段，而且将不会仅仅局限于普通法系。参见下文第七章。

⑨ See esp. Bentham Ⅰ and Ⅶ *Works*；Wigmore *Science*（1913b，1931，1937）. 边沁的论文中包含着有关证据的大量未公开手稿的汇集。See *TEBW*，*passim*.

⑩ Holmes（1897）475.

⑪ 比如 Wigmore（1908a），695－7；cf. Montrose（1968），286。参见下文第三章。

面，但即便他自己的著作也在很大程度上以规则为中心，因为其核心就恰恰是对拥有程序法的形式规则这样一种观点进行一种不厌其烦的、周而复始的攻击。

我认为，关于证据研究思想史的这种观点是那种狭隘的、以规则为中心的法学观念所产生的扭曲的一个绝佳例证，因为法庭背景下的证据和证明问题的研究并非始于吉尔伯特、皮克和边沁，它有着一段比其长得多的历史。比如说，这一主题的逻辑学和心理学研究一路可以追溯至古典修辞学，而被视为研究说服性论辩的修辞学曾经是西方知识之人文主义传统的一个核心部分，该传统从公元前 5 世纪锡拉库扎（Syracuse）的科拉克斯（Corax）* 一直延续至 19 世纪早期。它是逻辑学、语法和修辞学这三学科（trivium）** 之一部分，比方说，归纳逻辑学、文学批评和沟通研究难以避免地同作为一门学科的修辞学的那段悠久而又复杂的经历有着千丝万缕的联系。⑫ 现在，古典修辞学发展的最重要的激励之一——或许是最为重要的一个——便是对法庭辩论艺术的实务性关注：许多经典的演讲稿——《论谋杀希罗底斯案》***、德摩斯梯尼和西塞罗的演讲——都是法庭演讲术的范例。与此相似的是，由于当代的法律实践，说服性论辩与对概率的关注和以前一样重要。反讽的是，尽管法律程序为作为一门学科的修辞学早期的发展提供了最为重要的激励之一，但是，除了一些显著的例外之外，当代法学研究和法学教育既没有意识到其历史意义，也对其当代重要性缺乏足够的认识。尽管这样说有些大而化之，但我想之所以如此，主要原因只有一个，那就是法学研究已经将法律规范作为其起点，因此，即便这两门学科同那些处于修辞学传统之核心地位的问题密切相关，法庭背景中的证据与概率研究和法律推理研究并不处理这些问题。当代证据研究基本等同于证据规则的研究，正如法律推理的研究（以及传统的讨论）几乎被完全局限于有关法律争议问题的推理一样。另外，修辞学研究主要关注与事实争议、政策论证和立法论证相关的推理与说服，此外还关注与法律规范相关的问题。这不过是对法律规则的过分关注

* 锡拉库扎是意大利西西里岛东部一港市，科拉克斯是当时著名的修辞学家，被视为修辞学的鼻祖——译者注。

** 三学科（trivium）是指中世纪学校的七种文科的较低一级划分，包括语法、逻辑学和修辞学——译者注。

⑫ 有关修辞学的历史，see Kennedy（1963，1972）；J. J. Murphy（1974）。在 Corbett（1965）一书中有一个有用的概览。

*** 雅典演说家、政治家安梯丰的遗留作品之一，系法庭演讲词——译者注。

所带来的法学研究同以下两方面的双重分离：一方面是人文主义知识传统的核心部分，另一方面则是法律实践的某些重要方面的现实和关切。这反过来意味着，对包括法学研究和法学教育在内的法学学术边界的重新界定与其说是涉及对不明水域的探险，毋宁说涉及对于处于人文主义知识传统之核心地位的区域的一个回归。

现在存在这样一个危险，那就是所有这些或许听起来有点夸夸其谈。那么，让我做一点交代。如果［有人］曾经这么问："你已经进展到什么程度了?"那么答案将会是："这个计划至少还得十年。"如果她问道："你这不是打开了一个潘多拉盒子吗?"那么作出否定回答恐怕也是不诚实的。 6
为证据和证明研究发展出一个开阔的、融贯的并且有可能满足研究之合理标准的框架前景令人感到极为气馁，它被认为会带来那种熟悉的疾病——"周期性忧郁症"——的周期性发作。

这段话写于 1978 年。10 年之后［在 1988—1989 年间］，我可以将这个报告做以下更新。这项事业已经在三个重要前沿取得进展：首先，对我们证据文本传统的一部分——特别着重于有关证据的二手英美著述——的一个相当广泛的但却有所精选的评论已经完成了。这一研究中最为详细的一部分——对传统上两位主流人物的个案研究——已经出版成一本书：《证据理论：边沁与威格摩尔》(英文缩写为 *TEBW*)。[13] 这是一项相当有限的事业，因为它仅仅局限于将两本具体著作——边沁的《司法证据原理》和威格摩尔的《司法证明原则》——置于一种观点的背景下所进行的介绍性叙述，"阐释多于批判"，这种观点即我们所接受的有关证据的专门性二手文本遗产已经为一套相当同质化的、根植于 18 世纪启蒙理性主义的观点和假设所支配。这本书的这种有限性特征需要加以强调。除了时间、空间和专业知识限制之外，我并没有试图去完成一个全面的背景性思想史，因为这意味着对我们所接受之观念的核心传统进行一次初步盘点，这是本学科之当代研究的一部分。边沁有关证据的著述尤其值得更为详细的、真正的历史性论述，就像对待这一领域的基础理念、法律规范和法律实务一样。本书的 3 篇较早的论文（第二、三、六章）——论述**理性主义传统**的论文的扩展版、对这种理想类型的一些表面上的怀疑论挑战的一个探究以及对**证据法**的塞耶式概念的一个批判性重述——同样是准历史性的，它们同样代表着对一个丰富传统的选择性部分而不是严格意义上（*strico sensu*）

⑬ 完整引用参见缩略语表。

的思想史的一个批判性盘点。⑭

第二个已经完成的子项目是同一位美国法学教师和律师特伦斯·安德森（Terence Anderson）以及一位英国统计学教授菲利普·戴维德（Philip Dawid）一同合作编写的有关《证据分析》的一套教学材料。⑮ 这项工作是以威格摩尔对证明逻辑的论述（包括他用于分析混合性的大量证据的图示法）为基础并且力求对其进行解释、发展甚至在某种程度上颠覆它。这些材料是打算作为一种工具在那些未来的法律实务者中逐步培育某些思想意识和分析技巧。在这里没有必要对这项工作进行描述，但将我从材料的准备和使用以及同一位美国律师、一位统计学家和威格摩尔之灵魂一同工作的经历中所获得的一些经验教训进行简要的叙述则是有益的。

这些文章所关注的核心主题之一是“理性”在事实裁定中的使用与界限。
7 几年来广泛而又密切的合作并未解决我的所有的疑问、不确定和困扰。的确，它在其他一些问题上还是悬而未决的。但，它已经完成的却已经祛除了某些魅性。比如说，乍一看那些倡导者的间接讨论常常蕴含着一种对于“理性”分析与知识技巧和对抗制中选择、诱导、打动以及说服陪审员的任务之间相关性的根本的怀疑。“精明的（hard-nosed）律师”声称关心“胜利而非正义”“证明而非真相”“说服而非推理”“经验而非逻辑”“技艺而非科学”“理论而非……”，等等⑯，辩护手册（Manuals of advocacy）上强调肢体语言、眼对眼的接触、修辞手法、操作性和牵制性战术、留下一个好的个人印象、引起和保持关注、简明扼要与言简意赅。美国关于陪审团选择更为详细的论述表现出了

⑭ 有关区别，see Twining (1985b)，336，n. 13。

⑮ *Analysis* (1991). 由安德森、舒姆和特文宁撰写的那个版本〔*Analysis* (2005)〕有一个由菲利普·戴维德撰写的有关概率论的附录，已经在很大程度上被重新书写和扩展，但基本思想和有些例子以及练习都是一样的。对于那些对其还不甚熟悉的人而言，威格摩尔的“**图示法**”是一种被用于分析一个复杂证据群的特殊技能。在某一特定案件或争议性事实问题中，在一个赞同或反对某一特别结论（“最终待证事实”）的论证中，所有相关或潜在有用的数据都被解析成为简明的命题，这些命题可以被吸收进一个“关键事项表”当中，然后，在“关键事项表”中，所有命题之间的关系将运用提前设定的一套符号通过图示形式展现出来，因此，最终的产品将是一个（通常非常复杂的）论证图示。这一方法就像时序表、索引、叙事和其他方法，因为它对于“整理”或“管理”复杂数据群是非常有用的，所以，它们可以被从整体上加以考虑；它之所以区别于这些方法，是因为其核心原则是在一个论证当中不同命题之间的逻辑关系，而不是时间先后顺序、叙事的融贯性、来源、按字母表顺序或者分类。这一方法还可以用来辨别出某一论证中的强弱点，并且对这些关键点进行严格的、详细的“微观”分析。关于原初方法的一个描述，see Wigmore *Science* (1937) ch. XXI。关于便于当代使用的改进版方法的一个描述，see *Analysis* (2005) chs. 4 and 5。

⑯ 参见下文第四章。作为政治剧场的裁判观的一个极端版本，see Graham (1987)。

对所有类型的偏见、前见和陈规——种族、性别、阶级、宗教、国别[17]——的挖掘。辩护论辩是用于反对将事实与价值、事实与法律、理性与直觉以及其他类似区分截然分开的一个源源不断的弹药库。我的经验认为精明律师的"是……而非……"完全没有起作用——无论以何种方式。即便是最为粗糙的有关辩护的宣传册也会预设、依赖甚至对一种基本的实际上被定型化的理性保持敬意。我的合作者特伦斯·安德森对威格摩尔式分析情有独钟，因为它提供了一种将某种知识严密性注入那些训练模式之中的方式，他觉得这些训练模式过于为那种"过分卿卿我我"的方式所支配着。一些认识他的人或许会将他的信念视为乌托邦或者怪物而不予接受，但他也许从不会被指责说对辩护的戏剧和修辞方面漠不关心。学生们尤其是那些已经有了丰富的实务诉讼经验的那些学生的反应或许是更好的证据。几乎无一例外，即便是威格摩尔式分析的最为费力的形式也可以改变他们的信仰——"我要是在尝试我的第一个案子前就拥有它就好了"。对我而言，从这次经历获得的第一个经验就是在理性中既没有简单的信仰，也没有非理性的怀疑主义。

这个计划所暴露出来的另外一个谬论是这样一种观点，即威格摩尔图式法以及概率运算的一个或者其他版本都是建立在"伪科学"之教条主义版本基础上的刚性的、"机械的"工具——往好处说就是对法律实务者毫无实际功用，往坏处说则是自我和他人之错觉的危险工具。[18] 威格摩尔的"证明逻辑"的确是根植于一个具体的知识传统之中的，而且以一种相当形式化的方式展现出来。但运用和教授它们——为了重构、建构和批判论证——的经历表明，威格摩尔的方法、贝叶斯的定理以及其他概率原理是极富弹性的、非常强大的知识工具，如果在使用过程中辅之以对其性质的清醒意识的话，那么它们将对复杂知识进程每一阶段中的"主观"价值、偏见以及选择的运作都予以解释。

此外，可以指出的是，我的另一位合作者菲利普·大卫是一位杰出的主观主义者，因此也就不是"错位数学化"（misplaced mathematicization）[19] ——

⑰　一个典型的例子就是 C. Darrow，"Selecting A Jury"（1936），reprinted in Jeans（1975）167－72。下列摘录透露出整篇文章的一些整体风味："要注意路德教徒，尤其是斯堪的纳维亚人；他们几乎总是确信定罪……而对于一神教教徒（Unitarians）、信普救说者、公理会的教友、犹太人以及其他不可知论者，则不要问他们太多问题；让他们保持事不关己的状态；尤其是犹太人和不可知论者。对于一位一神教教徒或信普救说者或公理会的教友，最好进行观察，注意他们可能是禁酒党党员；但犹太人和真正的不可知论者绝不会是！"（Ibid.，at 170.）

⑱　E. g. Graham（1987）at 1222－5；一个回应，see Twining（1988a）。

⑲　这个词见于 L. J. Cohen's（1980a）91。大卫教授的观点，see Analysis（1991）Appendix。[See now Analysis（2005）Appendix I and Dawid（2005a）]。

8 其对证据理论的影响常常被抨击为既有政治上的危险也有哲学上的错误——之倡导者的典型代表。但，在我的经历中，统计学家给予那些非专家人士的主要信息构成了对统计分析之误用的警告。这种危险是真实的，但其责任在于那些半吊子（half-educated）、对数学概念和方法不熟悉的人以及那些无法发现基本统计学谬误的人身上。我依然未能赞同这样一些看法——无论在原则上还是在实践中律师的推理都可以臣服于贝叶斯帝国，但这是基于其他不同的理由，而不是因为觉得它们是“机械的”[20]。

《证据理论》代表着通过对我们思想传统中两位主流人物的具体研究来对这一传统加以总结的一种努力，《证据分析》倾向于被作为一套用于发展出一组对实务者具有潜在价值的弹性知识技能的学习材料。这一持续性事业的第三个成果更为混杂。本书中那些文章的写作跨越了几乎十五年，尽管整体计划依然相当稳定，但随着时光流逝，我的想法已经有所发展和变化了；每一篇文章都是在一个具体的语境中为一群特定的读者而撰写的。在对它们进行筛选和修改以便纳入其中的过程中，我已经尽可能地减少重复并且让这本书显得比一本单纯的论文集更为融贯。尽管它们看起来以一种颇有条理的形式展现出来，但每一篇文章都倾向于自我独立，因此，也就没有必要依照顺序来阅读。对它们中的每一篇说上几句也许是有所帮助的。

第一篇文章，“认真对待事实”（第二章）是在 1980 年为一位加拿大读者而撰写的，它本来是希望激起大众范围内的兴趣并且提出理由来证明为何要在法学内部给予其更大的关注。尽管这篇文章表面上同法学教育相关，但其核心命题——事实问题应该同法律问题一样获得同样的关注——则广泛适用于法学研究和法律话语（legal discourse）当中。这本质上是一种意识提升的作用。那个时候，作为一门学术科目的证据正处在萧条时期。在北美，几乎所有同证据相关的课程都排他性地关注证据法，并且深受那些仅仅测试规范性知识而不是事实处理技巧的传统律师资格考试的影响。在英国，证据被反常地视为“一门出庭律师的科目”，它仅仅被一小部分研究生研究并且在出庭律师的训练中也无足轻重。在最近的十年里，这种情况已经极大地改善了，但依然值得给出理由来更为认真地对待事实。[21]

“证据法学的理性主义传统”（第三章）最初是为一本纪念文集而撰写的，这本文集是为了向理查德·埃格里斯顿爵士表示敬意，他是一位澳大利亚法官

[20] See 68 Boston UL Rev. (1986) 391 - 9.

[21] ［参见下文第十四章。］

和学者，其近段时间以来对这一学科之兴趣的复兴所作出的贡献不输于任何人。这篇文章分为两部分：一个专门针对1750年至大约1970年英美有关证据的二手著述的历史性考察，还有一个有关裁判之目标和性质以及关于在这一背景下对事实争议问题进行的推理中将涉及什么的共同基础假设的重构。因此，这篇文章既有历史性的一面，也有分析性的一面。历史性主题在于大致说来有关证据的主流专业作者们都相当接近于这样一种理想类型以至于可以有充分理由去探讨一种单一的、非常同质的证据研究传统。分析性主题在于这种理想类 9
型是用于阐释和评估任何一种有关证据的论述，因而不会被局限于二手著述或者普通法世界。这种分析性构想成功的检验标准在于其作为证据论述和规范的一种分析工具的明晰性、融贯性和实用性。为了将对边沁和威格摩尔之思想的详细研究置于他们作为主导者的思想传统之中，这篇原初论文的一个缩写版形成了《证据理论》的第一章。在为本书修改这篇文章的过程中，我已经对它加以扩展，使之将其他一些材料（尤其是有关斯蒂芬、坎布莱尼和摩尔的）包含在内，并且对于一些批评者对早期几个版本的批评和质疑作出了回应。

下一章"对一些怀疑主义者的一些怀疑主义"则是作为"理性主义传统"的续篇而写的，它研究了一些与事实认定和裁判直接或者间接相关、表面上看起来似乎是怀疑主义或者相对主义的著述范本是否对这一传统中的核心理念产生了一些直接挑战以及在哪些方面构成直接挑战。这一研究凸显了有关证据的专业著述——同质的、智识上独立的并且根植于一种特殊的18世纪乐观主义理性分支——同许多作者有关法律程序的更为多变的、打破陈规的现代主义进路之间的一些区别，总的结论在于在被考察的著述者当中很少——如果有的话——有人会对内置于理性主义模式中的核心**理念**（concept）（尤其是真相、理性和正义）构成直接挑战，但与这一传统紧密相连的特殊**概念**（conception）并非唯一的可能，并且在今天一定程度上似乎过于简化和过时。简言之，在我们的证据研究传统中还有许多值得保留而且在可以预见的未来还没有融贯的替代性模式，但该学科的确该反思和更新的。

"法律程序中的辨认与错误辨认：重新界定问题"（第五章）提出并例证一种背景性整体诉讼程序模式在一个熟悉的主题中的应用。它最初是打算向研究者们指出，集中于对抗式陪审团审判中证人辨认之可信性的证人心理学被不恰当地限制住了，可以有一个更丰富、更富有启发，也更为现实的法律程序模式来作为其研究的一个起点。这篇文章也可以被视为上面曾经提及的解释性传统的狭隘性和曲解性影响。

第六章"什么是证据法"最开始被构想为向外国法律人们展示对这一学科

的一个概览，尤其强调这样一点即我们的证据法并不像其在外国所盛行的形象那样广博、重要或者独特。在相继向意大利、中国和波兰的读者介绍这篇论文之后，现在我在仅仅略作修改后将它提交给普通法的研究者们以作为对该学科进行概览的一种方式。这一论述或许可以被描述成塞耶的将证据法视为自由证明这一原则——在这种背景下意味着自由探究和“自然理性”——的一系列相
10 当有限的例外的普通证据法观的一个修正版或者更新版。塞耶的要点在于那些规则、标准、指引、指示以及其他证据性规范主要用于构成有关争论性事实的论点，并且用于改进和限制在特定类型语境中实践性推理的一般性准则。证据法主要致力于推理这样一种观点将这篇文章同本书的一个核心命题——有关事实问题之推理的性质、应用与界限——联结起来。我希望本章还能用来驱散一些误解：我有时候已经提到了证据法仅仅是证据学科的一部分。[22] 这已经在不同的场合被误解为同边沁一样，我相信所有的证据规则应该消失，或者像激进的意志自由论者一样，我认为它们已经都消失了或者它们是无趣的或者无关紧要的。这篇文章应该让这些谣言得以结束。

“反思证据”（第七章，以前的第十一章）将一些命题拉在一起并且勾勒出了一种审视和重新界定这一领域的可能方式。它甚至可以被解释成表达了一种要建构一种规划（mapping）理论的承诺，这种理论至少将说明将那些从这些潘多拉盒子的独特版本产生出来的多种不同探究线路联系在一起的主要要点。不过，它并不是以答案来结束而是以诸多问题来结束，而如果有人要求我对此作出解释，那么请容许我借用一下一篇未被包含在本书的论文——也就是我于1983年在伦敦大学学院的就职演说——的最后一段：

> 它正在努力从一种对过去理论的批判转向一种无畏的、主张需要一种新理论的号召。我对证据的论述可以被解释成号召**一种适应新时代的新的证据理论**。但这同样过于简单，也过于天真。在勾画一种用于发展同诉讼中的证据和信息相关的、不同视角的可能方式的过程中，我已经指出说法学理论家在建设桥梁、形塑综合体或者设计理论的过程中应该发挥一种建设性作用。证据研究还提醒我们所有这样的建构都是建立在正在移动的沙滩之上。我们或许不得不花上许多年去等待一种新的证据理论的形成，也许是众多心智的产物。如果真是这样的话，那么无论其可能多么有用或者多么给人启发，其都将很容易便暴露出基础的脆弱性，无论其拥有什么独

[22] 比如下文第二章。

> 特的形式和内容。在此期间，法学家在他们的日常工作中还有一项工作需要承担，这就是对所有法律话语的基础性假设进行批判性审视以及对思想的确定性方式特别是那些已经变得根深蒂固的方式进行质疑。理论家的一个使命就是对包括他自己的在内的所有假设都进行挑刺（pick away）。无论他是选择了宫廷小丑（court jester）的角色还是“鲍里斯·戈都诺夫”*中的无辜者，还是《皇帝的新衣》故事中的那个孩子，抑或其他形式的危险分子，他的第一职责都是提出问题并且以对我们权威中最伟大者致以最大的敬意来让结果好自为之。㉓

第七章（原来的第十一章）在第一版中是最后一章，它力图赋予前面的文章以连贯性。

剩下的几章都是在1990年之后撰写的。从第八章到第十三章研讨了与法律背景中的叙事和论证之间的关系有关的几个主题：第八章“法律推理与论证”是《国际社会与行为科学百科全书》中一个条目的修改版，将它纳入本书是希望为接下来的几章提供一个一般性背景。第九章是对整体论题的一个蜻蜓点水（light-hearted）的介绍。第十章“律师的故事”是我进入一个诱人领域的第一次冒险，它是对法官和律师讲故事（story-telling）的几种可能的功能的一个初步研究，该研究特别关注了说服的理性与非理性方法之间的关系。尽管相当零散，但它还是介绍了一系列详细的例子和问题，这些问题将在下面的几章中进一步阐述。在写就这一章的同时，叙事已经在许多学科中相当盛行，正如“法律与文学运动”和几个临近学科中的“叙事学转向”所例证的。在这种狂热的后现代氛围之中，曾经——现在依然——存在一种趋势，也就是，将叙事和讲故事幻化为不同种类知识恶行的一个通用救兵：女权主义将它纳为己有，以便同（男性的）过度理性主义针锋相对；后现代主义者则将之视为科学现代性的解毒剂；甚至更为审慎的学者们如詹姆斯·博伊德·怀特（James Boyd White）也将叙事视为“理解世界”之关键并将之作为“法律想象”的一个工具。尽管在第一篇文章中我从总体上对这些发展大部分报以同情之理解的态度，但我将通过对叙事在法律语境中的误用和滥用的强调逆流而上。

11

1990年之后，我继续探究叙事与论证之间的关系。第十一章是对于我在几篇早期论文提出的观点的一个简要重述。㉔

* 俄国作曲家M.P.穆索尔斯基创作的4幕歌剧——译者注。

㉓ Twining (1984a) 282-3.

㉔ Especially Twining (1995), (1997c), (1999) and *GJB*, ch. 14.

第十二、十三章通过将其应用到具体文本中来研究并扩展这种观点。“莎士比亚风格与法学家”〔与热内·韦斯（Rene Weis）合写〕对伊迪丝·汤普森（Edith Thompson）案件的研究取代了以前的两章。它采取了一种对话式的风格，将对同一复杂案件的两种截然不同之进路——一种强调分析，另一种着重于叙事——进行了对比，要点在于韦斯和我都将叙事和逻辑分析看成相互补充而不是相互敌对或者无法共存的两种方法，这一点已经为一些评论者所忽视。[25] 第十三章“寓言‘浪子回头’的判决理由”检视了圣经寓言、道德故事与法律案件尤其是作为先例的案件之间某些可能的类比。它提出，法律中的讲故事或许更接近于技巧而不是更为流行的法律与文学主题。尽管这篇文章与证据并不直接相关，但将之纳入本书是因为其进一步发展了有关一般命题与特殊事件之间的关系以及事实与法律之区别等诸多主题。

最后两章以一种不同的方式来结束本书。第十四章“再次认真对待事实”再访了第二章所提出来的论点，在不同语境中重述了理由并提出是到了将证明逻辑与证据法进行一个更为亲密整合的时候了。第十五章“证据作为跨学科的主题”将证据领域以推论性推理作为核心这一点作为将证据视为一个整合性跨
12 学科领域的理由。这篇文章写于伦敦大学学院——我的主要学术基地——获得一笔较大的拨款以用于一个涉及二十个系以上的有关证据的跨学科项目前不久。这个故事将继续下去。

[25] See further *Analysis* (2005) ch. 6.

第二章　认真对待事实[*] 14

从前，在世外桃源（Xanadu）的东海岸，一所新的法学院成立了，一位富有创新精神的、远见卓识、精力充沛的年轻院长走马上任了，他很快便按照自己的构想招募了一帮同样富有创新精神的、远见卓识、精力充沛的年轻同事。教师会议——当时还没有学生来使问题复杂化——一开始，议程的唯一一项便是——很自然地——课程安排。这位院长开启了进程：“大伙们”，他说：“现在只有一个问题摆在我们面前：我们能够做些什么样的全新的、创造性的、革新性的、开创性的事……？”他的同事都点头表示赞同。由于都是年轻气盛、眼高于顶，他们还不知道即便在法学教育领域也是太阳底下无新事。建议很快便纷至沓来：法律与社会科学；诊所项目；法律心理学研究；经济学与法律；以计算机为基础的授课；法律与社会发展乃至 20 世纪六七十年代的一些时尚、荒唐事和闹剧，甚至还包括一些 20 世纪 50 年代的一些东西（因为法律教育史可以被回溯至多久之前?）。这些建议很快因为毫无新意而被排除在外，它们已经是，用布莱恩尼德·柯里（Brainerd Currie）的话来说就是，“令人失望的陈腐象征”[①]。由于我们的主题受制于这样一个两难境地：在一般教育中，还没有报道说某一实验以失败而告终的例子；在法学学术领域，还没有某一运动或者项目最终获得成功。

最后，年龄最大的那位成员开口说话了，他曾经真正地回溯了《法律教育杂志》的过刊以及其他为人所遗忘的一些资源：

> 曾经有这样一种主张说有 90%的律师将他们时间的 90%花在了处理事实上面，而这应该被反映在他们的训练当中。[②] 如果律师的时间有 81%花在了一件事上，那么，可以推知法律教育的 81%应该致力于这件事上。曾经有一些单独的课程针对事实认定及类似问题，但还没有机构有一整套项目来将着重点放在事实方面。我建议我们应该将我们的课程安排建立在这一原则的基础上，而且我们可以将我们的学位称作“事实学士”（Bach-

* 本文是 1980 年 9 月在庆祝哥伦比亚的维多利亚大学法学教员的 Begbie Building 启用典礼上所发表的一个演讲，曾发表于 N. Gold（1982）和 34 Jo. Leg. Ed. 22（1984）。蒙 Butterworth & Co. Toronto 的好意许可重印在这里。演讲的非正式风格被保留了下来。

① Currie（1955），4.

② 最近的研究表明了这位最年长的成员或许已经夸大了。关系到本文几个问题的一个极具启发性研究，是 Zemans（1980）。See further Zemans and Rosenblum（1981）.

elor of Facts)。

对这一建议的反对之声如预料中那样接踵而至：

“我们已经这么做了”。

“非通才教育”。

15 “这不过是常识。因此是不可教的。”

“事实认定可能通过经验来习得。”

“我们当中没有一个能够胜任教授这门课。”

“没有书。”

“你不能脱离法律来学习事实。”

“法学院只应该教授法律。”

“学生将不会觉得它是有趣的或者容易学的。”

“一个事实概念是实证主义者的一种拙劣虚构。”

“谁愿意耗费生命来被标识为一位事实学士?”

这位年纪最大的成员是位经验丰富的学术政治家，他不仅研究过《法律教育杂志》，还研究过科恩福德（Cornford）的《学院现形记》（Microcosmographia Academica）*，这本书——正如你们所知道的——是我们对马基雅维利《君主论》的特别补充。他采取了顾左右而言他（irrelevant rebuttal）的策略，抓住对学位名称的反对意见并作出重大让步：“它并不一定是个学士学位”，他说，“有美国这么好一个先例将大学生法律学位称作博士学位。将我们的毕业生称作事实博士（Doctors of Facts）不仅能吸引学生和公众眼球，而且还显示了我们充分意识到了真实是一种社会建构而不是放在那里等待去寻找的东西。”

反对意见败退下来了，课程安排委员会便着手制定出细节。令他们感到惊奇的是，潜在课程的范围几乎是无限的，而且，已经存在着数量庞大的——尽管是零散的——文献。他们为课程安排提交了一份详细的计划，这份计划不仅包含了广泛的选择，而且增加了一项建议即学位的时间应该增加至 5 年。

这一假想是为一个有关法律教育的讨论会而虚构的，当时心里有两个目标。在满足第一个目标上，职业教育者应该没什么困难，这就是这个假想例子中所例证的那样辨认出一打（乃至更多）的常见教育谬论。第二个目标就是要强调这样一个观点即从宏观的角度来构想的话，证据研究从潜在的意义上来说

* *Microcosmographia Academica*，是科恩福德在 1908 年所写的一本饶富讽刺意味的幽默小册子——译者注。

是一个相当庞大的主题。我的目标就在于探究这后一建议的一些侧面并考察其为什么在法律教育的大部分项目中被相对忽略。

问题或许可以叙述如下：至少从杰罗米·弗兰克时代起，投入上层法院的争议性法律问题的精力总量与投入一审审判、其他裁判（tribunal）以及通常的法律程序之上的精力总量存在着一种不平衡，这已经为大家所公认的了。弗兰克或许会被解释成认为投入某一主题的智识能量总数与其实际重要性是相反的。他的观点并不局限在法律教育，而是涵盖整体的法学讨论：法学研究、法学文献、有关法律改革和律师对法律之理解以及他们对法律的基本假设的争论。他倾向于夸大其词并用一些易受攻击的论据来支撑其理由，不过，现在他的核心观点已经被广泛承认为正确的了。[3]

弗兰克的改革绝不是唯一的，它只是一个几乎绵延不绝的传统中最具争议的而已，这包括德国学者胡果·穆斯特伯格（Hugo Muensterberg）所倡导的
科学实验心理学[4]，阿尔伯特·奥斯本（Albert Osborn）所倡议的“事实讲 16
席”（Chair of Facts）[5]，以及来自主流的法官、律师和委员会的无数诉求。英国的奥姆罗德法律教育委员会明确将“促使（学生）能够处理事实并将抽象概念运用其上所必需的知识训练”作为第一或者学术阶段的一大目标。[6] 除了这样一种一般规定之外，已经有无数的呼吁要求在事实处理的特定方面投入更多的关注，比方说，最近埃格里斯顿、芬克尔斯坦（Feinkelstein）、巴恩斯（Barnes）及其他人[7]已经回应了霍姆斯的“未来的人将是统计学人”[8]的主张，并且认为几率的计算、贝叶斯定理以及对谬误和滥用统计论据的辨别应该成为每一位律师最基本训练的一部分。与此相似的是，可以在有关诊所法律教育的文献[9]和美国最近有关律师资格的辩论[10]中发现许多具体的建议。因此，即使

③ See generally Frank (1930，1933，1949). See further below，ch. 4.

④ Muensterberg (1908).

⑤ Osborn (1922).

⑥ Report of the Committee on Legal Education，HMSO Cmnd. 4595 (1971)，94；其他例子，see Marx (1953)。The Marre Report (1988) 罗列了 24 种法律技能，包括“(6) 将基本的逻辑和统计错误分离出来的一种能力”、“(9) 一种确定和检验任何法律问题的相关事实的能力”以及“(10) 分析事实并能够建构和批判有关争议性事实问题的一种观点”。奇怪的是，它得出结论说：(6) 和 (9) 应该在学院阶段传授，而 (10) 属于那些在职业阶段传授的技能 (paras. 12，21-3)。

⑦ Eggleston (1983)；Finkelstein (1978)；Cullison (1969)；Barnes (1983). 对“数学主义者”之进路的一个批判，see L. J. Cohen (1977)。See further below，70，119-22 and Twining (1980a).

⑧ Holmes (1897).

⑨ 参见由 Snyman (1979) and Watt (1988) 所提供的一个有用参考书目。

⑩ See，比如，American Bar Association (1979)。

在弗兰克之前，已经作出许多努力来矫正其所指出的不平衡，但是它们似乎尚未占据主流。从这一意义上说，“证据、证明与事实认定”（以下简称 EPF）似乎没有从整体上被接受为核心课程安排或者一般法学讨论的组成部分和核心部分。[11]

在对于为解决这一难题所做的具体努力进行考察之前，我们至少可以暂时性地指出这一主题的潜在范围。杰罗米·迈克尔（Jerome Michael），我们故事中的英雄之一，将其对论辩艺术之理论基础的观点概括如下：

> ……由于法律论辩是通过话语形式来进行的，你需要一些有关话语用作符号（symbols）的知识，也就是一些语法知识。由于事实问题是由相互冲突的主张构成的，由主张之肯定和否定所组成的并且通过主张之证明和反驳来加以裁判，你需要一些有关主张之性质、主张之间所能获得的关系之性质、事实问题之特征的性质以及证明与反驳之性质的知识，也就是一些逻辑学知识。由于对法律论辩至关重要的主张从来不会被证明至真实或者虚假而只能证明至一定程度的可能性，而且由于事实问题是通过相反之主张所构成的相对概率的计算来加以解决的，因此，你需要一些有关真实或虚假与盖然性之间的区别和概率逻辑的知识。由于主张是真实的或者潜在的知识，由于证明和证否是一件关涉知识的事，由于法律论辩的双方当事人主张而证人则是报告——如果它们是真的——他们拥有知识，而且由于知识是具有不同种类的，你就需要一些关于知识的知识，比如说，对直接或感性知识和间接或推断性知识加以区分的知识。由于法律与事实之间、有关事实问题的主张与有关法律问题的陈述之间、事实问题与法律问题之间以及对它们分别加以审判与解决的方式之间存在着内在的、本质的区别，因此，你需要一些关于这些问题的知识。由于诉讼当事人和所有参
> 17 与到该行为和他们论辩之解决的都是人，并且由于许多程序性规则都建立在与人性和人类行为相关的基础之上，你需要一些心理学知识。最后，当然，你需要促使你理解那些通过程序性法律来实现的关联性（tangential）目标以及对那些被设计用来实现它们的规则加以批判的知识。[12]

迈克尔的名单令人印象深刻，它包括逻辑学、语法和修辞学，认识论，法庭科学，盖然性的详细探究，法律与事实之间的互相关系，还有证据法的基本

[11] 下文（第七章）将论证出于一些目的，对 EPF 来说一个能够涵盖诉讼中之重要裁定的信息的适用和处理的更为宏大的范畴更为可取。

[12] Michael（1948）.

概念、规范和政策等方面的经典杰作。这一领域的其他先行者们已经勾勒出类似的框架，只是在细节和重点上有所不同而已。确实，从边沁开始，经过威尔斯、贝斯特、斯蒂芬、塞耶、古尔森、威格摩尔、迈克尔和阿德勒，到列奥·列维（Leo Levin）、欧文·拉特（Irvin Rutter），及至将 EPF 视为一个重要焦点的当代法学教师们，存在着一个绵延不断的知识传统。⑬

不过，当人们凝视这段特殊传统历史的时候，有时会怀疑它是否已成为一个附上奇特诅咒的主题，因为它读起来就像西西弗斯的故事：他被判永远将一块巨石滚上山，而在它到达顶端之前只能眼睁睁地看着它滚下来。⑭ 发端于法庭环境的修辞学研究已经成为几个学科——比方说，归纳逻辑、文学批评、语义学甚至心理学的一部分——重要发展的灵感，但却已经被法律学科遗忘了。⑮ 詹姆斯·密尔编辑了边沁的《司法证据导论》，当出版者为边沁有关贿赂陪审员（也可能是他委婉地对宣誓进行亵渎神明的批评）的观点所震惊时，该书的约三分之一已经在校对中了，而结果是被推迟了大约三十年才公开出版。⑯ 当青年约翰·斯图亚特·密尔完成编撰边沁的巨著《司法证据原理》这项壮举之后，他很快便遭受了众所周知的打击并且用沃兹沃斯的诗来取代边沁的冷酷的知识图钉。⑰ 边沁的大多数概念和基本的理论分析已经完全被吸收进英美证据研究传统，但他的主要观点——所有的排除规则都应该被废除以及事实认定应该被视为一个典型的理性过程——仅仅被有限地接受。

1908 年，胡果·穆斯特伯格为法庭心理学宣告了一个新的领域⑱，只是因为约翰·亨利·威格摩尔这颗证据法（领域）正在上升的明星写了一篇充满讽刺外

⑬ On Bentham, see n. 18 below; on Wigmore, see n. 21 below; on Michael, see n. 24 below; on Levin, see n. 28 below; on Rutter, see n. 30 below. 在英美传统中经典著作包括：Wills (1838); Best (1849); J. F. Stephen (1872); Gulson (1905)。一个有用的历史考察，see 1 Wigmore *Treatise*, s. 8。这些关注诉讼中的争议性事实问题（"法律辩论"）的著作几乎毫无例外地建立在许多共享的假设的基础上，这些假设主要与有关裁判之性质和"理性"事实裁定中所涉及的内容相关。这种共享的视角可以被界定为"乐观理性主义"，see below, ch. 3。

⑭ Kalven (1958) 讨论了法律与社会科学中的一个类似样式。

⑮ Below, ch. 3.

⑯ Bentham vi *Works*. 1812 年《导论》的大约三分之一未曾出版印刷的证明留在了伦敦大学院的边沁手稿中。一份注明为 1822 年的表格写明了印刷被停止"是因为几份已被重新获得的论文再次消失"。詹姆斯·密尔的传记作者指出书商们害怕因为边沁对贿赂陪审团的批评而受到指控（Bain, 1882, 120）；边沁对誓言的著名讨论《无可发誓》（*Swear Not at All*）原来是作为《导论》之组成部分而撰写的，它在 1813 年被分别印刷，但出版拖延到了 1817 年。有关边沁的论述，see v *Works* 189。我对伊恩·莫里森（Ian Morrison）为本脚注提供的许多信息深表谢意。安德鲁·刘易斯（Andrew Lewis）最近所作出的研究对于詹姆斯·密尔编辑了《导论》这种观点提出了质疑。

⑰ Bentham, *Rationale* (1827); J. S. Mill, *Autobiography* (1873).

⑱ Above, n. 5.

加最非威格摩尔式智慧的文字，这些文字如此富有影响以致有效地打击了心理学家们尚处于萌芽状态的热情——而法庭心理学也沉睡了长达数十年。[19] 反讽的是，威格摩尔自己随后便进入这一领域[20]，但更多的是以一种玩票者的方式，几乎完全借重于法律人们的著述和印度文职机构一位成员 G. F. 阿诺德（G. F. Arnold）——他既非律师也非心理学家——在严肃的实证研究领域所做的工作。[21] 在现实主义运动的全盛时期，年轻的罗伯特·梅纳德·哈钦斯（Robert Maynard Hutchins）与一位心理学家唐纳德·施莱辛格（Donald Slesinger）合作
18 了许多年，但在他过早地转向芝加哥大学校长任期之后，哈钦斯放弃了，在一篇引人注目的名为“一位前法学学者的自传”的文章中他指出说他已经浪费了时间。[22] 在 20 世纪 30 年代，杰罗米·迈克尔和莫蒂默·阿德勒着手准备对 EPF 的逻辑层面和分析层面进行最为详细的论述，题目为“司法证明的性质”（*The Nature of Judicial Proof*）。[23] 这实际上达到了被私人出版限量发行的阶段，但完全版从未获得完全出版，也许是因为包括威格摩尔在内的评审人因为其不具有实用价值而否定它。[24] 威格摩尔自己的《司法证明原则》（后来改为科学）遭遇了更为诡异的命运：他在西北大学讲授一门有关证明的课程长达多年，这一课程一直是针对证明在法庭情境下的分析维度和心理学维度的最为系统，也最具智识含量的尝试。当威格摩尔担任院长的时候，他的课程是课表的常规部分，先是作为必修课而后作为一门选修课；在他不再担任院长之后，它便被移到暑假项目里了。该课程的教材首次出版于 1913 年[25]，从挑剔的眼光来说，它被很好地接受了，但据我目前所发现的，在威格摩尔生前，它从未被任何其他法学院采用过一次以上。它之所以出了 3 版，原因似乎在于他的出版者小布朗珍视他们与威格摩尔的友谊（出于充分的理由）以及小布朗的销售商在那些将该书视为不错的枕边

[19] Wigmore (1909). See also C. C. Moore (1907)。摩尔，一位律师，本身是一部非凡著作 *A Treatise on Facts*（1908）的作者。威格摩尔尽管用一般的语言对该著作给予了赞许，但却对摩尔所指出的法律规则可以确定证言的分量或可靠性（1909 年）提出了批评。

[20] Wigmore *Science*.

[21] Arnold (1906) (2nd edn., 1913).

[22] Hutchins and Slesinger (1928, 1928a, 1929, 1929b); Hutchins (1933). 这些文章为 Schlegel (1979) 所讨论。

[23] Michael and Adler (1931). 前言写道：“这并非一本书。它仅仅是长条校样，经过重大改动和阐述之后会变成一本书，而它以这样一种形式出现是为了便于在作者目前所进行的课程使用。它并不想获得更广的流传。”有些材料被用在了两位作者的文章和其他著述中，see especially Michael and Adler (1934, 1952) and Michael (1948)。

[24] Wigmore above, n. 21; 3rd edn., 6, n. 1.

[25] Wigmore above, n. 21.

书的实务者们中发现了一个适中的市场。[26] 从 20 世纪 30 年代开始，这一样式已经延续下来了。比如，在 20 世纪 50 年代晚期，宾夕法尼亚法学院的列奥·列维着手准备了一系列出色的材料——《证据与行为科学》，但这同样不曾以一本著作的形式出版。[27] 在 20 世纪 70 年代，一个出版边沁的有关证据的非常广泛的著述——在一些人眼里，其工作中最为重要但也最不为人所知的一个方面——选定版的雄心勃勃的计划因为缺乏资金而无限期地冻结起来。[28]

就法学教育而言，可以辨析出一个类似的、不那么戏剧化的样式。在 1960 年之前，在法学院尤其是美国法学院中，曾经存在一些设立有关事实认定课程的常识。就像所有的教育实验一样，这些尝试也几乎毫无例外地被作为成功者而加以报道；杰罗米·迈克尔在哥伦比亚，杰罗米·弗兰克在耶鲁，威格摩尔在西北，马克斯法官和欧文·拉特在辛辛那提，马歇尔·霍特斯（Marshall Houts）在加州大学洛杉矶分校，而列奥·列维在宾夕法尼亚，他们都位列那些曾经尝试着发展出有关事实认定课程的那些人之中。[29] 他们的多样性令人倍感兴趣，但更为引人关注的事实是它们都未能确立下来；几乎毫无例外地，它们都被矗立成教师个人短暂贡献的纪念碑。它们都未被制度化，也未开展经验积累的课程。这一样式或许可以以喜剧性的证人“实验”为象征，文献中充满了沿着下列路子的报道：一位戴着大礼帽和燕尾服、左眼戴着单片眼镜、右手端着一杯放在银托盘上的香槟、左手拿着一把枪的学生冲进教室，大声叫道：“你个下流胚子，我受够你了。”（You bounder，I have got you at last.）他向老师射击，然后再次跑出去，手里仍然拿着香槟。然后，这位老师 *19*
死而复活，让班里的学生写下他们刚才所目击的一幕。他们几乎总是将单片眼镜放错眼睛，忘了香槟并且用其他词来代替“下流胚子”。这些所谓的目击证人实验无疑生动地讲授了简单的一堂课，但即便在筹备它们的方法上，知识也并未基于实验而得以**积累**，它们依然是特殊的、间歇性的并且本质上是业余的。[30]

[26] 有关威格摩尔《科学》之命运的信息来自于西北大学法学院所存的威格摩尔论文以及 Roalfe（1977）。

[27] A. Leo Levin（1956），discussed in Levin（1958）.

[28] 关于边沁项目，see reports in the *Bentham Newsletter*，1978－88。有关《导论》［和《原理》］的编辑工作已经重新启动了。

[29] Marx，above，n. 6；Houts（1955，1956）；Michael，n. 24；Rutter（1961）；Levin，above，n. 28. 弗兰克在耶鲁的课程所涵盖的范围大致是《初审法院》〔*Courts on Trial*（1949）〕所处理的主题。

[30] 关于在课堂的示范和“实验”的公开出版的叙述，see e. g. Wigmore，above，n. 20（2nd edn.），532ff.；Roalfe（1977），56；Houts（1956），ch. 1；Merrills（1971）。有关这一领域的研究尤其参见 Trankell（1972）；Damaska（1975）；Clifford and Bull（1978）；Loftus（1979）；Lloyd-Bostock（1988）。See further below，ch. 5.

几年之前，我曾提出说法学教育已经受到两种鲜明对比的法律人形象的强烈影响：一方面，伯利克利、立法者、开明的决策者、睿智的法官的崇高形象；另一方面，被视为铅管工人，一名一本正经的、注重实际的技术员的律师形象。[31] 我的观点——已经不时被误解了——是没有一个形象适合于作为一个健全的法学教育和培训体系之终端产品的一个典范，而且这两种形象的影响——通常以未曾明言的假设形式——已经带来了不必要的争执和法学教育内部的紧张关系。简言之，学术人常常过于高高在上，而执业者已经倾向于过于世俗。理解和实践法律比装铅管形象所预示的要更难、更多样化，也更有意思，但法学教育也未特别声称适合于大规模制造政治家。

在 EPF 方面也许存在这样一种观点，即装铅管形象已经过于影响那些响应更认真对待事实这一呼吁的诸多努力了。至少在文献中所描述的一些课程似乎已经过于关注具体技巧而不太关注基础的、可移植的技能。而且似乎已经试图在没有一个恰当理论的基础上灌输技术，有些则试图在非常有限的时间里覆盖过多的范围。就已经发生的情形来看，这丝毫不令人奇怪。讲授有关事实处理和类似课程的大量压力来自于一些律师和法官，他们具有代表性地——但绝非普遍地——表达了对于确保在即时可用的技巧方面的最低能力的需求。对此类需求的标准学术回应在于正式的法学教育应该集中关注那些代表一种长期投入的问题，既关注理解也关注技能，关注可转移的技能而不是适用范围狭隘的技巧。[32]

让我们从这一视角简要地考察一下一个更为精心设计出来的课程——威格摩尔的证明课程。他的起点是可采性规则与证明——他将其称为“争议性说服的推理过程”——的截然区分。[33] 他采用了庭审律师的立场：该律师身处的时刻是可采性问题已经被处理完了，证据已经都就位了，而“该律师为自己提出了最后，也是最重要的任务，那就是说服陪审团应该或者不应该相信争议中所主张的事实”[34]。像这样叙述听起来好像威格摩尔正在接受古代的法庭讲演术，事实上他的主要教育目标是相当不同的：其在于发展出“对证据进行考量的技
20 能”[35]，尤其是精通几个有限的心理过程类型，它们针对为了得出一个整体上有利于其案由的证明力而对一堆混杂在一起的证据进行系统分析。为了这一目

[31] Twining (1967).

[32] 关于“技能”与“技巧”的一个区别，see Rutter (1961)，Gold et al. (1989)。

[33] Wigmore *Science* (1937)，5.

[34] Ibid.，6.

[35] Ibid.，7.

标，威格摩尔发展出一套特殊的方法，该方法被设计——用他自己的话说——“来使我们进入意识并且用语言表述一个证据总量之所以确实或者应该使我们相信一个既定的结论，以及当这一总量的某一部分有所不同时我们的结论之所以将会或者应该会不同或者相同的原因”[36]。

这种方法的基础是如约翰·斯图亚特·密尔、阿尔弗雷德·西季威克（Alfred Sidgwick）和斯坦利·杰文斯（Stanley Jevons）所阐述的归纳逻辑，这一过程的核心是关于应用性归纳逻辑的一系列练习。最初的练习主要根据这种方法来分析不同类型的证据例子，在这一过程中，威格摩尔引入了相当数量的心理学和科学材料，所有这些部分都仅仅是终局的预备步骤——分析一个混杂的证据总量、运用著名审判记录作为例证的一个精细阐述。简言之，包含一个两阶段的过程：首先，所有被学生考虑为与某一争议性事实潜在地——无论直接还是间接——相关的证据都必须被以简明事实命题的形式表述出来，每一个命题都被给予一个号码并成为一张案件“证据关键事项表”的一部分。第二阶段则是运用少量符号来将所有命题之间的所有重要关系描绘出来，并且指出作者对于每个命题对其直接待证事实（immediate probandum）之证明力的确信（或者相反）。最终结果应该表现出制图者有关每一个证据之重要性以及其对作为整体之案由的影响的确信。

在过去的几年里，我已经以威格摩尔分析的一个改进并且有些淡化的版本为基础设定了大学生练习。富有特色的是，精选的重大案件已经提供了原材料——萨柯与范泽提（Sacco and Vanzetti），阿尔杰·希斯（Alger Hiss），罗杰·蒂奇伯恩（Roger Tichborne），詹姆斯·汉拉缇（James Hanratty），最为重要的是拜沃特斯和汤普森案（Bywaters and Thompson）已经被证明相当适应此类练习。[37] 为了使问题得以掌控，我不得不拟定了一套人为范围规则，比如说，关键事项表包括的命题应不少于250个、不多于500个，而且（在接受一个扩展至37步的图示后）图示不应该超过10步长。

这里不是一个充分叙述我对这些练习的价值和局限性之印象的地方，这里需要说的只是，尽管它们极其费时，而且显然既是模拟的也是学院的（在一种

[36] Ibid.，8.［See above 12 n. 15.］

[37] 威格摩尔在《司法证明原则》的第二版和第三版的附录中提供了一份对研究有用的审判列表，和一份适于同类分析的历史性问题列表在一起。迈阿密大学法学院的特伦斯·安德森教授已经用全国审判竞赛（National Trial Competition）中的问题和其他材料来作为从为审判而做准备的律师立场出发进行威格摩尔分析练习的基础。尽管威格摩尔宣称采取了庭审期间的出庭律师的立场，但在无效（inert）记录的时候，他常常转换到历史学家的立场。See also *TEBW* and *Analysis* and below，ch. 12.

非轻视的意义上），我确信它们对许多目的来说都是极好的教学设计：进行这样的练习将要使人理解证据分析课包含对不同命题间关系的细致探查；它将有助于使学生意识到此类关系、逻辑跳跃的多种可能性以及当涉及大量证据时荒谬推理的复杂性。威格摩尔的方法为分析争议性事实问题的一种系统性进路奠定了基础；它为案由的整体组织，挖掘出未阐明的、常常令人可疑的命题以及描绘所有相关证据间的所有关系提出了一种规范性（disciplined）进路。它不仅仅是在一些基本的分析技巧上提供基础的一种工具，因为它还提供了一个视
21 角——一种看待证据和那些大多数学生无法自然地接触到的复杂案件的方式。在我的印象中，学生对威格摩尔练习的反应是许多学生或者因为苦熬而叫苦连天或者为他们的具体案件所困扰，但几乎所有的学生都因为经历了这一过程并且从中获益良多而深感欢欣。[38]

在当前语境下，威格摩尔的科学出于许多原因而至关重要。第一，它是对司法证明难题的一种分析性、非数学性进路的一个最为具体，也最为发达的版本。第二，它意图将逻辑学、法庭心理学和法庭科学整合进一个单一的融贯框架中。一些心理学和科学材料看起来已经相当过时，逻辑学同样如此——只是程度轻一些，但这并未削弱这种一般进路的有效性。第三，尽管威格摩尔的教育目标是价值无涉的职业性教育，但从这样一种学习中所能学到的主要课程将满足大部分自由主义教育家的标准，这并不存在冲突。[39] 不过，威格摩尔的进路关注焦点过于狭隘——它集中关注某一时间点上的一种立场即庭审律师，它关注整个法律过程中的一个点。威格摩尔遗落了过程学派和法律过程的怀疑论研究者认为相当重要的许多问题和因素。我想，这仅仅表明一种局限性，但并未削弱这一工作的有效性和价值。第四，它在一个重要的知识传统——英国经验主义——内提供了一个融贯的——如果不是充分证明的话——的理论，它可以与那些更容易地契合于如新康德学派、黑格尔学派或马克思主义进路这些其他哲学传统的视角和思想形成参照和对比。[40]最后一点需要强调一下：威格摩

㊳ 在对威格摩尔的《科学》的一个热情洋溢的评论中，赖特勋爵〔Lord Wright (1938)〕写道："我已经问了我自己，如果我早一些研究了这本书我是否应该能够将我的工作做得好一些，不仅仅因为信息，还因为自然地精通这些原则以便能够引用和使用它们。我想，答案应该是肯定的。经验法则(Rule of thumb) 实在是再好不过了，尤其在像法律证明这样的主题上……但一切都是一样，逻辑就在那儿。如果一名工匠能尽可能科学地熟知和理解其工具，那么他将是最好的工匠。"

㊴ 这一理论在 Twining (1988b) 中得到了发展。

㊵ 关于对威格摩尔方法的教育和其他用途及限制的一个评价，see *TEBW* [and *Analysis* (2005) 前言及 141～142 页]。

尔的科学为探索那些他自己未曾探索过的广泛理论问题提供了一个尽可能好的起点，这些问题如法庭情境下概率推理的性质、有关不同证据项的分量的判断如何结合在一起、“整体论”对“原子论”进路、在法庭中“事实”如何建构以及不同类型的法律程序的性质和目的。[41]

威格摩尔的“科学”仅仅是一种在法学教育内认真并系统地处理事实问题的努力的一个例证——但无疑是最为重要的一个。当然，其他先例也值得注意——尽管在我看来，没有一个足够全面，而仅仅只能显示一种系统进路运用到这个广阔领域中的一个或两个具体方面时能够完成什么。对于在法学教育内EPF的一种全面进路我们尚未有一个蓝图，但在威格摩尔、迈克尔、列维、拉特[42]、埃格里斯顿、安德森、舒姆及其他人的课程和写作中，我们拥有一个相对成熟和有多种先例的有价值的遗产，从这些过去的经验中所能学到的一个教训就是期望在一两门课程范围内能够令人满意地掌握即使是EPF所包含的一切东西的基础是不明智的。[43]

假定这些思考中许多具有高质量以及许多个人课程取得了自认的成功的话，那么为什么EPF还未更为牢固地在法学院中确立？我对这一问题的回应将通过首先审视一下那些偶尔被提出来反对扩展EPF研究的观点，然后审视一下那些在法学院知识氛围中可能已经造成忽视法律学术之某一重要维度的其他因素来进行，但不会尝试着去给出一个全面的回答。 22

在世外桃源法学院这个假想的例子中，我含蓄地指出了那些提出来反对事实学士建议的意见或者是荒谬的或者是具有严重缺陷的。假如我们提出一个更为温和的提议，比方说，对法律中事实的系统研究在本科法学教育中应该拥有一个重要的但并非压倒一切的位置，那么至少有几个理性的异议值得作一回应。主要观点可以分为三种：(1) 该主题已经被充分地应对了；(2) 该主题是重要的，但在大多数法学院中都未花费大量的力气来应对，是因为没必要在这

[41] 这些主题将在本书后面的文章中得到发展。

[42] 本文的1982年版本 op. cit. n. 1 包含了对拉特进路的一个讨论。

[43] 除了这些已经提及的之外，当代先行者包括理查德·埃格里斯顿爵士在莫纳什大学的课程、特伦斯·安德森在迈阿密大学的证据研习会、戴维·舒姆在莱斯（Rice）大学的工作〔see Schum and Martin (1983)〕以及我自己在华威和伦敦的课程。这些仅仅是以大学为基础的课程的一个例子而已。安德森、舒姆和特文宁（的课程）都建立在威格摩尔《科学》的基础上。20世纪70年代期间在许多普通法辖区发展起来的一些相对较新的职业培训课程类型将大量的时间投入“事实管理”方面，通常没有借用这些术语。一个例外是由伦敦法律教育委员会启动的为律师界主办的新职业课程，这一课程重点在于达到年轻出庭律师所期望的实践技能之最低能力。See generally，Gold，Mackie and Twining (eds) (1989) .

上面花费宝贵的课堂时间；(3) 从理论上说人们的确应该在它上面投入更多的时间，但这样做存在几个严重的困难。让我们将这些观点分别称为“我们已经做了”“太轻松”和“太困难”观点。

第一种观点——在教授学生处理事实的基础方面已经做得足够多了——是由杰克·B·魏因斯坦在评论由杰罗米·弗兰克和马克斯法官所提出的问题时中肯提出的。[44] 在提及 20 世纪 50 年代的哥伦比亚时——但其用意更为普遍，他提出说已经有三种基本的“事实技能”被讲授了，而这也是在 3 年的学位中所能预期的。第一种，学生被教会“去区分哪些是实质上重要和哪些不是实质上重要的事实”[45]，其主要工具是案例教学法。魏因斯坦声称，案例教学法“独特地被考虑和设计用于为理解事实与法律之间的关系和事实的巧妙处理奠定一个基础”[46]。这在哥伦比亚由杰罗米·迈克尔更为理论化的进路所补充，这种进路，唉，在后来已经很大程度上被遗忘了。[47] 第二种技能，“行动进程如何被规划来形成要素事实的知识”在有关合同、税、信托和不动产以及类似的课程中解决。第三种技能，“一种关于事实之证据如何被收集并应用在诉讼中的意识”在有关程序和证据的课程中已经妥善地处理了，而且由像法律援助工作、模拟法庭审判和专门的讨论会等类似的选修课程来加以补充。除了这些之外，对事实处理的介绍都是不必要的或者最好留待实践中去学习。[48]

即便在这种简化的版本（他还提出了许多其他要点）中，魏因斯坦的观点也值得尊重，至少它表明了杰罗米·弗兰克已经夸大了失衡的程度，而且进一步表明，哥伦比亚在 20 世纪 50 年代已经至少贯彻了弗兰克的某些建议。

魏因斯坦的当代传人可以有一些理由宣称他的观点可以更有效地适用于今天的许多法学院，尤其是，诊所项目和审判实践课程已经变得更为成熟也更为广泛了，而后现实主义“过程学派”已经激发了更多的学术意识和注意力去关
23 注民事和刑事审判的审前部分以及像量刑、假释和仲裁之类的问题。

在这里，我只能对这种观点作一个结论性的回应。人们可以欣然承认杰罗米·弗兰克夸大了他的理由，而且从他所处时代以来境况已经得到了重大改观。但要说弗兰克和其他人的主张已经以一种系统和令人满意的方式得到实现则是不正确的：

第一，魏因斯坦关系这一领域的观念是狭隘的职业性的，它被限制在私人

[44] Weinstein (1955), discussing Marx, above, n. 6, and Frank's thesis, above, n. 3.

[45] Weinstein, ibid., 464.

[46][47] Ibid., 465.

[48] Ibid., 464.

律师基本的“事实技巧”，并且忽略了其同事杰罗米·迈克尔所勾勒出来的几乎所有的宏观或理论维度。他集中关注技巧，并且对更为普遍的理解和批评几乎未置一词。

第二，即便在对基本技能的价值无涉职业性教学方面，他的论述所涉及的也过于简单。如果人们将私人律师在“事实处理”中涉及的一种更为系统的工作分析作为“我们已经做了”这种主张的基线的话，比如欧文·拉特所主张的，那么很少有方法学教育和训练项目可以声称哪怕在初步层面系统地解决了私人律师基本技能的全部范围——更不要说在高级层面上或者解决了其他技能或者解决了其他参与者的关注点。当然，概括是困难的，因为无论是项目还是某一项目中的学生个人体验，即便到现在都是具有很大变化的，而且近些年来已经取得了一些重要进展。我希望用概括性话语来指出的是，就那些被直接讲授的事实处理技能而言，它们被讲授的方式比规则处理技能要更不系统，而且还处在更初步的层面，而且对法学教育来说无论如何都可以比基本技能的讲授做得更多一些。

第三，魏因斯坦所写的是有关 1954 年的哥伦比亚，它在某些方面已经属于少见的处境良好的了。特别是，杰罗米·迈克尔有关程序与证明的分析层面的课程是一种未曾盛行的模式的清晰例子之一。他的思想最多以一种折扣的方式被接受，而没有他所坚持的那种严格的分析进路；从整体上说，它们已经在很大程度上被忽略和遗忘了。

魏因斯坦还提出了一个重要问题：将事实认定的学习与其他实体和程序问题分离到多大程度是明智的？他的答案是清楚的：“它应该分布贯穿于整个课程表中，这样学生便可以开始以一位律师可能的多种不同方式来考虑一个案件。”这就提出了一个一年级老师普遍存在分歧的耳熟能详的问题：法律方法学习的“直接”进路对“选择”（pick-it-up）进路。在这里我只想说我对 EPF 直接进路的推崇与我在传统法律分析和解释方面是一样的。[49] 基本技能的“选择”进路常常搞不清到底是为精通某项技能奠定一个基础还是通过实践来进一步强化。而且，选择某些事情往往倾向于在一种理论真空中进行。

反对直接并花大力气去讲授 EPF 的第二个观点是由法学院承担来讲授既

[49] See Twining and Miers (1982), Preface. 在技能方面，一种直接进路假定了为学生分配时间（在某些情境下，某一有关法律方法的课程的主体部分将是恰当的）和将 EPF 的相关方面分离开来的需要。这与出于强化和扩展此类基本技能的目的而在其他课程中鼓吹的“一种弥散性进路”并非不协调。除了在魏因斯坦所假定的那类课程中所已经完成的，一个强有力的理由同样可以适用于对 EPF 的几个方面的直接研究。

不必要也不恰当。这种观点有几个版本：一个是事实处理很大程度上是清楚思维和一般常识问题，这些在进入法学院前由通识教育所充分发展。因此，这种
24 观点提出，法学院不应该披上通识教育的外衣，而应该将它们自己限制在法律上。因此，它们应该仅仅处理专属于法律的问题或者那些涉及具体适用难题的问题。

这种观点的一个不同版本是更具根本性的：我们被告知适合于有关证据问题之推理的逻辑是运用到日常实际事务中的普通归纳推理；有关相关性和概率的判断是以常识和一般的经验过程为基础[50]；毕竟，我们将我们最为重要的一些事实认定裁决委托给了陪审员这些从未受过任何训练的公民——甚至，可能正是因为他们未曾受过训练。你没有办法讲授常识，你也不应该试图这么做。

这种观点可以在边沁那里得到一些支持，他为他《司法证据原理》中的大量显而易见的东西而道歉如下：

> 如此明显的是上述大多数事项都已经提出来了，如此之多的事项在指示的名义下被每个人观察，它们很少被主张具有什么用途。但一个人在心里记住的并不总是在需要的时刻就在手边：这就表明了没有指示也许有助于会议。[51]

另外一个版本是 EPF 的一些方面被认为是非常轻松的选项，比传统的法学课程要更少的智识需求或者刺激。这有时候是对美国法学院中那些有关法庭科学和法庭心理学，通常是对那些有关制度的大量描述性的课程的批评——常常是含蓄的而不是直白的。这种观点可以叙述如下：事实认定最为重要的许多材料无疑是重要的，但人们在它上面不需要一门课程来学习主要教训。比方说，意识到记忆是不可靠的、感知是不可靠的并且通过偏见、疏忽和时光流逝而受到扭曲，讯问可能本质上是强迫性的以及裁决者可能具有无意识的偏见等当然是重要的，我们是否需要花费法学院中稀缺而昂贵的时间和资源来启发这些意识呢？即便它不仅仅是一个常识问题，难道它不能通过自学来有效地完成吗？为学生或律师提供一个推荐阅读书单——弗兰克的《初审法院》、威尔曼（Wellman）的《交叉询问艺术》（*The Art of Cross-Examination*）、某些辩护

[50] See below，chs. 3 and 4.

[51] Bentham (1827)，182；cf. Bentham (1825)，269：“将自然法的一个概括加进一门法律课程以及最重要的是放入一本有关司法艺术的专著中并不会有什么谬误，正如其适用于在法官面前所可能提出的不同问题一样；但它应该假定，那个被提升到高级司法职位的那位先生已经经过了哲学训练。”

手册以及有关法庭科学和法庭心理学的权威著作，然后让他们继续学习。[52]

也许对事实处理之基本技能的直接教学最为重要的反对意见是伦理性的。许多有效的辩护技巧与大学的传统价值相悖，因为它们涉及的是破坏而不是促进理性论辩：它们包含将相关信息排除在外、诱导或者扰乱证人、“漂洗”事实、转移注意力或者妨碍辩论流程以及运用非理性说服的多种手段等技巧。学院内的辩护教师有着一种伦理上的两难困境：在课堂上讨论此类技巧的伦理也 25
许是恰当的，但它与我们将学生训练成具有作为有效辩护之一部分的非理性或者反理性说服手段这样一些技能的倡议是否兼容？或者，对于大学教师来说，这是否是知识分子背叛的一种形式？

这一观点或许可以重述如下：

（1）就某些根本上需要讲授的技能和一般种类知识，它们应该作为进入法学院的一个先决条件。

（2）就事实认定中所涉及的许多建立在常识基础上的东西，无须讲授。

（3）就那些可以很容易通过一般阅读或者经验便获得的相关知识和意识，宝贵的法学院时间不应该投入在它上面。

（4）就那些包含不道德的、非理性的或者反理性的技能、技巧和视角的有效事实处理，不适宜在学院里来讲授。

这些观点是强有力的，并且在设计一个明智的教育和培训项目以及在考量优先性上面应该被考虑在内，但它们绝非决定性的。首先，清楚思考和一般知识的一些方面需要发展到一个特别高的标准。从不同角度提出同样观点的是，案例教学法和分析法学的主要主张就是它们发展出了推理和分析的一般能力——将相关材料与不相关材料区别开来，处理抽象概念，组织和支持一个观点，作出精确的区分。兰德尔传统很大程度上依赖于这样一种双重主张，即律师需要被训练得清晰地思考而法律材料是实现这一目的的一种特别好的手段。类似的主张可以为了 EPF 的分析性层面而作出，但技能和技巧并不相同。阐明“事实”或“证明”或“相关性”概念与阐明“权利”或“动机”或“倾向”或“正义”或“法律”所提出的难题略有不同，而在分析一堆证据总量与分析一系列案例报告所能学到的经验教训也许也是不同的。

与此类似的是，尽管 EPF 的一些方面的确很容易理解而且可以为“轻松选项”提供基础，但其许多分析性和理论性维度至少和在法学教育的阐释性传统与兰德尔传统内所能发现的任何东西一样令人费神。而且，对于清晰思考或

[52] See *Works*, cited above, n. 16.

一般概念的一般原则在法律情境中具体应用的理解难题既影响到了事实问题，也影响到了法律问题。

其次，将这一负担丢回给通识教育和法学院入学要求也是不现实的。仅举一例：大多数法学学生和律师都乐意承认不懂数学，有些甚至以此为荣，但是数学主义者宣称：在有关争议性事实问题的辩论中，人们是在进行有关盖然性的推理，而这种推理常常以数学为主并且要求至少对基本的统计及相关技巧有
26 一个基本的掌握。[53] 在这里，我并不关心数学主义者观点的正确性，但我将认为有关争议性事实问题的推理的认真研究与法律问题方面推理的研究一样重要，在智识上也一样费神。简言之，对“过于轻松”观点的回答在于 EPF 的主张远非要冲淡传统法学教育的硬核，而是对分析性研究范围的拓宽，如果完成得好的话，将使法学教育更具有而非更缺乏智识需求。

这至少也对伦理性异议提供了部分回应。无疑，在处理辩护术和律师执业其他方面的时候，教师还有律师常常面对伦理两难困境，正如修辞学史上的一些经典争论所例证的那样。但如果人们相信智识上一直可靠的观点常常是最有说服力的观点，甚至相信好的辩护包含着理性和非理性说服手段的微妙结合，那么，人们至少对该异议会有部分答案。事实处理技能的严密知识进路可能有助于促成推进法律过程中的理性的目标。证据分析（和相关问题的）直接进路也许也有助于阐明理性和非理性因素与合理性之不同概念之间的关系。这样一种进路属于西方大学教育的主流，因为事实处理和规则处理一样，是一种基本的人类技能。这些技能有一部分可能是道德无涉的、不道德的或者容易被滥用，这些不是在学院中不处理它们的充分理由。所有的技能都提出了伦理问题，如何解决这些难题是每一位教育者所要面对的一个问题。

下一个也是持相反意见的异议——是事实认定的系统研究并不是太轻松而是太难。这种观点更经常根据可行性而不是智识上的难度来表述。[54] 让我们先把长期存在的优先性问题和教师能力问题暂且放在一边，它们最好放在具体项目的语境中来讨论。在这里两个掷地有声的箴言就够了：“优先性问题应该在

[53] 关于“数学主义者”和培根主义者之间的争论，see below，125－30。

[54] 在与英国、美国和加拿大的证据法教师交流的过程中，我发现对于超越于证据规则之外的证据与证明研究的扩展的最为常见的清楚表达出来的异议有（1）职业考试以规则为中心以及（2）法学教师无法胜任教授逻辑学、心理学和 EPF 的扩展性概念的其他方面。在（1）这一方面，本文的一个反对意见是从长远来说这一情况将得以改变；与此同时，职业要求并不需要如此直接地将 EPF 学习限制在法学院的范围内。在（2）这一方面，我的印象是缺乏信心是比缺乏能力更大的一个障碍。威格摩尔《科学》的几位评论者都将其被忽略的原因归结为法学教师“真实的或想象的无能力”来应对这一主题。See，for example（1932）30 *Mich. L. Rev.* 1354.

优点中讨论”以及“如果没法找到适格的教师，那就创造他们”。让我们更确切地考虑有关可行性观点的两个版本——“无文献”观点和“潘多拉盒子”观点。

在一个合理而又有序的世界中，人们可能期望教育上发展的自然顺序是：首先，一些初步的理论化；然后对狭窄领域的深入研究和新的理解导致了专门研究的发表；接下来，以这些具体研究为基础的一般性著作的出版；然后，以这些一般性著作为基础的课程的设立。在法学教育中，这一过程有时候是相反的：课程在研究和理论化之前；一般教育性著作由课程中衍生出来；具体的特别研究尾随一般性研究之后。在今天，这并不必然是EPF的状况，因为有着格外丰富的文献——从亚里士多德的《修辞学》到佩雷尔曼的《新修辞学》；从边沁伟大的《原理》到威格摩尔非同一般地富有趣味性和教益性的《科学》；从密尔的《逻辑学》到乔纳森·科恩的《可能的与可证明的》。法庭科学是相 27
当地符合要求的：在法庭心理学、法律过程以及一些像概率、辨认证据以及辩护伦理学这样的特别主题上都有了初步的文献。有关交叉询问和庭审实践的其他方面也许尚未进展到大大超越食谱阶段的地步[55]，但却有大量的种类繁多的二手法律文献。传统的证据研究，尽管关注点倾向于相当狭窄，但却常常有着显著的高品质，而且在人文和社会科学那里存在着大量的相关文献遗产，比如，关于认识论、关于逻辑、关于历史编纂学、关于知识社会学。

除了二手文献之外，从法学研究和教育的角度来看，还有一大堆初级材料——庭审记录和重案报告——一直未被利用的程度简直令人称奇。这些材料看起来更像是作为乐趣之来源（注意，如威格摩尔之《科学》的命运）而不是作为系统研究和分析的原材料。法学教师将上诉案件用作丰富的、刺激性的和费神的教育材料中相对发达的技能并未扩展到初审记录中。对这类课程的潜在用法、选择的标准以及技能的类型和其有助于发展的意识在某些方面与法律报告存在重大差别。[56] 比如说，在初审记录中人的因素被更清晰地展现出来；法律报告则更为简洁，而且具有判例的特殊地位。但从教育学的观点来看，它们是同一基因——案例研究——的相当密切相关的种类；它们是具体的，常常是富有戏剧性的论辩例子，可以被通过多种方式进行分析。它们可以被用来例证一般的理念，但它们多是逸事趣闻，而且正因为如此可能几乎被系统地误解

[55] See Rutter (1961), 312 - 16. 自从本文第一次发表以来，在文献方面已经有了非常重要的进展，正如上述脚注中的参考书目所例证的。

[56] 这一观点在 Twining (1986c) and *The Reading Law Cook-Book LIC*, ch. 11 中得到了发展。

了。最有趣的案件通常是非典型的，而且正如已经被常常指出的，受案件训练的律师正处于对世界抱有一种扭曲图景的危险，在那里，病态的和奇异的将会使健康的和正常的晦暗不清。

因此，说在一个宏大的法律学术概念下没有足够的文献来支撑 EPF 研究的重大扩展是不正确的。更确切地说，是一个潜在的丰富的文献库已经几乎被系统地忽略了。这种忽略的一个表征就是这一领域的一些最为重要的著作或者已经绝版，甚至从未被出版过。[57] 还有一个忽略的表征就是大体上说，迄今为止法学教师在选择、介绍和应用初审记录上尚未发展出任何与他们在法律报告方面已经完成的那种教育学上同样程度的娴熟。文献就在那里，但尚未被开发。

但它也可能被反对说，你正在打开潘多拉的盒子。沿着这一路下去所有的知识都将成为你的领地：认识论、逻辑学，统计学，历史编纂学，心理学，所有的行为科学，以及天知道其他将会使我们逃之夭夭并湮没于其中的其他知识。让我们坚守住那些我们能做好的；让我们捂紧盖子，否则，我们将被现实
28 痛击。也许我太快地将上帝将会震怒这种理念抛诸脑后。由法律人完成的有关证据之理论化的出版史、所有那些流产项目和死胡同的悲情故事难道还不能看作是来自上帝的小小雷电，它们在船头对面炸开，警示着法律人不要接近？毕竟有普罗米修斯这么一位从奥林匹斯山盗来火种并通过提出许多棘手问题来开启人类之眼的先辈在那里呢。对事实获得一种认真的兴趣难道不是与此相当类似吗？什么是真相？什么是证明？在裁判中哪一部分可以被推理？司法过程真的关心真相吗？人类对知识、真相和推理的所有无穷无尽的关注似乎就要破门而入了。开启这些问题，你将万劫不复。

回归尘世。并没有上帝会来震怒，但恐惧并非空穴来风：EPF 的潜在支流是无穷无尽的，认真对待事实是一项令人敬畏的探索。杰罗米·弗兰克对此的观点是相当明确的：事实世界的难以捉摸和纷繁复杂性是律师世界的核心部分。人们可以选择或者回避或者直面真相。弗兰克是最卓越的一位直面者，他的药方是坚定、沉着的美国同类物，一种成熟的弗洛伊德观念。[58] 完全成熟的法学家承认困难并继续工作。在这种观点中，对传统证据研究的主要反对意见

[57] 不过，边沁的《司法证据原理》已经被作为“现代英国法律史经典”之一部分而以影印版形式重印了（New York，1978）；威格摩尔的《科学》（第三版）可以在国际大学缩微胶卷公司（University Microfilms International）以影印版或者微缩胶片形式获得。迈克尔和阿德勒的著作并不容易接触到，除了上述所援引的杰出系列论文，n. 24。列维的油印材料在美国的许多法学图书馆中都能找到。

[58] See especially Frank（1930）.

在于它回避了难题。相对自满的常识经验主义的一个传统是集中关注司法过程中最为形式化也最为公开的那部分，并且将更多的注意力投入到排除规则而不是那些影响决策者的信息的收集、处理、出示和衡量。这一过程的合理性大体上是假定的；真理的难以捉摸仅仅被承认。在彼拉多*的嘲笑中又有一个好的先例。什么是真相？证据学者们会问道，而不会停下来寻找一个答案。

让我将我对这 4 种反对弗兰克主张之现代版本的观点重述一下。对于“我们已经做了”这种观点，我的回答是这仅仅是部分正确的，事实认定还很少像这样以一种系统的、全面的和严格的方式直接进行研究。对于“太轻松”或“没必要”观点，我的回答是这也仅仅是部分正确的，但是 EPF 的一些重要方面——就传统法学教育的这些方面而言可以得出同样的主张——被认为既具有实践重要性，也具有智识需求。对于“不道德”的观点，我的回答基本一样：这个问题并非独属于事实研究。对于“太难”观点，我的回答是：就那些有关可行性的观点而言，它们是不足为信的；就那些基于智识难度的观点而言，它们是卑劣的；而就基于缺乏合适的文献而言，它们是不正确的。对于“它无法完成”的最有力回应便是指出它已经完成了——常常完成得相当好。就那些有关优先性的观点而言——比方说，没时间将额外的材料塞进去了——我只想指出 EPF 应该从其价值来考虑。证据规则研究值得比证明原则研究获得更高的优先性或者上诉案件本身是比初审记录更好的教育材料都并非不证自明。 29

尽管目前为止所考虑的反对意见中有些有说服力，但我并不承认它们是说明现状足够的正当理由，它们自己未能对于这种失衡之矫正的反复诉求之回应的相对失败提供一个合理的解释。我也不认为学术保守主义和惯性——无疑是有力的因素——提供了这缺少的一环。我并不指望能毫无遗漏，我只是希望能简要地考虑两个进一步相关的促进要素：法学学术之规则中心主义传统的地心引力和其批评者在 EPF 方面无法构建一个**融贯**的理论替代。

对美国现实主义运动——弗兰克被公认为这一运动的主要成员之一——的一个解释是它代表着对于法学学术的规则中心主义观念——这种观念为美国的兰德尔主义和英国的阐释性传统所例证——的相对多样且松散结合在一起的一系列反应。根据这一观点，现实主义者所回应的是一种传统，但他们批评或反对这一传统的理由则是各异的。从肯定方面说，他们共享了一个单一的理念，这可以用一句常识来表达：对法律的研究比对规则的研究要有更多的东西。将

* 彼拉多（Pontius Pilate）是罗马委任的犹太国总督。他审讯耶稣，当耶稣说，我来到世间是为了传播真理（truth）时，他嘲笑地说：“真理是什么东西?”（《圣经·新约·约翰音》第十八章）——译者注。

规则是一种神话或者仅仅是预测或者是不重要的这样一种观点归功于现实主义者，对几乎所有的现实主义者来说都是一种讽刺，和指出阐释者严肃地否定那个将现实主义者联合在一起的核心常识对许多阐释者是一个讽刺一样。现实主义者对传统不满的原因在一些重要方面是多样化的——一个基本的考虑是实务者本位主义的：如何缩小法学学术与法律实践日常现实之间的鸿沟？另一个则是科学本位的：如何发展出一套经验主义的、研究导向的、远离实务者之日常关注的法律科学？一些现实主义者着重以改革的角度批评现行的法律制度、规则和实践。不能认识到这种关注点上的多样性就无法认清替代性解决方式或者计划之相应多样性所表明的核心要点。建构一套更为开明的职业培训体系这项事业与发展一套经验性法律科学或者为改革主义者或法律秩序的激进批评者发展出一个基础相当地不同。[59]

阐释性传统之韧性部分在于它已经建立（或者被认为已建立）一个稳固的内在“融贯”性：法律是一个规则系统，法律的研究包括对这些规则的阐释、分析以及偶尔的评价。这种研究的原材料是法律的主要渊源，核心问题是争议性法律问题。为了满足提出更广泛的问题——将非法律材料等包括在内，可能会或者已经作出让步，但显而易见的是这些问题属于外围而不是核心。在核心课程方面，研究的起点和主要科目都是规则。因此，证据研究也就自然而然地被等同于有关法律问题的推理了。这种传统的韧性很大部分应该归咎于其融贯性。

当像霍姆斯、弗兰克和卢埃林这样一些现实主义者打开潘多拉盒子的时候，他们似乎将几乎难以计数的可能的探究方法释放出来了。如果只有规则研
30 究是不够的，那么，怎么才算够呢？危险在于没有什么能被排除出去，一切都是相关的。为了有效应对，必须直面这一难题并发展出新的**融贯性**。遗憾的是，像霍姆斯和弗兰克这样的领导者在诊断方面要强于开药方——他们中没有人曾经在法学教育、法学研究或法律改革的融贯计划方面发展出全面的含义。[60] 卡尔·卢埃林——已经有理由指出——在其晚年退回到了《统一商法典》的相对安全的基础以及上诉法院的研究。像库克（Cook）和摩尔（Moore）这样的科学家则低估了他们为自己所设定的任务的艰巨性，尽管已经有了一些引人注目的具体成就，但它们都是零散的、多样化的，没有建立一

[59] See generally，Twining (1973) .

[60] On Holmes，see Twining (1973a) . See Frank (1949)，ch. 16 and at 422 - 3，and (1947) for his prescriptions.

个或多个新核心。

这种失败的一个原因是理论的失败。因为理论化的一个主要功能便是提供融贯性——将联系描绘出来并发展出一个系统的、内在一致的整体看法。但现实主义者基本没有做到这一点，他们追逐着他们掀开盖子所放出来的一些特别的野兔（或其他动物），但却未能将这些各异的动物集合在一起归入任何秩序种类。

在这种组织性理论方面，证据研究比大多数学科受到更好的对待。边沁的理论意图将逻辑学、心理学和证据哲学整合在一起，并且为不具有强制性的排除规则提供了理由。而且，边沁的证据理论被包容在一个裁判理论之中，该裁判理论理论反过来在作为其一般法律理论之一部分的《宪法典》中具有一席之地。[61] 威格摩尔的证明理论尽管关注点更为狭窄一些，但却将逻辑学研究和法庭心理学、法庭科学与证据规范结合在一起。正如人们可以预期的是，它们都属于一个有关法律过程的相当乐观的理性主义传统，都过分关注法庭，在许多方面都已过时。但边沁和威格摩尔（及其他理论家）的遗产提供了一个令人印象深刻的基础，从这一基础可以开始发展出作为法律学术广义概念之组成部分的 EPF 的一个系统理论。

这样一个理论也许有助于提供一种融贯性，这种融贯性恰恰是取代具有很强持久力的规则中心传统所必需的。首先，这样一个理论需要在独立于其教育意蕴的情况下来构思[62]——因为过分关注日常现实和学术生活的限制将对理论建构产生一种扭曲的影响。但一些基本根据由于在法学学术的一种宏观框架内发展 EPF 的一种融贯理论而存在了。[63] 当发展出这样一个理论的时候，杰里米·弗兰克的想象——其更为稳健的方面——在实践中也将实现。

---

[61] See especially Halévy〔(1928)：1955 edn.〕at 373 ff. and Postema (1977).

[62] *TEBW*, ch. 2.

[63] Cf. Kalven, above, n. 14，关于“在法学院世界中研究之相关性的唯一标准在于你是否能够讲授它”这种奇怪而且错误的观点。

35 第三章　证据法学的理性主义传统*

先前通过暴力方法或对形式的机械遵从所进行的审判而今已经为理性方法审判所取代了。

——塞耶①

在莎士比亚的《理查二世》一开场，波林勃洛克和毛勃雷——诺福克公爵被叫到国王面前“彼此互控以叛逆的重罪”，争论双方都急于在竞技场上为自身的忠诚辩护并且证明对方是叛逆者。在他们来到理查之前，理查问刚特这场纷争是基于宿怨还是因为“尽一个忠臣的本分，知道他确实有谋逆的行动”。刚特回答说：“据我从他嘴里所能探听出来的”，并不存在什么宿怨，而是因为看到对国王的危险。理查如此回答：

那把他们叫到我们面前；面对面地
横眉相对，而我们自己将倾听
原告和被告，尽情去诉说

只有在他们尽情说完而且理查和其他人未能说服他们和解之后，理查方才不情愿地同意让

……你们的短剑和长枪
来解决你们势不两立的争端②

他们重新汇聚在科文特里准备决斗，但在最后一刻，国王的干预使这场战斗戛然而止，并且将纷争双方都给予流放，一个以和平方式解决一场灾难性攻击的经典例子。

在这里，我们无须对于莎士比亚对这一过程的记述的具体准确性过于关注，也不需执著于将这种纠纷解决模式说成已经涉及了一场政治上抑或其他的

---

* 本文首次发表于坎贝尔（Campbell）和沃勒（Waller）所编辑的纪念理查德·埃格里斯顿爵士（Sir Richard Eggleston）的文集（1982年）之中，一个缩略版曾出现于威廉·特文宁的《证据理论：边沁与威格摩尔》（*Theories of Evidence*：*Bentham and Wigmore*）（1985年）中。这一章是前面两个版本的修订与扩展版本。作者希望感谢澳大利亚法律图书公司，他们好心允许我复制了这篇文章。

① Thayer (1898)，198－9.

② 引自 Shakespeare，*Richard* 11，I. i.。

"诉讼"是否恰当。[③] 但值得指出的是，在这个传统上被视为"非理性的"诉讼方式的例子包含着这样一些成分：坚持某种特定主张；被告和原告在权威面前进行对质；各方都有被倾听的机会；争论"筛选"（sifted）（两次）[④]；说服当事人和平解决纠纷的努力；诉讼每一阶段由国王个人的合法权威来最终控制，但最初的启动以及有关如何进行的一些决定由当事人来控制。这是一个正式的对抗程序，由权威进行监督，在大部分阶段都涉及争论和裁决。主要的"非理性"因素——通过武力来进行证明——被视为一种最终手段并被设计成通过诉诸上帝来保护正义的决斗者。 36

在特定的情况下，也许有一些可供选择的理由去通过其他方式——比如投掷硬币或者决斗或者将胜利赋予得分最多的或者通过对一个人将手伸进沸腾的油锅里的后果进行观察——而不是推理与论证来解决某种争端、分歧或者竞赛或者游戏。有些人也许可以通过一些理由来证成（justify）对这些方式的选择，但这些方式本身就不被认为是塞耶意义上的"理性的"。"理性的"方法是在争议性事实和法律问题的裁决上运用理由（reason）——只要是合乎情理的。有关合理性的这种独特观点被塞耶简要概括如下："任何通过法院在理性的天平上衡量证词或其他证据并且像现在那样来裁决被诉问题的判决"[⑤]。

本文的目的在于通过对英国和美国证据专业研究发展过程中的一些代表性人物的历史性和分析性考察来研究当代证据与证明研究的一些背景。下一节通过对这一传统内的一些精英作者进行简短考察的形式呈现了一个历史性的纵览。第二节包含了一个有关裁判中事实认定的一些基本假设的重述，这些假设似乎已经为几乎所有的主流证据专家作者们所共享。他们可以被认为拥有一个共享的基础理论，这个理论可以被命名为乐观理性主义。有关证据的传统文献和许多新近关于司法过程的写作之间无论在风格还是研究重点上都存在着鲜明的对比，但在第四章中，我将表明这些差异也许并没有像它们表面上所呈现出来的那样巨大。

③ 对纠纷解决的"非理性"模式的权威记载，包括 Thayer Treatise，ch. 1；Lea（1878）；Goitein（1923）；Caenegem（1973），ch. 3；Diamond（1971），esp. ch. 21；Roberts（1979）；Hyams（1981）。在一篇妙趣横生的论文中，Ireland（1980 年）发展了这一主题，他发现在文学的其他地方，在许多情况下，审判法与决斗是处于边缘的且十分罕见的（Cf. Harman J in Serville v. Constance [1954] 1 WLR 487，at 491），对于特立尼达岛的次中量级冠军头衔的冲突性主张无法通过决斗来解决而深感遗憾（On Judge Bridlegoose，see below，117－22）。

④ 不过，未作任何努力来传唤或询问证人或者举出其他证据以支持所主张的事实。

⑤ Thayer（1898），10，n. 1.

一、英美证据研究：一个历史性纵览

基于当前目的，试图追溯证据研究之思想史的所有方面是没有必要的。这样一种论述将不得不将古典和中世纪的修辞学的贡献、有关欧洲数字证明制度的争论、概率论的历史、法庭科学和法庭心理学在19世纪晚期的出现以及其他许多方面都包含在内。⑥ 但通过勾勒出从吉尔伯特1734年《证据法》出版到1943年威格摩尔过世之间英美法传统上的证据专业研究历史来进行考察是富有启发的。出于行文上的方便，这个叙述将大致被划分为4个阶段：(1) 1800年之前；(2) 1800—1850年阶段，以边沁的著作、英国第一代专著的产生以及有关证据法改革的第一轮公共辩论为标志；(3) 1850—1890年阶段，在此期间，有关改革的辩论发生在英国、印度和美国，还有美国第一代证据法学者们出现并开始统治这一领域；还有 (4) 被威
37 格摩尔统治的1900—1960年阶段。⑦ 下面这样一个概览将讨论从吉尔伯特到威格摩尔之间的重要作者们，出于表述的方便，有时候可能会偶尔背离严格的时序。

(一) 1800年之前

证明问题同法律本身一样古老而又无处不在：有人因而期望它们即便在最早的法律文献中也会有所反映。就英国而言，这种观点只有在非常限定的意义上才是正确的，因为，像这样致力于证据和证明的大量文献的发展还是一个相对晚近的现象。之所以如此，有以下几个原因：在一个相当长的时间里解决争议性事实问题的主要方法并不需要一套证据制度；早期的神判、决斗和免罚宣

⑥ 关于修辞学，see, e. g., Kennedy (1963, 1972, 1980); Perelman and Olbrechts-Tytecha (1971); Goodrich (1986)。关于数字证明制度，see Kunert (1966/7)。关于概率理论的历史，see Hacking (1975) and Shapiro (1969, 1983)。关于法庭科学的历史，see Smyth (1980) and Lambourne (1984)。关于法庭心理学，see Lloyd-Bostock (1980, 1988) and Trankell (1982)。关于程序的比较研究，see Damaska (1973, 1986)。关于刑事程序的历史，see Langbein (1974, 1978, 1983)。[有关更为新近的历史性文献，参见前文序言。]

⑦ 包括对证据法作者在内的证据法史的整体考察，可以在1 *Wigmore Treatise* (Tillers rev., 1983), s. 8中找到，该书还包括一份有用的参考书目；Holdsworth (1903—38), esp. 1, 299-312; 9, 127-222; 12, 365-7; 13, 466-8, 504-10; 15, 138-42, 307-10; Holdsworth (1925), 116ff.; Nokes (1967), ch. 2。塞耶的专论依然是证据法史诸多方面的经典研究。See also Wright and Graham (1977), ch. 1. "现代英美的重罪案件刑事程序的一些最基本特征形成于18世纪的英国：证据法、对抗制、免于自证其罪特权以及用于调整法官与陪审团之间关系的主要基本规则"〔Langbein (1983), 2〕。这一论断的许多证据都收集在Langbein (1978)。本章中所讨论到的几位作者的简短传记可以在Simpson (ed.) (1984) 中找到。

誓审判（compurgation）[*]等方法以及正在形成的陪审团，都不要求由对所诉事实缺乏第一手认知的裁判席作出判断。证据规则的早期历史就是不同规范在不同阶段形成的历程；封印文件的终局性效力是一个早期的发展；与证人资格相关的规则——19 世纪的一种重要战场——主要确立于 16 世纪；免于自证其罪特免权于 17 世纪扎根于普通法；对传闻规则的来源存在颇多争议，但相当清楚的是直至 1600 年之后它才被牢固树立起来。每一个证据规则都有着其自身间或晦涩不清而又常常盘根错节的历史，有时候，独立的先例会早于对某种惯例的承认，而有时候惯例会先于规范表达。就有时会被视为“现代制度”的证据法而言，它很大程度上是一个 18 世纪晚期至 19 世纪早期由二手作者们从横跨数个世纪的资料中形塑而成的产物。

在 1794 年对沃伦·黑斯汀斯（Warren Hastings）的审判中，据称伯克（Burke）[**] 这样说道：“确实存在一些关于证据法方面的著述，但是非常概括、抽象，所涉及的范围如此之小以至于他所认识的一只鹦鹉能够在半小时内将它们背熟并在五分钟内将它们复述完毕。”⑧

除了作为一名非法律人的演说者所应容许的语词上的夸张之外，这种说法离同一时代的法律职业人员对证据法的印象距离并不遥远。由吉尔伯特所撰写的第一部重要著作尽力将证据法整体纳入一条单一的原则——“最佳证据规则”——之下。布勒的《与初审相关的法律引论》（*Nisi Prius*）——一部非常有影响力的著作——一开始将证据规则归纳为 9 个命题，后来则为 12 个；要是有人看看考米恩（Comyn）的《法律汇编》——即便是晚至 1822 年的那一版——中的“证据（Evidence）”部分——当时被命名为“证据（Testmoigne）”[***]，（会发现）也只是占据了这部截至当时为止 8 卷本中的不到四十页篇幅。布莱克斯通在这一主题上也仅仅花费了 10 页多一点的笔墨。

对证据法作为一门尚未成熟的法学分支这样一种感觉主要基于几个原因。第一个原因是那些后来视为相关的先例都散落于报告（reports）和摘要（digests）之中。在 17 世纪，像斯太尔（Style）和杜肯比（Duncombe）等人的 38

[*] 免罚宣誓审判：旧时一种判案方法，其中被告人可以找 11 个人以宣誓的方式证明他的无辜——译者注。

[**] 伯克（1729—1797）：爱尔兰裔的英国政治家和作家，主要作品有《关于法国革命的感想》（1790 年）——译者注。

⑧ Lords' Journal，25 February 1794. 关于伯克对“最佳证据规则”的解释以及基督徒对其的挑战，see Thayer *Treatise* 492 - 5。Cf. 1 Wigmore *Treatise*，237. [有关现存的作为一个原则的“最佳证据规则”，see Nance (1988)。]

[***] Testmoigne 是一个古法语，意思就是证据——译者注。

实务性书籍在“证据”的名目下将一些案例收集在一起；而黑尔（Hale）（1682 年）和哈金斯（Hawkins）（1716 年）论述刑法的早期著作便已经独立出一些章节来论述这一主题了。但是，在 1800 年之前，将证据作为一门明确的学科的长篇论述还几乎闻所未闻。出版于 1717 年、由威廉·纳尔逊（William Nelson）所撰写的一部《证据法》摘要性作品也许便是最早的例子。一部名为“证据理论”的匿名作品在 1761 年出版，随后便和吉尔伯特一同被归为“最佳证据规则”泛化的根源，而这种泛化成为 19 世纪的作者们造成持续性困难的根源之一。这部作品的作者被认为是亨利·巴瑟斯特（Henry Bathurst），他后来成为了大法官（Lord Chancellor，1771—1778）；他的许多工作最终都融入《与初审有关的证据法》一书的引言当中，这部作品首次由巴瑟斯特的侄子弗朗西斯·布勒出版——同样是匿名——于 1772 年。有一些作品则早已被遗忘，比如摩根（Morgan）3 卷本的《证据法散论》（1789 年）尽管公开出版了，但似乎未曾产生什么影响力。到目前为止，在 1800 年之前有关证据法的最为重要的专著便是吉尔伯特的著作《证据法》，这部作品将在下面讨论到。

无论是专门性著作还是那些将证据法作为某些更大主题之一部分而特别倾注心力的作品都未能以一种系统的方式来论述这一学科。即便是到目前为止最为系统的吉尔伯特的著作也比一本将案例收集在一些凝练的、松散地联结在一起的抽象命题之下的案例摘要好不了多少。正如一些二手文献所反映的，在伯克说话的那个时代，的确有一些理由来相信证据法应该被视为一门“非学科”（non-subject）。

还有另外一个因素有助于解释 18 世纪末对这一问题的职业感觉。这就是法律报告（law reporting）的剧增，尤其是在初审当中。威格摩尔是这样来论述这一问题的：

> 公元 1790—1830 年，这一体系的高潮现在已经来临。相对于之前逝去的时代，在接下来的那一代，业已确立的原则开始发展成无法计数的规则和先例细节。在皮克（Peake）、埃斯皮纳斯（Espinasse）以及坎贝尔那些集中在 1790 至 1815 年这四分之一世纪中的初审报告当中，有关证据的裁定也许比之前两个世纪所有报告有关证据的裁定还要多。在这一发展中，主要的影响将是显而易见的：这就是出版的初审裁定报告的增加。[9]

⑨ Wigmore, *Treatise.*, 238.

(二) 吉尔伯特

从 1722 年直至他去世的 1726 年，吉尔伯特一直都是财政法院（Court of Exchequer）的首席法官。他是位多产的作者，但几乎所有的作品都是在其身后才得以发表的。《证据法》被以多个版本出版，但第一个版本是在 1754 的都柏林，而最后一个版本是于 1801 年在伦敦由 J. 塞奇威克（J. Sedgwick）编辑出版。这部作品在其延迟 30 年出版后还能成为也许是边沁之前唯一一部最为重要的有关证据的著作，这本身便是其品质和独创性的一个明证。吉尔伯特的风格是简洁而又雄辩的，但他成功应该归功于这样一个事实：他着手以盖然性概念为基础建立起一套紧凑、融贯的证据理论。《证据法》以洛克作为开篇： 39

> 首先，一位非常博学的学者已经观察到，在完全确信（Perfect Certainty）与证实（Demonstration），然后下降至不太可能（Improbability）和不大可能（Unlikeliness）直至不可能之极限（Confines of Impossibility）之间存在着一些刻度；而且有一些内心反应与这些证据刻度相适应，它们可以被称作赞同程度，从完全确信（Full Assurance）和确信（Confidence），下降至推测（Conjecture）、怀疑（Doubt）、不信任（Distrust）直至完全不信（Disbelief）。[10]

证实是建立在通过“人类自身固有的判断力”对一些永久性事情的清楚而又直接的感知之上的。生活中的事情仅仅允许在例外的情况下才获得证实，因为它们一般与稍瞬即逝的行为相关，而这些行为常常无法被清晰地感知或者为其他人所报告。因此，在民事生活中人们的权利不得不以一些弱于证实的东西——也就是盖然性判断——为基础来加以确定。吉尔伯特以这种显然为洛克的知识论为基础着手建立起一套裁判的证据理论。

因此，与**证据相关的**第一个，也是最为显著的**规则**就是人类必须拥有**事实性质**所能拥有的最大限度的**证据**，因为法律的设计就是为了获得对**权利问题**的严格**证实**；没有了**事物性质**所能拥有的最佳**证据**，也就没有了某个事实的**证实**。[11]

在采用了这个对“最佳证据规则”非常抽象且相当严格的表述——据说是他取自霍尔特（Holt）的——之后，吉尔伯特着手建立起证据的不同等级并且

[10] Gilbert (1754)，1. 关于吉尔伯特的专论同黑尔以及 17 世纪更为宏大的知识进展，see Shapiro (1983)，ch. 5。See also Abu Hareira (1984，1986).

[11] Gilbert (1954)，4.

根据某些趋向于一个形式层级的概率而将它们进行分门别类，其中，公共记录作为最佳证据位于顶端。

《证据法》被认为是在其 1754 年首次出版之后的大约五十年中该学科的最主要著作，并且在 1791 年至 1891 年间至少再版了 4 次。这不仅仅是一种商业上的成功。巴瑟斯特将它作为一个榜样；皮克，19 世纪第一本重要专著的作者，对吉尔伯特的影响表达了热情洋溢的感谢；后来的其他几位作者同样如此。布莱克斯通小心翼翼地回避了证据法“为数众多的细节和区别”，转而将吉尔伯特的专著作为“一部无法在不丢失某些精华或者破坏整体链条的情况下进行摘抄或者删减的著作”[12] 介绍给他的读者。吉尔伯特被他的崇拜者视为已经在一个融贯的理论框架之内以一种清晰、简明而又有用的方式来论述证据法，这是驱使着边沁去进行一种恶毒的攻击的部分原因。

“（吉尔伯特）的虚假理论”是边沁的《证据原理引论》（*An Introductory View*）的第三十章和附录 C 的主题，该著作于 1802 年至 1809 年写就，但直到三十年左右后方才得以出版。[13] 据边沁看来，吉尔伯特之错误的直接原因在于一个瑕疵的体系安排，而最终原因在于法律共同体将这一学科陷于并保持混乱的邪恶利益；在其他因素结合之下，虚假理论的结果错误地赋予书面证据以
40 超越口头证据的优先权。通过将书面证据与口头证据之间的分野作为他们体系的基础，吉尔伯特和他的后继者们被倒向了几个错误：他们忽视了实物证据，对间接证据关注不足并且忽略了几个至关重要的区分。比方说，吉尔伯特未能在几种不同的权宜之计（makeshift）和预约性证据（pre-appointed evidence）之间作出区分。将书面证据放置在非书面证据之上的错误是基于对文件的真实性（verity）和确实性（authenticity）的混淆。也许很少有档案是不确实（authentic）的，但却有许多显然是不可信的。在他的盖然性层级中，吉尔伯特已经将立法机关和堆积在威斯敏斯特国库中的王室法院（king's courts of justice）的法律备忘录置于首位。在嘲笑首席法官对数学之偏爱的同时，边沁指出，吉尔伯特将这些记录看成了由一群“超级神圣的超人群体”所创制的。[14] 但是，官员也仅仅是常人而已，他们的可信性需要通过与其他人一样的检验方能确定；而法律记录是众所周知的不可信，“真相和谎言的混杂物或者蓄水池不加区分地搅和在一起，天知道由谁书写，保存也毫无顺序，也极少——如果

[12] 3 *Commentaries*, ch. 23 .

[13] V1 *Works*, 142 - 5, 183 - 7.

[14] Ibid., 144.

有的话——为威斯敏斯特大厅的法官们所过目”[15]。在边沁眼里，它们更多的是法律拟制的仓库，并因此特别值得质疑。[16] 在批评完吉尔伯特的层级的其他方面之后，边沁总结道：“在这本人们希望从中理解真正证据理论的著作中，贯穿全书的是这样一种文风：老态龙钟、喋喋不休、眼光短浅、荒诞不经、谬种流传以及无休无止的自相矛盾。”[17]

边沁对吉尔伯特的理论的攻击与他在有关证据方面的写作中常常能够见到的那种好辩文风一样的犀利。他还顺带着对一些熟悉的靶子进行挖苦嘲笑——法律拟制、法官造法（judge-made law）、普通法与衡平法的双重渊源以及“法官及共同体（Judge and Co.）”神秘化的邪恶利益。从表面上看，主要目标是吉尔伯特的分类体系，但攻击的真正目标是试图通过形式规则来对盖然性判断进行规制的努力。

从某种重要意义上说，吉尔伯特的主要成就就是为边沁提供一个可确定的用以攻击的靶子。在吉尔伯特之前，很难说有一个可供批评的“证据法”。作为这一法律分支最为融贯的，也最具影响力的阐释者，吉尔伯特提供了一个重要的关注焦点，而且，他的理论在边沁看来显然是错误的。

错误的直接来源在于一个有瑕疵的分类体系，但问题的核心是这样一种看法，即证据的分量（weight）无法通过刚性规则来规范。通过“盖然性规则”来加以表述，吉尔伯特已经将可采性问题与分量问题合并在一起，并且提出这两个问题都可以通过形式规则来予以规范，而边沁相信，前一个问题不应该通过形式规则来加以规范，而后一个问题无法通过形式规则来予以规范。这个已经被某位现代评论者命名为“错位的数学化”[18]问题不过是一种试图对一个完全无法被规范的主题进行形式化的具有普遍缺陷之努力的另一个征兆罢了。吉尔伯特理论的那种引人注目的简明和表面上的精致无疑使其看起来更具危险性。

边沁的批评已经在很大程度上为历史的判断所证实，尽管他自己的观点直 41
至他死后方才得以公开、发表并因此不太为人所注意。吉尔伯特的大多数后继者们，无论是法官还是专著作者们，包括皮克、菲利普斯、斯达克、格林列夫、泰勒、贝斯特在内，都将“最佳证据规则”视为基础性原则。有些人奋力想从这一紧箍咒中挣脱出来，他们首先控制其适用范围，而后将其从一条刚性

⑮ Ibid.，186.

⑯ Ibid.，144.

⑰ Ibid.，186 - 7.

⑱ L. J. Cohen (1980a).

规则的地位降低至一条审慎的原理。但是纵观整个 19 世纪，正如塞耶最终指出的，它变得更为刚性，它从一条将大多数可信的证据种类——尤其在书面证据方面——都给予提交的肯定性忠告逐步转变成一条时而导致富有价值之证据的流失、时而使区分（distinctions）与例外纠结在一起的刚性规则。[19] 塞耶总结道："吉尔伯特在其尚未成熟的、野心勃勃的同时也不甚恰当的努力中将约翰·洛克的哲学作为一种粗陋的开端与法院的常识性的、无意识的成果朝着作为一种整体的证据规则方向调整，这种做法只能使问题变得更糟而不是有所助益。"[20]

对于试图提供一个融贯而且以原则为出发点的证据理论的第一次认真的尝试来说，这无疑是一种苛刻的评价，特别是这种尝试在作者生前并未公开发表，它后来被解释得比作者本来可能意图的更为刚性。但是，吉尔伯特的理论是错误的并且已经造成一种有害的影响这样一种观点无疑是占据上风的；同样地，在 19 世纪是边沁的概念体系而不是吉尔伯特的概念体系占据了上风，这不是因为他对吉尔伯特的攻击（这种攻击被隐藏在几乎不为人知的《证据原理引论》中），而是因为这是边沁的被后来的大部分作者们采用的证据理论的一部分。

（三）边沁[21]

边沁在证据方面的主要著作是完成于 1802—1812 年，但是他对这一学科的兴趣贯穿于他的整个著述生涯当中。他在证据和程序方面的著述相当广泛：除了主要发表的作品——《司法证据论》〔杜蒙（Dumont）编〕、《证据原理引论》（詹姆斯·密尔编）、《司法证据原理》（J. S. 密尔编）以及《司法程序原则》〔理查德·多安（Richard Doane）编〕——之外，还有其他一些讨论到该学科的著作；留存下来的尚未发表的手稿数量与已经公开出版的著作文集几乎一样庞大，尽管它们当中有许多是描绘了后者的早期版本。[22]

伊列·海勒威（Elie Halévy）写道："在边沁所有的著作当，《司法证据原理》……无疑是最卷帙浩繁的，而且无疑也是最为重要的。"[23] 在约翰·斯图

⑲ Thayer (1898), ch. 11.

⑳ Ibid., 506.

㉑ 有关边沁论证据的一个详细论述，see *TEBW*。

㉒ 在这些当中最重要的是《苏格兰改革》（*Scotch Reform*）和《上议院法庭》（*Court of Lords Delegates*）。前者的一个简化版出现在 V *Works*, 1-53；克莱尔·戈碧（Claire Gobbi）女士最近的研究表明在边沁论文中那些未发表的部分有很多很有意思的东西。详细内容 see Twining (1986) and *TEBW*。[边沁项目最近已经重新启动与程序法和《苏格兰改革》相关的手稿的研究工作。]

㉓ Halévy (1955 edn.), 383.

亚特·密尔的编辑下，它的篇幅几乎达到了 3 000 页。在这里无法对其论述的丰富性、多样性以及偏执性作出公道的评价，但可以将其核心理论简要概括如下：程序法的直接目标在于裁判的正确性，也就是将有效的法律（被假定为符合功利主义）正确地适用于真实的事实。而间接目标是将讼累、费用和耗时所带来的苦痛最小化。而直接目标与间接目标之间的冲突是以功利主义为基础来 42
确定的，但边沁在他的计算当中无疑将对裁判中真相的追求确立了一个非常高的价值。有关事实主张之真相的判断是通过考量相关证据来作出——“证据是司法公正的基石”㉔。这样一种判断是以对盖然性的评估为基础的，而对盖然性的评估反过来以经验为基础。最有助于推进司法目标的裁判体系是与技术体系（Technical System）相对的自然体系（Natural System）。自然体系将下列场景作为其原型：圣明的父亲处于家庭的核心来作出裁判，纠纷各方面对面，作出口头证言并接受交叉询问。没有证人——包括当事人本身——和相关证据会被排除，他们也不会遭受主要的讼累、耗费与延迟（vexation，expense and delay）：“纠纷也许是这样的——察看一切所能看到的；倾听每一位可能对该问题有所知晓的人；倾听每一个人，但最需要注意的，也是最为重要的是，倾听也许对问题了解最多的那些人——当事人。”㉕

从意义上看，边沁的核心理论大多是批判性的，它由有关技术体系的非必要的复杂化、荒谬性与含混性以及有关那些支撑着英格兰制度体系的法院和法律职业（“法官及共同体”）的邪恶利益等一系列持久的争论组成。边沁还攻击了所有的证据排除规则（“不排除原则”）以及认为证据的分量可以受到形式规则的规制这样一种观点，我将边沁的这种立场称为反规范论（the anti-nomian thesis）。然而，《司法证据原理》也存在肯定的一面，因为边沁对下列问题进行了详尽的论述：证人和证据之可得性的保障形式、证据的正确性和完整性之保障，以及通过指示的形式对法官在证据分量方面进行指引。

边沁的《司法证据原理》以及其他多样混合的著述仍然代表着法律思想史上最为雄心勃勃，也最充分发展的证据和证明理论，最为接近的对手便是威格摩尔的“司法证明科学”，它支撑了他的伟大的《普通法审判中的英美证据法专论》，并且在他那本被忽视的著作《司法证明原则》（后来改为《司法证明科学》）（以下简称为威格摩尔的《科学》）中得到更为充分的但还仅仅是部分的

㉔ Ⅶ *Works*，384.

㉕ Ⅶ *Works*，599. 关于反规范论，see below，233 - 4，n. 81。

阐述。威格摩尔更为综合地（并且以一种更新的方式）来论述证明的逻辑学和心理学维度，也更为详尽地阐述了具体证据规范的历史、内容和基本原理。但边沁的理论在某些关键方面更为广泛：首先，他的证据和证明理论更为明确，也更为完全地同一种裁判理论融合在一起，这种裁判理论反过来成为一种普遍的宪法理论的一部分并最终成为一种普遍的法律理论的一部分。威格摩尔并未发展出一种能够与边沁的理论相比肩的全面的程序或者裁判理论。其次，边沁在证据方面的论述代表着对功利主义原则的一种直接而且相对简明的应用。正因为如此，它们是建立在一种清晰的价值理论基础上的，尽管是一种富于争议的理论。而包括威格摩尔在内的证据理论家们对于他们评价和建议的基础则不
43 是那么明确和融贯。最后，边沁在证据方面的论著包含了他对于认识论和心理学以及——范围相对小一些——逻辑学的一些最为广泛的讨论。在《司法证明原理》中，他阐述了什么可以被界定为一种建立在真理符合论——这很大程度上归功于洛克——基础上的经验主义认识论，这种认识论或许可以被称为认知主义（cognitivist）。而不那么明确的是，他提出了一种归纳理论，这一理论包含着一种对有关盖然性之推理的相当晦涩的描述，这种理论已经被——也许是准确的——描述为非数学主义（non-mathematicist）。[26] 除了论述盖然性推理之性质这样一个恼人的问题之外，几乎所有的在证据方面作出论述的主要作者们都采用了——往往是心照不宣——与边沁类似的认识论和逻辑观。我将在后面再回到这一点。

在这里，谈一谈有关边沁的反规范论也是合适的。这位比起其他人更为信奉一部完整的实体法法典之可欲性和可行性而不给法官造法留下丝毫裁量权的法学家本身同时是这样一种观点的极端反对者，即事实问题裁断方面的司法裁量权也应该受到规则的限制。乍一看来，令人费解。在这一方面，边沁对实体法和程序法的观点是否存在一种根本性矛盾是一个在专家当中争论不休的问题。[27] 但对于他有关证据规则的观点却是毫无疑问的：

> 从事务本质来说，为证据寻找一种确保公正裁决的可靠规则是完全不可能的，人类的心智太过敏感以致无法建立规则，这些规则只能提高一种坏的判决的概率。一位对真相公正的调查者在这方面所能做到的就是让立

[26] L. J. Cohen (1977)，54－6. 边沁的认识论——正如在他的虚构理论中所传达出来的——通常被认为超出其所处的时代。大部分证据法作者已经采用了洛克的经验主义的一个简化版，see Postema (1983)，37ff.；*TEBW*，52－68。

[27] Postema (1977)．进一步参见波斯特马（Postema）的杰出作品，*Bentham and the Common Law Tradition* (1986)，cf. *TEBW*；74－5。

法者和法官警惕这些草率的规则。[28]

尽管在《司法证据原理》中，边沁对不排除原则（non-exclusion principle）倾注了特别的心力，但他反对所有的证据规则：那些规范证据之可信性、分量和数量的规则全部都是有害无益的。这种反规范论表面上的极端倾向需要作出两个主要限定。第一个限定是，边沁承认，从理论上说，对一种主要事实与一种所谓的证据性事实之间联系的紧密性的判断也许可以有益地受到规范的规制："我想，让那些超出本能掌控之外的事务受到规则规制是一项——如果它还处于人类能力能够达到的地方的话——无论如何都必须留给那些上年纪的成熟者之娴熟能力的任务。"[29] 但他坚持认为，这样一种任务即使可以想象得到的话，当前也尚不可行。

第二个限定更为重要：边沁所反对的是针对法官意志的"刚性规则"，然而，立法者的作用是针对这种判断提供"指示"——一些常规的指引，他有时候甚至称之为"规则"[30]。这一点相当重要，因为后来有数位论述证据的作者已经对拥有证据的强制性规则而不是指导性原则提出质疑了，有些人甚至走得更远，远到对于就一些证据要点的裁决是否应该具有先例效力以及这样一些裁决是否应该受到上诉产生怀疑。即便是威格摩尔，也是在《模范证据法典》的争论中走得如此之远以至于提出，对法官来说，这一法典的规则应该是"指导 44
性而不是强制性的"[31]，他们的裁决只有在极端的情况下方才应受到审查。以此观之，边沁的反规范论是有一些杰出的同盟者的。

后来的英美证据法作者们在他们接受反规范论的过程中已经有所取舍了。除了相对较少的例外，他们都反对这样一种观念：证据的分量应该受到形式规范的约束。最为经典的表述也许是由威格摩尔作出的："因此，证明的原则代表着心智在证据性事实被陪审团采纳之后对其进行处理的自然过程，而排除规则则代表着独属于我们英美陪审团制度的人为法律规则。"[32]

在分量规则方面，边沁的观点已经基本取得了胜利。不过，有两个主要例外。首先，证据法仍然规定了与证据充分性相关的一些形式上的最小要求，比

㉘ Bentham (1825)，180〔以下简称《专论》(*Treatise*)〕。

㉙ Ⅵ *Works*，216.

㉚ See generally Bentham (1838—53)，App. A；Ⅵ *Works*，151-2；(1827)，B. 6；*Treatise*，180-3. 进一步参见下文第六章。

㉛ Wigmore (1942)，26，*ABAJ*，476，477.

㉜ Wigmore *Science*，5. 关于对传闻的论述，ibid.，944。

如说，在伪证罪、与共犯证据以及某些性侵害相关的案件中的补强要求。[33] 此外，民事和刑事证明标准也可以被解释为数量规则。其次，存在了这样一个争论即相关性问题究竟是不是法律问题。塞耶提出了这样一个观点："法律——没有提供相关性标准"[34]。斯蒂芬、贝斯特和威格摩尔已经在不同的时间里提出，"自然证据"受到了实证法规则的限制或者变更，结果是法院有时候将一些逻辑上相关的材料视为不相关（比方说，因为其证明力不充分或者为了避免问题的多样性）以及某些与相关性相关的司法判决具有作为先例的价值。这场纷争很大程度上是语词之争，基本上不会有什么实质性结果，因为并没划定清晰的形式界限，而且法官在这一领域倾向于沿着那些与边沁之主张相当协调的界限来行使其裁量权。很少有规范分量问题或者证据可信性问题的形式规则，在这一方面，边沁的胜利是重大的——如果不是完全的话。

与排除规则相关的观点则不那么简单。边沁的许多具体论点已经被采纳了，而他的一些主要靶子，尤其是将当事人和其他人排除作为适格证人，都已经基本消失了。

自他那时候以来的几乎所有变化都朝着取消或者降低排除规则之重要性的方向发展。这一趋势在英国比在美国总体上要走得更远一些，尤其在民事证据方面。但是，边沁的不排除一般原则还尚未被接受。像法律职业特权、一部分传闻、与先前定罪相关的规则以及其他一些对被告的保护性条款等一些规范，仍然牢固地确立着，而其他一些规范仍然是持续性争论的主题。排除规则已经被侵蚀了，但要将它们完全取消并非指日可待。[35]

但是，边沁的反规范论具有重大的历史意义。自他那时候以来，普通证据法规则的倡导者们一般都处于防守态势；证据法的真正范围——就强制性规则所规范的那些问题而言——已经逐步限缩，并且在当前比它被支持之时的范围要狭窄得多；而且有这样一个问题一直困扰着规则的阐释者们并向那些赞同法

[33] ［在儿童证人的案件中，应该参照1988年的《刑事司法法案》第34条（Criminal Justice Act，1988，s. 34）。关于对补强的进一步研究，see Birch（1995）。］

[34] Thayer *Treatise*，265. 进一步参见下文第六章。

[35] ［这种观点已经被证明为过于乐观的。无论在英国还是在美国，"反恐战争"已经导致了众多的改革，这些改革已经摧毁了众多的安全措施。布莱尔政府已经提出了一系列刑事证据改革，这些改革已经在几乎所有的案件中减轻了公诉方的负担。此外，还存在一股简化证据法并将之置于制定法基础上的趋势，不过是以一种分散的方式而远达不到法典化的程度。在另一方面，1998年的《人权法案》（the Human Rights Act）对刑事证据具有潜在的重要意义，这一点已经被意识到了〔Choo and Nash，2003），Roberts and Zuckerman（2004）32－37 et passim；Sedley（2005）at 7，Stein（2005）〕。进一步参见下文229，n. 29以及第六章的脚注。关于反对"废除主义潮流"和证据自由评价的一个强有力论证，see Stein（2005），ch. 4。］

律的一个更为宽广进路的人们也提出了挑战："一旦规则不复存在，在证据和证明方面，我们将研究什么？"[36] 但这已经超出了我的主题。我们必须首先简要地看一下 1800—1850 年这一阶段主要英国专著的作者们。 45

（四）19 世纪早期的专著

19 世纪的开端见证了为实务者撰写的一系列实务参考著作中的第一部，这一系列一直延续至今日。这一系列的第一部便是托马斯·皮克（1771—1838）的《证据法概要》（*A Compendium of the Law of Evidence*）。皮克是林肯会馆的一名出庭律师，后来成为高级律师（Serjeant at Law）。自 1790 年起，皮克便开始编辑民事初审案件报告，在这一阶段，有关证据的判决变得非常地显眼。皮克的报告因为清晰与准确而享有盛誉。他的《证据法概要》同样如此，该书于 1801 年第一次出版，并且很快便成为一部权威著作。它被倾向于作为一部实务参考书，将"一切不实用的东西都排除在外"，而仅仅以原则为重点。开始的几个章节——包括他对"一般规则"的论述在内——非常密切地追随了吉尔伯特和布勒，不过，他也将很多有关个人文书、证言以及证人证明的新材料包含在内，因此，它反映了法律上的最新进展，尤其是在证人的适格性与可信性之间建立了一条清晰的界限。皮克的思想或者进路基本没有什么原创性，但其阐述的简明、准确获得了甚至包括边沁在内的广泛赞誉。[37] 皮克的《证据法概要》的英文版一共有 5 版，最后一版是在 1822 年，在此之前，法律的进一步变更已经使其变得陈旧、过时了。

皮克《证据法概要》的第一版很快便被一部为实务者撰写的爱尔兰著作——勒尼德·马克纳利（Leonard MacNally）的《王室诉讼证据规则》（*The Rules of Evidence on Pleas of the Crown*）——效仿，该书于 1802 年出版于都柏林。尽管限制在刑事案件，但该书比皮克的要稍微长一点，不过，它似乎并未取得同样的成功。这两本书可以被视为在 19 世纪出版的一长串紧凑的著作的先驱，这些著作的作者囊括了哈里森（Harrison）（1825 年）、桑德斯（Saunders）（1828 年）以及加德（Garde）（1830 年），不过所有这些比起那些多次再版的权威著作来说产生的影响似乎要小一些。这些著作中最成功的是由罗斯科（Roscoe）和阿奇博德（Archbold）所撰写的。所有这些著作都有着限定性的、强烈实务性的目标，即主要作为具有参考作用的工具书，它们对于影

[36] Twining (1980a)，8－9. 关于现代证据法被过于夸大的重要性这样一种观点将在下文第六章中论述。

[37] See e. g. Ⅵ *Works*，6n.

响证据法的发展基本甚至完全没有抱负——尽管在阿奇博德的例子中，它可能的确发挥了实质性的影响，这部分是通过其遗留下的影响力，还有部分是通过其之于实务者和法官的方便与熟悉。[38]

（五）W. D. 伊文斯爵士

1806 年，R. 鲍蒂埃（R. Pothier）的一部有关债法的专著[39]的英文翻译在伦敦出版，该书还附有一篇长篇导论和以“注释：有关这一主题的英国法例证”为形式的一篇评论。这篇评论的篇幅比被翻译的文本要长得多。翻译者和
46 评论者都是威廉·大卫·伊文斯，他当时是在北方巡回区（Northern Circuit）执业的一名特别抗辩人和代理人（conveyancer）。[40] 伊文斯是一位精力充沛、雄心勃勃的人，他似乎从来就不是很满足于用他的潜在才能来担任律师或者作者。他先后担任过曼彻斯特的一名领薪治安官、兰卡斯特的郡领地的副大法官（Vice-Chancellor）并最终成为孟买的刑事审判法官，他于 54 岁时死于孟买。他在——但不限于——法律主题方面是位多产的编撰者和作者。除了对鲍蒂埃著作的编撰之外，他还出版了数部法律著作，此外，在他死后还遗留下一些未完成的手稿。作为一位有着广博知识和法律兴趣的人，他是一般法理学和比较法之价值的积极倡导者。1803 年，他就出版了一部有关曼斯菲尔德勋爵民事判决的两卷本研究[41]，不过，他在对鲍蒂埃的导论中曾经抱怨说“三年来几乎无人问津”。这部著作表明了他是曼斯菲尔德的一名狂热的——如果不是全无批判的话——信徒。他分享了他心目中的英雄有关“作为一门理性科学的法理学建立在道德公正的一般原则之上却为风俗和权威所改变”的观点[42]，这种观念为他论述鲍蒂埃提供了灵感和基础。

伊文斯翻译鲍蒂埃已经被公认为对 19 世纪英美合同规范的发展具有开创性影响。而他有关证据法的附录——其范围远远超过证据法对合同的运用——则被威格摩尔描述为“划时代的”[43]，因为其是对规则进行第一次理性分析并且为下一阶段有关证据的著述提供了理论基础。这或许夸大了伊文斯“注释”的重要性。但是，它是一个非常重要的贡献，不仅仅因为它标志着一种比吉尔伯特不那么刚性的一种进路。

[38] Archbold (1822). 有关这一阶段的专著，see Shapiro (1983)，ch. V。

[39] Pothier (1761，1806).

[40] Article on W. D. Evans in the *Dictionary of National Biography*.

[41] W. D. Evans (1803).

[42] Ibid.，Preface，iv.

[43] 1 Wigmore *Treatise*，238.

伊文斯对曼斯菲尔德的研究主要是由一个其更为重要判决来组成的，附带零星的评论；着重点主要在一般原则上，有关证据的一部分是全书最长的一部分。与此类似的是，在鲍蒂埃的《债法》中附录占据了近两百页，这几乎是鲍蒂埃所撰写的相关部分的两倍长；而且还有一个论述法律与事实之区别的长篇附录。毫不奇怪的是，在对证据的早期论述和后期论述之间存在着相当的相似性并且有一些重合之处。公道地说，伊文斯的普遍性进路和其有关证据的思想是曼斯菲尔德主义的。

伊文斯是普遍法理学的早期倡导者，他将之视为等同于万民法（*ius gentium*）。他证成其引介鲍蒂埃的理由在于对外国制度的研究将帮助他辨别出“那些伟大而又基础性的原则，这些原则是从那些平等地分布于全人类并且不会随着时间或地点的任何改变而更改的自然理性中演绎出来的……”[44]。鲍蒂埃的进路是基于相似的理念并且其已经被评论说他勾画出了“18 世纪法国合同的一幅理想图景”[45]。伊文斯的评论着重于英国和法国原则的相似性，有时候达到过于轻信的程度：即便英国证据法理论处于完全不发达的状态以至于容 47
许一定程度的阐释，但说证据和证明的普通法与大陆法进路之间的区别不过是具体法律体系的一些修正而已无疑是具有误导性的。

伊文斯的评论相当紧密地遵循鲍蒂埃的排序。在对包括“最佳证据规则”在内的普遍性问题进行一个简短的描述后，他首先论述书面证据，与证明文书相关的法国规则被发现比英国的类似规则要更为系统，也更为正式。在论述口头证据的时候，伊文斯指出：在禁止采纳口头证言来变更或者解释书面合同方面，法国法比英国法要走得远得多。而且，当合同所涉标的超过 100 里弗时，也没有口头证据可以提供用于证明合同的订立、货物的运输或债务的偿还。[46] 要求有两个目击证人的法国规则要广泛得多，同样的还有他们以恶名、偏见、敌意或者与当事人一方有利害关系等理由来排除证人的规范。最后，规范供认、推定和宣誓的法国规则被证明一般比英国的类似规则要正式得多。

奇怪的是，伊文斯竟然得出结论说，有相当大一部分证据规则“回应了威廉·琼斯有关威斯敏斯特和奥尔良的法律一样好的描述”[47]。因为他不仅罗列

[44] W. D. Evans in Pothier (1806), 40.

[45] Cheshire and Fifoot (1969), 20－1.

[46] W. D. Evans in Pothier (1806), 95.

[47] Ibid., 96.

了内容上的诸多巨大差异，而且还以一种比吉尔伯特和皮克更为自由的精神描述了英国的规则，并因此使法国进路的刚性同英国进路的相对灵活性形成鲜明对比。这一点尤其可以通过他对“最佳证据规则”和规范证人资格与数量的规则的论述来加以例证。正如我们已经看到的，吉尔伯特将“最佳证据规则”作为其整个体系的统括性规则。伊文斯以赞同的态度援引了北卡罗来纳州的一起不知名案件，该案件限制该规则的范围而强调其灵活性：

> 只存在一个与证据相关的决定性规则，这就是法律要求最佳证据。但该规则总是所放松，这主要基于两点理由：或者基于完全的必要性，或者基于一种从人类日常见闻中推测出来的一种必要性。这个规则并非如此坚如磐石，它将屈服于人类的必要性以及人类无法掌控的情形。该规则只能采纳用于消除人类的欺诈行为。㊽

伊文斯接受“最佳证据规则”为一个普遍的起点，但是与吉尔伯特不同，他在“绝对的和强制性的”可采性规则和分量问题之间作了明确的划分，在这一点上，他离反规范论并不遥远。㊾ 他强调说，在对相反证言进行衡量时“仅仅数量这样一个条件应该让位于个人可信性的迹象”㊿，但他加了一句：“……尽管再也没有什么比数学等式或者比例的刚性规则的应用距离正在讨论的话题更为遥远，但对这些规则背后的原则所投入的相当精力却常常具有相当的重要性。”㉛ 伊文斯公开批评某些证人资格的排除规则，他令人信服地论辩说像恶
48 名或者利益相关这样一些因素应该归入可信性而不是适格性问题；他指出，仅仅因为嫌疑而将某位证人排除“是一种得不偿失的牺牲，其代价就是无法获得避免某种偶然性邪恶之好处”㉜。

很难对伊文斯贡献的意义作一评价。在合同方面，他的主要成就就是让鲍蒂埃的文本可以通过英文来获得。但即便是鲍蒂埃，也并未掩饰法国证据规则的极端刚性。在伊文斯对英国与法国原则之相似性的强调和其对限制排除规则与一种衡量证据的灵活性进路的追求之间存在着一种紧张关系；他的确寻求树立一些普遍原则的观念来作为评价证据规范的基础，他也的确极力主张一般层面上的法律和具体的证据规则应该以一种系统的方式来加以阐述。但是在他对曼斯菲尔德和鲍蒂埃的评论中，他对证据的论述更多是漫谈性的而不是解析性

㊽ Id.，148.

㊾ Ibid.，esp. 148－9.

㊿㉛ Ibid.，262.

㉜ Ibid.，301.

的，这种论述在知识的严格性上无法同吉尔伯特或者巴瑟斯特甚至皮克在一种相当融贯的原则叙述方面所作的努力相提并论。尽管他的一些话语中回响着格劳休斯和普芬多夫的自然法传统，但却有相当的篇幅可以被解释成显然是功利主义的。[53]

人们从伊文斯的著述中所能提炼出来的一个融贯性普遍理论就是一种法律的理性科学应该建立在那些反映在万民法当中的普遍道德原则的基础上，但是在具体的制度中应该根据传统、权威（authority）和功利主义与便宜条件作出修正。与吉尔伯特和皮克不同，伊文斯原来是打算对现存规范进行批判而不仅仅给予合理化，但他对英国证据规则的评价显然是小心翼翼的；他对某些规制资格、供述和手型比对的规则提出了温和的批评，但他同时也设法显示英国规则中的大部分如果被解释为相当灵活性的原则的话，就是建立在自然理性的基础上的。正如他在将其有关曼斯菲尔德的著作赠送给艾伦巴勒勋爵（Lord Ellenborough）时所作的澄清那样，他是一位温和的改革者，对权威崇敬有加："一直以来我的目标是……对自由主义演进精神作出恰当的处理，这既不会是步履蹒跚的老态龙钟，也不是毫无节制的改革创新。"[54]

威格摩尔提出说伊文斯为证据规则提供了第一个理由充分的分析，他的著述是"划时代的"。因为，当菲利普斯和斯达克将"伊文斯哲学与皮克对实务细节的精确反映结合起来的时候……现在可以被自觉地、充分地认识到的确有那么一个证据体系的存在"[55]。这似乎对伊文斯的原创性和影响都有所夸大：他的许多灵感来自曼斯菲尔德。他的前辈中有几位不是对当代法国规范非常熟悉就是精通罗马法，吉尔伯特和巴瑟斯特尤其致力于发展出证据法的一个系统的而又具有原则性的解释；当然，他们在系统化方面所作的努力在后来被视为不太成熟且过于刚性。伊文斯的关注点是提出一个更为灵活的、不那么形式化的进路，这种进路代表着对这种趋势的一种小心翼翼的修正。但他并未获得显著的成功：边沁似乎已经忽略了他，而且无论如何都会认为他的哲学相当混乱，而且他的改革建议过于谨慎。后来的著述者们——像菲利普斯、斯达克和 49
阿奇博德——都从更为广泛的来源来汲取灵感。就算有的话，他们受到伊文斯

[53] See e. g. 40－1，225，300－1. 伊文斯和边沁是同时代人并且短暂交往过。See *The Correspondence of Jeremy Bentham*，vol. 8 (ed. S. Conway，*CW*，1988)，442，525. 任何一位对另一位在证据法方面存在多大的影响无从知晓——在这一点上几乎没有什么直接证据。

[54] W. D. Evans (1803)，iv.

[55] 1 Wigmore *Treatise*，238.

多大影响也不甚清楚（他抱怨说他常常被“援引多于感谢”）[56]，但他们对“最佳证据规则”和其他规则的解释要比他的解释刚性得多。

（六）菲利普斯

由内殿律师会馆的萨缪尔·马奇·菲利普斯（Samuel March Phillipps）所撰写的《证据法专论》（*A Treatise on the Law of Evidence*）似乎在实务者中取得了迅速的成功。首次出版是在1814年，新版——每次都“有相当的增补”——分别出版于1815年、1817年、1820年、1822年、1824年、1829年、1838年和1848年。本书所载明的目的“主要不是详细地去探究具体细节，而是对证据法体系采取一种普遍性的审视；当然，出于引证之目的，偶尔也会进入具体细节之中”[57]。但该书显然被用作实务者的参考书，而且它在体积上还随着年头增加而稳步增长，因为新的案件被填进去而旧的案例一般都没被删除掉。在前3版中，菲利普斯集中关注证人的出庭和资格以及书面证据；到了第四版，则添加了一部全新的第2卷，该卷主要对不同种类的诉讼所要求之证明的性质进行论述。即便晚至1843年，原则性普遍证据规则仅仅在单一的一章中加以论述，该章仅仅占据了全书的不到十二分之一。正如作者所承认的，第二卷有许多地方主要论述实体法规则。[58] 直到1855年《格林列夫论证据》的出版，附带着一些美国注释的菲利普斯的《证据法专论》的几个版本在美国实务者的著述中都占据了一个主导地位。

威格摩尔将菲利普斯和斯达克的著作视为标志着从实务参考书向系统性专著的一个转型。菲利普斯并非完全与世隔绝，因为他援引了伊文斯、伯内特（Burnet）的《苏格兰刑法专论》（*Treatise of the Criminal Lam of Scotland*）以及一些大陆法系著作。更重要的是，他着手以一种清晰、系统的方式阐释他的学科原理。他主要将案件作为例子来例证实务中的难题和要点以及法律规则，而不是提供一个有关所有判例的摘要。基于这种目的，除了公布的判例之外，他还从那些并不必然拥有先例价值的审判记录中汲取灵感。但是，基本没有什么东西表明他共享了伊文斯的普遍法理学和自然法观念。他有意识地着手阐述而不是批判现有规则，在给出解释的过程中它主要以案件和老一辈作者所载明的理由而不是他自己的理由作为对规则进行合理化的正式观点。这是系统化阐述的一种努力，它紧密地贴近着英国法和实践，将方便实务者作为其首要目的。它的成功也许应该归功于这种审慎的克制以及这样一个事实：它被公认

[56] W. D. Evans (1803), Preface, iv, n. 40.

[57][58] Ibid., Preface.

为是精确的、明晰且组织良好的。

（七）斯达克

托马斯·斯达克（Thomas Starkie）的《证据法实务专论》（*A Practical Treatise on the Law of Evidence*）更加贴近于威格摩尔的断言。斯达克生于1782年，他是剑桥数学荣誉学位甲等考试第一名（Senior Wrangler）*，曾在 50
北方巡回区作为一名特别抗辩人执业多年。[59] 除了有关证据的专著之外，他还发表了两部其他重要专著以及一套3卷本的《初审报告》（*Reports at Nisi Priu*）。1823年，他被遴选为剑桥的唐宁（Downing）讲座教授，但教学并非他的强项：据说，他在内殿律师会馆担任普通法与衡平法的讲师时并不成功，而且据他的后继者肯尼（Kenny）教授所说，在他担任唐宁教授的最后20年里他并未上过任何课。[60] 但是，在作为出庭律师、法律改革家，最终作为郡法院法官的实务世界中，他更为成功。

斯达克的《证据专论》（*Treatise on Evidence*）（1824年）的前言比菲利普斯的著作更加贴近于伊文斯：法律被视为一门受到普适性原则支配的科学，这些原则会随着具体制度的实证法作出修正。每一个司法调查的理性制度都同纯粹科学共享"真相发现……的共同目标"。实证证据和程序规则常常以一种任意的、不公正的形式去充当自然理性运作的诸多限制。斯达克毫不畏地阐述了一种证据的普遍理论并且以普适性规则为根据对现行的英国法律和实务进行批判。但是，考虑到他的读者，他小心翼翼地表明他认为英国证据法大体上是"建立在正义和自由原则的基础"[61]上的，他还强调说他的著作主要是具有实务功用而不是为了对现存的不完美提出批判。

斯达克还在其他几个方面同菲利普斯有所不同。在他的著作中有一个长篇的理论介绍，该介绍着重关注的是证据排除规则而不是证人资格。他展现了一个更大的知识广度（尽管菲利普斯阅读广博），而且他的体系也更为雅致，尽管更为啰唆。与菲利普斯相似，他的第二卷包括了一个以诉讼种类为中心的证明的摘要。他们两者都论述民事和刑事程序，都成为美国的权威著作直到被本土作者取代。也许是因为激烈的竞争，抑或由于它显然既是一部实务性专著，同时也是一部学术著作，斯达克并没有像菲利普斯那样在商业上取得同样的成

* Cambridge Mathematical Tripos exam 为剑桥大学历史上的一种考试，考试时间长达两周，通过者分为三个等级，第一级的第一名就称为 Senior Wrangler——译者注。

[59] 参见《国家传记词典》（*Dictionary of National Biography*）有关斯达克的条文。

[60] Kenny (1928), 319.

[61] Evans (1803), Preface.

功。与菲利普斯30年（1814—1843年）9个版本相比，他在1824年和1853年之间以大约每间隔十年的速度出版了4个英文版本。

（八）威尔斯

1838年，伯明翰的一位出庭律师威廉·威尔斯（William Wills）出版了《间接证据原则散论》，这是他执业经验和闲暇时间广泛阅读的一个产物。称之为散论是相当恰当的，因为它并不属于法律著作的标准分类的任何一种：它既未被设计成实务者的参考著作，也不是学生教科书，更不是一部论辩著作。它也不是一部像古尔森（Gulson）或者迈克尔与阿德勒（Michael and Adler）那样高度理论化的著作。作者确实宣称要给出一个与“间接证据的
51 主要原则”相关的融贯性论述。他毫不畏惧地闯进哲学，广泛地援引洛克、汉普登（Hampden）、巴特勒（Butler）及其他许多在逻辑和概率方面有所著述的作者。但是，他的文本中有许多地方被取自著名判决、他自身的经历以及法律报告中的诸多例证占据着。的确，与后来的两位作者兰姆（Ram）和摩尔[62]一样，他似乎已经相信对争论性事实之案件记录进行研究可以为“理性而又自然的司法之坚实而永恒的诸多原则”提供基础。[63] 他将他所认为的规制间接证据的诸多原则介绍为“归纳规则”，但他是否认为它们具有法律规则的地位并不是完全清楚。他几乎未曾提到证据的排除规则，并且作出一个雄辩的反对性主张，即反对“对构成法律证明所必备的证据种类和数量进行描述的强制性规则”[64]。

对威尔斯这本书的一个厚道的解释是不把它看作一部有关证据法的著述，而是看作与处理间接证据的逻辑和实务维度有关的一部思想性文论——用威格摩尔的术语来说就是对证明科学的一个贡献。正因为如此，尽管不是特别深刻或原创，它却相当可读，而这或许就解释了其后来在美国和印度还有英国的流行。后面的版本包括了对科学证据的广泛论述，并终于被接受为一本备受实务者欢迎的参考书，尽管它对法律规范几乎未作论述。

[62] Ram (1861)；C. C. Moore (1908)．关于摩尔，参见下文；对于前者，一位评论者这样写道：“兰姆先生在将传奇故事和诗歌制作成一部法律专著的原材料方面已经取得了成功。取材自小说家们那里的有六部格诗、讽刺短诗、颂诗和素体诗等遍布于其篇幅之中……一句对句或者一首讽刺短诗常常让作者的风格显得雅致而又辛辣，但是当那些毫无价值的陈词滥调是将取自《夜神》（*Noctes*）或优文纳尔（Juvenal）的《讽刺诗》（*Ambrosianae*）的长篇大论通过严肃的论述强塞给读者，那么这就不仅仅是感觉糟糕了，简直是在卖弄学问了。”（1861-2 12 *Law Mag. and Law Rev.* 163.）

[63] Wills（1838）第一版的序言。

[64] Wills（1838），ch. 8.

（九）贝斯特

1844年，格雷律师会馆的一名出庭律师威廉·毛德斯利·贝斯特（William Mawdesley Best）（1809—1869）出版了《法律与事实中的推定专论》（*A Treatise on Presumptions of Law and Fact*），这是一部主要致力于刑事案件中的间接证明的著作。5年之后，随之而来的是一部更加普遍化有关证据原则的专著（以下简称《贝斯特论证据》），这部著作很快便成为经典。贝斯特既是一名学者，同时也是一名执业律师，他的研究超出了英国判例的范围，援引了哲学著述、大陆法学家、罗马法学者及其他人。这是一部全面且又雅致的著作，它足以将自身确立成一部标准的高级教科书以及最终成为一部权威著作。贝斯特自称的目标是对作为证据规则之基础的诸多原则进行分析而不是提供另外一部实务性专著，但这部著作受到了律师界足够的青睐以至于在1922年第十二版也是最后一版发表之前，它已经扩展援引了超过三千个案件。

贝斯特设法以某种方式将理论和历史分析用原则性阐述整合成一体，这种方式自他之后仅仅为威格摩尔所优化而且在本世纪* 的英国再未被重复过。他自由地援引巴特勒、黑尼修斯（Heineccius）**、休谟、洛克、帕列夫（Paley）*** 及其他理论作者，而最后一章罗列出用于进行询问和交叉询问——非常接近地模仿昆体良****——的初步规则。贝斯特已经对边沁的《司法证据原理》作了一个细致的研究，在理论部分的组织和术语方面有许多地方相当接近地追随了边沁。但他同时也是边沁最为理智的批判者之一，在他看来，边沁的错误在于对法官造法和法律职业的不信任，还有他对法典化以及对司法公开作为预防错误裁判的一种保障措施的过于迷信。[65] 边沁的主要过失在于没有考虑 52
到司法证据的独特性质，它有几个特征产生了对一些特殊规则的需求，这些规则包括排除性规则和授权性（investitive）规则——也就是那些“将人为分量授予给自然证据”的规则。与**男性家长**（paterfamilias）不同，法官仅仅致力于**补偿**（expletive）司法，也就是说，明确的法律权利和义务的执行，基于这

* 作者在这里应该指的是20世纪——译者注。

** 黑尼修斯（1681—1741）：德国法学家，属于法哲学学派。他强调法学应当是一种理性科学，而不是一种经验主义的艺术——译者注。

*** 帕列夫·威廉（1743—1805）：英国神学家和功利主义哲学家。他的著作有《道理与政治哲学的原则》（1785年）和《基督教证明一览》（1794年）——译者注。

**** 昆体良（Marcus Fabius Quintilianus，约35—约95年）：是公元1世纪罗马最有成就的教育家、雄辩家，著有《雄辩术原理》一书——译者注。

[65] See Best（1849），*passim*，esp. 32 - 3，49 - 50，60，72 - 5，98，114，165. See also Best（1856—8），209. 这里包含了关于边沁对法典和包括“法官及其共同体”的法律职业的态度的一个总体批评。See further *TEBW*.

一目的，裁判庭在事实裁定方面的裁量权必须受到限制。审限和最终判决的要求需要有对证明责任和推定进行规制的规则，此外，可能对无辜者定罪的邪恶后果同样需要特别保障措施。历史探查和司法探查的区别带来了对预防错误裁判之法律安全机制的需求。除了公之于众之外，像宣誓、对预定证据（pre-appointed evidence）的规定形式以及对犯罪嫌疑人之证言的抵制，所有这些都被边沁嗤之以鼻。贝斯特还捍卫了律师—委托人特免权，并且在现存法律与边沁有关规制资格的规则之间采取了一条中庸之道。

贝斯特最为严厉的批评留给了边沁的道德测度理论（moral thermometer），“一个如此不同寻常的计划以至于只能用他自己的话来回敬方显公道”[66]。他采纳了杜蒙和波尼尔（Bonnier）的批评。边沁后来的一位编辑者 J. M. 莱利删除了致力于这一“荒谬主张”的那些篇幅，因为这种测度理论是“一位智者少数的几个傻念头之一”[67]。

尽管他对边沁的某些核心学说进行了批判，但贝斯特和其他人一样尽心尽力地守护着他关于激活有关证据的思考方面所具有的影响，他成为一种温和版的边沁主义的主要传播者。《贝斯特论证据》的术语和许多组织架构都是从边沁那里汲取灵感，同样的还有他对原则的一些描述以及他对排除规则的一些批评。在边沁的结论被否决的那些地方，常常使用贝斯特自己的术语并且基于功利主义理由；边沁的一些论点被贝斯特吸收，不过是以一种更为温和的语调而已。因此，可以说边沁的一些思想以一种温和的形式存活于一部成功了长达七十余年的作品中，并且该部作品比几乎所有其他证据法专著似乎都更能同时满足学生、实务者和学者的需要。

《贝斯特论证据》后来的历史是市场影响专著和教科书形式的一个绝佳例证。作者的初衷即这并非要作为一部实务专著被淹没于它的成功之中。首版篇幅长 540 页并且援引了不到六百个案子。1876 年，斯蒂芬指出它已经膨胀至 908 页并且援引了大约一千四百个案子，这为开发一部新的学生著作提供了理由。[68] 到了 1923 年，在《哈佛法律评论》上的评论者可以理直气壮地抱怨说它依然基于一个它本来并无打算的目的而保持着活力，而且还抱怨说英国出庭律师也许最好着重于准备威格摩尔《专论》的英国版，这就正如美国评论者已

[66] Best (1849), 72.

[67] 8th edn. (1893), Preface.

[68] J. F. Stephen (1876), Introduction.

经建议泰勒的编撰者最好着重于从事类似的活动一样。[69] 事实上，《贝斯特论证据》在此之后还印了好多年，他的两位编撰者——希尼·菲普森（Sydney Phipson）和查尔斯·坎布莱尼（Charles Chamberlayne）最终都创造出他们自己的一流专著。

（十）格林列夫 53

西蒙·格林列夫（Simon Greenleaf）（1783—1853）是同哈佛颇有渊源的一大串专著作者中的第一批之一，他是约瑟夫·斯托里（Joseph Story）的弟子之一。[70]《证据法专论》（*A Treatise on the Law of Evidence*）（以下称为《格林列夫论证据》）的第一版出版于 1842 年，它原来被计划作为一本学生教科书，但从一开始作者就“很自然地就尽力让这部著作不但对学生有用而且为整个职业所接受”[71]。一直到那时候之前，该领域一直为菲利普斯和斯达克的英国作品所统治着，有关美国案例的一些注释作为补充。随着英国证据规则和美国不同的辖区通过立法与司法活动所产生的日渐分离，这些著作已经越来越不便于使用，也越来越无法满足需求。直到那时，唯一一部美国本土专著是由康涅狄格州的斯威夫特首席法官所撰写的一部小册子，该书出版于 1810 年。[72]

格林列夫的目标在于在不打算标示出所有地方性变动的情况下“将那些通用于整个合众国的证据法规则和规范表述出来”[73]。在后来的几个版本中，英国和爱尔兰还有美国和加拿大的新近判决都被包括在内。第一卷主要处理理论问题和一般原则，而第二卷（以及后来的随后几卷）着重论述普通法的某些具体诉讼和争议所需要的证据，还有于实务者价值甚大但却更多地属于实体法和程序法而不是证据法的一些问题。因此，《格林列夫论证据》是一个混合物：它并不处理任何一个司法辖区的法律，而是着重于英美证据法的原则；它被设计用来满足学生和实务者的需求，而这是两种非常不同的读者，特别是在案例教学法兴起之后。它很快便被确立为美国实务者在这一主题上的主流专著。它在不到六十年的时间里便经历了 16 版这样一个事实便是其获得成功以及这一法律分支在这一期间变迁的步伐的一个测度标准。

[69] Chafee（1922—3）. Cf. Chafee（1920—1）.

[70] See generally Greenleaf（1842）. 由威格摩尔所撰写的第十六版的序言包括了一个对格林列夫的简短介绍以及其著作的历史。See also the Centennial History of the Harvard Law School，1817—1917（1918），215 - 19；Sutherland（1967），122 - 3，137.

[71] Greenleaf（1899），Preface.

[72] Swift（1810）.

[73] Greenleaf（1842），Preface.

1853年格林列夫死后，他的编撰者除了通过注释让它保持更新之外几乎无所作为，因此，与其他许多著作一样，它在质量和功用方面遭到稳步下降，直至青年约翰·亨利·威格摩尔担任第十六版的编撰者。正如我们将要看到的，这直接带来了威格摩尔自己的《专论》；但在此之前，《格林列夫论证据》在一种非同寻常的情况下对英国产生影响。

（十一）泰勒

约翰·皮特·泰勒（John Pitt Taylor）的《适用于英国和爱尔兰的证据法专论》（*A Treatise on the Law of Evidence as Administered in England and Ireland*）（首版于1848年）是出版史上一个有趣的研究个案。作者原来的意图仅仅是对格林列夫的美国专论作一编辑以适用于英国和爱尔兰，但他发现英国的案例和制定法与其美国专论有如此之大的差异以至于仅仅作出注释已经无
54 法令人满意。因此，他以他自己的名义发表了这部著作，尽管事实是原文的主体部分是格林列夫的原话。[74] 这导致塞耶在若干年后作出如此评论："如果泰勒先生……已经表明其著作之真正性质的话，那么不仅仅在其序言和其他地方所能发现的大量谢辞里，而且还在这本书的书名上；比方说，他可以称之为'泰勒的格林列夫'，——这样，在大洋这边所感受到的对他这种行为的不满或许会少一些。"[75] 这种对泰勒之原创性的质疑或许已经带来了对其著作之真正价值的低估。

泰勒——一位出庭律师后来成为一名郡法院法官——是一位对其主题怀有浓厚兴趣的专注学者。他的著作很快便由于将英国判例的广泛范围与格林列夫"简洁而又清晰"的写作结合起来而备受赞誉。如果说有什么不同的话，那就是他比格林列夫更像一位知识分子，而且他对哲学和其他非法律文献也比他的美国前辈更有耐心。但《泰勒论证据》被认为，也被用作一本为实务者而撰写的著作。它持续了八十余年，其中有40年由泰勒自己来担任编辑者。在几乎长达50年的时间里，它被认为是实务者的主流专著，它取代了斯达克和菲利普斯并最终为菲普森所超越。

第九版（1895年）的编撰者G. 皮特-列维斯王室法律顾问（G. Pitt-Lewis QC）相当大胆地对著作进行删减、更新，但到了第十一版（1920年），编撰者们相当鲜明地宣称"尽可能地让（它）回归到作者在其最后一版中所使用

[74] Tayor (1842), Preface.

[75] J. B. Thayer (1927), 210.

的一言一语”[76]。无论这样做是基于感到保持一位死去的作者的真实语言可以保持其作为权威的地位还是基于其他原因，后面的几个版本都遭到了来自学界的批评。撒迦利亚·查菲（Zachariah Chafee）在《哈佛法律评论》上建议英国出庭律师最好把他们的时间花在其他方面而不是“将一位美国人的话——其在其本国早已被取代——热上十一次冷饭”[77]。最终，在《法律评论季刊》（*Law Quarterly Review*）的一篇罕见的长篇且尖酸的评论给予了最后致命一击，他将“那些可能对该主题未作过任何深入研究的忙碌的实务者对这部伟大著作马马虎虎的编辑同泰勒自身对规则背后之历史与原理及其在实际应用所怀有的浓厚兴趣”形成了一个对比。[78]《泰勒论证据》的终结标志着在英国这样一个时代的结束：对该主题之历史和基础理论的关心不会被视为同那些对实务者具有实际功用的著作的创作存在什么矛盾。

（十二）伯利尔（Burrill）与阿普尔顿（Appleton）

格林列夫的专论首次出版于1842年，在接下来的50年里，它统治了这个领域，它最为有力的竞争对手是那些权威英国著作的美国版。贝斯特以相对较少的美国注释出现；威尔斯遭到了一个叫做威廉·威尔的人的剽窃；菲利普斯和斯达克存在过一段时间；即使是泰勒——其自身以格林列夫为基础——也最终获得了一个跨国版本。斯蒂芬的《证据法摘要》在这一期间的后面几年似乎也在美国的一些地方盛行过。 55

这一期间出版的有关证据法的最有趣的两本美国著作是由亚历山大·伯利尔和约翰·阿普尔顿所完成的，他们俩都深受边沁的影响。伯利尔是纽约的一位律师，他于1856年首次出版了《间接证据的性质、原则和规则专论》（*Principles and Rules of Circumstantial Evidence*）。在一些方面，这本书是威尔斯和贝斯特的美国同行，一部博学的、有些散漫的有关间接证据之理论及其实际应用的散论。伯利尔更加关注的是原则而不是细节，他将案例更多地视为例证而不是判例。这本书原计划为一般大众而作，同时也为职业人士所用。这是一部令人赏心悦目的著作，行文优雅且广泛征引了大陆法学者和哲学家以及权威的英国法律著作。伯利尔对贝卡利亚和休谟的熟悉似乎不亚于对边沁的熟悉。在威格摩尔的《司法证明科学》中曾经提及“伯利尔的精巧著作”[79]，

[76] 11th edn.（1920）(ed. by J. B. Matthews and G. F. Spear).

[77] Chafee (1920—1), 901.

[78] Stallybrass (1933), 127.

[79] Wigmore *Science*, 5n.

但在他的《专论》中未曾援引到他。尽管在1868年的时候它出了第二版，但伯利尔的著作似乎并未产生多少影响。奇怪的是，它居然为塞耶在其有关推定的经典论述中所忽视，因为伯利尔的观点与塞耶自己的观点是相近的。

伯利尔将边沁视为其出发点，但并未不加批判地接受他。相比之下，约翰·阿普尔顿——其最终成为缅因州的首席法官——则是一位狂热且令人印象深刻的信徒。在数年期间，阿普尔顿发表了一系列激烈批评具体排除规则的论文，他将这些论文中的一些修改后收集在一本书里，这本书名叫《被规定和讨论的证据规则》（*The Rules of Evidence Stated and Discussed*），该书出版于1860年。他所写明的目标是根据边沁的推理和原则对“与证据的采纳和排除有关的更为重要的法律规则以及对其进行提炼（extraction）中所采取的不同模式”进行考察。[80] 这本书超过一半以上的篇幅致力于对当事人和证人资格的论述，剩下的篇章则论述受到法律保护的私下交流、供述、传闻、对证人的询问与交叉询问以及司法宣誓。

阿普尔顿密切但又明智地遵循着边沁论点的主旨，没有陷入模仿其风格或者像他那样缺乏交际手腕的陷阱之中。他在改革方面的努力显然是成功的：1857年至1860年间，缅因州的一系列立法扫除了有关影响当事人、夫妻、奴隶以及有色人种之不适格的大多数规则并且极大地缩小了基于利害关系和宗教信仰的排除规则的范围。1864年，很大程度上应该归功于阿普尔顿的努力，缅因州率先使被告能够在刑事案件中提供证据；大多数州很快跟进并且在1878年成为联邦法律的一部分。[81] 缅因州的一些改革立法落在其他一些州和英国邓曼（Denman）诸多改革的后面，但直到1898年在允许被告作证方面英国才达到了同美国大多数辖区同样的水准。阿普尔顿并不是唯一致力于推动1850年至1880年间的证据立法者，但他是最具有影响的改革家之一，而且他
56 为边沁理念之影响提供了一个最为清楚的例证。

（十三）斯蒂芬

从19世纪中叶之后，美国学者开始逐渐在证据法研究中占据统治地位。这股趋势以格林列夫作为开端，由塞耶和威格摩尔加以强化并且为坎布莱尼、摩尔、摩根、马圭尔、麦考密克及其他人所延续。但是，有一位重要的英国作

[80] Preface. See also J. B. Thayer (1927), 323 - 4; 2 Wigmore *Treatise*, 687, n. 1; 12 *Law Mag. and Law Rev.* (1861 - 2), 44; 7 The Green Bag (1895), 510 - 16; D. M. Gold (1979). 我对缅因州的文森特·L·麦考库斯克（Vincent L. McKusick）首席大法官深表谢意，他为我提供了其前任的相关信息和参考材料。

[81] 20 US Stat. at Large, 30.

者值得一提：詹姆斯·菲特詹姆斯·斯蒂芬爵士（Sir James Fitzjames Stephen）（1829—1894）。

终其一生，菲特詹姆斯·斯蒂芬是作为一名在许多主题上有所著述的多产作者、作为亨利·梅因爵士的朋友之一、作为卡莱尔（Carlyle）* 的遗嘱执行人、作为法典化的拥护者以及一位强有力的——尽管有些头脑单纯——法官而为人所知的。他在今天还为人所铭记的是其有关刑法的诸多著作——特别是其3卷本的《英国刑法史》（*History of the Criminal Lam of England*）（出版于1883年），因为其有关刑罚的严厉观点以及作为差一点就成功地使我们刑法得以法典化的那个人。[82]

斯蒂芬是一位自我矛盾的功利主义者，这与其作为边沁和约翰·奥斯丁的学生、密尔在逻辑而非自由方面的信徒以及梅因和卡莱尔的朋友恰好契合。对于边沁，他这样写道：

> 他是一位如此辛辣而又怨恨的批判者以至于无法认识到他所攻击的这样一个制度的主要优点；对我而言，显而易见的是他并不精通法律，仅仅通过理论的学习是无法达到精通法律的，即便学习者是——边沁当然就是——一个几乎接近于天才的极富天分的人。
>
> 在下一代及其之后，边沁的影响力已经一定程度上有所下降了，这部分是因为他的一些书就如爆炸的炸弹一样，被埋藏于它们所创制的废墟之下，还有部分是因为在一些活着的最著名的作者的影响下，更多的注意力被引导去关注法律史特别是罗马法的研究。[83]

这种谨慎的态度被反映在斯蒂芬对于证据法的研究进路。他对技术细节缺乏耐心，他欢迎在资格方面已经发生的一些变化，而且他也同意英国法的确不系统而且容易让人混乱。但他并未分享边沁对法官造法的厌恶以及他对所有排除规则的拒斥，而且他对于他所认为的边沁未能意识到偏见性证据之危险尤其感到不满。[84] 在斯蒂芬看来，证据规则在排除一切不相关的证据以及在要求提交所能获得的最佳证据上起到了非常重要的作用。边沁已经将军事法庭称赞为

* 托马斯·卡莱尔：（1795—1881）英国历史学家和散文作家，其著作，如《法国革命》（1837年），以对社会和政治的犀利批评与复杂的文风为特色——译者注。

[82] 一个非常经典的总体论述，see Radzinowicz（1957）。See also L. Stephen（1895）. See now K. J. M. Smith（1988）.

[83] J. F. Stephen（1876），Introduction，xxii. Cf. Fifoot（1959），115－17.

[84] L. Stephen（1895），209－11；J. F. Stephen（1890），206－7.

程序之自然体系的体现；而斯蒂芬却看到证据规则的缺失已经致使他们去探求许多不相关的、令人头疼的问题。英国证据法需要一些修补和相对程度的简化，但从整体上说“它充满了睿智和实践经验，而且可以马上被改进成一种清晰的、简洁而又系统的形式”[85]。

在他的首版于1863年的《刑法总论》中，斯蒂芬已经简要但却富有洞见地叙述了英国证据法的优、缺点。[86] 在他于1869年继任亨利·梅因爵士在印度议会的法律议员之后，他在这一领域的工作便开始了。这是一个起草和创制
57 印度诸多法典的伟大时期：民事诉讼法典已经在1859年通过了，刑法典是在1860年，而刑事诉讼法典是在1861年。在斯蒂芬到达之前，有关合同和证据的一般法律草案已经准备就绪了。在3年紧锣密鼓的活动中，他负责了12部法案（包括印度合同法的重新起草以及刑事程序法的修改）。他还在另外8部法案的准备过程中扮演了重要角色。[87] 他几乎是独自一人起草了印度证据法，而且他还着手准备了一篇长篇介绍和评论，该介绍和评论在1872年法案制定不久之后便得以发表。[88] 这包含了其对证据法的一般理论和进路的最为完整和清晰的论述，尽管后来他为了回应批评在一些要点上修改了他的观点。[89]

有一部证据法案在1868年已准备就绪，不过它在“一读”之后便被搁置起来。[90] 斯蒂芬批评它说对于那些执行它的人来说既不够完善，也不够基础，因为在这部法案里面有许多地方已经预设了对英国证据法的提前认知。他也同意议会中一些议员们的意见，他们觉得它在放松证据排除规则方面走得太远了。因此，他着手起草一部全新的法案，将《泰勒论证据》（*Taylor*）长达1 508页篇幅中可以发现的东西浓缩进167个全新的条文之中。也许存在一些改动和省略，但它被设计成一部适应印度国情的近乎完整的法典。[91]

1872年的印度证据法被广泛承认为一部浓缩的杰作，尽管它是否符合斯蒂芬自己对可理解性和完整性的标准还值得怀疑。它依然在印度适用并且作为其他多个司法辖区的一个模板。

在其制定完的一个世纪之后，关于该法主流评论的作者们或许有某些理由

[85] (1876), xxiii. See also L. Stephen, op. cit., 207-10.

[86] J. F. Stephen (1863).

[87] Radzinowicz (1957), 54-5; Fifoot (1959), 115.

[88] J. F. Stephen (1872). 导论篇幅长达134页，而且，尽管有些零散，依然是证据法的经典论著之一。有关《印度证据法》，see Gledhill (1964), 241-5。

[89] Sarkar (1971), 15.

[90] L. Stephen (1895), 275.

[91] Ibid., 271-5.

来抱怨，因为其几乎未作修改而已经停滞不前了[92]，但大体上说它被认为已经经受住了时间的考验并且显然很好地被翻译到多个不同的环境中。该法的简洁、清晰未能幸免于象皮病*：萨卡（*Sarkar*）的1971年版填进了1 477页的小字印刷体，如果说有什么区别的话，那就是它比斯蒂芬作为起点的《泰勒论证据》的篇幅还大。

斯蒂芬的目标是在不作彻底改革的情况下对英国证据法进行改造和法典化。他说，这“不过是一种将英国证据法压缩成依照其自然顺序来排列的明示性命题之形式的一种尝试而已，只需要对那些为印度特殊环境之必需的条文做一些修改即可”[93]。在有关证据法典化争论的场合经常被援引的这样一句评论可谓是对斯蒂芬作出的：“我的证据法案将会非常之短；它将由一条规则组成，要点是：所有的证据规则都据此将被废除。”[94] 斯蒂芬极力反对这样一种观点，他坚持认为证据规则在排除一切不相关的东西和要求提交可以获得的最佳证据方面扮演着一种非常重要的否定性角色。

斯蒂芬的印度经验使他皈依了法典化，强化了他对强势政府的信赖并且使他对英国法律改革的临时的、非系统的进路非常不满。在他回国不久，他便被检察总长——那时候是约翰·科尔里奇（John Coleridge）爵士——邀请准备 58
一部证据法案以便在英国议会通过。该法案——以印度法案为基础——早在1873年便已准备就绪，但直到议会会议的最后一天科尔里奇方才能够介绍这一议题。不久之后，他便被提拔到英国上议院，而该法案从未曾被正式公布过。斯蒂芬后来评论说：“要在议会对一部将证据法法典化的法案进行令人满意的讨论犹如让整个上议院的委员来画一幅画那样不可能。”[95] 他对于其证据法案的失败深感失望，但——用莱德兹诺维奇（Radzinowicz）的话说——“并不气馁，而是以一种真正的边沁主义精神将法典化事务作为一项个人事业来做”[96]。议会对证据法没有兴趣，而传统的普通法律师强烈反对法典化，法院并不处于对法律进行简化和系统化的位置，这样，任务便落在了“私人作者们”身上。

1875年，在被任命为四大律师会馆的普通法教授不久之后，斯蒂芬便着

[92] See Elias (1962), 253n.; Sarkar (1971), Preface.

* 象皮病：一种慢性的，通常是皮肤或皮下组织，尤其是大腿和外生殖器的皮肤或皮下组织极度胀大和变得坚硬的疾病。作者这里意指印度证据法的不断膨胀——译者注。

[93] Sarkar (1971), ch. 1, quoting Bayley CJ in Smith v. Ludhia 17. B, 129, 141.

[94] Cited 1 Wigmore *Treatise* (3rd edn.), Preface, xx.

[95] Stephen (1876), xx.

[96] Radzinovicz (1957), 9.

手创作一部能够满足此种需求的著作，其成果便是《证据法概要》（*A Digest of the Law of Evidence*），该书出版于 1876 年。在导论中，他便将其目标阐明如下：

> 我的目标……便是将证据法主题从它所通常混杂在一起的法律之其他分支那里分离出来；将它缩小成一个紧凑的体系形式并根据该主题问题的自然区划来分布；并且压缩成精确的、明晰的规则，通过将那些与如此有限的、排列有序的主题恰当相关的案例或者条文作为例子来加以例证。简言之，我已经尽力在创制一个法律概要，其——如果被认为可欲的话——可以被用作一部法典而做准备，而且其还将——我希望——不光对职业学生有用，而且对那个对其国家法律中直接适用于某种对事实问题的探究以及甚至包括诉讼分支相关的法律怀有一种智识兴趣的人能够有用。[97]

斯蒂芬的第一个目标是在证据法与程序和实务的其他部分以及实体法之间作一个尽可能清晰的分割。[98] 他的分类延续了边沁在实体法与程序法之间的划分并且在证据法和程序法的其他部分——如程序规则和实务规则——之间作了一个更为清晰的界分。因此，斯蒂芬力求将那些被其他论述证据法的作者们曾经处理过的大量材料都排除在外。首先，他将“在具体争点下面他可以证明什么”（比如，在与谋杀相关的指控中，什么可以或者应该被提交进入成为待议问题）这样一个问题视为属于诉讼程序问题而不是证据法问题。在斯达克、罗斯科、泰勒、格林列夫及其他人的专著当中，此类问题占据了相当的篇幅。

其次，他将大部分“推定”视为属于实体法的不同分支——“而且是难以理解的，除非与它们相关”[99]。这就把像“不知法律不能作为无罪之借口”（Ignorantia iuris haud excusat）这样的法谚以及与财产权相关的不同推定排除在
59 考量之外。在些许的犹豫之后，他的确将许多推定和禁止反言都包含在其《证据法概要》当中，尤其是无罪推定、合法性推定、失踪 7 年后死亡的推定、权利转让契据丢失（lost grant）推定以及合法推定*。后来，塞耶在一篇著名的文章中将会就这些推定中的大多数被称“推定”是否合适以及它们是否都属于

[97] Stephen（1876）x.

[98] Stephen（1876），Introduction.

[99] Stephen（1876），xvii-xviii.

* 合法推定是指除非有相反证据，否则，推定政府官员以合法的方式履行职责，或行政机关的规定、决定、命令等符合其法定极限，因而是合法有效的。此推定属于可反驳的推定（rebuttable presumption）。参见《元照英美法词典》——译者注。

证据法进行了论述。[100] 有关分类和推定在法律中的地位等一系列复杂问题的争论延续至今，但几乎所有的主流证据法作者都追随斯蒂芬而将它们中的至少某一些视为属于证据法。

最后，斯蒂芬论证说与证人出庭相关的规则、宣誓作证的采纳、讯问以及制作某一事实之特别书面证据的法定条款均属于程序问题而不是证据法问题。但是，后面的几个版本多了一个附录，他模仿威尔斯而包括了一个规制公共文件之证明模式的“规范表”，因为其对实务者有用。这表明这部一开始打算作为研究专著的作品已经被广泛用作一本便利的实务性指南。

斯蒂芬承认在证据法同法律的其他分支之间作一清晰的划分是相当困难的。但他在充分限缩该主题范围上取得了重大的成功，大多数学术作者最终延续了他所开辟的路线。这不仅令他对证据法作了一个简洁的陈述，而且为证据法赋予了一个融贯的理论基础。

斯蒂芬的第二个目标是为其对一个单一的统一性原则——相关性规则——的陈述奠定基础。在这一方面，他就不是那么成功了，而且，反讽的是，在后来被指责为无理地扩张了证据法的范围。[101] 这一努力具有重大的历史意义：它标志着对吉尔伯特之遗产的突破，同时也标志着这一主题的大多数当代论述的起点。

斯蒂芬大胆地试图重建证据法研究之秩序，取而代之以一条全新的原则。他提出，早先的作者们在证言意义上的“证据”和作为与待证事实相关之事实的“证据”之间完全未作区分：

> 证据法中的绝大部分内容是由那些宣称哪些——正如该表述所预示

[100] Thayer (1898), ch. 8.

[101] 斯蒂芬关于相关性的原创性论述在一本小册子中遭到孟买的文职官员乔治·克利福德·惠特沃思（George Clifford Whitworth）的批评，我迄今尚未找到这本小册子。惠特沃思的观点被波洛克（1876）进一步讨论和发展。波洛克出于两点原因认为将逻辑相关性作为证据法的一部分是不恰当的：第一，它将法律命题与普适于所有知识的命题混淆在一起；第二，对于逻辑原则不存在什么共识：“如果证据法是为了将归纳逻辑囊括进惠特沃思先生的规则或者斯蒂芬先生的第九条的范围之内，那么，我看不出它为什么在尚未给出一个对它们的完全解释以及在我们尚未到达或许是对某一主题（cause）之真正含义的一个纯粹形而上学争论最为激烈的时刻便戛然而止。”（Ibid.，388.）塞耶延续了波洛克的进路，将相关性视为证据法所预设的逻辑问题而不是作为证据法的一部分。坎布莱尼对这一争论作了详细的讨论并得出结论说“没有具体的相关性理论会被施加于证据法之上”（1 *Treatise*，s. 59）。斯蒂芬明确指出：“逻辑理论已经被密尔所清理完毕。”〔Stephen（1876），xii〕波洛克和坎布莱尼承认再也不存在一种逻辑理论了。不幸的是，至少迄今为止，理性主义传统中的大多数作者已经不加批判地预设了密尔的关于归纳的主张。当前工作的一个重大主题是在证据研究中广泛存在着多个相互竞争的理性概念，为了理解这一问题人们无法避开形而上学问题。至于人们是否基于法典化或者阐释的目的而将其归为“证据法”则是另外一个同时也是二级问题了（参见下文，第六章）。

的——为非证据的否定性规则所构成。

所有的争议性事实以及同该争议相关的事实而不是其他事实必须被证明这样一条规范是一条未曾明示的原则，该原则构成了所有的明示的否定性规则的核心并赋予了它们以统一性。对我而言，这些规则总是看起来像是形成了一团令人绝望的乱麻一般，绞尽脑汁或许可以将它们记住，但却无法将它们作为一个整体来加以理解或者将它们压缩成一个系统，直到我想起来问这样一个问题：当你告诉我传闻不是证据的时候，这个证据指的是什么？“传闻不是证据”这样一种表述似乎假定说我本能地知道证据是什么，但最终我意识到这是我并不知道的。我发现我正处于这样一个人的
60 处境之中：他从来没见过猫，然后被以下列方式来介绍它们：“狮子不是猫，老虎也不是，豹子也不是，尽管你或许会倾向于认为它们是猫。”如果首先将一只猫放在我面前，那么我将马上明白了说狮子不是猫是什么意思，同时也明白了为什么可以称之为猫。告诉我证据是什么，那么我就能够明白你为什么说这类事实和那类事实都不是证据。“什么是证据”这样一个问题将会逐渐祛除这个词的含混之处。将一个事实问题描述为证言意义上的“证据”，这显然是在胡说八道。没有人想要被告知说传闻——或者别的其他什么——不是证言。那么，这句话是什么意思呢？唯一可能的答案就是：它意味着一个事实是否被考虑取决于人们能否运用该表述来提供某一前提或者前提之一部分，从该前提中其他事实的存在是一个必要的或者可能的推论——总之，就是这一事实是否与其他事实相关。当研究被进一步推进的时候，相关性之性质就必须从本质上来加以考虑，脱离了与之相关的法律规则，我们将被引向归纳逻辑，其表明司法证据不过是科学之一般难题——也就是从已知来推出未知——的一个例子罢了。就这一问题相关的逻辑理论而言，这是一个最终答案。[102]

斯蒂芬的《证据法概要》受到极大的欢迎。在 1876 年和 1877 年，第一版被重印了 3 次，在接下来的 10 年间新的版本定期延续。它在重量和体积的增加上明显要比大部分证据法著作要来得慢，因为它经历总共 20 个英文版本，最后一版是在 1948 年。它在美国和英联邦的其他地方也是广为人知，在那里，它与印度证据法的亲近性也进一步提升了其受欢迎度和影响。很显然，它满足

[102] Stephen（1876），xi-xii. 他继续写道：“逻辑理论已经为密尔先生所清理完毕。边沁和其他作者已经或多或少地讨论了逻辑同证据规则的联系了。但我尚未发现，在我发表我的《印度证据法导论》详细指出密尔先生的理论同法律的当前状态之间非常接近的重合之前其他人已经发现了这一点。”

了已被感受到的对该主题的一种紧凑而又系统之论述的需要。

《证据法概要》不仅仅是一位受人尊敬的作者为填补一项著作上的空缺而作出的一项成就，更确切地说，它是将证据法之系统论述置于一个单一原则的一种大胆尝试。在长达一百多年的时间里，吉尔伯特对“最佳证据规则”的系统化表述的幽灵一直困扰着证据法的阐述。皮克、菲利普斯、斯达克、格林列夫、泰勒和贝斯特均将之表述为证据法的主导性基础原则，但又用如此之多的限制和例外来缠绕在它周围以致其几乎无所作为。的确，它已经带来了许多困扰。正如塞耶在其有关该规则的妙文中所论证的，伯克对之加以解释是因为几乎没有什么证据规则遗留下来；19 世纪的一些作者们将它从一条容许性规则——在其他证据无法获得的情况下允许次一级证据的准入——变成一条禁止替代性证据（substitutionary evidence）的排除规则，从而他们就将有着不同起源和不同原理的数个不同种类的规则合并在一起了。[103] 这样，吉尔伯特原初的证据法统一性原则已经变成了这样的东西：往好处说是，毫无帮助，往坏处说，则是误人子弟。斯蒂芬提供了一个新的开端，用密尔来取代洛克作为哲学起点，而用相关性规则取代“最佳证据规则”作为统一性原则。[104] 斯蒂芬的统一性原则同样遭到抵制，但是鉴于吉尔伯特的努力已经产生了一些危害[105]，斯蒂芬激励了他的一些批评者去对证据法的一些基本概念作出一些重要的澄 61
清[106]，而且他的一些直接继承者，尤其是塞耶、威格摩尔和坎布莱尼，继续将证据法压缩成以合理性原则为基础的秩序。这是一种成果丰硕的失败。

（十四）塞耶[107]

1874 年，詹姆斯·布莱德利·塞耶（James Bradley Thayer）（1831—1902）被任命为哈佛的罗亚尔（Royall）法学教授，证据法研究新的时代开始了。[108] 在进入学术生涯之前，塞耶将注意力分别献给了法律实务、文学评论以及一些法律编撰工作。终其在哈佛的 28 年的生涯之中，塞耶对证据法和宪法都作出了极为重要的贡献，但从某种意义上说，他并未将其潜能完全发挥出来。在加入哈佛不久，塞耶便下定决心要撰写一部有关证据的重要的实务性专著，但随着对该主题的深入研究，他越来越发现缠绕在这一领域的判例法和著作周围的普遍性混乱：

[103][105] Thayer (1898), ch. 11.

[104] Stephen (1876), xiii.

[106] See esp. Stephen (1876), x—xvii。

[107] 对塞耶的证据法观的一个详细论述参见下文第六章。[See also, Swift (2000).]

[108] 关于塞耶的生活，尤其参见 *Centennial History of the Harvard Law School*, 1817—1917 (1918)。在 Chamberlayne (1908), 758-63 中将发现一个令人着迷的解释。

> 这个法律分支的主要缺陷——根据其在当前状况——在于其内容的杂乱无章和未作区分的特征……在于其术语的含混不清；在于其规则及规则之例外的多样性和僵硬性；在于下列困难：把握这些规则并理解其在这一系统中的真正地位和关系以及确定——在新问题的决定中——是否赋予那些处于所有现代证据法理论之基础的合理性原则以适用范围和期限，或者是否赋予从我们系统得以运用其中的机制——也就是陪审团——中生发出来的那些原则的限定（checks）和条件以适用范围和期限。[109]

塞耶对于菲特詹姆斯·斯蒂芬为了在原则的基础上为该主题建立一个系统的根基而砍掉由细枝末节和枝枝叶叶构成的丛林的勇敢尝试深表钦佩。但斯蒂芬所选择的原则也就是他的相关性规则无法承担起这样的任务。这，就像波洛克所说的，"一个壮丽的错误"[110]。塞耶告诉他的学生说，依然需要"一种更为出色的方式"[111]。作为撰写一部实务性专著的一个初步准备，他着手进行一个详细的历史性研究，这一研究使他越来越远离他原来的计划，结果是一部经典的法律史著作，而不是系统性专著。

塞耶的主要观点中有一些是大家耳熟能详的：他将证据排除规则的起源和存续同陪审团的存在联系在一起，这种观点为威格摩尔所采纳，却遭到埃德蒙·摩根的挑战。[112] 比起他的前辈来，他更为坚定，也更为明确地强调普通证据法范围的限定性[113]：将推定和证明责任视为证据规则是错的；证据排除之最普遍的理由是实质性（materiality）——一个实体法问题——和相关性，相关性是一个逻辑问题而不是法律问题。斯蒂芬的根本错误在于将证据原理体系的逻辑假设视为证据的形式规则。边沁的《原理》并不是一本法律著作。[114]

塞耶的主要进路并不是反规范，但他的确赞同司法裁量权的扩张以及证据法的根本简化。确切地说，他致力于从历史和分析两个维度来澄清以证据规则
62 为一方、以实体法规则和逻辑规则为另一方双方之间的区别。依照这种观点，证据法的核心在于以政策为基础的一组本质为否定性的"规制性和排除性规则"[115]，其为什么样的证人和哪些种类的证明性事实应该被提交给陪审团以及

[109] Thayer (1898)，527.

[110] Pollock (1899). 波洛克和塞耶都批评斯蒂芬缺乏一个清晰的可采性概念，而将相关性和实质性（materiality）截然划分为两块。

[111] Chamberlayne (1908)，760.

[112] See esp. Morgan (1956).

[113] See Thayer (1898)，passim；(1927)，305-9.

[114] Thayer (1898)，279n.

[115] Ibid.，535.

哪些种类的事实可以或者必须被证明设置了一些人为的限制。对于塞耶来说，现代证明体系本质上是合理的，但“法律尚未向逻辑能力发出训令”[116]。一些合理的限制通过实体法、通过诉讼事件、通过外部政策以及最为重要的通过陪审团制度被置于自然推理的运作过程中。但证据法的范围和功能是相当限定的并且可以被压缩成一个简单的体系，该体系建立在两个原则的基础上：“（1）被要求证明之某一问题不具有逻辑证明力的证据不可采；以及（2）任何具有此类证明力的证据都应该采纳，除非有一个清晰的法律政策理由将之排除在外。”[117]

在今天，塞耶为人所记住的主要是他的《初论》，但他通过其教学所产生的影响或许至少一样广泛——如果不是更为广泛的话。他的职业生涯与哈佛法学院——作为兰德尔法律教育体系以及霍姆斯、兰德尔、埃姆斯（Ames）、格雷、威利斯通（Williston）以及塞耶本人灵感勃发、风格各异之研究的发源地——的兴盛期是同步的。下一代的3位主流证据法学者——查尔斯·坎布莱尼、约翰·麦凯维（John McKelvey）以及约翰·亨利·威格摩尔——都是他的学生。其他几位，包括埃德蒙·摩根、约翰·马奎尔以及泽迦利亚·查菲在内，差一点便受教于他，不过都生活在他的影响之下，或许为著名的约翰·奇普曼·格雷——他在塞耶死后勉强承担起证据法的讲授——以一种更为现实的进路所改变。塞耶之持续性影响的主要媒介或许是其《普通法的证据案例精选》（*Select Cases on Evidence at the Common Law*），该书首次出版于1892年。1900年也就是在他死前不久，该书被塞耶修订过并且以这种形式成为美国法学院1/4世纪中的主流案例书。1925年，约翰·马奎尔在塞耶家人的安排下创作了一个修订版。[118] 然后，在1934年，在埃德蒙·摩根的指导下其被改造成另外一本书，这本书在大多数方面都应被视为新书，但有着一个公认的和正统的出身。摩根和马奎尔的《证据案例》持续不断再版直至1965年，这一年它被基础出版社（Foundation Press）的案例书《证据案例与材料》（*Cases and Materials on Evidence*）取代，该书最新的一版是在1973年以马奎尔、魏因斯坦（Weinstein）、查德博恩（Chadbourn）和曼斯菲尔德的名义出现的。[119] 这本书就明确地主张将其渊源直接回溯到塞耶的《案例》。其仍然是美国法学院的主流案例书之一。因此，几乎在美国案例书中作为学生著作之主要形式的起点，塞耶的《普通法的证据案例精选》及其直接后裔就已经持续地在美国法学教育中占据了一个重要的，有时候甚至是统治性的地位。尽管该书的

[116] Ibid.，314n.

[117] Ibid.，530.

[118] 在 Maguire et al.（1973）的序言中给出了一个简要的论述。

[119] 还有一个1980年补遗。

研究范围和所使用材料的涵盖范围都已经大大扩展了，也许甚至是以塞耶不太
63 同意的方式来进行扩展的，但其主要关注点依然是证据规则，而不是证明的所有方面——材料的主体主要是由上诉案件和当代美国的主要“法典”——《联邦证据规则》、《加利福尼亚证据法典》以及《证据统一规则》——来构成的。

塞耶从来不曾腾出时间来对他所倡导的证据规范的简洁体系进行阐述。究竟是因为他太过苛求抑或其他不适合此项任务的性格，还是因为某一偶发性事件导致他在完成它之前便驾鹤西去，这不得而知。[120] 这就留给了他的 3 个学生——威格摩尔、坎布莱尼和麦凯维——去继续探寻“一种更为杰出的方式”。他以截然不同的方式去激励他们每个人去做这件事。

麦凯维创作了一部成功而又备受争议的白纸黑字教科书，该书被广泛用作塞耶案例书的一个补充，但这本书无论对证据法的发展还是对法学研究都没有产生显著的影响。[121] 对于威格摩尔和坎布莱尼则需要更为详细的论述。

（十五）威格摩尔

很少有——如果有的话——法律学者像约翰·亨利·威格摩尔（1863—1943）那样被如此经常或者以如此不节制的词语赞扬过，因为其为西北法学院

[120] See Chamberlayne (1908). 在本文的最初版本发表之后，我接触到了一篇由 J. 胡克 (J. Hook)——他那时候还是哈佛法学院的一名学生——撰写的有价值的未刊论文，题目为“对塞耶的一个初论”(*A Preliminary Treatise on Thayer*)(1986 年)。这篇论文包含了许多有关塞耶的知识背景、合作及其政治和宗教信仰的新材料。胡克强调了塞耶对梅因、爱默生和其他早期的实用主义者——有一些他相当熟悉——的钦佩。他与正处青年的小奥利弗·温德尔·霍姆斯也曾经有过密切的合作。胡克将塞耶视为法律现实主义的一名先驱，认为他还忠诚于某种特殊形式的直觉主义道德。这篇论文指出，要对塞耶作出一个全面的思想传记还是大有可为的。我发现下面一段话特别富有启迪：

> 塞耶最爱的格言是：“证据法是经验而非逻辑的创造物。”不过，最重要的原因是基于塞耶对杰克逊式民主和爱默生式直觉个人主义的赞同。对这些问题进行官方裁定从逻辑本质上说是精英主义的一种形式。它表明当地法官和陪审员不是非常聪明。塞耶，曾经就一篇有关印度人的文章中的一个无罪判决里将美国人称作公民而将英国人称作臣民而添加了一个长达两页的脚注，很可能为任何精英主义表象所困扰。同样的，这种理想主义倾向——部分是塞耶从爱默生那里获得的——总是被和道德和逻辑捆绑在一起。道德并未被灌输到这位孩子身上，却在他逻辑成熟的时候被其发现。由于塞耶急于证明法律是一种实在（positive）的创造，而非更高一级道德的一种表达，因此也就可以理解他同样将逻辑与法律分离开来。〔Hook (1986), 43.〕

在下文第六章中所提出的对塞耶证据法观的解释与胡克的观点类似，尽管在重点方面有所差异。[See also Swift (2000) on “Thayer's triumph”，认为塞耶的总体进路已经导致了对初审法院裁量权的无节制]。

[121] McKelvey (1897). 1924 年版因为除了将“当前的判决这一新酒……装入其原来文本这样一个旧瓶之中并因此糟蹋了这瓶酒”之外毫无建树而遭到摩根的批评［(1924—5) 34 Yale L. J. 223］。一个类似的命运落在了 *Jones on Evidence* (1896 年) 身上，其注定在大部分时光里因为威格摩尔而相形见绌。这是一个谦逊却耐久之书的一个例子，该书从一本紧凑的教科书扩展成实务者的单卷本参考著作，直至成为一部 4 卷本的著作。尽管其范围被扩展至刑事证据，但结构和内容依然相当固定，后续编者的主要贡献是对文本作一些文字上的修正并将越来越多的案例填充进脚注而已。

多年的院长和《普通法审判中的英美证据制度专论》（*A Treatise on the Anglo-American System of Evidence in Trials at Common Law*）的作者。[122] 对于该书的第一版，约翰·亨利·比尔（John Henry Beale）写道："这是我们法律的单一分支所撰写过的最为完整、最为详尽的专著，这样说一点也不过分。"[123] 威格摩尔最为持久的批评者埃德蒙·摩根，针对其第三版这样写道："（这）不仅是有关证据法最好的——迄今为止最好的——专著，而且还是迄今为止在英美法的任何一个可比分支中创作出来的最好作品。"[124] 其他评论者在他们的赞扬中更是不吝溢美之词。

在这里不可能对威格摩尔的多方面成就给予充分的评判。他本质上是一位头脑单纯的人，他将少见的勤奋与一颗澄明的心灵、将广泛的爱好与一种井然有序的进路结合在一起。[125] 他对其领域无与伦比的精通很大程度上应该归功于他的想象力的简化：这个世界充满了事物的一种绝妙的多样性，但是通过应用（application）和一种系统进路，它们可以被压缩成为井然有序；过人的自信和不为怀疑所烦恼使得他能够比其他法律学者将更多的材料压缩进秩序之中。

威格摩尔是以《格林列夫论证据》第十六版——也是最后一版——第一卷的编撰者作为其证据法学者生涯的开端。这受到了如此好的评价以至于他很快便被委托创作一部全新的专论来取代格林列夫。而这反过来如此之成功以至于不仅其依然是主导性的英美证据法专论，而且迄今为止无人敢于尝试创作出一部认真的竞争者。

在第一版的前言中，威格摩尔阐明了本著作的几个目标：

> 第一，将英美证据法阐述成一个由理性原则和规则构成的系统；第二，将那些明显相互对立的司法先例乱麻整合成由这些原则和规则构成的协调一致的产物；以及，第三，为确定在五十个独立的美国辖区中该法律 *64*
> 的当前状况而提供所有的材料。[126]

从一开始，威格摩尔便力求超越对证据规范单纯的解释：他详细而深刻地研究了所有重要规则的历史和原理，而且他还将相当数量的有关法庭心理学和

---

[122] 参见缩略词列表。有关威格摩尔一般参见 Roalfe（1977）；*TEBW*，ch. 3；以及 Simpson（ed.）（1984）中的相关条目。

[123] Beale（1905）.

[124] Morgan（1940）.

[125] See above，n. 122. 有关威格摩尔政治意义的一个有趣解释参见 Graham（1987），下文也将予以讨论。

[126] 第一版序言。

法庭科学的材料都包括在内。与此同时，沿着塞耶的路子，他通常将那些他觉得属于实体法或程序法的问题都排除在外。[127]

威格摩尔的《专论》无论在成为一部学术上的不朽著作还是成为一部非常成功的实务者专著方面均取得了成功。但是，专著的诸多限制使他无法系统地或者完全按照他所设想的那样去论述他所称的"证明科学"。因此，他着手用一部独立的著作来弥补这一缺憾，这便是《建立在逻辑学、心理学和一般经验基础上的司法证明原则（后来改为"科学"）》。[128] 在《科学》的开端，威格摩尔就以其典型的直率写道：

> 对于一位法律人来说，证据原则的研究可以分为截然不同的两个部分。一个是一般意义上的证明——这部分致力于争论性说服的推理过程——心灵对着心灵，律师对着法官或者陪审员，每一方当事人都力求打动裁判庭的内心。另一部分则是可采性原则——通过法律来设计出来的并且以诉讼经验和传统为基础力求保护裁判庭（尤其是陪审团）不受错误说服的程序性规则。迄今为止，后者已经隐然成为我们正式研究中的最大一块——实际上，已经垄断了这些研究；而前者则几乎被忽略了，而只是留在实务过程中去获得偶然性的、经验性的认识。[129]

威格摩尔继续主张说"证明科学"不仅高于而且也比证据的裁判规则更为重要。而且，在法学教育和法学研究中它已经被忽视了，由于证据规则在重要性上一定会不断下降，因此，尽力发展出一种证明科学就显得至关重要："可采性的所有人造规则或许会被废除；但证明原则将会保留下来——只要审判还是作为探求法律争议之真相的一种理性努力。"[130]

无论是从商业上还是从学术影响力上说，威格摩尔的《科学》较之《专论》的成功而言是一败涂地：它从未曾被广泛接受过，而系统的证据研究继续主要以规则为中心；的确，在20世纪的大部分时间里，对证据的历史和哲学层面的兴趣比起19世纪来要少得多。这也为这样一个事实所例证：塞耶依然是我们主流的证据史学家，而边沁和威格摩尔依然是证据法学最为重要的理论家。

在当前语境下，重要的是这位20世纪的权威证据法学者将他对其主题的

[127] 在这一点上，威格摩尔较塞耶更为务实一些，并且在《专论》中论述了许多他承认属于实体法或程序法而不是证据法的主题。

[128] 参见缩略语表。

[129] Wigmore *Science*，1.

[130] Ibid.，5.

全面性进路建立在一个全面的、思路相对清晰的证据与证明理论的基础上，这就以一种综合性进路——既包括法律规范，也包括逻辑学的——超越了以证据 65
规则为中心，转而将证明的心理学和科学维度都涵盖在内。提出说《专论》主要研究规则而《科学》主要研究“非法律”的维度，是误导人的：两部著作是以一个共享的概念框架和相同的基础理论为基础，这一基础理论在一部很大程度上被遗忘的著作中得到了最为充分的阐述。威格摩尔声称他的著作是自边沁以来用英语将证明原则“从整体上以及作为一个系统”来加以论述的第一次努力。[131] 这在他撰写这部著作时乃至直到今天依然是正确的。古尔森、迈克尔和阿德勒、乔纳森·科恩（Jonathan Cohen）以及其他一些人已经做了一些有价值的理论工作，但他们当中还没有一个着手构建综合性的理论。因此，边沁和威格摩尔依然是我们证据法理论的两位权威理论家。[132] 在下一节中，我将指出，尽管他们之间存在诸多重要差异，但他们和几乎所有的英美证据法作者们都属于一个单一的知识传统。但是，在这么做之前，对两位已被遗忘的威格摩尔的同代人——查尔斯·F·坎布莱尼和查尔斯·C·摩尔——进行简短的考察将是富有启发的。

（十六）坎布莱尼

查尔斯·弗里德里克·坎布莱尼于1855年出生在马萨诸塞州剑桥市，死于1913年。[133] 他去了哈佛学院和哈佛法学院，1881年他以优等生从哈佛法学院毕业。作为一名学生，他完全为詹姆斯·布莱德利·塞耶所倾倒，在其余生，证据法是其最主要的兴趣所在。1884年至1890年间，他担任了一名初审法官，但在其职业生涯的大部分时间里他将其时间分配给了在纽约和波士顿的实务以及有关证据法的写作。在其毕业之后，他很快便被塞耶推荐为贝斯特的《证据法原则》的美国编辑，而且在1883年至1908年间，他负责该著作3个版本的美国注释，这被塞耶称赞为“在证据主题上用英语来撰写的最为权威也最为可靠的专著”[134]。1897年，他为《泰勒论证据》的3卷本版本制作了美国注释，这本书当时在英国还是实务者主流的专著。坎布莱尼的注释简洁、准确而且到位，他很快便在实务者和学界中确立了极好的声誉。他最后几年主要致力于撰写其代表作——5卷本的《现代证据法专论》（*A Treatise on the*

[131] Ibid.. 有关《科学》与审判规则的关系，参见 ibid.，Appendix I and *TEBW*，151－64〔cf. Analysis（2005）ch. 11〕。

[132] See generally *TEBW*.

[133] Note in Chamberlayne（1908）.

[134] Ibid.. 在其《专论》中，坎布莱尼被描述为“贝斯特《证据法原则》的美国编者，《贝斯特论证据》国际版的美国编者以及《泰勒论证据》的美国编者”。

Modern Law of Evidence），其中有 3 卷是在其逝后才得以出版的。[135]

将坎布莱尼的工作置于其自身对刚刚过去的美国证据法发展历程所阐述的背景之中来加以考察是饶有意思的。[136] 在稍作修正之后，他接受了塞耶对证据法的历史性发展以及其所展现出来的诸多缺陷的阐述。[137] 依照坎布莱尼的观点，血亲复仇、决斗裁判、神判法与司法决斗都不仅仅是有待于发展到一种更高的、更为理性的发现真相技术的原始方法，它们还代表着一种原初的、个人主义的气质。“自然的人类理解争斗。他钟爱它的自作主张、它的惊心动魄、它的凯旋狂欢……自然地，诉讼之恰当目的那样的个人主义理念不断地向社会
66 提出这样的要求，即其应该对竞技场进行监督和维护，执行规则并且让胜利对胜利者产生效用。”[138] 对抗程序和证据的技术性规则代表着那种以同一气质为基础的诉讼运动观的一种非暴力扩展。“美国以法院为代价的对陪审团的提升”是从英国继承下来的传统，在英国这是“英国民主对以王室法官们为代表的王权的一种有意识背叛的直接结果”[139]。

证据法和司法管理与社会变迁并未步调一致。“令人欣喜的是，民主之战已经取得了胜利——彻底地而又永久地。”个人主义的统治正在被——如果不是社会主义——至少也是被“一种坚定主张即个人主义行动应该置于那些对社会有益的目标引导之下”取代。[140] 通常认为，现代民主社会的司法管理要求将事实发现作为贯彻法律的一种必要手段。但是，对抗程序的现存结构、陪审团制度与证据规则带来了一种有害的形式主义，正是这种形式主义让社会付出了沉重的代价，就对个人案件的非正义、大众对法律尊重的失落、对正义本能的一种损害以及不必要的费用和拖延而言。此外，还有一种可理解性的损失：“一个复杂的社会几乎无法避免一个错综复杂的实体法体系。”但它需要一个不

[135] Chamberlayne (1911 - 16), vol. 1, *Administration*, 1911; vol. 2, *Procedure*, 1911; vol. 3, *Reasoning and Witnesses*; vol. 4, *Relevancy*, 1913; vol. 5 *Media of Proof*, 1916 (edited by Howard C. Joyce). 该著作由 Matthew Bender, Albany, New York, and Sweet and Maxwell, London 出版。有关最后一卷不愉快的出版经历，参见下文。

[136] 坎布莱尼的总体观点和进路被方便地概括在他的论文（1908 年）中。同时可以参见其《专论》第一卷的序言和导论，18 Green Bag (1906), 677, and *Trial Evidence* (1936)。

[137] Thayer (1898), 527, quoted above.

[138] *Chamberlayne Treaties.*, n. 134, at 766 - 7.

[139] Ibid., 771 - 2. 在坎布莱尼的想法中，对抗模式与程序法目标之间的张力似乎比在边沁的观点中要小一些。

[140] Chamberlayne 1 *Treatise*, Preface, xi.

复杂的程序体系。[141]

塞耶已经雄辩地总结了证据法的缺陷。在坎布莱尼看来，这样一种境况在过去的 25 年里已经恶化了：

> 单一语词含义之多样性已经日益增加了；实体法的混杂已经趋于更加明显了；吹毛求疵之判决的削弱性渠道（attenuated lines）已经逐年增多；撤销裁判的比例已经缓慢但却稳步地升高；对于一位戒备充分并且有着足够财力的对手作出终审判决所需要的时间长度已经延长了；诉讼的平均费用已经水涨船高了。事实上，在这个国家的许多地方，司法管理尤其是刑事司法显然已经破旧不堪；法院在公众尊重方面已然遭受沉重打击。的确，它们是容易招致严重且持续性政治抨击的靶子。而且目标并未实现。[142]

基于对时局的这一判断，坎布莱尼认为当时迫切需要一种更为理性且更富有弹性的司法管理体系。

斯蒂芬的《概要》代表着现代创建一种适合于现代条件的彻底简化的第一次努力，其迅即受到大西洋两岸的法律职业的欢迎表明了对变革的需求，但他的相关性规范已经被表明无法胜任这一目的。[143] 塞耶曾经鼓励他的学生们去寻求“一种更为卓越的方式”，而且他自己也着手去应对这一挑战[144]但他并未完成他的工作。他的《初论》尽管是一部历史杰作，但对于将现代证据法置于一种科学而又富有灵活性的基础之上这样一种建构性任务而言，它还仅仅是初步而已。如果他还活着，塞耶或许已经完成这一工作了。但，坎布莱尼指出，他太沉溺于历史了，而历史方法是一种“阐释性而非建构性”方法。[145]所以，这就只能留待他的学生来完成这一任务了。

不幸的是，塞耶最有才华的学生——威格摩尔——过于紧跟其老师了，他 67
同样采取了历史的方法：“的确，显而易见但却值得称道的是威格摩尔院长已经撰写完成的鸿篇巨制，这样一部专论同塞耶教授一样令我们有理由相信他已经撰写的已经令其能在其有生之年完成其在这方面的工作。”[146] 但历史方法并

[141] Ibid.，s. 772. 这一部分很大程度上援引了 Salmond (1907)。
[142] Chamberlayne (1908)，773.
[143] Ibid.，759 - 60.
[144] Ibid.，773.
[145] Ibid.，761.
[146] Ibid.，762.

不适于产生根本性改变；仅仅是认知并不能构成变革；着重将过去和先例作为权威无可避免将会产生一种保守的趋势。因此，对“一种更为卓越的方式”的探求必须延续下去。

坎布莱尼以他所称的“管理原则”（the principle of administration）为基础令另外一种相当不同的进路的采用为大家所接受。他将其一般进路背后的主要理念简洁地概括如下：

> 证据规则是司法管理的准则（canons），将其置于先例原则的真正适用范围之中并不恰当；诉讼的社会目标在其重要性上超越了个人目标；而社会在真相探知方面有着一种超然的兴趣，因此，应该将其法庭在获得真相的道路上的所有障碍统统扫除；正义的利益应该托付给法院而不是陪审团——这就是我勇于提出来吸引业界肯定性关注的基本观点。[147]

坎布莱尼明确地——尽管小心翼翼地——将“管理原则”归功于边沁。[148]与边沁一样，他在实体法和程序法之间作了明确的划分：前者不可避免地受到复杂而又详细的规则的规范，而后者应该被限制在非常稀少的形式规范。程序法的目标是根据实体法来实现权利和义务，主要检验标准在于其是否促进了真相的发现，而根据这一检验标准就不应该有严格的可采性规则的存在。一般说来，不可靠的证据也好过没有证据。坎布莱尼的“管理”理念——赋予法官以广泛的裁量权和最终责任去通过推理而非规范来控制裁判——令人自然而然地

---

[147] Ibid.，772. 坎布莱尼区别于塞耶和威格摩尔的外在理由同先例在证据法中的角色——一个其重要性在文献中常常遭到被低估的主题；不过，一个更为重要的内在差异是意识形态方面的。坎布莱尼关于先例的进路常常可以概括如下：

> 或者最为根本的分歧在于我无法承认将先例原则适用于那些规范证据可采性的规则的科学适正性。我同时同意说在证据规则的范围内或公开或偷偷摸摸地存在着很大成分的实体或者程序法；而且，在这一点上，我承认某一受损害方将不利判决传达至高一级法院的权利。但我感到深信不疑的是先例控制应该仅仅扩展至当事人的实体权利或义务方面的问题，而证据的可采性并不是一个实体权利问题，而是具有用于正义生产的司法功能的法院在其管理中的附带事宜。在我看来，主审法官具有一种保护和行使当事人实体权利的管理义务；但同某一争议性事实主张的审判联系起来，当事人的实体权利实际上局限于支持尽力建立——通过他可以支配的最有证明力的证据——他所主张的事实的机会以及案件中的证据应该根据理性所规定的规则来加以采信和权衡。只要理性得以遵循，那么在我看来，坚持理性应该以一种特殊的方式来行使就不应该是诉讼当事人的实体权利的一部分——仅仅因为在大多数相类似的案件中都作出了这样一种判决。换言之，只要理性得以适用，证据的可采性就是一个管理问题。

（Ibid.，763；cf. 1 *Treatise*，s. 68.）

[148] Ibid.，770－1；1 *Treatise*，*passim*. 与贝斯特和阿普尔顿一样，坎布莱尼毫不怀疑地认为将他自己表现为绝对的功利主义者是不恰当的。

回想起边沁的“单一法官规则”（doctrine of the single judge）[149]。他对滥用技术细节和裁判的运动观（sporting conception）的抨击基本上是边沁自己对“狐狸猎人的观点”之抨击的一个重述。[150] 坎布莱尼的主要关注点同样是将费用和耗时最小化，并且确保罪犯被定罪以及无辜者被宣告无罪。[151] 最为重要的是，他的基本策略是反规范论：“连同证据法一起，章鱼的翅脉应该被迅速斩断。这就是那种主张司法管理必须受到严格规则的规制的理论学说。”[152]

坎布莱尼将其建设性主张总结如下：

> 1. 诉讼的社会目标比起个人的目标来说要重要得多。
>
> 2. 社会通过诉讼所寻求实现的更为重要的目标并不是使 A 和 B 之间的纠纷应该通过理性而非暴力来解决，而是尽可能准确而又迅速地发现真相、实现正义。 68
>
> 3. 在旧的术语被最好地保存下来的时候，词语的意涵应该尽可能地实用，也就是被限制在某一单一的内涵。
>
> 4. 实体法，包括任何具有确定性证明力的特定事实推论，都应该从证据法领域排除出去。
>
> 5. 口头（parol）证据规则和法律推定都不应被视为证据法的组成部分。
>
> 6. 将对于举证方案件事实确有必要的证明性或者要素性（constituent）事实排除出去的任何规则从科学的角度说都是错的。
>
> 7. 任何赋予给某一证人的、妨碍真相探查的特免权从科学的角度说都是错的。
>
> 8. 首席法官在管理功能的行使上应该加强而不是从属于陪审团的影响。[153]

[149] *TEBW*，48，82－66；Bentham，e. g. V1 *Works*，557－9.

[150] Bentham，e. g. Ⅵ *Works*，557－9；Chamberlayne（1908），769；cf. 1 *Treatise*，Preface and chs. 6 and 7；有关边沁对敏感自由主义谬误的批判，See *TEBW*，82－6。

[151] 在坎布莱尼的司法管理缺陷的列表中其中一项便是：“收入颇丰的刑事律师要花招逃避社会对违法者的惩罚的能力一定程度上就是通过向超负荷的法官在证据点上设置圈套——几乎都过于善待口供——然后在上诉法院中突然提出，直至愤怒的社会在一棵大树的便利枝条中看到安全的唯一希望……”（Ibid.，759.）在这一语境中并未提及将无辜的犯罪嫌疑人定罪的危险，但坎布莱尼将无罪推定称作是“夸大其词的规则”和一个“虚假推定”（pseudo-presumption）（2 *Treatise*，ss. 1172－5）。坎布莱尼关于刑事案件中证明责任、沉默权、免于自证其罪特权以及公民自由主义者所关注的其他问题的论述一般都不同情被告。关于边沁有关错误定罪带来的灾难的观点参见《证据理论：边沁与威格摩尔》（95～100 页），在那里认为基于功利主义和非功利主义理由，他都可以受到批判。

[152] 1 *Treatise* s. 172，at 222.

[153] Chamberlayne（1908），764－5.

坎布莱尼以5卷本形式在1911年至1916年间出版的《现代证据法专论》(*A Treatise on the Modern Law of Evidence*) 是其思想得以展现的主要载体。无论在篇幅还是英雄观方面，比起威格摩尔的《专论》来说，这都是一部鸿篇巨制。不幸的是，有几个要素凑在一起制约了其影响力：首先，威格摩尔的《专论》在数年前便已经出版并且已经开始统治这个领域。着手去为这样一部伟大著作创造一个对手不但要有勇气，还需要有献身精神。坎布莱尼是一位能干的、专注的且博学的学者，但说他和威格摩尔不在同一个层次上完全没有轻视他的意思。其次，作者在最后的3卷完成之前便已撒手归西。它们似乎是仅仅在心里为了迎合实务者的短期需要而匆忙编就。十分引人注意的是，出版者甚至都未提及作者的过世。[154] 也许正是因为对这部著作在其死后的粗制滥造，评论相当稀少，而这些评论中的一些都对出版者和编辑者的行为提出尖锐的批评。[155]

除了其保守的政治观点之外，还有另外一个原因可以解释为什么坎布莱尼未能产生永久性影响。他的基本出发点是提出一种令证据法产生深远变化的主张以及一种主流进路，但被选定用于实现这一目的之工具的文本形式却是一部百科全书式的专论。在前言部分，他煞费苦心地强调说他在心中有两个目标：第一，为繁忙的实务者们提供一部简洁实用的参考著作，“而没有沉迷在追溯历史发展或者建立正确视角的愉悦工作中”[156] (对塞耶和威格摩尔的一个挖苦)。第二，“这座大楼应该展现出在设计上尽可能精密、在结构安排上尽可能匀称，并且在某种意义上，应该提高其功利主义优势”[157]。与斯蒂芬一样，他的目标在于通过将其置于一个合理的基础之上来简化法律，但没有斯蒂芬的相关性原则中的那些混乱。与其他证据法作者不同的是，他是从管理而不是程序的立场出发来趋向这一主题的，他将证据规则仅仅视为“司法管理的那些极少的简单而又初步的规范”的例证而已。[158] 这些多少有些晦涩的措辞遮蔽了这样一个事实，即这部很快便声称要成为一部实务性参考著作的作品还有一个一成

[154] 坎布莱尼早期就曾卷入与《法律与程序百科全书》(*Cyclopedia of Law and Procedure*) (1905年) 出版商的诉讼当中，“有关他们在未经同意的情况下出版其未完成手稿（证据方面的一篇文章）以及增加由其他人撰写的内容——他无法同意这些内容的准确性——的权利”(note，42 *Am. L. Rev.*，755，756)。在活着的时候，他在其斗争中获得了广泛的支持，但在死后却输得一败涂地。

[155] 这部著作获得了一种好坏参半的评价。对坎布莱尼的评论，see esp. (1911—12) 25 *Harv. L. Rev.* 483；(1913—14) 27 *Harv. L. Rev.* 601 (E. R. Thayer)；(1913—14) 2 3 *Yale L. J.* 384 (Shulman)；(1915—16) 1 *Cornell L. Q.* 14 (Wyckoff) .

[156][157] 1 *Treatise*，ix.

[158] Ibid.，xiii.

不变的要从内容上和精神上改变美国证据法进路的主张。在强调其与威格摩尔的《专论》之间的区别的过程中，坎布莱尼的主张得到了证成，但他未能解决其提供有关现行规范的实务性详细信息的出发点与其发展出一个融贯的理论及争议性的应然法（de lege ferenda）的期望之间的张力问题。他的变革主张使他迈出了阐释者所达到的阐述（interpretation）范围而进入论述（statements）的范围，这种论述只有被解释为对变革的坦率评论抑或有关法律该当如何的美好想法才算公道，这尤其体现在他有关先例在处理证据中的作用的论述之中。塞耶曾经说道，对于专论作者们和法院来说，在不求助于立法机构的情况下将秩序和体系强加于判例法的错乱丛林之中依然悬而未决。[159] 他曾经提出，这一麻烦的一个原因就在于民事诉讼初审的一些特殊裁决被错误地视为具有约束力，尽管它们并不存在“一般的要素或者原则来使其成为一个先例”；其他本应该仅仅被视为一条一般原则的例证却已经被视为在某些狭窄的技术要点上具有约束力的判例。坎布莱尼走得要远得多，因为他强烈主张将证据规则视为受到先例原则支配是“不科学的”。塞耶曾经建议说判例法可以被再解释并扩展开来去臣服于一个融贯的原则主体；他为斯蒂芬重述法律的模式所吸引，但反对其论述中至关重要的一些方面。坎布莱尼在倡导不受形式证据规则规制的几乎完全的司法裁量权方面要更为贴近边沁。遗憾的是，这既未能反映美国的实践，也未能反映职业界的意见，此外，还严重地破坏了一本以 5 卷本形式被介绍和包装成实务性参考书的著作的价值。坎布莱尼的模式更靠近边沁的《原理》而不是威格摩尔的《专论》，其作为一部理论著作值得关注。 69

坎布莱尼的《专论》由于被忽视而几乎毫无光彩。伊斯拉·理普列·塞耶（Ezra Ripley Thayer）在就坎布莱尼对形式主义的攻击拍手欢迎的同时，认为这本书“被一个有缺陷的术语和一套急于求成的发行机制给败坏了”[160]。更值得关注的是，在威格摩尔的后期版本中未将其单列为一条参考书目，而且它几乎被其他作者完全忽略。这是令人遗憾的，因为即便到了今天，坎布莱尼的鸿篇巨制依然是论证和思想以及信息和引证的一个丰富来源。它或许不是耶鲁的哈里·舒尔曼（Harry Shulman）——一位早期的现实主义者——将其称作的“杰作”[161]，但它理应获得一个更好的命运。坎布莱尼的过错与其说是遵循了这样一个建议——“当鼓吹激进观念的时候，穿一身正装”，不如说是忘记了这

[159] Thayer (1898), 511 - 12.

[160] E. R. Thayer (1913—14).

[161] Shulman (1913—14).

样一种结果——“并且未曾呼喊”。

（十七）摩尔论事实

本世纪*第一个十年里最为引人关注的出版物是由查尔斯·C·摩尔（Charles C. Moore）所撰写的《事实或者证据分量与价值专论》（*A Treatise*
70 *on Facts or Weight and Value of Evidence*），该著作以两卷本形式出版于1908年。[162] 作者是纽约的一名律师，他曾经参与了威格摩尔对穆斯特伯格法庭心理学主张的攻击。[163] 他的《专论》是他乐意之事，是多年来将法律报告和其他文献结合起来的成果，因为这部资料并未呈现出传统的索引，也未表现出分类体系。他的目标在于获得法官和其他人所报告的有关证据分量与价值以及证人可信性的讨论。第一卷包含的章节与诸如“发声与倾听”“光线与视力”“速度”“天气”“过程与传播方向”等主题相关，此外，还包括像“证明的程度”以及“推定、推论和间接证据”这样更为传统的主题。第二卷可以被视为律师心理学的一个纲要，因为它将大量的有关观察、记忆、偏见、供述以及证人心理学的其他主题的司法论述汇集在一个地方。这部著作的大半部分被来自法律报告的材料占据。不过，同样有来自《圣经》、文学、哲学、诗歌及任何其他作者所能找到的资料的广泛的引证。第一眼看去，这本书像是威尔斯的《论间接证据》或者兰姆的《事实专论》的一个扩展版本。[164] 但其比威尔斯的更缺乏分析，比兰姆的更具有学者气质，也更具识别能力；它是比前两者都付出更多努力的产物。

摩尔的《专论》代表了建立在一种范畴错误（category mistake）** 基础上的一部人生作品。尽管坎布莱尼已经对于先例原则适用于证据的任何方面这样一种观点进行了抨击，摩尔带给人的印象是法律报告可以在特定种类证据的分量和价值以及可采性问题上提供权威的指引。他的事业观念（conception of the enterprise）相当地含混，并且招致了不同的解释。在前言的开头段落，摩尔指出，事实问题的论证可以像法律问题的论证那样完全通过提交司法机关来得以证实；他的目标就是展现出美国、加拿大和英国的法官们所说的“有关证

* 作者这里指的是20世纪——译者注。

[162] C. C. Moore (1908), clxviii, 1612 .

[163] C. C. Moore (1907) .

[164] Wills (1838); Ram (1861).

** Category mistake：范畴错误。这是哲学家赖尔提出的概念，意思是指在提出和尝试解决哲学问题中所犯的一种典型错误。一个概念所属的逻辑类型或范畴由它在逻辑上合理地操作于那一概念的一系列方式所组成。当一个人将事实上属于另一类型或范畴的概念归于一种类型或范畴时，他就犯了范畴错误。例如，说“时间是红的”就犯了这样一个错误，因为时间不可能是那种可能有颜色的东西。引自奇迹百科——译者注。

据之可信性和不可信性的理由以及用于确定证明分量的规则”[165]。数页之后，他改变了这种想法，他提出这样的论述只有一部分已经被确定为法律命题[166]，但是前言和作为整体的著作很容易给人这样一种印象，即它能够为律师的辩论和法官对附着于特定种类的证据之上的恰当分量的裁决提供权威的材料。乍一看这似乎是不加区别地收集事实这样一种激情的一个例证，拥有这样一种想法的一些科学现实主义者，像库克和安德希尔·摩尔，后来遭到攻击。[167] 这将是对摩尔的一个反讽，因为他的错误在于收集并不存在的规则而不是事实样本。

对摩尔的《专论》的评论是饶有意思的。一位英国评论者将它说成是对贝斯特的观点——当然，实际上是边沁的观点——可靠性和分量问题无法通过规则来加以规范这样一种观点的“一个翔实的、彻底而且成功的攻击”[168]。值得注意的是，几位美国评论者怀疑摩尔引证的大部分法律报告是不是“真正的法律公告并且处于先例原则的范围之内”[169]。大多数评论者都是委婉地指出这一 71
点，同时认为该书是一个经由一般性指引以及在准备案件中对实务者有所帮助的丰富的信息仓库，即使大部分材料无法在论证中明确援引——为作为小手枪的法律提供了弹药。威格摩尔尽管相当喜欢摩尔，却感到必须对他的作品提出尖锐的批评，因为他将其看做是危险的，他这样开始的：“这部专论在创作上是翔实的，在研究范围上也是富有新意的，在功用上也是不小的，在其所宣称的目的方面也是诱人的；但另外一部分我们应该觉得是糟糕透顶了。”[170] 他认为，因为它建立在一个谬论——这种谬论正在开始重新获得一些新的理由——的基础之上，这就是存在一些分量规则这样一种观点：

> 如果说还有一个东西令普通法法官和陪审团体系得以立足的话，这就是证据规则，为法官所裁定和适用的仅仅只有可采性规则，而且仅仅是为法官而制定的；分量或者可信性则完全不受法律阻碍地交给陪审员……使用这本书来诱使法官对可信性作出法律裁决的律师正在进行对我们体系的道德背叛。[171]

[165] Moore *Treatise*，Preface.

[166] Ibid.，vi.

[167] Discussed Twining (1973)，60－7.

[168] (1910) 14 *Law Notes* 35. 反讽的是，在扉页上的基调引语却是来自 Bentham (1827)，bk. i, ch. 9。

[169] 8 *Michigan L. Rev.* 80 (1909—10) (V. H. L.) . See also 9 *Col. L. Rev.* 570 (1909)；20 *Green Bag*，627 (Chamberlayne) .

[170] Wigmore (1909) . 这是最为清楚的一段话，在这段话中，威格摩尔尽管否认存在分量规则，却承认法律报告作为大众（或者法律人）的经验的价值。See *TEBW*，154－5 and 236n..

[171] Wigmore (1908b).

威格摩尔的观点从总体上占据了主流地位。摩尔似乎没有产生什么影响并且很快便被遗忘。正如威格摩尔所承认的，这是非常遗憾的，因为它是一个内涵丰富而又令人着迷的纲要，从本质上说是一个充满乐趣和洞见的司法引用词典，它当然是令人愉快而且可以是有用的，只有当其被误用时才会产生危险。[172] 正如一位评论者所指出的，这是一本律师之书——如果不是一本法律著作的话。[173] 这样，坎布莱尼和摩尔因为相反的原因都失败了：坎布莱尼在试图让证据摆脱所有规则的管理方面走得太远了；摩尔则错在相反的方向，试图将证据的所有方面都纳入规则的范围之内。英美的实践还有其评论者采取了一条中庸之道，接受了边沁的与资格、分量和可靠性相关的观点，但拒绝了其与可采性相关的观点——至少是部分拒绝。[174]

（十八）塞耶之后[175]

塞耶未能创造出他所承诺的专论加上没有足以匹敌的竞争者，为威格摩尔提供了机会。他抓住了这个机会并取得了如此显著的成功以至于获得了高于其导师的评价并且在未来的50年里令其他证据作者们黯然失色。将威格摩尔描述成仅仅是塞耶的一名信徒，这当然是相当误导人的。威格摩尔明确地采纳了塞耶的一般证据法理论并且很大程度上利用了他的历史研究；他们都属于证据法研究的主流传统并且分享了这一传统的基本假设，但其交汇点在此便终止了。塞耶是一位敏锐、深邃的思想家，他的长处就在于对高度集中的问题进行富有穿透力的分析；他是一名逐渐沉迷于一种相当狭窄的历史的律师。威格摩尔的才能要更为广泛，也更为系统：他具有广泛的法律兴趣并且对于其他学科和其他国家有着不知疲倦的好奇心；他是一位具有一种伟大的综合和简化能力的高效率的且组织有素的学者。

他们对证据理论的贡献也因此截然不同：塞耶为证据法提供了占据主流
72 地位的原理；威格摩尔则将塞耶的理论作为一个宏大得多的跨学科的证据与证明“科学”的一部分。[176] 关于威格摩尔之成就的性质和品质已经在其他地方研究过了，这里需要指出的是其成功的一个负面影响。在美国下一代的证据法专家中包括数位具有杰出能力的人：摩根、查菲、麦考密克及其他几

[172] Wigmore *Science* (1937), 5, n. 1.

[173] V. H. L. in 8 *Michigan L. Rev.* 80; cf. Thayer on Bentham, cited above.

[174] See below, ch. 6.

[175] 这一小节是对《证据理论：边沁与威格摩尔》中第8～12页的一个稍微修改的版本：其目的在于在不需要作一个综合性概览的情况下将故事带至最近阶段。

[176] Wigmore *Science*.

位。他们都是在大师的阴影下工作，他们中只有一位——麦考密克——尝试撰写一部系统的专论。在其所表明的目标中其是相当谦虚的并且将其光芒掩盖在小修小补之中，因为麦考密克被公认为一名敏锐而又富有原创性的思想家。[177] 不管威格摩尔的统治是否是唯一乃至主要的原因，20 世纪的前 50 年呈现出一个相对荒芜的时期，在具体主题上固然有许多杰出而又精妙的成果，但更为引人注目的是缺乏发展出一般理论或者撰写系统性专论来替代威格摩尔专论的努力。

在这些宽泛的概括中当然也存在一些例外，有几方面值得一提：第一，在这一阶段，有一股巨大的能量引导着美国证据法学者们——在这其中，摩根最为突出——去起草和讨论被提上日程的证据法典。这一久远而又复杂的过程是一系列整合和法典的产物，特别是《证据模范法典》（1942 年）、《统一证据规则》（1953 年）、《加利福尼亚证据法典》（于 1965 年 7 月第一次生效）、《联邦证据规则》（1975 年颁布），以及以这些法典中的一部或者其他几部为基础的立法。[178] 尽管这一迈向法典化的运动代表着形式证据规则的简化及范围的进一步缩小这样一个方向的一般趋势，但这些法典也代表着注重实效的成就、与日俱增的基于妥协的改变而不是对于塞耶主义——更不要说是边沁主义了——的一种明确的胜利。

在这一阶段有所著述的一位理论家是哥伦比亚的杰罗米·迈克尔，他长年致力于研究证据和民事程序的理论基础，包括证明的逻辑学和心理学维度。[179] 有许多成果从未曾完成，但是有一部雄心勃勃的理论著作的一个暂定版——同一位哲学家莫蒂默·阿德勒——命名为“司法证明的性质——对证据法的逻辑、法律和经验层面的一个研究”（*The Nature of Judicial Proof, an Inquiry into the Logical, Legal, and Empirical Aspects of the Law of Evidence*）于 1931 年私人印刷。[180] 对于这部著作，威格摩尔多少有些严厉地写道：

[177] On McCormick, see (1961) 40 *Texas L. REV.* 176. 格雷汉姆（1987 年）怪我在《证据理论：边沁与威格摩尔》中将麦考密克的入门书称作“平淡无奇的”并且忽略“其为修订者所阉割”（1208）这一点。上文这样一段话表明了我已经改变了我对麦考密克的智慧的看法，但不是就商业出版压力所施加的限制这一点改变看法。

[178] 有关这些法典的历史，see Wright and Graham (1977), ss. 5001 - 7; Lempert and Saltzburg (1977), 1191 - 2000。

[179] On Michael and Adler, see 1 Wigmore *Treatise* (Tillers rev., 1983), s. 371. 蒂勒斯认为迈克尔和阿德勒经由詹姆斯（James）、特鲁曼（Trautman）和鲍尔（Ball）教授在相关性方面的著述产生了间接的影响。

[180] 迈克尔和阿德勒还撰写了一系列更富有影响的文章：see especially (1934), (1952); also Michael (1948)。

“（它）是对证明推理之诸要素的一个形而上学的分析；但其显而易见的微妙之处在于其对实务者的帮助比起数学和物理公式对于建造其实用的显微镜的物理学家的帮助多不了多少。”[181]

1900年至1960年同样是英国证据法研究一个荒芜的阶段。[182] 最值得关注的是《克罗斯论证据》（*Cross on Evidence*）的第一版，它很快便被实务者和学者公认为这一领域主流的英文著作。[183] 它的成功一定程度上是某种需求的指针：它有助于填补一个空白。它的局限性同样表明了这一学科在当时的状态。
73 克罗斯无论在形式还是内容方面都是务实的：他着手同时迎合两个相当不同的市场：学生和实务者。[184] 他力求超越简单的注释，转而提供“一个对这一学科的理论的‘全新’阐释”。但他的理论观念停留在为具体的规范给出目的性解释。克罗斯是一个优秀的注释者，清晰而又简洁并且带有一种对判例法的绝佳掌控。他对于什么是实务者认为重要的问题也有一个很好的理解。但他为自己设定了一个相当谦虚的目标，他几乎排他性地集中关注证据规则，而且他对这一学科的基础理论的更宏大层面或者其逻辑学、心理学和经验维度很少表现出什么兴趣。[185]《克罗斯论证据》的第一版并未包含对边沁或者威格摩尔的《科学》的引证。[186] 他的坚定而又严肃的进路可以用他的一句评论来体现，他在作出这一评论时我也在场：“我正在为我的学科被废除的那一天而工作。”

从1960年开始，对证据法研究的兴趣有了一个缓慢但却稳步前进的复苏。在英国，由法律改革委员会（Law Reform Committee）所颁布的一系列报告在1968年和1972年的《民事证据法》（Civil Evidence Acts）上达到了一个高潮，这极大地缩小了证据法在民事案件中的适用范围，也降低了其在实践中的

---

[181] Wigmore *Science*，6.

[182] 除了期刊文献之外，最重要的贡献是Nokes（1967年），在我看来这是一部被低估的作品；Cowen and Carter（1956）and Williams（1963）。证据的学术著述在英国缺乏直接归因于在大学学位的法律课程和法学院考试中的相对忽视，而这反过来部分归咎于证据法从本质上说是一门“出庭律师的课程”这样一种荒谬观点。

[183] A. R. N.（later Sir Rupert）Cross，*Evidence*〔1st edn.，1958；5th edn.，1979；最后一版是由科林·泰皮尔（Colin Tapper）于1985年完成的〕.［Cross and Tapper，10th edn.，2004.］

[184] 第一版（1958年）序言。斯蒂芬的《概要》是“极其浓缩的”；克罗斯参考了《菲普森论证据》，这部实务者的主要专著被其著作取代而成为“证据法的知识库”（Ibid.）。

[185] On Cross，see Hart（1984），405－37；Tapper（ed.）（1981），esp. the Memorial Address by A. M. Honoré.

[186] 克罗斯至少对边沁的证据法著述非常熟悉，在第一版中他在两个地方援引了古尔森（1923年）。第五版包含了对近期有关概率与证明的一些引证。有关边沁为“刑事法律改革委员会”所误用，see［Twining（1973a）（ch. 10 of the first edition of this book）］。

重要性。在刑事方面，刑事法律修改委员会（Criminal Law Revision Committee）（1972 年）的《第十一次报告》（*Eleventh Report*）和《有关刑事程序的皇家委员会报告》（菲利普委员会，1981 年）都以相当含糊的方式援用了边沁主义者的功利主义，所激发的公众争论对 19 世纪 30 年代造成了强烈的回响。[187]主要结果就是 1984 年的《警察与刑事证据法》，它代表着一种基本无人满意的妥协。在这一阶段，英联邦的学者和法律改革家们已经作出了一些引人瞩目的贡献，但是对主流传统未能创造出任何根本性突破。[188]

在从浩如烟海的材料中仅仅选择一些亮点的过程中，我并不希望对判例法和二手著述的诸多学识或者进展有所怠慢，尤其是出现在从威格摩尔的优势地位确立到 20 世纪 60 年代晚期的期刊上。证据法已经倾向于吸引法学学者中最好的智者并且——特别是在美国——在深度上投入了更大的力量。但是联邦规则和其他类似证据法典的大部分学识已经产生了一些迄今为止令这一学科的教师们所无法解决的难题。通过对旧法加以简化他们已经造就了一些拥有旧学识的酸腐之人，而新的法典并未像《统一商法典》或者《国内税收法典》那样为教授法律解释技巧奠定一个令人满意的基础。在《联邦证据规则》制定不久之后的 1977 年，两位主流的评论者这样评论道："……证据法领域习惯于一点摆动；自从最后一代改革者获得胜利之后，它已经变得停滞不前了。""说在最近的二十五年里对这一领域几乎没有一个重大贡献或许只是略带夸张而已。"[189]

从 1984 年的视角看来，这似乎只是略带夸张。到了今天，这种论断则谬以千里。这种相对停滞的诸多原因之一是在英国、美国和普通法世界的其他国家，有关证据的教学、写作和思考都是以证据法为中心的、学者们倾向于追寻这些规则。而多年以来，这些规则在适用范围上正日益缩小，在重要性上也逐 74
步下降；它们还趋向于变得日益简单。近期的许多进展已经将这一学科带出了萧条期。值得关注的是，这些进展中的每一个都同证据与证明的那些独立于技术性规则的诸多层面相关。

在时间上首当其冲的发展是由查姆·佩雷尔曼（Chaim Perelman）及其合作者的"新修辞学"[190]。这是证明问题与古典和中世纪修辞学紧密的历史联系的一种信号，古典和中世纪修辞学本身最初很大程度上就是在法庭竞技场中发

[187] *TEBW*；100 - 8. 参见现在的《1988 刑事司法法案》。

[188] ［对 1990 年以来英国证据法发展的一个简要概览，see below ch. 6 n. 29。］

[189] Wright and Graham（1977），13.

[190] See especially Perelman（1963）；Perelman and Olbrechts-Tyteca（1971）.

展出来的。它也表明了事实问题可以和法律问题一样提出“法律人推理”的有趣而又重要的问题。

第二项相关进展是与法庭场景中的概率推理之性质相关的一系列争论。事实的裁判者主要关注“盖然性而不是确定性”，这是证据研究中的一种老生常谈。多年以来，法律人几乎未曾对所涉及的盖然性的性质有所注意，尽管一些相邻学科对概率理论抱有巨大的兴趣。后来，部分为人民诉科林斯（People v. Collins）这样一个加州案件中的一些基本的概率错误所刺激，在美国引发了一场有关数学在诉讼中的作用和误用的热烈争论。[191] 一开始，主要的参与者都想当然地认为所有有关概率的推理主要都是数学性的；他们不认同将概率推演运用到具体情境中的正确方式，也不认同在法庭明确地诉诸数学论据作为一种政策具有可行性和可欲性。到了 20 世纪 70 年代晚期，所有的著作开始呈现出致力于将统计学和数学性概率运用到法律当中。[192] 在 1977 年，一位英国的哲学家——乔纳森·科恩——提出这样一种观点即并非所有关于盖然性的推理都主要是数学性的（帕斯卡主义），有些概率判断可以客观的、非数学的（培根主义）标准来恰当地证成和批判。他进一步地指出，在法庭场景中有关盖然性的大部分论据比起数学概率的任何权威版本都更好符合他的培根主义理论，并且大部分主流的证据理论家——包括边沁，也可能包括威格摩尔在内——都可能是培根主义者。科恩的观点在包括法学在内的多个学科里引发了激烈的争论，这些争论期间为止尚在进行之中。

第三种大的独立的发展是对于包括但不限于证人心理学在内的法律与心理学的兴趣的复苏。在 1890 年至 1920 年间，对这一领域曾经存在着相当程度的兴趣，尤其是在德国和美国。随后，由于诸多含混不清的原因，这种兴趣几乎完全沉寂了将近五十年。一定程度上通过莱昂内尔·哈华德（Lionel Haward）、詹姆斯·马歇尔（James Marshall）、阿恩·特兰克尔（Arne Trankell）及其他人的工作，这种兴趣在 20 世纪 60 年代开始得以复苏。一开始，这些研究有很多是狭隘的经验主义的，并且是高度的区隔主义（particularistic）；但随着时间推移，更多的批判性和分析性进路开始得以发展出

[191] People v. Collins 68 Cal. 2d. 319. 438 P. 2d. 33，（1968）. 有关概率与证明的一个精选参考书目包含在 Twining（1983），156－7 中。[有关概率的辩论截止到 1992 年，see Twining and Stein（1992），Part Ⅱ. 1992 年之后的进展，see *Analysis*（2005）ch. 9 and Appendix I。See further，Robertson and Vignaux（1995），Dawid（2002）（2004），Redmayne（2001），chs. 3 and 4；Roberts and Zuckerman（2004）at 116－32；关于“贝叶斯怀疑主义”，see Stein（1996），R. Friedman（1997）and Dawid（2004）。]

[192] Eggleston（1983）；Barnes（1983）；M. D. Finkelstein（1978）.

来。在 1980 年之前，"法律与心理学"已经发展成一个稳定的领域了，尤其在美国。[193] 正如我们应该看到的，在过去的 50 年里，像法庭科学与商谈分析、现象学与统计学、文学理论与专家制度这样不同领域中的专家们的兴趣都已经聚焦于诉讼中信息的处理与运用，而且，与这些研究路线之间的关系以及它们的共同内涵相关的问题也在被不断地追问着。理论再一次变得令人敬重。 75

二、理性主义传统

对英国和美国证据法的专业化研究思想史上的一些精英所作的这样一个考察应该至少足以表明这样一个叙事绝不是对注释研究的某一特别分支的一个简单的个案研究。从早期阶段开始便存在着一种挥之不去的焦虑：是否或者应否存在任何证据的形式规则？此类规则（以及特别是对于证据要点上的司法裁决）的地位到底应该是什么？还有证据作为一个学科的范围。在作者的关注点和市场的需求之间曾经存在着持续不断的张力，因而在实体内容和写作形式之间令人不安地磨合。大部分作者几乎未能意识到将证据研究割裂于程序、实体法以及"非法律"层面——尤其是逻辑学、认识论和心理学层面——的研究所带来的矫揉造作。但是系统化、简单化以及——在一些例子中——法典化对于明确而又狭隘地划定证据规范的边界产生了同样强大的压力。以原则为基础对证据法进行系统化阐释是吉尔伯特及其大部分后继者的一个主要关注点。对于像边沁和坎布莱尼这样一些人来说，基本原则是自由证明的某一版本；吉尔伯特、皮克和 19 世纪的几位主流作者都试图将证据规则包容在"最佳证据规则"的不同版本之中；斯蒂芬意图找到以"相关性"为概念的单一统一原则。所有这些努力都失败了，而且自塞耶之后，现代趋势已经在很大程度上将证据法视为对证明自由和证据的自由评价的不同限制的一个集合。[194]

证据研究还成为一系列不断延续的争论的一个论坛，这些争论中有一些还算是独属于证据法研究的，比如概念分歧、有关推定的争论、传闻以及最佳证据规则，其他的则代表着一般的法律或者法学争议的具体表现，比如，对陪审团或对抗制或法官造法或法典化的赞成还是反对。像诸如功利主义者

[193] 有用的考察可以在 Tapp（1976，1980，1982）中找到；17 *Law and Society Review*，No. 1（1982）；Lloyd-Bostock and Clifford（1983）；Saks and Hastie（1978）；Lloyd-Bostock（1988，1988a）。［自 1990 年以来在法律与心理学领域的进展可以参见 Stephenson（1992），Bull and Carson（1995），Loftus and Doyle（1997），and Memon et al.（2003）。］

[194] See below，ch. 6.

与义务论者、公民自由主义者和“法律与秩序”的支持者、帕斯卡主义者与培根主义者以及更为晚近的原子论者和整体论者之间的这样一些分歧，反映着范围更广的差异。在这些争论当中存在着一种相当程度上的延续性，比如说，一位读过18世纪二三十年代的《爱丁堡评论》（*Edinburgh Review*）的读者将会很容易便发现近期在英国发生的有关刑事证据与程序的改革是如此
76 地似曾相识。[195]

尽管有这样一些张力和分歧，但存在着与从吉尔伯特经由边沁、塞耶和威格摩尔直至克罗斯和麦考密克的几乎所有证据法专业著述的基本假设相关的一种真正引人注目的同质性。几乎毫无例外，所有的英美证据法作者们都——无论是明确还是隐含地——共享了非常相近的假设，这些假设主要有关裁判的性质与目标、有关过去事件的认知与信仰，以及有关在法庭场景中的争议性事实问题的推理会涉及什么的，他们在诸如证据规则的适用范围和需求、一般层面上证据法的角色和基本原理以及具体规则的细节和其他许多问题上会出现分歧，但这些分歧发生在一个共享的基本假设和概念框架的内部。[196]

这些假设可以以表一所罗列的两种模式或者理想类型的形式来方便地加以概括。第一种模式重构了一种裁判的理性主义模式，第二种则尽力地将在与英美传统下的证据法相关的专业化的二手著述中所发现的标准的证据讨论的主要认识论和逻辑假设表达出来。

如果第二种模式的命题代表着证据的理性主义理论的标准要素的话，那么，在证据理论和裁判理论之间作出一种截然的划分是人为的这一点应该是清楚的：一般说来前者预设了或者说是后者的一部分。不过，需要以一种小心翼翼的姿态进行下去，这部分是因为并不是所有的证据法学者都清晰地表达并发展出他们有关裁判的观点的论述，而且部分由于在有关英美裁判体系的目标和成就方面的文献中所达成的共识似乎要少于在证明的逻辑和认识论方面达成的共识。然而，将裁判的理性主义模式假定为一种既契合证据的理性主义理论又被公认为广泛认可的——即便有所争议——观点的合理、完善的版本是可能的。第一种模式是边沁主义裁判模式的一个改进版，以一种预示着许多可能的
77 偏差点和分歧点的形式展现出来。尽管不是所有的主流证据法学者都是法律实证主义者和功利主义者，但一种证据的理性主义理论必然预设着一种将某种像

[195] See *TEBW* 100 - 8.

[196] 有关内部分歧与关于这些假设框架的分歧之间的关系，see Postscript below，84 - 85。

边沁的“裁判准确”设定为主要目标的裁判理论。在许多细节要点上会存在分歧，但这并非来源于“理性核心”[197]。

表一　　理性主义传统：基本假设

模式一：裁判的理性主义模式	模式二：证据与证明的理性主义理论：一些共同假设
A. 说明性的 1. 程序法的直接目标 2. 是裁判的准确， 3. 这种准确是通过对法律的正确适用 4. 和待证事实的准确判断来实现的。 5. 对法律的正确适用是指 6. 对那些被视为符合功利主义（或者其他善）的有效实体法的正确应用。 7. 对待证事实的准确判断是指 8. 在对那些（以一种被设计来去伪存真之形式）提交给大致胜任的、公正无私的、具有防范腐败和错误之能力的决断者的证据 9. 进行小心翼翼的、理性的权衡基础上 10. 将待证事实证明至某一概率标准。 11. 除此之外，还应该有适当的条款来规范对这些初步裁判的审查和上诉。 B. 描述性的 12. 一般说来， 13. 前述直接目标很大程度上 14. 是以一种一以贯之的、公平且可以预测的方式 15. 来实现的。	1. 有关过去发生事件的认知是可能的； 2. 在一个具体案件中，对处于争议之中的过去的具体事实（即待证事实）的确定是在裁判中获得正义的一个必要条件：不正确的结果是非正义的一种形式； 3. 裁判中的证据与证明观念主要关注确定事实问题的理性方法；在这一语境中，必须在事实问题与法律问题、事实问题与规范问题、事实问题与评价（opinion）问题之间保持有效的区分； 4. 裁判中所主张事实之真相的建立是一个典型的概率问题，缺乏完全的确定性； 5. 首先，有关过去具体事件之主张的概率的判断可以而且应该从那些提交给决断者的相关证据来推理获得；其次，与有关概率的推理相适应的典型推理模式是归纳（induction）； 6. 一般说来，有关概率的判断必须建立在有关普通事件过程的可获得的知识库的基础上，这很大程度上是一个由具体的科学或专家知识加以补充的常识问题； 7. 与其他价值——比如，国家安全、家庭关系的保护以及对强制性讯问方式的抑制——相比，对真相的追求（即追求准确事实认定的最大化）被赋予了崇高的但不必然压倒一切的优先地位； 8. 对“事实认定”制度、规则、程序和技术进行评价的一个重要基础它们能在多大程度上对事实认定的准确性给予最大化，不过，其他标准，如效率、成本、程序公正、人道主义、公共信任以及对具体个人之讼累的避免等，同样会被考虑在内； 9. 应用性法庭心理学和法庭科学的首要作用是提供有关不同种类证据的可靠性的指导并且发展出提升这种可靠性的方法和策略。

注：说明性理性主义：将A接受为既是可欲的又是合理可行的。对B并无承诺。
自满的理性主义：就一种具体制度而言将接受A和B。

基于当前目的来说，可以合理地断言大体上从吉尔伯特到威格摩尔（以及迄今为止的大部分）主流的英美证据理论家和学者们已经明确或隐含地接受像

[197] See Fuller (1978), 358.

这样一些观念，尽管并非以这样一种具体表达的方式。处于这一模式核心的是两种理念：第一是英美体系已经采纳了相对于旧的“非理性”的证明模式而言的裁判事实问题的“理性”模式。[198] 第二，一种特殊的“理性观”被视为理所
78 当然。这可以在培根、洛克和约翰·斯图亚特·密尔著述中的英国经验主义哲学中找到其经典表述。但是基于语言的笨拙，可以将这种“知识主流”称为证据研究的正统理性主义传统，以强调将“理性证明”视为其核心理念以及将一种特殊的理性观视为其基本假设之一。[199]

在这种理性主义传统之内，证据相关论述的这种特有的假设可以简洁重述如下：认识论是一种可知论而非怀疑论；比起真理融贯论来一般更偏爱于某种真相符合论[200]；相比于像决斗、免罚宣誓审判（compurgation）或者痛苦考验这样的“非理性”模式来说，裁判作出模式一般被视为“理性的”；特有的推理模式是归纳；作为据法裁判的一种形式的探求真相作为一种社会价值获得了一种崇高的但并不必然压倒一切的优先性。

这种对理性主义传统的论述既有分析性维度，又有历史性维度。[201] 从分析性维度来说，它是一种以“理想类型”的形式对于裁判的目标和性质以及在这种场景中有关争议性事实问题的推理中会涉及什么相关的一系列基本假设进行重构。这种理想类型的成功检验标准在于其作为证据研究和规范的一种分析工具的清晰、融贯以及有用性。

历史性论题则更为谨慎一些，它大体上提出这样一个假设：众多知名的证据法作者们的大部分作品或者明确表达或者预设了与理想类型非常相近的诸多理念。这种历史性观点之所以应该被小心翼翼地处理，主要基于两个原因：第一，它是一种以一些作者的选择性著作样本为基础的试验性假设。即便在这些知名的个体上，这一假设仍需通过更多的详细研究来加以检验和提炼。比如说，关于这一假设在上诉案件的司法研究方面或者在欧洲大陆的证据著述方面的检验都还没有系统地作出努力。[202] 如果缺乏一些重要的偏差，将是令人惊奇

[198] Thayer (1898)，199 (cited above)；cf. J. B. Thayer (1927)，307. 大多数对“理性”的主张蕴含着一些比对传统“非理性”纠纷解决模式的排斥更为积极的东西。

[199] 我对柯尼斯·卡斯比尔（Kenneth Casebeer）的这一建议深表谢意。

[200] [我倾向于遵循 Haack (1993)、(1998) 在掌控符合论与融贯论之间的一个方向（“基础融贯主义”）。]

[201] 这段话截取自 86 *Michigan L. Rev.* 1531－2，在这篇文章中，这一点得到进一步的论述。

[202] 有关将这些模式向大陆法系和社会主义法律制度中的证据与证明领域研究的可能的扩展，参见下文。

的[203]，但如果可以举出足够的证据来反驳这样一种观点即有关证据的专业化论述的主流英美传统在其基本的基础假设——这些假设根植于18世纪的启蒙理性主义——方面是非常同质的，那么我同样会感到很惊奇。

对专业化论述的强调是必要的。因为我的更为广泛的主张之一部分是在关于证据的著述和关于诉讼、法律过程和程序的那些更为多样的并常常持怀疑论的文献之间存在巨大的差别，部分论据就在于我们专业化证据讨论的传统已经变得人为孤立于这些其他文献主体以及更为宏大的思想运动，是时候进行一个反思了。

对历史性论题的第二个告诫与理想类型的第一部分相关。这一部分是明确地以边沁的观点为基础，特意以一种清晰而且挑衅性地蕴涵着背离这一模式的一系列可能点的方式展现出来。以这样一种方式来建构它的第一个原因在于尽力使得边沁的那种强大却又简单化的程序理论与现有的和可能的替代理论之间的区别的确认变得容易一些。[204] 第二个原因在于——正如我们已经看到的—— 79
对证据专家们的裁判与程序基础理论作出自信的断言要难得多，因为这些理论相对说来很少通过一种融贯的方式来加以阐述。[205] 在第一种模式与对抗程序的“理想类型”之间显然存在一些张力，人们可能期待一些详细的研究来展现这样一些张力并展现出证据法作者们的分歧更多的来自于模式一而不是模式二。[206]

现代裁判体系是“理性的”这样一种主张是对于什么应该被视为这一体系的一个可行的目标的一个表述；它并不必然包含对这样一种观点的承诺：这样一种目标在现实中总是、常常或者甚至偶尔能够实现。在理性主义传统内部以现存的实践、程序、规则以及建制无法满足这样一个雄心勃勃的目标而对其加

[203] 关于例外者，see Postscript below，81-2 and Tillers (1983) at 1018。

[204] 模式一顾及了诸多非功利主义观点以及有关裁判的正确同其他价值之间孰先孰后的不同观点。但是，在边沁主义的疆域里，它是一种清晰的工具主义者并且具有为争论提供支撑点的效果。

[205] Cf. Wright and Graham (1977)，147：

渐进式程序主义者认为他们自己本身就是实用主义者而非理论家，因此，他们从来不费心去以任何系统的形式提出他们的模式。尽管渐进式学派的基本原则很容易从其主流的作者们的作品那里推导出来，但当代的批评者还是将这一范式的诸多缺陷归咎于这种对理论的忽视。他们说，在程序问题上成功的实证主义作品如此之少的原因就在于没有提出任何程序制度模式而只有诉讼步骤的一个简单排序。在证据方面，未能对基础理论进行考虑就意味着依然运用一百年前发展出来的一系列概念来作为对现行判例法加以分类的一种方法，尽管这些概念已经同现代诉讼中所提出的问题基本无关了。

[206] 有几位大陆法系程序主义者已经向我提出说，比起英美法系来，理性主义传统更契合于大陆法系的研究。这就提出了关于模式一同对抗式程序之间的协调的一些问题。这样一个研究的一个绝佳起点是 Damaska (1986) 中所展现的理论框架。进一步参见下文后记。

以批判是司空见惯的事。

模式一的A部分是说明性的：它表达了用于对现行的规则、建制、程序和实践加以评判的一种目标和标准。对这样一些标准的采纳并不必然包含对这样一种观点的承诺：某一个具体体系或其他的某个方面在一个特定的时间里会从其设计上或者在其实际运作中来满足这样一些标准。这一模式的B部分是希望代表着那种“整体上运行良好的体系”的典型主张或者判断。理性主义传统的那些主流理论家们没有一个是期待能百分百同这一理想相一致的完美主义者。有一些理论家对现存的安排和时间是高度批判的。的确，边沁——他的《司法证据原理》是这一模式的主要来源——以其裁判理论为基础，对他生活年代的英国（以及，程度更轻一些的，苏格兰和欧洲大陆）的程序、实践和证据规则进行了一个激烈的、范围广泛的批判。当然，对于任何学者个人对他们自己的体系的设计或者实际运作——无论是在一般层面还是在具体层面上——自满达到什么样的程度进行考察是可能的，不过，这种判断就涉及另外一个步骤——从描述性的一般标准转向将其适用到具体例子中。

因此，在裁判方面对狂热（aspirational）理性主义者和自满（complacent）理性主义者作出清晰的界分是非常重要的。同时，还需要分化出第三个种类，这一种类或许可以被称为乐观（optimistic）理性主义者，因为在援引说明性目标的过程中人们常常会对于在某一给定背景下在实践中达到或者趋近于这样一些目标的前景作出一些判断：在证据和司法证明的诸多作者接受理性主义裁判模式的A部分中某些变量的情况下，可以合理地推断他们持有这样一种观点即其标准代表着一种可行的目标而不是一种遥不可及或者难如登天的乌托邦理想。即便如边沁和弗兰克这样刻薄的批判性作者也可以被证明已经相信他们自己所赞成的建议在实践中会给裁判中的理性水平带来重大的提升。他们都是乐观理性主义者。在这种意义上，在这篇文章中已经讨论过的几乎所有证据文献都是乐观的。简而言之：在英美证据法研究的主流中几乎所有的重要
80 作者都是理想理性主义者，大部分在大部分时间里是乐观理性主义者以及许多人——但绝不是所有——对于他们所处时代自己管辖区域中对抗制的整体运作相当满意。

英美证据法研究的总体趋势不仅是乐观的，而且在其基本假设方面还是深信不疑的。几乎不曾有一种对认识的可能性、归纳的效力、人类推理能力有所怀疑的窃窃私语困扰在吉尔伯特或边沁或贝斯特或塞耶或威格摩尔或其他重要

作者们的著述之中。[207] 自信满满的断言、实用主义的丐词（question-begging）[*] 或者直截了当的忽视，是对于由哲学怀疑论者提出的问题的典型回应。乍一看来这似乎相当奇怪，倘若将自霍姆斯时代以来有关司法过程的大量著述中那种怀疑主义语调考虑在内的话。

因此，在证据专业著述中那种乐观的——常常是温和的——理性主义和有关司法过程的非常晚近的著述中那种怀疑主义倾向之间在语调上存在一种截然区分，但是，这种区分更多的是风格上的而不是实质内容方面的，因为对批判性著述的主要攻击是对准某一具体体系的设计和实际运作以及与其相适应的主张，而不是理性主义传统的基本假设和目标。主要的目标是自满理性主义而不是理想理性主义。在下一章中，我将指出，许多看似怀疑主义的对司法过程有所著述的作者们所援引的目标与在理性主义裁判模式中所勾画出来的那些目标相同或者类似，而且在法学中和在其他领域中一样，真正的哲学怀疑论者是非常稀少的。简而言之，他们并未如他们某些著述中的怀疑主义口吻所预示的那样远离狂热的甚至乐观的理性主义。如果这一点是正确的话，那么，这就意味着对于证据方面的文献和有关构成与过去某一特定事件相关的事实争议问题之背景的程序方面的文献进行一个整合的障碍并没有像表面上看起来那样巨大。尽管的确存在苦难和分歧，但它们被数个分别发展起来的专业研究领域共享。

整合无疑是必需的，因为证据法研究的理性主义传统通过人为分隔已经荒谬地创造出一系列引人注目的文献。之所以引人注目，既由于学术上的卓越之处，也由于概念上的混淆不清，此外还由于一系列反复发生的、连最主要的参与者都承认“高度不现实的”争议。证据法研究可以提供很多东西，但也有很多东西需要学习。

三、理性主义传统：一个后记

自本文的最早版本发表于 1982 年以来，它已经成为在出版物、讨论小组和研讨会中大量评论和研讨的话题。[208] 迄今为止，历史性论题已经被接受为总

[207] ［至少到 1990 年为止。有关怀疑主义，see below ch. 4。］

[*] Question-begging：一般翻译成丐词或者丐词魔术，是实质谬误的一种，指把尚未证明或解决的问题放在前提中，如果你承认了前提，就不得不承认结论了，用以回避主题——译者注。

[208] 除了在几所大学的讨论会上的有益讨论之外，我还发现下列材料尤其富有启发：Weinberg（1984）；Galligan（1988）；J. Jackson（1988，1988a）；Stein（1987，1988）。还有，在另外一个不同的脉络里，格雷汉姆、蒂勒斯与我自己在 85 *Michigan Law Rev.* 1204（1987）；86 id. 768（1988a）；and 86 id. 2901 中的交流。［See also Nijboer，Callen and Kwak（eds.）（1993）；Nijboer and Reintjes（eds.）（1997）；Malsch and Nijboer（eds.）（1999），and the New York conference（2003），discussed in ch. 15 below.］

体正确的，尽管正如我已经预示的那样，详细的研究和分析可能会产生一个更为复杂的故事。[209] 这两种模式也已被接受为一种融贯的、在分析上可以运用的
81 对一个传统理想类型的重构并且仅仅在文字上作了一些改进。不过，评论者们已经提出了三个值得回应的一般性问题：首先，在这一传统之外是否曾经存在一些重要的例外者？其次，理性主义传统的政治或者意识形态意义何在？它——无论在历史上还是在逻辑上——与某种具体的“意识形态”或者信条比如边沁主义或者“自由法治主义”（Liberal Legalism）存在什么样的关系？[210] 这种理想类型能够在多大程度上容纳在一些重要议题上的内部重大分歧？最后，有几位大陆法系程序主义者已经以一种尖锐的形式提出了一个令我倍感困扰的问题[211]，其要点可以重述如下：尽管这一理想类型是从英美法系著述中重构出来的，但它似乎更契合于程序的一种“纠问”模式而不是“对抗”模式。因为一般都认为纠问制比起对抗性程序——其主要目的在于将纠纷解决合法化——更为直接，也更为一贯关注真相的探究和法律的执行。因此，在对抗性程序与模式一中程序目标的表述之间难道不是存在一种紧张状态吗？

这些就是所有值得关注的有价值的复杂问题。在这里并不是试图对它们进行充分展开，但以回应的方式来给出一些初步的表态或许是有所帮助的。

（一）例外者

理性主义传统以一种“理想类型”的形式展现出来，在本章中所讨论的作者以及其他诸多英美证据法著述者们的理念都似乎一定程度上贴近地同这种“理想类型”相一致。历史性论题是小心翼翼的，这部分是由于对于撰写于不同时间、不同背景的作者的理念（它们有许多是隐含于其中的）进行概括所带来的危险，还有部分原因在于那些比我已做的更为详细的考察和分析可能会发

[209] See Weinberg (1984)，136－8，对于——包括其他问题——摩根是否接受边沁的认识论表示怀疑。魏因贝格援引弗兰克的《初审法院》〔*Courts on Trial* (1963 edn.)〕来支持这一点。不过，即便弗兰克对摩根作为一位可能的“事实怀疑主义者”的讨论也表明他在对审判事实上是如何进行的给出“现实主义”描述这一点上也隐含了对理想理性主义的借力，see e. g. ‘Morgan commented *sadly*’〔Frank (1963) 102〕。另外一个可能的候选者是魏因斯坦的一些著作（e. g. 1966）。在玩从我的历史假设中“挑出例外者”（spot-the-deviants）这样一个游戏时，集中关注具体的文本而不是作者也许是更加明智的。

[210] “自由法治主义”，正如批判法学作者所运用的那样，似乎如此地宽泛以至于将过去两个世纪中的几乎所有英美法律思想都包含在内。“边沁主义”，尽管要狭窄一些，但同样对不同的多种解释开放。有关这一点，see Twining (1988a)，1536－41。有关理性主义传统的意识形态和政治意义问题依然是重要的。

[211] 我尤其要对伍洛巴利乌斯基（J. Wroblewski）和塔儒夫（M. Taruffo）提出这个问题深表谢意。[See also Nijboer et al. (1993) .]

现一些重大的改进和例外。即便是边沁的认识论——正如在他的虚构理论中所具体展现的——也比模式二中 1～6 干巴巴的表述所蕴含的要复杂得多、微妙得多。[212] 至于发表于 1980 年以前的证据专业著述的作者，可以被视为例外者的两位重要候选人似乎是詹姆斯·格拉斯福德（James Glassford）和小肯尼斯·格雷汉姆（Kenneth Graham Jr）。

詹姆斯·格拉斯福德（死于 1845 年）是一位苏格兰的律师和代理治安法官（Sheriff Depute）。[213] 他的著作《证据原则及其在司法探查问题中的应用散论》（*An Essay on the Principles of Evidence and Their Application to Subjects of Judicial Enquiry*）（1820 年）原来是打算作为《大不列颠百科全书补遗》的一个投稿的，但因为其篇幅而单独出版。这部有趣的著作已经被 M·A·阿布·哈雷拉（M. A. Abu Hareira）博士细致描述和分析过了。[214] 他令人信服地表明格拉斯福德是司法证据评价"整体论"进路的一位先驱性代表，他还对理性主义传统中著述者们的"原子论"进路（包括了在有关概率与证明的新近争论中的培根主义者和帕斯卡主义者）提出了挑战。在稍后我将表明，尽管关于争议性事实问题的推理的一种合理理论需要将叙事融贯性和其他"整体论"理念考虑在内，但将"原子论"和"整体论"视为敌对的或者 82
不可调和的进路则是错误的。[215] 不过。"整体论"的确提出了关于理性主义传统的作者们所预设的或者采纳的理性的特定概念的可接受性问题。要害之处在于至少有一位苏格兰证据法作者属于一个与像吉尔伯特、边沁和伊文斯这样的早期英国证据法作者们不同的哲学传统（常识学派*）；当代理论家们正在提出一个相似的挑战，他们或者从当代那些从欧洲大陆哲学（比如黑格尔或者哈贝马斯）[216] 或者从伊斯兰理念——在阿布·哈雷拉的例子中——中去获取一些灵感。

小肯尼斯·格雷汉姆教授已经对他所称作的"渐进式程序主义"（Progressive Proceduralism）发动了一系列攻击，这带来了像理性主义传统的 20

[212] 关于虚构理论，see R. Harrison (1983)，*TEBW*；52－64，and Postema (1983)。

[213] Glassford (1820) .

[214] Abu Hareira (1984，1986) . [See also MacCormick (2005) chs. 11 and 12.]

[215] Below，chs. 4 and 10－12.

* Common sense school：苏格兰常识学派，18 世纪后半期到 19 世纪初英国的主要哲学流派之一。它反对 G. 巴克莱的唯心主义和 D. 休谟的怀疑论，坚持外部世界和心灵的真实存在，认为这是人心的构造所产生的共同信念，是人类的常识。最主要的代表人物是苏格兰哲学家 T. 里德（1710—1796）和 D. 斯图尔特（1753—1828）。引自《中国大百科全书》——译者注。

[216] E. g. Peter Tillers and Bernard Jackson below，241，258 n. 113－4.

世纪美国支流这样的解释。[217] 格雷汉姆将渐进式程序主义界定为建立在“功利主义意识形态”的基础上，他攻击的动机和方法显然是政治性的。不过，他承认这种程序主义的反对者至今尚未发展出一套“替代模式”[218]，而且他自己的“证据的非现实主义理论”（Irrealist Theory of Evidence）版本尽管具有一定的启迪价值，不过最多也只能被解释为拙劣的模仿。[219] 格雷汉姆迄今为止最大的贡献是如百科全书式的以 4 卷本和补遗的形式来论述证据的《联邦实践与程序》（*Federal Practice and Procedure*）。[220] 为实务者编撰一部参考性著作的诸多限制既未完全抑制住格雷汉姆的热情，也未能遮蔽其价值，但从其所发表的著作还不可能重构出一套融贯的替代性理论，他的作品应该被置于批判法学研究的边缘地带。格雷汉姆对传统的证据理论提出了一种强烈的政治批判，但接受其政治观点是否必然包含对理性主义传统的任何核心理念加以排斥是一个悬而未决的问题。

（二）意识形态

格雷汉姆对“渐进式程序主义”的态度以及其对“功利主义意识形态”的解释至少有一样长处，那就是提出了同理性主义传统的基本假设的意识形态意义相关的几个重要问题。他关于美国“渐进式范式”的论述强调了几个观点：“诉讼的目的是维护实体法以便使关系变得可预测和确定”；事实认定最好由科学专家而不是外行的陪审员来完成；它赞同在证据采纳方面司法裁量权的增强；以及，它通过将程序性安排视为制定法的中立工具来掩饰将压制性价值灌输进前者之中。简言之，理性主义传统是一种令人迷乱的意识形态，这种意识形态已经被用来对那些支持社会控制气质——这种气质是专家统治的、科层式的、集权式的以及国家主义的——的建制和规范进行正当化。[221]

格雷汉姆之挑战的详细内容已经在其他地方被细致地考察和批判过了。[222] 刨除其过火之处，这种挑战可以被解释为提出同理性主义传统——其被视为对
83 一种相当稳定的思想传统的诸多基本假设的一个重构——的政治意义相关的几

[217] Wright and Graham (1977), 143 - 54; Graham (1983, 1987). 格雷汉姆和我有许多不同点，不过，我们都同意他的“渐进式程序主义”几乎严密地契合理性主义传统的一个边沁主义版本，主要差别在于我的表述同时为边沁的多种不同解释以及非功利主义价值留下了余地。

[218] Wright and Graham (1977), 149.

[219] Graham (1987), 1231 - 4.

[220] Wright and Graham (1977).

[221] 从脚注[213]中所援引的格雷汉姆的著述重构出来。

[222] Tillers (1988b); Twining (1988a). 格雷汉姆将我对理性主义传统的重构以及我对边沁和威格摩尔理论的论述误解成狂热的宣传而不是一个相对超然的努力，也就是将我们所接受的证据思想阐释和澄清为一个批判地考虑在何种范围内以及在哪些方面需要反思的初论。

个重要问题：第一，如果历史性论题正确的话，那么，能否据此推导出我们所有的主流证据法学者都——有意识或者无意识地——忠诚于一种中央集权国家主义的社会控制模式？第二，坚持理性主义传统的核心宗旨能够在多大程度上排除重大的政治分歧？这些问题是重要而且复杂的，我不能寄希望于在简短的篇幅中来对其加以公正对待，不过，应该通过勾勒出我对这些问题的观点来对这一挑战稍作回应。

理性主义传统的核心宗旨在于程序法的直接目的是实现在裁判中判决的准确。在事实问题方面，这就包含了通过理性方式去探求与具体的过去事件相关的真相。裁判的准确作为确保法律下正义〔补偿正义（expletive justice)〕的一种方式被赋予了一种崇高的但并非压倒一切的优先性。这种模式是一种工具主义者，因为通过推理来探求真相是补偿正义即实体法执行的一种方式。[223]

对这样一些基本假设的接受是否必然包含着忠诚于中央集权国家主义的社会控制？对这样一个复杂问题可以在米尔伊安·达玛什卡有关程序制度的精妙分析中找到一些线索。[224] 他提出，任何程序制度都可以根据与**国家体制**（能动型国家和回应型国家）相关的三种理想类型的成分之间的相互作用来加以解释；科层式或者协作式**权力体制**；纠问式（讯问式）和对抗式（竞争式）**程序制度**。达玛什卡指出，现实制度的几乎所有历史例证每一种都是混合式的，将每一种理想类型的诸多要素以一种复杂的方式结合起来，并且在不同的理想类型之间并不存在稳固的关联，比如说，尽管人们会预期一个能动型国家将会有一种科层式权力体制和纠问式为主的程序制度，但这并非一个具有逻辑或历史或建制必然性的问题。大部分现实制度都反映了一种复杂的折中，其中一些比其他一些更加“惬意”而已。因此，在当前语境下，理性主义传统既和协作式，也和科层式权力体制，甚至同对抗式程序制度都是相协调的，尽管在后面这种情形中存在一些公认的张力。[225] 因此，在这种非常抽象的层面上，在理性主义传统的核心宗旨和民主制政府体制、非集权的协作式权力体制以及对抗式程序制度之间并不存在必然的不协调。

在转向一种更为具体的层面之前，应该提出两个理论要点：第一，与达玛什卡的三种模式一样，理性主义传统也是一种“理想类型”。这是一种解释性

[223] 在指出由边沁所作出的实体法与程序法之间的截然区分以及这种区分的一些可能的政治含义方面（比如说，程序法不应该用于使坏的法律无效或者缓和坏的法律）这一点上，格雷汉姆是正确的；see further *TEBW*；80，82－3，94－5。

[224] Damaska (1986)；see further below ch. 6 and Stein (review) (1988)．

[225] See below，85－6.

工具，可以首先根据其清晰性、融贯性和解释能力来对其加以评价。大体上大多数英美证据法著述趋近于这种类型、这种历史性论题是这种工具对具体资料的一种应用。这种主张可以通过更为详细的研究和分析来加以反驳或者改进而不会使这种模式毫无效力。第二，狂热、乐观与自满的理性主义之间的区别在解释我们证据研究传统的过程中是非常重要的。[226] 我的理想类型首先是标准的（normative）和狂热的：它重构了一种说明性设计理论。这一传统内部的学者
84 们在目标的可行性，甚至更多的是在他们相信这一目标在特定的时间和地点实现的程度方面出现分歧。比如说，边沁以他的程序法理论为基础对 19 世纪早期英国的建制、规范和惯例进行了一个激烈的批判。弗兰克尽管强调了在通往实现这一理想的道路上障碍重重，但他在倡导对其所生活时代的美国制度进行不那么彻底的改革的时候还是很大程度上援引了同样的价值。[227] 其他作者不仅在依照他们自己的体系对现行制度安排的满意度上各不相同，而且在关于改革之可行性的乐观还是悲观态度方面也是有所差异。本书中的这些文章批判地、选择性地研究了根据新近的知识进展，狂热模式或者模式整体的一些成分需要在多大程度上进行更为根本的反思。

在这一背景的反衬之下，值得追问的是真正的政治或意识形态分歧能（或者已经）在多大程度上被融入理性主义传统的宗旨。我将把对激进的意识形态怀疑主义的考察留到后面，这些怀疑主义，比如像认为我们所有的传统的证据论述不过是有助于对一个腐朽透顶的制度进行正当化的庸俗神秘化的一种形式而已，或者稍微精细一点的观点认为这一传统不过是那种因为无可避免的冲突而必然存在瑕疵的“自由法治主义”的另外一个例证罢了。[228] 在这里，一些更为特殊的例子就将足以阐明两个相关要点：第一，这样一种理性主义模式已经以这样一种能够将真正政治分歧融入其中的方式建构起来了；第二，这一传统内部的作者之间的所有分歧和差异并不是都能被明确地标示为“政治性的”，除非在某种琐细的意义上。

关于证据的最为人所熟悉的分歧主要与犯罪嫌疑人的地位或者指控刑事犯罪相关。在英国，这样一些争论已经在长达两百多年的时间里成为公共生活中一个周期性出现的特色，每当这样一些问题周期性地浮出水面的时候，争论大

[226] Above，76.

[227] See below，116－19.

[228] Below，ch. 4. 有关“非理性主义”的自我反驳（self-refuting）性质，see Twining（1988），1544－46。

战的界限便会以一种一成不变的整齐划一的方式划定，然后每一方都会列举出非常相似的论据。[229] 在美国以及在更为晚近的加拿大，另外一场宪法维度的争论已经以相似的循环周期呈现出来了。[230] 尽管在细节和修辞方面会有所改变，但核心问题保持相对稳定并且通常能够用那些同理性主义模式相协调的话语表述出来：如果以裁判的准确为一方面，以程序价值和避免讼累为另一方面，应该赋予哪一方面以优先性？在避免无辜者被定罪的原则和犯罪预防的目标之间，应该赋予何者以优先性？证据规则在什么时候——如果有的话——应该被用作预防或者阻止非法的或不当的警察行为的手段，即便是以裁判的准确为代价？等等。尽管——正如我在后面将要指出的——我的独特表述是将非功利主义置于不利地位的十足边沁主义，但这些争论大部分可以被解释成理性主义传统内部的争论。[231] 这种一般性观点同样适用于特定主题的争论，这些主题诸如免于自证其罪的特权、沉默权、"毒树之果"、无罪推定以及其他许多为大家所熟悉的、常见的一些争议性问题。 85

一系列相当不同的争论主要同这样一个问题相关：是什么组成了与有关争议性"事实"问题相关的有效而且令人信服的推理模式？首先是最近一场有关概率与证明的争论。[232] 一开始，这场争论对我来说似乎是一场无关政治的、关于概率理论中的基本问题的争论，慢慢地，它具有一种政治维度。乔纳森·科恩（现代的重要培根主义者）已经同心理学、诊断医学以及法律专家的一帮信徒们展开了一场持续不断的争论。[233] 一般的成年人，像陪审员、病人和心理学实验的受实验者，具有一种"一般的认知能力"来作出有关事实问题的理性判断，因为在这一语境下恰当的推理形式是一般的实践推理，这种实践推理更符合科恩的归纳概率模式而不是不易理解的数学模式。但他的逻辑理论的理由与其有关专家误用概率理论之危险的（政治）论据是不相干的。与此类似的是，劳伦斯·切伯（Laurence Tribe）已经基于政治危险提出反对数学论据在法庭中的公开使用，尽管——与科恩不同——他认为这样一种推理的矫正模式主要

[229] 有关19世纪20年代和20世纪70年代在英国所发生的关于刑事证据的争论的相似性，see *TEBW*；100ff.。

[230] 有关《大宪章》（the Charter）对于加拿大程序的意义，see Schiff（1988）and N. Finkelstein and Rogers（1988）。

[231] Below，135－7.

[232] See below，125－30.

[233] See e. g. L. J. Cohen（1983）. See also（1980b）on medical diagnosis. See further 86 *Michigan L. Rev.*（1988），1528，n. 16.

是数学性的。[234] 简而言之，在为陪审团和其他参与制度辩护而反对决策理论家及其他专家的专业知识的潜在误用的过程中，帕斯卡主义者和培根主义者可以成为政治上的同盟。这些分歧同样契合于理性主义传统的框架。

“原子论”和“整体论”之间的争论同样既具有政治维度又具有分析维度。“整体论”要素能否被融入我们的合理性概念首先是一个可以而且应该同其政治偏向相分离的哲学问题。不过，在诉讼的背景下，我将会认为基于“整体论”思考存在一种颠覆事实与法律、事实与价值以及法律与价值之间的截然区分。[235] 对于我而言，这呈现出一种政治上的两难境地：一方面，我赞成在司法管理中引入社区价值；另一方面，这样一些价值也许会包含一些同我的自由主义信仰相抵牾的社会的、性的或其他“偏见”，而且将“整体论”放任自由也许会颠覆一些重要的原则，比如“对人不对事”（judge the act，not the actors）原则。

（三）理性主义模式与对抗程序

前文已经指出的是理性主义传统的两种模式合起来更加契合纠问制而不是对抗制。[236] 这就提出了诸多重要的问题，这些问题不但同理性主义传统的内在融贯性相关，而且与我的叙述对大陆法制度之解释的含义有关。这些问题是复杂的，并且值得在另外一个场合进行进一步研究。在这里，我仅仅概述一下一个可能的答案的纲要。首先，广泛承认的是，无论是英美制度还是欧洲大陆制度都包含着对抗特征和纠问特征的混杂。[237] 至于英美制度契合于讯问而不是竞赛这一点，处于讨论中的具体问题尚未提出。

86 其次，“讯问”和“竞赛”作为理想类型是程序制度的整体程序模式。而另一方面，模式一与模式二主要集中在诉讼的裁判阶段，在英美制度的现实中，由于像庭外和解和辩诉交易这样一些制度设计，案件一般很少会到达这一阶段。如果我们将“司法证据”主题加以扩展，从而将程序的所有方面和诉讼中的信息应用都包含在内，则需要一套复杂得多的假设。[238]

再次，在一个纠纷解决的一般理论内，第三方裁决是获得纠纷解决目标的多种形式中公认的一种方式。法律程序研究以不同的清晰度来认识这种方式，

[234] Tribe（1971）.

[235] Below，306－10.

[236] See above，n. 206. 这个段落受到了 1987 年在西西里岛墨西拿一个有关符号学与法律的会议上的讨论的启发，see symposium in 2 *Int. Jo. Semiotics and Law*（1988—9）。

[237] Damaska（1986），*passim*.

[238] See below，chs. 5 and 7.

比如说，没有起诉、自由协商妥协、压力下的和解、放弃与屈服。[239] 如果对抗式中裁决者的正确裁判标准同纠问式中的正确裁决标准没有根本差异，并不必然引起大惊小怪，因为服务于不同程序目标的裁决、决定或许会共享许多重要的特征。

最后，理性主义传统的主流证据学作者们——包括边沁和威格摩尔在内——对普通法程序中的对抗式方面或者高度批判或者充满矛盾。相反，一些人为对抗制主张及其他事物而辩护，认为它具有事实认定的多种更有效的方法，即便其不是那么致力于这样一个目标。[240] 对这样一些复杂的问题无法在这里作出公道的处理，或许，只要指出有关证据与证明的话语和不同程序背景之间关系的问题属性就足矣。

[239] Cover and Fiss (1979).

[240] E. g. Thibaut and Walker (1975); cf. Landsman (1984).

99

第四章　对一些怀疑主义者的一些怀疑主义*

一、引言

作为因变量，法律潜在特别容易成为伯格（Berger）所称的“社会意识中与生俱来的揭示性动机（debunking motif）”的目标。这一点对于刑法和刑事司法体系也许尤为正确，它们为社会学家渴望纵情地专注于反讽、潜功能（latent function）以及恶行与德性之间的重叠和渗透提供了极为丰富的保障。因为在这里，人们一方面将发现社会对不正当行为最为庄严的禁止，而在另一方面则是其有关如何处理这种不正当行为的最为正式的程序规定。——柯林·洛（Colin Low）①

* 本文最早是作为有关理性主义传统的那篇论文的续篇写于1979—1982年并发表于《英国法律与社会期刊》（*British Journal of Law and Society*）（Basil Blackwell，1984），经出版者同意重印在这里。由于其一定程度上是对几个学科中广泛的开拓性读本的一个报告，我仅仅对文本作了一些小的改动。为了尽力保持与时俱进，本文已经包含了对不同的著述的一个更为广泛的样本进行报告，这些著述包括由德沃金、福柯、格尔茨、普特南、利科、罗蒂以及最为重要的关于形而上学（Mensonge）等的著作，还包括对批判法学研究、女权主义法律理论的不同文献和评论以及有关法律、符号学和叙述学之间关系的著述。如果我在1988年来写这篇文章的话，那么在语调、着重点和立场上也许会有些不同。我可能会把更多的注意力放在精明的律师（Hard-nosed Practitioner）、进取性（nature-of-the-enterprise）怀疑主义、叙述在真相的建构和重构上的作用以及事实、法律和价值之间的相互影响。在Philip Dawid的指引下，我也会对于某类概率分析的灵活性发展出一个比本文文本中所提出的更为系统的评价。〔其中一些进展将在后面的章节中进行探索。〕不过，我依然准备坚持这种核心主张，即在这里被作为样本的文献（1）对于“证据、证明与事实认定”（EPF）〔甚至在下面章节中将要提出的更为宏大的诉讼信息领域（IL）〕的任何理论中的真相、理性和正义等概念的核心地位基本产生不了什么威胁，但（2）却表明了作为理性主义传统诸多假设之组成部分的特殊概念和焦点已经到了该反思的时候了。{如果这篇论文是在1994年之后完成的话，我也会觉得必须通过研究后现代主义和理查德·罗蒂的法律信徒们的“实用主义”来回应一些批评〔Nicolson（1994），Siegel（1994）〕。我关于前者的看法已经在“Globalisation，Pluralism and Post-Modernism：Santos，Calvino and Haack”〔Twining（2000/2001）reprinted in *GJB* Ch. 9〕中详细研究过了。有关最近对“实用主义”的误用和混淆，参见 Haack（1998）Ch. 2。}

① Low（1978），7. 对皮特·伯格的引用来自于他的《社会学邀请》〔*Invitation to Sociology*（1963），51〕。对于本文来说，这一整段都是相关的：

> 那么，我们将会争辩说，在社会意识中有一种与生俱来的**揭示性动机**。社会学家将一次又一次地被他的学科逻辑驱使去揭示他正在研究的社会系统。这种暴露的趋势并不必然归咎于社会学家的性情或爱好。的确，也许恰好是社会学家们——作为个人来说，他们也许站在调和的立场上，而且也不倾向于去扰乱他自己社会存在所依赖的舒适假设——仍然为他所做的是为了飞跃那些他周边人视为理所当然的事物之表象这一点所驱使。换言之，我们主张的是社会学中揭示性动机的根源并非心理学层面的而是方法论层面的。社会学的参照系及其固有的探求社会真实层次而非官方解释所赋予的层次的程序使其自身便带有一种揭开自命不凡与精心宣传——正是通过这些人们得以掩饰彼此之间的行为——之面纱的逻辑强制力。这种揭示的强制力尤其是谙熟现代趋势的社会学的特征之一。

一直有一种感觉，我们都是这一类型或那一类型的相对主义者。为了区分不同的类型，我们需要一张地图。被说成是使社会学“尤其擅长于调节现代”[②] 的怀疑论的、揭露式的倾向同样穿透了近来有关法律程序的文献。相应的是，有这样一位法学家最强有力地催促我们去研究法律总的事实认定，将其理论称为“事实怀疑主义”，并且用一整本书来投入事实相对主义的研究。[③] 当然，杰罗米·弗兰克绝非独一无二。拉伯雷的勃利德古斯（Bridlegoose）[*] 掷骰子来裁判案件[④]；一些逻辑学家指出了封闭系统逻辑（closed system logic）在推出具体事实结论上的有限作用[⑤]；有些则质疑归纳和类归纳（paraduction）是否应该完全归入“推理”[⑥]；最近有关概率的争论被放置在一个框架之内，该框架内的一个共识是数学概率在法律中充其量只具有非常有限的实际应用[⑦]；比如说，埃格里斯顿指出了在法庭背景下实践推理的真实例子中可以发现诸多因为不注意而导致的谬误、逻辑跳跃和缺陷。[⑧] 心理学家的主要经验似乎也是告诫性的：记忆是不可靠的，感知是不可靠的，老实巴交的证人容易受到诱导，偏见是不可避免的，非理性的说服技巧是有效的，等等。[⑨] 从左边看是经久不变的调子，声称整体制度是压制性的，声称像法治、法律下的正义以及被告人的权利都是为掩盖一个截然不同的现实的一种迷惑性意识形态的一个正面部分。[⑩] 从右边看，同样经久不变的调子则是像沉默权和受陪审团审判的权利等个人的传统保护装置都是非理性的不可批评之对象。[⑪] 正如对柯 100
林·洛的援引所预示的，近来有关刑事司法的许多研究——不仅仅由社会学家所完成——已经被一种揭示性动机占据主流了。有许多揭示是大家所熟悉的，

② Berger (1966).

③ Frank (1945; revised edn., 1953).

* 勃利德古斯是拉伯雷著名小说《巨人传》中的一位法官，他通过掷骰子来裁判案件——译者注。

④ Rabelais, *Gargantua and Pantagruel*, chs. 37－43 (trans. Sir Thomas Urquhart, 1913).

⑤ 经典之论是在约翰·斯图亚特·密尔的《逻辑系统论》一书中（J. S. Mill, *System of Logic*, Bk. ii, ch. 3）。

⑥ Hume (1748), s. iv; Rescher, (1980), chs. xi and xii. See further, below, 106.

⑦ See Twining (1980), 51. 有关该争论一些文献的参考书目，参见下文注⑯⑥。

⑧ Eggleston (1983).

⑨ See e. g. Wigmore *Science* (3rd ed.); Marshall (1980); Lloyd-Bostock (1980).

⑩ 前注①和在那里援引的著作。探究法律系统之间在意识形态或修辞之间的差别的学术著作包括 Blumberg (1967); Carlen (1976); and McBarnett (1981)。平衡“官方修辞”的纯粹修辞性表述在当代政治话语中司空见惯。在马克思主义内部有关作为意识形态的法治之辩论的一个更为成熟的版本则是由爱德华·汤普森（Edward Thompson）在《辉格党与猎人》〔*Whigs and Hunters* (1975)〕对法治的捍卫所提供。

⑪ See e. g. Cross (1970), 66; and response by Field (1970), 76.

比方说，法律程序作为贬降仪式[12]，辩护律师作为双重间谍[13]，司法官员在辩诉交易中的神秘作用[14]，所谓“援助”职业的神话[15]，以及本来便已司空见惯的所谓的“对抗式”程序的官僚性和协作性。[16]

有些想法并不新鲜；认识论怀疑主义和相对主义（后者近来——比方说，在现象学中——曾有过强烈的复苏）与哲学本身一样古老。法庭抓阄，理想与现实之间、书本上的法与行动中的法以及理论与实践之间的鸿沟这些想法都是法学研究内部的长久主题。近段时间来，对于模糊化、驱魅化和隐藏在“官方观点”背后的真相有了更多的讨论。当前法学研究和公共讨论已经经过了一个相对活跃的阶段，在这一阶段不仅仅声称的“常识”和“官方观点”的多个版本受到频繁的攻击，就连公民自由主义者（civil libertarians）和左派的坚定持有的信念也在智识上和政治上受到挑战。

在法律程序文献——尤其在刑事法方面——中的这些趋势似乎与作为英美证据研究之主流的乐观和自满理性主义差异很大。[17] 我在上一章提出，英美几乎所有有关证据的专业性文献——无论是理论性的还是阐释性的——都非常同质化而且关注点相当狭隘。[18] 简单地说，从吉尔伯特的《证据法》（1754 年）经过边沁、斯蒂芬、塞耶和威格摩尔到鲁珀特·克罗斯的著述，几乎所有的英美证据法学者和理论家都广泛地共享了一系列有关裁判之性质和目的以及在法庭背景下证明事实主张将会涉及什么的共同假设或者假定。[19] 因此，我们可以理直气壮地讨论一个单一的理性主义证据研究传统，该传统大体上共享了一个

⑫ Garfinkel (1956), 420.

⑬ E. g. Blumberg (1967), 65 - 9; cf. Baldwin and McConville (1977), 111.

⑭ 有关辩诉交易在英国的论述精选包含在 Baldwin and Bottomley (eds.) (1978), 71 - 128。See also Baldwin and McConville (1977), 13.

⑮ E. g. , Blumberg (1967), 65 - 9.

⑯ E. g. , Blumberg (1967), *passim*.

⑰ See ch. 3 above.

⑱ See 75 - 80 above. 有关其狭隘性的论述，see below，257 - 61。

⑲ 基于两个原因，历史性主张在认识论和逻辑学假设方面要强于有关审判事业之性质的基础性观点。第一，证据法作者们倾向于对于前者比后者要更为明确。第二，在有关这一事业的性质方面所存在的分歧可能要少于在那一语境中证明事实将涉及什么。See further above，77.

可以被称为**乐观理性主义**的共同视角。⑳

证据研究之核心传统的非怀疑论假设与现代有关法律程序的著述中的怀疑主义语调之间的截然对比是令人困惑的。当然，毫不奇怪的是，黑格尔和达尔文、弗洛伊德和马克思、尼采和舒茨（Schutz）* 在经过一段可预期的知识延迟之后应该在法律思想中发现一些回响。㉑ 同样不奇怪的是，这些回响在音量和内容上将很不一样，即便在音调上的差异要小一些。而为什么当发现了其可以被解释成中产阶级的法治自由主义的一块孤岛或者启蒙乐观主义的一块不可触摸的遗迹并且与后代的令人困惑的不确定性共存时，它就应该看起来令人惊诧呢？这难道也不仅仅是我们大众文化——在这种文化中《等待戈登》可以被置于访谈节目和枕边书之间——的一种反映吗？看起来相互矛盾的信息的一种持续性炮轰是人们对我们现代巴别塔**的期待。

对于试图理解其知识背景的学者来说，仅仅接受甚至品味这种多样性是不 101
够的，他还必须为一致性而努力。有些对比看起来似乎也过于纯粹：马克思主义者的驱魅化对自由主义者的含糊或者“自相矛盾”㉒；现代精密化对洛克式的常识；悲观怀疑主义对乐观理性主义；司法过程的研究者对证据作者。这些两分法有些只是不符合事实，没有一个充分考虑到复杂的交错。那些倾向于小心行事的证据研究者趋向于一种新的调整，因为该学科必须与这种令人困惑的场景达成妥协。主流证据研究与有关司法过程的更为多样化的文献之间的强烈对比至少提出了一些问题：是否对理性主义传统的重要假设提出了一种直接挑

⑳ 揭示（Debunking）、讽刺性的反差、质疑与失望和从杰弗里·吉尔伯特经由杰里米·边沁到当代绝大多数其他证据法作者们的理性主义传统是格格不入的。即使边沁在其最为引人争议的论述中，将技术性程序制度视为荒谬的、恣意的和极端不公正的，也是**因为**它冒犯了常识、理性与效率。边沁并非一位对知识、价值或理性的怀疑主义者，他仅仅在严格的意义上是规则怀疑主义者。作为一名证据理论家，他是一位乐观的理性主义者，显然在证据研究的主流之内。（see further *TEBW*; ch. 2.）尽管存在差异与分歧，塞耶和威格摩尔、克罗斯与科恩，即便是像迈克尔和富勒这样的世俗的正常法律人，也属于同一个主流。法律之下的真相、理性与正义（填补正义）是理性主义传统的核心。

* 阿尔弗雷德·舒茨（1899—1959）是20世纪著名的社会学家之一，1899年出生于奥地利，1939年移居美国。他将胡塞尔的现象学哲学引入社会学，并成功用于改造韦伯的解释社会学，从而开创了现象学社会学这一理论流派——译者注。

㉑ 后启蒙时代思想史最好的研究之一是 Hughes（1958），从后启蒙时代开始，本文所讨论的许多趋势都已经形成。

** “巴别塔”这个词取自于《圣经》第十一章，讲的是洪荒之后，诺亚方舟上留下的人类妄自尊大，竟然想修一座通天塔与上帝见面，于是上帝非常生气，混乱了他们的语言，造成思想无法统一，文化产生差异，分歧、猜忌等各种问题接踵而来。于是，这座塔也便成了一个泡影。“巴别塔”这个词在希伯来语中意为“混乱”。来源：百度百科——译者注。

㉒ 有关马克思主义的与边沁主义的驱魅化之间的密切关系，参见 Hart（1973），2；*TEBW* 75-88。

战？如果是的话，在哪些点上以什么样的含义？怀疑主义和相对主义的现代版本是否仅仅只是一个情绪上、语调上和修辞上的问题，隐藏在背后的是常识理性主义的一些残余？或者说理性、真相和正义被看成是过去那一页的过时幻想，它们在有关法律程序的精密化和启蒙视角中无立锥之地？当代思想是否蕴含了证据的相对主义或非理性主义理论？这样一些理论看起来如何？[23]

本章源自于这些关怀。它最初是希望将广阔而又混乱的景象纳入某一秩序的一种努力的产物，因此，它声称基本上只是对现代知识生活中一些精选场景的一个初步勘查报告，其结果将是一个初步的略图而不是一个全景图。对于这样一件事来说，立场的澄清是重要的。[24] 在本文中，我将采取一种“星期四怀疑者”（Thursday Sceptic）的姿态，也就是说，某人在大多数时间里都相信他正坐于其上的凳子存在于一个真实的世界，推理和说服是值得珍视的，而且学者至少应该追求相对的超然——但他会被许多层次的怀疑困扰，最经常的但并不完全有规律的是某个星期四的早上两点至四点。

这不仅仅是一种反讽策略。星期四怀疑者承认始终如一地坚持一种真诚的怀疑论观点是极其困难的。与撒谎和说真话一样，怀疑主义是件难事。[25] 确信至少与怀疑一样诱人。星期四怀疑论者倾向于古怪地看待包括他自己在内的所有怀疑主义主张。他承认这种怀疑可以在多种层次上发生；在像诉讼这样一个复杂而又易错的领域，怀疑的条件不但很多而且很有力[26]；单一一类或者一种怀疑可能有着广泛的分支。正如伯格所承认的，法律尤其容易成为揭示的一个目标。基于本文目的，星期四怀疑主义也许再合适不过了。

截至当前，我已经使用“怀疑主义”和“相对主义”这些词来一般化地包含广泛的立场，在这些立场上，自信而又被广泛接受的观点使该学科充满怀疑。[27] 从现在开始，我们需要更具识别性一些，但基于上一段所陈述的原因广泛撒网是非常重要的。怀疑主义有许多种类。比如说，哲学怀疑主义通常指的是对认识或推理或客观价值之**可能性**的根本怀疑；宗教怀疑主义则涉及有关某些或全部宗教的教旨或者有关上帝之存在的怀疑或者不信奉；“怀疑主义”也
102 可能指一般的怀疑态度，抑或有关任何一种认知的可能性或者有关知识的怀疑

㉓ See now ‘Manifesto of Legal Irrealist Disbelief’: Graham (1987), 1231 - 4.

㉔ 有关立场，see Twining (1973a), 275 and below, 130 - 4. [Cf. GJB 31 - 5, *Analysis* (2005) 115 - 17, 124 - 5 and Abimbola.]

㉕ Cf. Bentham vi *Works*, 249.

㉖ 有关怀疑的条件这一概念，see Twining and Miers (1982), ch. 6。

㉗ See generally Hollis and Lukes (1982).

主义分支或者有关某些具体的主张或假定性事实或者有关其他方面的怀疑。因此，重要的常常在于追问：怀疑**什么**？怀疑主义者可以是实际的或者是空想的、真诚的或者虚伪的、真正的或者伪造的。从完全不相信（比如无神论者）到不可知论到怀疑（这可能包括真正的信徒在获得信仰的途中所产生的怀疑），再到对于某种通常被想当然的信仰或者假设的单纯的质疑——无论多么开明，这其中也存在几种怀疑层次。因此，重要的是要问一下：**多么**怀疑？和其他东西一样，"怀疑主义"可能适用于倾向、态度、风格、语调或行为举止、方法、主张或立场。在这里大部分地方我们主要关注能被表述成命题的怀疑主义观点或者信条。对所有怀疑主义主张都质疑的星期四怀疑论者总是追问：谁在怀疑？多大程度上怀疑？怀疑什么？在什么背景下？持续多长时间？

我在大部分地方将集中关注令人相当熟悉的怀疑主义的一般形式，比如像哲学怀疑主义和历史相对主义，而且一般用它们更强的版本。我将特别关注非常广泛的怀疑主义主张（正如认识论怀疑主义或在任何法律体系中有关事实之可获得性的怀疑）和那些经过检验表明有关一些更为具体东西的主张（比如有关某一具体制度在某一特殊体系下真正运作的怀疑）之间的区别。

那么，本章是概括地研究一些明显的怀疑主义进路对于司法的证据与证明研究已经产生什么影响——如果有的话——的一个初步努力。所提出的核心问题在于：有关证据问题的理论化、写作和争论的主流英美传统的基本假设在多大程度上受到了一种或多种怀疑主义或相对主义的挑战，以至于颠覆了这样一种观念即研究像证言的可靠性、证明逻辑或事实认定制度之功效这样的问题既是切实可行也是非常值得的。㉘

㉘　对在背后支撑这些问题的质疑作一点简短的评论。一个对过去的认知是否可能持怀疑态度的哲学怀疑论者同样可能质疑这样一个声称要对有关过去事实之证明的逻辑层面的相关问题加以解答的理论；一些对司法程序是否在任何重要层面关注事实认定或真相探寻持怀疑态度的人可能也会对是否值得对不同类型证据之可靠性或者改进司法事实认定准确性的方式与途径加以研究提出质疑；对历史性事实是否可能是客观的持怀疑态度的那些人对于使用像"证据准则"、"证明标准"或"相关性标准"——就它们所隐含的客观标准或至少主体间（trans-subjective）标准这一范围而言——这样的术语提出质疑。如果"真实"仅仅是由诉辩者和判决作出者来建构的，而不是在证据基础上加以检验的，那么，他们自己为何还要关心有关证据、证明和相关性问题？对裁决过程中的可能性加以否定的那些人也可能会对研究证明过程之逻辑层面的价值提出质疑。并不是所有的疑问都来自于作为一个逻辑必然性问题的怀疑论前提。比如，提出说理性在法律程序的实践中无足轻重甚至完全无用并不会在事实上使所有的法律推理归于无效，但它的确使人们警惕任何特定的理论是否包含令人怀疑的假设或者对于理性在这些程序中所扮演的角色给出一种令人误解的印象——而且它也对这项事业是否值得提出了质疑。那些相信法院的判决仅仅是合理化的人不可能会对正当化的逻辑非常感兴趣，这不是因为他认为此一事业是无效的，而是因为他认为这是无关紧要的或者无足轻重的或者与其关注点无关。在本章当中，我的主要关切点并非对这些处于考虑之中的进路加以批判。确切地说，这是一个正在形成当中的演习，其主要目标是将不同的看似怀疑主义的进路放置于彼此相互关系中以及和传统的证据与证明理论的关系之中。

设想的路线如下所示：在对 4 种常见的或者虚假的怀疑主义的一个初步考察之后，我们将简明而又概括地审视一下五种相关的“怀疑主义策略”以及他们对一种证据理论可能产生的影响。首先，哲学怀疑主义特别参考了 A. J. 艾耶尔所讨论的认识论。接下来是由美国人卡尔·贝克尔和查尔斯·比尔德所例证的历史相对主义，他们转而影响了法律中“事实怀疑主义”的主要领导者杰罗米·弗兰克。我们的第四站将是现象学，以伯杰和卢克曼的《真相的社会建构》以及新近“建构主义视角”在法律中的一些运用为例。接下来，我们将考察当前有关法庭背景下有关概率之推理性质的争论中一些数学家的观点的含义，这引领了一种考量即在法学研究中对立场差别的强调在多大程度上涉及对某种“相对主义”的信奉。在第三部分中，我将思考从这种纵览中可以获得什
103 么样的一般教训以及它们对于发展出一套裁判中的证据与证明的“现代”理论具有什么意义，这套理论属于法学学科之宏观概念，但其转而在很大程度上从19 世纪晚期思想及其后继者中获得理论灵感。

二、阐释

（一）虚假怀疑主义与人为辩论

虚假辩论是大型法学市场（Great Juristic Bazaar）的显著特色。[29] 模糊的

---

[29] Twining (1978), esp. 189 - 92. 对于好辩的法理学的经典批判是由卡尔·卢埃林提出来的：尽管：

(1) 法学家们大多数是在辩论修辞方面训练有素的法律人，特征在于

a. 问题的提出是选择性的、朝自己有利的；以及

b. 对事实进行选择、涂色以及论证性安排；以及

c. 对绰号和反讽的运用；以及

d. 常常完全曲解诉辩者的视觉（vision），他一旦接到案子，便停止采纳哪怕一点对自己不利的可能性（尤其在非常常见的“浪漫主义”诉辩方式当中），因此

(2) 已被证明的是，对于警察来说，他们的诉辩工作有必要通过

a. 强迫他们通过一个精心设计的话语答辩系统来界定问题，在一个负责任并且权威的裁判庭的监督下来来回回地为解答提供机会；

b. 限制他们对于如此提出之问题的论证；

c. 限制那些他们可以寻求到一个记录的“事实”以及

d. 通过合作（association）或归罪或者没有对特定指控进行证明等等来阻止犯罪，但

(3) 在法理学中，每个人

a. 陈述他自己的问题，误述别人的问题，遮蔽、回避其他问题等，不受程序或答案或权威控制（而且法理学中陈述某一问题的案例基本上都是博物馆里的古董了），而且

b. 同样毫无节制地运用他的修辞；而且

c. 甚至通过匿名化归罪自由地凭空想象“事实”，而且

d. 结果总是会撞倒他的稻草人。

(4) 然而在法律当中，总是会有一方当事人输掉，或者彼此屈服于某些东西，因此，在法理学中就有了“所有人的胜利”。这是创造来获得舒适，如果不是为了光明。(*Law in Our Society*, 86 - 7, unpublished, 1950, quoted in Twining, 1973, 379 - 80.)

归属、乱贴标签（ismatizing）、群起而攻之（Aunt Sallyism）*、自说自话以及微小差异的重复夸大都是法学辩论中的常见特征。[30] 在寻找对理性主义传统的认真挑战的过程中，我们尤其需要警惕卷入由那些虚假的或者琐碎的怀疑主义所提出的人为辩论，也就是说，传说中的那些不值得认真对待的"怀疑主义"或"相对主义"的诸多版本。这些情形并不鲜见以至于我们需要将 4 种对理性主义传统产生不了什么威胁的形象辨别出来并进行处理，让我们将它们分别称为幼稚自大者、失望的完美主义者、漫画家和精明的律师。

"怀疑论"的幼稚自大者对于哲学教师来说是非常熟悉的，这就是那种提出或者错误提出某个重要的哲学问题，然后或者拒绝参与哲学游戏或者仅仅玩味着他＼她自己的某个琐碎游戏或者陷入无穷无尽的回归或者犯下一些基本的错误——比方说回避问题实质或者假定了一些已被证明的内容。琐碎的、自相矛盾的或者其他虚假的怀疑主义声音在法学讨论中不绝于耳，但它们对理性主义传统产生不了什么真正的智识威胁。

另外一种在法理学争论中尤其常见的虚假怀疑主义就是所谓的失望完美主义者（或者绝对论者）的怀疑主义。H. L. A. 哈特在《法律的概念》中将其看作为"规则怀疑主义"——他将之界定为"主张讨论规则是一个神话"——背后的因素之一：

> 规则怀疑论者有时候是失望的绝对论者；他已经发现规则并不是像它们在形式主义者的天堂中，或者像在一个人类就像神一样能够预测所有可能的事实结合的世界中那样，因此开放结构（open-texture）是规则的一个必备特征。因此，怀疑论者对于规则之存在的概念也许是一个难以达到的理想，而且当他发现并不能通过将某些东西称为规则来实现这一理想时，他会通过否定存在或者可能存在任何规则来表达他的失望。[31]

这一段具有双重意义：它有力地辨别出了一种夸大其词的趋势，这种趋势是法学争论的特有毛病，在这种情形下怀疑主义对于这种趋势的遥不可及的理想很少有人——如果有的话——赞成。它还例证了一种相关趋势，即讽刺了某

* 19 世纪，在英国的露天集市或酒吧里，常流行这样一种游戏：在场地中间放置一个被称为"Aunt Sally Sally"（萨利姑妈）的老妇人头像，"萨利姑妈"口里的烟斗成为"众矢之的"。游戏者站在一定距离外，拿棍子掷向长长的烟斗，谁若将其击落，谁就是赢家。久而久之，"萨利姑妈"就成了"众矢之的"的代名词，用来比喻那些很容易受到攻击的人，而且这些攻击通常都是没有根据的指控，但却被多数人采信。来源：豆瓣——译者注。

[30] Twining (1978).

[31] Hart (1961), 135.

人通过将绝对论观点强加给对手来进行批评，因为很难找出一个严肃的法学家
104 会主张那些可以归入哈特的规则怀疑主义的观点。[32]

失望完美主义者和漫画家常常被集中在好辩法理学的某个人身上。[33] 将某一极端观点强加给对手，然后跑到另一极端是法学讨论的一个常见样式：因为在法律中完全的确定性是不可企及的，由此得出结论说法律完全是不可预测的；因为没有人可以完全中立或者不偏不倚，因此得出结论说法官是具有偏见的。当表述清楚的时候，这样一些不合逻辑的推论常常很容易便不攻自破。它们一般是假设性的或者被旁敲侧击地暗示。一个有用的但常常被误解的矫正是卡尔·卢埃林的坚定格言："'非此即彼'是一种坏的法理学"[34]。在这里相关的是在对于在判决过程的事实认定方面的所谓的"官方的"或者"常识"或者"传统"观点的看似怀疑主义的攻击的背景中找出这样一些趋势，一个绝佳例子就是杰罗米·弗兰克对于"确定性神话"的攻击。[35] 当然，在外行人和律师一般交流中的雄心勃勃的修辞和未经思考的假设可以为规则方面和——可能不那么常见——事实认定方面提供对"确定性"进行漫谈的无数例子。但有人也许会问：如果"确定性"被严格地解释为意味着1的一种可能性（正如在机会论中那样），那么，谁会相信事实认定中的确定性？"确定性神话"是否是一个值得攻击的目标？在事实认定方面，将"相关性神话"等同于"官方观点"注

[32] Twining (1973), 32, 255, 408. 这是撰写于近期有关批判法学研究的争论之前。

[33] 所说的作为漫画的神话的其他例子包括"司法功能的老虎机（slot-machine）理论"、"司法中立性的神话"以及"逻辑的神话"。一个有用的功能也许是服务于表明某一特定确信为何是荒谬的，即便很难找到分布广泛的证据或者哪怕任何对此一确信的皈依（比如哈特对规则怀疑主义的论述）；但这种进路常常导致无结果的争执，最近的一个例子是J. A. G. 格里菲斯（J. A. G. Griffith）的《司法机关的政治学》〔*The Politics of the Judiciary* (1977)〕，这本书被过分严格地解释对"中立性"和"公正性"的主张这样一个趋势糟蹋了；通过选择一个不必要的柔性目标，格里菲斯弱化了他论证的力量，而且使他的一些批评者轻而易举地回避了其要旨。

[34] 5.5.8. '*And-Not' is bad Jurisprudence.* 在对任何一种社会意识的观察中，材料的复杂性产生了任何排他性的单一属性或极不可能的连续性。"非此即彼"是健康法理学（也是一般意义上的外行思考）的传统祸根："因为它是A，因此就**不是**B"预设了一个完全探索的、精确界定的讨论域，该讨论域被精确而又详尽地区分为A和非A——流行的社会意识则几乎从来不如此。例子，"好律师是天生的**而非**养成的"（第一句有时候正确，而且**一些**天然的能力的确是需要的）；"不是法律塑造了社会，而是社会塑造了法律"〔第一句有一半是错的；尽管许多法律常常无法"拿来"；但即便如此它也可以在不可预见的方向深远地形塑社会，比如，伏尔斯蒂德法案（Volstead Act）与犯罪行为〕〔Llewellyn (1950), reproduced in Twining (1973a), 516〕。

[35] See *Law and the Modern Mind* (1930), *passim*, especially ch. 1. 弗兰克将"基本的法律神话"与其他非法律、"在今天有意愿接受盖然性且放弃找寻完全确定性"的领域进行了对比（p. 7）。弗兰克将对这一神话的信奉归因于法律界大多数成员（还有可能是普通大众）的一种特性，而且也承认在他之前许多法学家已经承认"法律……最好由'盖然性逻辑'来统治"(Ibid.)。See further below, 109 ff..

定是一个笑话，广泛而又公开承认的是证据问题被按照相对盖然性而不是确定性来加以理解。“排除合理怀疑”和“盖然性均衡”从字面意思上就将标准设定在“盖然性”之下。与证明责任和推定相关的规范的细致装置可以合理地被解释为在不确定情形下进行裁判的相当成熟的指引。即便官僚们常常发现在具体个案中很难公开承认犯错，但防护（safeguard）和上诉规定就是对一般意义上错误可能性的一种承认。对于像“确定性”这样的词，在它们被用于理想修辞之组成部分时，从字面上来对其加以解释是不厚道的。[36]

---

[36] 在理性主义传统当中，理想理性主义者常常还提出许多其他重要的让步与告诫。

（1）“裁判的准确性”观念并不必然包含致力于将探求真相作为一个高于一切的价值；通常会承认其他价值——比如国家安全或者家庭或信任关系的保护——不得不与作为一种社会价值的裁判的准确性进行“平衡”。对于应该赋予这些竞争性价值何者以相对优先性，在理性主义传统内部并无共识。

（2）“事实”这一概念被认为是存在问题的：事实问题与法律问题的区分众所周知是非常困难的；“事实”的裁判者常常被要求去裁决行为是否合理或者作出涉及某一评价要素的其他判断，尽管“事实认定”的典型范例是关注有关**特定**过去事件的主张，但这并非假定所有的争议性事实都是特定的。

（3）我们在裁判中已经采用“推理方法”这样一种主张是一个作出限定的主张。与“推理方法”形成对比的是纯粹的运气（勃利德古斯法官）或者野蛮的暴力或求助于超自然或“对形式的机械遵从”（塞耶的名言）。这一主张主要与这一体系的目标和设计有关；合理性标准是适度的；大家所普遍接受的是封闭性系统的推理的应用是有限的，即便是狂热的帕斯卡主义者（参见下文）也承认纯粹数学计算所需要的条件很少得到满足；对于实践的决策当中能够满足这些合理性标准的程度则很少论及；像“偏见性影响”这样的概念则承认非理性因素的可能影响。理性主义者主张的核心是司法裁判中“软”合理性的最大化是一个合理的目标。

（4）对“常识”“有关事件通常做法的知识”“一般性经验”的强调既预定了事实裁判者角色的一种普遍性认知能力，也预设了在某一特定社会内存在一种广泛的认知共识，这一点尤其可能招致批评。（See below，n. 136.）这是一个特别为虚假例外而准备的领域。这个假设是能力是普遍的、共识是广泛的，而不是说这两者中的任何一个是普遍的。模糊的目标招致泛泛的抨击。在这里需要说明的只是，这表明来自不同背景的人可能会从一位年轻人从警察身边跑开这样一个事实中获得相当不同的推论，而不会更进一步去颠覆那些支撑自己这样的认知共识之上的假设，也就是说很少有人会相信汽车可以用方形轮胎。有关认知能力，see L. J. Cohen（1983），1；有关认知共识，参见表二（140 页）以及下文第114～115 页。See further Twining（1988a），1539－41. 认知共识这一概念在陪审团遴选的讨论中常常遭到隐性的挑战，在遴选当中，候选陪审员的价值常常被认为是非常重要的。下文代表着一种相当典型的看法：

> 陪审员的特性会影响他们所作出的判决这一核心假设背后的理论可以以相当简明的方式来加以表述。一个人的人口统计学背景（社会经济等级、种族、宗教、性别、年龄、教育，等等）意味着一种特定类型的、容易引发争议的社会化历史，如果仅仅因为这些假设和概念是模糊的并且隶属于那个人。如果你贫穷、年轻、黑色人种且是妇女，那么，比起一位富有、年老、白色人种的男性来说，你将会被认为会以不同的视角看待世界，对其作出不同的反应，而且会持不同的态度。这些理解、态度和价值反过来会决定你作为一名陪审员所作出的判决。除了人口统计学特征，个性类型（无论个性是通过遗传学、精神分析的发展还是考虑个人历史来提出）被认为也是会预先影响陪审员作出某一特定判决。比如说，如果你高度依赖秩序，那么你可能会倾向于定罪。不太

证据的一种“理性”进路的“理想类型”并未预设一系列不可能实现的理想。它毋宁被视为清楚地表达一种智识传统的标准可行性假设，这种传统稳固地适应于执业律师和法官的需求、态度和观点。因此，人们可能期望他们的观点正像无望的空想主义或者天真派那样因为头脑简单的、虚伪的和过度的实用主义而容易受到攻击。我们将在与精明的律师的联系中回到这里。

对这种理性类型的核心假设的资格性加以强调是很重要的，同样重要的是确定非怀疑论的核心：裁决的准确性被视为审判的主要目标和法律贯彻与权利证明（补偿正义）的一种必要手段；补偿正义是一种重要的但并不必然压倒一切的社会价值；“裁决的准确性”概念直接导出了像真相、
105 事实、相关性、证据和推论这样的理念以及有关知识可能性（或者至少是事实的正当结论）和有效推理的诸多假设。因此，在这种模式的信徒和其他那些我们不需要在讽刺或者遥不可及的理想上浪费时间的人之间存在许多潜在的分歧与差异点。

精明的律师则不那么容易被否定。这是那种作出如下声明的职业人士：“我不关心正义或真相，我的目标就是打赢官司”，或者“对抗式裁判就是一场游戏”，或者“我的任务是说服而不是推理”。在人们为修辞上的夸张和虚假的对立（比如，假定正义与胜诉难以同时并存）留下余地之后，依然留下了一些实质性要点：从诉讼中的律师立场来看，胜诉与追求真相之间常常存在一种冲突；某些裁判的那些使其像某些游戏的特征也许是理性主义理想的颠覆因素；

（接上页）清楚的是，这样一个理论是否认为个性类型会决定一个人所具有的实质性偏好（比如总是想要受到处罚）或它是否会影响人们处理证据的方式（给予政府方的证据比被告方证据更大的分量）。因此，陪审员的人口统计学特征、个性和态度被认为对他们的判决具有实质性影响。(Saks and Hastie，1978，49.)

(5) 对理性主义模式诸多预设的接受并不必然包含对“完全的”或高不可攀的高标准的承诺：正如盖然性取代完全的确定性，客观性、资格、公正性和合理性等概念可以被视为相对的目标。

(6) 迄今为止，证据理论化的主流思想传统的成员们已经接受了理想理性主义的诸多信条，这并未因此而必然导致它们对它们自己制度体系在某一特定时代的运作感到**自满**——比如说，边沁提出他的裁判理论来作为对现行制度与实践进行激进批判的一个基础。这一点对于本章的核心观点至关重要，这主要基于以下两点原因：第一，我的部分主张是一个 EPF（证据、证明和事实认定）理性主义理想性理论与那种关注有关某一特定制度之实际运作之自满主张的怀疑主义并非不兼容——确切地说，它提供了一套评估和批判的标准；以及第二，至少一些所谓的怀疑论者或相对主义者在指出理想与现实之间的鸿沟或在批判某一具体裁判制度或身处其中的角色时会援引像规范式模式这样的一些东西。

非理性的说服手段也许有时候或者常常比理性论辩更为有效。[37] 很难知道如何对这些过分简化的主张进行解释。对胜诉的强调是将被视为仅仅意味着对抗式程序内部的一种张力，或者表明了对于该制度所宣称的价值的一种排斥，抑或是对这些价值或者其他方面的反对性主张的一种冷嘲热讽？指向裁判性事实认定中的非理性因素——比如某律师之客户的魅力或者某律师之肢体语言的诉求——的运作能否被看做是对理性之可行性或者价值的一种否定？有关此类陈述的困难不在于说它们必然是不正确的或者虚假的，而在于它们的准确含义和所处情形是不清楚的。在它们的有效性和重要性可以被评估之前，基于当前目的，它们需要以一种不那么含糊、不那么模棱两可的形式加以重述。简言之，精明的律师这样一种民间智慧需要被理论化。对于几种标准例子来说，这一点已经完成了。诉讼作为一种游戏的观念、辩护的伦理困境、胜诉与真相之间的张力已经在学术文献中被细致讨论了，其中一些将以一种不同的形式在本章的后面重现。

不过，对于标准的实用主义拒斥——这在专著和法律报告中司空见惯——的一个替代性解释在于法律并不关注有关真相和证明的哲学概念这样的终极性问题。在这种观点中，法律运行在仿佛存在一个真实的世界，这个世界能够被

[37] 有关精明的律师，see below，220－1，263。有关精明实用主义的另一个例子是这样一个主张，即法律会系统地求助于有关真相和证明的哲学问题。比如，多琳·麦克贝内特（Doreen McBarnett）(1981) 在12～13页援引了大卫·纳普利（David Napley）：“因此，在医生和科学家们致力于一个纠问式的探求活动当中，在这一活动中，他们探索真理，而律师则致力于一项控告性的探求活动以便察看一个有限的证明领域是否已经被放逐出去。”然后，她接着评论道：“正当性并非落在任何像‘真相、全部真相、除了真实结果之外没有其他’这样的理想主义当中，而是在于实用性上。法院并未沉溺于哲学或科学那不可能实现的绝对性，而是快速地获得判决。”麦克贝内特的“不是……而是……不是……而是”包含了与那些失望的理想主义者作出的类似的对比。像纳普利这样的表述经过解释之后可以很容易被容纳于理性主义模式，这种模式明确设置缺乏确定性和“不可能实现的绝对性”的标准。这种二元对立是虚假的：因为确定性（“完全的真相”）被承认是不可企及的，并不会由此推出这项事业并不关注对最可获取之真相的追求；因为为了避免烦扰、耗费和迟延而作出的实用主义妥协，并不由此推出追求真相并非一个严肃的目标或者说因为这个原因，对抗式调查在性质上就不同于医疗、纠问式或科学调查，因为所有这些活动都在以不同的方式受到不同实践约束条件的制约。如果在对抗制程序中的“事实认定”从根本上不同于其他那些事实性调查，那也不是因为实践性约束条件要求接受低于理想状态的证明标准。

提出追求真相并非法律程序的主要目标的一个理论例子是查尔斯·P·柯蒂斯（Charles P. Curtis）的满足理论（satisfaction theory）(*It's Your Law*，1954，21)：“正义有时候比真相更大也更密切。真相只是正义的内容之一。它的全部就是满足这些关切。”这一观点遭到了马丁·戈尔丁（Martin Golding）和罗伯特·萨默斯（Robert Summers）的批评〔in Bronaugh (ed.) (1978)，chs. 9 and 10〕，他们都接受这样一种标准观点即真相的确定是作为裁判准确性的正义的一项必要内容，但真相有时候让位于其他价值。戈尔丁称之为真相认定（truth-finding）理论。这样一个分歧尽管不一定重要，但却事关探寻有关真实过去之“真相”的主体地位或者优先地位，而不是质疑真相是否能够完全获得。

人类心灵接近并且陈述的真实性可以通过证据来加以检验。正如出于某些目的我们将某一案件“诸多事实”或者诉讼中“约定性事实”视为仿佛为真一样，即便我们并不确定或者不知道甚至确信它们是虚假的，可以进一步确定的是，理性主义传统的诸多假设是包括专著作者们在内的所有参与者都接受它们为似乎本来就如此的有效工作假设，而与其个人确信无关。因此，理性主义传统中的某位学者，也包括某位律师或法官可能是一名真正的哲学怀疑论者（怀疑知识或者理性或者伦理或者以上三者），但却——为了参与到法律过程中——接受非怀疑论前设作为有效的工作假设。[38]

因为失望完美主义者或者漫画家而拒斥某些怀疑论者不应该被视为满足于
106 我们法律制度或者人类条件的一个标志，它也不是获得共识的一个借口。目标在于阐明在严肃的非修辞性争论中的问题为何而澄清修辞性和人为争论的基础。精明的律师通常在某一位置上便戛然而止，这就像他所反对的某种形式那样荒谬和站不住脚。漫画家通常根本无法参与到问题中来。在讨论区域的那些通情达理和见多识广的人中间为异议和怀疑留下了足够的空间，因为那里将不需要传统法理学的人为争论或者极端论者的站不住脚的形式。

（二）哲学怀疑主义

理性主义传统的非怀疑论假设与近来有关司法证明诸多著述中的怀疑主义语调之间的对比需要在多个层面加以澄清。在这一节中，我将通过参照 A. J. 艾耶尔在《知识问题》中对怀疑主义的论述来尽力指出理性主义传统之核心假设与哲学怀疑主义这一由来已久的现象之间的一些联系点。[39] 然后，我将考察被审视的作者中的任何一位是否都能被看做是强意义上的某种或其他哲学怀疑论者。此处的目标还是将可能的接触点描绘出来而不是深入地研究复杂问题。

基于当前目的，对三种从广泛意义上看有所不同的哲学怀疑主义进行区分是有所助益的。第一种是否定了任何一种知识可能性的认识论怀疑主义；第二，伦理学怀疑主义或者主观主义，这种观点主张价值的判断仅仅是个人偏好

[38] 我有一些逸闻证据证明这一点对于一些证据学者来说也许是正确的。这种将个人信仰从职业惯例中分离出来也许是非常普遍的：如果所有的普通法法官对与事实认定直接相关的问题都持相同的哲学观的话，那才是非常奇怪的。不过，我们仅仅在这一差异对法律程序中职业——及其他——参与者的言论和真实行为确实产生影响的范围内感兴趣。如果一本教科书的作者在遵循职业惯例而非相信他所写的，那么，这本教科书就只会偶然地让一项职业惯例——在当前语境下就是理性主义传统——的研究产生兴趣。

[39] 本节主要以下列著作为基础：Ayer（1956 and 1961）；‘*Statements about the Past*’ *in* Ayer（1963）；Ayer（1980）；Popkin，‘*Skepticism*’ *in The Encyclopedia of Philosophy*（1967；ed. by P. Edwards），vol. 7；Rescher（1980）；Trigg（1973）；Unger（1975）。

的问题或者完全相对于时间或地点或环境而言，以及第三，非理性主义，从对所有有关客观有效推理之可能性的主张都表示怀疑的意义上说，或者正如皮特·昂格尔（Peter Unger）所赋予它的，“没有人曾经**被证明是正当的**或者在任何事情上都完全无理可讲”[40]。

当然，在这些广泛的种类中以及它们之间的复杂关系中存在着许多变化。为了使叙述保持简洁，我将集中在每个种类的强化或者极端形式——对**任何**认识都是**可能的**的否定；那种说所有的价值判断都**仅仅**是个人偏好问题，不容易受到理性评价或者正当化的影响；以及否定有效推理之**可能性**。我将集中在认识论怀疑主义和对某种推理、归纳的怀疑主义，因为这些与理性主义传统的假设有着最直接和明显的关联。

“证据、证明和事实认定”（EPF）理论是一种中观（middle order）理论。知识论哲学家在一般意义上关注有关认识的性质和可能性的终极性问题。历史学家关注的是历史知识的特殊性质和证明标准与证明方法或者被声称作为这些“知识”之基础的证据准则。从某种意义上说，证据理论家们关注的是“过去事实的法律认知”[41]。对于任何类型的认知之可能性加以质疑的哲学怀疑论者因而也会质疑历史和法律认知的可能性。某种将历史认识或法律认知作为一种既定前提的历史理论或者 EPF 理论已经预设了某种认识论，因此，认识论怀疑主义对这种理论提出了直接的挑战。 107

“现在常常有人说哲学怀疑主义是不严肃的，从某种意义上说，这是对的”，作者艾耶尔在一篇有关这一主题的文章开头这样写道。[42] 这句话并非像乍一看起来所显现出来的那样轻蔑，因为艾耶尔关于认识问题的进路是建立在认真对待怀疑主义观点的基础上的。他指出说，当某一怀疑论者对于我们确信物理客体或者科学实体或者其他人的心智或者过去的存在或归纳推理的有效性产生怀疑时，该怀疑论者论证的模式本质上是一样的。[43] 该怀疑论者运用某种论据，该论据力求显示每种情形下的确信都依赖于一种不合逻辑的推论。[44] 对每个具体类型的确信的应用则是不同的，这表明了每种确信的证明可能建立在不同的层面上，但模式则是一样的：“第一步是强调说我们完全依赖于我们对

[40] Unger (1975), 1; cf. 242 - 3.

[41] 有关“法律真实”的概念，see below 310 - 11。有关用“诉讼中信息”（IL）取代“证据、证明与事实认定”（EPF）作为组织性概念，see below, ch. 7。

[42] Ayer (1961), 47.

[43] Ayer (1956), 76. 对这一观点的一个批判，see e. g. Trigg (1973), 145ff. 。

[44] Cf. Ayer (1956), 222.

结论的认知这样一些前提……第二步……在于表明前提与结论之间的关系不是演绎性的……”，第三步是显示这些推论并非归纳性的或者即便是归纳性推论也是完全合理的，“最后一步则是论证说由于这些推论无法被演绎性或归纳性地证成，它们也就根本无法被证成”[45]。艾耶尔继续说：

> 对于那些希望为我们的认识主张辩护的人来说，在所有这些情形下展现的问题在于确立我们的权利以使其看起来像是从我们的数据中提炼出来的一种特殊种类……困难在于找出一种方法来联结这条鸿沟或者令其消失。
>
> 关注认识论很大程度上便是认真对待这一困难的一件事。处理这一问题的不同方式刚好表明了处理哲学问题的不同哲学流派或者不同方法。除了提出这一难题的单纯的怀疑论观点之外，还存在四种进路。饶有意思的是，它们中的每一种存在于对怀疑论主张之一种不同步骤的否定上。[46]

因此，根据艾耶尔，天真的现实主义者否定了第一步；简约主义者否定了第二步；科学进路否定了第三步；而为艾耶尔所赞同的描述性分析方法则否定了第四步。“在这里，其并未反对怀疑论者之主张的前提，而仅仅否定其结论……我们可以对我们实际上遵循的程序给出一个描述。但对于这一程序的正当化却既不必要也不可能。”[47] 怀疑论者的结论是不可接受的，这是因为“它是通过对一种不可能的完美标准的坚持得出的，通过这种标准，怀疑论者将自己置于不败之地”[48]。然后，艾耶尔的观点是哲学怀疑论者的**论证**应该被认真对待，因为对它们的反驳于认识论至关重要，但对他的结论则不应该认真对待。[49]

基于多种原因，艾耶尔对于认识问题的进路于当前目的而言是有用的。第一，它指出我们应该去质疑具体主张的怀疑论和相对主义者的观点是否需要在
108 哲学层面认真对待，或者，换句话说，不是所有的怀疑论者都是艾耶尔意义上的**哲学怀疑论者**。我将在后文尽力表明在此所考虑的“怀疑主义策略”中很少——如果有的话——必然包含对某种认知主义者观点的排斥。

第二，艾耶尔的论述为对认识难题的类别各异的不同理论和进路为一方与某种 EPF 理论为另一方的关系的描绘提供了一种有用的方式。我们可以确认

[45] Ibid., 76 - 8.
[46] Ibid., 78 - 9.
[47] Ibid., 81.
[48] Ibid., 222.
[49] Ibid., 78.

出某种 EPF 理论与哲学怀疑主义之间关联的两个直接点。根据传统观点，司法过程中的事实认定通常但不绝对地关注有关具体过去事件之真相的探知。[50] 在这一方面其非常类似于历史探查。因此，通过历史相对主义，也通过有关历史认知之可能性的怀疑主义，便确立了一种可能的直接关系。而且，在证据理论家中间似乎存在一种广泛的共识，即适合于法律情境中的证明的论证模式是归纳，正如在日常实践推理中所发现的那样。[51] 因此，有关归纳和归纳理论之可能性的怀疑主义同样与 EPF 理论直接相关。相反，有关物质客体或其他心智或科学规律之存在的问题尽管在法律情境下可能会有具体的应用，但乍一看来在一般层面上与 EPF 理论却不那么相关。

第三，艾耶尔的论述表明了认识哲学与证据理论之间的另外一层重要关联。像"事实""真相""客观性""证明""推论""概率""证据准则"和"归纳"这样一些概念——在一些重要情形下——是认识论中的重要概念，正如它们在有关证据的法律文献中一样。这至少表明了在现代很大程度上彼此独立发展出来的两类文献之间异体受精的一种可能性。的确，公道地说，认识论已经在很大程度上为英美法哲学家们所忽略了。

最后，艾耶尔的进路与英美背景下证据理论化的核心知识传统之间存在一种直接的历史联系，因为它们都源自于相同的哲学圈——英国经验主义。边沁的认识论——仅仅得到部分的发展——被直接追溯至培根、洛克和休谟，但没有休谟的根本的怀疑主义。[52] 密尔建立在边沁的基础上，而后来英语圈中几乎所有的证据作者们比如斯蒂芬、威格摩尔、迈克尔和阿德勒[53]以及克罗斯都是建立在边沁和密尔的基础上。作为一名认识理论家，艾耶尔可能是英国分析哲学家中对休谟怀疑主义的当代主要批评者。并非所有的英美证据学者都共享了相同的认识论假设，但可以公道地说，没有一个是哲学怀疑论者，并且大部分像艾耶尔一样可以被列入英国经验主义的一般传统中。

说哲学怀疑主义已死是不对的。的确，英美哲学家们通过将其视为他们的主要攻击对象来明确或者说——更为重要的——间接地向其之愈久弥坚表示敬

[50] 有关作为裁判中争议主题的"事实"类型的范围，see below，chs. 7 and 12.

[51] See above，76.

[52] 有关边沁在撰写有关证据的著作中所持的认识论假设与他的虚构理论之间的关系，see Postema (1983) and *TEBW* 52 - 66。有关休谟自己是否必然是一个认识论怀疑主义者，see Ayer *Hume* (1980)，*The Problem of Knowledge* (1956)，ch. 3："无论休谟可能宣称何种怀疑主义，毫无疑问的是他深信那种可能被称为常识的物质实体的存在。"(Id.，35.)

[53] 比起他们在《司法证明的性质》〔*The Nature of Judicial Proof* (1931)〕中对逻辑加以论述的文本中提及的其他人而言，迈克尔与阿德勒也许更为折中主义。

109 意。不过，令人惊讶的是很少有主流的哲学家会接受任何强烈意义的“怀疑论者”一词作为标签——挪威哲学家阿恩·纳斯（Arne Naess）也许是最为重要的例外。[54] 相反的是，在当代英美哲学家中存在一种广泛但不是绝对的共识，认为哲学怀疑主义——正如塞克斯都·恩披里柯（Sextus Empiricus）* 和休谟所例证的——是不可接受的，但在怀疑主义的真相中存在一些重要因素，这些因素可以解释其为何能愈久弥坚。在这种观点中，“怀疑主义赢得了许多战斗……［但却］输掉了战争”[55]。尼古拉斯·莱斯切尔（Nicholas Rescher），这一观点的卓越代表者，将所称的怀疑主义中的真相核心概括如下：

> 首先，怀疑论者在过分苛求的认识绝对论这一问题上是相当正确的。当某事被声称已知的时候的确因此被主张为确定的、精确的、不能被纠正的，等等。而这种绝对论——无论多么“实际地”去解释——使得认知的证明成了一件相对苛刻的事。（固然，怀疑论者错误地将这些困难夸张成不可能的事，也就是在一种不现实的而且夸张的意义上解释处于争议中的绝对性，这从一开始便很不恰当地按照对他绝对有利的方式加重了论证负担。）其次，怀疑论者在其对基础主义和完全确定的不可违反的前提的理念——客观事实认知的整体架构就是建立于其上——的攻击上是对的。他对就对在主张说我们只有通过直接经验的显著确定性才能获得像这样完全可靠的数据，它们无法产出**客观**知识。而且，在对作为生活事实的“证据鸿沟”——它确保了所有客观事实主张之理论易错性——这一点的坚持上，怀疑论者是正确的。这些主张——由于它们的完全的客观性——难以避免成为说它们所主张的内容将超出我们曾经确信的对它们有利的那些支

[54] Naess (1968); see also Unger (1973) and Lehrer (1973). 有关尼采作为怀疑论者，see Danto (1965), ch. 4。在法理学中，明确的知识论怀疑主义者几乎闻所未闻，不过，有些法理学家——比如汉斯·凯尔森——可以被视为伦理学上的相对主义者或主观主义者，see Kelsen (1957); Raz ‘The Purity of the Pure Theory’ in Tur and Twining (1986)。写作司法证据的作者们的主要客户可能会倾向于对抽象质疑不耐烦，除非这些质疑妨碍到了实践行动。为了能够继续开展工作，人们必须在仿佛存在一个真实世界、仿佛法律推理是真的“推理”以及仿佛人们是通过理性方式去追求可理性捍卫的目标的情况下继续前进，无论他是否相信情况是否如此，就好像贝克莱主教（Bishop Berkeley）坐在椅子上，汉斯·凯尔森毫无疑问地同他的妻子一起对他们的政治观点进行“推理”，而坚定的帕斯卡主义者则常常会沉溺于非数学化的“论证”。一个真正的怀疑主义证据理论常常对于理论家而言有着巨大的潜在兴趣，但却很少引起实务者们的兴趣。大多数证据的写作者都是实务者或者为实务者而写作。比较一下多琳·麦克贝内特所说的：“对抗式主张有助于通过放弃解决的努力来解决再现现实的哲学难题。对真相的探求转而为漫画之间的一场对抗。所主张的并不是对‘真相’或‘真实’进行界定或者对它们的一种追求，而是有关对某一案由的争辩。”（1981，16.）

* 塞克斯都·恩披里柯：约 2 世纪中叶古罗马哲学家，怀疑论者——译者注。

[55] Rescher (1980), n. 39, at 249.

撑性数据。在提出说我们所吹嘘的我们的“科学认识”必然总是被理解为包含着一个实质性错误混合时，怀疑论者也是正确的。（可以确定的是，当将这种对易错的承认解释成颠覆任何和所有面向上的认知实现时，怀疑主义就走得太远了。）最后，对于我们无法宣称我们对世界认知的完整性或正确性甚至一致性上，怀疑论者是正确的。

“我们认知的主体”包含着不同的错误和不足这样一种让步并不会使其自然而然地撤回位于其区域内的对认识的每一种具体主张。

但怀疑论者并非在作无谓的斗争。对于认识性质的许多实质性澄清只能通过分析由怀疑论者所展开的关键论证如何在最后的分析中无法确立其对于认识主张之不合逻辑性的统领性结论。怀疑论者的论证所力争获得的并非确立认识的不可达到性而是展现我们可能所主张的那种认识的内在局限性。通过这种方式，怀疑论者——无疑是对其自己的失败——为认知主义者的观点提供了一种非常有用的并且是建构性的服务。[56]

认知主义者仅仅对认识的可能性毫不质疑；与这种观点完全相容的是对认知的具体主张、对于作为发现真相之手段的具体制度、程序和技术之功效的自满主张或者对于任何“有关我们认识之不充分的附属性问题”的高度怀疑。[57] 110
的确，有思想的认知主义者应该特别意识到在实践中满足他自己的“认识”标准的诸多困难。哲学认知主义者既有权利也够资格去在许多特殊问题上采取具体姿态。

理性主义传统的诸多前提与这些类型的哲学怀疑主义——至少与其最极端的形式——的每一种一般都不相容，这一点应该相当清楚了。简言之：证据研究的主流已经是认知主义者了，也就是说，它已经假定了对外部世界正当认知的可能性了，它的主要代表是或者已经是功利主义者或者是已经接受或赞成像补偿正义、追求真相、保护家庭、正当程序以及避免讼累这样一些价值的非功利主义的义务论者。

这一传统的核心假设在于对事实问题的审判、裁定应该建立在证据和论证——通常是归纳——的基础上。简言之，为了更进一步的正义和/或效率目标，我们尽量在对证据进行理性评价和分析的基础上获得有关事实主张之真相的正当裁判。

我在本章中的目的不是攻击或者捍卫某种认知主义观点。更确切地说，我

[56] Ibid.，248 - 50.

[57] Ibid.，249.

希望指出三点。第一，英美的主流证据理论家们全都是英国经验主义传统中的认知主义者。第二，认知主义者已经对怀疑论观点作了许多重要的让步，而且其中一些让步对于任何 EPF 理论都有着潜在的影响。第三，在今天真正的**哲学**怀疑论是非常稀少的，而在法律情境中，我们应该细致地审查提出这种主张的那些人的凭证。在下面的几节中，我将顺便质疑那些被考察的每一位怀疑论者或者相对主义者在他们的基本认识论假设或者其他哲学假设方面是否值得作为怀疑论者来加以认真对待。

（三）历史相对主义

现代历史相对主义通常与历史学家们和哲学家们对 19 世纪客观主义历史学派的一种反映相关。[58] 后者常常为奥波尔德·冯·兰克（Leopold von Ranke）所说的历史学家的目标在于将事情描述得“像它们所发生的那样准确”这样一句格言所例证或者扭曲。[59] 这一版本的历史相对主义——当然有许多种类——的主要支持者包括克罗齐（Croce）、曼海姆、柯林伍德和 E. H. 卡尔（E. H. Carr）。这些人中每个人都有着不同的关注点并且发展出截然不同的观点，但他们都尽力将自己与“极端的相对主义”撇清关系。

在美国，20 世纪早期历史相对主义的领导者是詹姆斯·哈维·罗宾逊（James Harvey Robinson）、卡尔·贝克尔（Carl Becker）和查尔斯·比尔德。对当前目的有用的是要特别审视贝克尔和比尔德，因为正是他们与法律中的怀疑主义有着直接的历史联系。贝克尔和比尔德是美国对形式主义的一般知识反
111 叛的重要人物，与霍姆斯、杜威、威廉·詹姆斯、皮尔斯和托斯丹·凡勃伦等联合。[60] 查尔斯·比尔德的《宪法的经济解释》（*An Economic Interpretation of the Constitution*）（1913 年）在法律人当中激发了和在历史学家当中一样的兴趣和争议。更为直接的是，卡尔·贝克尔——他主要是一位历史思想家——是杰罗米·弗兰克的灵感来源之一。[61]

[58] 在这一节中，有关史学的论述的主要来源是：R. F. Atkinson（1978）；Bloch（1954）；Carr（1961）；Danto（1968）；Fischer（1970）；Geyl（1955）；Meyerhoff（ed.）（1959），一个非常有用的文选，and M. White（1964）。

[59] Cited Meyerhoff（ed.）（1959），13；discussed by Geyl（1955），ch. 1，Atkinson，（1978），13－17. 比较一下内文斯（Nevins）对于客观性的捍卫，这种客观性反对“改变历史以适应某种意识形态目的的野蛮政策”：“唯一能够在很长一段时间里真正滋养、激励和引导人们的历史是以一种截然不同的精神去撰写的。它是带有一种很强的而非很弱的意图来创作出来的；以一种热切的努力去客观地确定真相。”（1962，28－9.）

[60] See generally M. White（1964）.

[61] See especially Cahn（1957），3，5－6；Frank（1945，1953）.

在试图发展历史编纂学理论这一点上，贝克尔和比尔德在当时的美国历史学家当中都是非同寻常的。[62] 他们都在对美国历史学会上的主席演讲中冒险出头。（Becker，1926；Beard，1933.）我将像其他评论者那样将这些演讲视为他们各自观点的方便总结。[63] 贝克尔的演讲是经过更为深思熟虑的陈述；他的演讲由于更易受到攻击而招致更多的批判性关注。尽管俩人都受到反叛形式主义的舆论气候（贝克尔最喜欢用的一个词）的影响并对其所有贡献，但他们的理论观点与像尼采、克罗齐、皮雷纳（Pirenne）这样的欧洲作者们更为合拍——默顿·怀特（Morton White）尖刻地指出——他们的大部分混淆也源自于这些人。[64]

贝克尔的直接目标是“客观主义”历史的所有形式——包括兰克、菲斯泰尔·德·古朗士（Foustel de Coulanges）以及阿克顿（Acton）对于《剑桥现代史》的主张。[65] 但他的历史怀疑主义植根于更广泛的关怀。在他的主席演讲中，他提出了三个问题：“（1）什么是历史事实?（2）历史事实何在?（3）历史事实何时发生?”[66]

贝克尔承认“简单事实”，比如像“公元前49年恺撒穿过卢比肯河”或者“1517年在德国开始出售赎罪券”这样的表述，是“完全可以被证实的”[67]。他并不怀疑说这类事实是“硬的”、“客观的”，不容易受到合理怀疑。简言之，他并非艾耶尔意义上的哲学怀疑论者。但，他追问说：这些事实是否像它们表面看起来的那样简单？而且它们本身是否是历史事实？对这些问题的回答都是否定的：

---

[62] Becker（1955），327－40；Beard（1934），219－29. 都在 Meyherhoff（ed.）（1959）中重印。

[63] White in Meyerhoff（ed.）（1959），189.

[64] Ibid.，n. 62.

[65] “那么，什么是历史性事实？对这样虚无缥缈、无法捉摸的一件事加以界定远远超出我的范围。但我将姑且这样说：历史学家也许会对与过去人们的生活相关的任何事情——任何行为或事件、人们已经体验过的情绪、那个时代已经抱有的思想，无论真假——都倍感兴趣。很好，历史学家们对这一类型的事件很感兴趣。但他无法直接接触这一事件本身，因为这件事已经消失了。他所能直接接触的是关于**这一事件的陈述**。他简短地接触一段对**事件曾经发生过的事实**加以佐证的陈述而不是事件本身。当我们真正去触碰**硬邦邦的事实**的时候，历史学家们所接触的总是一种佐证——对某一可能部分为真的事实的一种佐证。因此，在这里需要作出一个极其重要的区分：已经消失的那个事件片段和有关这一事件存续的佐证。基于所有的实践性目的，正是这种有关事件的佐证构成了对我们而言的历史性事实。如果真的如此，那么历史性事实并非过去的事件，而是一种能够使我们充分想象地再造这一事件的一种符号。而对于一种符号，无论说它冷还是硬都几乎没什么价值。甚至说它为真还是假都是危险的。在说到一个符号时，最安全的事情就是说它是否恰当。”〔Meyerhoff（ed.）（1959），124－5.〕

[66] Ibid.，123.

[67] Ibid.，122.

……一千零一个较为次要的“行为”用于拼凑成恺撒穿过卢比肯河这样一个简单事实；而假如我们要让某个人比如说詹姆斯·乔伊斯了解所有这些事实并向其讲述，那么无疑需要一本篇幅达 794 页的著作来介绍恺撒穿过卢比肯这样一个事实。因此，简单事实被表明完全不是一个简单事实。它是一个简单的叙述——来自于一千零一个事实的一个简单概括。[68]

贝克尔的论证可以被重述如下：历史必然是不完整的；即使是一个“简单事实”的陈述也包含着**选择**[69]，历史学家的任务就在于赋予过去的事实以意义和重要性。因此，将他的任务图景仅仅看做是积累“硬的事实”以供其他人使用是具有三重误导的：**选择**不但在明确表述过去事实时会涉及，而且在决定将哪些表述包含在内时也会涉及；“历史”观同样涉及**解释**和**排列**。因此，“历史学家无法消除个人因素”[70]。

贝克尔对选择、解释和排列的强调是大多数相对主义著述的一个特征。他对于那些特殊表述的问题——“历史事实何在”和“历史事实何时发生”的回
112 答则更富有争议。通过在过去事件和有关过去事件的表述这两者间作出一个截然的区分——这一点已经受到很多批评，他可以说“历史事实在某人的心中或者无处不在……我们说它**曾经是**一个确实的事件，但**现在**是一个历史事实”[71]，据此得出结论说历史事实是当前的一部分。这些表述已经被批评为是对历史在每一代都被重写这样一个常识进行陈述和解释的一种误导性方式。作为一种描述，这是含混不清的；作为一个解释，这是不恰当的；有关历史性陈述和确切的过去事件之间关系的准确性质是含混不清的；而且它回避了这样一个问题即对具体的历史性陈述的评价和批评是否存在一个可接受的标准。[72]

查尔斯·比尔德对于书写历史的论述在精神上和调子上与贝克尔的相似，但他所使用的论据却相当不同。与贝克尔一样，他强调选择、解释和排列的重要性，他也强调“任何书写的历史难以避免地会反映作者所处时代和文化背景的危险”[73]。他对作为过去实在的历史和作为记录的历史以及作为思想的历史进行了区分。他将“历史”界定为“有关实在的思想，被历史训导和界定为记录和知识——为批评所鉴真并且在科学方法帮助下进行排列的

[68][69] Ibid..

[70] Ibid., 131.

[71] Ibid., 125.

[72] E.g., G. R. Elton on Carr (1969), 74-8.

[73] Meyerhoff (1959), 143.

记录和知识"[74]。比尔德比贝克尔更为强调历史的当代意义和历史学家澄清其个人价值和参照系的必要性。

比尔德的核心观点之一在于调和他对"历史中的科学方法这种主张"的反对和"他意识到为了成为一名负责任的历史学家需要客观和真相标准"两者。他同样致力于主张历史应该考虑当代问题并且致力于证明他自己——尽管是矛盾的——对于某种意识形态的拥护是正当的。比尔德对这些难题的回答无法令人满意，一方面是天真地夸大物理科学相比于历史的客观性，另一面同样值得怀疑的是拥护某种演变中的信仰："作为实在的历史的流动的……以一种向上的坡度流向一个更为理想的秩序。"[75] 比尔德对于信仰的最终表白在精神上说几乎不是怀疑论者。

对于贝克尔和比尔德及他们的欧洲先驱者的一些典型批评被菲舍（Fischer）有用地总结如下：第一，他们将获得认识的方式和认识的有效性搞混了；第二，他们错误地主张因为记录是不完整的，从而得出结论是它必然是虚假的；第三，"相对主义在历史和自然科学之间作出了虚假的区分"，比方说，当贝克尔攻击历史中假设的用处的时候；第四，像比尔德和曼海姆这样的相对主义者自相矛盾地或难以置信地寻求在一定程度上将他们自身排除在相对主义之外。第四：

> 相对主义者所运用的主观主义理念从文字上看是毫无意义的。"主观主义"是一个关联词，这种词只有在其反义词也有意义的时候才有意义。说所有的认识都是主观的就好比说所有的东西都是短的。没有什么东西能是短的，除非有些东西是长的。因此，同样，认识不可能是主观的，除非有些认识是客观的……[76] 113

在这里无须去考虑这些批评中哪些是对的——如果有的话，或者它们用在贝克尔或比尔德身上是否公道。相对主义者和他们的批评者之间的共同基础与他们之间的差异一样令人感兴趣。相对主义的大多数批评者都准备着承认说19世纪的历史天定论——至少其极端形式——是天真的，而且也是站不住脚的；他们承认对过去事件的"完整"叙述是不可能的，也承认历史涉及选择、

[74] Danto（1968），ch. 6.

[75] Meyerhoff（1959），248. 在对比尔德的论点加以总结之后，德雷评论道："至少可以这么说，这将显示为形形色色的忧虑，而远远无法表明它们被结合在一起，达到了内心的'客观性'这一个词的任何一种清晰含义。"〔Dray（1964），22.〕

[76] Fischer（1970），42－3n. 其他对相对主义的主要批判是 M. White（1964）and Danto（1985）。

解释和排列（有些人会加上说明），这样就为个人因素敞开了大门。他们承认历史学家受到了时空环境和利益的影响，也承认在实践中获得历史中的客观性存在着许多障碍。

对于贝克尔和比尔德及其现代同行们来说，他们也许不会宽恕那些可能以相对主义为名获得鼓励甚至得以正当化的做法：对事实细节的蔑视态度，带有政治动机的对历史的修改或者将事实挤压进伪装成参考系的过于单纯化和刚性的偏见。正如我们已经看到的，无论贝克尔还是比尔德都不是哲学怀疑论者，也就是说，都承认客观真实事实的可能性；比尔德明确指出说“极端的相对主义是自我否定的”；而且据我所知，他也不曾被指责说“不尊重事实”[77]。

历史相对主义者与他们的批评者之间争议的核心要点似乎是“是否有任何的可能性来明确表述出用于确定不同历史之科学恰当性的标准”[78]（White），以及在历史中是否存在任何“正当解释”的可能性（Nagel）。[79] 相对主义最为激烈的批判者之一菲舍将他的观点总结如下：

> 在相对主义中当然存在一些深刻、正确的东西。说历史是历史学家身上的东西，这是对的。指出说没有历史学家可以期望知道正如其所确实发生的历史整体，这也是正确的。但因此而得出结论说客观历史认知是不可能的则是错的。当代历史编纂学的传统智慧依然存在于这样一种共同观点中：“一名历史学家无法知道**实际上发生了什么，但他有义务尽力去知道**。”[80]

对事实问题的历史探究和裁判探究的相似性与差异何在呢？在法学文献

[77] Cf. Geyl (1955), 28－9，有关奥波尔德·冯·兰克：历史决定论将历史解释成除了客体之外不承认任何外在标准，在这一意义上令我很是厌恶。我可以看到的是兰克尽管不是这一意义上的历史决定论者，但他已经通过他的影响力推动了这样一种心理态度的发展。的确，在他自己对过去的呈现中充满了非道德论和消极主义，常常会让人感到不耐烦；而虚无缥缈和野蛮事实的精神化也留给人们一种不满的感觉。不过，多么值得赞誉的是平静的事实问题、是理解之后的努力追求、是对历史现象的心灵开放而不是作者自己感觉赞同的现象——就好像新教徒之于罗马教徒、德国人之于法国的完全君主制和英国的议会君主制，有时候也像保守主义者之于法国大革命——这些品质对19世纪文明已经具有一个广泛影响并且是那个人的革命狂热主义和教条主义——在这个人死后半个世纪这种狂热主义和教条主义将德国和时间推进了万劫不复之地——的完全对立面（还需要我提醒你吗?）。

[78] White, in Meyerhoff (1959), 197.

[79] Nagel (1959), 215.

[80] Fischer (1970), 42－3.

中，这个问题已经倾向于获得一个相当标准的答案[81]，这个答案可以重述如下：历史学家和法学学者在诸如以下问题中有着共同的兴趣：对于（具体）过去事件的认知是否可能？在对有关过去的某一具体结论为真的证明过程中将会涉及什么？在趋向于事实结论的推理过程中将会涉及哪些类型的推理？在这些情境下是否可能将证据守则和证明标准明确表达出来？但是在对过去真相探求的历史进路和法律进路之间也存在着一些重要的区别：每个过程的目标是不同的；一般说来，法官有义务裁判他面前的每个案件，无论证据有多么不完整，而对于历史学家则没有施加这种义务[82]；每类探究的方法、资源、时间和程序都是各不相同的。在当下语境中尤其重要的是这一点：在法律情境中，对过去 114
事实的选择和解释——至少在理论上——是受到相对精确的事前存在的规则特有的规制的，这些规则为对过去事实的分类提供了实质性标准和一系列种类。历史学家通常关注对过去的事件进行描述、解释并赋予其意义；在司法过程中类似的探究目标（独特的过去事件）[83] 必须按照概念并且在概括的层面上加以描述，这样才使其有可能判定这些事件是否属于一般规则的范围。因此，历史学家的选择和解释的任务与法律人对过去事实进行分类的任务是相当不同的。

[81] 下文是一个绝好的例子：证据法本质上关注的是一项探究——也就是事实认定——活动的规制。这种探究是历史性的而非科学性的。自然科学的实验方法常常不是很适用。当然偶尔会求助于自然科学，比如像血型鉴定或精神病证据的应用，不过，这仅仅是对过去事件一项调查的副产品。不过，简单将事实认定过程描述为历史性探查可能是具有误导性的：的确，它具有几个对历史学家构成诅咒的特征，这些特征反映或应该反映这一探查的背景与目的。不过，目的并非仅仅获得知识，而仅仅是纠纷的解决。这种探查的结果常常具有实践性并且常常是即时性结果：他们可能会对可辨别的人员的处境产生特别的影响。探查的背景是一场审判，或者更为具体的是在普通法辖区下通过对抗式方法而非纠问式方法展开的一场审判。因此，就存在一些职业历史学家发现无法容忍的一些内在制约条件，这些条件包括：（1）证据很大程度上是由利害关系人整理和提供。民事程序中的一方当事人和刑事程序中的被告并非中立的：他关注赢得自己的案件远甚于建立全部的真相。他可以在相当宽泛的限制下决定提供哪些证据而保留哪些证据。（2）即便证据是不完整的，也必须通过某种方式来得出结论。（3）必须快速地获得结论，而且在最后救济的法庭上这一结论具有终局性。（4）通过同等人来进行审判的传统要求探究者必须未经训练。（5）事实裁判者必须根据证据来捏造的信条严格限制了探究者来表达他自己。（6）他们必须赖以判断的证据本身并非专家证据，而且是在一个不甚熟悉且有些严肃的法庭氛围中来展示。

裁断式的事实认定因而就带有一种历史性探究的味道，这种历史性探究由未经训练的探究者来进行，他们被要求按照由偏颇的参与者提交的非专家信息来源来行事，这些未经训练的探究者被要求获得一个可能是终局性的且具有强制力的判决，无论证据是否完整，也必须这么做而且是快速地进行。(Carter，1981，9－10；cf. Gulson，1905，214；Best，1849 edn.，Intro.，s. 2.)

[82] Ch. Perelman (1963). 有这样一种说法，“法官判决，历史学家总结”。尽管有关他们角色之间差异的核心要点是正确的，但这样一种区分过于绝对了：历史学家必须作出选择，而法官必须将他们的判决建立在由说理支撑的结论之上。类似的是，尽管司法判决一般具有潜在的重要实践性结果，但认为历史学家对真实世界——比如在教育和政治方面——毫无影响则是误导人的。

[83] 当然，独一无二的过去事件是司法过程中调查的标准——但并非普适的——对象。

在裁判的事实裁定中非常关注琐碎的或者平凡的真相（Plattheit），也就是说，关注诸如此类的陈述——“X 死于 1930 年 12 月 20”或者“杀死 Z 的是 Y”[84]是非常有道理的。就它们对受到影响的个人必然不重要或者毫无意义这一意义上来说，这些事实并非琐碎。但确立这样一些事实并不涉及解释或者描述或者一般真相的确立——对相对主义者加以关注的全部重要源泉。负责对争议性事实之真相进行裁定的人通常不负责选择——哪些是具体个案中的要素性事实通常由法律规则和起诉状来确定，这常常会驱除为法律人所熟悉的不确定性的另一源泉，也就是对概括的某一恰当层面的选择。因此，在这种观点看来，在对于裁判（这里所使用的是狭义）中纠纷性事实问题进行裁定这一点上，大多数困难扎根于历史相对主义核心关注点已经遗漏掉的地方——在对争议性事实的真相与否进行裁定的过程中通常不涉及选择、描述、解释和排序。

在其之所立于其上的假设基础上，这种论述既吸引人而且看起来不无道理。但是不是有太多的东西被想当然了？

第一，它为每种探究假定其存在一种典型的或者标准情形。裁判的标准情形被假定为一名对有关**具体**过去事件的一种或者多种主张的真相进行裁定的未曾受过训练的裁判者。“历史学家”同样关注“对**独特**的过去事件进行描述、解释并赋予其意义”。这些确实是每类探究的公认例子，但在什么样的意义上它们是“典型的”或者“标准的”呢？当然不是所有的事实裁判者都是非专业人士，不是所有的争议性事实都是具体的或者独特的。[85] 事实的裁判者也不是仅仅关注争议性事实：正如我们已经看到的，裁判中的推理构成通常包含对中间主张的诉求，其中许多主张将是对一类或其他类探究的概括。与此类似的是，历史性探究也不是一种：希罗多德、纳米尔（Namier）、汤恩比（Toynbee）、E. P. 汤普森和莫蒂门·维勒（Mortimer Wheeler）是不是全都面对着典型历史学家的同样模式？还有，每一种是不是都仅仅追求一种探究？传统上对历史探究和法律探究之标准情形的比较可能给人以启发，但需要承认的是，它是建立在对历史编纂学和裁判的一种非常简单的观点的基础上的。

115 第二，裁判中的“事实”观念比传统观点所指出的要更成问题。尽管基于某些目的——比如说作出盖然性结论——来说，我们的确必须在事实问题仿佛能够或者已经与价值问题截然分开的情况下——必须假定一种实然/应然的区

[84] “从认识论的观点来看（恩格斯也写过），‘拿破仑死于 1821 年 5 月 5 日’这一事实是一个显而易见的真实（Plattheit），的确，尽管这对于拿破仑和波拿巴主义者们是一个非常沮丧或不幸的事实。从认识论观点来说，刑事审判的真相是‘老生常谈的真相’，尽管从社会或个人视角来看，是有意义的、重要的或可能是可悲的。”（Kiraly，1979.）

[85] See Bentham, *Rationale of Judicial Evidence* (J. S. Mill ed., 1827), Bk. 1, ch. 3.

分——进行下去，即便在理性主义传统之内也公认事实裁判者常常并且不可避免会被卷入作出评价。[86] 因此，说对事实问题的法律探究是价值无涉而历史探究并非如此是误人子弟的。两类探究都会涉及评价，尽管不是以相同的方式。只要某些历史编撰者还关注客观性之可能性或者历史著述中的超然态度，他们的关注点至少与裁判中的中立性和客观性之可能性问题相类似。

第三点可以质疑的是，在历史和法律探究之间所作的比较是虚假的，这是因为历史探查的整个过程被用来与法律过程中的某一点即裁判性裁决进行比较。因此，就事实裁判者通常不涉及选择、描述、解释和排列而言情况确实如此（这最多只是一种夸张），这部分是因为一些此类困难或者选择已经在这一过程的更早阶段通常已经被其他参与者解决掉了。在这一过程中，裁判者的“已知”（givens）、法律规则、具体主张、概括的层次、概念框架都已经被其他参与者“设定”了。在制订这些规则的过程中，立法者既没有受到实质性观念的约束，也未曾得到它的帮助；公诉方或者原告可能在指控或者主张的确切内容上有一个选择范围，在或者无第三方的干预下，诉讼者预先设定了问题，等等。因此，尽管历史相对主义的一些核心观点的确无法直接适用于裁判者，但并不能因此得出结论说它们与被视为整体的法律过程中的事实处理毫不相关。将“法律探究”等同于裁判性裁定是令人奇怪的。

这是一个非常有力的论据，它将有意思地导出这样一个结论即历史探究与法律探究之间的相似性也许比传统观点所承认的要更多，从这一点可以得出结论说历史相对主义的观点并不能如此容易被否弃。[87] 当然，这种观点可能会被

[86] E. g. J. Jackson (1983), 85; Zuckerman (1986a) and Twining (1986c), 391 - 3.

[87] 比较一位法律史学家的评论：

……审判的“争议性事实”的分离与选择并非 EPF 当然的开始阶段，而是远离道路的中间阶段，沿着这条道路，许多人——界定责任及确立证明责任的立法者、在降低某些打包证明（proof-packages）固定模式的责任要素上进行实践的法官和律师们（或者行政人员及处理这些问题的其他人）、特定案件中的证人、他们的专家和他们的律师——都带来了不同的解释理论和视角，这些理论和视角已经对“事实”进行储存、包装、说明、解释、选择以及（与历史学家不同，他们的对象是死的）打上他们自己的印迹。我觉得这样一个过程很像历史重构，除了**更为**复杂也**更成**问题之外，因为制度设置——与一个**历史车间**非常相像——必须在最为疯狂的可能条件下去产生历史——比如作为这一项目的一个条件，一些外部的要人们已经初步将一些类型的工作成果因为无法接受而排除在外，这些工作成果比如像基于历史行动者性格的解释；这样一个过程不得不和大多数历史学家一样（甚至更为），依赖站在当事人一方的证人；这样一个项目是跨学科的——即它要求许多处于稀奇古怪领域的专业人士（专家）的服务，他们的方法论、解释框架和行业术语常常相当不同，而且对于项目组中的大多数人来说也是无法理解的，他们一直试图重构规则以便适应他们自己的学科；主要的研究者是业已宣誓的对手，他们**原则上**必须对事实获得不同的版本或解释；而且他们要不断地尽力去获得更大的证据来源以改变他们的故事，等等。所有这些甚至都还不算上诉意见中对事实的筛选、说明和解释。这个项目因此看起来像一个在真相建构中相当复杂的集合体——与历史学家类似的不仅是裁判者（法官或陪审团），但整个人群——律师、当事人、证人、法官和陪审团——**并未**将立法者排除在外，他们通过界定责任、建立证明责任以及建构一些基本的证明准则来创立相关性标准。（Robert Gordon，与作者的私人交流，1983。）

夸大。它并不会使得历史探究和裁判性裁决之间的比较完全无效，至少，传统论述凸显了一个有趣的而又非常具有启发性的要点：历史学家没有法律人的“实质性”概念。

概言之：我所称的对法律探究和历史探究进行比较的标准方式需要被谨慎地对待，因为它让这两类过程的复杂性和变化性过于简单化，而且它还轻易地否弃了历史相对主义的一些核心观点。就传统观点中可被接受的范围来说，它指明了有关过去事实之证明的历史关注与法律关注之间相关联的要点主要——如果不是全部的话——在于某一区域，在这一区域中，像比尔德和贝克尔这样的历史相对主义者与他们的批评者之间似乎没有什么重大分歧。在分歧最为尖
116 锐的地方——对于选择、描述、解释和排列的需求对历史编纂学的意义，裁判者和历史学家的任务与难题是相当不同的。历史学家们在争论以下这些要点上是富有启发性的：在对获得过去事实之准确描述的障碍，对像“硬事实”和“简单事实”这样一些概念的潜在危险，以及无疑的对有关历史方法和给予不同类型证据以不同的分量等诸多细节要点上的研究。但对过去事实的历史探究和法律探究发生在不同的背景之下，而且基于不同的目的。历史相对主义不太关注有关过去事实之认知的可能性而更关注获得此类认知的困难——这也是杰罗米·弗兰克的事实怀疑主义的一个主张。在我们所考察的争论中很少有对像“确定事实”“趋向于具体事实结论的推理”或者“证明标准”这样的观念提出严肃质疑的。另外，相对主义的批判者和那些对这些争论不屑一顾的高傲的务实性历史学家们都致力于维护像“尊重事实”“基于证据的裁判”和“证据守则”这样一些观念，这些观念中的大部分都被视为极端相对主义者的过分之处。

（四）杰罗米·弗兰克与法律的事实怀疑主义

说美国法理学最伟大的玩票者本质上是一个想法单一的人——一只刺猬而不是狐狸，这似乎是荒诞的。比起大多数法学家来说，杰罗米·弗兰克可能阅读得更为广泛，而且也写作了更多的主题——包括法律和非法律方面；但是在他的工作中贯穿始终且反复出现的一条单一主线则是：着迷地关注法律中事实认定之不确定性。[88]

弗兰克是认真对待事实这项事业的主要灵感来源之一。相比于其他人而

[88] 本节的主要来源是：Frank（1930），（1933），（1938），（1942），（1945，revised 1953），（1947），（1953，in Ratner，ed.）；（with Barbara Frank，1957）；Ackerman（1973）；Cahn（1956）and（1967），269ff.；Paul（1959）；Schuett SJ（1957）；Volkomer（1970）。进一步参见有关弗兰克的条目（由笔者撰写），in Simpson（ed.）（1984a）。

言，正是他将注意力倾注在法律学术以及更为普遍的法律意识中的一个显著不平衡。尽管超过 90％的争议性案件是在一审法院中对争议性事实问题进行裁决的，但在传统法学教育和文献中，类似比例的学术注意力则被花费在了争议性法律问题上。[89] 弗兰克的后继者尤其是过程学派已经令人信服地表明在某些方面弗兰克低估了他论据中的这一方面。因为只有很小比例的纠纷曾经抵达审判阶段，法律过程中“行程”大部分是发生在法庭之外的交锋之中，它们在和解、辩诉交易或者裁定不起诉以及在这一过程的后期阶段像定罪、定罪后裁决和判决执行当中宣告终结。[90] 发展出一个证据、证明和事实认定之理论的推动力不仅根植于承认这个整体领域的研究需要一种新的框架，而且还在于这样的观念即法律学术的一个平衡观将会对其倾注更大的关注。如果弗兰克是对的，那么，事实认定的研究值得我们花费多得多的精力去关注。[91]

弗兰克的主要观点几乎不需要重述了，核心观念在于事实的不可获得性，也就是说，客观获得有关过去事件的真实判断以及预测法庭将会如何认定事实的诸多障碍——有些是不可避免的，而有些则是可以避免的——在于：

> 在所有或者大多数审判中真相将会显现出来这样一个道理或者假设就 117
> 忽略了一些主观和偶然性因素。它忽略了伪证和偏见；忽略了那些在法庭上因为害怕或者因为易怒或过于谨慎或惯于夸张等而看起来不诚实的诚实证人对法官或者陪审团所造成的虚假印象。它忽略了搞错的证人却诚实而又令人信服地证明了他所记得的行为或者谈话，实际发生的行为或谈话则与他在法庭上陈述的相当不同。它也忽略了死亡或者失踪的证人——没有他们的证言某项重要事实就无法揭示出来——或者一名重要的、无法被驳斥的反方证人。最后，它忽视了失踪的或者被损坏的信件或数据或者被注销的支票。[92]

《法律与现代心智》(*Law and Modern Mind*) 的大量篇幅被用来研究律师和公众为何会继续信奉完全难以置信的确定性神话。在《初审法院》这样一本更为成熟、篇幅也更长但不那么融贯的著作中，弗兰克更关注获得司法过程之真相的那些人为的或者可移除的障碍——陪审团、对抗程序、证据排除规则、令人迷糊的仪式，等等。弗兰克好辩的著述及其在“罗斯福新政”期间富有争

[89] Frank (1949), *passim*.

[90] 英格兰和威尔士的数据，see Zander (1980), chs. 1 and 2, updated in the 5th edn. (1988)。

[91] See further, 'Taking Facts Seriously', above, ch. 2.

[92] Frank (1949), 20; cf. ibid., 62.

议性的行为使他成为“美国法学界的坏小孩”[93]，他将法官席升高的举动震住了许多律师，但却取悦了他的崇拜者们，其中一位将之比作“一位异教徒被选为罗马教会的一名主教”[94]。但，有人会追问：弗兰克是不是像他被偶尔描述成的那样是根深蒂固的怀疑论者和激进的极端主义者呢？

在何种意义上弗兰克是一位怀疑主义者？首先，在他的进路中有一种随处可见的打破旧习和怀疑的精神：他讨厌教条和所有形式的绝对论；他强调偶然性和选择在历史中所扮演的角色；他着迷于人类事务的多样性、复杂性和不可预测性，而且他指出，对于这一处境的接受——无论是以虚无主义或者积极的利益——是个人成熟的标志。在法律方面，他的着重点放在了达到事实认定之精确性、一致性和可预测性在实践中的障碍。

这样一些观点和态度展示出了一种真实的、热爱批判的、勇于怀疑的精神，但它们并不能通过自身将弗兰克确立为一名任何强意义上的哲学怀疑论者。但大多数评论者包括大多数赞成者都将他视为一个彻底的、在最根本层面上的怀疑论者和相对主义者。[95]

弗兰克的传记者沃尔克默（Volkome）认为他是一位怀疑论者，因为他对教条主义怀有敌意；因为，按照艾里克·弗罗姆（Erich Fromm）所说的，他相信在人性中基本没有什么一致性，而且最为重要的，因为他相信认知的相对性。[96] 前面两点很容易打发。这是将认知主义观点等同于教条主义的一种扭曲：接受认知之可能性、接受“我们确实能够理性地坚持对有关世界之客观认知的正当性主张”[97] 并不意味着对教条主义或者专制主义信条的赞成，这些信条中包括弗兰克所致力于攻击的马克思主义和法西斯主义的教条主义版本。[98]与此类似的是，认知主义者也并未设定了对一种统一人性的单纯信奉。沃尔克
118 默的前面两点正确地识别出了弗兰克的观点，但不要据此将他放置于哲学怀疑论——根据本文对该词的使用——的行列之中。

弗兰克对所有认知之相对性的信奉需要更进一步的考察。弗兰克对一种认识论观点最为近距离的一次持续发展是在其著作《命定与自由》（*Fate and*

[93] Volkomer (1980), 18.

[94] W. Seagle, cited by Volkomer (1980).

[95] 除了他的批评者之外，这一点对于卡恩、沃尔克默、舒特（Schuett）以及可能兰波（Rumble）也是如此。例外则包括布鲁斯·阿克曼、罗伯特·萨默斯以及班克维斯基（Bankowski）（1981年）。

[96] Volkomer (1980), ch. 2.

[97] Rescher (1980), 3.

[98] Volkomer (1980), ch. 6.

Freedom)，富有启迪的是将副标题命名为“自由美国人的一种哲学”[99]。这部著作的着重点是要攻击辩证唯物主义以及尤其是历史的诸多确定性理论。弗兰克强调个人选择和偶然性在历史中的作用；他非常强调在许多情形下曾经被视为无可争辩的历史叙事在后来被证明为虚假的或者令人误解的[100]；而且，在发展他自己版本的自由意志理论中，在反对因果原则这一点上他走得相当遥远（这一点他声称是追随了休谟)。[101]《命定和自由》和弗兰克的其他一些著述中当然包含了一些大胆的言论，如“对经历的所有人类描述都是‘假设性’(just-so）的故事”[102]；“事实是猜想”[103]，“‘事实’……并不是客观的。它们是法官觉得怎样便是怎样”[104]，“事实是人类功业、人类技艺”[105]，以及“大多数历史都是磁扭线（twistory)”[106]。

就它们本身而言，这些言论给人以一种不但相当极端的相对主义而且是某一形式的认识论怀疑主义的印象。弗兰克既非一个力求精确的也非在分析上前后一致的思想家，而且他习惯于夸张性的叙述。但公道地解释的话，对许多这样的言论的语境进行一个细致的研究将会表明它们并非他观点的一个必然组成部分，也与他的其他叙述和假设不相一致。因此，将它们作为修辞上的夸张和口误而非处于其主张的核心部分或许是明智的。因为弗兰克的主要目标——在历史上，是历史唯物主义的教条主义版本；在法学上，是满足于司法“事实认定”的可预测性、统一性和有效性——并未要求他在根本层面上接受强的怀疑主义或相对主义观点。他的许多目标是细节性的——陪审团、排除规则、对抗程序中的“对抗”因素、兰德尔法学教育体系。[107]

怀疑什么？在这一解释中，弗兰克并非艾耶尔意义上的哲学怀疑论者。[108]他明确接受对过去事件之客观认知的可能性[109]；尽管他为威廉·詹姆斯的“狂野事实”观念而高兴，但这意味着对与“狂野事实”相对的“驯服性”或者

[99] Frank (1945), n. 88.
[100] Schuett (1957), at 29.
[101] Frank (1943), chs. 12 and 13.
[102] Ibid., v.
[103] Frank (1949), ch. 3, at 29.
[104] Frank (1930), xvi; ibid., ch. xii; (1949), ch. iii; (1945, revised 1953), *passim*.
[105] Frank (1943), 175.
[106] Ibid., ch. 2.
[107] See especially Frank (1949).
[108] Above, 107-8.
[109] E.g., Frank (1949), 6.

“硬”事实的接受。[110] 他谈及了“可避免的错误”[111]，还谈及了“真实客观的过去事实”[112]；他对逻辑的怀疑主义与归纳逻辑在法律中的角色相关[113]；他明确声称将致力于使司法过程“更为理性”[114]。在他的著述中很少有地方严肃质疑“证据”、“推论”、“证明标准”或“裁判的准确性”这样一些语言在讨论证据问题上的使用，除了像“事实是猜想”[115] 这样一些煽动性的格言和他的更为似是而非的主张即“谈及……初审法院‘认定’事实是误导人的……更确切地说，它们被初审法院处理——可以说，由它在其对证人之叙事的主观反应的基
119 础上来进行制作。”[116] 之外。

弗兰克之怀疑主义的主要目标在于（1）对于无法企及的客观性和统一性理想的乐观渴望（和主张）以及（2）对无数的广泛公认的原理的信赖——在他看来，这些原理错误地描述了法律过程的现实。[117] 弗兰克一定程度上同历史相对主义者分享了关于获得对过去进行准确描述之困难的观点，但他的大量火力被引向了美国法律体系的特殊性、偶然性特征，这一特征在他看来是可以获得改进的。

他在多大程度上是怀疑论者呢？尽管在弗兰克身上的确有一种对个人事件之独特性以及真相之难以捉摸的欣赏，但我还是认为他远不是一些批评家所描述的愤世嫉俗者或者极端主义者。在《初审法院》中，为了对其批评者加以回应，弗兰克不遗余力地否定“完全的相对主义”、“唯名论”、“反理性主义”以及其他不同形式的他曾经被批判过的极端“主义”[118]。即便在《法律与现代心智》当中，他的模型也是那些“对我们从过去继承而来的遗产，我们的社会传统——不是草率地、愤怒地、顽固地而是平静地、公正地——加以质疑……”的成人。[119]“当所有真相之相对性可以被接受但被看做同它们的附条件有效性相互兼容的时候，便达到完全成熟阶段了。”[120] 他本已断然否定他是一位失望的绝对论者。今天，弗兰克似乎很难契合于激进主义者的形象——从今天的眼

[110] Frank (1956), 921-4.
[111] Frank (1930), xxviii.
[112] Frank (1949), 6.
[113] See especially ibid., ch. 12.
[114] E.g., ibid., ch. 32.
[115] Ibid., ch. 3.
[116] Ibid., 23-4；有关故事，see chs. 10 and 11。
[117] 弗兰克的主要目标在《初审法院》〔*Courts on Trial* (1949), ch. 31〕中有一个有用的列表。
[118] E.g. Frank (1949), ch. 1.
[119] Frank (1930), 266.
[120] Ibid., 268n..

光来看，他的药方看起来像是为使裁判更接近地契合于真相探求的一种理性模式所设计出来的措施〔废除排除规则，用对抗理论（fight-theory）来取代真相理论〕与一种将教育作为包治百病的典型美国式信念联结在一起的一种相当乐观的结合。以今天的标准看来，他看起来更像一个改革主义者而不是激进主义者。[121] 在弗兰克那里没有什么对理性主义传统的核心假设提出认真的、一贯的挑战。

因此，与其形象相反，弗兰克离英美传统的主流并不遥远，只是没有像这一传统的一些主流阐释者那样心满意足而已。通过将注意力引向对“上诉法院中心主义”之误导性影响和纠纷性事实问题之重要性的关注，他提出了一种EPF理论需要面对的一些关键问题。他为在法律与心理学尤其是弗洛伊德心理学之间建立桥梁而居功。但他没有系统地或者详细地提出在一个稳定的对“事实认定”的研究中将会涉及哪些内容。他在耶鲁有关事实认定的课程过于抽象和法理化以至于无法真正抓住他所提出问题的详细意涵；由于已经指出了我们法律文化中的一种不平衡，他允许自己从侧面首先进入有关法律人为什么坚持站不住脚的神话，而后进入一个并非经过深思熟虑的改革计划。霍姆斯从来未曾详细地道明他的“坏人”洞见对于法学教育实践的全部意蕴[122]；弗兰克同样没有完全贯彻他的一整个大的理念对于有关法律的更为宏大也更为丰富的视角的完整意蕴。他为当前的事业埋下了种子，但他既没有推广这一理念，也 120
未能为其提供一个坚实的基础。

（五）知识社会学与真相的社会建构

篇幅的限制以及我自己的才疏学浅使得在这里对知识社会学的复杂历史及像现象学和民族方法学这样的分支对法律和EPF理论可能带来的影响无法加以公道的处理。[123] 但在这里简要地提及这一行业的一些作品至少是必要的，因为它对于司法过程研究正产生重要的影响。

对于知识社会学来说，其重要起点之一在于这样一个事实即在不同的社会中什么会被视为“知识”。最常被引证的也许是亚里士多德的这句话：“烈火在希腊和波斯同样燃烧；但人类对于对与错的观念却因地而异。”[124] 他们对于事

[121] 比起他的诊断来说，弗兰克所开的药方要温和得多。See, for example, *Courts on Trial*, (1949), 422.

[122] See Twining (1973b).

[123] 主要的参考书目包括：Bennett and Feldman (1981)；Bergman and Luckmann (1967)；Binder and Bergman (1984)；Cicourel (1973)；Freeman (1978)；Hollis and Lukes (eds) (1982)；Luckmann (ed.) (1978)；Mannheim (1936)；McBarnett (1981)；Turner (ed.) (1974)。

[124] Aristotle, *Nichomachean Ethics*, v (vii), 2.

实与虚构的观念同样如此。“知识”本身是一种社会产物，这一观念至少对有关特定知识之客观性的主张提出了一些问题。毫不奇怪的是，可以发现大多数知识社会学家和现象学家明确地宣称是某类相对主义者。同样自然的是有关客观知识之可能性的诸多问题成为这一领域的一些领军人物比如曼海姆的核心关注对象。如果说所有知识在某种意义上都是社会过程的一种产物，那么是否可能存在独立于特殊社会背景的有关真实的客观知识？如果没有，知识社会学家能否主张有利于其相对主义理论的任何特定立场？

对于基础性认识论问题的集中关注似乎并未将这一领域的先驱者们引向强意义上的哲学怀疑主义立场：他们当中几乎没有人否定客观知识之可能性。因此，马克思——如果我对他有关意识形态的理论的理解正确的话——尽管坚持说在前工业社会和资本主义社会哪些被视为“知识”这一问题已经被阶级利益系统地——无论有意还是无意——扭曲和修整了，但他依然想象着在一个无阶级社会中获得对外部世界客观的、公正的知识之可能性。[125] 在更具体的一个层面上，他也并未否定即便在资本主义社会中对具体的“硬事实”的客观知识的可能性。简言之，他基本上不是一个哲学怀疑论者。与此相似的是，卡尔·曼海姆引入“关联主义”（relationism）一词来将他的观点同极端的相对主义者区别开来，并且花费大量的精力来提出这样一个理论：知识分子，由于他们与社会的超然和疏离，更不会导致对意识形态的扭曲，并且承担着通过集合不同的视角迈向“对人类事件的一个正确理解”[126] 的任务。[127]尽管认识论难题是曼海姆关注的核心，无论从其态度还是结论来说，他都绝非艾耶尔意义上的哲学怀疑论者。

同样的结论对于伯杰和卢克曼的《真实的社会建构》来说似乎也是正确的，该著作已经在法律社会学中激起了许多兴趣。他们以对“旨在声称社会学”对于认识论者的哲学前见“有一个答案的任何主张”的明确否定作为其工

[125] 马克思的认识论从未得到完全的开发，但他信奉存在着一个不依赖于人们的知识的世界。See Plamenatz (1975)，78-9. Cf. V.1. Lenin：

1. 事物的存在不依赖于我们的意识、我们的感觉，外在于我们……

2. 在现象和那些本身还不为我们所知的事物本身之间并不存在也不可能存在任何差别……

3. 在认识论上，我们必须像其他科学领域那样辩证地思考，也就是说我们一定不能假设我们的认识是完整的而且一成不变的；我们必须去检视知识如何从无知中提出来，不完整、不准确的知识如何转为更为完整和更为准确的知识。(*Materialisrn and Empiriocentrism*, cited by Kiraly, 1979, 67.)

基拉利（Kiraly）的著作包括了对有关“刑事程序中的真相学说”的大陆法系著述的一个有用的概括。

[126][127] Berger and Luckmann (1967)，22.

作的起点。[128] 哲学家问："什么是真的"？人们如何知道？社会学家则问道：
"在任何给定的社会中那些被视为'知识'的东西如何被社会建构为'真 121
实'"？[129] "知识社会学本身必须关注在某一给定的社会中被视为'知识'的任何东西，无论此类'知识'最终正确与否（无论根据何种标准）。"[130] 因此，伯杰和卢克曼明确地回避了有关知识之可能性的"终极"哲学问题，而且他们的著述中存在大量的证据证明他们自己需要正确、扭曲和伪造等观念以及在他们自己分析当中的有关"客观性"的更为一般的观念。[131] 他们致力于探究有关在知识形成和不同"真实"的建构的社会过程中会涉及什么这样一些问题。

伯杰和卢卡曼的主要目标之一在于促进将知识社会学的关注焦点从理论性理念的研究（大部分早期先行者的主要关注点）转换至对日常"真实"的研究："知识社会学本身必须关注在社会中被视为'知识'的一切东西［着重号为作者所加］……常识'知识'而不是'理念'应该成为知识社会学的核心关注点。"[132] 这种注意力的转换已经使知识社会学的关注点更靠近法学的关注点了。因为，不仅仅所有形式的"法律知识"以及尤其是"法律真实"——无论它们是指什么——都是在知识社会学的范围内产生的，而且更为重要的是，EPF 理论和伯杰与卢卡曼所主张的那种进路都对于什么被视为"常识"或者"日常知识"有一种特殊的兴趣。

让我们举一个不是那么直观、明显的例子——法律人的事实认定中的"相关性"概念。证据可采性的第一规则在于所有不相关的证据都被排除在外，只有相关证据才可采。[133] 在这一背景下，相关性的标准是什么呢？在证据学科中，这是一个更难解决的问题，即便在阐释性传统之内。一种我倾向于赞同的观点认为，如果某一证据性事实与待证事实（也就是有待证明的事实）——无论是中间性还是终极性的——有着某种关联，那么该证据性事实与待证事实便是相关的或者潜在相关的——标准便是：它是否在任何程度上倾向于支持（或者否定）待证事实？[134] 基于什么基础我们来确立这一关联？答案很大程度上建

[128] Ibid., 13.

[129] Ibid., 15.

[130] Ibid.; cf. 26.

[131] See esp. Introduction, *passim*.

[132] Ibid., 26-7.

[133] E. g. Cross (1979), 17.

[134] 这是由迈克尔和阿德勒及其他一些人所持的观点。有些人比如克罗斯主张证据必须"充分地相关"，因此还必须包含其他标准。差异可能是语义上而非实质内容的。

立在伯杰和卢克曼所称的在某一给定社会的“可获得的社会知识库”上。[135] 乔纳森·科恩在讨论归纳性概率时将这一问题概括如下：

> 不过，归纳法优越论者的分析在这里毫无困难。它仅仅预设了当一位陪审员开始行使其职责时，他的心智已经成年并且储存着与人类行为、态度、倾向等与人类环境更为熟悉的特征以及与这两种要素之间的反应相关的大量常见的概括（generalizations），同时还具有一种意识，这种意识可以在多种情境下是有利于还是不利于运用每一种此类概括作出判断。在日常生活中没有此类信息库，他就基本无法理解他的邻居、同事、事业的竞争者或者其妻子。他在对他们的过去行为进行解释或者未来进行预测的过
> 122 程中将会遭到极大障碍。而有了这一信息，他也就有了在陪审室中对归纳性概率进行评估的实践过程中所需要的唯一一类背景数据……大多数常见概括自身在大多数情形下是我们文化中至关重要以至于对它们不存在任何严重的异议。可以从共享的经验来习得这些经验，也可以通过谚语、神话、传奇、历史、文学、戏剧、父母忠告以及大众媒体来传授。当人们不再相信有着不敏感皮肤区域的那些人曾经和魔鬼做过交易，这就是一个较大的文化变迁的表征。[136]

依照这一观点，在任何给定的时间下，在法律背景中相关性标准的主要来源是社会的知识库。

请让我用一个荒诞的例子来对这一点加以例证。在所多玛辖区，有一项激发地震的罪名。X 和 Y，两名同性恋者，与在 3 月 31 日发生的地震联系起来，被指控了这一罪名。对他们不利的唯一证据就是在 3 月 30 日晚他们在私底下进行了同性性行为。在我们的文化中，“众所周知”的是同性性行为与地震之间毫无关联。但在所多玛，大家都知道同性性行为会引发地震——确切地说，这是这一罪名的基础。因此，在所多玛，这一证据与指控是相关的；在我们的文化中则是不相关的，我们“知道”这两件事之间不存在任何关联。

在这一领域内并不是不存在强大的相对主义潮流，也存在伯杰在其诸多著述中所指明的一般意义上的怀疑主义精神。比方说，伯杰和卢卡曼将知识的相对性作为他们的起点：“有关‘真实’和‘知识’的社会学问题因此可以通过

[135] Berger and Luckmann (1967), 56. 边沁也使用“知识库”这个词。

[136] Cohen (1977), 274 - 5; criticized in *TEBW*, ch. 3; cf. Binder and Bergman (1984), 88 - 9.

社会相对性这一事实来加以初步证成。对于一位西藏僧侣为'真'的东西对于一位美国商人而言则未必为'真'。"[137]

这样就存在一股怀疑主义趋势，但是是对于什么的怀疑？在多大程度上怀疑呢？我们已经看到了基本没有什么证据表明存在强意义上的哲学怀疑主义。但据说信仰是时间、空间和环境的一种功能，而且还存在着对客观性之**具体**主张的大量质疑，尤其在"官方观点"方面。[138] 在一般层面上，皮特·伯杰提醒我们法律和社会学视角之间可能存在的鸿沟：

> 法律人关注的是什么会被称为这一情境下的正式概念。社会学家实际上则常常处理非正式概念。对于法律人来说，至关重要的事情在于理解法律是如何审视某一类型的犯罪的。而对于社会学家而言，同样重要的则是看看罪犯是如何看待法律的。[139]

此外，法学的一个广义概念涉及将法律人的视角扩展至远超过正式观点的地方。[140] 它应该将所有参与到法律过程和法律事务的参与者的立场和视角都包含在内——在这里，像舒茨（Schutz）和柯林伍德这样的一些作者的作品显然便有了直接的相关性。在 EPF 方面，存在着许多具体的接触点：官方记录是如何创造的，有些死亡如何被归为自杀以及信息是如何沿途处理到达裁判者面前的，这些都是法律人与知识社会学家之间共同关注点的一些范例。社会学家在这一领域所能作出的主要贡献之一就在于令我们对**具体类型**的证据之客观性和可靠性主张提出质疑。在这一背景下，一种怀疑主义、质疑式的进路可能是极为有用的。[141] 123

不过，也存在一些危险。一般层面上的怀疑主义精神和这一脉络上的一些著述可能至少给人以这样一种印象即作者是一名哲学怀疑论者或者一名自毁性的相对主义者。这样一种印象也许是相当误导人的，或者说作者也许已经被揭露式的激情冲昏了头脑以至于说出一些蕴含着一种根本的怀疑主义的话出来，这种根本的怀疑主义不但在逻辑上毫无必要，而且从内在角度看也与他所主张

[137] Berger and Luckmann (1967), 16.

[138] Ibid., 170; cf. Berger (1966), 55, 170.

[139] Berger (1966), 41.

[140] 这一主题在 Twining (1973), 275 中得到详细阐述。

[141] E. g., see the papers by Cicourel, Garfinkel, Zimmerman and Weider in Turner (ed.) (1974), Part III; cf. J. M. Atkinson (1978).

的基本要点不相协调。[142]

仅举一例：在一篇名为“真相的社会构建：有关陪审团以及对陪审团的当前研究的一些思考”的文章中，迈克尔·弗里曼（Michael Freeman）指出说，最近的陪审团研究有许多是以有关陪审团角色和陪审员获得裁判之过程的天真假设为基础的。[143] 他指出说，这些研究有许多都假定了陪审团的唯一角色便是根据某一理性裁判模式来履行作为事实认定者的任务。他认为，这忽略了陪审团的符号功能以及特别是其在允许共同体情感对理性官僚之“正义输出”上行使某种程度上的审核角色。[144] 此外，弗里曼说，假定陪审团的裁决过程是寻求“一个正确答案，一个几乎……［通过］一种独特的真相探求方法所获得的客观真相”是天真的。[145] 相反，运用加芬科尔（Garfinkel）的将裁判作为一种降格仪式的模式，弗里曼提出说，在对抗式审判中，陪审团从呈现在自己面前的相互冲突的多个真相版本中来“建构起自身的真相”[146]。

我对于弗里曼对许多陪审团研究之若干简化假设的批评深表赞同，我也发现他对于类似“不当”和“非法”事实裁判这样一些观念的分析是富有启发的。但在揭示一些简化版本的过程中，弗里曼自己似乎陷入了一些相反的简化之中。

首先，在他对“正式观点”和“法律权威的理性法律模式”的论述中，他设定了一些人为软化的目标。[147] 有谁严肃地坚持说在实践当中陪审员仅仅关注以呈现在他们面前的证据所进行的推理为基础来裁定事实，或者坚持说存在一种独特的真相探求的正确方法？无论是陪审团研究者还是身处理性主义传统之中的 EPF 理论家们，都不需要被强加上这种天真的观点。他们所主张的是在证据的基础上通过理性方式来尽力探求具体过去事件的真相是任何裁判体系的核心目标之一，他们还主张说如果这一体系在实践中远远达不到或者无法将之接受为一个目标，那么这就将成为批评的一个理由。承认陪审团以其他方式阻

[142] 这是特里格（Trigg）的《岌岌可危的真实》（1980 年）中的一个主题，在这本书里，他为现实主义尤其是“客观性”概念而辩护。那些希望在人们的经验、概念、语言或者其他任何东西之外“建构”真实的人与那些以这样一种理念即存在与人们是否考虑到它无关来作为开端的人之间存在着一个深刻的分野。（vii.）我自己的观点是至少那些将“建构主义”进路应用于法律当中的那些人并不需要自己信奉特里格所批判的那种立场，正如我们将看到的，他们在这方面作出了易受攻击的表述。

[143] Freeman (1978).

[144] Ibid., 9.

[145] Ibid., 13.

[146] Garfinkel (1956), 420.

[147] E. g. Freeman (1978), at 11.

止不受欢迎的法律或者抑制官方热情方面的作用并不意味着否定说其核心任务在于尽力作出准确的事实裁判。

其次，弗里曼轻蔑地拒斥了“几乎只存在一个正确答案，一个完全客观的真相”这样一种观念。[148] 弗里曼在这里真正要否定的是什么呢？从其字面表述来看，这一陈述有着一些额外的含义，它表明了比如说没有法院曾经犯过一个错误，没有人曾被错误定罪，从来不曾存在正义的误送。因为这种非理性主义的派生物并没有为像“错误”或“误差”或“虚假”或“错误定罪”这些错误概念留下任何空间。我们没有任何基础来批判有关事实问题的裁定。这看起来非常像自毁式相对主义。 *124*

最后，弗里曼以一种对陪审团裁判同样简化的描述来取代对一种理性主义者观点的歪曲：

> 但在对抗式审判中摆在陪审团面前的总是有两种或者更多的有关真相的竞争式图景。从这些材料中，陪审团必须建构出其自身的真相。它就面临着过剩的冲突性主张。它的工作是理解这一情境并使其变得有意义。这绝不意味着陪审团将会采纳一方的叙事，极有可能的是从有关真相的多个竞争性版本中挑出一些片段并将它们完整地拼接成一幅合成图景。它选择适用其自身的常识标准，也就是对各种情境的日常理解。它反复追问自己的是被告是否符合其对于被告所被指控之任何犯罪之典型的概念。阿兰·布鲁姆（Alan Blum）在一篇有关心理疾病社会学的文章中将其概括如下：“陪审员将该行为作为审查被告之传记的一个场合以确定该行为特征是否与基于阅读被告传记所产生的对被告的某些概念不相一致……一位患有精神病的被告应该会有一份支持此类概念的自传。”因此，如果陪审团裁定被告的行为符合，那么（被告）就会被成功地贴上异常者的标签。[149]

用12位完全主观的生物（creature）直觉地选择一方的故事并且随意地建构他们自己的故事这样一幅图景来取代12位理性人（man）客观地推理出客观结论这样一幅图景无疑是以一种扭曲来替换另一种扭曲。当前，清楚的是有一个极为丰富、复杂而又迷人的领域在研究在建构、提出、吸收、检验以及采纳一小撮中肯的“似乎可信的故事”的过程中所将涉及的东西。律师对“某

[148] Ibid.，13. 进一步参见下文对“错误”和正义的误送，below，331 n. 148。

[149] Ibid.，15.

一案件的理论”的概念、有关融贯性的观点、历史学家对叙事的关注、对建构真相的社会学兴趣，以及萦绕在我们令人困惑的知识世界周围的许多其他观念之间的关系，都迫切需要被勘查和探究。在纠纷性事实问题的审判方面，像初步印象（prima facie）这样一些观念似乎既重要同时也被忽视了。但这依然不足以凸显证明的逻辑学和心理学所积累的所有教训的意涵，而且职业律师声称通过经验、通过取代在两种看似有理的、旨在呈现出有关真相的竞争性版本——也许是两种**格式塔**——之间进行选择这一简单图景的过程中所学到的是什么呢？这既对主观问题的复杂性不公道，也对理性主义传统的知识遗产的复杂性不公道。[150]

这一批评也许是基于对弗里曼论文的一种不公正的文本解读；将一篇论文
125 作为由源于知识社会学的多种不同观点所激发出来的有关法律过程研究的多种进路之代表也是不尽合理的。[151] 而且，我乐于承认，在社会理论的多种多样的分支之内有一些重要支流、有一些有力的主张被视为哲学层面上的真正的怀疑主义，或者说展现出对英国经验主义之认识论前提的直接挑战。

不过，本节的要点依然成立：首先，一些对法律思想产生影响的知识社会学家，比如曼海姆和伯杰与卢克曼，已经将他们自己同哲学怀疑主义以及极端的相对主义分离开来。其次，像建构真相（或定罪或故事）或者处理信息或者制造证据并不**必然**与经验主义的标准形式不相容，因此也就不会对理性主义传统的基本假设提出直接挑战。最后，在此类著述中常常存在一种修辞夸张的强烈趋势：这常常导致人为的争论和自相矛盾。建构主义者及其相关进路的不同形式的潜能更可能更快地展开，如果它们的阐释者直面乐观理

[150] 一个更为均衡的论述，see Binder and Bergman (1984)。See below，ch. 10.

[151] 一项潜在地富有启发意义的研究因为粗鲁地低估了传统法律程序观的成熟程度而招致破坏的例子是班尼特（Bennett）和费尔德曼（Feldman）的《法庭中的事实重构》〔*Reconstructing Reality in the Courtroom* (1981)〕。作者宣称，“运用叙事来重构案件中的证据将会让人对将司法作为一个机械的和客观的过程这样一种普遍确信产生质疑”（前言）。这是为了挑选一个相当柔软的攻击目标，但对于这一主题的法律文献的丰富性来说却不公平。班尼特和费尔德曼小心翼翼地不去否认为评价证据的经验性标准所留下的任何空间，他们转而论证叙事在从过剩的信息中加以筛选并填平该信息中的沟壑扮演着助手的角色，叙事为根据完整性和融贯性来评价和解释证据提供了参照框架。遗憾的是，两位作者并未将他们的注意力引向法律人们所作出的有关筛选、不完整和不融贯问题被设想来如何解决的权威描述。尤其是，由于几乎完全忽略了如争议性事实、实质性、相关性、证明责任、推定以及——最令人诧异的是——诉辩者的“案件理论”观，他们因而无法达到这样一个点，在这一点上，问题被直接加进权威的法律描述当中。有关叙事，进一步参见下文第七章。

性主义最为成熟的版本而不是仅仅满足于揭穿常识和官方观点的拙劣扭曲的话。[152]

（六）勃利德古斯挑战与法庭抓阄法

当庞大固埃（Pantagruel）来到米勒林古斯（Mirelingues）的时候，他被邀请去参加勃利德古斯法官的审判，法官被要求对他所宣布的对补助金审核员托彻罗德（Toucheronde）* 的定罪给出解释，因为这一定罪“与百人法庭（Centumviral Court）相比似乎并非非常公正”[153]。勃利德古斯的主要辩护是他的视力因为上了年纪而日渐模糊，这导致他可能误读了他的小骰子上面的点数，这个骰子已经反复读了几次卷宗，他投骰子以便裁定案由和法律纷争：复杂案件就用小骰子，简单一些的案件就用大骰子。由于“**大自然的不完美**从来都**不应**成为**违法犯罪**的理由”，因此即便他真的误读了这一骰子，那他也完全有充分的理由。[154] 他被问道：既然你通过骰子的偶然性来进行裁判，那你为何

[152] 法律程序的一个实证导向的“建构主义”进路并不必然谈及过去由法律人撰写的传统的、非实证性的著述，这一点可以由多琳·麦克贝内特富有价值的研究《定罪》〔*Conviction*（1981)〕所例证。麦克贝内特争辩说，不仅行动中的法与书本上的法之间存在一条鸿沟，而且在具体的证据与程序规则和她所称的“正义的修辞”之间存在一条更为深刻的鸿沟。我发现她的主要论据是相当有说服力的，但这本书并未能完全摆脱她归咎于官方意识形态的那种修辞夸张。在对《定罪》中一些精选篇章进行逐字细读的基础上，人们也许会建构一系列命题，这些命题看似与理性主义传统的核心假设形成一个鲜明的对比：真相和真实是主观的、相对的；真实的概念是多面的，也是没有边界的；事实是建构出来的，随着制作它们的律师而繁简不一；在对抗制中，诉辩者并不关心“真相”，而仅仅关注为一个事实陈述（case）进行论证，这一事实陈述是一个经过编辑、由不同的来源建构而成的真实，经过如相关性、证明标准和争议性事实这样简化之后的概念的重重过滤，然后被操作和组织成一个具有说服力的论据，以一种可接受的方式呈现到事实裁判者面前；而后者的任务并非探寻真相，而是在两种“事实陈述”之间进行选择，道德建构的漫画被建构和呈现成为互相竞争的真相版本。“无论在其概念还是形式上，法律系统都通过对它们进行重新界定来处理证明与真相难题。”一个事实陈述的力度取决于律师的技术性技能、每一方当事人所能获得的资源以及由法律系统所能提供的“结构性机会与限制”，而不是内在于原始情境之中的那些据说被重构出来的某些东西。以此观之，真相、正义与理性是这一系统之修辞的一个组成部分，而这一修辞既不反映在具体的规则当中，也不反映在法庭的真实实践当中。

对麦克贝内特观点的这种重构尽管紧密遵循了文本的语言，但也有曲解的意味。的确，如果麦克贝内特是严肃地致力于上面所讨论的三种哲学怀疑主义的任何一个强版本，那么就很难去理解她的视角研究：在她自己的描述中，她需要信息、事实、准确性、真相、证明以及科学这样一些概念；作为一个社会学家，她主要关注的更多的是理解而非评价，但她辩护的雄辩之处却恰恰表明了其所信奉的东西与虚无主义或者伦理相对主义的一个极端形式之间存在一定程度的紧张关系；的确，还很不清楚的是她是否反对正义的自由民主观念中所蕴含的诸多价值，在她看来，这一系统无法在其规则或实践中尊重这些价值。

* Pantagruel，Bridlegoose，Toucheronde，Mirelingues 等均是西班牙著名小说《巨人传》中的人或地——译者注。

[153] Rabelais，*The Heroic Deeds of Gargantua and Pantagruel*（1542－52，Sir Thomas Urquhart's translation)，Bk. 3，chs. 39－44.

[154] Ibid.，ch. 39.

还要花费大量时间来研究写作和“起诉者们包包袋袋中所装的卷宗和其他程序”?[155] 在对这一问题的回答中，勃利德古斯给出了三个理由：因为仪式的缘故，这单独便可以使诉讼生效；用来代替肉体仪式；以及因为“时间促使和引发一切事物走向成熟……时间是真相与德性（Vertue）之父”。在充分的拖延之后，输掉的那些当事人将具有更多耐心，也将更能温和地承受他们命系偶然的不幸。[156]

拉伯雷特别注重于对罗马法典的琐碎[157]以及律师的强词夺理和法律程序的缺陷这样一些更为熟悉的靶子进行讽刺性描写。[158] 但勃利德古斯法官有时候被解释成向法律投掷了一个更广泛的挑战——比掷骰子做得更好，也就是比赌博在更多的案件中获得正确的结果。[159]

最近，与有关数学性推理在法律过程中的潜在运用和误用的讨论相联系，对于勃利德古斯的兴趣得以复活了。[160] 如果有关事实问题的判决必须建立在盖然性评估的基础上，那么对于此类判决的正确标准是否必然是盖然性计算的一
126 个或者其他版本？但进行此类计算的条件是严格的：比方说，在经典的机遇理论（doctrine of chances）中，当其被用来评估用一个骰子连续掷了 10 个六的概率，当且仅当许多条件符合时乘法法规方才得以适用：比如说，骰子是不重的；投掷是公平的；每次投掷的结果是相互排斥的；每一次投掷都是独立于前一次的；每次结果的报告都是正确的并且被准确地记录下来；进行此一计算的那个人可以正确地运用该计算法，等等。[161]

重要的在于在他的审判中，勃利德古斯法官觉得没有必要，也没有被要求为他的裁判方式正当化。不过，从拉伯雷对审判的描述中，不难重构出一个可能的正当理由。如果某人将骰子的投掷与当事人双方证据和辩论的优势完全脱离开来并且假定前概率是平等的，那么，适用机会原则的条件就得以满足了。

[155] Ibid.，ch. 40.

[156] Ibid.. 理查德·埃格里斯顿爵士因提醒我们注意勃利德古斯法官而劳苦功高，他将勃利德古斯解读成“将自己置于神明的指引之下，而这恰恰揭露了其自身是在骰子下面”(1983，1)。这正如埃皮斯迪曼（Epistemon）所指出的，作为勃利德古斯方法的一种可能的正当性理由，神明之手也许会在骰子底下展现其自己，不过我赞同法官对这一件事的自我观点的一种世俗解释。

[157][158] W. F. Smith (1918)，130－1；cf. Rabelais (1542－52)，chs. 11－14.

[159] 在对勃利德古斯挑战进行解释的过程中，重要的是要记住每一方并不必然拥有平等的获胜概率；在民事案件中，这似乎是法官的裁量范围。因此，勃利德古斯可以顺应那些赞同某一种错误高于另一种错误的政策，比如偏向于使无辜者被无罪释放而不是被定罪。

[160] E. g.，Eggleston (1983)，1－2；Ellman and Kaye (1979).

[161] 有关概率计算一般性应用的条件，see Finkelstein (1978)，ch. 1；Eggleston (1983)，*passim*，esp. ch. 2。

从法官的立场来看，每个案子中每一方当事人可能是正确的概率是相等的。[162]投掷骰子确保了在每个案件中每一方都有着一个完全相等的胜利概率。长此以往，从统计学上说，他极有可能在一半案件中获得准确的结果[163]；而由于罗马法典的恣意、混乱，律师的稀里糊涂和强词夺理以及他自己犯错和受贿的可能性，并不能确保说通过对各方优势进行判断就能获得同样水准的正义。这种方法可以被调整来反映不同的证明标准，比方说，民事案件中的50%，刑事案件中排除定罪的更大概率。[164] 这样解释的话，勃利德古斯法官对任何裁判体系都提出了挑战，并且在当前语境下，理性主义裁判理论的信徒们必须表明，无论是在设计上还是在实际运作中，该制度都能比赌博游戏在更多案件中获得准确的结果。[165]

[162] 有人也许会提出反对意见说假定诉讼中前概率是平均的是荒谬的。法律程序被设计用来将那些毫无理由的诉求和指控过滤掉，随之而来的结果是来到审判之前的任何案件的前概率都是不平等的：很少有原告要进入法院了还没有任何证据来支持他们的诉求；与此类似，大多数被起诉的人事实上都是有罪的。勃利德古斯也许会这样回答：“第一，你有什么实证证据来支持这样一种叙述？给我看看！第二，你们系统的规则——正如证明责任、证明标准和推定等所例证的——常常预先设定案件**似乎**应该被描述成前概率是平均的，或者像在无罪推定的案件中，前概率被视为平均的或偏向辩方的，**尽管**你主张大多数被起诉者事实上都是有罪的。第三，如果你希望挑战这样一个假设即前概率应该被视为平均权衡的，请向我表明一个大家都同意的、用于建构前概率的替代性基础。第四，对我而言，并不需要作出这样一个假设。在米勒林古斯的环境下，这对我而言似乎是一个合理的假设。不过，通过掷骰子来作出裁判的规则可以被调整来适应有关前概率的不同假设，如果我只知道这些假设是什么的话。”在这里，我并不关心评价这些论辩的有效性。就当前目的而言，只要表明不同理性人之间在对评估证据的前概率方面应该作出何种假设方面存在一个分歧的范围，这就足矣。的确，有人也许会追问：围绕在前概率这一话题周围的怀疑与困境难道并未揭示理性主义传统盔甲中的一个裂缝吗？有关前概率，see especially Kaye (1980)；Tribe (1971)，at 1368－70；Finkelstein (1978)，at 295－8。

[163] 参见 Kaye (1980)，601 对下列观念的一种批评，“比不可能更为可能”标准使原告和被告之间的错误风险平等化。

[164] See above，n. 159. 反对将刑事案件中证明标准数量化的理由，see Tribe (1971)，1329。

[165] 勃利德古斯承认适用机会理论的一个条件并未获得满足：不能依赖他来正确地解读骰子；但对于此种背离而言，身体虚弱是一个充分的抗辩理由。W. F. Smith，op. cit.，130－2. 在根据新近有关盖然性的争论对这一挑战进行检视之前，对几种明显的反对意见进行预测也许是有用的。

首先，有人也许会问道：为何我们要认真对待勃利德古斯？拉伯雷是一个讽刺作家，他的写作极尽挖苦讽刺之能事；他被认为是主张诉诸宽泛的原则，而非晦涩而又随意的技术细节。他自己的假设与理想主义相当和谐。一个简明的回答是已经有几个当代的主张至少在表面上似乎会导向与勃利德古斯的怀疑主义支流非常接近的立场。而且，勃利德古斯在一个根本性层面上向这样一种主张——我们拥有一个理性的裁判系统——提出了一种直接的挑战：“证明给我看”。他说：“它是理性的而且它在实践中可能产生比掷骰子更好的结果。”

现在，我们可以在近期有关法律中的概率的争论这一背景下考虑勃利德古斯挑战。这场争论大致可以分为两个阶段：一开始，许多作者特别是卡普兰、芬克斯坦和费尔利、却伯、埃格里斯顿和库里森（Cullison）详细地讨论了有关概率的数学式推理在诉讼中的纠纷事实问题上的范围、限制和危险。[166] 尽管在一些具体问题上已经存在了一些分歧——比如说，作为一种方针，数学式推理尤其是贝叶斯分析在法律辩论中是否应该被允许——但所有人似乎都同意下列三个要点：第一，有关概率的推理主要是一种数学式推理形式；第二，实践中，适用此类推理所需要的条件在法律背景下很难被满足；第三，作为一种方针，允许此类论辩的广泛使用将是不可欲的，即便在那些从理论上看适当的地方，至少应该等到律师和裁决者在恰当的数学技术方面有了足够的基础
127 培训。[167]

从 1977 年开始，这场争论将战场转移至一个更为基础的问题。乔纳森·科恩提出说：除了数学式（帕斯卡式）模式之外还存在一种非数学的概率推理模式（他将之称为培根式概率），而且培根式概率特别被法律人——至少在普

（接上页）其次，还有人会提出异议，机遇定理并非适用于法庭环境中概率判断的概率运算的正确维度；在大多数案件中，可以适用的是贝叶斯定理、频率的统计计算、一些主观盖然性理论或者赌注（wagering）理论。这种反对意见是基于这样一种困惑：是运用数学作为作出（以及正当化）概率判断之推理的基础还是投掷骰子来**代替**“推理”？“勃利德古斯挑战”在于，投掷骰子可以确保比运用所谓的“理性”方法——无论依赖的是哪一种推理理论——更有可能获得准确的**结果**。

最后，可能还有人会提出异议，任何裁判制度的结果准确性要加以检验都存在着诸多难以克服的方法论层面与实践障碍。这一反对意见也许会采取多种形式。第一个版本是一个法律体系会设定其自身的标准和程序来确定“法律真相”，没有外部的方法可以用来评估这一法律体系之发现的真相、准确性或可靠性。真相是通过裁判性判决得以**确定**的；只要规则得到遵循，基于这一目的，那些被确定为真的东西便是真的。

第二个版本则同意在理论上存在用于评估裁判性判决之概率或准确性的外部标准，比如，通过运用历史学家的方法来对特定司法事实认定的可能的历史真相加以评估。不过，有人会争辩说，除了在个别孤立的案件中，还无法设计出切实可行的方法来进行此类评估。因此，我们也许会得出这样一个结论说，作为一个历史事实问题，杀害迈克尔·格雷格斯顿（Michael Gregston）的并非詹姆斯·汉拉缇，但尚未有什么方法已经或可能被设计通过这一标准来评估裁判性判决的一般可靠性。我刚好想到这些观点是错误的，但我在这里无法去探究原因。在当前语境下，相关的要点便是它们在经验层面上构成了对勃利德古斯挑战的一种否定。法官说道：“向我证明，你的方法可以比我的方法产生更好的结果。”反对者说：“这是不可能的。”“这就对了”，法官说道：“我这一边有统计数据；而你们对于你们所称的理性仅仅只有信奉。”

[166] Kaplan (1968); Finkelstein and Fairley (1970); see also Finkelstein (1978); Tribe (1971); Eggleston (1983); Cullison (1969). 更早一些的讨论参见 Ball (1961) 和 Ekelof (1964)。一个书目，see Twining (ed.) (1983), 156 - 7。

[167] See generally Eggleston (1983) .

通法系中——运用到法庭背景下有关纠纷性事实问题的推理。[168] 那种所有有关概率的推理都是帕斯卡式的观点是错误的。科恩承认说，在法律背景中的确为帕斯卡式推理预留了一定的范围，但这一范围无论在理论上还是在实践当中都比帕斯卡主义者所主张的要有限得多；特别是他们的下列主张都是错误的：在证明标准、聚合（convergence）与补强方面，以及从最终待证事实（ultimate *probanda*）以及作为整体的案件对证据的分量或说服力进行评估方面，推理的恰当模式是数学式的。

科恩的观点激起了来自埃格里斯顿和格兰维尔·威廉姆斯的在《刑事法评论》上的尖锐反击[169]，还有来自于数学家、法律人以及美国的其他一些人的与此类似的——有时甚至是充满敌意——的反应。[170] 对科恩主张的攻击需要辨别为三条路线：第一种进路在于否定这样一种观点即存在或者可能存在不止一种概率推理；第二种进路则是主张无论是否存在一种融贯且有效的非帕斯卡式概率方法，科恩的理由都无法支持他的结论。有人特别指出：他有关证明标准和集合与补强的论证是错误的，而且他的几个具体例子中可以用帕斯卡式概率来解说。第三种也是较为温和的观点是科恩的培根式原则可以被容纳进帕斯卡式计算的一个成熟版本当中。

基于本章目的，对各种论证的有效与否无法进行关注。我自己的倾向性观点是，科恩无论是在坚持存在一种非数学式概率的有效形式上还是在主张这种推理模式适合于法庭场景下有关证据问题的许多辩论上都是正确的。但我怀疑他也许已经夸大了反对在这些场景中帕斯卡式概率适用的理由，而且他的一些具体论据也并非像他所主张的那样具有决定性。具有直接利害关系的是这种观点的意涵——比如像格兰维尔·威廉姆斯所主张的——在于，任何与那些无法从概念上被翻译成数学形式的概率相关的推理根本不是推理。因为——如果这一点是正确的话——它就提出了一种关于理性在裁判的事实认定中的前景的怀疑主义的极端形式。将这种主张简要概括如下：

（1）在法律场景中，有关纠纷性事实问题的特有论辩是一种有关概率的论辩；

（2）有关概率的所有有效论证都是帕斯卡式论证；

---

[168] L. J. Cohen (1977)；(1980)，91.

[169] Williams (1979a and b) (Parts I and II)；Eggleston (1979)，678；L. J. Cohen (1980a)；Williams (1980).

[170] See above n. 166 and 1 Wigmore *Treatise* (Tillers rev.，1983)，s. 37. See further Tillers and Green (1988).

（3）只有在某些严格条件被满足的情况下，帕斯卡式论证才是可用的；

（4）只有在法律场景中，这些条件才特别能够得到满足；

（5）它表明了只有在法律场景中有关纠纷性事实问题的有效推理的条件才特别能够被满足——或者，换句话说，被看做有关证据问题的论证大部分根本
128 不是推理。

如果这是正确的话，那么，这至少将数学式主张的一些辩护者放在了有关归纳难题的辩论中的那些怀疑论者的位置上。他们似乎也比我们已经考虑处理（date）的任何一位理论家都要对理性在裁判中的前景持更为怀疑的态度，因为他们笃信这一主张即这唯一一种有效推理的条件只有在实践中尤其能够得到满足。如果这是对的，那么这就直接对勃利德古斯有利："你们自己承认的，大部分被视为诉讼中的论证都是非理性的。它仅仅是一种表象或者错觉。我的方法确保了50%的正确率并且排除了司法偏见；考虑到强词夺理、偏见以及当事人之间资源的不平等的可能性，我们几乎无法确信通过所谓的'理性'方法能确保这一结果。因此，我的方式要比你们的高明。"

问题并非如此简单，因为至少有两条不同的线路来摆脱帕斯卡主义者。第一种是求助于频率估算；第二种是将具体过去事件的判断视为主观概率，而后论证说这些概率可以被翻译成一种形式，这种形式可以通过求助于在一个公平的赌博制度下进行打赌的观念来进行数学计算。

为了使讨论具体一些，让我们将一段从一部表述了与乔纳森·科恩类似观点的历史哲学著作中摘出来的引语来作为我们的起点。阿特金森在论述有关具体过去事件（简单事实）之概率的判断时设定了两个前提：

> 第一是可能为历史性表达所青睐或者容许的概率并非数学式机会理论的概率：不太可能用一个数值来表达拿破仑生病导致他在滑铁卢失败的概率，这与一个人可以用一个50%的值来表达公平硬币的任何一次投掷得到头那一面的概率就显然不同。第二，基于本文目的，也是更为重要的一个前提，是非数学概率评估不仅仅是主观确信的表达，而且将会被发现在证据当中。（与概率的一种主观视角相对应的是这样一种观念即历史无非是一个概率问题，这一观念对历史学当然至关重要。）[17]

一位帕斯卡主义者对此会作何反应呢？一个回应是任何通常被视为独一无

[17] R. F. Atkinson (1978), 67-8.

二的事件“都可以被视为是重复的”[172]。因此，在阿特金森的例子中，我们可以对下列的问题作出明智的估算，比如指挥者生病与某一类战役的战败之间的相互关系以及拿破仑患类似疾病的时间点与其在滑铁卢被要求承担的那一类任务之间的相互关系，等等。简言之，通过与先前类似例子的类比来加以论证，人们可以建构出某一种概括归纳，即“战役的结果受指挥官的影响非常之少”或者更为具体一些，比如，“拿破仑的工作效率常常被反复性的疾病削弱”。然后，这样一些或多或少带有推测性的概括归纳将被翻译成作为频率评估的数 129
据。在这类例子当中，这样一些评估很大程度上是一种几乎毫无证据基础的猜测这样一个事实并未侵蚀数学主义理论；相反，它揭示了此类判断极大的推测和不可靠性。数学主义者所主张的在于有关独特过去事件的概率性判断的一个理性重构必然包含着对此类评估的信赖，无论它们可能多么地不确定和不可靠。通常说来，此类评估是内在的；制作它们的过程显然既有助于表明某一具体的判断是言之有据还是空穴来风，也有助于表明哪些类型的信息在制作这些评估的过程中是有帮助的，因此判断也是更为可靠的。[173] 从这一视点来看，“理性”要求强化此类概率评估的经验基础。

大多数人都承认频率的评估与对有关独特过去事件的概率判断的形成是相关的，指挥官的健康与某一类战役的结果之间的关系是相关的。但频率评估是否只是此类判断得以作出的**唯一**一种前提呢？数学主义者的一种替代性进路是求助于主观概率。有关某一独特过去事件之“概率”的表述是关于对这一事件实际发生的可能性的确信强度的一种表述，简言之，它是一种根据主观概率的判断。它可能基于直觉、有关频率的明智评估、单纯的猜测或者不同类型的推理。但是基于得出数学结论的目的，这些主观概率可以根据在一个公平的赌博制度下一位理性人将在此种主张所放上的概率来表述它们，从而使其可以进行操作。[174]

在这里，陷进裁判理论和数学基础的理论泥沼并非我意。我的关注点在于勾勒出一系列不同的主张。对我而言，上面所勾画出的第一条回避路线代表着格兰维尔·威廉姆斯所采取的线路，第二条则是芬克尔斯坦所采取的。一位归纳法优越论者的回应也许将沿着以下路径：频率评估代表着一类可以支持有关独特过去事件之概率的一种判断的一种——但并非唯一一种——理由。此类评估本身便能进行理性评价和正当化，而且完全或者部分基于推理——这一推理

[172][174] Finkelstein (1978), 63.

[173] *TEBW*, ch. 3.

可能主要是数学式的或者非数学式的或者是这两者的结合——便可能获得此类评估。因此，并非所有的此类概率判断都是以帕斯卡主义者前提为基础。

与此类似的是，尽管大家可能都承认主观概率的判断可以通过假定一套赌博制度而被转换成数学形式，这在概率判断的理性重构过程中便多出了一步，但这一步或者是成问题的，也可能是没必要的，或者两者皆有。由于理性赌博者的所谓“主观”信仰被认为能够以推理为基础（要不然怎能是一位理性人?），归纳法优越论者认为，这些推理并不必然是数学式的。这些判断可以是
130 非帕斯卡主义者的归纳式概率判断；而且认为，往前一步将它们转化为数学形式或必要或无问题都是误导人的。这些判断**是**概率的判断，它们可以由一些推理来支撑，而这些推理中有一些是由非帕斯卡主义者推理原则来加以规范的。由于它们是以由有效推理原则所规范的推理为基础，因此，它们大体上都不是主观的。

帕斯卡主义者立场的第三个版本是帕斯卡式计算及其具体的层面比如贝叶斯理论为论证提供了一个模式，即便当运用此一计算的条件还未被严格满足的时候。[175] 理性主义目标仅仅要求我们运用“我们所能收集到的最佳理由”。那

[175] 这一点在 Tillers（1983），n. 170 当中已经有所暗示。对勃利德古斯进行回应的不同路线是由马库斯·辛格（Marcus Singer）指出，他是在对巴吞鲁日（Baton Rouge）的威廉·H（霍克）·丹尼尔斯〔William H.（Hawk）Daniels〕因为投掷硬币来作出判决而遭受非难进行的讨论中提出来的〔‘Judicial Decisions and Judicial Opinions’（1983，22－3）〕：

许多法官已经指出说他们喜欢偶尔能够以这种方式来裁判案件，而且有些人还撰写过旁征博引的文章来赞誉直觉或猜测作为获得一个正当判决之一种方法的优点。那些对于以这种方式来判决案件和发布意见有所论述的法官并未比那些持相反观点的法官撰写更少的意见，而这样一种观点对他们真实的实践并未产生一种明显的影响，这一点着实令人有些惊叹。

但让人知晓——广为人知——法官常常通过抛硬币来判决案件的话，那么对法律体系将会发生些什么？为了回答这个问题，我们必须再次在考虑某一法律体系的目标以及某一法律体系为何要有法院这样一个背景下来考虑法院的功能。对于一个法律体系来说，仅仅裁判案件是不够的。如果仅仅如此的话，那么也就没什么必要去对通过抛掷硬币来裁判案件说三道四了。在当前语境下，我所提出的第二、三、四项功能——解释法律、填补法律中的漏洞以及确定法律效力——可以先被放到一边，因为它们对于法院的功能而言并非本质性的，尽管第二项和第三项对于作为整体来考虑的法律体系而言是本质性的。但正如我刚才所言，仅仅裁判案件是不够的。第五，还有必要**以符合正义的形式**来裁判案件，以及第六，通过像这样一种**满足正义之公众感觉**的方式——也就是说，它因此将被广为确信，而且基于很好的理由——案件将以符合正义的形式来进行裁判，或者至少作出了真诚的努力通过符合正义的形式来解决案件。但这就意味着，作为社会中公众信心的其中一项，理所当然应当采取真诚的努力去**依照其本身是非曲直**（*on their merits*）来处理案件，而这一方面预设了本身是非曲直的存在，而另一方面也预设了这些是非曲直是可以被确定的。一个法律体系如果其中案件被知道是通过像抛掷硬币的方法来作出裁判的话，那么它就无法长久地满足正义的公共形象所需要的条件，因为它无法满足根据正义来裁判案件这样一个条件，而且人们将会知道它无法满足这一条件。对实践了解的话就会发现，要么法官不相信案件本身有是非曲直，要么就是觉得如果有是非曲直的话也不相信他们能够确定是非曲直，或者是即便他们能够如此，也不相信值得花费心力去确定是非曲直。但人们想要他们在法院的日子里确实相信，而且是非常强烈地相信，他们的案件有是非曲直，否则，最后的结果可能是对法律体系信心的崩溃。

些近似于帕斯卡主义模式的论证依然值得被称为“理性的”，因为我们经常不得不满足于一些不够完美的东西。从某一视角上看，培根主义理论代表着一种可接受的次优，当一种更为刚性的推理所需要的某些条件不具备的时候。无论这是否是一种站得住脚的立场，这以及其他温和的帕斯卡主义类型和培根主义者一同接受了某一版本的“软性理性”，而且这样做也就有了基础来对勃利德古斯挑战作出一个回应。

概言之：一些但绝非所有的帕斯卡主义者通过为理性设定了非常严格的、在实践中极少达到的标准来对勃利德古斯挑战作出了非常重大的让步。他们类似于绝望的绝对论者。勃利德古斯笑到了最后，因为他已经表明了在我们所考察过的潜在怀疑论者和相对主义者的所有不同类型当中，最为狂热的理性主义者恰恰是在法学作者中最接近于一种真正的怀疑论主张的。

（七）立场与相对主义

下一步我们回到法律人所熟悉的领地来。有时候人们会主张说法律在很大程度上必然是一个参与者导向的学科，而且法学研究内部的许多分歧可以通过对立场加以小心翼翼的澄清来进行有意义的阐释，甚至可能是化解。[176] 在这种观点看来，大多数法学研究一定程度上都明确或直接地面向一种或者另一种法律程序中的某一个或者某一些参与者的立场。霍姆斯的坏人、边沁的立法者、上诉法院法官、陪审员、辩护律师和顾问律师（或者“counsellor”）都是参与者类型的典型例子，它们当中每一种都有着彼此不同但却相互重叠、各具优势的作用和目的。在这种观点看来，大多数法学研究都是**相对**于有着不同相关性、重要性和适切性标准以及感知事实的不同方式的某一种或者某一些立场而言的。这看起来似乎有些“相对主义”；但这一种进路是否倾向于导致相对主义或者怀疑主义——在我们所已经碰到这些词的含义上？而且，立场的分析对于我们对理性主义传统的理解有着什么样的意蕴？

在法学理论中，立场的分歧被认为有着巨大的解释潜力。哈特的“内在观点”便是最为著名的现代例子。[177] 在一般层面上易受攻击的“法律预测论”的真相核心可以通过将其限制在某些行动者的具体关注点上来得以拯救[178]；罗尔 131

[176] “立场”和相关概念在下列文献中被更为详细地加以考察：Twining (1973), 275; Twining and Miers (1982), *passim*, esp. 64－71, 117－18, 172－83, 218－19。

[177] Hart (1961), esp. 55－6, 86－8. 哈特的“内在视角”与韦伯、温奇（Winch）这样的社会理论家还有哲学家（尤其是后来的维特根斯坦和J. L. 奥斯丁）所谓的阐释学进路之间的关联，在D. N. MacCormick (1981), ch. 3 中有令人钦佩的刻画。

[178] 在注[176]中有所讨论。

斯已经表明了报复主义与功利主义刑罚观之间的争论如何通过指明前者集中关注法官的问题（为什么惩罚这个人?）而后者则关注立法者的问题（为什么要对犯罪规定刑罚?）来得以缩小——但并未完全消解[179]；有关某一案件之判决理由的争论背后的难题可以通过从法官立场转向律师立场来澄清，因为后者在对案件进行解释过程中的作用不会那么成问题[180]；阐释性教科书的狭隘关注点部分归咎于它们日益采用同上诉法院法官相同的相关性标准。[181] 未能对立场加以辨析或许已经成为法理学中人为辩论的最丰富源泉。

这样一种辨析在研究证据的过程中至关重要。边沁的证据理论与威格摩尔的证明科学之间的一个根本区别就在于，前者始终采取向立法者提建议的形式，而后者则面向——主要但并非完全——裁判过程某一具体阶段的辩护律师和裁判者。大多数论述证据的阐释性著作都——一定程度上始终都——倾向于采纳与上诉法院法官相同的相关性和重要性标准。传统上对“相关性”观念的讨论本身集中于已经阐明的待证事实的相关性，而对某些具体的信息项——根据**不同标准**——在侦查、在起草诉讼主张或者阐明刑事指控、在辩诉交易和其他谈判以及在主持包括量刑在内的其他诉讼业务时可能相关的方式却甚少提及。[182] 用概括的话将问题总结如下：在法学研究的一个广义概念内对诉讼程序中的证据和信息进行一个融贯的阐述至少需要将这些程序的所有重要参与者对事实的理解和处理进行系统的研究。

有时候，在法律的观察者和参与者视角之间会作出区分。[183] 参与者从内部来审视法律现象，通常带有一种行动的观点；观察者则从外部来审视它们，通常带有一种描述、解释、理解以及偶尔的批判观点。即便在这种极端粗糙的版本中，这一种区分依然潜在地富有启发性。[184] 它还特别有助于解释证据研究和司法程序的许多当代研究中的一些不同趋势。作为一种非常笼统的概括，人们也许会提出理性主义传统大体上已经是参与者面向了，尽管许多——但绝非所

[179] Rawls (1955), esp. 6-7.

[180] Twining and Miers, 286-91, n. 176, at 286-91.

[181] Discussed in Twining (1973), 294-5.

[182] 有一些显著的例外，比如，对量刑中相关性的一个讨论，Streatfield (1961), paras. 267-70.; Shapland (1981)。边沁再一次走在他所处时代的前面。参见他对指示性（indicative）证据（证据之证据）的论述，in vi *Works* 214; vii *Works*, 164-5。立场在建构有关事实问题的论证中的重要意义在《证据分析》中有所发展。

[183] 参与者和观察者之间的区分为哈罗德·拉斯韦尔、迈尔斯·麦克道格尔以及他们的合作者们在许多著述中所强调。比如，see McDougal and Reisman (1981), chs. 1 and 3。See below, n. 188.

[184] 这种区分崩溃的例证，比如，Jacobs (ed.) (1970); Wilkins (1964)。

有——论述司法程序的作者们已经采纳了观察者或者外来者视角。因此，边沁的证据理论和威格摩尔的证明科学是面向不同参与者的第一批，也是最为重要的工作理论。有关证据的几乎所有阐释性著作的主要读者都是法律程序实际的以及预计中的参与者，尤其是法官、执业律师、警察和法学学生。他们的立场和关注点自然就占据了支配性地位。[185] 有关证据的大多数法律文献，尤其在期刊和官方报告中，都是关注证据法改革或法典化的。它专注于或者说采取了某一具体体系内的法律创制者（无论是立法者还是法官）的立场（并因此建立在 132
一套具体假设的基础上）。因此，有关证据的大量专业著述——尽管种类各异——却都共享了两个特征：它是规范性的或者说明性的，以及它主要面向某一给定的法律体系中的一系列参与者。[186]

尽管有关司法程序的一些著述共享了这些特征，但依然有一条清晰可见的主线并未如此。有关司法程序的社会学和其他实证著述常常声称试图从外部来描述或解释这些现象。[187] 与此类似的是，近来许多“批判性”法学研究明确否定任何关注向参与者提供可行性建议或者为现存秩序内的改革提出建议（因此，“改革者”被用作一个贬义词）。在这一语境下的“批判主义”的特征在于更关注挑战作为整体之制度的根本假设或者主张，而不是去对那些在某一框架内将这些假设视为合理的具体现象作出评价。[188] 以此种方式观之，采纳观察者视角的那些人倾向于更关注行动中法的现实而且更倾向于对那些通常被视为既定的东西提出质疑也就不足为奇了。从常规参与者的观点来看，系统化的描述

[185] 不过，阐释性著作并不必然对实务者和法学院学生可欲的教育目标作太多考虑。See further Twining (1973), 293-9.

[186] 在参与者导向（participant-oriented）理论这一种类中，还可以进一步作出粗略的区分。首先，“设计理论”与参与者工作理论之间可以作一区分（进一步参见注㊱）。前者主要处理作为整体的制度之设计或者这一设计工作的特定维度，并且是面向立法者的；而后者则是对参与者在某一给定的体系中进行操作的方式提出建议。这样一些建议可能与推进该体系的目标之方式相关、与什么构成好的实践（这通常包含着常规性要素与审慎性要素的一种混合）相关，也可能是单纯的有关如何在该体系内推进其自己目标的审慎性建议，无论它是否推进了该体系的目标或价值（比如对诉辩者提出的关于如何运用异议来破坏对方的直接询问或交叉询问的流程的战术性建议）。在法律著述中产生了许多困扰，因为对抗制的理论目标（有一种观点认为，是通过争辩来最大化判决的准确性）有时候与党派性当事人的目标（赢得诉讼）重合在一起了。比如说那些宣称裁判是一场游戏或者他的角色就是为他的客户赢得诉讼的精明律师可能会也可能不会对对抗式程序的“真相理论”提出挑战；如果他会提出的话，那么批评的要点就不总是非常清楚了，是说对抗制是获得判决准确性的一种糟糕的形式，还是说将裁判准确性作为一个裁判体系的主要目标（从立法者的立场来看）是过于天真还是毫无指望的乐观主义抑或是完全错误的。更为常见的意思是实务者的目标不同于该体系的目标。

[187] E. g. Campbell and Wiles (1976), 547-78.

[188] 拉斯韦尔和麦克道格尔宣称采取了“观察者”的立场，而且是建构性的而非批判性的。不过，许多人——包括笔者在内——对这一宣称深表怀疑。See further, Tipson (1974), 577-80.

和持之以恒的怀疑主义——无论在任何层面上的——是奢侈品。本章开头所援引的诸多例子都是来自于外部视角，这并非巧合。[189]

迄今为止，法学研究很大程度上是参与者面向的，这是否意味着它同样是相对主义的呢？在这一意义上，大多数专业性证据研究都是参与者面向的，这是一种必然还是仅仅是一种偶然性事实？这些问题的答案都是相当密切相关的。因为绝大多数法学研究都是与法律程序中的一类或者多类参与者的立场直接相关的，因此，从某种意义上说，它是相对主义的或者具有党派性的。它受到某一具体类型事务之参与者的优势、角色及目的的直接影响。每一种立场都形成其自身的相关性、重要性及适切性标准。比方说，某一“片”给定的信息在排除某一嫌疑人的程序中或者在引出进一步的信息上也许是至关重要的，但它也可能在后面的阶段被发现与待证事实无关，或者尽管相关但却不可采，或者过剩，或者对律师试图提出的案件具体理论并不非常重要。它的相关性、重要性以及对其加以利用的适切性将会根据侦察者、律师、法官及其他参与者的立场而变化。当它随着这一过程而前行的时候，它可能会被泄露或者被转换成另外一种不同术语或者被歪曲或者被以其他方式“加工”[190]。

人们可能会提出异议说这种立场的分歧过于具体化了——“事实”的具体陈述（比如 X 看见 Y 早上 6 点离开了房子）或者某一案件的“事实”陈述超越了具体立场——以至于它们可能在不考虑任何具体参与者立场的情况下同样可以是正确或有效或重要的。在这些异议背后矗立着几种不同的意见。第一，
133 法律程序中参与者的标准立场在相当的范围内是相互重叠的，这一点是相当清楚的。与律师之目的相关的那些东西在很大程度上——但并非完全——与法官或者事实的其他裁判者同样是相关的。传闻规则的单一一条教科书陈述可能对

[189] Above，92－3；比较一下一个传统意义上像物理学这样的“科学”学科与一个像法律这样的实务导向学科的成员们进行跨学科合作的诸多困难。

[190] 信息在诉讼和其他法律和解（transactions）当中被“建构”和“处理”，这种观点并不是多么新的一种观点，因为社会学作者们偶尔也曾提出来，比如说，就证人而言，就有对行动模式之运用的更为成熟的历史性论述，还有边沁对预订证据的讨论。不过，那些宣称一位证人的叙事或“对真实的描述”在法庭程序中已经被“变形”、“翻译”或“扭曲”的主张则需要仔细加以检视。一位特定的证人所拥有的信息可能（1）根据每一方和法庭的相关性标准来判断，明显与当前工作不相关；（2）仅仅涉及某一更广阔图画的某一小侧面，如控方的“案件理论”、陪审团希望拼出整个故事的努力，或者更具分析性的，证据对待证事实的影响；（3）与待证事实（可能是控方的案件陈述，也可能是其他）相关，但并没有为职业参与者所感知；（4）可以被相关各方感知为具有相关性，但证人因为程序的某些附随性（contingent）特征而被抑制或阻止来提供该证言，结果是证人并没有机会来提供信息或者无法展示该信息（因为他或她被吓到了或被弄糊涂了或拙于表达），又或者是已经展示了，但所说的被误解或扭曲或者其重要性（根据制度体系自身的标准来说）被忽略了。值得记住的还有，比起言词证据来说，书面证据比较不容易受到此类“处理”的影响，还有预订证据条款尤其倾向于使这类问题最小化。

于侦察者、事务律师、辩护律师和法官都是同样**有效的**，但它将以不同的方式来与他们的目的**关联**起来并且具有不同程度的**重要性**。在不同的立场之间当然会有相当程度的重叠，但这并非对强调立场辨析之普遍价值的一种异议。[191]

这种异议背后的另一重考虑在于某些法律立场比其他立场要更为重要或者更处于核心地位，一个常见的例子便是主张法官是法律程序的**唯一**（*the*）支点。立场的区分在某一立场相对于其他立场的相对重要性时是中立的——重要性本身与立场的目的或者其他标准相关。司法裁判投下了一道长长的阴影。[192]出于多重目的，法官的确在法律程序中占据了一个特别重要的要点，比方说，执业律师的一个核心任务便是预测和影响具体的司法裁判；或者还有，大量的谈判都发生在“法律的阴影”之下。但主张法官是所有法律程序中的唯一支点则绝对是一种过度简化。法官潜在的或者实际的判决在许多情境下都基本甚至完全不重要。打算着手开始一个诉讼进程的坏人也许更为关心侦破的可能性而不是任何可能的司法判决；在法律程序中，有许多决定是发生在一个问题到达法庭的概率不足千分之一这样的背景之下的；比起如果案件到达财政特派员或者法庭将会如何，一位税务顾问更关心他当地稽查员的反应。在许多这样的例子当中，司法裁判的可能性存在于幕后；即便它非常地遥远，某位官员或者其他参与者依然**可能**会使用一个假定的司法裁判来作为标准，但这常常不被视为一个相关因素或者只是被考虑在内的诸多因素之一。[193]

如果所强调的要点在于有些立场比其他立场要来得重要，那么这并非对立场区分的一种异议。如果这种异议在于这种分析忽视了法官在法律程序中的中心地位，那么这种异议将是徒劳无功的，因为它建立在有关在立场澄清上会涉及什么的一种错误假设以及法律程序的一种过于简化的观点的基础上。

第三个可能的关注点在于立场的区分会导致极端的相对主义。这一观点可以表述如下：强调不同的立场有着不同的相关性和重要性标准将导向谈论“多元真相”以及“不同世界”。这距离“不同文化成员生活在不同的世界”、“我们所拥有的不过是多元的真相”或者“民族方法学将社会科学视为多个真相中的又一个真相”[194] 这样一类极端表述仅有一小步。已经有人提出说，如果这些表述是正确的，那么人们将会质疑“为何任何人应该会对民族方法学倾注心

[191] See further, Twining (1973).

[192] See further, Twining and Miers (1982), 346 - 7.

[193] 有关“裁判的准确性”作为所有官方裁决的一个目标，see below，215 - 16。

[194] Mehan and Wood (1975), 68, cited in Trigg (1980), x.

力”或者跨文化研究如何或者是否可能。[195]

这些“极端的相对主义”能否站得住脚？这一问题不应该困扰住我们，因
134 为这些主张并不是从对法学话语中立场分化的坚持而冷酷地推导出来的。这样一些分析在客观性问题上是中立的。也就是说，坏人、律师和法官有着不同的着眼点、目的、角色和关怀，并因而有着不同的相关性、重要性以及适切性标准，这些标准并不涉及对真相之客观标准或者真相的主体间观念的接受或否定。[196] 因为即使是一件相当简单的事在那些目击者看来也可以被不同地感知、解释和报告，但这并不得出说没有什么标准来对他们所报告的内容加以评估和分析。立场的区分或许真的会有一种趋势令我们对客观性或者真相之独占性的一些具体主张加以警惕，但这离哲学怀疑主义和极端的相对主义还为之甚远。

三、怀疑主义的一些策略

这趟对现代知识生活的这些精选场景的旅行可以令人回想起什么样的一般意义上的经验教训呢？它们当中有一些对于那些在法律之下构成所有裁判之“理性核心”的推理、真相和正义概念并未构成明显的威胁；有一些则确实被表明分享了相同或者非常相似的价值。因此，幼稚自大者和漫画家都可以因为不相干而被否定；乐观理性主义的标准完全没有任何绝对性，以至于很难为失望的完美主义者提供一个靶子。真正的哲学怀疑论者向理性主义的核心观念提出了一个直接挑战，但哲学怀疑主义是一个很难自始至终地坚守的姿态，除非在沉默中方有可能；在这里考察过的那些人中极少——如果有的话——似乎是这一层面上的严肃怀疑论者。精明律师的民间智慧通常要么过于简化，要么过于含糊，以至于无法被解释成攻击理想理性主义，但潜藏在“斗争理论”、“作为一种游戏的裁判”、“净化真相”或者“有效的辩护”这些讨论后面的也许是那些代表着看待事物的一种真正不同的方式的思想；对于那些被介入其中的问

[195] Ibid.，xvii.

[196] 我在其他地方已经论证了在对一个案件或一个条文存在不同解释空间的地方，无数可能的解释当中其中一个解释的恰当性很大程度上是解释者的角色与目标的一个应有之义。在同一个案件中，一个小心翼翼的事务律师与一位勇往直前的出庭律师——他们在不同的阶段为同一客户提供代理——也许会分别为某一规则的狭义或广义解释而争辩，因为事务律师的角色常常是在误差的边界之内提供代理，而出庭律师的角色则是为了赢得诉讼而争辩。认为不同的解释对于不同的参与者来说都是恰当的——只要在可能的解释范围内——并不必然意味着赞同这样一种观点即永远不存在一个对于所有参与者都正确的解释。如果规则是清楚的，那么小心谨慎的事务律师、勇往直前的出庭律师甚至是悒悒不乐（tricky unhappy）的解释者都会坚守相同的解释。See Twining and Miers (1982)，171 - 81.

题，这样一些思想需要被更为精确地加以表述。[197]

那些指向书本中的法与行动中的法之间或者理想与现实之间之鸿沟的许多人进一步指出了这些空隙以——在不同程度上明确、清楚地——支持他们正在讨论的那些标准。当他们这样做的时候，他们的指控本质上是某一套具体的制度或者其某一或某些特征常常无法获得真相或者根据法律来输送正义或者在实践中达到一种可接受的合理性程度。这样一些批评对于某一具体制度的自满主张会形成一种挑战，但对于理想理性主义则不会。那些将有关法治和正当程序的表述**仅仅**作为中产阶级或者自由法治主义的令人迷惑的意识形态而加以否定的人常常有成为其自身修辞之受害人的危险：在与裁判联系起来的过程中，推理、真相和补偿正义这些概念——尤其是后者——与法治的古典理想密切相关。一不小心，对某一概念的攻击便会呈现出攻击其他概念的特征。对法治不加区别的批评将冒着把婴儿连同洗澡水一起泼掉的危险，因为如果只看表面的话，批评者似乎正在陷入非理性主义的某些荒野、恣意或自相矛盾的怀疑主义 135
之中。这样一些背离常常隐含或显露在对传统理论或者正统观点的批判性攻击中，尽管将本质与修辞分离开来并不容易。

不过，非理性主义并非19世纪晚期社会思想之继承者的一种必然选择。20世纪50年代，在撰写有关19世纪90年代及之后的那一代欧洲思想家——包括弗洛伊德、克罗齐、索列尔（Sorel）、柯林伍德和曼海姆这样一些不同的人物——过程中，斯图亚特·休斯（Stuart Hughes）观察到：

> 理性问题是至关重要的一个问题——是这一代的知识工作中哪些能传之后世而哪些仅是昙花一现的最终检验标准。在界定他们对于理性的态度时，二十世纪早期的社会思想家们不得不铤而走险。放在一边的是十八世纪的和实证主义传统的过去错误。置于另一边的则是非理性和情绪化的未来错误。在这两者之间仅存一条狭窄的对理性的信仰之道，虽然甚至是由于心理学和历史学发现的严格限制使其得以保存下来：无论“直觉”、自由联想以及探究的非传统技巧已经在多大程度上拓宽了社会思想中的证据标准，理性独自地保留着最终的控制和裁决。[198]

正因为这样一些原因，曼海姆才会谈及“相关主义”，而历史学家、怀疑论法学家以及许多社会学家才会如此将其自身同“极端相对主义”撇清关系。[199] 对

[197] See below, 262－5.

[198] Hughes (1959), 430.

[199] Berger and Luckmann (1967), 21－2.

于马克斯·韦伯来说，理性方法与主观意涵、“逻辑半球与价值半球”[200] 之间的张力是处于核心地位的。正如休斯所说的：“［他］总是独自执著于他那一代的核心理解。他同时还毫不动摇地主张理性和非逻辑都对于人类世界的理解至关重要。他指出，尽管现实被非理性统治着，但只有通过理性对待现实才能得以理解。”[201] 或许我自己的研究所得出的主要结论在于对于司法程序以及开头所列出的其他怀疑论或者揭露式主题的“重要”研究绝大多数应该被解释为对自满理性主义所提出的威胁远甚于对理性主义传统之理想核心的威胁。作为裁判与证明的核心概念，推理、真相与正义也许并未像第一印象所表明的那样处于直接攻击之下，但它们当然在每一代中被重新解释。将该问题以一种不同的方式表述如下：为本章所进行的文本研究样本中很少——如果有——有必然被解释成包含一种对真相、推理和正义这些作为裁判之核心理想——代表其“理性核心”——的**概念**（concept）的彻底否定；不过，与理性主义传统相关的具体**观念**（conceptions）绝不是在我们当前理论库中所能发现的最为恰当的观念，从更为一般的知识进展看来，由于它们根源于 18 世纪的启蒙思想，它们似乎相当过时和简单化。[202]

[200] See generally Hughes (1958), ch. 8.

[201] Ibid., 431.

[202] 有关“概念”（concept）与“观念”（conception）之间的区分常常归功于 Gallie (1956)，这种区分为法理学家们所接受并取得了很好的效果，e.g. Hart (1961)，155－9；Dworkin (1977)，134－7。See also Rawls (1972). 在其对《证据理论：边沁与威格摩尔》非常有趣的批判当中，丹尼斯·加利刚（Dennis Galligan）教授在写下下面这段文字时忽略了这样一种区分：“还有，将理性主义传统提出来作为十八世纪所确立的一种独特理性观的产物是令人困惑的；毋宁说，它似乎是建立在西方文明所共有的理性观的基础之上。”(Galligan, 1988, 264.) 他进一步提出说唯一的替代品是“非理性”或怀疑主义的某一版本。我的观点确切地说是理性主义传统吸收了一种独特的、对法律情境中的事实问题构成有效的、可信且恰当之论据的观念（conception），这种观念与洛克、边沁、J. S. 密尔及其传人存在广泛的联系。在这些文章里考虑到的主要替代则与事实认定的“整体主义”观念有关，这种观念从历史上看主要与像黑格尔、苏格兰常识学派〔see Glassford (1820)，77〕、奎因、罗蒂以及可能还有哈贝马斯有关。要表明在我们的知识传统之外还存在着另外一种理性观念，并不需要闯入哲学雷区太远。少作“惊人之语”，这对我来说是一个合适的主张。一个更为广泛的、更不受文化界限约束的进路也许可以将克利福德·吉尔兹（Clifford Geertz）的《地方性知识》〔*Local Knowledge* (1983)〕的第八章作为其起点。

而且：不同的市场，不同的**市场观**（*Anschaungen*）……这样一些法律认识不仅在明确与模糊的程度上存有差别，而且在与其他思想感情方式相对时，它们对社会生活的过程所施加的影响也是不一样的……甚至在具体风格和内容上也存有差异。他们在按审判所要求的形式描述事件时所使用的手段也存在着明显的差异——如他们所采用的符号、所描述的内容、所作的分类和所反映的观念。（同上，175 页，着重号为引者所加）。

在我们的法律文化内，与加利刚一样，我对绝大多数英美法学家所作出的或与他们所相关的绝大多数哲学怀疑主义主张都持怀疑态度。与他不同的是，我并不确信蕴含在理性主义模式当中的具体理性观念是否恰当。

从这一研究中所得到的另一个经验教训与概念有关。边沁写道，“证据领域不过是知识领域”[203]。毫不奇怪的是，证据法和司法证据理论的一些基本概 136
念应该与其他学科共享：证明、真相、事实、证据、相关性、盖然性、可信性、可靠性、常识、合理性、实践理性、确信与确定，显然——如果不是直接的话——都是任何证据理论中处于根本性概念地位的候选者。有一些则可能不是那么明显，比方说知识库、认知资格、认知共识、相关性标准、重要性标准、实质性、功效、叙事融贯性。在这方面，认知（knowledge）哲学家、历史学家、科学家、现象学家、概率论者以及信息科学家都属于那些看起来使用一种共通的语言的人。[204] 这些语词在多大范围内分享了跨越学科的意涵以及在每一种背景下在多大程度上是必要的或者处于核心地位的，则是有争议的问题。

到目前为止，我已经表明了理性主义传统的核心基础性假设在一系列具有潜在破坏性或者颠覆性的知识潮流面前已经相当好地站住了脚。不过，在本章中还有其他一般理论指向了不同的方向。在这些更为重要的理论当中有两个是值得警惕的。

第一，在几个要点上我们都碰到了一些强有力的提示者提醒我们追寻真相这一事业的困难。莱斯切尔这样一位认知主义者欣然承认怀疑论者已经尽力

[203] *An Introductory View of the Rationale of Judicial Evidence*, vi *Works*, 5.

[204] 这些语词当中有许多词在不止一个学科当中被认为是有问题的，有一些甚至被列为“本质上存在争议的概念”。在法学学科内部，对于“事实”、“相关性”和“概率”这样困难的概念都存在广泛且在某些方面褒扬有加的文献。而且，一套高度成熟的概念工具和区分已经——很大程度上由法官和证据法著作者们——发展出来了：证明标准、推定、证明（以及说服）责任、实质性、可采性、附条件相关性、立法性（legislative）事实是其中的主要例子。在我的印象中，只有经典和现代的修辞学才拥有如此丰富的且经过细致分析的术语传统。但我们陷入了一个近乎于悖论（near-paradox）之中，因为这种概念的成熟几乎很少归功于传统的法理学分析。正如法理学教科书和 H. L. A. 哈特和约瑟夫·拉兹这个领域的当代领导者的工作所反映出来的，分析法理学家们的注意力已经基本上被引到其他地方去了。主要的一个例外——“事实”概念——通常被放置于事实与价值以及事实与法律之区分这样局限的语境中来加以考量。司法证据理论及其基本概念已经基本上被主流法律理论忽视。对于这种忽视，有一个简单的解释：遵循阐释性传统（Expository Orthodoxy），传统的分析性法理学主要集中关注规则、私法以及争议性法律问题。“法律推理”几乎不——如果不是完全的话——涉及争议性事实问题，也不涉及与法律程序中其他决断相关的论证与证成的性质。与此类似的是，法律理论在与伦理学和政治理论的对接上取得丰硕的成果，但却花费少得多的精力在心智哲学和知识哲学（包括科学哲学和历史哲学）上。近些年来的一个时尚是将分析性法理学作为陈旧的、琐碎的和无结果的东西而加以摒弃。作为一个学科的法学的一个扩展性概念无法承受在概念分析上的投入：它更需要坚持的是将精力引导去对范围宽泛得多的一系列概念来进行解释和提炼。在发展其概念的过程中，证据法学最擅长做的其实是从主流法学理论中获得间歇性（Spasmodic）的帮助。正如最近有关盖然性的争论所例证的，最近的进展表明了哲学家和法律理论家们也许更愿意在未来向该领域给予持续的关注。

“展现那些我们可能宣称的那些知识的内在局限性”[205]。菲舍，历史相对主义最为尖锐的批评者之一，承认完全性（“全部真相”）是一个不可企及的理想，而在通往准确历史之路上的重重障碍是难以克服的。[206] 与此相似的是，对“诸多事实”选择、解释和排列的需要几乎已经被广泛接受为历史著述中难以避免的一部分了。裁判中的事实裁决者也许已经通过事先对何为实质性的进行界定、通过答辩以及通过所有发生于审前的其他过滤措施来使其任务对他而言得以简化。但是法律探究所面临的选择、解释、排列以及信息处理的其他方面的任务被视为总体程序；即便是法官和事实的其他裁决者都无法完全与这些操作隔离开来。杰罗米·弗兰克也许已经一次次地夸大了他的理由；他对于具体制度和方式的批评如今依然备受争议；但却很难对他所证实的获得准确裁判的实际障碍以及“个人因素”在司法程序的每一阶段中的不可回避性这样一个真理核心进行挑战。对于现象学之核心理论所主张的所有被称为知识的都受到其社会环境的影响以及在某种意义上所有对事实的判断或陈述都是“被建构的”并没有太大的分歧，分歧主要存在于这些观念的意涵和影响上。最后，盖然性之数学分析的主要拥护者们都谨慎地承认在法庭背景下他们所赞成的那种计算的条件要获得满足的情况是多么少见。因此，这些不同类型的怀疑主义和相对主义的
137 代表人物都以不同的方式强调事实裁定的复杂性和实际困难。这样，追求真相是一件难办的事便理所当然成为一种公理；公道地说，在证据研究的范围内，这有时候已经成为“视而不见”的一部分了。

第二个警示性提示可能不是那么明显。这与过分简化的危险相关。简单地说：对理性主义传统存在一些简单化。这可以以一种极端的形式由其最伟大的学者威格摩尔得到例证，他的世界观在现代人看来异常地单纯。即便边沁这样一位在许多方面都是一个复杂而又敏锐的思想家在其对证据的进路中也采取了一种形式的常识经验主义。对于过分简化仅举一例便足以说明。上述所讨论过的历史探究与法律探究之间（由法律人所作出）的典型对比便是基于一种对作为一种事业的历史编纂和裁判的过于简化和整体化的观点。“历史学家”是一种单一特征。所有类型的司法程序都被视为相似的，陪审团裁判倾向于被视为典范，关注的焦点集中在司法裁决而不是表现出大多数法律程序特征的复杂裁判流程。人们想知道，对于这样一些——法律人在其他背景下所熟悉的——初步区分，比如刑事程序与民事程序，对抗式案件与非对抗式案件，陪审团裁

[205] Rescher (1980), discussed above, 109.

[206] Fischer (1970), discussed above, 113.

判、其他裁判以及其他裁判庭程序，立法事实与裁判事实，数百万美元的反托拉斯诉讼、政治裁判和简单的消费者索赔，或者私法诉讼与公法诉讼之间的差异，更不要说那些更为微妙的区别，都发生了什么？一种恰当的证据理论能否将所有类型的程序、所有类型的裁判、每一种程序的所有阶段都结合进单一一种诉讼模式中（包括其有关证据的基本假设）？在任何假定的辖区当中能否只存在**一种**适用于全部的证据法——只需要少许例外和修改？在英美法系中，是不是只能存在一种“典型”或者“范例”情形，而且如果这一点得以承认的话，那么对抗式的陪审团审判是否是一种恰当的选择？

大多数论述证据的作者都为这些区分和更改——尤其是刑事程序与民事程序之间——提供了一席之地。在一些情形下，将对抗式陪审团审判视为范例**也许**有一些理由，即便它们并不典型。对原则和对融贯性框架的追求是一种有价值的理由。理性主义传统之诸多假设这一“理想类型”是我自己的建构，而且我已经——也许轻率地——将一些相当不同的个人视为属于一个单一的智识主流。我还沉溺于其他简单化。尽管如此，值得追问的是有关证据的大量著述是否并非严重地过于抽象化（over-generalized），还有一种适合于现代趋势的证据理论是否比其前辈更不需要区分。这些问题将在以下数章中进行探究。我在这里想要指出的是对理性主义传统的假设和主张的怀疑主义的一种重要根源在于它已经倾向于采纳一幅既过于简化也过于抽象的裁判图景。我们可能依然希望迈向一种一般化的裁判（或者诉讼）理论和作为该理论之组成部分的一般证据理论，但即便是最为初步的区分（以及其他许多区分）的影响，依然需要以 *138*
一种质疑的精神来加以探究。司法程序有许多种，每一种法律程序本身都是一种极其微妙和复杂的、涉及无数参与者的社会过程。传统证据研究的遗产对这些复杂性并未给予足够的考虑。

当一个正统学说处于来自无数不同方向在无数不同层面的挑战的时候，认为或者指望形成一个单一的新正统学说来取代旧的正统学说是愚蠢的。我们的智识环境比那时更为复杂。我已经确认为理性主义传统的那个正统学说有着一种内在的融贯性，但它也具有足够的弹性来容纳一些重要的异议[207]，比方说，当前正在进行的有关刑事程序中安全措施的争论或者有关背离自由证明原则之范围和理由的种种观点。通过对人类裁判者之易错性和诉讼在实践中的紧迫性作出一些重要的让步，理性主义传统已经很好地免受失望的完美主义者或者绝对主义者的简单化攻击。通过将注意力大部分集中在目标和规范层面，它已经

[207] Galligan（1988）在传统的融贯性方面做得尤其好。

使得很少有经验性主张会直接受到反驳。正统的证据研究几乎不曾告诉我们有关证据规则在实践中是如何运作的，有关证人、事实裁判者或其他参与者的实际心理过程，也不曾告诉我们有关诉讼中信息处理之实际动态的其他方面。尽管它已经比那些已经被阐释性传统统治的其他领域要来得狭窄，也不那么以规则为中心（边沁和威格摩尔已经确保了这一点），但它是最卓越的一个非经验性传统。正因为如此，它对于关于狭隘、琐碎以及最为重要的忽视重要问题的抨击是从善如流的，而对于关于扭曲、误解和谬误的指责则不那么明显容易受伤。[208]

如果“真相、推理和正义”的一些观念是值得保护的，那么为理性主义者所采用的那些版本是否是最合适的或者最可接受的版本呢？这样一种狭窄的关注点或者它的一些重要假设能否被表明在论述一些具体问题时导致了重大谬误？比方说，“误认难题”难道没有被错误定位，而正统文献难道没有对供述在刑事司法中的性质和作用给出一幅整体误导的图景？

我已经强调了有关证据和裁判之理性主义模式的基础性假设的论述都是理想类型，几乎所有主要的英美作者都在一定程度上接近于这些理想类型。因此，历史性论题是有限的一种——其主张在于大体上这些作者都认同这一框架内的大部分要素，尽管不是以这种具体表述。它是对一个显然同质但却没有教条化或整体化的智识传统内的一些共同思想的一种大致重构。对于当前目的而言，这就足够了。

在第三章中，理性主义传统的主要基础性假设被描述成两种理想类型的形
139 式，一种是裁判的理性主义模式（模式 I），另一种是作为正统证据与证明理论之基础的一系列共同假设（模式 II）（76 页）。[209] 即便有可能穷尽，但试图将两种模式中每一个要素的所有可能的背离都辨别出来将是非常乏味的。但对理想理性主义不同类型的怀疑主义的可能的几种主要策略，则通过以简明形式来重

[208] 有关曲解，see Twining (1984), 281 - 2, and below, chs. 5 and 11。沉默已经成为阐释性传统应对那些以不同方式寻求拓展法学研究的不同挑战的主要策略。对于对待某一学科的一种坚韧、融贯而又根深蒂固的方式来说，这是一种有效的捍卫方式。对于沉默的回应就是无视。在充满论战的法理学中，一个人会与其朋友争论而与其过去的敌人聊得火热。但在我们有关证据的文献传统中，还有太多的潜在价值可以成为明智的选择。

[209] 在不考虑已经作出的与它们有关的任何历史性主张的情况下，这两种模式还可以被视为在一个相当抽象的层次上描绘出一系列可能存在之各种观点的一个便利的启发性装置。这两种模式通过不同的方式被审慎地建构着。对假设的陈述（模式 II）是通过那些尽可能与证据法的主流作者们的公认立场保持一致的术语来进行表述的。另外，裁判的理性主义模式（模式 I）则很大程度上倚重边沁，而边沁在一些方面秉持了一种极端的立场。它被分解成多个要素，这些要素有意识地彰显了可能发生背离的要点。它也可以被说成是审慎地挑衅性的。这种区别对待的一个原因在于模式 II 的基础性假设比模式 I 的要更明确地归属于绝大多数证据法作者们，也因此受到更少的争议。

述模式 II 和指出一些重要的变量（表二）来简要地勾画出来。脱离一些更为一般的理论或者论证线路来评估诸多变量的潜在重要性是困难的。有一些可以清楚地解释成隶属于一个更普遍之策略的具体行动或手段或计策。返回到图像对比：这些图表就像那些标明了无数站点和其他启程点但却没有提供有关准确地通过什么路径将到达哪些目的地的诸多信息的城镇规划。

从不同的视角和我们在这些初步研究已经扫视的这些文献群体当中，也许有 5 种主要策略进路应该被指明出来，它们或者因为对理性主义传统的核心观念提出了直接的挑战，或者因为为替代性的证据理论提供了起点： 140

表二　　证据与证明的理性主义理论及精选变量

理想理性主义 （理想类型）	精选变量
1. 认知主义认识论	认识论怀疑主义
2. 真相符合论	真理融贯论
3. 作为理想的理性裁决	(a) 对理性在（a）任何语境、（b）裁判中之可能性的怀疑主义（这无法成为理想）； (b) 主张追求裁判中的理性是一种伪装或者一种幻觉（这实际上并不是被追求的目标）； (c) 应该追求某个其他目标（这不应该成为理想）。
4. 基于相关证据的裁判	(a) 相关性是一个无意义的概念； (b) 法律人的相关性概念不是过分狭隘就是过分奇怪。
5. 诉诸一个有关事件之共通做法的共享性社会知识库的常识	(a) 对常识的怀疑主义； (b) 对普遍认知共识的怀疑主义； (c) 对普遍认知资格的怀疑主义。
6. 规范的归纳性推理	(a) 对理性在（a）任何语境、（b）裁判中之可能性的怀疑主义； (b) 对归纳的怀疑主义； (c) 数学式（帕斯卡式）推理是唯一有效的一种推理； (d)“理性”的替代性概念（比如整体主义而非原子主义，黑格尔主义者而非培根主义者）。
7. 对事实真相的探求（作为裁判准确性的组成部分）应该处于一个高的优先地位（作为法律下正义的一种手段）	(a) 对所有关于“真相”的主张（认知主义认识论）的怀疑主义； (b) 在标准的探究中事实与价值无法区分（反实证主义）； (c) 真相在纠纷解决中（很大程度上）是不相关的； (d) 对抗制并未赋予真相探求以一种高的优先性。
8. 法律下的正义	(a) 伦理相对主义与主观主义； (b) 应该或者事实上已经在追求其他目标。

1. 哲学怀疑主义。这是一种对认识或理性论辩或客观价值之可能性的强烈怀疑主义。在这一层面上的真正怀疑主义对**任何**证据理论都提出了直接的挑战；但也有足够的理由去怀疑大多数声称为哲学怀疑主义的主张的真实性。

2. 意识形态怀疑主义。这是将理性主义传统的假设和核心观点仅仅视为意识形态（常常作为“自由法治主义”意识形态的一部分）的一种姿态，这种意识形态完全或者基本上掩盖了一种截然不同的现实，比方说，那些作为对法律下正义的理性追求而存在的东西实际上是一种非正义社会秩序之压制机制的组成部分。在它的更为温和或者更为精致的形式中，比方说在E. P. 汤普森备受争议的对法治的主张中，为法律不仅仅是意识形态——即便是在正在衰败的资本主义社会——留下了一席之地。迄今为止被承认的是理性主义传统的核心观念也许在现存制度安排的描述性叙述和某些新社会秩序之内的说明性证据理论当中都能生存下来，尽管是以受限制、被更改或者被弱化的形式。[210]

3. 事业性（*Nature-of-the-enterpris*）怀疑主义。这是一种持下列主张的怀疑主义：裁判主要是与法律执行和权利辨明相关而不是有关，比如说，通过和平手段来制止纠纷或者那些曾经不幸地陷入镇压或社会控制机构之魔爪的人们的常规官僚政治过程。这种对裁判的怀疑主义的极端形式仅仅能容纳像“正义的误送”“可靠性”或者甚至是任何公认意义上的“证据”或“证明”这样一些观念。人们只能对那些对任何无法容纳“裁判的准确性”这一观念及其相关的概念的法律秩序的叙述保持怀疑。在那些更为温和的形式中——包括那些对诸多所谓“对抗式”程序本质上的官僚性和协作性方面加以强调的论述——这样一种怀疑主义是作为对简单化和自满性观点的一种有用的矫正。为裁判中的推理、真
141 相和正义观念的保留而辩是一回事，将单一一种直接目标假定为像诉讼这样复杂的一项事业的一种理想——更别说作为成就了——完全是另一

[210] 戴维·坎贝尔曾向我指出：占据统治地位的意识形态和阶级为基础的压力在一个像我们自己这样的社会中可能会被解释成创造出一种环境，在这一环境中存在相互竞争的多个真相版本，但这样一种解释并不包含信奉哲学怀疑主义。

回事。[211]

4. 法律的事实怀疑主义。这是一种对那些设计出来将在实践中常常能最大化裁判的准确性——这迄今为止是某一给定体系的一个重要目标——的建制、程序和规则实际上可行性的挑战，比如说，它将经受勃利德古斯挑战方能达到一种令人满意的标准。共同的理由便是诉讼中真相探求与在其他地方一样是一项困难的事业。有一系列观点主张其在不同的语境下是**多么**地困难。即便是杰罗米·弗兰克，当人们剥去修辞追根究底去证明的时候，发现他是一位乐观理性主义者——迄今为止他保持着一贯的姿态。显而易见的是，在以一种持续而又系统的方式来发展和提炼弗兰克的核心洞见方面所做的是何其之少。勃利德古斯法官依然是事实怀疑主义的原型。他对乐观理性主义和悲观理性主义都提出了一种持续不断而又难以回避的挑战。这一旅程的反讽性发现是数学式纯粹主义者是——也许是无意的——这样一种观点的主要赞同者即勃利德古斯挑战在实践中并未而且极有可能无法得到满足。

5. 语境主义。这是一种开阔而且坦率承认未有定论的观点，它主张基于大多数目的，对法律以及尤其是其具体层面无法孤立地进行明智的研究，而是需要将其置于某一更为宏大的语境中。在裁判方面，一种典型的训诫是司法性裁决需要被置于整体法律程序中来加以审视，而整体法律程序转而需要被置于其他社会程序的语境下和一种具体社会秩序（以及，确切地说，一个日益相互依赖的世界）的某一宏大视野当中。在当前语境下，这种视角支持了一种对具体证据研究之孤立主义趋势的怀疑主义。这不仅仅是一个对证据规则、程序法与实体法之间的互动保持一个近距离观

[211] 约翰·杰克逊已经指出将另外一种怀疑主义隔离起来也许是有用的：

也许“作为事业性质（‘nature-of-the-enterprise’）的怀疑主义”与“法律的事实怀疑主义”的一个结合宣告了法律调查在性质上不同于其他事实认定调查，因为在法律调查当中除了真相探究之外还存在如此之多的目标和价值。这种主张**不仅仅**（*not just*）是为避免法律调查中的烦扰、耗费以及延迟而作出的妥协，因为在许多调查中都会作出像这样或那样的妥协，而且一些相互冲突的目标与价值〔比如快速终结和解的要求、“得到申辩的机会”（having one’s day in court）、“赢得诉讼”“正当程序”、作出裁判过程中的外行人参与，等等〕也是法律调查的一部分，因此，追求真相必然需要妥协。一个悲观的理性主义者所秉持的观点会宣称价值之间的冲突无法得到满意的或理性的解决，除非存在某种**大家都同意**的解决方法，而这种方法目前并不存在，因为系统内部的参与者站在不同的立场，而外部的观察者无法就孰先孰后达成共识。（与笔者的个人交流，1984 年 2 月）

如果本文是写于 1988 年的话，我将会对“作为事业性质的怀疑主义”论述得详细一些，特别是建制性设计的重要性、诉讼的显著与潜在功能以及在不同情境下不同行动者对其的运用及所得到的结果。

察的问题，而且是将司法裁决的研究牢牢地置于某一整体诉讼程序模式以及其他纠纷解决模式的语境之下。这一进路还注意到了这样一个事实即法律中的思想运动与更为宏大的思想趋势存在着一种密切但却复杂的关系——正如从本文中应该理清的那样。

这样一些基本告诫本身并未在一种根本层面上包含对怀疑主义或相对主义即便是相当温和的形式的一种必然的信奉，它们也并未冷峻地推导出对专业化研究或者像起草证据法典这样的项目的否定。不过，它们的确提出了作为一门学科的法律这样一个宏大概念之组成部分的证据理论必然难以避免会同有关纠纷解决、裁判、程序和其他许多东西在内的一种一般理论形成一个整体。而且，像其他大部分已经讨论过的策略一样，语境主义几乎无可避免会对这些学科的整体化或简单化的观点提出质疑：裁判的**唯一**（the）目标？**一种**证据法？**唯一一种**（the）裁判过程？……由于这一旅行见闻录是由一位忠实的语境主义者写就的，这种进路的某些趋势和偏见在所有过往当中应该是显而易见的。

这 5 种怀疑主义策略显然并未穷尽所有可能的策略，它们之间也并非相互
142 排斥，确切地说，它们当中有一些可以以不同的方式结合在一起。不过，它们的确为一些更为持久的样式提供了一个大致的框架，这些样式可以从由我们思想传统所提供的混乱全景中辨析出来。

在任何有价值的旅行探险中，旅行者在他们看完风景之前往往都是筋疲力尽。是时候总结一下了。星期四怀疑论者对所有这些将作何解释呢？假如他缺乏毅力的话，基于这一考察的两个最终观察结论便已足够：第一，学者个人——无论他喜欢与否——在面对如此宏大的一个传统的时候必然会将多元主义之必然性作为一个事实。第二，为了对证据进行反思，星期四怀疑主义作为一个起点已经绰绰有余了。[212]

[212] 致谢。在酝酿这篇文章的漫长时间里，我已经欠下了如此之多的人情债，以至于我无法恰当来表示谢意。在经过常规的责任豁免之后，我特别感谢参与爱丁堡、肯特、迈阿密、华威和沃尔夫森学院、牛津研讨课讨论的所有人，尤其感谢特里·安德森、泽诺恩·班科维斯基（Zenon Bankowski）、戴维·坎贝尔、理查德·德弗雷德、鲍勃·戈登、约翰·杰克逊、多琳·麦克贝内特、尼尔·麦考密克、克里斯多弗·麦克拉登（Christopher McCrudden）、大卫·迈尔斯（David Miers）、罗伯特·斯蒂芬斯、拉里·塔曼（Larry Taman）、皮特·蒂勒斯以及其他许多同事与朋友，感谢他们富有教益的批评与建议。

165

第五章　法律程序中的辨认与错误辨认：重新界定问题*

近些年来，错误辨认难题尤其是刑事案件中的错误辨认难题已经引起了来自媒体、法律人、心理学家及其他人的广泛关注。一种富有影响但绝非获得广泛认同的对这一问题的看法或许可以用下列这些语词来表达：一次又一次，一位无辜者主要或者完全根据与辨认相关的目击证人证言而被陪审团认定触犯了他并未——或者可能并未——干过的罪行。这样一种证言通常是诚实的，但却是错的。一年当中也许只有 6 个家伙会遭到这种正义的误送，而且其中有一些还是职业罪犯，他们也许因为其他罪行早该被送进监狱了；不要期望哪个刑事司法制度可以消除所有错误，但我们的法律传统和公众舆论将保护无辜者置于一种崇高的价值，甚至以放纵某些——但并非无数的——罪犯为代价。辨认所特有的问题在于证据的价值特别难以评估。任务在于通过采取措施来改进那些规范辨认**证据**的法律和程序以降低错误风险。按照这种观点，心理学与错误辨认问题的主要相关性被认为是与证人个人的认知程序（尤其是感知、注意、记忆、偏见以及联想）而不是其他参与者的认知程序以及法律程序的互动层面相关。

本文的目的在于指出：这种正统观点对问题进行了一种人为的狭隘的限制，而且如果将法律程序中的辨认问题置于一个全面的诉讼程序模式以及清晰表述的综合理论框架的背景下，那么有关这一问题的进一步研究和公众争论都

* 本章首次于 1983 年发表在 Lloyd-Bostock and Clifford (eds)，*Evaluating Witness Evidence*：*Recent Psychological Research and New Perspectives*，经出版者 John Wiley and Sons 的好心允许得以在这里重印。其背景是对证人心理学研究的一次盘点；主要的读者是由那些对这一领域感兴趣的心理学家所组成。这不但为我提供了一种刺激和机会用简明话语来重述我对传统进路的批评，同时也为一种一般进路提供了一个具体的例证。对正文和脚注仅仅做了少许的改动。从 1983 年到 1990 年，这一方面的研究和文献继续得以增加；for references see Wells (1988)。确实有一些标志显示出一股采纳更开阔视角的趋势：比如参见 Lloyd-Bostock (1988，1988a) 以及 Gross (1987) 所撰写的有趣论文。不过，这些都没有像本文所指出的那样走得如此之远。皮特·特文宁 (Peter Twining) 为本文提供了协助，迈克尔·金 (Michael King)，布莱恩·克利福德 (Brian Clifford) 与莎莉·劳埃德-波斯托克 (Sally Lloyd-Bostock) 也提出了富有帮助的批评和建议，对此我深表谢意。[自从 1990 年以来，辨认已经继续成为实证研究之注意力的一个重要焦点。相关文献在 Carroll and Seng (2003)，Loftus and Doyle (1997)，Wells (2002)，Memon *et al.* (2003) and Bogan (2004) 都作了概述。大多数研究依然继续关注对抗式陪审团审判中的目击证人辨认证据〔e. g E. Stein (2003) at 295 - 96n.〕；不过参见 G. M. Stephenson (1992)，Lloyd-Bostock (2000a) and A. Roberts (2004)。有关法律与心理学其他进展，see above 96 n. 193。]

将受益匪浅；那些被认为在某一事件或环境下所涉及的个人或者人群身份信息不仅仅同有罪或无罪裁判相关，而且同多种不同的决定有关，这些决定每一个都对那些作为辨认对象的人们有着潜在不利或者不快的后果；这样一些信息不仅仅需要被视为证据，而且应该被看做潜在证据以及与其他决定息息相关的信息；而且它被“加工”和使用的方式以及那些影响其可靠性或完整性（或其他
166 “有效性”）的要素的运作在这一过程的每一阶段都应该被考虑到。最终，我将论证说以这种方式来重新界定错误辨认问题将提出有关这一现象之规模以及分布的问题，正如已经在《有关在刑事案件中辨认证据的德芙林报告》[①] 和围绕这一报告的争论中所提出的。

本文将展开如下：在第一部分中，我将考察采纳两种不同视角之其中一种对于理解辨认问题所带来的影响，这两种视角可以被粗略地称为法律的阐释性和语境性进路。我将论证在那个由有关证据法的权威法律文献中部分表现出来的阐释性传统中存在一些一般趋势和偏见，相比之下，大多数有关法律程序的当代著述倾向于同语境性进路步调一致；而且我还将探究这些偏见在有关辨认的文献中所能发现的范围。在接下来的第二部分中，我将以一种理想类型的形式勾勒出错误辨认问题的一种标准情形的一个轮廓，这反映出在阐释性文献和对问题的官方或者正统界定中的一些偏见——我将论证一个更为开阔的错误辨认的“信息模式”将为该主题的一种更为系统也更为现实的进路提供基础。在最后一部分中，根据先前讨论以及采纳在这一语境下所提出的一种更开阔视角的一些影响，错误辨认问题的主要要素将被重新审视。

这一分析将德芙林报告以及由克利福德与布尔（Clifford and Bull）、洛芙托斯（Loftus）、亚美（Yarmey）以及劳埃德-博斯托克和克利福德（Lloyd-Bostock and Clifford）所撰写的有关目击证人证言与辨认的心理学方面的 4 本非常有用的著作作为起点。[②] 这 4 本著作同本书的那些部分一起充分地审视了文献并为盘点和考量未来方向提供了一个方便的基础：基于本章目的，这些著作将被视为有关辨认之文献的代表。本章主题的一部分在于对辨认的一些讨论已经受到阐释性进路中一些偏见的影响，尤其是一种集中关注对抗式刑事案件的司法判决以及很大程度上——如果不是完全的话——根据提交给陪审团的可采证据来审视有关身份的信息这样一种趋势。不过，重要的是从一开始便强调

① Devlin (1976).

② Clifford and Bull (eds.) (1978), Loftus (1979), Yarmey (1979), Llovd-Bostock and Clifford (eds.) (1983).

绝非所有论述这一主题的作者都对该主题采纳了如此狭隘的一种观点。尤其是本章不应该被解读为是对心理学家近来对目击证人辨认及相关问题研究的文献的一种批评。心理学文献并未完全免于这里所批评的某些狭隘假设，但本章的要点在于警示法律文献中的某些趋势并为该主题的一个开阔视角勾画出基础。

一、法律与法律程序的两种视角

冒着过分简化的危险，可以很方便地将英国以及——以某些形式的重要变体存在于——美国和英语世界的其他地方现存的法学研究设定为两种形成对比的进路，每一种进路都对辨认问题并因此对心理学家和其他人的潜在贡献提出 167
了一种不同的视角。第一种——我将之称为阐释性传统——有时被称作“法律形式主义”或者“白纸黑字进路”。它已经——至少直至最近——在20世纪一直占据着英国法学研究中的统治地位并且以像《克罗斯论证据》《史密斯与霍根论刑法》以及《萨蒙德论侵权》这样一些权威著作作为例证。[③] 在这种观点中，法学研究主要是由对在某一特定辖区内生效的实证法规则的阐释、分析以及较小程度上的批评构成的。它的拥护者将欣然承认历史、社会科学以及其他学科都同法律的理解相关，但他们倾向于将这些视为边缘性的而且并非法学专业研究的真正组成部分。因此，证据法的学科问题是证据**规则**，比方说，《克罗斯论证据》很少援引逻辑学、数学、认识论、科学、心理学及证据与证明的其他“非法律”方面。克罗斯将证据法同程序法和实体法截然分开。许多有关证据的法律著述都是在这样一个假设下展开的：如果没有证据规则，法律人也就没什么可研究的了。与此类似的是，在阐释性传统内，甚至程序研究也已经在很大程度上被限制在程序规则了。很少有法律学者会严格并自始至终地坚持这样一种观点，但其影响依然普遍深入而且根深蒂固。它不仅仅影响到法学教育和法学研究，而且已经为大部分执业律师和法官的思考方式与有关法律的探讨提供了主要的基础——即便在有关改革之争议的背景下。

我在这里将一种替代性进路（只是几种替代性进路之一）称为语境性进路。[④] 这种进路的核心统一宗旨在于规则是重要的——的确是法律的核心特

③　这里所讨论的分别是 Cross (1979)，Salmond (1981)，and Smith and Hogan (1978)。《克罗斯论证据》(1985) 的第六版在第 149～51 页包含一个对盖然性的简短且具有某种否定意味的讨论。

④　可以公平地称之为法律现实主义，要不是这个词常常与许多谬论——这些谬论其实跟重要的法律现实主义者没什么关系——联系在一起的话，比如谈到规则的确信就是一个神话或者说法律可以根据预期来加以界定。[有关在美国作为历史运动的现实主义与作为一种理念的“现实主义”之间的区别，see *GJB*, ch. 5。]

征，但从理解、批评甚至阐释法律这些目的来说，仅有规则研究是不够的。更确切地说，法律规则、建制、程序、惯例以及其他法律现象需要被置于某一更为开阔的背景之下。什么构成一个恰当的背景则取决于研究的目的或者正在进行的其他讨论。比方说，如果某人致力于研究行动中的证据法，那么证据规则必须在它们在其中实际运作的法律程序的背景中来加以审视，而这些程序可能必须被放入其他社会程序的背景下来观察。在这种观点中，证据规则仅仅是证据与证明主题中的一小部分而已。[5] 作为法学研究的一部分，对证据的全面研究将包括逻辑学的、心理学的、程序性的以及其他维度。为了使这样一种研究前后融贯并且可操作就需要证据（或者证据与证明）的一种全面理论，这一理论将提供一个统一性概念框架并且至少描绘出这些不同层面或维度之间的关系。[6]

没有必要去对这两种不同进路的那些已经久经讨论的优势和局限性再细细
168 追究[7]，但对于根植于阐释性传统并且出现在与目前主题相关的一些法律文献中的某些趋势或者偏见进行简要的讨论则是恰当的。在阐释性传统的极端形式中，其倾向于：（1）以规则为中心；（2）对上诉法院裁决给予过多的乃至不成比例的关注；（3）将陪审团裁判视为所有裁判的典范；（4）以法庭上的事务为中心，将审前和审后事务排除在外；（5）对证据问题采取一种理性主义和理想主义（aspirational）进路而不是一种经验主义视角；以及（6）在讨论改革过程中，将现存规则和设置作为对难题加以回应的起点，其结果总是伴随着一种在问题判断上相当薄弱的趋势。

正如证据法之传统论述所例证的，所有这些趋势或多或少都可以在阐释性法律文献中找到；它们在最近有关司法过程的法律文献中则不那么明显了。我应该指出的是，这些趋势的一些——但不是所有——例证已经溢进了最近有关辨认的一些讨论当中了。

1. 规则中心主义

我们已经看到在英美文献中存在一种趋势，那就是将证据规则看作是证据学科的一切或者几乎一切。英美法系恰好已经大体上不再通过刚性规则对证据

⑤ 扩展某人的视角往往要求对该主题的范围进行重新界定以及选择新的组织性分类——在这一语境中，“证据、证明和事实认定”（或者其他类似的）取代了“证据”。威格摩尔将证据研究区分为两部分：证明科学与证据裁判规则。不过，这低估了程序维度。进一步参见下文第七章。

⑥ 这样一些理论在过去已经被尝试过了，比如杰里米·边沁和约翰·亨利·威格摩尔，但他们还未竟全功，这部分是因为阐释性传统的主导，部分则是因为作为理论本身在一些重要方面存在缺陷。不过，有关证据和司法过程的文献传统已经足以为辨认研究的一个更为扩展性进路提供一个起点。

⑦ 更为充分的讨论，see Twining (1974, and 1985a)。

的**说服力**（cogency）（或者分量）问题和**数量**（quantum）问题加以规制（极少数例外是那些要求在某些限定情境中加以补强的规则）。证据规范的大部分在于关注可采性和排除规则，也就是说，那些规范哪些证据可以或者不可以提出、以什么样的方式提出以及由谁来提交给事实裁判者的规则。[⑧] 这代表着杰里米·边沁的局部胜利，他提出不应该存在**任何**证据形式规则。[⑨] 从 19 世纪中叶以来便已经存在着一种广泛的——即便缓慢——趋势沿着边沁所主张的路线朝着对证据去规制化（de-regulating）的方向前进。但是，正如大家所知道的，他的胜利并不彻底，尤其在美国。在当下语境中重要的是这样一个事实，即提出和衡量证据的许多方面都完全不受形式规则的规范，而公认的是证据法中的变化仅仅是解决错误辨认难题的许多可能策略的一种而已。因此，德芙林报告明确反对这样一种主意，也就是通过一条形式规则来要求对目击证人辨认证言加以补强或者排除这类证据；而且它还对于改变法律规则——或许那些规范目击列队程序的规则除外——能够取得多少成效普遍表示怀疑。

从集中于形式规则这一意义来说，有关辨认的文献并不是那么以规则为中心：更多的注意力已经着眼于改进辨认之可靠性的技术以及对目击证人辨认的缺陷和危险加以警示，而同形式证据规则无关。不过，一些作者已经一次次地将这作为证据**法**的组成部分来加以谈论。比方说，约翰·卡普兰教授在其对洛夫托斯的《目击证人证言》的介绍中将该书视为“对证据**法**的一个贡献”，并 169
且暗示“其中基本上**没有**规则来对证人可以对他们用自己双眼曾经看到的说些什么加以规范”[⑩] 是令人奇怪的。这是规则中心主义论述的一个无害的例证。反讽的是，卡普兰教授本身已经对概率与证明——这是近年来与证据相关而且已经在远离证据问题的规则中心主义论述迈出重要步伐的另一个主题——的讨论作出了开创性的贡献。[⑪] 伊丽莎白·洛芙托斯自己在思考对目击证人证言之不可靠性问题作出可能之回应的过程中明确反对将形式排除规则或补强规则作为补救方式；她对于向陪审团进行告诫性指示的功效表示怀疑，而且她呼吁作为最重要的救济，应该将心理学家更广泛地用作专家证人。[⑫] 在这里只要指出以下这一点便已足够：错误辨认问题与证据形式规则基本不太相关，而且这一点已经在文献中得到承认。

⑧ 进一步参见下文第六章。

⑨ Esp. Bentham (1827) and *TEBW*, ch. 2, 10; Loftus (1979), vii.

⑩ Loftus (1979), vii.

⑪ Kaplan (1968).

⑫ Loftus (1979).

2. 上诉法院癖

美国法学家杰罗米·弗兰克认为法律形式主义的主要毛病之一在于“上诉法院癖”——一种将过多的注意力集中在上诉法院的工作和争议性法律问题之上（正如那些充斥着法律报告的法律文献中的主导性立场所例证的），与此形成鲜明对比的是对于初审法院工作和争议性事实问题几乎完全忽视了。⑬ 毫不奇怪的是，有关目击证人辨认的文献很大程度上避免了这一偏见，比如说，德芙林委员会仅仅援引了12个上诉案件，但却用了几乎60页的篇幅来对Dougherty和Virag案件中所涉及的整体过程进行详细的分析，这与大多数传统法律文献形成鲜明的对比。⑭ 伊丽莎白·洛芙托斯相当合理地用了一节来讨论最高法院有关目击证人证言的判决，但却充分承认法院所发展出来的法律规范仅仅是整个叙事的一小部分而已。⑮

3. 陪审团中心主义

远离“上诉法院癖”的第一步在于将注意力从上诉法院转移至初审法院。有关证据的传统文献中存在一种趋势，那就是将陪审团审判作为所有裁判的典型范例。如果仅仅因为证据规则的历史和基本原理同陪审团制度密切相关，那么这是可以理解的，尽管是误导人的。而且证据规则在陪审团审判中比在其他诉讼程序中被更为严格地加以适用。但是，这种对陪审团的集中关注已经受到一些作者的强有力的挑战。美国学者肯尼思·卡尔普·戴维斯（Kenneth Culp Davis）已经提出几乎所有有关证据的文献和讨论为“陪审团思维”（jury thinking）所主

⑬ Frank (1949).

⑭ 德芙林报告对Dougherty和Virag故事的分析提供了两个足以成为经典的个案研究。每一个都沿着从最初的犯罪到审判、上诉直至诉诸各种行动的过程，这些行动最终导致官方承认已经犯错，并且为两个人支付适度的特惠补偿。在两种叙述当中，主要焦点都在于什么犯错了，而且每一个都揭示了错误、事故以及巧合的种类，这些可以被考虑来激励无效率的理论家们——如果没有其他人的话。在两个案件中，错误辨认都扮演着重要的角色，但它们都生动地例证了不同参与者所犯下的一系列小事故和错误如何结合在一起不仅导致了错误的定罪，而且导致无法在上诉和后续阶段去纠正错误。报告总结说，*R. v. Dougherty*一案被如此恶劣地搞砸以至于其“永远无法成为错误辨认的一个重要案件”，而Virag案则几乎是一个“拷贝版的教科书案例”，在该案件中，错误辨认不仅是主要因素，而且“其本身还是一个具有某些致命性错误的案件”。

这两个个案研究都可以被说成是基于一个潜在而非明确的整体过程模式。它们清楚地例证了这一过程不同阶段当中事件与决定之间的复杂互动，不同参与者的贡献以及将所说的错误辨认例子置于作为整体的故事之语境中的重要性。不过，可以争论的是德芙林报告的其余部分是否对这两个个案研究所得出的教训的全部意蕴给予了足够的分量——尤其是每个案件审判之前所作出的重要决定方面。而且，正如已被观察到的，由于对于所处环境的因素和行动者未能给予足够的人口统计学方面的评估，该报告对判断Dougherty和Virag案件的典型性提供足够的基础，可能除了错误辨认作为与其他因素相对的一种错误来源的重要性方面之外。

⑮ Loftus (1979), 180-7.

导，而这是不恰当的，因为所有的裁判中只有极小的一部分是陪审团裁判。[16]陪审团在英国比其在美国要更不重要一些；刑事案件中甚至更少一部分——尽管许多案件是更为严重的——由陪审团来审判。在这个国家的民事案件中陪审团已经几乎完全萎缩了，而在美国也是处于衰弱之中。[17] 170

除了陪审团倾向于处理更为严重和更为引人注目的案件这一显而易见的理由之外，“陪审团思维”在许多法律文献和公共辩论中占据主导的另一原因在于作者当中很大一部分是法官和高级出庭律师，他们的经验——至少他们最近的经验——已经倾向于限制在陪审团裁判。学术法律人过去同样倾向于“陪审团思维”这种偏见，但最近越来越多的学术注意力已经用于关注地方法官（magistrates）和法官审（tribunals）了。

有关辨认的许多文献已经是以陪审团为中心了。像洛芙托斯、亚美，以及克利福德和布尔等人有关这一主题的心理学著述似乎会不时**假定**辨认的目击证人证言是被提交给陪审团的，尽管他们偶尔会使用来自非陪审团裁判和其他诉讼程序的例子。更为令人震撼的是这样一个事实：德芙林委员会在接近两百页的篇幅之中对地区法院仅仅花了 3 页并且明确决定将他们的建议（‘暂时’[原文如此]）限制在有关指控的裁判（trials on indictment）中。之所以这样做，所给出的主要理由在于有关辨认的争议和涉及犯罪现场证据的争议在简易程序中相当稀少，但对于这种说法并未提出什么证据。[18] 因此，公道地说，有关辨认的文献大部分都是显然陪审团中心主义的。这是否合理，还有待下文考察。

4. 法庭中心主义

从上诉法院转移至陪审团审判以及从陪审团审判转移至所有的裁判代表着法学研究的关注焦点朝着一个对法律程序从整体上更为平衡也更为现实地对待的方向扩展所迈出的重要步伐。一个更为重要的建议在于需要面对这样一个事

⑯ Davis (1964). 戴维斯自己对“行政证据”作出了许多开创性贡献。

⑰ 在英格兰和威尔士，民事陪审团审判的案件数量一年很少超过 15～25 件。1973 年，47%案件的被告人被皇家刑事法院送入监狱，43%案件的被告人被治安法官送入监狱，还有 10%的案件是由治安法官审判、由皇家法院量刑。绝大多数案件是有罪答辩。See generally Zander (1980), especially 1-5, 311-13. [See now Zander (2003).]

⑱ 当一名被告能够在简易程序与陪审团审判之间进行选择的时候，在那些对同一性证据存在争议的案件中，他可能被建议去选择后者。因此，此类对抗性案件——在这类案件中一个潜在的徒刑判决迫在眉睫——很可能被皇家刑事法院审判。与此相对的必然是那些非对抗性案件，在治安法官面前的案件、在未成年法庭审判的案件以及那些永远不会进入审判阶段的案件，但在其中，一个犯罪嫌疑人或被告人已经遭受了实质性的烦扰和/或耗费。目前还没有对这些案件范围大小的可靠统计数据。

实即开放法庭中所发生的仅仅是诸多法律程序中的一小部分并对这一理解的影响追根究底。我们都知道只有极少一部分案件将会到达法庭上激烈交锋这一阶段，我们也知道竞争性案件的结果深深地受到审前所发生的事务和裁决的影响。但是传统法律文献和讨论已经在极大程度上遮蔽了这些事实及其影响。这可以通过有关证据和程序的形成对比的权威著作来得以例证。简言之，英美有关**证据**的文献主体上依然倾向于假定对抗式陪审团裁判是一种典范并且集中关注法庭上的事务；另外，现代英美有关**程序**的文献几乎都对整体法律程序加以考察，从一些初步情形或者导引性事件开始，紧接着的是不同类型程序的不同阶段，常常超出正式的定罪或归责裁判（或其他裁定）直至判后裁定和事务，比如量刑、假释和民事判决的执行。

在过去10年间，这些更宏大的进路已经在英国获得更广泛的接受了，随之而来的结果是阐释性传统的主导性地位已经受到了相当成功的挑战，尽管第一流的阐释性作品依然——相当正当地——被接受为法学研究中最受尊敬的形
171 式。这一变动已经相当好地为近年来涉及刑事证据和程序——也包括其他问题——的3个报告之间的差异所体现。《刑法修改委员会的第十一报告》（1972年）几乎完全集中在对抗式公诉审判（trials on indictment）以及证据规则在法庭中的运作，是阐释性传统的一个相当典型的产物。与此形成鲜明对比的是后来的《刑事程序皇家委员会报告》（菲利普斯报告，1981年）将更多的精力致力于警察权和审前事务与裁定而不是初审程序，而且对简易程序的关注几乎同公诉审判（trials on indictment）一样。菲利普斯报告在许多方面是以一种语境化进路为基础。以此观之，德芙林报告可以被视为两可之间的一个例子，结合了两种进路的特征；它对Dougherty和Virag案件的分析代表着以一种整体过程为基础的出色个案分析，而且在某些方面，它将许多条件都考虑在内；但该报告并未完全避免阐释性传统的偏见和隐含的假设，这一点可以从其集中于对抗式陪审团审判以及未能研究错误辨认案件的规模和分布来获得例证。⑲

从有关错误辨认的争论已经以目击证人**证言**为中心并且将辨认排列单独视为证据生产设置这一点来说，这场争论已经倾向于法庭中心主义。不过，在最近的一些著述中可以辨析出一种迈向更为宏大视角的转变。

⑲ 出现这样一些差异的原因是复杂的，在这里也无法详细地探究；它们部分是因为两类群体组成上的差异；部分是归咎于传统上对作为一个主题的“证据”进行界定的狭窄化；还有一部分是因为一种被普遍强化的意识，也就是即使是有关刑事审判中的证据可采性问题，也只有当它们被放置于作为整体的刑事程序这样一些观念的宏大语境中审视才能够被明智地进行讨论。每个报告中对问题进行界定的差异包括起草所运用语词的方式，这很大程度上反映了视角上的一种转换。

5. 乐观和自满理性主义

从边沁时代以来，英美证据研究已经相当同质了，尤其在对现代裁判方法是“理性”的这一观点的接受上。[20] 正如斯达克、格林列夫、斯蒂芬、菲普森、麦考米克和克罗斯这样一些作者的作品所例证的那样，主导性进路已经是阐释性的了。但边沁有关证据的著述、塞耶的《普通证据法初论》(1898 年)、迈克尔和阿德勒的《司法证明的性质》(1931 年) 以及埃格里斯顿的《证据、证明和概率》(1978 年) 是一种替代性传统的主要例子，这一传统所作的努力超越了规则的阐释，转而处理证据与证明的历史、逻辑、心理学和其他维度。最伟大的证据作者，美国人约翰・亨利・威格摩尔，横跨了这两个视角；他10 卷本的《证据专论》被公认为阐释性研究的卓越成果之一；另外，《证据专论》中的历史性层面以及他的《建立在逻辑学、心理学和一般生活经验基础上的司法证明原则》(后来改为《司法证明科学》) 一直是自边沁以来致力于创建一种“证明科学”的最为重要的努力，这种努力建立在一种融贯的普遍性理论的基础之上，该理论不仅涵盖了证据规则，还涵盖了证明过程的非法律层面。

最伟大的法律思想家中已经有一些人为证据研究的这一二元传统作出了贡献。最令人震撼的是这个或许可以被称作证据研究之理性主义传统的基本基础 172
性假设是如此地具有同质性。主流的英美作者们几乎毫无例外地——或者明确或者隐含地——采纳这样一种裁判观即将裁判视为一种指向裁判准确性——通过对处于争议之中的过去事实(即对法律事先所确定的类型中所表达的明确具体主张具有实质性的事实) 之真相的准确确定来准确地适用实体法——的理性过程。[21] 这不仅适用于像菲普森和克罗斯这样的阐释性作者，而且还适用于那些对证据与证明之更宏大视角同样感兴趣的人，比如威格摩尔。

现代裁判制度是“理性”的这样一种主张最好被看成是那些被看做是现代制度之**理想**的东西的一种表述，目标在于将裁判中的事实认定之准确性和合理性最大化成最重要的社会价值——在其切实可行且同其他价值相互兼容的范围内。这种理想理性主义并不必然包含对这样一种观点的承诺：这种理想在实践中总是或者甚至一般都能实现。在经典的理性主义传统内部，以现行做法、程序、规则和制度无法满足于这一理想模式之诸多标准来对它们加以批判是非常常见的。在这些假设的统一框架之下对于所有的具体问题也都不存在一种共

[20] 也许经典名言就是塞耶的格言：“先前通过暴力方法或对形式的机械遵从所进行的‘审判’而今已经为理性方法审判所取代了。”〔Thayer (1898) 198 - 99.〕

[21] See above ch. 2.

识；尽管英美研究和讨论的思想历程中已经经历了绵延不绝的争论[22]，但在这一传统内对最大化事实问题裁定的合理性和准确性的目标和这一目标所涉及的基础性假设有着一种非同寻常的高度共识。作为一名此类理想型理性主义者，其理所当然会被认为对这一理想的可行性带有一定程度的乐观主义；在对现存法律规则、制度和做法可能改善的地方进行评估与考量的过程中，设定完全不可企及的目标并不合理。乐观主义很容易自我满足，而且除了几个明显的例外（包括边沁本人）几乎所有主流的英美证据学者不仅对他们理想的可行性充满乐观，而且倾向于对制度的基本设计及其在实践中的实际运行和效果自鸣得意。这就像他们曾经所说的："一年大约有十几个家伙因为不可靠的辨认证据而被关进监狱或处死；我们必须想办法降低错误数量，但毕竟只有十几个……"

重要的是要注意理性主义传统不仅仅是理性主义的和乐观主义的，并且带有一种自满的倾向。它也是理想主义和非经验主义的。在讨论证明逻辑以及在作为该讨论组成部分的有关盖然性的争论中，关注的焦点是人们在辩护、决断以及对其裁判加以证成的过程中**应该**如何推理，而不是在他们事实上如何辩
173 护、决断和证成。对逻辑的研究是研究什么构成有效的论据而不是研究实际上的心理过程。我认为，法律与心理学长期以来关系紧张的一个主要原因在于——相当可以理解的——法学讨论主要是规范性的，而心理学的主流知识传统则是经验性的。无论是学术性法律人还是实务性法律人都对现实世界中的事件的系统描述、解释或理解基本上不太关心。即便在有关具体规则改革的争论中，一种典型的模式也是从现行规则直接转向对"改善"的推荐，最好的也不过是对其实际运作带有一些印象化的而且肤浅的理解。心理学中的主流知识传统是科学的——主要关注系统描述、解释和理解并且关注经验性概括的确立和检验——它相反地着重于经验性层面而不那么关注规范性层面。

证据研究的理想主义传统还是非怀疑主义的。不过，在法学研究内部存在着一股截然不同的但内部多少有些差异的一类表象怀疑主义。拉伯雷的勃利德古斯通过投掷骰子来判决案件；杰里米·弗兰克的"事实怀疑主义"强调了司法裁判之可预测性的诸多障碍；许多律师都将对抗式程序更多地视为一种将胜利视为决斗者之主要目标的战斗控制模式而不是一种被设计来通过辩证性辩论

[22] 比如有关免于自证其罪特免权、有关非法或不合理获取证据、有关法庭"概率"的性质以及有关传闻规则及其例外的合理性等的争论。

或纷争来最大化真相探求的程序形式；“书本上的法”与“行动中的法”、“理论”与“实践”之间形成鲜明对比，而像“法庭抓阄”这样的词则是法律讨论中的陈词滥调。在卡尔·马克思之前，杰里米·边沁便已对英国法律和程序的神秘化设置发动了一场全面进攻。现代激进的批判者们已经继续了这一传统，提出了许多最值得珍视的保护措施只不过是意识形态之表象的一种形式而已，而“对抗式”程序很大程度上是一种神话。法律思想中的这一替代性脉络比乐观理性主义同心理学家们有关不同类型证言之潜在不可靠性的警示更是同一腔调。但是，正如我在第四章中已经论证的，许多批判者或者看起来像怀疑论者的作者们在对现行做法进行批判或者在指向理想与现实之反差的时候，同样倾向于借助说明性理性主义。

6. 迷糊医师（baffled medic）的方式：先开方，再诊断—如果有的话[23]

在阐释性传统当中，对于几乎所有的法律讨论来说，现行的实证法规则是天然的起点。这一观念的一个核心要义在于在对法律开始进行评判或批评之前，人们需要知道该法律是什么。但很容易从这种态度滑向一种将规则视为自在之物的观点，而一度假定该法律是独立于其起源或目的的法律。对规则的另一种看法是将它们视为对难题的回应或者视为被设计用来推进某些目的或政策的手段。在这种观点当中，将具体规则或者规则体系放置于它们所要加以回应的难题或者令它们得以创造的那些目的的那些背景当中来加以理解几乎总是明 174
智的。在对规则进行评判或批评的过程中，一项好的基本准则是在继续考虑是否将完善规则作为对问题的一种回应之前先确认和诊断问题。不考虑问题便研究规则就好像不考虑病症便研究治疗方法一样。传统上对法律改革的讨论只顾着用一种药方来代替另一种药方而未能对问题的诊断作出任何认真的努力，就这一点而言，他们正在走迷糊医师之路。

有关证据法改革的文献中充斥着这一趋势的例子。典型的缺陷便是假定问题的性质是不言自明的，还有其核心要素的程度（scale）如果不是众所周知也是毫不相干的。因此，刑法修改委员会（CLRC）才尽力将操纵技术性证据规则的职业罪犯视为被指控犯罪的所有人的行为之典型。在有关错误辨认的文献中未曾有一处对“辨认问题”的性质、程度和认识论作出全面分析。该问题一般被**假定**为与陪审团审判中的目击证人证言之不可靠性有关的一些问题；有时——比如在德芙林报告这一例子中——问题的性质被直接断言而基本没有通过证据或分析的方式来加以佐证。在下文中我将尽力表明错误辨认问题的性

[23] See Twining (1973).

质、范围和程度远非不言自明。

早期对辨认列队的许多讨论——以一种不那么明显的方式——为迷糊医师方式的谬误之操作提供了进一步的例证。至少到最近为止，如此之多的注意力被用来关注这一具体设置以至于有时候似乎辨认问题被理解成等同于列队或列队程序的一些公认的缺陷或局限性，而问题仅仅是或者至少核心问题是：辨认列队的可靠性如何得以改进？这是一个有趣而且合理的问题，但其自身至少为两种局限性所困扰；它集中于对辨认问题的仅仅一种可能的回应——假定人们知道问题是什么的话；而且它暗含着这种程序的唯一用处在于提出辨认**证据**——但对于有关何时以及是否进行列队之裁定的一个研究也许表明了在一些警区存在另外的目的或用途，比如说，排除嫌疑或因为缺乏证据而作出撤销案件的裁定或者用于说服嫌疑人一切都完了。在以辨认列队作为讨论之起点的地方或许已经存在了这样一种趋势，即对辨认问题和这一设置的用途与潜在功能都过于想当然以至于相当狭隘地关注一个有限范围内的案件，并且过多地考虑将像使用照片这样一些其他可能的设置同列队对比而不是考虑它们在不同背景下的潜力。从现有办法出发、仅仅关注一个可能的设置范围以及不去追问与考察之中的现象相关的人口学问题，这些都是同阐释性传统相关的典型偏颇之处。
175

二、错误辨认的两种模式

法律之阐释性与语境性进路之间的对比或许——至少部分——通过那些关于什么构成某一典型错误辨认案件这一问题的截然对立的观点体现出来。这样一种类推并不准确，因为正如我们已经看到的，对这一问题的传统界定并不单纯反映纯粹形式下阐释性进路的趋势和偏见。不过，可以假定某一典型案件来作为本章开篇所阐述的对这一问题之狭隘观点的一种公道反映。如表三所示的那样将其描述为一种由诸多要素组成的理想类型并指出每一要素下几种可能的变量也是有帮助的。

需要对表三作 3 点评论。第一，典型案件共享了与阐释性传统密切相关的一些——但不是所有的——趋势（尤其是为传统有关证据方面的著述所例证的）。尤其，它关注的是某一导向在陪审团面前进行审判的对抗性案件的事件，在该审判中，证人（W）的主要角色是提供可采的辨认证据。重点是在法庭上所出示证据的客观可靠性以及——作为错误辨认之唯一损害的——对无辜者的定罪。

表三　错误辨认的典型案件或理想类型及其可能的变量

典型案件	一些可能的变量
一位年龄、性别、阶层、种族及工作不甚清楚的**证人**（W）	W是一位中年、男性、近视眼、中产阶级、白人、银行职员或者移民官员；
看见	通过电话接触或者视觉、听觉和其他方面的结合；
一场**突发事件**，	W宣称O出现在一个特殊的场景中，比如一个剧院、一个酒吧、一张床；
该事件**持续时间很短**并成为	一段超过几个小时的时间或更长；
一起在**陪审团**面前进行审判的	（对抗性）听证发生在治安法官或一名职业法官或一个军事法庭或其他裁判庭的法官席前；
对抗式案件	该案件是非对抗性的，比如O作有罪答辩或者案件庭外和解或者程序被搁置（dropped）；
的**刑事诉讼**的主题。	辨认问题是在一场民事程序或一次裁判所听证或其他程序（比如大学纪律处分听证）中提出来的；
在该案件中，W**愿意提供**	W被强制或受贿或被强迫作证；
证据证明	W所提供的信息被用于法庭证据之外的其他目的，比如，作为寻找犯罪嫌疑人或侦查的信息，或者用于否定或排除某一侦探路线的信息；
有关**被告**（O）	辨认的对象是一件**物品**（比如一辆轿车、一台打字机或一把枪）或一只**动物**；
的**同一性**。	基于侦查的目的，O只要被置于某一类人当中就足够了，不需要被辨认为独一无二的个人；
被告的年龄、性别、阶层、种族及工作**不甚清楚，**	O是一位黑人、年轻男性或者一位只有一条胳膊的老妇；
被告是个**陌生人**（也就是说W之前不认识他）	W对辨认的对象非常熟悉；
W的证据无法获得其他辨认证据的支持	W的证据为其他言词证据或间接证据所补强或否定；
而且是**不可靠**的	在某一具体情境下，有几个因素提高了该辨认的可靠性——比如W是一位经验丰富或训练有素的观察者，观察的时间段较长，W原来就认识O，等等；
但其**结果**	W的信息或证据并不为陪审团或其他相关参与者所确信；
却导致了O**被定罪。**	所谓错误辨认的**危害**并不是对象被错误定罪或错误脱罪，而是由于被怀疑或逮捕或审讯或指控或起诉或遭受**其他**严重伤害（比如名誉上的损害）或丢掉工作等而使其遭受的**烦扰**和/或**耗费**和/或**迟延**（伴随着结果上的伤害）。

176

第二，就心理学家和对辨认有所著述的其他作者已经倾向于关注那些分享了标准案件的所有或绝大部分特征这一点来说，他们同样已经——可能是无意当中——共享了阐释性传统的一些偏见。不过，已经有一些研究者和评论者开始触及标准案件的某一种或多种变量。比如说，对于证人可能存在的分化性特征已经投入了许多关注，比如年龄、性别以及种族：除了在种族方面，对于各个主题分化性特征投入的关注低一些。[24] 与此类似，正如巴德利（Baddeley）和伍德黑德（Woodhead）已经指出的[25]，对于某些职业来说，比如移民官员、银行职员、妓女和警察，辨认人员可能有着特殊的实践意义。这就提出了若干问题，这些问题既关涉到提升这些人在提供可靠信息方面表现的可能性，也关涉到培训或经验能够实质性地提升辨认能力。不过，这里的要点在于，对这些变量的探索既没有一个系统的基础，也不是在某一一般性理论框架下进行的。其充其量是倾向于临时性的，而且也是无规律的。

第三，标准案件的不同变量指向了可能截然不同的多个方面。这就提出了这样一个问题即所需要的与其说是一个单一的极端理想类型——与标准案件相比较而言，毋宁说是一种弹性模式，这种弹性模式能够适应不同的程序类型、
177 每一种程序类型中的不同裁判类型以及包括标准案件和前述更为重要的变量类型在内的不同案件类型。这就涉及将视角转换至一个比标准案件所要求的更高的概括层面。我所希望提出的建议在于这样一个视角的基础应该以这样一种方式来加以支撑，即将法律程序的背景性视角的多个要素与从认知心理学和信息理论借用而来的一些概念相结合：结果也许是一个综合的“信息模式”，它比标准案件中所假定的传统证据模式更为宏大，但又将该模式囊括在内。

让我对法律的阐释性视角与语境性视角之间的对比作一个简要的回复。尽管英美法学研究的思想史并未遵循一个单一纯粹的发展路线，但还是有可能抽取出一条形成某种模式的线索，这就是关注的焦点稳步扩展超出争议性法律问题，以上诉法院法官的立场为代表，通过不同法律程序的稳步扩展的观念直至一种作为整体的社会背景的法律观以及——确切地说——人类观和宇宙观。简言之：焦点从上诉法院的争议性法律问题转移至陪审团面前的争议性事实问题，至无陪审团的法庭（和其他裁判庭和仲裁者）所裁判的对抗性案件直至其他纠纷解决的方法。研究焦点囊括其他竞技场的这种扩展与这样一种观念是平行发展的，即哪怕是最为正式的法律程序类型也会涉及将不同类型的**参与者**

[24] Lindsay and Wells (1983).

[25] Baddeley and Woodhead (1983).

(participants）包含在内的一种顺序或**事件与判断流程**（flow of decisions and events)。这样一些整体过程就像故事一样并没有限定的起点和终点，除了那些由特殊阐述者、叙事者或者任何其他人为了适应当下特殊目的而——常常是随意——选定的。在其最为完整和系统的版本而言，正如拉斯韦尔和麦克道格尔所表现的[26]，物质世界是话语世界，而任何独特的具有法律意义的判断或事件都需要被放置在某种更大的法律程序——这种法律程序转而属于一个更为宏大的社会过程整体——背景中来加以考量。

当然，即使在法学研究中，法律程序的这样一些背景性模式在今天也已经是司空见惯了。它们在有关辨认的绝大多数当代著述中被明确运用或者被隐含地假定在其中。但这些模式的潜力在有关辨认的论述中却尚未被持续地、完全地加以探索。一个尤其富有启迪意义的例子在一位心理学家的新著中可以发现。在他有关"刑事司法系统的证据与真相"的章节——面向非法律读者——中，亚美提出了一个"刑事起诉中所涉及的主要事件和程序"模式（见图一)。[27]

这个流程图被设计用来为刑事程序提供一个整体介绍，该刑事程序被设定在一个目击证人至关重要的场景中。这个图非常有意思，因为它所使用的一些分类——"事实收集""数据分析""证据提交""事实""真相"——同样可以很好地契合于在有关认知心理学[28]或信息理论[29]的著作中所能找到的那种信息处理模型。这就意味着可以相对容易地将一个更为成熟的典型刑事程序模式（和其他法律程序模式）与一个或多个借助于其他语境的标准信息处理模型整合起来。 178

为了对辨认和错误辨认问题进行一个详细的分析，亚美的流程图需要通过多种方式来进行扩展和完善。首先，重要的是提出这样一个事实即在证人到法庭上来作证之前，他/她通常已经在几个先前场合中"提出了"至少是部分信息，比如说在非正式交谈中、在与警察以及可能一个或多个律师的会见中、在书面证词（depositions)* 中，也有可能在拘押程序（committal）中，等等。

㉖ Lasswell and McDougal (1967), McDougal and Reisman (1981).

㉗ Yarmey (1979).

㉘ E. g. Lindsay and Norman (1977); Loftus and Loftus (1976).

㉙ E. g. Wilmer (1970).

* deposition是指证人在公开法庭之外，依法院命令或一般法律或法院诉讼规则的规定，在宣誓后对口头询问或书面质询作出回答，并作成笔录且经正式认证后所形成的证词——译者注。参考《元照法律词典》，401页，北京，法律出版社，2003。

179

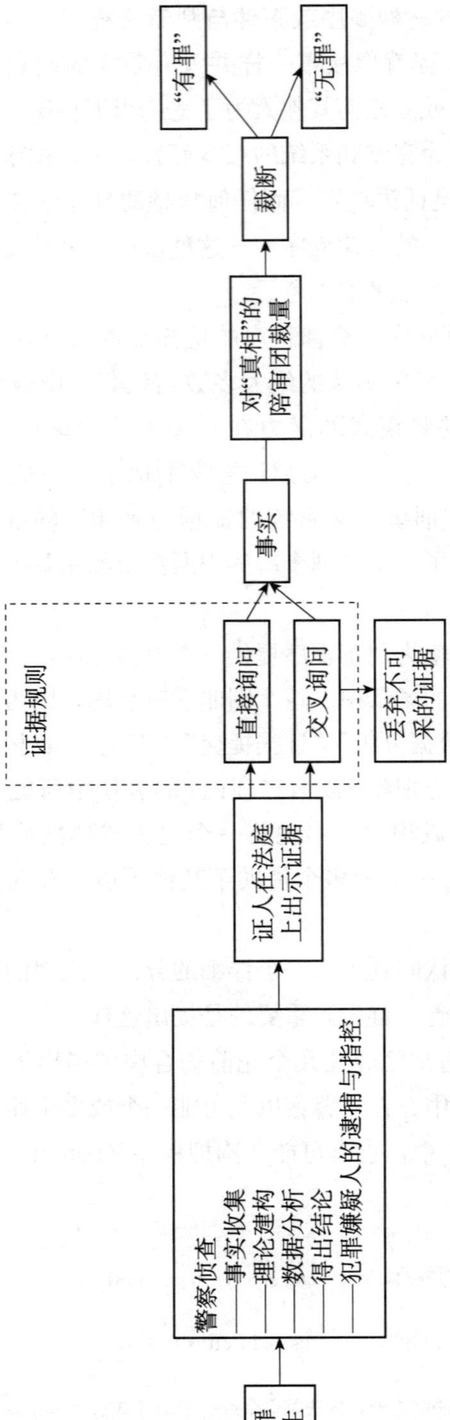

图一 一个刑事起诉所涉及的主要事件与程序

（来自亚美：《目击证人证言心理学》，1979；经惠允复制）

这是不仅仅运用证人证言（**证据**）而且运用**信息**的创造与处理这样的术语来进行思考是有益的一个原因。从辨认研究的目的来说，一个恰当的模式至少应该揭示这一过程的几个标准要点，在这一过程中目击证人报告了他们的所思所看，是什么激发了他们去报告，在什么样的情境中并且基于何种目的。

同样重要的是要记住，由目击证人提供的信息与刑事程序中的其他许多决定是相关的，比如，举行一场列队辨认的决定、起诉的决定、指控的决定、是否辩诉交易的决定、是否传唤某一特殊证人的决定，等等。这些决定不应该仅仅被视为通向一个陪审团裁断之途的诸多阶段：它们可能还有其他直接后果，其中一些后果当然可以被称为"辨认的后果"。一个恰当的模式将再次将所有具有此类后果的标准决策与事件都涵盖在内。

亚美的模式在描述标准程序的时候像下面这样一个单一线性样式遵循了传统惯例：犯罪发生——警察侦查——犯罪嫌疑人的辨认、定位、逮捕与指控——准备案件——证据在法庭上出示。正如侦探小说的读者们所知道的，刑事程序并未遵循一个单一的样式，尤其侦查的几个阶段并未遵循固定的顺序，而且在或多或少的范围之内会与针对（或者代理）某一特定犯罪嫌疑人的案件准备的范围发生重叠。有时候故事可以一个警察看到某人形迹可疑作为开头：如果开头是一具死尸的发现，那么这一死亡能够归咎于某一刑事行为在一开始可能是清楚的，也可能是不清楚的，而这就很容易影响侦查的顺序。与此类似的是，警察询问、正式的"会见"、列队辨认等并未遵循一个单一的顺序——至少存在几种不同的样式。这一点的当下意义在于目击证人在审前程序的不同阶段扮演着不同的角色，而且这不但对他们自身的心理过程产生重要影响，而且对于他们所提供的信息将会被如何看待或如何使用也将产生重要影响。

上述分析表明了"信息模式"要作为法律程序中辨认与错误辨认这样一个主题的一种系统进路之基础需要满足以下条件：它需要适用于所有的主要法律程序类型，而不仅仅是刑事程序；它需要涵盖每一种程序的主要阶段，而不能仅仅集中在法庭；它应该能够辨别出不同的基点，在这些基点上，与辨认有关 180
的信息将会被提供，由谁提供、向谁提供以及这些信息是如何处理的，又是如何由不同的参与者在这一过程的不同阶段运用到不同类型的决定之中的。而且，它还需要指向此类决定的后果——尤其是对辨认客体真实和潜在的伤害。最后，在对具体研究策略、改革等的实践重要性作出判断的时候，需要对会涉及的更为重要的现象的典型性和规模进行某种评估。

创造出这样一个综合性模式将会是一项雄心勃勃的事业，这已经超出了本章的范围。不过，将这种讨论具体化并且根据这些条件对辨认问题作出全新的审视以提出一些可能的前进道路应该会是有所帮助的。

三、重新界定错误辨认问题

有句耳熟能详的箴言说，一个实践性难题的描绘、定义和诊断取决于作出这一界定的那些人的立场、观念、关切和目标。“辨认问题”在其从文本中呈现出来的时候便有了一些明显的特征。它被视为一个实践性问题而不是科学或知识问题：潜在的关切是改进法律程序而不仅仅甚至主要不是更好地理解它们。它主要被视为一个设计问题，而且其立场是“官方的”——没有任何贬义的意思，像边沁的立法者一样，主要是那些负责该制度的设计和健康运转的那些人的立场。

目击证人辨认当然可以从不同的立场来进行研究。比如说，它可以从受害者的视角来加以审视，正如皮特·海因（Peter Hain）部分完成的那样。[30] 它也可以从警察（侦查员）或私人侦探或公诉方或为案件而做准备的辩护律师，也可以从证人或法官或陪审员或法律程序的其他参与者的角度来加以审视。有关目击证人证言的研究也很有可能产生一些在一般心理学上或对于我们理解法律程序具有理论意义的洞见、假设和发现。不过，迄今为止，主要的焦点还是集中于在司法管理中降低误认发生概率这样一个实践性问题；这同样是本章的关注焦点。从这一视角来看，我期望指出的是，这一问题已经被以一种人为窄化的方式来进行界定了，而且尽管有些限制是可以基于确保主题可控的理由，但其他限制毫无理由。因此，让我们转而来审视一下这一“问题”的一些主要组成部分吧。

（一）同一性观念

威格摩尔在其依然是有关同一性证据的最好理论讨论中这样写道：

> 181 同一性可以被视为一个人或一件物品的品质——与另一个人或另一件物品相同的品质。其核心要义是两个人或两件事在那一时刻被认为是存在的，但事实上仅仅只有一个人或一件物品……建构一个同一性推论的过程……**常常包含将无数的事项（circumstances）添加在一起**，每一事项自身可能就是许多客体的一个特征，但**所有这些放在一起——从经验上看——最有可能仅仅在某一单一客体之上同时存在**。每一个额外的事项都将降低存在不止一个如此相关的客体的概率。[31]

[30] Hain (1976).

[31] Wigmore *Science* (1937), 258-9.

在目前语境下，没有必要开启，更不要追寻有关“同一”（sameness）观念的哲学韵味。至少在人员辨认方面，这样一种困扰如果有的话也很少提出任何具有实践后果的问题。不过，值得指出的是，在一些法律情境下，什么构成了（比如观念、交易或事物）同一性问题不但司空见惯而且至关重要，正如版权、假冒经营以及罗马法的研究者们所知道的。只要辨认的问题局限在人身上，同一性观念就会变得理所当然；当该问题被扩展到事物的时候，这一问题不会总是如此一目了然。阿尔杰·希斯的笔迹要么是要么不是那份文件上留下的笔迹；但对于一辆已经被大卸八块的被盗小汽车或者一件已经被熔化的金属物品比如一件银盘来说，也许就不是这样的。

（二）“辨认”

如果我们将法律程序语境中的“辨认问题”视为一系列判断与事件，显而易见地将会包含各种复杂的心理过程与人类行动：看、听；获取、储存、解释与恢复信息；辨认；确信；宣称、沟通、描述、说服；判断，等等。同样明显的是不同个体参与者的内心过程与行动交织在一起，以复杂的方式发生互动。有鉴于此，在这里需要指出与“辨认”概念相关的两点。第一，在像“辨认问题”这样一些用语的语境中，该词包含着一系列复杂的、亟待区分的心理过程与行动。第二，在一些语境中，像“X 辨认出 Y”这种陈述可能是容易产生歧义的：这样一个陈述也许意味着“**X 认出了 Y**”或者“X 形成了这样的**确信**即 Y 与 Z 系同一个人”或者“X 判断 Y 与 Z 可能系同一个人”或者“X **宣称** Y 与 Z 系同一个人”。

在这里想要对所涉及的主要概念与区别进行一个系统的分析可能不是很合适。不过，还是有必要指出这一点：法律程序中的辨认的一个系统理论需要一个相当精细的概念框架，它需要求助于法律与心理学语言。比如，将来自认知心理学（比如信息的获取、保存与恢复）和来自信息论（比如“声音”“信号” 182
“编码”以及“积极/消极”信息）的概念与术语整合在一起将是有必要的。来自决策论与社会心理学的一些标准概念可能也是有用的，加上那些来自法律话语的概念与区分，比如实质性、相关性、可采性以及可接受性，证据的分量、说服力与补强，次终待证事实与最终待证事实，以及全套的标准程序性概念。这里并非主张对辨认进行行话化，而是要强调这样一句箴言：与跨学科工作的其他领域一样，在这一领域，迈向一个整全性进路的重要一步就是协调来自相关学科的诸多概念。

有关这一主题之心理学维度的另一要点已经隐含在前文所述之中：心理学的几个不同分支都与辨认研究相关。近些年来，目击证人辨认的心理学已经从集中关注某一行动者的认知过程扩展到涵盖其他业已确立的心理学研究路线。比如说，萨克斯与黑斯蒂〔Saks and Hastie (1978)〕已经因为将注意力引向其他行动者而备受赞誉，但却因为过分关注个体行动者而忽略了“那些对不同行动者加以约束和界定的错综复杂的关系网”(Loh，1981）而受到批判。克利福德与布尔已经指向了社会心理学的几个领域，这些领域都与对抗制陪审团审判中的人员辨认这一相对狭窄的主题直接相关。视野拓展之后，其他领域可能会变得密切相关。这就意味着心理学以及其他领域在概念、理论与研究发现上已经有了实质性的积累，这些研究成果中有些还没有被认为与辨认问题相关——至少没有以任何一种稳定与系统的方式。

（三）对什么的辨认

“理想”范例与几乎所有有关目击证人辨认的文献都集中关注克利福德和布尔[32]所称的“人员辨认”，而这是所有辨认对象均为男性这一一般性假设的一个前奏。不过，洛芙托斯所报告的一些实验既包含人员辨认，也包括车辆辨别，而且在文献中也发现了其他例子。[33] 对物体或动物进行目击证人辨认的情形在实践中也可能发生，其中所包含的心理过程可能是类似的——如果不是完全一致的话。基于多重目的，也许完全有理由将焦点主要或完全集中于对人员的辨认——正如我从现在开始所做的那样，但需要牢记于心的是许多条件同样可以适用于对物的辨认；而且，对人员的辨认或识别常常也是通过与他们密切相关的独特物品比如衣物来展开的。

（四）通过何种方式来进行辨认

183 辨认可以在法庭上通过间接或言辞证据或者通过两者的结合来加以证明。随着法庭科学的进展和技术层面的改进，像指纹鉴定、血型分型、痕迹的微观分析等类似技术在实践中的重要性已经得到显著的提升，目击证人辨认随着时间的推移也许将变得不那么重要，尽管其在可预见的未来还可能在侦查和——无论民事还是刑事——诉讼中占据一席之地。

就分析目前该问题所需要要关注的，对于手段只需要做几点简要的评论。需要指出的一点是识别并不仅仅是视觉方面的；从理论上说，通过五官中的任

[32] Clifford and Bull (1978).

[33] Loftus (1979，1983). 可以用来警示驾驶员有关车速监控的“雷达接收器”现在在美国正大做广告，其中一个广告这样说道：“尽管交通雷达上已经记录了9个不同的违规之处，但交通罚单最常见的来源却是错误辨认。虽然这令人难以置信，但交通雷达确实无法辨认出**哪一辆**车要对被延误的速度承担责任。它仅仅显示一个速度数值，除此之外别无其他。雷达操作者还必须决定应该把责任归咎于谁。”(航空公司杂志广告，1989。)

何一个都有可能识别出另外一个人；作为一个实践问题，正如已经为大家所承认的，辨认可能包含两个或两个以上感官的一个结合，最常见的是视觉和听觉。[34] 因此，根据目击证人来严格地界定这一问题如果不是人为的狭隘化就是误入歧途。

另外一种形式的结合同样需要牢记于心。典型范例通常假定辨认是仅仅以一两个目击证人的言词证据为基础的。不过，这类言词证据的可靠性问题只有在那些言词证据与间接证据相结合的案件中才会存在，尤其在间接证据本身不足以解决问题的时候。这样，即便是一条要求在某些类型的案件中对辨认之目击证人证据必须加以补强的规则也无法消除在某一特定案件中对某一项言词证据可能的可靠性加以指引的需求。同样值得指出的是，将不同类型的趋同性（convergent）证据结合在一起的问题同样困扰着逻辑学家和其他证据理论家们。[35]

最后需要指出的是，迄今为止，投入评估目击证人辨认现行方法（比如对质、被告席辨认、辨认列队及其类似的方法）之可靠性的精力要远远高于在新策略或根本上改进现存方法上投入的精力。尤其是，对照片之功用的讨论似乎从整体上对可能性缺乏想象力，也许因为他们对于照片的局限性和现行用途的危险已经习以为常了，而不是关注如何挖掘它们的长处——尤其是便宜、方便而且灵活，也不关注程序该如何设计以抵消或缓解那些公认的危险与局限性。

（五）错误辨认的危害：谁是受害者

在几乎所有有关辨认的文献当中典型范例都假定，错误辨认所产生的唯一危害就是将无辜者定罪。即便我们将这一点扩展到其他错误裁判性裁决（比如被错误要求承担责任的人甚至被错误无罪开释的人），这也是关于所包含危害的一种极其狭窄的观念。为了论证方便，假设罗杰·奥顿（Roger orton）的确是真的罗杰·蒂奇伯恩，那么这个错误的后果是什么呢？他不仅被定伪证罪而入狱；他还丧失了他的继承权、他的名誉以及其他很多东西；他还遭受相当程度的金钱与内心痛苦；而且从某种意义上说，他甚至丧失了他本身。[36] 皮特·海因被免于持枪抢劫的指控，但人们能够严肃地宣称说他不是错误辨认的一位受害者吗？想想他所遭受的焦虑、花费以及对其声誉的潜在伤害，加上他 *184*

[34] Clifford and Bull (1978); Clifford (1983).

[35] E. g. L. J. Cohen (1977, 1980); Eggleston (1978, 1980); Tillers and Green (eds.) (1988), *passim*; *TEBW*, Appendix.

[36] Woodruff (1957).

所称的“被拖到法庭所遭受的屈辱与不公正”[37]。海因对他的经历进行了栩栩如生的叙述；他还描述了许多案件，在这些案件中，错误辨认导致了无法定罪的罪恶，从而提醒我们哪怕是被怀疑、被审讯、被逮捕或者被威胁提起公诉，都可能是一段不甚愉快甚至身心创伤的经历，可能带来一系列有害的后果——经济上的、心理上的以及其他方面。将错误裁判视为错误辨认的唯一罪恶是一种狭隘形式主义的症状。对无辜者的定罪与刑罚是最大的社会罪恶之一，但它们绝非唯一的罪恶。加上边沁的附属性程序痛苦观——烦扰、耗费与迟延以及被卷入作为法律程序一方当事人的其他有害后果，人们将会对评估错误辨认的危害有一个更为完整的构想基础。

以这种方式来扩展研究有着重要的意蕴：它强迫我们去审视在法律程序的每一步对于辨认客体（以及其他人）可能带来的后果；它还会改变我们对该问题严重程度的评估，因为在错误辨认的“受害人”名目下现在包括了所有那些已被怀疑、已被审讯、烦扰、逮捕、起诉、列队，或者已经被卷入民事、刑事或其他程序的其他不愉快经历，或者为了一个来源于一名证人的信息而付出代价。尽管因为目击证人辨认而被陪审团错误定罪的人员数量一年可能也就十多个，但因为错误辨认而遭受其他罪恶的人可能数以百计甚至数以千计。通过扩展被害人的观念，我们对这一问题的性质与程度的理解将会改变。

这样一种变动需要考虑两个反对意见。第一个就是将关注点集中在错误**裁判性**判断是合理的，因为这曾经代表着错误辨认最为严重的后果，同时也是最容易补救的。对这一系统无论如何改进都无法阻止无辜者陷入被怀疑或者成为错误指控对象的境地。第二个可能的反对意见是拓宽对该问题的界定可能会使其变得不可控。

对于这两个反对意见，人们可能会这样回应：第一，哪一个是更大的社会罪恶：一个预计每年有十多个无辜者被定罪或者有数以百计甚至千计的人被错
185 误地遭受烦扰、耗费以及被非自愿地卷入法律程序所带来的其他后果？即便人们承认对无辜者的错误定罪必然总是最坏的罪恶——这一点还尚存争议——更宽泛的问题的潜在程度仍然需要获得至少同样多的关注。

第二，从几个观点来看，将不情愿地被卷入法律程序的一个有害后果与其他后果分离开来其实是人为的。在具体一个案件中，来自于单一一个非法或错误的辨认的后果是什么在很大程度上是一个盖然性问题。对于个体受害人而言，罪恶的结果是逐渐累积的，无论形式上的结果是不是一个不利的裁判性决

[37] Hain (1976), 29.

定。借用马尔科姆·菲利的话说，常常“程序即是惩罚”[38]。从改进系统的观点来看，几乎任何影响裁判性阶段的措施也都将影响该程序的其他阶段，比如，有一种被广泛认同的观点认为避免错误定罪的最重要方式就是对是否提起公诉的决定施加更为谨慎的控制——但除了可能对错误定罪带来影响之外，影响这类决定如何作出的措施显然还有很多潜在的考虑。几乎任何设计来解决辨认问题的措施之成本与收益都无法仅仅通过审视裁判结果来进行理性评估。

第三，扩展对“辨认问题”的界定也许会带来对情境之复杂性的一个更为现实主义的评估，但这并不会使其比法律程序中的其他主题（比如供述、辩诉交易以及法庭外的和解）更不可控。当然，专业化研究路线是需要的——比如去研究在某些特殊类型的情境中警方对未成年人的辨认，但任何特殊的研究项目和对其发现的评估都需要被放置于更为宏大的整体图景中来加以评估。

（六）为了什么目的而辨认

在传统观点中，常常将目击证人所提供的信息仅仅视为将要在审判中提交的**证据**。不过，如果我们将刑事程序视为一个整体的话，就可能发现这一信息常常以不同的方式被使用：目击证人的叙述与描述可能会为辨认某一犯罪嫌疑人提供第一条线索，或者是在此之前，为搜索潜在的与这一描述相符合的犯罪嫌疑人提供线索；在稍后的一个阶段，证人提供的信息也许会导致侦查阶段具体犯罪嫌疑人的排除，而且正如约克郡屠夫案（Yorkshire Ripper）* 侦查中戏剧性例证的是，虚假或误导性的信息可能会导致某一犯罪嫌疑人被仓促排除。正如我们已经看到的，辨认列队并非仅仅是证据生成的手段，它们还可能被用于排除犯罪嫌疑人或可能会导致一个案件因为缺乏潜在的证据而撤回起诉。即便在某一列队中的肯定性辨认（positive identification）证据并不总是可采的，或者在某一具体案件中因为程序上的一些缺陷而不可采，但偶然性的列队可能依然作为侦查过程的一个组成部分而发挥着作用。由目击证人提供的 186
信息还代表着**潜在的证据**，这一证据将对无数审前决定产生一种重要的影响，比如举行一次列队的决定、提出起诉的决定、是否进行辩诉交易的决定以及是否选择简易程序或陪审团审判的决定。因此，在作为一个整体的刑事程序这样一个背景下考虑辨认问题的话，很重要的一点就是要区分来自于目击证人的信息是用作**侦查信息**、**潜在证据**还是**真正要提交法庭的证据**。此类信息在刑事程

[38] Feeley (1979b).

* 约克郡屠夫案：1975年—1980年间发生在英国约克郡的一系列连环杀人案，在其凶手皮特·威廉·撒特克里夫被捕之前警方已经对他进行了至少12次询问，但均由于种种原因其被排除了嫌疑——译者注。

序中无疑还有其他用途，而且在非刑事程序中同样需要进行类似的区分。将证据和潜在证据视为目击证人提供的信息种类（species）是非常有用的，因为它会提醒我们正在考虑的这一现象是在一种相当复杂的社会过程中人类信息处理的一种独特形式。

如果我们将前面分析的主要分支连接在一起就会形成下列这样一幅图景：这一过程的起点就是一个引爆性的事件或情境，在其中，一个人也就是证人看到或听到了另一个人、一件东西或动物，这些他或她将在后面的不同场合中被要求描述或陈述与展示到他们感官当中——或者直接展示（比如在一队列当中）或通过一些表现形式（比如一部影片、一张照片、一段录音、一幅画或一段描述）——的某一客体相同。大家公认的是不同的因素倾向于使这些陈述不可靠，即便是在证人没有利害关系的情况下。其中产生了某些实践性问题，比如，如何区分可靠的陈述与不可靠的陈述，以及如何改进此类陈述的可靠性。

在这一点上，传统对这一问题的界定与本章所倡导的视角之间并无实质性差别。我们可以很容易承认，基于某些目的，将对该问题的界定限制在**刑事**程序中对**人员**的辨认是合理的，只要我们认识到在其他法律或类似程序中通过其他形式（比如声音或感官数据的一个结合）对其他客体的辨认在许多方面都是非常相似的。不过，在下一阶段，传统视角与更为扩展的视角就会产生重要的分歧：前者集中关注作为**证据**的辨认陈述，而后者还包括将此类陈述用作**潜在证据**以及用作与**不同决定**和其他目的相关的信息。类似的是，如果人们可以接受说错误定罪仅仅是来自错误或不可靠辨认陈述的诸多有害后果（**危害**）之一的话，那么受害者的人数将急剧增加，而注意力将难以避免地集中在**整个过程**，包括裁判之前和之后的事件与决定。从这一视角来看，将那些在一个陪审
187 团面前进行对抗的案件与发生在其他法庭或裁判庭或那些永远不会到达有关同一性问题之裁判阶段的其他案件截然区分开来是人为的。即便一项具体研究集中关注刑事程序的裁判阶段，它仍几乎自然而然地需要将裁判置于程序整体的语境中来加以考虑。

用一个明确且被扩展性测度的“信息模式”来取代更为狭窄的、常常是隐含的陪审团律师（jury lawyer）的“证据模式”对于未来有关法律程序中的辨认主题相关的研究、公共辩论和实践行动都有着无数的实践与理论意蕴。第一，在理论层面上，信息模式可以为该主题的一个整合性跨学科进路提供一个更好的知识基础。第二，比起证据模式来，这一视角可以更容易契合许多有关法律程序的当代研究与写作。这反过来又助于这些在一定范围内独立发展出来的不同文献群之间的交相融合（cross-fertilization）。比如，它可以在有关目击

证人证言的心理学文献与有关辩诉交易和有罪答辩或者有关未成年法庭的社会学、法律及其他文献之间建立多重联系。它还可以作为法律程序之巨大复杂性的一个持续提醒者。第三，这一扩展性视角可以表明心理学家与其他人新的研究路线；它还可以表明当前一些研究群体与文献对于辨认研究有着迄今为止被广泛意识到的更为直接的担当，反之亦然。因此，一方面，对于像是否举行辨认列队以及此类决定的后果这样的具体问题，对于作为辨认对象的未成年人的具体特征，我们还知之甚少；另一方面，对于辨认的潜在的更为宏观的意蕴还有待系统地研究。第四，"信息"模式可以为法律程序中错误辨认之危害的诊断与评估提供基础，使其立马比德芙林报告或类似政策文件中展示的更为系统，也更为现实。它还可以为改进和创造那些致力于降低法律程序中的错误辨认之罪恶的程序、技术和规则的更为自由（free-ranging）也更富有想象力的进路铺平道路。

由于所有这一切似乎显得雄心勃勃，在结尾的时候做几点免责声明也许是恰当的。在这一章，我所要尽力做的事就是指出，对于错误辨认问题需要从一个比过去广泛采用的更为扩展的视角来进行全新的审视。一个系统建构的"信息模式"（或者一系列模式）已经在这一语境下得以提出，而本章不过是指出在这一事业中也许需要考虑的几个要素而已，因为作为一名法理学家，我没有谈论具体问题的资质。与此类似，这里也没有尝试对英国或者更为一般性的错误辨认问题进行一个整全性的、基于经验的重述。本章也从未说过什么贬低那些近年来在这一主题上所取得的——尤其是心理学家们作出的——实质性进展。我想说的不过是就目前为止，最近的写作——比如德芙林报告及亚美、洛 188
芙托斯以及克利福德和布尔撰写的著作——都受到了辨认陈述的"证据模式"的影响，法学的阐释性传统中和陪审团中心主义的实务者们的一些趋势与偏见已经溜进了文献当中；在它们被这一模式之狭窄关注点所无视——正如在其他方面他们所做的一样——的范围内，一个构想更为扩展的"信息模式"的发展也许会为该主题提供一个整体的视角，该视角将是系统性的，而且贴近于法律程序运作的经验现实。

192

第六章　什么是证据法*

一、引言

跨文化交流会引发对一些陈规旧习的交流。一类常见的英国笑话会涉及试图将板球游戏的神秘性介绍给外国人。相反，许多外国评论者将板球看作英国人特性的一种象征。英国证据法常常被介绍得比板球游戏还要怪异和复杂。英美法律程序常常被视为一种游戏，在其中，公平竞赛和胜利往往取代了对真相和正义的关注。类比会将真相置于核心，因为英国的公平竞赛和美国的正当程序观念的确在我们的证据技术性规则的发展和存续过程中起到了一个重要的作用。但像所有的类比一样，它可能被挤压得太厉害了。在这里，两个重要的差异反映了本章的核心主题。一方面，我应该指出，我们的证据法——从其根本上说——比通常看法要简明得多。另一方面，尽管我一直都打算献给板球游戏以无限的忠诚，但我和大多数法律人一样对于我们证据法的某些重要方面都有一种深深的矛盾心理。

本章的目的在于试图通过提出一个宏大的整体看法、通过分享带来其声名之原因的复杂性和琐碎性，将现代英国证据法"驱魅化"。我的立场是试图将英国法的这一分支的一个清晰而又现实主义的总体看法介绍给那些关注这一主

* 本章有几个部分源自于一篇题为"英美诉讼中的证据与证明"的论文。早期的几个版本最初是在 1987 至 1988 年之间面向特兰托（Trento）、北京和华沙的法律听众们的。尽力向那些在大陆法体系和社会主义法体系下受过训练的法律人们解释现代普通证据法极大地激励我对这一领域发展出一个融贯的整体看法。在为不同的听众修改这篇文章的过程中，我已经保留了一位比较法学者将普通法处理证据之进路的基础介绍给陌生人的立场，我希望这将作为国外旅行对于一个人理解其自身文化的磨砺作用之真实性的例证。它同样包含了疏忽大意的缺陷：在北京的时候，我在开场白时说道：在英国我们有许多与将板球（cricket）介绍给外国人相关的笑话，而要将我们的证据法解释清楚则会更难。听众看起来完全不知所云。后来我才知道我的翻译原来不是将"cricket"翻译成一种游戏，而是翻译成一种昆虫，这种昆虫在中国文化中随处可见。

在我所亏欠的人情债中，我尤其要感谢特里·安德森、伊恩·丹尼斯（Ian Dennis）、阿列克西·斯坦以及阿德里安·朱克曼对这一版本的评论，还要感谢菲利普·马克拉马拉（Philip McNamara）同意我对其文章的引用。[自从本文写完之后，普通法国家中的程序和证据法已经有了许多进展（参见序言和下文方括号中的注释）。不过，有关证据法的塞耶式观念、理性主义传统以及夸大排除规则之重要性这样一个核心观点依然有效。在注释中，我已经提及了最直接相关的一些进展（在方括号中，尤其参见下文的注释㉙）。目前，本章应该和《证据分析》（2005 年）第二版的第十一章"证明原则与证据法"结合起来阅读。其他解释，see Boyle and MacCrimmon（1991），Posner（1999），and Stein（2005）。]

题的新人们——无论他们是法学学生还是在不同法体系下受训的法律人们。我将仅仅顺带讨论我对于这一问题的观点：我们的证据法应该是什么样的？我的核心论点在于我们的证据规则是由自由证明这样一条单一原则的一系列完全不同的例外所组成的，而且这些例外在理论上和实务中的重要性比有些时候所表明的要小一些。这一观点的第一部分追随了詹姆斯·布莱德利·塞耶，伟大的美国学者，他的观点被公认为构成了我们现代法的基石。[1] 第二部分——夸大重要性的观点——很大程度上应该归功于塞耶时代以来在诉讼机构方面的历史趋势，尤其是陪审团的衰退，在事实认定方面司法裁量权的增长以及相比于对抗式审判重要性的下降而在法官审和其他竞技场（arenas）上重要性的增长。 *193*

重要性夸大这样一种观点同时还反映了对法律的理论视角方面的差异。塞耶将“法律”等同于由政府权力所创造或者授权的具有强制力的规则。根据卡尔·卢埃林的观点，我将从更为宏大的角度将“法律”视为一种**制度**（institution），它不仅包括规则，还包括原则、规程（procedure）、惯例、行业传统（craft-traditions）、计划（devices）以及足以被确立为可描述的并且专门用于完成社会中的许多工作或者任务的思维方式。[2] 区别仅仅在于重点和视角的不同。塞耶将证据的分析、有关证据的辩论以及证据的提出都视为不属于证据法的范围。按照他的实证主义“法律”观，证据法的这种狭义观或许是正确的。而法学学科内部的证据与证明主题的广义观将这些问题和其他许多方面都包括在内。

在传统上被视为证据法的东西在这儿成为一个更为宏大主题的一部分：诉讼中的证据与证明。[3] 这些词的每一个都需要作一个说明。

证明是指将某些事实〔待证事实（factum probandum）或者争议性事实（fact in issue）〕确立至某一负责裁定这一争议性事实的裁判法庭满意的程度。达到满意所要求的程度由所适用的证明标准来加以规定，比如说“盖然性平衡”（balance of probabilities）或者“排除合理怀疑”（beyond reasonable doubt）。证据是证明的一种方式，它已被界定为“任何其效果、倾向或者意图在于在内心对其他某一事实的存在产生一种——无论是肯定性的还是否定性

① J. B. Thayer (1898).

② Llewellyn (1962): Twining (1973a) 175-84.

③ 有关一种组织性范畴的选择，see below, ch. 7，那里给出了将证据视为一个更为宏大的“诉讼中信息”范畴下的一个种类。

的——说服力的事实”[④]。司法证据的主要例子有提交给裁判庭用于作为裁定摆在他们面前的事实之基础的证人所作的陈述（证言）、事物（实物证据）或者文档。

证明的逻辑主要关注作为说服作出或者证成有关事实问题的某项裁判或者结论之基础的论证的有效性（validity）、说服力（cogency）以及恰当性（appropriateness）。从这个角度来说，无论是争议性事实还是证据都可以以一种主张的形式来表达。根据所适用的逻辑原则来加以判断，如果某一项证据性主张〔证据事实材料（factum probans）〕倾向于支持或者否定某一项争议性事实〔实质性事实（material fact）或者待证事实〕，那么它们之间就是相关的。某一单一证据性主张或者大量的证据的“分量”或者“说服力”或者“证明力”是指支持或者否定的强弱。相关性问题（是否存在任何关联）和分量问题（关联度有多强）最终是相关的，但在概念上将它们区分开来是有所助益的。

在当前语境下，“诉讼”指的是通过执行法律或者追求某项主张直至获得由法院或者其他法定的裁判庭所作出的一项最终裁决的正式程序；诉讼指的是从正式的起诉（比如一项刑事起诉的提出或者一项令状的发出）到一项终局的、使案件具有既判力的命令或者法令的整个过程。在实践中，只有少数的诉讼案件会涉及对抗性诉讼或者一个完整的法庭庭审：大量的民事主张将达成庭
194 外和解或者在庭审前撤诉；在绝大多数的刑事案件中，被告将会选择辩诉交易，结果就没有了针对争议性法律或事实问题所进行的审判——尽管法院通常将不得不决定量刑。[⑤]

在现代，在像雇佣、工业伤害、移民福利、土地与税收等这样一些重要的领域，许多法律程序都被归入一些行使法院职能的特别裁判庭的权限。在当前语境下，需要在由某一视为中立的第三方所作出的裁判与像谈判、仲裁和调解这样的其他纠纷解决方式之间作出重要的区分。[⑥]只要这些裁判庭被用于裁定事实问题，它们就与证据和证明问题相关。因此，关于这样一些问题是怎样或者应该如何规范和处理的一些问题就应运而生了。一幅现实主义的英国诉讼图景需要将处于裁判主体管辖之下的主要程序类型和这些程序中的所有阶段都涵

④ Best (1849)，s. 11. 替代性界定，see 1 Wigmore，*Treatise* (Tillers rev. 1983)，s. 1。

⑤ 有关数据，see Zander (1988) [2003]。关于诉讼的多种理论，see below，ch. 7。

⑥ 在这里，我们不需要将自己卷入像仲裁或者准司法程序这样的审判之边界案件这样的难题；关键在于在今天国家法的适用和执行工作大量被分配给许多类型裁判庭中，这些裁判庭履行职能并拥有那些传统上便与法院密切相关的权力。See generally，Farmer (1974)．[see below n. 17，有关“替代性纠纷解决机制”，see Twining (1993)。]

盖在内。[⑦]

本章主要关注英格兰和威尔士的情势（苏格兰实行的是一套拥有一个截然不同法律传统的法律体系）；不过这种情势在很大程度上适用于那些隶属于“普通法”法系的辖区。基于两个特殊原因，我们将会特别参考美国：第一，有关证据的现代思想有许多也应该归功于美国学者，尤其是詹姆斯·布莱德利·塞耶和约翰·亨利·威格摩尔。[⑧] 第二，英国与美国之间所存在的一些对比也许有助于阐明证据法及其所得以运作的程序与制度背景之间的复杂关系。

论证将展开如下：在第一部分——背景——英美诉讼中的证据与证明主题最好被置于（1）英美体系下不同的诉讼建制（Institution）和程序背景中包括两方面新近的趋势，以及（2）证据研究的基础性哲学和意识形态假设的背景中来加以理解。在本章中，这两种背景只能以一种非常宏大和简化的术语来加以描述；令人悖谬的是这些描述将基于这样一条复杂的警示：英国和美国的诉讼是复杂的、存在差异的并且处于持续变化之中的。本部分的任务是为一个过于复杂的地形勾勒出一幅简图。在第二部分中，将对塞耶的证据法理论根据他所处时代以来的发展进行批判性审视。在第三部分中将对诉讼中证据与证明提出一个更为宏大的概念。本文将主张，这样一个更为宏大的视角将为我们证据与证明方面的建制的实际运作提供一种更为深刻的理解和一幅更为现实的图景。

二、背景

（一）程序背景

由一位目前居住在美国的原南斯拉夫法学家所撰写的一部重要著作为将我们的主题置于一个宏大背景中提供了一个有用的理论框架。米尔伊安·达玛什卡的《司法和国家权力的多种面孔》提出根据三套理论模式（或者“理想类型”）来描述和比较现代西方法律体系中的程序制度。[⑨] 这些模式分别与政府体制、权力结构以及法律程序制度相关。达玛什卡的三组区别可以简要重述如下。 195

政府体制可以根据它们同纯粹版本的接近或者分离的程度分别界定为“能动型国家”——其政府角色主要是管理社会生活的一切重要方面——和“回应

⑦ See above，ch. 5 and below，ch. 7.

⑧ Above，ch. 3.

⑨ Damaska (1986) . [Damaska (1997) 研究美国证据法的广泛趋势，尤其与科学和技术方面的进展相关。]

型国家”——其政府角色主要限制在“为社会交往提供一个平台”⑩。这与政府的“干涉主义”和“放任主义”意识形态之间的区分相互对应。大部分现代西方社会都拥有混合的政府体制（和混合的经济体制），它们都处于两个极端之间的某个位置。即便是美国，也在一些重要方面与回应型国家的“理想类型”相去甚远；而英国，即便近来向福利国家方面发展，在某些重要方面一定程度上接近于能动型模式。

政府权力体制同样可以根据科层制权力和协作式权力之间的区分来加以界定。前者一个相当明显的例子是通过**职业人员**来运转的科层制政府机器，他们彼此之间存在一种**等级**关系，而且他们据称是根据**清晰规定的标准**来作出最重要的决定。协作式权力的特征在于广泛的外行（非专业人士）参与、单层的“水平”权力以及诉诸**一致的共同体标准**而不是正式规则。同样的，实际中大部分权力体制都是混合的。不过，在具体的半球上却有着显而易见的例子，比如说，英国的陪审团很接近地契合于协作模式，因为它是由普通市民组成的，它的裁定只有在例外的情形下才会受到审查或者上诉（“陪审团主权”），而且其裁决在其被分配的范围内服从于“常识”。值得注意的是，陪审团并没有——的确也无法——为他们的裁决给出理由。这同意大利和法国这样一些国家的基层司法形成鲜明对比，在这里，裁判人员是受过训练的公务员，他们即便就事实方面所作的裁判都必须进行说理，并且受到高一级权力机构的常规审查以及会被上诉至这一机构。

第三个区别，“纠问制”与“对抗制”**程序制度**，同样是老生常谈了。不过，达玛什卡是根据这些类型的目的而不是将它们视为达到共同目标的不同方式来对这些类型加以区分的，在这一点上达玛什卡有别于通常的用法，因为这一用法常常是含混不清的。⑪“纠问”的目的在于解决某一难题而实施政策；“对抗”的目的则在于明确的当事人之间就单一纠纷的合法解决。程序研究的一个常识就是将英美程序等同于“对抗制”程序或者将受罗马法影响的制度等同于“纠问制”程序都是误人子弟的。比如说，英国的刑事程序大体上可以根据“纠问制”模式加上一些“对抗制”表象来加以解释，尤其在争议性庭审阶段——这种情形只会在极少数案件中发生。达玛什卡走得比这还要远：他认为
196
能发现只有一种程序制度的现代国家是令人惊奇的。的确，那些能够契合于

⑩ Damaska (1986), 71.

⑪ Damaska (1986), 3-6, 10-12; cf. Damaska (1986), 69.

"理想类型"的具体制度安排例子是相当罕见的。[12] 大部分程序性体制，更别说大部分体制下的"制度"，都是混合的。不过，这些概念如果运用得当的话就具有相当程度的解释力。

当然，这些区分潜在地富于争议；在对其进行解释以及将它们运用到具体的例子中时也会存在一定程度的区别。这进一步强化了这样一个观点，即对一个法律体系给出一个意识形态中立的论述是不可能的。不过，达玛什卡的核心观点的争议性或许要小一些，并且其直接与本章相关。他提出，这些不同的理想类型在实践中可以以多样的方式来结合：一些结合可能会令人觉得更为"惬意"，而其他一些结合难免会产生严重的紧张关系。比如说，能动型国家、科层制权力与纠问制很自然地契合在一起；反之，在对抗制程序和科层制权力之间可能常常会存在一种张力。不过——这是核心要点——相对纯粹的类型之间的有效结合比人们能预想的要多得多；许多具体的安排以及整体体系都表现出混合或者妥协。比方说，"纠问制"程序在一方面和一个很大程度上的回应型国家或者在另一方面和一个很大程度上的协作式权力体制之间并不必然不相容。[13] 许多英国的裁判庭主要关注与像福利、税收和移民这样的事情相关的法律的实施：当某一判决遭到挑战的时候，案件通常会来到它们面前。[14] 这在某种意义上就存在了"纠纷"，而且庭审也具有某些"对抗"特征。我们生活在一个混合的世界中。英国证据法及其所处的意识形态、建制和程序背景可以以这些术语来加以说明。

人们常说普通法证据规则的特性主要归因于两个因素：陪审团制度和程序的对抗制度。[15] 作为证据法的来源和发展的一个历史性解释，这在很大程度上是正确的。不过，作为其存续下去以及其所声称的理论基础的一个解释，这恐怕是令人误入歧途的。比方说，在英格兰，这样一种理由就无法解释现代制度的下列特征：

（1）在今天存续下来的传统证据规则主要是在刑事程序方面至关重要。除了一些例外之外，它们适用于所有的刑事程序，无论这些程序是由陪审团、外行治安官（magistrates）还是职业法官来进行审判。

（2）法庭制度中的民事程序通常比刑事程序更接近于"对抗模式"，但在英

[12] Damaska（1986），224－5.

[13] Damaska（1986），69.

[14] Damaska（1986），Introduction *et passim*.

[15] E. g. *Cross on Evidence*（6th edn.，ed. by C. Tapper，1985），ch. 1；Keane（1989），ch. 1.

格兰和威尔士每年的竞赛式民事陪审团审判通常不到30%。[16] 证据法在民事诉讼中重要性的下降一部分可以通过陪审团的下降来解释。不过，问题便应运而生了：现存的证据规则多大程度上可以根据程序的“对抗”特征来加以解释？

197 （3）今天，诉讼——从本文所使用的广义层面来说——的很大部分都发生在正式的法庭制度之外，而发生在裁判庭（tribunals）上——在这里，许多裁判者都不是适格的法律人。证据的技术性规则在多大程度上适用于这些程序无论在理论上还是在实践中都存在大量的不确定性。[17] 不过，说这些裁判庭所运行的环境比刑事或者民事法庭要更接近于一种“自由证明”制度则大体上是没有问题的。因此，问题便提出了：证据法与外行人（即非法律人）审判之间的关系是什么？

稍后我们将会看到存在一些疑问去质疑是否还有什么理由去继续讨论一个“证据法”（Law of Evidence）而不是一系列证据法（laws of evidence），这些证据法对于三类诉讼——刑事程序、重要的民事程序以及有裁判权的仲裁庭的程序——来说是截然不同的。[18] 在对这一重要问题进行判断之前，指明作为所有诉讼之基础的某些基本程序原则的范围将是有所助益的。根据杰克·雅各布爵士（Sir Jack Jacob）教授，英国程序法学家的老前辈，最近所提出的一个说法，我们可以将作为英国民事程序之基础的最根本原则概括如下[19]：

⑯ Zander（1988），403-9. 陪审团在美国民事诉讼中仍然扮演着重要角色。在这方面英国和美国的对比，see Atiyah and Summers（1987），ch. 6。[有关使民事程序偏离对抗制模式的沃尔夫改革，see below n. 19。]

⑰ 例如，1985年《工业裁判庭（程序规则）规范》〔the Industrial Tribunals (Rules of Procedure) Regulations 1985 (SI 1985 No. 16)〕规定：“听证程序：……8（1）裁判庭应该以它所认为的最适合于澄清它所面临的问题以及通常意义上最适合程序的正确操作的方式来举行听证；它必须在其看起来恰当的范围内寻求避免其程序中的繁文缛节，而且它不应该受到任何同法庭程序中的证据可采性有关的任何法令或者法律规则的约束。”一个有用的讨论——虽然主要谈及澳大利亚但却涉及普通法体系——是由伊尼德·坎贝尔完成的，“Principles of Evidence and Administrative Tribunals”，in Campbell and Waller（eds.）（1982）ch. 8。See also *Cross on Evidence*（6th edn.，1985），12-16，Logie and Watchman（1989）。[See further Dennis（2002）14-15强调了裁判庭中的证据概括为一条广泛的自然正义原则的困难：“宏观上说，似乎是程序特点上的‘司法性’越强，它就越趋向于一种刑事起诉模式，也就越有可能存在一套范围更为广泛的证据规则。”Citing Lanford v. General Medical Council〔1990〕AC 13（JCPC）. 大多数证据教科书依然与规则紧密结合，继续忽略裁判庭中的证明难题。]

⑱ 民事证据规则和刑事证据规则的主要差异被便利地总结在Phipson and Elliott（1986），ch. 2。将刑事、民事和行政程序上的证据规则视为相互独立的一个强有力理由是将它们与不同类型的程序背景更紧密地结合在一起。

⑲ Jacob（1987）.［该书写于对英国民事程序的“沃尔夫改革”〔Woolf（1996）〕之前，这一改革主要在1999年生效。这些几乎影响了民事程序的所有方面，最重要的变化是法院案件管理（case management）上的急剧增长。这极大削弱了雅各布的前面两个原则。对改革的故事和内容的一个简要概括，see Zander（2003）ch. 2。See further Zuckerman（2003）and Jacob（2001）.］

（1）**当事人自治原则**：在受到法院整体规制的情况下，当事人及其律师保留着对争点确定，证人的收集、选择和询问以及诉讼的提出（包括在无须经过法院同意或者指导下进行协商解决）这些问题的优先权和控制权。这一原则被大部分评论者视为区分“对抗”或者“纠问”程序的主要基石。

（2）**法院作为仲裁者**：法院的角色是“不积极的、被动的、远离社会的、中立的、独立的”[20]。这是通过第一项赋予当事人及其律师以积极的角色的反面。

（3）**分工原则**：在法律问题、事实问题和处分问题（比如说量刑）的裁决之间，在审前、初审和上诉审中的不同参与者的角色之间，以及在——在英格兰——事务律师和出庭律师之间存在着截然不同的分工。这样一个区分的一个重要例子就是，在陪审团审判中，法律问题和程序问题是由法官来完成，而事实问题的最终裁定属于陪审团。事实的裁定只有在例外的情况下才会受到审查或者上诉。

（4）**口头原则**：尤其适用于公开庭审中的辩论和对证人的交叉询问。有时候据说口头举证和对质的“言词及时性”（dialectical immediacy）是获得对事实问题和法律问题裁判之准确性的最佳形式。在概念上保持言词交流的观念与**对抗性**自治之间的区别是很重要的——尽管在实践中，两者常常结合在一起。[21]

（5）在庭审和上诉阶段的**公开原则**：边沁曾写道：“没有公开，其他一切控制（check）都是不够的：相比于公开来说，其他控制都微不足道。”[22] 审判“秘密”（`in camera）进行以及对庭审进程报道的限制都被认为背离了这一原则，因而需要提出理由。有时候，这样一些限制会成为一件政治争议的问题。 198
另外，审前程序，无论在民事还是刑事诉讼中，通常都不受这一原则限制。比方说，民事审前申请是在私底下（“在密室中”）进行，而审前程序的神秘性也是我们刑事司法体系的公平性所关注的一个重点。许多纠纷者之所以偏爱像仲裁、调解和和解这样的“替代性”纠纷解决机制，一个理由就在于这些方式比司法审判要来得不公开。

（6）**法院判决必须以在“公开庭审”上所提交的争点、证据和意见为基**

⑳ Jacob（1987b），156.

㉑ 比方说，一位对与现有证据相反的替代性假设进行验证的历史学家或者科学家也许可以辩证地进行而不必对抗地进行。“辩证法”指的是推理模式；而根据达玛什卡，“对抗性”描述了不同参与者的角色和这一事项的诸多目的。

㉒ Bentham（1827），vol. Ⅰ，523－4.

础，而不是以在庭外获得的大多数人的判断或个人的一般认识或者对与本案相关的具体问题的认识为基础的原则。

（7）**程序公正原则**：这种难以界定的理念包含了像“法律的正当程序”“自然正义原则”以及“程序性权利”这样一些观念，它已经成为了许多理论关注的主题并且成为了周期性争论的根源，尤其在公正的条件被认为与“裁定的准确”或者法律实施的效率相冲突的地方。

这些原则形成了英国法院体系民事程序的理论基石。这些原则都不是绝对的；围绕着应该赋予它们中每一个原则以多大的分量、多广的适用范围以及它们在不同种类程序的实践中实际上受到多大程度的尊重等问题已经产生了诸多质疑与争议。类似的原则以更为简明的形式表现了大多数裁判庭所适用的诸多诉讼程序。这些基本原则同样适用于刑事程序，除了那些——正如我们在前面指出的——在某些重要方面背离于一种对抗式竞赛的“理想类型”的程序。其中特别有两个相关原则是刑事诉讼的程序和证据规定设计与运作的基础，它们反映了刑事诉讼和民事诉讼在目的、价值和背景方面的重要差异，有必要将它们作为独特的原则来加以阐明：

（8）**保护被告免于被错误定罪的原则**[23]：无罪推定、排除合理怀疑的证明标准以及刑事程序与刑事证据的许多特殊规定，都可以根据这一原则来加以解释和正当化。当这一原则被认为和对罪犯进行定罪以及预防犯罪当中的公共利益发生冲突的时候，争论将会尤其激烈。这种关注当然并非普通法所独有。[24]但在对普通法系证据法的许多细节进行解释的过程中都会涉及这一原则以及它与其他关注点之间的紧张关系。

（9）**保护犯罪嫌疑人免受非法、不公或者不合理对待原则**：这一原则尤其同审前警察对待犯罪嫌疑人相关，同时也是证据领域与程序领域之间的主要交叉点。功利主义者也许会争辩说，这一关注点被包含在将包括证人、民事诉讼当事人、被害人、律师、警察以及犯罪嫌疑人等法律诉讼的所有参与者的讼累（vexation）最小化的总体目标之下。与此类似，一些公民自由主义者（civil libertarian）声称这一原则可以被容纳在一个更为普遍的程序公正或者正当程序原则或者一个程序性权利的整体理论之下。不过，保护犯罪嫌疑人免受虐待是刑事证据法的一个如此深入人心的关注点，因此，有必要以一种特别原则的
199 形式来加以阐述。

[23] 我已经从 Zuckerman（1987）68 借用了这一表述。

[24] ［有关大陆的程序“审计”模式下的被告保护，see Anderson（1999）。］

（二）理论背景

正如我们在第三章中所看到的，普通法系证据法以及将证据法理解成一个独特的研究领域都是相对较晚的发展。许多技术性的精巧之处——它们使英美证据法令人感觉相当独特——都是在 1770 年至 1830 年间发展出来的。从吉尔伯特以来的几乎所有有关普通法系证据法的专业化二手著述都是在一些非常类似的假设基础上完成的，这些假设都属于一个相当同质的、或许可以被称作“证据研究的理性主义传统”的这样一个知识传统。[25] 这些假设首先同“理性”裁判的目标和性质相关，其次同在通过“理性”方法来“证明”争议性事实问题过程中所涉及的内容相关。

重要观点可以重述如下：第一，裁判的核心**目的**是“裁决的准确”，也就是将实体法适用到那些已经根据提交给裁判庭的证据被证明为真实的事实。不过，对裁判中真相的追求必须受到其他“外部”价值的制约。这些次要目标或者边界制约（side-constrain）被功利主义法学家杰里米·边沁（1748—1832）用“讼累、耗费与延迟”（vexation，expense and delay）这样一个经典短语来加以概括[26]；非功利主义者则根据“程序公正”或者“正当程序”理念来表述这些核心价值的其中一些价值。

第二，作为法律下正义的一种手段的对真相的追求被认为是通过**理性**方式来实现的。证据法学者们已经几乎无一例外地采用了一种来源于某一单一哲学传统的“理性”事实认定概念，这种哲学传统就是以洛克、边沁、约翰·斯图亚特·密尔以及当代的 A. J. 艾耶尔为代表的英国经验主义。近来在哲学内部有关认识论、归纳和合理性（rationality）的争论已经再次溢进了司法证据的讨论之中。比方说，一些社会学面向的和批判理论家们已经质疑了作为理性主义传统之基础的合理性概念；有一些甚至远到质疑“理性事实认定”的可能性。此外，一些统计学和决策理论的学者已经主张说有关证据的论证——由于其与“概率”相关——原则上应该契合于推理和决策的数学模式。为了保持叙述上的简明，本文将绕开这些理论争议并将行文建立在这样一个基础之上：英美证据法大体上契合于理性主义传统的理想类型。

假如说这是正确的，那么，这一传统有几个特征值得注意。首先，程序法（证据与程序）主要关注实体法（法律下的真相与正义）的正确实施这样一种理念很好地契合于以法治的经典观念为代表的自由法治主义。但它同样很好地

[25] Ch. 3，above.

[26] Esp. Bentham（1827）.

（如果不是更好的话）契合于达玛什卡的能动型国家这样一种理想类型，在其中，裁判者是负责通过有效地实施精确的规则来贯彻国家政策的官员。这种要求并不会令我们感到惊讶，但这是具有重要意义的，因为这意味着裁判主要关注将现行法正确实施于真实的事实这样一种观念为自由主义和社会主义法律理
200 论的权威版本所共享。[27]

其次，大陆法系法律人已经指出说，在理性主义传统之内包含了一系列契合于大陆法系程序与证据概念的假设。的确，他们问道：难道它们比起“对抗制”来说不是更契合于“纠问制”程序体系吗？[28] 如果是这样的话，理性主义模式怎么会是有关证据的**普通法**研究的基础性假设的一种理性重构呢？一个简短的回答是：第一，普通法程序性制度安排在许多重要方面背离于纯粹的对抗制模式，尤其在达玛什卡的描述下；而且第二，我们的证据法中有相当一部分主要关注对真相追求的边界制约（威格摩尔称之为“外部政策规则”）而不是支持裁判的准确。第三，英美证据法的历史的特点在于一系列长期存在的争议。在一个极端，杰里米·边沁提出说，所有的规范性证据规则都应该被废除。而在另一个极端，有人则认为证据法既包含了几个世纪的实践经验所积累的智慧，也包含了一些程序公正的基本理念，尤其在保护被指控犯罪的人方面。后者包括了无罪推定，沉默权与免于自证其罪的特权，品性证据（或者倾向——包括先前定罪证据）的排除，传闻规则以及——在美国——以非法或者不公正手段获得的证据的排除。这样一些争议常常被描绘成以法律与秩序（Law-and-Order）的赞同者为“右翼”和“左翼”或者犯罪嫌疑人权利的自由法治主义捍卫者之间的分歧。问题远比这要复杂得多。不过，这些争议的确契合于一种可以辨识的模式：大体上说，它们是一个单一的知识和意识形态传统**内部**的争议；它们会跨越时间和地理边界而重复发生，比如说，它们已经在英格兰、苏格兰、美国、澳大利亚、印度——以及，确切地说，在几乎所有普通法辖区都伴随着地区性变量——重复发生过；与此类似，从最近在 1972 年至 1985 年的英国所发生的有关刑事证据法的争论中可以发现所用的语词与 19 世纪上半世纪的那些争论几乎一模一样。毫不奇怪的是，结果几乎总是以妥协而告终，也就是在执行刑法的社会利益与避免将无辜者错误定罪的社会利益之间的一种“平衡”。一次又一次地，这种平衡会朝着某个方向或者另一方向移动，随之而来的一个总体趋势则是趋向于限

[27] 一个有趣但无疑富于争议的讨论，see Damaska（1986），ch. vi。

[28] See above，85－6.

缩技术性证据规则的适用范围和降低其重要性。不过，还没有一个普通法国家已经实现边沁的完全取消这种技术性规则的主张。这些争议中一个可能令人感到奇怪的特点恰恰是“法律与秩序”的拥护者——通常被认为是保守的或者反动的——宣称道理在他们那一边，并且将技术性规则的存续归咎于某一特权团体即法律职业邪恶的经济利益。㉙

（三）历史趋势

普通证据法是盎格鲁-撒克逊式的注重实效的演进的一个相当清晰的例证。变革的发生常常是通过一个个个案裁决和一次次立法介入而不是通过激进的或 201 者原则性的改革来实现的。尽力去罗列——更不要说分析——那些促成在过去50年里所发生的这些进展的诸多要素将超出本文的范围。其中一些更为直接也更为明显的要素已经被提及了：比如说，诉讼模式的变迁、法官审的增加、政治主张的变化以及一些特别的理论发展。其他一些不那么明显但同样重要的因素，像计算机革命、欧洲共同体的成员资格以及法律职业中的变化等，在这里无法加以论述。不过，有4个彼此相关的趋势值得在这一语境下特别提及：陪审团的衰弱，证据法的简化和“法典化”，迈向任意性规范的趋势以及对这一主题的学术兴趣的复兴。㉚

在除了美国之外的几乎所有普通法辖区，陪审团已经完全或者几乎完全从民事诉讼中消失了。在刑事诉讼中与对抗式诉讼背道而驰的总体趋势已经导致了对证据法之基本原理的重新评估，尤其在非陪审团审判中。不过，重要的是不要夸大陪审团的衰弱。首先，在严重犯罪案件中受陪审团审判的权利这样一

㉙ ［在英格兰，从1990年以来在其中几个领域已经出现了重大变化，这些变化很大程度上朝着边沁将会赞同的方向发展。关于根据1994年《刑事司法与公共秩序法》第33～38条“沉默权”的变化，see J. Jackson (2001), Choo and Nash (2003), and Zander (2003) at 151-62, 441-45。民事程序中的传闻规则已经为1995年《民事证据法》所废除；刑事程序中的传闻的改革已经更加缓慢了。法律委员会在对刑事程序中的传闻进行审查之后，提议进行许多修改，但提出保留传闻排除的一般原则。Law Commission, No. 245 (1997). 2003年《刑事司法法》(CJA) 现在规定了刑事传闻，但保留了8种普通法传闻例外。具体 see Roberts and Zuckerman (2004) ch. 12。关于补强，see Birch (1995)。通过规则来限制司法裁量权的一个适度而且不寻常的举动与强奸案件中的先前性史证据有关〔Youth Justice and Criminal Evidence Act, 1999, s. 41 (analysed by Kibble 2004)〕。最为重要的变化或许与品性证据相关（包括先前定罪证据)。2003年《刑事司法法》第XI部分第一章替换了大部分旧的法律并且通过遵循排除的一般裁量权扩展了有关被告坏品性的控方证据可采的情形。有关旧法，作为CJA立法的讨论以及CJA的详细规定，see Cross and Tapper (2004), ch. 8, Roberts and Zuckerman (2004), ch. 11；有关理论和实证背景，see Lloyd-Bostock (2000) and Redmayne (2002)。］

㉚ 其中一些趋势，比方说裁量权的增长与陪审团的下降，在塞耶时便已经存在，而且已经走得更远了。这些趋势中并非所有的趋势都呈现出线性发展，比方说，对证据理论的学术兴趣就是间歇性的。See Mengler (1989).

个原则在英美法体系中受到极大的重视，比如说，没有哪个较大的政党会鼓吹彻底废除大不列颠联合王国的陪审团，而且**大多数重要的**对抗式刑事审判（尽管从统计数据上说相当少）依然是通过陪审团来进行审判的。在北爱尔兰，一些陪审团审判被狄普罗克法庭（Diplock Courts）* 部分取代被理解成持续性的“紧急状态”的一种象征和征兆。[31] 其次，尽管我们的证据法有很大一部分的**起源**可以根据陪审团审判来加以解释，但是一些重要规范的**存续**常常是通过其他一些不同的理由来加以正当化的。最后，律师、警官和其他职业成员已经用陪审团证据规则来加以训练，因此，他们继续将对抗式陪审团审判视为典范。与此类似，近期有关证据法改革的争议已经为“陪审团思维”（jury thinking）所主导和曲解。

在过去的世纪中，许多普通法辖区或已经将证据法法典化或已经将法典化提上了日程。在最为重要的例子中有1872年的《印度证据法》，该法已经在殖民地时期为许多先前曾经处于英国统治下的辖区所采纳或者效仿。大部分地区一直沿用至今。《联邦证据规则》现在是几乎所有美国辖区的证据法的基础。在英国，传统上对于彻底的法典化一直有一种抵制，但许多重要的制定法，特别是1968年的《民事证据法》和1984年的《警察与刑事证据法》，则代表着类似的趋势。澳大利亚和加拿大以及一些小一点的国家的法律改革机构也已经在考虑较大立法改革，尽管这些改革尚不能算得上法典化。[32] 所有这些立法改革都遵循一种一般模式：它们都声称要简化、限缩证据法的适用范围并且朝着用一般原则和弹性标准来取代强制性规则的方向发展。它们尽管形式各异，而且也达不到边沁的反规范论的广度，但它们已经朝着他所鼓吹的方向走了很长
202 的一段路了。[33]

* Diplock Courts：狄普罗克法庭是由北爱尔兰政府于1972年建立的一种法庭，初衷是为了克服由动乱所引发的陪审团胁迫（jury intimidation）。由陪审团审判的权利对于某些“规定的犯罪”暂时搁置。这种法庭由法官一人组成。由于这种法庭的建立是为了回应狄普罗克勋爵的报告，故名狄普罗克法庭。这种法庭于2007年被废除。参见维基百科，Diplock Courts 词条——译者注。

[31] ［See Jackson and Doran（1995）.］

[32] 证据方面的英国殖民遗留物在许多小国家的零碎性被 Keith Patchett（1988）有趣描述过。Patchett 评价说：有着900人口、3位律师和没有法定常设资格的法官的图瓦卢继受了27个英国规则来规范证据；特殊的当地规则已经被添加分布在超过50个规则中（大约占所有当地立法中的三分之一）。［英联邦的几个国家已经朝着法律法典化的方向迈进，但迄今为止，《美国联邦证据规则》依然是最为全面的法典。在英国，从1990年以来零碎化立法的传统依然延续。］See Odgers（2nd edn.，1997）. 有关澳大利亚，see Dennis（1996），Ligertwood（1998），Odgers（1999）。

[33] ［Swift（2000）指出说，在美国，这一趋势已经走得太远了。在英国和威尔士已走得更远。］

已经存在一股清晰的趋势要远离刚性技术规则而迈向更富弹性的原则、标准、指引、平衡检验和“实践惯例”。这一部分与陪审团的式微以及证据法走向简明化、法典化的运动是相关的。但它还与一些更为宏大的趋势相关。理由是复杂的，而变迁过程是缓慢的，但这种趋势通过将现代的证据法专著与同一著作在二三十年前的版本作一比较便清晰可见。这一点已经由柯林·泰普（Colin Tapper）——《克罗斯论证据》的编者——所明确指出了。在言及从鲁珀特·克罗斯那里接手过这一令人敬畏的任务时，他说道：

> 我们都感觉到了，自从第一版所出版的 1958 年以来，证据法的侧重点平衡已经改变了。在民事程序中，证据法已经显示出更少的技术设计，排除规则愈来愈多地让位于裁量权的行使、指引和分量的考量。过去支撑着大部分技术性的婚姻（matrimonial）诉讼现在也已成明日黄花……相反，更多的焦点被放在了可能涉及证据法的不同诉讼类型或者放在证据的裁量性排除的性质和操作上。[34]

这也肯定了证据法的整体变迁趋势已经一直朝着边沁所鼓吹的方向迈进，只不过没有像他所期望的那样系统而又迅速而已。稍后我们还将考察有多少现存的“法律”是由强制性规则组成的，这些发展与在这一主题中占据主流的塞耶式观点是否协调一致。

最后，在经历了一段长期的萧条之后，从大约 1960 年以来便存在一股对证据的学术兴趣的重要复兴。新一代的证据学者们已经从 19 世纪晚期和 20 世纪早期的巨人们所投射的阴影中摆脱出来了。有关法典化和改革的辩论既激发学术兴趣也激发了政治兴趣；像法庭科学、心理学和决策理论这样一些邻近学科已经快速发展了[35]；沙伊姆·佩雷尔曼及其同事的“新修辞学”、统计学在证明难题的理论和实践运用以及——最为新近的——与法律符号学相关的等方面都已经取得了诸多重要进展。[36]

㉞ Cross（6th edn.，1985），Preface；cf. on USA Mengler（1989）.

㉟ ［科学证据是 20 世纪 90 年代发展的最重要领域之一，尤其在法庭科学和技术、专家对抗以及在美国围绕着 Daubert v. Merrell Dow（1993）113 Sup. Ct 2786 所展开的辩论等方面。对于英格兰与威尔士，see especially，C. Jones（1994），M. Redmayne（2001），Dennis（2002）ch. 20，Roberts and Zuckerman（2004）ch. 7。关于 *Daubert* 及其结果 see Graham（1998），Haack（2003）（2004）；关于一般的科学证据，Federal Judicial Center（2000），Faigman et al.（2002）。关于理论方面，see Damaska（1995），Freeman and Reece（1998），Nelken（1998），Haack（2003）（2004）。］

㊱ 例如 B. Jackson（1988）和《国际法律符号学期刊》中的专题论文，vol. 2，no. 1（1988 - 89）。

三、"证据法"的塞耶式观点

在英美传统上，曾经存在4种重要努力去发展出一个"证据法"的明晰的整体理论。[37] 吉尔伯特试图将所有的证据规则都包容在一条简明的原则——"最佳证据规则"——之下；边沁将现存的技术性规则视为一片不合逻辑的和无立足之地的沼泽，而且他还提出说，在自然体系的框架下根本不应该有强制性规则存在；斯蒂芬试图在相关性基础上为证据法整体找到一个融贯的基本原
203 理；塞耶对斯蒂芬所开创的事业深表钦佩，但他也同意波洛克的判断，即它代表着一个"辉煌的错误"[38]。相关性是一个逻辑问题而非法律问题，而"法律并未对逻辑能力发号施令"[39]。塞耶将证据规则视作自由证明原则的一组混杂在一起的诸多例外。这4个理论没有一个是纯粹的对现行法的阐释。吉尔伯特、斯蒂芬和塞耶都是合理化者和系统化者，他们都对普通法规范提出了创造性的解释。边沁则认为这些技术性规则既难以合理化也站不住脚。他的理论显然是"审视性的"而非"阐释性的"。从他那时起，证据法中的几乎所有的变化都已经在朝着边沁所主张的方向迈进，只不过没达到他期待的程度而已。不过，几乎所有现代的普通证据法作者们都已经接受了塞耶理论的某一版本，而且它也为后来对法律的这一分支——包括《联邦证据规则》——法典化的大多数努力提供了基础。因此，塞耶的理论是解释当前现状的一个自然的起点。

塞耶式证据法概念有着一个非常狭窄的关注点。它关注**法庭**程序；它被限制于哪些事实将被谁出示给法庭以及它们出示的方式。它并不直接关注审前和审后问题。先前被包括在有关证据法的著作中的许多主题都被放逐给程序、答辩（pleading）或者实体法以及——在美国——宪法。作为这一概念之基础的是实质性（materiality）、相关性、可采性和说服力（cogency）之间的截然区分，每一个概念都受到一套不同标准的支配。在建构一个有关事实问题的论据的过程中必须遵循一套由4个阶段组成的知识流程，每一个阶段都属于一个不同的对话圈子并且被分配给一类特定的负责人员。因此，在一个对抗式的陪审团审判中，标准模式如下：

> 问题一：哪些事实将被证明？（在当前语境下，待证事实、最终事实和实质性事实都是同义的。）这是**实质性**问题；它受到**实体**法的支配并由

[37] See above, ch. 3.

[38] Pollock (1899).

[39] Thayer, *Treatise*, 314.

法官所决定。

问题二：被提供作为证据或者潜在证据的任何事实：这一事实是否倾向于支持或者倾向于否定一个或者多个待证事实？这是**相关性**问题；它受到逻辑和一般经验的支配，属于法官的一个问题。

问题三：被提供作为证据或者潜在证据的任何事实：是否存在一条规则或者原则要求这项相关证据应该被排除，因为（1）它属于一类不可采的证据；或者（2）在本案环境下采纳此一证据将违背这一法律的政策。

可采性问题受到证据法支配，也属于法官的问题。

问题四：在本案环境中，应该赋予此项证据（或者作为整体的证据）以多大的分量？这是分量（或者说服力或者证明力）评价问题；它受到“逻辑与一般经验”的支配并且属于陪审团或者其他事实裁判者的问题。一个替代性解释是证据分量的标准可以由概率理论来提供，概率理论有多个版本。

塞耶对于证据法范围的外科手术般的限缩是令人鼓舞的开端。然后，他将剩下的规则铸造成一个简明而又融贯的体系，这一体系以两个原则为基础： 204
（1）对被要求证明的任一问题在逻辑上无证明力的证据将不可采；以及(2) 因此，任何具有证明力的都应该进入，除非有一个明确的法律上的政策理由将其排除在外。[40]

第一个原则（相关性标准）是排除性的，但严格说来它并不是证据法的一部分：“它与其说是证据的一条规则，不如说是在这个证据的基本原理体系的特别概念中所包含的一个前设。”[41] 第二个原则是包容性的，是证据法的基本原则。它规定了证据的采纳以对争议性事实的逻辑相关性为前提，并受到法律所规定的例外的规范。证据的技术性规则的主要作用在于规定一般包容性原则的诸多例外的范围。后面我们将评判塞耶的表述是否过于简单；不过它的巨大优点在于它是对于传统上一直被视为一团由技术性规则组成的乱麻的证据规则的一个权威简化。

塞耶关于这一主题的之所以令人觉得复杂的解释本质上是历史性的。尽管排除规则是一般性包容原则的逻辑上的诸多例外，但历史流变过程并非如此：

实际上已经发生的是一次次地将某一事物或者其他事物排除在法官之外，因此，久而久之，这种根据某一规则的排除便得到承认了。这些排除

[40] Ibid.，530；cf. 266.

[41] Ibid.，264－5.

规则都已经有着它们的例外，因此，这一法律先是形成了一系列初步的排除规则，然后形成这些规则的一系列例外。[42]

这些例外以及例外之例外都根据截然不同的理由来正当化：

> 有些事物因为过于无关紧要或者过度推测以及联系过于遥远而被排除；其他的则因为将对陪审团产生危险影响以及可能被陪审团的人误用或者高估而被排除；其他的则基于公共理由上的不恰当或者不安全；还有一些则是基于单纯的先例理由。正是这类事物，正如我之前所说的——基于某一个或者其他实践理由而将真正具有证明力的证据排除在外——是证据法中特有的事物，标志着其作为陪审团制度之子。[43]

随机的（*ad hoc*）成长和排除理由的多样性等诸多因素被附加进这一法律分支的这一趋势：

> 由于与其他学科交错混杂而且所有试图对它们进行清理的努力都遭遇了困境……法律推理的规则、原则和方法已经着上了色彩并且用上了这一学科的措辞，并因此伪装成了并且已经被视为证据规则了，从而为那些力求牢牢掌握这一学科主题的人带来混乱和困扰。一些冒牌的技术规则已经因此而大行其道了，而一系列有利于缺乏理性的畸形规则的古怪理由则困扰和排斥着一颗健全的心灵。对法律推理的这一主题的详述和细查将逐渐
> 205 使我们的主题免受其大量的困境和含混的困扰。[44]

在这里，我们无须过度关注法律规范分类的诸多边界难题。但有关塞耶的证据法范围概念有 3 点需要强调。

第一，塞耶的证据法观的核心是关注对审判过程中争议性事实问题的推理的规制。[45] 证据法主要是对就此类问题的辩论和正当裁决过程中的自由探究和普通推理的人为限制。法律大体上将有关相关性和分量的判断交给了逻辑与一般经验，因此，“排除功能”。就成了证据法的主要作用。

第二，这最后一句话的反面则不是那么回事。证据法只是排除证据的几种理由之一。在诉讼中，这些问题会被实体法和答辩提前人为地、大幅度地界定；历史学家、物理科学家和其他人并没有很强的实质性概念以这样一些方式来限制他们的探究。更多的证据是基于不相关而不是其他理由被排除的；但相

[42][43] Ibid.，266.

[44] Ibid.，273.

[45] Ibid.，第六章的标题为“证据法，用于事实探查的法律推理”。

关性是一个逻辑问题而不是法律问题，即便法律人倾向于比大多数人更严格地解释相关性。大家应该也还记得边沁，这位期望废除所有证据规则的人，赞成当证据不相关或者过量或者在个案环境中根据功利主义标准来判断将其引入会涉及过度的讼累、花费或延迟时将其排除。

第三，塞耶指出说，分量问题不能或者不应受到法律规则的支配，而只应该受到“人类思想和经验的一般规则——这些规则应该从一般来源中而不是在法律书籍中探寻”[46] 的支配。简言之，法律几乎没有关于证据评价的任何规则。[47]

塞耶对证据法进行剪除是为了为其提供一个融贯的基本原理。他的后继者以他的一般理论——包括实质性、相关性、可采性以及分量之间区分——为基础，但感到无法在证据和程序之间保持一种截然的区分。因此，他的学生和信徒威格摩尔将他有关证据制度的主题解析、叙述如下：

> 哪个证据应该被提供的主张因此由实体法规则和答辩与程序规则来规范，而证据法自身仅仅关注证据性事实与这些主张之间的关系，这一关系的协调显然涉及 4 个不同的问题：
>
> 1. 哪些事实将被提出作为证据？这是可采性问题。
>
> 2. 由谁来提出证据？这是证明责任问题，偶尔可能是推定的问题。
>
> 3. 这些证据必须向谁提出？这个问题涉及法官和陪审团——当其分别裁判法律和事实时——功能之间的关系。
>
> 4. 哪些争议性主张需要提出证据加以证明？这个问题包括通常被称为“司法认知”和“司法承认”等主题。 206
>
> 最后 3 个主题代表着严格意义上的证据法的边界。它们涉及并且以那些和证据材料无关的程序的某些方面为基础。比方说，谁应承担证明责任这个问题是与谁应该开始和结束辩论以及某些主张是否要求一个肯定性或者否定性的答辩等问题相一致的。它们之所以成为证据著作的一部分，仅仅是因为它们的材料主要是证据性材料以及因为它们的问题常常必须区分于严格的证据问题而已。[48]

大体上，后来的专著作者们和法典起草者们在接受一个相当限制的学科主题观上已经追随了塞耶，但在将所有或者大部分“边界”主题包含在内这一点

[46] Ibid.，275；cf. 272.

[47] See above 70 - 1；see also *Treatise* 336，558，576.

[48] 1 Wigmore，*Treatise* (Tillers rev.，1983)，s. 3.

上已追随了威格摩尔。

（一）塞耶式观点的一个现代诠释：菲利普·马克拉马拉

在一篇富有价值的文章中，一位澳大利亚法律人菲利普·马克拉马拉已经对塞耶的观点进行了重构和诠释。[49] 他对其所提出的“证据规则的框架”的概括性叙述基本上将当前正统观点叙述清楚了，因此，值得在这里全文加以引述。

证据规则的框架

从20世纪开端以来，根据普通法证据规则的实际影响来判断，可以正确地说，它们已经形成了下列框架：

1. 有一个**包容原则**：当证据与当事人之间的待议事实足够相关至能够帮助一个理性的事实裁判庭去裁定该事实的程度时，该证据可采并且应该被要求采纳。作为一个实质性问题，该规则决定了信息能否合法地被法律裁判庭采纳并且被事实裁判庭采用。

2. 有**一条排除原则**：如果某一信息的采纳违背了公共利益，则该信息不能以任何形式从任何证人处基于任何目的加以采纳。作为一个实质性问题，这是唯一一条规定说信息不能由法律裁判庭采纳或者对事实裁判庭产生作用的原则。

3. 有4条原则性规则——在其独立于包容性规则的程度上——限制着采纳进来的**相关证据**的使用：

（1）某一庭外主张（assertion）证据一般不能被提出用于支持证人可信性这样一个单一目的；

（2）某一庭外陈述（statement）证据一般不能被提交用于证明该陈述所主张的内容为真这样一个单一目的；

（3）某一行动者或者证人所作出的、表达过的或者所掌握的某一特殊意见证据一般不能提交用于证明该意见所表达的内容存在这样一个单一目的；

（4）在一个刑事案件中，被告的那些与所指控事项无关的罪错行为一般不能被提交用于准许推论说该被告有一种坏品性并且因此犯下了当前所
207 控的犯罪这样一个单一目的。

㊾ McNamara（1986）. 尽管自1986年以来，在许多普通法辖区，证据法已经发展了并被修改了，马克拉马拉的框架提供了大多数学生教科书所无法提供的证据规范结构的一个融贯的总揽。这种描述会随着辖区的不同而有差异。［Cf. Swift（2000）on “Thayer’s Triumph”.］

本文将表明这些“大的排除原则”除了第二条之外其他都仅仅是包容性规则的多个侧面之一而已。

4. 有一些规则是有关证人的**适格性和可强迫作证性**（compellability）：在普通法上，双方当事人及其夫/妻、儿童、精神病人、罪犯和无神论者曾经都不适格作为证人。证人的适格性和可强迫作证性现在为制定法所规范。

5. 有些规则是赋予那些适格的、可强迫作证的证人以拒绝透露相关信息的**特免权**：可以归入这一类的有免于自证其罪的特免权和那些规制法律职业特免权的规则。

6. 有些规则与证据**规格**有关：比方说，一般说来，某一文档的内容作为证据必须以原始文档本身的规格来提交。

7. 有些规则是规范**提交证据的方式**：比方说，一般说来，证人必须宣誓凭记忆来提供证据，以及，主询问一般不能通过使用诱导性问题来进行。

8. 有些规则是赋予或者限制**事实裁判庭的权力**的：归入这一类的有与推定相关的规则、有关证明责任和标准的规则以及在某些刑事案件中要求补强作为一种定罪条件的法定规则。[50] 此外，还有一条根本性规则规定事实裁判庭必须仅仅根据证据本身而不能根据其自身的认知来进行裁判。

9. 有些法定规则和实践惯例赋予审判法官以权力或者施加以义务：比方说，主持某一由陪审团审判的刑事庭审的法官有义务提醒陪审团有关其对于某些证人（性侵害案件中的原告、儿童和同谋者）[51] 之证据的可信性的评估以及其运用证据的方式是恰当运用还是不当运用。此外，在某一刑事审判中法官还有权依照法官确保对被告公平审判的方式的责任来驳回具有相关性的证据。[52]

前面的 9 段中除了第三段之外都可以被解释成对塞耶式证据法观的现代重述。除了对塞耶的观点进行更新外，马克拉马拉主要在 3 个方面作了解释：第一，他不是将主要的排除规则和裁量权视为一条包容规则的一系列完全不同的例外，他提出说，“当且仅当某一相关性证据被采纳将与公共利益相冲突时，

[50] ［关于英国的补强，see Birch（1995）。］
[51] ［关于最近的修改，see below n. 69。］
[52] McNamara（1986），343－4（经作者同意引用）。

该证据才被要求作为法律问题给予驳回”[53]。但是，“公共利益”是一匹脱缰的野马，而且没有一个证据类型的封闭清单来规定哪些类型必须基于这一理由来加以排除，因此，实际上只有3种确定的证据种类通常会被驳回——无论它们被提交来作何用途、证据规格为何以及是否具有证人资格。这些就是：“公共利益豁免”所涵盖的文档；倾向于揭露警察线人身份的信息；以及“与在不和的夫妻之间旨在为对他们的婚内分歧进行和解而进行的交流相关的信息”[54]。

第二，马克拉马拉引入了“使用性规则”（rules of use）这样一种观念，并且主张大多数被视为可采性规则的证据规则可以被更准确地解释为限制相关
208 证据——当其被采纳后——的使用的规则。比方说，传闻规则禁止庭外陈述用于证明此一陈述所表达的事实（受到无数的例外）；但其并不禁止提交此类陈述用于其他目的，比如说，用于证明这些话曾经被说过。可采性与使用性之间的联系在于一旦某些类型的证据仅仅被提交用于某一禁止性目的，则该证据将被排除。撇开对这些规则的一个更为准确的表述不谈，“使用性规则”这一概念可以作为提醒者，提示说它们并不是在可采性问题确定之后便成为强弩之末（spent force）了[55]，更确切地说，它们以重要的方式在所有的审判阶段继续限制着双方当事人和事实裁判庭的自由。

第三，马克拉马拉在将推定、证明责任和证明标准视为证据法的组成部分这一点上不同于塞耶。在这一点上，他与包括威格摩尔、麦考密克和克罗斯在内的几乎所有证据法作者是一致的，因为他们都在证据法著作（和法典）中论述这些主题。这有时候是将其正当性建立在实务方便而不是概念纯洁的基础上。我在后面将提出塞耶在证据规则、程序法与实体法之间所作的截然区分的努力必然是失败的，而且基于大多数实务性目的，将具体规则划分在这些条目

[53] Ibid.，359. 马克拉马拉含蓄地接受了威格摩尔有关“辅助性证明政策规则”（关注裁判的准确性）和“外部政策规则”（关注赋予其他价值以超越裁判准确性的优先性或者至少对这些竞争性价值加以平衡）之间的有用区分。马克拉马拉提出说（at 345），先前的大多数规则都被归入包容性原则，“在刑事审判中，受资格限定，法官们形成了这样一种观点，即只要存在一种将特殊信息用于非理性使用（对其恰当使用的排除）的实质危险，法官就应该排除。”在两种类型中，平衡检验标准都成为主流。Galligan（1988，255－8）在提出现代证据法甚至比我在《证据理论：边沁与威格摩尔》中所提出的更接近于边沁之主张的时候，通过一个不同的途径获得了相似的结论。

[54] McNamara（1986），360，citing McTaggart v. McTaggart [1949]，p. 94. 马克拉马拉将那些规范“无偏见的”交流的规则主要视为运用规则（ibid.）并且作出了许多其他告诫。他看起来好像将对公共告密者的保护视为与公共利益豁免规范无关。

[55] Ibid.，363.

的名下几乎没有或者完全没有意义。[56] 不过，在这种改进后的塞耶式学科主题观中至少有一个很好的概念上的理由将这些主题中的至少大部分包括在内。从这一视角来说，证据法是那些在争议性事实问题的“论证和‘内心裁定’”过程中对证据的采纳和使用加以规制的规范（大于规则）整体。推定、证明责任和标准、补强以及——我还要加上——司法认知都与这些功能直接相关。因此，从这一视角来说，它们都心安理得地契合于一种学科的融贯观。

证据法饱受技术复杂性和概念上的艰深之苦。专家们也许会希望对马克拉马拉的将具体规范置于其框架下的再解释的一些细节提出不同意见。[57]不过，他对于塞耶式视角的重述以及他的 3 个主要阐释都代表着在原创基础上的重要改进。塞耶之洞见的核心被保留下来，而引入一些改进将产生相当大的解释力。因此，在经过一个重要限定之后，对我而言，这似乎是对塞耶式主张的最为清晰也最为融贯的现代表述。后面我将提出关于这一学科主题的一个替代性视角，该视角将对塞耶式理论提出一些重要的限制，但并不必然使之无效。

（二）塞耶式观点的进一步诠释：自由证明作为基本原则

塞耶式理论可以被解释成描述说证据法是由一项自由证明原则的一系列不同例外所组成的。马克拉马拉的诠释指出说，这些解决证据排除的例外本身可以被包含在一项单一的包容性原则之下，即所有相关证据也许并且必须被采 209
纳，除非这么做将会违背公共利益。他的其他种类（3－9）同样可以被解释成对自由证明的人为限制。

如果一套法律被看成由某一单一原则的一系列例外组成，那么，在考虑这些例外之前，很自然地应该从阐释该原则的性质和范围开始。那么，什么是“自由证明”？在另外一篇文章中，我已经详细地考察了这个相对被忽视的概念的几个选择性概念。[58]不过，在当前语境下，我可以给出一个契合于塞耶式证据法观的相对直接的答案。“自由证明”意味着没有形式规则去干扰自由探究和自然或者常识推理。在对抗制下，当事人对于哪些证据将会以什么形式提交以及哪些问题可以或不可以询问证人有着主要的控制，而法官、陪审团或者其

[56] Below, ch. 7.

[57] ［马克拉马拉对特免权和供述的论述可以被认为富有争议性。他对那些归入美国宪法解释范围内的证据规范领域的分析也许需要修正。不过，需要指出的是，他的框架依然为现代英美证据法提供了一个有价值的总揽，正如 1995 年《证据法》所表现出来的。See now Ligertwood, *Australian Evidence* (3rd edn., 1998)，利格特伍德（Ligertwood）主张说澳大利亚证据法大体上是一套力求在对抗制诉讼背景下将裁决准确性最大化的原则性的、理性的体系。有关对抗制和理性主义模式在美国的张力，see Risinger (2004)（集中在对抗式陪审团审判）。］

[58] Twining (1988c) [(1997e). See further below n. 65].

他事实审判者的探究自由则受到严格限制。当事人决定的是他们[*]所看见或者听见的人和物，而不是他们来自于证据的评价和推理。这种“自由”主要是当事人的自由以及法官、陪审团或者事实审判者较小程度上的自由。当然，这与边沁的自然程序体系是相当不同的，自然程序体系本质上更倾向于纠问式。[59] 不过，边沁对于所有强制性证据规则的攻击即他的“反规范论”为审判中的自由证明体系提供了经典图景：没有用于排除证人等级或者证据等级的规则；没有优先性规则或分量规则或数量规则；没有关于举证规格或方式的强制性规则；没有对询问或推理的人为限制；没有沉默权或者证言特免权；除了实践推理的一般原则外没有对推理的限制；没有证据排除，除非在个案中该证据不相关或者多余或者对其引入将涉及过量的讼累、花费和延迟。[60]

这种“自由证明”观念同塞耶式的证据法图景完全一致。在这一背景下，塞耶与边沁之间存在两种主要差异：第一，塞耶的主要关注是阐释性的：解释和阐明现存法律。边沁的方案则是审视性的：为了批判并为强制性规则整体的废除提供论证。第二，尽管边沁无法为对自由证明原则的任何形式背离找到任何理由，塞耶却相信一些有限的例外可以通过政策理由获得正当化。

他们共享普通证据法之性质的基本图景这一点——尽管在有多少值得保留这一点上有所分歧——为塞耶的最为重要的信徒所强调。约翰·亨利·威格摩尔将司法证据主题划分为截然不同的两部分：基于“逻辑、心理学和一般经验”的证明原则（或科学）和证据审判规则。[61] 对于这种主张中的两个组成部分都需要加以详细考察。

威格摩尔提出说最好在研究规则之前先研究证明原则，在他控制课程表的时候，他在西北[**]的学生在继续上审判规则（证据Ⅱ）之前必须先上他的证明
210 课（证据Ⅰ）。[62] 这不仅仅因为，在考虑某一基本原则的例外之前先研究该基

* 这里的“他们”指的是上文的“法官、陪审团或者其他事实审判者”——译者注。

[59] Stefan Landsman (1984) 提出说边沁是一位比我所说更强的对抗模式的支持者。

[60] 不过，边沁承认两种特免权（公共政策和对牧师的忏悔）。详细讨论，see *TEBW*，ch. 2 and note 71，below。

[61] Wigmore，*Science* (1937)，3；他对这一观点的首次表述早在 1913 年便发表了。(Wigmore，1913.)

** 这里的“西北”指的是美国西北大学法学院——译者注。

[62] *TEBW*；165. [这个结构在伦敦的 LLM 的“证据与证明”课程中得到了遵循，只是将两部分结合在一个单一的课程中而已。See further below，ch. 14.]

本原则似乎是明智的；更重要的是，证明科学从逻辑上优先于审判规则，同时还为它们提供基础性原理（只要它们还有一个理性基础）。当塞耶宣称说他的两个基本证据原则（排除性原则和包容性原则）与其说是证据法的一部分毋宁说是一个理性的证据制度的必要前设的时候，他实质上已经提出了相同的观点。[63] 不相关证据的排除是一个逻辑问题而非法律问题；已经存在一条一般性假设来赞成采纳所有的相关证据。为了对证据法有一个清楚的认识，人们需要首先理解这两条基本的证明原则。

威格摩尔还宣称说证明科学比证据法更为重要。[64] 我在下文将指出说，威格摩尔低估了他所提出的这一部分——即便以他自己的话来说，而且如果人们采纳了一个更为宏观的视角，则"重要性夸大的主张"将变得更为明显。在这一阶段只要指出以下这一点就够了，即无论威格摩尔还是——只是程度更低一点而已——塞耶，都清楚地看到了证据法实际上是一部例外之法，不仅从其是由对一项基本的自由证明原则的一系列背离所组成这一点来说，而且还在于这些背离在数量上、范围上和实际重要性上都真的相当有限。

四、古老也（Gruyere）奶酪*与柴郡猫：夸大重要性之主张

塞耶的证据法图景已经成为了 20 世纪本学科英美学界论述中的主流。在这种观点中，证据法是一项单一自由证明原则的一系列不同例外。在这一语境中，"自由证明"既涵盖了可采性问题和运用问题，也涵盖了评价问题。[65] 这个词通常是指免于受到人工的、具有强制力的规则〔命令规则（mandatory precepts)〕的规制；不过，即便是对于此处所采用的更为宽泛的证据"规则"概念，自由的范围同样是非常显著的。即便在塞耶的时代，证据法也真的是一

[63] Thayer，*Treatise*，264－5.

[64] Wigmore，*Science*，4.

* 古老也奶酪：是原产于瑞士弗里堡州的一种奶酪，奶酪上有小气孔——译者注。

[65] 关于"证明的自由"，see Kunert（1966－7）；L. J. Cohen in *FL*（1983），ch. 1；Twining（1988b）[1997d]。在当代用法中，自由证明至少有 4 种不同的用法需要辨析：（1）自由接触信息。一个显而易见的例子是事实裁判者免于受到那些排除证据或者证据来源的规则的约束的自由。这个词有时候被扩展至包括当事人——比方说，经过开示程序——对信息的自由接触；（2）证据的自由评价：比方说，事实裁判者免受有关数量或分量之形式规则的约束的自由；或者陪审团可以忽略审判法官有关证据一些具体信息的可靠性或者分量的提醒或者建议的自由；（3）根据某人选择的标准来裁定的自由：比方说，免受那些规制证明责任与说服责任与裁定的形式标准（如证明标准）的形式规则或标准规范的自由；（4）免受科层控制的自由：比方说，事实裁判者免受上诉或者更高级权力机构审查的自由。正如我们已经看到的，英国法规定了对（1）和（3）的一些重要例外；只在最低限度上寻求规制（2）；而且，相比于大陆法系来说，在事实认定方面的上诉和审查上仅仅规定了有限的条款，并且将这些问题视为程序问题而不是证据问题。塞耶主要关注（1）和（2）。

部例外法：保持沉默的范围远比那些干涉证据之自由考量和评价以及“自然推理”原则的“鼓噪声”要来得广泛。比如说，考虑下列要点：

1. 证据法的首要原则是只有相关的证据才能被采纳或者听到。不过，相关性标准——倾向于支持或者否定那些处于争议中的主张性事实——是逻辑问题而不是法律问题。

2. 几乎不存在证据评价**规则**，也就是那些规范哪些类型的证据应该被赋予什么样的“分量”或者“说服力”或者“证明力”的规则。[66] 事实问题的裁决被留给陪审团之所以会被觉得恰当，原因之一在于此类裁决最好是在普通实践推理和常识认知的基础上作出。[67] 原来与此相关的**优先性**
211 **规则**——就它们曾经存在的范围而言——已经几乎完全消失了。曾经存在一条名为“最佳证据规则”的规则，其影响在于创造了一套证据种类等级：官方确认的记录在最上面；然后是封印文件，然后才是书面文件等。[68] 这样一些区分在我们法律的其他部分中也许依然非常重要——因为它们存在于大部分现代法律体系之中。不过，它们现在并不作为分量或者评价规则而发挥作用。

因此，我们并没有规定书面证据应被赋予比口头证据（testimonial evidence）更大分量的原则。我们没有原则规定口头证据应该被赋予比间接证据更大的分量。也不存在一般法律原则规定说某几类证人比其他证人更为可信。[69] 一般说来，证据的分量权衡被留给了具体案件情形下的事实审判者的逻辑和常识来判断。的确存在一些例外，但所占比例很小。

3. 接下来，几乎不存在**数量**规则，也就是规定证明某一事实所要求的证人数目或者证据数量。主要例外与我们所称的**补强**有关，也就是一条要求某一证人的证言必须被至少另外一位证人或者间接证据补强的形式要求。我们的强制性补强规则的一个非常显著特征在于它们在数量上非常稀少，而且完全是例外的。例子包括伪证、介绍女孩卖淫，以及，直到1988年，由未宣誓的儿童证人所证明的事实（参见1988年的《刑事司法

[66] 关于分量规则，see Wigmore on Moore，above，70－1。[See now *Analysis* (2005) 226－27.]

[67] Cohen (1983). 不过，受同样一些标准规制的相关性的确定留给了法官。

[68] 经典讨论是 Thayer，*Treatise*，ch. 11。戴尔·南西（Dale Nance）的一篇重要论文（1988）对于这种对“最佳证明规则”的狭隘解释提出了挑战并且认为报告其消亡是极大的夸张。

[69] [不过，在规范儿童证人方面已经出现了一些重要的变化，尤其根据1999年《少年司法与刑事证据法》(*Youth Justice and Criminal Evidence Act*)。See Roberts and Zuckerman (2004), at 280－6; Birch and Leng (2000)]

法》)。在一些案件中，比方说在共谋者的证据方面，法官必然会提醒陪审团在没有补强情况下作出某一结论的危险，不过，事实的审判者也许依然会在单一证人证据基础上来作出裁决。⑩ 这一点已经为目击证人辨认的例子所例证。尽管目击证人辨认证据几乎被公认为高度不可靠，但据我所知，在普通法辖区中还没有一个辖区存在一条形式规则要求这类证据**必须**被补强。对这类危险的提醒被看成已经足矣。⑪

自从塞耶时代以来，排除规则已经日渐减少。留存下来的排除规则大部分与刑事诉讼而不是民事诉讼相关。我并不想否认这些规则的其中一部分在理论上和实践中的重要性。像排除强制自白和先前犯罪证据这样一些规则也具有重要的象征和教育价值，因为它们例证和重申了一些重要的程序性原则(正当程序；判断行为而非行为者；无罪推定)。有些重要的证据种类在某些时候会被排除，但这只是所有证据中的一小部分。不过，我想指出的是，即便是限制性的塞耶式观点也鼓励了夸大作为整体的诉讼中的证据规则之重要性的趋势。⑫

在这种对我们法律的形式主义论述——以规则为根据来构想——中，我希望能加上一种现实主义注释，这个注释将强调重要的判决在实际法律过程中也是起作用的。让我们先花片刻时间来借助隐喻：塞耶式观点就像一片为长短和强度不等的间隙性噪音所打破的万籁俱静或者像一片由多孔和少量干酪组成的古老也奶酪。现实主义者的隐喻是视觉性的。在我们一部文学经典《爱丽丝漫游奇境记》中，其中一个角色是柴郡猫，它时隐时 212

⑩ 参见下列文献中的出色讨论：Dennis (1984) and [2002], Jackson (1988b) and Zuckerman (1989) ch. 10. [关于司法警示的消亡，see now Roberts and Zuckerman (2004), ch. 10 and Birch (1995)。]

⑪ See above, ch. 5.

⑫ 改进后的塞耶证据法观在于证据法是由自由证明这样一项一般原则的一系列例外所组成的。如果这是正确的，那么在考虑这些例外及例外之例外之前先阐明这一基本原则似乎是明智的。显然，几乎所有有关证据的专著或者教科书都不这么干，它们倾向于将原则视为理所当然而开门见山地考虑具体规则。当威格摩尔指出证明科学优先于证据的裁判规则并且在其教学中践行其主张的时候，他开始最为接近地认真对待自由证明理念。不过，也许因为塞耶有关“逻辑”和“法律”的人为的截然划分的影响，威格摩尔最有影响的著述——《专论》《法典》和教科书——都未将自由证明作为一项法律原则，因此也未能阐明其含义或者将其作为组织该学科主题的明确基础。这影响了其阐述的透彻性而不是准确性。其结果是“证明的自由”并未成为一个专门术语，而将该学科展现为一个融贯的并且本质上简明的整体的机会就这样失之交臂。Weinberg in Galligan (ed.) (1984) 将“证明的自由”视为一个无意义的范畴 (136-8)。我对此无法苟同，但魏因贝格看起来似乎可以通过将塞耶的包容性规则作为基本原则来获得满足。从形式上说，这也许是正确的，但它将会模糊我正在论证的要点，[有关“证明的自由”, see above n. 65 and Twining (1997e)]。

现、变幻不定，因而，有时候人们可以看到整个身子，有时只能看到一个头，有时只有一个模糊的轮廓，有时则什么都看不见，因此，爱丽丝从来不确定它是不是在那儿或者他到底是否存在。[73] 实际上，我们的证据规则似乎与此相当相似。

首先，正如你可能预见的，这些规则在实践中常常被视而不见或者被违反或者被弃之不用。在民事诉讼中，这些规则中的一些甚至大部分可能被当事人明确或者暗示地弃而不用。在刑事案件中，作出技术上的异议或许具有策略性危险；而在审判我们95%的轻微刑事案件的治安法院中，只有勇敢的律师才会提出证据法上的技术要点。[74]

其次，除了法庭上不遵守之外，还有许多其他因素。重要得多的是这样一个事实：只有极小部分案件会抵达程序中的那个对抗点，也就是证据规则打算适用的地方。近些年来，在英格兰和威尔士，每年只有不到30件的对抗性民事陪审团审判。而受陪审团审判的对抗性刑事审判更是远低于10%——尽管这些案件是最为严重也最为重要的案件。同样重要的是这样一个事实即只有很少部分的案件会到达对抗性审判的点：在那些正式程序已经启动的民事案件中，绝大多数都被庭外和解掉了。与此类似的是——而且这也是盎格鲁-撒克逊传统与大陆法传统之间的一个重要区别——在被告辩诉交易的地方是不会发生审判的。60%至80%（这一数字随着法院的不同而变化）的刑事诉讼在辩诉交易阶段便宣告终结。[75]

证据法以一些无法很好地理解也很难写到纸面上的方式影响着审前程序。以一个相当常见的案件为例：某位被怀疑入店行窃的犯罪嫌疑人有着此类或其他类型等几种先前犯罪。一般说来，如果他不辩诉交易的话，这些先前犯罪也不能在庭审中作为他此次有罪的证据。[76] 但这一规则对于这一过程的其他部分有着什么样的影响呢？在侦查过程中，他的犯罪记录也许是将他锁定为犯罪嫌疑人并指导警察侦查的一个关键信息。在决定是否对他提出起诉的时候，这一信息也许会被检控方获得，他们在评估在一场对抗式审判中获得定罪的几率时

---

[73] Lewis Carroll, *Alicé's Adventures in Wonderland* (1865). 在故事的第八章，王后已经命令说这只猫应该被斩首。在那个时候，只有猫的头是可见的。刽子手争辩说只有在有一个可以砍去头颅的身子的情况下才能把头砍下来；国王则认为任何有头的东西都可以被斩首。有关普通证据法的废除和改革的一些争论与此相当相似。

[74] Carlen (1976).

[75] Above, n. 5.

[76] ［坏品性证据现在受到2003年《刑事司法法》的规制，Roberts and Zuckerman (2004) 503-15。围绕这一主题的争论，see Lloyd-Bostock (2000a), Zander (2003a) 413-22。］

应该会将其忽略不计，但却仍然会基于其他目的而将其视为相关。[77] 同样的这一点信息将可能同其他一系列审前决策相关，包括被告决定是否进行辩诉交易，以及起诉和辩护的审判策略。如果他未能辩诉交易，但却被以提交给法庭的可采证据为基础定罪，那么，有关他先前犯罪的信息（和其他总体背景信息）将会被提出作为量刑的一个重要因素，而且，它在许多审后裁定——比如，他可否被假释以及何时能被假释——中也许具有实际的重要性。因此，在一个单一的、常规的刑事程序例子中，同样类型的信息也许会 213
基于定罪目的而被作为不可采证据，也许在一些审前裁定中会被作为潜在不可采证据而被忽略不计，但却可能在整个过程中的其他许多重要决定中扮演着一个重要而又合法的角色。而这种角色的确切性质却可能常常很难被觉察到。

最后，我们有大量的司法并不发生在法院中，而是发生在行政裁判庭、仲裁庭、军事法庭、替代性纠纷解决程序以及类似的程序中。[78] 在这里，证据法的柴郡猫形象才完全显现出来。因此在许多这样的程序中，或者是形式性证据规则不会正式适用，但却仍然对这些程序施加着一种影响；或者是裁判庭为证据规则所指引但不是强制适用；或者是对思考方式和辩论风格产生一种模糊影响。一位到达法庭处理非法解雇或者福利问题的出庭律师还不确定是不是所有的或者某些严格的证据规则会被适用，这种情形并非罕见。在这些场合中，一个多少有些近似于自由证明的制度在许多时间里发挥着作用。法院对这些裁判庭行使着一种非常有限的监督管辖权，但一般说来，这并不扩展至对事实裁定的上诉。

迄今为止，我已经指出了我们的证据法是由一项自由证明原则——尤其是证据的自由评价——的一系列相当狭隘的、各不相同的例外所混合组成的；现存的有限的规则群仅仅在对抗式陪审团审判——只在所有的诉讼中占据极小的一部分——中得到充分严格的适用，甚至在这样的审判中，它们也并不总是得到严格的遵守。我已经进一步指出了证据法学者们给予这一学科的性质和重要性以一种虚假的印象。不仅仅外国人被给予这样一种虚假印象，而且其还系统地误导了我们自己和我们的学生。

---

[77] Mansfield and Peay（1987）；DPP *Code for Crown Prosecutors*（1986）．在作出一个是否存在合理定罪预期的判断上，有关先前定罪的潜在不可采证据基本上被忽略不计；不过，在决定为了公共利益是否提起公诉的实践过程中，此类信息是否总是被忽略不计是存疑的。［See now the Code for Crown Prosecutors（2003）（www. cps. gov. uk）.］

[78] See above n. 17.

为什么会如此呢？关键在于变革法学学术的观念。我们已经看到了，边沁在批判其所处时代的证据法的过程中，他所攻击的恰恰是排除证据**等级**或者证人**等级**的强制性规则。他反对形式上的规制，但这并不排除在具体案件中基于不相关或者过度的讼累、耗费或者迟延而排除证据。塞耶的证据“法”观可以被合理地解释成将强制性规则扩展来，将一般原则和弹性标准都涵盖在内。他的观点中最为引人注目的是证据法范围的狭隘性以及自由证明原则之例外整体的有限的适用范围。从他那时代以来这一例外整体销蚀的变化趋势一直在延续。根据这种观点，塞耶本质上是正确的，只是他走得不够远。从一个更为宏大的视角来看，塞耶式证据法应该仅仅被视为诉讼中的证据与证明这一主题下的一小部分而已。从这一观点来看，太多的精力被花在了一些数量有限的“纸质规则”上，而忽视了许多具有相同甚至更大理论或实践重要性的主题，比如分量权衡中会涉及什么或者证明标准以及其他裁判标准的含义与功能[79]或者自
214 由证明的性质。

夸大重要性的观点可以被解释成导向“规则怀疑主义”或者“根本不确定性”的某一版本。那么，这就将误入歧途了。按照其在英国的适用，该观点可以被重述成以下 5 个命题：

1. 证据法给予那些不受形式规则或其他法律规范（沉默权）规制的问题范围的关注至少应该同给予其目前研究的问题的关注一样多。

2. 现代证据法包含了很少——如果有的话——的强制性规则；有许多最为重要的现存规范应该被更确切地描述成弹性规范、指引或者平衡标准。[80]

3. 证据法通常仅仅在对抗式陪审团审判及其上诉中才充分而又直接地适用到裁判者（在他们充当过滤者和最终事实审判者角色的时候）的裁决中。这些裁决仅仅代表着诉讼中重要裁决的很少的、非典型的一部分。

4. 这些确实留存下来的规范常常被规避或者被忽略或者被认为对诉讼中的许多重要裁决不具有充分效力（或者完全不具有效力）。即便在那些证据规则已经发现被违反的地方，比方说，证据已经被不恰当地采纳了，这也只有在例外情况下才会在上诉阶段被视为撤销的理由。强烈的

[79] 有关裁判标准，see below 248 - 9 and *Analysis* (2005), ch. 8。

[80] See above, n. 53 and Zuckerman (1989), *passim*; cf. Tapper in the Preface to the sixth edition of *Cross on Evidence* (1985), quoted above 202. [Roberts and Zuckerman (2004), 30 - 32; *Analysis* (2005) at 81 - 7, 289 - 90.]

"规则怀疑主义"——那种信奉"谈起规则是一种神话"[81]——将包含一个进一步的命题：

5.（1）即便是那些被声称留存下来的证据"规则"在实践中也并未限制裁判者按照他们意愿来作出裁决的自由。

"规则怀疑主义"的一个现代变体被说成是"根本不确定性理论"。为了将其适用于当前语境，其可以被解释如下：

（2）即便是证据规则也面向不同的解释开放，任何解释者可以从这些解释中自由随意选择。

有时候，"规则怀疑主义"会被归属于像青年卡尔·卢埃林这样的"美国现实主义者"，而"根本不确定性"则被归属于美国批判法学研究运动的主要成员们。在我看来，这样一种归类通常是毫无根据而且误人子弟的。[82] 为了避免类似的误读，有必要澄清一下夸大重要性的观点何以区别于而且不包含对5

[81] Hart（1961）133. 从这意义上说，边沁并非"规则怀疑论者"。他攻击的目标是（在证据等级或者证人等级方面）针对事实裁判者之意志的强制性规则，但他极为赞同针对理解的谨慎的"指示"（See *TEBW*，66－9）。在《司法证据专论》的开端，他〔或者，更有可能是他的编纂者杜蒙〕便明确指出：

> 从这些观察中并不能推断出所有的形式都应该被取消，而除了法官的裁量权之外不应该采纳任何规则。应该被避免的形式和规则是那些将法官置于必须给出一种违反其内心确信的判断的境地和那些规定了与实体法相对的程序的规则。在后面我们将看到，什么是应该围绕着证据和裁判而提出的名副其实的安全措施。（3页）

在杜蒙编撰本的英文译本中，"规则"一词在广义上被用于包括强制性规则和"裁量性"标准以及其他规范。在这一语境下，"裁量性"是在一种不受规制或者无拘无束地选择的强意义上使用；而边沁赞成理性选择意义上的弱裁量权，它受到一般标准下的指引、正当化和批判。

边沁并不否定他所处时代的技术性证据规则的"现实性"。他的确说过它们作为错判的一个显著来源是有害的。他那"双源原则"（double-fountain principle）著名论述也的确可以被解释成当代关于不确定性的论证的典型先行者（1827，bk. viii，ch. xxti）：

> 利害关系是否基于对某一实质性证据的排除而被遭到反对？在这儿，你完全可以随心所欲。在那儿则将案件排成两列：一边是那些目标被允许的，另一边则是那些被不允许的……排除证人，你将向凯尼恩（Kenyon）勋爵的名字致意，并同意其关于证据法乃是智慧之典型代表的主张；采纳证人，你将向哈德威克（Hardwicke）致意，并赞同他所说的你承认你接受指引的控制。（vii Works 308）

不过，双源原则仅仅是技术性体系的18种设计之一，而边沁明确指出说："在实践中，它尚未扩展（它必须被承认），看起来也似乎不太可能扩展至如此包容法理学区域内的某一范围以至于涵盖整个领域。"（Ibid.）

边沁高度怀疑强制性规则的价值，但他并不否认一些拘束性规则确实存在而且影响着裁判。因此，边沁并不是哈特意义上的"规则怀疑论者"，而且正如我在《证据理论：边沁与威格摩尔》中（66页）所指出的，宣称说他的反规范论"可以被解释成一种比任何美国现实主义者的主张更为激进的规则怀疑主义形式"是误导人的。

[82] Twining（1973a）*passim*，esp. 255，Appendix B；Kelman（1987）214－22，257－62.

之（1）或者（2）的遵循。尤其，它并未隐含这样一个命题即所有的证据规则都是“根本不确定的”，也不隐含这样一个命题说裁判者可以随心所欲地作出裁决。它也不是遵循这样一种观点即在“证据裁判规则”的“影子”下面所作出的裁决并不也不应受到这些规范的影响。

第一，夸大重要性观点只是宣称说在证据法中现存强制性规则的**范围**方面已经给人带来了一种误导性印象。比如说，传闻规则（即便解释为使用规则）依然服务于将大量的潜在规则排除在外，尤其在刑事案件领域。在这种意义
215 上，许多与证人的适格性和可被强迫性、特免权、先前定罪相关的规范以及补强的一些残留品都可以被解释为一般强制性规则。这样，也就可以顺理成章地将法官向陪审团提醒有关辨认证据之危险或者某些类型证人（比如共谋犯）之可信性的义务视为包含着强制性规则，即便它们并未对最终事实裁判者施加令其对此类证据视而不见或者不予采信的义务。[83] 要点在于，无论作为规范问题还是作为实践问题，此类形式性、技术性强制规范的范围都相当有限。

第二，现存的证据规范中有相当大的一部分是由弹性标准、平衡检验标准和其他涉及在具体个案环境中行使裁量权的规范所组成。因此，《警察与刑事证据法》用一条具体背景下的弹性可靠性标准来取代强迫获得的口供被完全排除这样一条更为形式化的刚性标准。[84] 类似的事实规则已经被通过这样一种方式来加以解释，即涉及在该案背景下该证据可能产生的偏见性影响与证明力之间的平衡。[85]

第三，某些人也许会基于马克拉马拉过分包容性的主张即仅仅存在一项基于公共利益的排除原则而产生质疑。[86] 但即便其是正确的，“公共利益”是一个众所周知的含混术语，而且一般趋势是朝着平衡“公共利益”和具体环境下的其他诸多条件的方向前进。[87] 英国法已经再一次抛弃了一条将经由非法或者不恰当手段获得的证据排除的一般规则，而是将其交由审判法庭的剩余裁量权（residual discretion）据以确保该审判是公平的。[88]

第四，除了这种迈向更为弹性的规范的一般趋势之外，越来越多的人承认

---

[83] See *Cross on Evidence*（6th edn.）45－47，关于警示义务的范围和性质之不确定性，［see now Cross and Tapper（2004），at 753－56］。

[84] Police and Criminal Evidence Act，1984，s. 74（2）.

[85] Cross，op. cit.，338－9，discussing DPP v. Boardman［1975］AC 421；R v. Sang［1980］AC 402. 对这些案件的解释已经成为一本范围广泛的文献的主题。［See *Analysis*（2005）ch. 11.］

[86] Op. cit.，363.

[87] 比如公共利益豁免，see *Cross on Evidence*（6th edn.），413－26。

[88] Police and Criminal Evidence Act 1984，s82（3），保留了普通法权力。See further *Samuel*［1988］2 ALL ER 135；*Alladice*［1988］87 Cr. App. Rep. 380.［See now Zander 2003b.］

某些证据“规则”或者如此含混或者如此难以运行以致不能将其称为规则。“最佳证据规则”和“确切事实”（Res Gestae）* 规范已经被恰当地描述成“证据性幽灵”[89]。另外一个例子则是“意见规则”，该规则规定了非专家证人必须将他们自己约束在其具有亲身知识的相关事实内，他们基于经验的对事实的意见或者确信将被排除。不过，一般公认的是“事实”与“意见”之间的截然区分是含混不清的，在实践中很难保持。因此，它不能被视为一条刚性规则，而且在实践中，在这方面大量地偏向了证人。[90]

这一列举可以一直延续下去。核心要点在于现代证据法，无论在辅助性证明政策方面还是在外部政策方面**，都比已经公认的更加接近于边沁所主张的目标。加利刚很好地论述了这一问题：

> 边沁并未提出说这些规则应该简单地由裁量权所取代，而是确切地说
> 应该是由指引架构起来的裁量权所取代。的确，边沁可以被视为近年来有
> 关规则和裁量权在任何官方决策领域中之最佳混合的热烈讨论的先驱，而
> 他赋予构成性裁量权的理由也拥有众多的支持者。的确，人们已经越来越
> 认识到了，指引可以以多种方式来运作，其范围从作为一个审慎考量的要 216
> 素到作为必须考虑的要素直至具有规则效力的指示——除了法官具有充分
> 理由而背离他们的裁量权之外。基于指引的多种不同形式和不同效力，将
> 规则置于一边而将有效性和针对性更低的标准置于另一边的这样一种截然
> 两分是一种谬误。具有一种**全有全否**（all-or-nothing）性的刚性规则在任
> 何实践决策中都可能只是起到很小的作用，而证据也不例外。裁判一般可
> 以在不求助于严格和狭隘意义上的规则的情况下受到规制，而需要记住的

* Res Gestae：该词在美国证据法中被用于描述传闻规则的一种例外，确切事实是基于这样一种确信而产生的，因为某些陈述被自然地、本能地而且在事态发生过程中毫无考量余地的情况下作出，这些陈述不太可能是基于听信其他人（比如说将来在法庭中出庭复述此一证言的证人）而产生的误解或者误读，因此，法庭可以据此相信这些陈述具有较高的可信性。比如说，组成某一肢体动作之一部分的语言。来自维基百科——译者注。

[89] Heydon（2nd edn.，1984），8－9，331－9.；Zuckerman（1989）将诉诸“确切事实”规范视为采纳证据——这些证据一旦严格适用传闻规则将不可采——的一种裁量性设置，也就是将其看成一个具有实际效果的虚假实体。[See now Roberts and Zuckerman（2004），14－16，646－53，659.] 关于“最佳证据原则”的存续，see above，n. 68。

[90] E. g. Keane（1989），ch. 15；cf. Thayer *Treatise*，524.

** 辅助性证明政策与外部政策是英美证据法传统上对证据规则的一种分类，该种提法可以追溯至威格摩尔，而且这种分类法的外延和内涵都不是特别确定，一般说来，辅助性证明政策是指用于确保真相探知价值的证据规则，而外部政策规则是指用于追求除真相外的其他政策价值的证据规则——译者注。

是，边沁的责难也仅在此意义上反对规则。[91]

加利刚的论述为夸大重要性观点之所以区别于规则怀疑主义与根本不确定性的第三个理由提供了一个有用的基础。它并不得出结论说证据法很大程度上是任意性的以至于在确定争议性事实问题过程中法官、其他事实裁判者和上诉法院可以“随心所欲地进行裁决”。正如加利刚和其他人已经指出的，裁量并不等同于恣意：

> 根据某人的选择必须基于充分的理由这一假定，裁量并不是基于在不同行动间进行选择的权力，而是基于**充分的理由**在不同的行动过程之间进行选择。行动的过程无法同理由，进而同其所基于的标准相分离。如果标准真的提前设定（并且常常存在着充分理由说明它们为什么应该如此），那么，就必须根据这些条款以及行动将要遵循的恰当过程来作出裁决。[92]

对于理性主义传统理念来说，重要的在于事实问题的裁判（而且我将指出诉讼中其他重要的事实性裁决）应该在合理的范围内成为根据理性标准论证、辩护和评价的主题。这样一些裁判最引人关注的地方在于它们必须以一种标准的方式架构起来。绝大多数的询问方式和决策中都存在规范来规制应该如何提出问题、什么构成有效的或无效的理由、如何评价这些理由的分量和说服力，以及在一定的环境中的决策标准是什么等问题。不仅仅是陪审团以及那些指导他们和向他们致辞的那些人，所有的裁断者实际上都遵循了同样的说明性推理模式。此外，在事实确定方面以裁判准确性为目标不仅仅是裁断者的一个义务，而且是负责在诉讼中作出重要决定的其他官员的一个义务，比方说，检察官、行政官员、量刑机构、上诉法院，等等。[93]

推理过程中有效性和说服力的说明性标准源自何处？塞耶的观点给出如下答案：需要裁断的事实性问题的提出——实质性问题——受到实体法的规范；有效性问题（什么构成可采之理由）主要由实践推理的普通准则来决定，遵循由以原则、标准、指引和一些强制性规则这样一些形式表现出来的证据法所规定的一些例外情形。在裁判的情形下，裁判标准与证明标准合为一体，传统
217 上，证明标准同样被归为证据法的组成部分。那些规制有关证据之提出和辩论之方式、规格与秩序的不同规范被——多少有些无序地——划分给程序和证据。

[91] Galligan (1988), 249, 256－7; cf. Mengler (1989).

[92] Galligan (1986), 7.

[93] Galligan (1988); see below, ch. 7.

证据法的塞耶式观点及其现代诠释可以被直接置于理性主义传统之内。他的证据法概念由于本质上关注推理规范而为该主题的理性化、系统化和简明化提供了诸多基础。夸大重要性观点并不从根本上挑战这一种视角，而且不是要彻底地颠覆狂热理性主义。不过，它的确主张对塞耶式观点可以通过多种方式来再解释和改进。

首先，如果注意力的主要焦点都是有关事实问题的推理，则仅仅关注或者主要关注那些与合乎这一背景之一般推理准则相背离的规范当然是一种不恰当的限制。相比于那些架构、指导和规制有关事实问题之论证的其他规范来源而言，这就夸大了证据法的重要性了。解决这一问题的一个简单方式在于将这一语境下的“法”概念扩展开来，将所有这些规范——包括威格摩尔所称的“证明逻辑”——都包括在内。根据这一观点，相关性标准是逻辑，并不意味着它不是“法”；几乎没有什么实证性规则来规范分量或者说服力，并不意味着可适用的标准不值得研究或者被主张为法律学科内证据主题的组成部分。因为在这一语境下，推理的有效性和说服力主要是建立在一些非常普遍的政治道德性原则的基础上，这样一些原则就值得被明确视为“这一法律”分支的组成部分。根据这一观点，边沁的《司法证据原理》确实是一本法律著作，而证据法则是“法律推理”或者“法律人推理”这样一个一般主题下的一个子学科。[94]

证据法的规范性层面先谈这么多。夸大重要性的观点还有一个“现实主义”维度，它提醒我们说为了理解行动中的这一法律分支，人们需要考虑它所能直接或间接影响到的或者被假定为影响到了但却未能实质影响的所有重要裁决。谁事实上在什么语境下援引、使用或者忽视了证据“法”，基于什么目的，带来什么结果这些问题，是基于研究、实践和改革目的而理解和评估这一法律分支的一个重要组成部分。至于具体规范无效、不可理解、违背了具体参与者的常识或者产生一些被视为不可欲的负面影响这些因素，在对它们及其所声称服务的雄心勃勃的目标进行评估的过程中都应被考虑在内。反之，一些规范可能具有直接或间接、未被注意的或者无意识的结果，这些结果可能具有积极价值。令人失望的是，在这一领域很少有什么已经完成的实证研究，而且一些最重要的问题（比如有关偏见性影响的实际运作）[95] 是众所周知地难以研究。这种“现实主义” *218*
要求提出这些问题并且作出某些评估，即便它们缺乏科学发现。

[94] 这对于像 Thayer，279n. and J. Stone（1964）这样的实证主义者提出了挑战，他们有关“法律人推理”的工作被局限在法律问题上。

[95] See，however，Teitelbaum et al.（1983）[and Lloyd-Bostock（2000）及其所援引的研究]。

（一）一个证据法？

有时候有人会主张说我们有的不是一个证据法，而是一系列证据法，而这需要在立法、法律的司法发展和学术研究中来加以辨析。[96] 可以在 4 种相当不同的主张中发现对此种观点的支持。

第一，刑事、民事和其他重要程序都是基于不同目的而存在，而每一背景下的证据规则背后的价值都应该契合于这些目的。

第二，刑事证据与民事证据之间、在法庭上运用的证据法与在其他审判庭中运用的证据法之间事实上存在许多细节上的差异。尤其非刑事证据规范通常不如刑事证据那么广泛。

第三，在本文中已经主张的那种“总体过程”视角带来这样一个结论，即非裁判的事实部分的裁定需要在背景和每一种裁定的角色之间有一个更大的分化。比如说，不同的裁定标准也许契合于起诉决定、无罪或有罪裁定、量刑、上诉、假释，等等。与此类似的是，相关性标准和可采性规则也会随着裁定种类而变化。

第四，正如我们已经看到的，不仅仅在“证据”和“程序”之间很难划出并保持一种截然区分，而且程序性问题和证据性问题在理论上和实践中最终都是相关的。因此，如果证据将随着程序而重构，那么，证据法也需要在不同程序子分支下被分解和重新分配。基于立法、阐述和教育目的，证据问题和规范应该被视为不同程序法分支下的子分支。

在英国已经在这一方向上存在一股清晰可辨的趋势了。比如说，我们拥有 1964 年《民事证据法》和 1984 年《警察与刑事证据法》；像《白皮书》《阿奇博德》和《斯通司法手册》* 这样的实务者们的“圣经”都将可适用的证据规则包含在内；有些——不过非常之少——裁判庭将可适用的证据条款“法典化”到它们的规则手册中；不仅仅警察培训，连许多学术课程都几乎完全集中在刑事证据领域；而这样一种趋势也在学术文献中可以观察到。[97]

很显然，常常有一些充分的实务理由出于特别目的将刑事和民事与证据法的其他方面分解开来。也有诸多理由后悔将英美证据研究同相邻研究领域人为分割。是否存在任何理由将证据保留作为法律学科内的一个特别领域这样一个问题依然存在。

[96] E. g. Zuckerman (1989).

* 这 3 种书都是英国法官和律师经常使用的参考书，其中 Archbold 应该是指 *Archbold Criminal Pleading, Practice and Evidence* 等冠以 Archbold 的丛书——译者注。

[97] [民事程序的沃尔夫改革已经加剧了这一趋势，see above n. 19。]

有人也许会提出说我们应该尊重既有的稳固领域这样一个偶然性事实，这一领域有稳定的专家、成熟的课程和广泛的文献。无论喜欢与否，证据作为一个学科主题已经矗立在这里了。而且，撕开严丝合缝的网难免是一件多少有些武断的事，而证据与程序之间的区分并未比侵权与合同或者不动产权与个人产权之间的分离更具有人为性，也更令人感到不舒服。但是，有几个肯定性理由去继续将诉讼中的证据与证明和作为该学科之一部分的证据法视为一个值得关注的焦点。[98] 219

根据本文所阐述的改进后的塞耶式观点，证据法主要关注有关事实问题的推理。我已经提出了我们应该将证明逻辑和自由证明理念视为证据“法”的组成部分——或者至少作为其研究的必要准备。有关事实之裁判——由法官、刑事陪审团、治安法官和民事案件的法官作出——最为引人关注的地方在于规范理论几乎完全放在了那些用于架构和评估论证之有效性和说服力的统一规范上。实质性、相关性、可采性、说服力和裁判标准这些**概念**不仅适用于对事实的判决，而且运用到所有在事实问题方面将“裁判准确性”作为目标的官方裁定当中。因此，在对此类裁定的论证进行建构、重构和评估时存在一种单一的范式。此一范式的一些要素是存在争议的，就像盖然性争论或者整体主义与原子主义之间的紧张关系所例证的，但在狂热理性主义内部存在一种共识即常识推理的一般原则是适用的，在不同背景下仅仅受到相当稀少的技术性限制。

证据的技术性规则不仅仅是例外的——即便在对抗式刑事陪审团审判这样不具代表性的环境中，而且最好被理解成自由证明原则——这一原则本身可以根据证明逻辑的基本概念来加以阐释——的**诸多例外**。与此类似的是，尽管像刑事和民事证明标准这样的裁判标准会随着背景的变化而变化，但它们的功能和逻辑却保持得相当一致。

有人也许会提出反对说民事、刑事和非封建法庭（non-curial）程序适用不同的价值，而所提出的理性事实裁定范式并未考虑这一点。这是不正确的。这一范式设定了裁判准确性的目标。在一些背景下，此一目标将被其他价值——像国家安全的保护——取而代之，这就是“外部政策规则”的基本原理。在某些背景下，避免某一类错误裁定将被赋予高于其他错误裁定的价值，比如，赋予避免错误定罪风险而不是错误宣告无罪以更强的优先性。此类目标不仅为像无罪推定和刑事证明标准这样的裁判标准所强化，而且也为“辅助性证明政策规则”——比如，对被认为偏见性的或者不可靠的证据种类的排

[98] See further below，chs. 7，14 and 15.

220 除或者强制性提醒——所强化。在这一范式中并未假定裁判之准确性在所有背景中都是唯一的或者至高无上的价值。它所做的便是确定当这作为目标时在作出有效的、有说服力的论证过程中会涉及什么。[99]

（二）谁之法律？

谁的行为或者预期会受到那些证据法广义上包含的规范的影响？即便是基于狭义的“审判规则”观，有几类参与者也以相当复杂的方式受到影响。在对抗式审判中，焦点是集过滤者、仲裁者和引导者于一身的法官和作为事实最终裁决者的陪审团。那些像证明责任和标准这样的裁判标准规范直接关注作为终局裁判者的陪审团，这与排除规则是不同的。边沁的“劝导性建议”是由立法者向事实裁判者提供指导（在陪审团审判的案件中是通过法官来完成指导）。即便焦点单一，也还存在多个附属性立场：刑事侦查者的角色不仅仅是将“问题解决到”他自己满意的程度，而且还要收集到足够的潜在可采的证据以确保一项辩诉交易或者——一旦发生对抗式审判——定罪。[100] 出庭律师和其他律师无论是在为审判做准备还是在作出紧急的战术和其他决定——比如是否提出某一问题或者对某一问题提出异议——过程中都会将“裁判规则”放在指尖上。许多其他参与者的行动都发生在一场包含“裁判规则”的潜在审判的阴影下——他们不得不在证据规范的直接影响下对决定作出**预先考虑**。

这样，“裁判规则”不仅在审判过程中而且在审前也影响了行为和预期。证据法学术研究的悖论之一在于尽管主要活动**领域**被理解成对抗式初审，但判例和案例的主要**来源**之一是上诉审判决。课堂讨论、专著、学术评论甚至有关改革的辩论的主要原材料是法律报告而不是初审记录。反讽的是，一个“现实主义”理由有时候会使这一点变本加厉。精明的律师（Hard-nosed Practitioner）以及他/她的学术同行们提出，对于初审律师来说证据法的主要实践意义

[99] 在证据法方面最有价值或者最富争议的许多工作主要围绕着反对错误定罪原则和保护犯罪嫌疑人、其他人免受虐待原则的重要性和范围（above，198）。大量的刑事证据规范可以被包含进这两个原则；cf. Galligan (1988)，at 261：

> 无罪推定、控方证明责任、排除合理怀疑的证明标准——所有这一切都反映了不要对无辜者定罪的特别关怀。其他规则也隐含着同样的关怀：那些与相似事实、品性、补强、对被告交叉询问的限制以及（一定程度上）口供有关的规则如果根据反对错误定罪原则来审视的话将比不这么做来得更富有意义也更具有正当性。每一条规则都尽力规制证据的采纳和使用，如果自由采纳这些证据的话，将带来一种无根据定罪的特别危险。免于错误定罪原则解释了那些一般具有证明力并因此基于一种更一般的准确性检验而可采的证据为何会受到限制。因为该原则规定某一审判的目标不仅仅是一种准确性的普遍观念：它需要在——至少在某一层面上——即便以错误宣告无罪为代价也要确保正确定罪意义上的准确性。

[100] Above，n. 77.

在于通过“创造一个记录”（creating a record）来为上诉奠定基础。当某一上诉法院一开始倾向于撤销一项事实裁判时，要这样做就需要一个好的法律理由；证据法是用于中止此项上诉的技术性借口的主要来源。这种观点的一个版本在一部主流的美国案例书中被阐述如下：

> 每一位经验老到的律师都认识到，当他/她进入一场诉讼时，他/她的理由可能在初审阶段不占上风，而且当——根据律师意见——发生在初审的错误实质上造成了不利之后果的时候，他/她的客户也许希望上诉至更高的法院。因此，一位经验老到的律师知道他必须能够向再审法院清楚地显示在初审（以及也可能在任何重要的庭前或者庭外听证或者会议）期间发生了什么。据此推断，当一名律师着手进行他案件的初审时，他必须马上做两件事——他必须在两个相当不同的层面来进行操作：第一，他必须 221
> 想尽一切办法在初审阶段赢得其客户的案子，这本质上意味着他必须说服事实认定者——法官或陪审团——相信其理由的正当性。第二，因为律师从来无法完全确信在初审阶段获得胜利，他必须尽可能地创造一项能够用于说服再审法院在下级法院中正义并未获得胜利的初审记录。[101]

在一个扬扬洒洒 45 页的附录中，乔恩·华尔兹教授（后来成为法官）对于“创造记录”将会涉及什么给出了一个明晰而又富有启发意义的论述。[102] 这无疑是将潜在庭审律师激化成初审中证据法的主要运用者之一。他还提醒说无论是上诉法院还是初审法院都对于这一过程的早期阶段产生了一种影响，而且证据法在初审后甚至终审——比方说，根据新的证据决定对一项所谓的正义的误送进行重审——后都发挥着一种潜在的作用。不过，这种“现实主义”论述并未完全免于陪审团思维和上诉法院主义（appellate courtitis）。它集中关注来自对抗式陪审团审判的上诉以及证据法对确保一项撤销的潜在运用。在英国，对于英国刑事法庭所作出的有罪判决的上诉数量仅仅超过 1%，而成功率非常之低。来自王座法院的民事上诉比率和成功率都要略高一些。[103] 同比之下，美国的陪审团审判，上诉率和成功率都要再高一些，但仍然非常小。大体上说，普通法诉讼在实践中比起达玛什卡的科层式权力理想类型来说要更接近于协作式理想类型。

一般的理论要点在于，在寻求理解和评价证据规范的过程中，从规范性、

[101] Louisell，Kaplan and Waltz（1972），1287.

[102] Ibid.，1287-1328.

[103] Zander（1988）［（2003a）ch. 7］.

解释性和实证性视角基于所有重要的裁定来考量其角色、运用和——无论是现实的还是潜在的——影响。

我们已经通过有关辨认[104]、供述和除了证明标准之外的裁定标准的例证看到了这一点。柴郡猫观点的一个值得阐明的意蕴与由非封建法庭所作出的裁判以及所有将事实裁定的裁决准确性作为一种要求或者目标的官方裁定相关：就像传闻规则这样的技术性或者人为证据规范而言，并不（或者没有充分的效力）适用于这些裁定或者裁判，而像证明逻辑规范和对所有公民的人道、公平对待原则这样一些一般原则成了主要的相关规范。改进后的威格摩尔分析的知识流程——根据背景而稍作变动——适用于范围极其广泛的诉讼中的官方裁定和其他决定以及其他领域。无论是作为可欲的规范还是作为知识技能，它们都比那些在某些背景下对它们作出曲解的证据技术性规则要“可移植”得多。

因此，正如华尔兹的分析所例证的，精明律师的“现实主义”需要通过诉讼整体观这样人口统计学“现实主义”来加以平衡。[105] 这个例子的要点不是要
222 将证据法的所有传统研究“垃圾化”，也不是主张说仅仅因为陪审团审判和上诉在统计学意义上并不典型便不重要。将陪审团审判视为一种典范来考察事实问题方面的论证和裁判准确性方面将会涉及什么之所以有一些优点，这不过是因为在这一背景下事实裁定的角色比其他角色被更为清楚地分解而已。本文的目标并不是要将注意力从一个焦点转移开，而只是希望如果这一过程的其他要点被忽略的话，可以让这些被忽略和曲解的潜在要点引起关注而已。

让我们考察一个更富争议的例子：无罪推定的含义和重要性。克罗斯以一种具有代表性的强有力方式将这一问题论述如下：

> 当有人说被告人被推定为无罪，这句话的意思无非是检控方有义务将案件证明至排除合理怀疑的程度。这是我们刑事程序的基本规则，而它被如此经常地表述成无罪推定以至于被批评为有些不得要领；但这种做法却可能带来严重的思想混乱。[106]

如果某人仅仅关注有关有罪还是无罪的争议性审判中的证据的话，这种观点也许是对的，尽管其并非未曾遭遇挑战。但事实是一个人直到被证明有罪之前应该被推定为无罪这样一项原则是否仅仅与这一种裁决相关？它难道没有给

---

[104] Above，ch. 5.

[105] 关于精明的律师，see above，ch. 4；关于现实主义，see below，ch. 7，262－5。

[106] Cross（1985），6th edn.，114－15.［Cross and Tapper（2004）146－47. See further Ashworth and Blake（1996），Paciocco（2001）］.

那些规制其他许多裁决——逮捕、起诉、给予保释——以及其他法律分支中的规则提供一种确实的或者潜在的基本原理？它难道不应该为——不仅仅像其在实践中所做的那样——那些同保释以及在押犯罪嫌疑人应该受到什么待遇相关的裁定提供一个基础？尽管对包括那些已经服罪或者已经被定罪的法律过程中的所有参与者给予人道和公平对待这样一项更为普遍的原则在一定程度上要独立于并且广于无罪推定，人们难道不应该将这一原则适用于对待刑事程序的每一阶段中的所有犯罪嫌疑人和被告而不仅仅在庭审的辩论方面吗？当然，它在裁决有罪或无罪这一点上具有特别的重要性；而且期望在不作改动的情况下将其适用于某些问题背景——比如在押犯罪嫌疑人的待遇——中可能也是不现实的；但这一价值是重要的，其含义和应用需要在广泛的背景下比当前被更认真对待。克罗斯和其他证据法作者们所给出的狭隘解释是对我们政治德性（political morality）的一项重要普遍原则的一种损害。[107]

（三）证据法的未来

本文主要不是关注此类问题：证据法将存续下去吗？它应该存续下去吗？它的未来应该如何？不过，前面的分析至少提出了一些一般性指征。

存在一个稳定的“证据行业”这个事实表明了有关证据法的课程、专著、法典和专家在未来的许多年将会在普通法一直存续下去。不过，有两股趋势表 223
明了从长远来看，它能否作为法律的一个独立领域存续下去是不确定的。首先，正如我们已经看到的，从边沁时代以来一直存在着稳步远离强制性规则和具体技术而迈向结构性裁量权和更富弹性的规范这样一种趋势。只有在刑事证据方面才被认为存在足够的技术细节来使传统的独立著作和课程显得并非多余。这样一种趋势转而为不同类型的证据规范（刑事证据法、民事证据法、裁判庭证据法、仲裁中的证据法）与程序的重整开启了道路；在英国，这一过程已经很大程度上为在重要立法上对刑事和民事证据的区分对待以及学术著作和课程集中于刑事证据的趋势所例证。从整体上说，这里所提出的分析赞同这种发展，不仅是因为在“证据”和“程序”之间保持一种清晰而又合理的区分的困难，而且更重要的是因为证据问题需要置于背景——不同类型程序的多种背景和每种程序中的不同阶段——中来进行考量。

不过，一些因素指向了相反的方向。只要我们明确拥有许多大体上适用于不同程序种类的独立证据法，从本文所提出的广义证据规范观来说，它们被一个共同的基本概念框架和一种构成有关事实争议性问题之理性观的单一模

[107] 进一步例证，see below，ch. 7。

式——无论有什么理论上的问题——联系在一起。正如塞耶和威格摩尔以不同方式认识到的，证明逻辑保持相对稳定，但它尤其受到了因不同背景而不同的法律的干涉，比如裁判标准、排除规范、资格规则。出于阐述目的和教育目的，在对那些处于种类庞杂的情境——它们构成了大家所知道的诉讼这样一个社会过程的复杂背景——下的具体证据规范的操作细节进行考量之前，将这些一般层面合起来考虑显然是经济的。这也强化了将自由证明原则、证明逻辑和基本证据概念视为证据法一个组成部分——确切地说是常规组成部分——的理由。

证据法已经成为许多争论的一个战场。毫不奇怪的是，最引人注目也最为持久的争论主要都与刑事证据相关。比如资格、发誓、民事传闻等这样一些争论很大程度上已经过去了——至少在英国。有些旷日持久的争论——比方说，有关推定、逻辑和法律相关性、“实物证据”的含义——至今依然悬而未决，大体上可以被视为能够容纳进证据法之总论和理论部分的概念与分类难题，正如本文所展现的。正在延续的“盖然性争论”更成问题。[108] 它在概率理论和逻辑学上提出基本难题的同时，也具有重要的实践意蕴。有些争论的“非现实性”部分归咎于过分关注一些天真的例子，比如马术赛会和蓝绿汽车难题，这
224 些并不能将重要的程序和其他背景因素考虑进去。[109] 但概率理论对于证据评估和阐明如“证明标准”、证明力和“偏见影响”这样的基本证据概念很重要，而且在远超过像父子关系、辨别和指纹识别等熟悉的例子之外的许多不同程序类型中概率证据的实践重要性日益增长。[110] 今天的律师需要成为初级统计学的专家。这一方面的一般层面可以被容纳进证明逻辑，具体的应用则需要在它们的具体情境下加以考虑。

刑事证据一直是最为重要的争论领域。在这里，分歧主要是政治性的。核心问题与相互竞争的价值之间的关系和所依循的先后顺序有关。秉承着边沁的观点，功利主义者倾向于将这一问题表述成以裁判之准确性的成本—收益为一边和以讼累、耗费与延迟为另一边之间的平衡。边沁论述中的一个弱点在于他

[108] 有关盖然性争议，see above ch. 3 at 74。

[109] Below ch. 7，at 258－9.

[110] 比方说，Lempert（1988），63 援引了下列来自 1986 年 LEXIS 一项有关统计证据在美国应用的调查的摘要：“一项运用计算机法律信息检索系统对联邦法院所公布的意见的调查表明了自 1960 年以来涉及某一形式统计证据的案件的急剧增长。在 1960 年 1 月至 1979 年 9 月之间，‘统计（学）’或者‘统计（学）的’等词出现了约三千次，或者所报告的 83 769 地区法院意见中的 4%，在上诉法院，同样的词出现在 1 671 份报告意见中。”See further，Barnes（1983）［Aitken（1995），Finkelstein and Levin（2001），*Analysis*（2005），Appendix 1］.

完全无法分析和说明讼累中包含哪些东西；另一个值得商榷的则是——即便据他自己所说——他错误计算了像错误定罪这样的讼累的广度和强度，正如现代大多数关于诉讼的论述倾向于低估被完全卷入诉讼的大多数参与者的讼累或伤害——误认的伤害只不过是一个例子而已。现代经济学分析无论对民事诉讼还是刑事诉讼都已经创造出了更为成熟的功利主义评估。[111] 包括我自己在内的许多人都不认为即便是最为成熟的功利主义版本能够将一些与错误定罪风险、公平程序和对犯罪嫌疑人及刑事程序中其他参与者的可接受待遇相关的最为重要的价值都完全考虑在内。为了主张说确实应该赋予无辜者无罪和对包括犯罪嫌疑人在内的所有诉讼参与者予以公正和人道待遇等原则以非常高的优先性，人们并不必然要信奉一种程序权利理论。无论是对于非功利主义者还是功利主义者来说，裁判准确性可以而且在我看来也应该成为一种重要价值。诸多价值和诸多原则之间的和谐与平衡对于我们所有人来说都是棘手的。

提出这些难题的解决之道并非当前任务的一部分。依我看来，这可以在一种发达的刑事程序理论或者刑事司法的更为宏大框架内来最好地解决。不过，一个宏大的视角的确对这一任务有诸多启示。

首先，尽管基于一些目的将证据问题分离出来是有道理的，但是在一个狭小的“证据”框架下讨论像保护被告或无罪推定或沉默权或不当取得的证据这样的主题是无法令人满意的。简言之，这是因为所涉及的基本价值超越了证据与程序之间的任何区别，并且确切地说，具有更为深远的意蕴。在设计一个得体的刑事司法体系过程中，从一个纯粹的证据视角来考虑“规训”警察或者无 225
罪推定或者讯问甚至沉默权都是没有意义的。出于这一目的，刑事证据和刑事程序需要被视为一个被命名为“刑事司法”这样一些词的单一主题的相互关联的组成部分。[112]

在英国近年来在这一方向上已经迈出了两大步。第一，对“改革”的考虑已经趋向了一种更为综合的进路。这一点可以为那些围绕着1972年“刑事修改委员会”及其后继者“刑事程序皇家委员会”的《第十一次报告》及其结果1984年《警察与刑事证据法》所发生争论的参照框架中的分析所例证。无论人们对结果持什么样的保留态度，依靠更广泛的参考框架，在后期的争论中的分析和公共讨论都有了更好的基础。第二，对刑事证据的研究出现了一种更富

[111] ［对证据规范的经济分析出现得相当晚。See now Posner (1999) and Lempert (2001).］

[112] See further below, ch. 7.

原则性进路的诸多迹象，这一点为像阿斯沃兹（Ashworth）、丹尼斯、斯坦和朱克曼这样的作者的著述所例证。[113] 这种对那些为学术研究奠定基础并将其组织起来的原则的研究代表着对上一代零散的、非连贯的且过于技术化的进路的一种重大提升。不过，那些有关“证据”和“程序”的分离的课程与著作依然在这一领域中占据主流，它们集中关注形式规则并且将许多更为宏观的层面视为不在其范围之内。我们离一个融贯的刑事司法规范理论——在其中，基本价值（相关细节和设计）以一种原则性和现实主义方式得到贯彻——还有些距离。迈向此一方向的总体趋势需要一种对于一般原则的更为坚实的肯定。

在民事和非封建程序中，历史趋势已经稳步朝着一个简化得多的体系或者一套子体系的方向前进，在这一体系中对裁判准确性、自由证明以及讼累、耗费和延迟的最小化等基本原则的背离只有在例外的情形下并且基于良好的理由方才会被废除。[114] 一些不必要的复杂化和“证据幽灵”依然存在，在许多裁判庭中存在一种令人担忧的对制定法和一般民事证据法之适用性的模糊不清。像开示这样一些迫在眉睫的主题大多数被认为最惬意地放入民事程序，一个在英国早该被承认为一个恰当的学术研究学科主题的领域。出于最实用的目的，民事证据细节可以容易地放入这一标题之下。

早些时候，我曾经介绍说鲁珀特·克罗斯爵士说过他正在为其所处的学科被废止的那一天而工作。[115] 其背景是一场有关刑事证据的辩论，而我对这位令人崇敬的先生的反对部分出于政治理由，部分则由于他对该学科的狭隘概念。不过，只有对其为他所理解的主题——尤其是在民事诉讼方面——的简化和系统化所作的巨大贡献给予高度的肯定方才公道。一个充分的解释如下所示：出于大多数目的，将证据法视为远离其运作于其间的不同程序背景的一个学科是没有道理的；而对于原则的稳固而又明确的遵循比立
226 足于技术性规则——这些规则很大程度上是零碎的、陈旧的、不连贯的且在实践中常常无法观察——可能能更好地服务于那些应该成为任何健全司法体系之基础的重要价值。

[113] [Zuckerman (1989), Ashworth (1998), Dennis (2002), Roberts and Zuckerman (2004), Stein (2005) 已经延续了这种强调原则的令人赞赏的趋势。不幸的是，这些努力已经被那些对 9·11 和“反恐战争”的应对加上布什和布莱尔政府那些已经侵蚀这些基本原则的“法律与秩序”改革严重破坏了。]

[114] 关于“官方观点”的不同层面及其与实践的关系，see McBarnett (1981)。

[115] Above, 1.

五、结论

1. 在审判中或者诉讼的其他重要裁定中，有关争议性事实问题的推理是为那些从实体法、程序、逻辑和证据法中提取出来的规范所组织、规制和指引的。后者主要关注 4 个问题：哪些事实将作为证据被提出或者考虑？它们必须由谁提出？它们必须被提出给谁？处于争议中的哪些命题需要提出证据？在这些问题方面，程序规范、证据规范和实践推理之间并没有划出严格的界限。

2. 证据法是由概念、原则、标准、平衡检验标准、裁量性指示与实践规则和惯例以及规范证据种类的强制性规则所组成。

3. 只要“自由证明”被解释成有关裁判中事实问题的自然或者常识推理模式以及法律仅仅以一种有限的方式来限制这些模式，那么，将证据法视为一项自由证明原则的一系列不同例外的塞耶式观点本质上就是正确的。比方说，法律限制了某些类型的证据应该被有效地运用于某些目的（比如传闻规则）以及通过组织、限制和指导行使作出事实裁定中的裁量权来限制某些目的。

4. 由马克拉马拉所提出的改进后的塞耶观点在提出大量的排除规则可以最好地被解释成基于公共利益而规定将某些信息排除作为好的判决理由的条件的规则这一点上，同样大体上是正确的。“公共利益”既涵盖了证据种类，也涵盖了情境类型以及案件情形下的利益平衡。

5. 从这一视角来看，边沁对所有强制性规则的攻击被夸大了，但在指出案件的具体情形对于在有关分量、公共利益等方面作出正确裁决的重要性这一点上，边沁的攻击本质上是正确的。

6. 古老也奶酪观点在强调现存的由强制性规则组成的证据法尤其在民事诉讼方面是多么微不足道这一点上本质上是正确的。但这种观点低估了那些从广义上理解能够组织和指引法律过程中的推理的法律规范。

7. 柴郡猫观点强调了一种证据法的现实主义观需要警惕对法律的过分形式化或者过分精确的表述，因为（1）如此之多的证据规范的灵活性，（2）这些规则常常被弃而不用、违反或者忽略，以及（3）许多审判庭被证据规则“指引而不是限定”。事实裁判者所作出的决策大多数在很大程度上是裁量性的；而柴郡猫观点可能混淆所有裁判者推理以及以一种典型方式架构起来的裁量权。

8. 有关证据的传统著述将对抗式陪审团审判视为所有诉讼的典型。从诉讼的一个总体过程模式来看，这一点是误导人的，因为陪审团审判并非所有审判之典型，而对抗式审判也并非所有诉讼之典型，而且判决仅仅是总体过程中

227 的一类重要裁决而已。不过，在一种重要的意义上，判决是具有典型性的：它们不仅仅向先前程序“投去长长的影子”，而且作为裁判准确性的一种一般模式。

9. 威格摩尔的证明逻辑优先于证据法同样包含着一种重要的洞见。证据法的基本概念同样是证明逻辑的基本概念，尤其是实质性、相关性、可采性、可信性、有效性、说服力以及裁决标准。而且，如果证据法是实践推理之一般原则的一系列例外，则在考虑这些例外之前先阐明和掌握这些原则就顺理成章了；而且，只要证据法关注对**推理**的组织、规制和指引，那么，逻辑和认识论对于该学科来说便是基础性的。因此，基于大部分目的而言，将证明逻辑和证据规则视为一个单一学科的两个部分是明智的。

第七章 反思证据

237

引言

当我开始研究证据法的时候，便带着一种明确的倾向，就是将其视为对任何既有法律领域之"语境化"(contextualizing)的一个个案研究。其核心问题是："在作为一门学科的法律这样一个宏观概念内，研究证据法将会涉及什么?"美国现实主义运动历史的一个教训在于那些试图对法学研究发展出一些——包括"行动中的法"在内——开阔的、跨学科进路的人都未能建构出融贯的替代性进路来代替他们试图取代的"作为规则的法"之正统学说。这些正统学说之坚韧部分归因于这样一个事实即它是紧凑的、融贯的并且可控的，至少它看起来如此。像霍姆斯、库克、卢埃林和弗兰克这样一些现实主义者开辟了一系列富有潜在成果的探索线路，但他们未能直面——更不要说解决了——潘多拉盒子难题。①

因此，这一计划的主要目标在于通过为法律中的"证据、证明与事实认定"的一个跨学科视角发展出一个框架来将融贯性问题作为一种现实主义或语境化进路的一部分来加以处理。第二个关切点在于澄清在这一语境中宣称为"现实主义"的意涵是什么，这个问题似乎与一种对"事实"的认定与建构的探索尤其相关。

无论是在主题的选择还是在时间点上，我都是幸运的。因为在这个世纪(指20世纪——译者注)的大部分时间里，在英国法律人当中，证据给人一种狭隘的、高度技术化且常常是无益的虚幻的主题的形象，它主要为法官和执业出庭律师所关注。它一般被视为"法律人的法"的一个明显例子。我很快便发现，当边沁写道"证据领域不过是知识领域而已"时，他要更接近标准(mark)得多。② 我希望在这些论文当中，它的多个分支中的一些已经得到了很好的沟通了。

在20世纪70年代早期，我首次着手开始进入这一主题时，它似乎是一个

① See above, ch. 1, at 5-6. 当代批判法律理论的主要攻击力在于揭露出所有法学话语(legal discourse)的非融贯性(以及所谓的"内在矛盾")。一些批判击中了它们的目标。尽管我对于接受我自己建构的偶然性准备得相当充分，但我不太愿意屈服于去探求那些将世界视为一个值得追求的理想的融贯方式。

② Bentham, *Introductory View*, ch. 1.

相当为人所忽视的领域。[3] 有种种迹象显示我们正处于不同方向的兴趣爆发的边缘。我对修辞学或认识论或概率论或证人心理学或法庭科学所知甚少，而且我对它们的直接相关性也只有一种朦胧的感觉。在证据法的权威教科书中对它
238 们几乎只字未提。我那时还未曾想到话语分析或符号学或叙事学或批判法学研究或模糊逻辑或专家制度。米尔伊安·达玛什卡的第一部开创性著作出版于1973年；乔纳森·科恩的《可能的与可证明的》（*The Probable and the Provable*）出现于1977年。大卫·舒姆在1979年才开始给法学期刊投稿。由沙莉·劳埃德-博斯托克（Sally Lloyd-Bostock）所组织的沃尔夫森（Wolfson）法律与心理学工作坊也是在70年代晚期才开始的。皮特·蒂勒斯对威格摩尔的《专论》第一卷极其费力的修订在1983年出版。我第一次与理查德·埃格里斯顿爵士接触是在20世纪70年代晚期，与特里·安德森是在1981年，与菲利普·戴维德是在1983年或1984年。所有这些个人以及其他许多人都几乎是在完全彼此独立的情况下开始他们的工作的。但到了20世纪70年代早期，我们发现自己都成为了一个正在扩张的国际性的和跨学科的学者网络的一部分，我们的兴趣集中于一个在20世纪大部分时间里都处于沉睡状态的领域。

这种新思想的爆发和新的探索路径令业余爱好者激动不已、迷惑不已，也带来了频频的诱惑。它同样使我计划的焦点得到进一步凝练。某人正在试图提出一种规划理论（mapping theory）这样一种主张很自然就引出了这样一个问题：对什么的规划？为谁而规划？基于什么目标？“新证据学”[4] 的出现提供了一个相当明显的答案。因为显然需要一个开阔的框架来将这些新进展以及更为长久确立的探索路线每一个相互之间的关系勾画出来。一个规划理论不仅仅将提供一个框架，而且可以为来自其他学科的专家们就这些他们已经逛过的、不甚为人所熟悉的地形的性质、范围及陷阱提供一些指引。而且，它还可以往旧问题投射出新的光线，还可以辨别出值得探索的新问题或者为人所忽视的问题。因此，向一个宏大而又正在扩张的领域提供一个整体鸟瞰注定只是转移法学学术中注意力平衡这样一个不谦虚事业中的一个小小努力而已。

本章的目的在于使前面几章所预告的一般性视角得以明确化，并且对其于理解法律之一种贡献的价值与局限进行检视。本章还将致力于将本书中的主要理论整合在一起，并且为未来的探索指明几个可能的方向。

③ Cf. Wright and Graham (1977), ch. 1; Lempert (1988) 61.

④ Lempert (1988), discussed below, 244－9.

这一视角的基本要素已经加以介绍了并且进行了一些潜在的应用。我们曾经暗示说将证据与证明问题看作有关信息在诉讼中重要裁决过程的处理与应用问题是非常富有启发意义的。诉讼中信息（IL）将取代“司法证据”或“证据、证明与事实认定”（EPF）[⑤] 作为一个研究领域的组织性概念，该领域值得比起当前在法学学科中占据更为核心的位置。下面各节将把这一视角同法律理论化的一个特殊观念联系在一起，对 IL 的基本概念进行详细阐述并且对其意涵、应用及局限进行考察。

一、有关诉讼中信息（IL）的理论化

本书被期待作为对法理学的一个贡献。这样一个宣称意味着什么？法理学可以被有用地视为作为一个学科的法学的理论部分。[⑥] 在这一意义上，它与 239
“法律理论”含义相同但要广于“法哲学”。理论化与哲学化可能被视为关注某些类型问题的知识活动。一个理论性问题可以被界定为一个被定位在相对较高一般化层次的问题。最一般和抽象的几类问题被便利地界定为“哲学的”。不那么抽象一点的问题则属于“中级问题”。理论化讨论也包括对一般性观念一定程度上的具体例证、意涵和应用的考量，以及——相反——对具体例子的一般性意涵的考量。

作为关注相对一般化问题的一种活动，这种理论化概念有 3 点值得强调：第一，主要的分歧点是“一般”与“具体”之间，而不是“理论”（或“学术”）与“实践”之间。实践的功用与一般化层次之间并不存在必然的联系或界分。[⑦] 第二，正如抽象阶梯（a ladder of abstraction）这样一个隐喻所例证的，具体性与一般性是相对的事。“哲学”“中级”与“应用性”问题或理论之间并不存在鲜明的界线。这些词仅仅是一个一般化区间中的宽泛路标而已；它们能够被广泛使用恰恰因为它们是含糊的。正如每位律师应该知道的，健全的对话往往会包含相对一般与相对具体之间的一个持续互动。[⑧] 第三，如果理论化被视为一项致力于提出、再提出、批判、反思以及回答一般性问题的活动的话，那么，“理论”不应该被假定为这项事业的唯一具有价值的产出。当然，

⑤ See below，248-54.

⑥ 本节中的想法在《法律理论与普通法》（*LTCL*）第四章和第十三章中得到进一步的论述。

⑦ 当然，许多即时有用的想法必须是既具体又精确的。但当一般性想法或概览服务于经济或秩序或者拥有一个广泛用途的时候，它们比具体的想法具有更大的实际效用，see further MacCormick and Twining (1986)。

⑧ 经典的论述在 J. Stone (1964)，267-74。

对不同类型的精雕细琢的理论的发展或建构是理论化的主要功能之一。在这一语境下，“一个理论”指的是对一个或一组一般性问题的一个或一组相对融贯、论辩性的答案。但理论化除了关心答案之外还关心提问；致力于假设与前设的挖掘；致力于探索逻辑意蕴、具体应用及其他关联；致力于对问题、答案及理由进行建构和批判；致力于将不同探究线路之间的关系勾勒出来；而且致力于发展用于理论化的方法与工具，比如概念澄清技术或者模式与理想类型的建构。

在法学学科内部，理论化服务于几个不同的功能。[9] 这些“法理学工作”包含：不同类型的知识史；“高端理论”或严格意义上的法哲学；中级理论化，包括为实证研究或为立法者、法官或法律程序和活动的其他参与者的工作理论提出假设。其他工作包括探索相邻学科之间的关系并且在它们之间进行对话（“法律人的外向性”）[10]，并且为作为一个学科的法律、一般性的法律话语以及像合同理论、刑法理论或证据理论这样的特殊部门建构一个融贯的参照框架。

这些分类可能有助于澄清这些文章尤其是本文的主要目的。《证据理论：边沁与威格摩尔》和本书的前 5 章致力于描述、阐释和评估我们知识传统在法
240 律中事实认定方面的一些独特侧面。因为主要的关切点是当代问题，这就不是严格意义上的像昆廷·斯金纳（Quentin Skinner）* 那种模式下的语境主义历史[11]，不过，我还是希望它也许能够为历史学家提出一些富有成果的探索路线。在对我们证据性文本传统的一个部门加以检视和阐释的过程中，我已经尽力以一种便利于严格检视的形式来阐明它们的基本假设和前设，并且指明了它们同当代观点的潜在分歧点或差异点。[12]

这些历史性的侵扰和后面的那些文章都与有关推理、合理性和知识的哲学问题直接相关，都与“事实”（和想象）之性质以及我们在这一领域的一些传统概念能够在多大程度上经受住不同类型的“怀疑主义”挑战的严格考验直接相关。这些探索显然都有一种哲学维度，但它们从来都不仅仅，甚至不主要是哲学性的，这既是因为这些问题在特定法律语境中的地方化，也是因为不同类型的参与者的关切所带来的“地心引力”，他们想要的是——哪怕来自理论

[9] See further Twining (1974) and *LTCL*, chs. 4 and 13.

[10] J. Stone (1964), 16.

* 昆廷·斯金纳：剑桥大学钦定近代史讲座教授，思想史研究“剑桥学派”的代表性人物，倡导历史语境主义的研究方法——译者注。

[11] E. g. Skinner (1969, 1978).

[12] Above 76.

家——能够以行动策略的形式或者以立法理论、裁判理论、论证理论等形式来为他们的活动提供一般性的指引。在实践当中，法律学科倾向于参与者本位主义，因为它的主要客户是由实务世界的真实或预期参与者们所组成。[13] 即便那些称自己为“法哲学家”的人也倾向于——很容易理解——在比一般性哲学不那么抽象的层面上进行操作。这些文章也不例外。其中一个结果便是它们对哲学的援引要远远多于它们对哲学的贡献。

法理学家约翰·奥斯丁在“特殊”（或国家）与“一般”（或比较）法理学之间作了一个有用的界分：前者仅仅局限在一个单一的法律体系，而后者不是。[14] 这种区分当然是相对的，因为一般法理学可以被限制在两个或多个法律体系或者被限制在“现代”或“西方”法律体系；或者它可以宣称是趋于无限的。[15]

在这里所勾勒出来的法律理论化图景中，无论是一般法理学还是特殊法理学，都有很大的一部分归属于“中级”理论化的范围，因为即便相当一般性的问题和关切点都与特定的法律语境密切相关，从而也就落在了狭义哲学的范围之外。[16] 这一点的一个必然结果就是“中级理论”涵盖了相当宽泛的一般化层次范围，其中包括比如杰里米·边沁那样的一般性立法理论、罗纳德·德沃金那样的一般性普通法裁判理论[17]以及卡尔·卢埃林那样的美国上诉法院裁判理论。[18] 中级理论化范围的宽度在这里是直接相关的。前面那些文章中的主要问题和结论可以被解释为涵盖了一般性的许多层次。比如，有关理性主义传统的历史主题被明确界定在大约两个世纪（1754 - 1958 年）中英美有关证据法的主流二手著述，因为这就是对样本的限制。

不过，对理性主义思想的“理想类型”的诸多主张更为一般化，因为据说它是用于分析所有有关“司法证据”（其中包括比如像司法裁判和改革争议）的普通法论述——有可能——也是可以用来分析当代大陆法系和一些非西方法 241

⑬ Twining (1974). See also chs. 4 and 5 (esp. 130 - 4, above).

⑭ Austin (1863).

⑮ 当代法律理论的一个困惑就是罗纳德·德沃金的裁判理论可以在多大程度上被貌似合理地解释成超越特定的（美国或英美）法理学。[Cf. Twining (2000a) ch. 2.]

⑯ See n. 6.

⑰ Dworkin (1977).

⑱ Llewellyn (1960). 德沃金和卢埃林的理论主要是规范性的。实证性中观理论化的一个范例可以从理查德·埃贝尔和菲利普·刘易斯（Philip Lewis）合作的有关“法律职业的比较社会学”的雄心勃勃的计划里找到。See Abel and Lewis (eds.) (1988).

律传统中类似论述的有用工具。[19]

“改良版威格摩尔分析”再一次被展示来作为庭审律师与事实裁判者在不同诉讼阶段中的有用的知识工具；经过适当的调整，它也可以为侦探、历史学家、情报分析员或者确切地说关注从数据中进行推论的任何人加以使用。[20] 这是一种可以高度转移的分析工具。[21] 其可转移性明显归因于其在一定程度上从复杂的裁判实践情境中抽象出来了：如果一个人假定了一个自由证明的世界、在诉讼中的某一特定阶段以及一个稳定的数据群，那么就能够更容易地学到这一技术。正是基于这些原因，无论其可能多么有用，它最好仅仅作为一位适格实务者军械库中的一部分；其本身并没有为庭审律师或事实裁判者的周延工作理论提供基础。[22]

还有一个例子——在本文中将旧话重提——与证据法有关。第六章就塞耶对英美证据法的阐释根据其逝世之后的主要进展以及在适应一个诉讼的整体流程模式过程中所隐含的视角扩展来加以检视。不过，主题还是明确限定在当代英国法中，尽管其要点似乎可以适用于大多数普通法系统；讽刺的是，美国可能是最为异常的，因为民事陪审团审判的留存以及对对抗式程序的一个相当好斗的解释。[23] 我的目的是展现一个鸟瞰和阐释——看待今天所矗立的这一法律分支的一种方式——来帮助法学学生、外国法律人以及其他人来理解作为整体的它。那篇文章并不打算将自身作为对其加以详细阐释的一个替代品，因为它在某些方面依然还是一个复杂而技术化的主题。那篇文章的主要结论是遵循塞耶和威格摩尔的传统，证明的逻辑与证据规则应该被视为一个单一的主题。不过，还进一步表明，这些规则一般还应该对诉讼中的所有决策都加以制约，而不仅仅是主要存在于对抗式陪审团裁判甚至一般性的对抗式裁判当中。[24]

在对诉讼中信息（IL）这一视角的性质及潜在的一些意蕴与应用进行讨论之前，通过重述迄今为止这些不同的探索所获得的主要结论来进行盘点也许是

[19] Above，85－6.

[20] *Analysis*（1990，2005）*passim*；Schum（1987）.

[21] 有关技术之可转移性的争论，see N. Gold et al.（1989）。

[22] 在1990年版《证据分析》当中，威格摩尔的方法首先以一种抽象的方式呈现出来，而后在该书第五章中被“再语境化”（re-contextualised），进入一位美国律师为庭审做准备这样一个特殊情境当中。[在第二版中遵循了同样的策略（*Analysis*，2005）。原来的第五章变成了新版中的第十二章。同时也参见第八～十章。]

[23] 关于英国的诉讼和美国的诉讼之间的诸多差异，see Atiyah and Summers（1987）。[有关证明原则与美国证据法之间的关系，see *Analysis*（2005），ch. 11。]

[24] Above，ch. 6.

有所帮助的。[25] 这将在下一节完成。

二、盘点

前面那些文章的主要结论可以总结如下：

1. 法律程序中的事实认定研究是一个宏大的主题，它值得在法学学科中被赋予一个比在阐释性传统中更为核心的地位。

2. 普通法已经不同寻常地将“证据”视为一个独特的法律领域，一个有 242
着特定法典、专论、课程与专家的学科。不过，这一学科被设想得过于狭隘，因为（1）证据法常常被视为与法律中的证据问题同源；以及（2）证据法自身常常被狭隘地理解成主要由那些着重处理对抗式裁判中的证据可采性问题的实在法律规则组成。

3. 英美有关证据的专业化研究与论述倾向于基于一组单一的、相对融贯的有关裁判以及在这一情境的理性事实认定中将会涉及什么的假设：

（1）这些假设很大程度上是根植于后启蒙主义思想，在这里称为乐观理性主义；

（2）从吉尔伯特（1754 年）到克罗斯（1958 年）的几乎所有英美专业作者都在一定程度上符合理性主义传统的“理想类型”。进一步的研究可能会被期待来展示更多的对裁判方面（模式 I）的背离——比理性证明（模式 II）来说[26]；

（3）理性主义传统当中的核心概念与区分——裁判的准确性、实质性、相关性、可采性、分量/说服力、推论、概率、假设以及证明责任与证明标准——已经成为高度成熟的分析与发展的主题，许多方面在其他学科中都没有相对应的产物。

（4）裁判的准确性观念所蕴含的价值可以通过 3 个**概念**（concepts）——真相、理性与填补正义——来表述，这些概念几乎普适性地被用来代表裁判的“理性核心”。不过，为这一传统中大多数作者们所采用或预设的真相、正义与理性的特定**定义**（conceptions）在哲学上常常遭到质疑。

（5）裁决的准确性与事实认定中的精确性不仅是审判的核心价值，也是几乎所有官方裁决的核心价值。审判性裁决与证明逻辑可以为思考在所有类型的

[25] ［这个盘点主要是以前面第一～六章作为基础。它还吸收了在第七～十章中的一些要点。第七章（律师的故事）是现在的第九章，而有关叙事和论证的观点已经在第十～十三章。这些进一步的探索与应用总体上和这个基本观点的盘点——它是写于 1989—1990 年——保持一致。］

[26] See now Risinger (2004).

建构性决策中的合理性问题提供一个有用的范例。

(6) 通过承认法律关注的是盖然性而非确定性、是“开放系统的推理”(归纳) 而非“封闭系统的推理”(演绎)，以及通过裁判的准确性与竞争性社会价值之间的平衡，理性主义传统创造了一个坚实而又富有弹性的概念性框架。这一框架可以容纳内部的诸多分歧，同时至少对来自外部的粗暴干预可以进行强有力的捍卫。不过，问题在于理性主义模式能够在多大程度上契合于：

1) 对抗式与纠问式程序模式；

2) 非功利主义程序价值理论或程序权利理论；

3) 与原子主义相对的整体主义理性概念；

4) 不同的诉讼理论，这些理论将诉讼描述成社会过程的一种极端复杂的形式，这种形式无论在设计还是实际运作方面都无法被说成具有一个单一的直接目标。

4. 有关证据的专业性写作已经保持着相对的孤立，尽管大家都承认在许多情境下对证据与程序、证据法与实体法、事实与法律、事实与价值以及事实
243 与意见之间进行区分会存在问题，但基于某些目的，将事实问题与证据问题抽象出来分别处理是合理的，比如一部有关证据的法典或制定法，作为（在一审或上诉审中）分配角色或者用于建构或分析论证或研究某些类型证据或证据来源之可靠性的一种手段的“事实问题”。不过，对此类区分的缺陷性和一般性情境的敏感是至关重要的。

5. 至19世纪末期，有关证据法的专业性写作已经变得人为地与程序领域割裂开来了。这一点同这一领域的规则本位、陪审团裁判观念相结合，已经在对某些主题的成熟与细致研究方面获得了某些收益。不过，其代价包括：

(1) 与程序领域的知识进展相对隔离；

(2) 与事实认定相关的其他研究路线的碎片化，比如法庭科学、证明逻辑、目击心理学、决策论；

(3) 对一些重要主题的忽略，比如，正式“规则”所未能涵盖的问题（比如证据评估）；证据法对庭前及其他决策的影响与辐射；裁判之后、行政裁判所（tribunals）以及非陪审团审判中的事实认定；涉及事实认定的非裁判性决策的标准；以及直到目前对根本性理论问题的忽略；

(4) 对一些具体现象的曲解，比如，供述；判决的标准；错误辨认的结果；无罪推定在司法之外的重要性；具体制度、程序、规范的潜在功能（比如作为招募方式的警察访谈；沉默权的象征性意义）。

6. 当我们从一个更为宽泛的视角来审视的时候，我们有关事实认定的研

习传统所呈现出来的图景是由一系列相关但却彼此缺乏联系的研究路线组成的。尤其是：

(1) 有关法律过程的更多不同类型的文献中有很多既无法常规地予以援引，也无法塞进有关证据的专业著作之列。有关法律过程与制度的社会学面向的著述倾向于援用不同的知识传统，并且在口吻上更为怀疑主义。细加考究，这些怀疑主义并未在一个根本的层面上对理性主义传统的核心理念［见前面3(4)］展现出持续性的挑战；不过，他们的确对愿望理性主义的乐观主义以及其所支持的一些特殊概念都提出了挑战。

(2) 其他一些学科比如证人心理学以及一定范围内的法庭科学的一些研究者已经接受了诉讼与事实认定的简化和过时模式来作为他们研究的基础。

7. (1) 经典的塞耶式证据法观认为证据法是由自由证明这一一般性原则的一系列各自不同的例外组成的。经过一些例外的限定和修正，这一观点依然行之有效，它规定了“自由证明”被解释为免除附加在自由探究与自然推理之上的人为限制，以及证据“法”不仅包括了强制性规则，还包括一般性原则、弹性的标准、权衡标准以及指引。

(2) “证明的自由”既不意味着恣意也不意味着强大的裁量权。在涉及事实认定的诉讼中，最为重要的官方裁决被假定需要至少是建构性的裁量权。事 244
实的裁判者和其他官方裁决的作出者需要接受一个优先性要求，也就是寻求裁判的准确性的制约。“证明的自由”并不意味着豁免于逻辑原则或政治德性原则或实体法与程序法的形式规范的约束。

(3) 如果一个法律分支是由一项单一原则的一系列例外所组成，那么，在考虑这些例外之前，先研究这一原则是顺理成章的。

(4) 如果塞耶将证据法视为主要关注推理这一点是正确的话，如果威格摩尔将证明的逻辑视为优先于也重要于“裁判规则”的话，如果证明的逻辑与证据规则分享相同的基本概念的话，那么，基于大部分研究、阐释和理论批判的目的，将证明的逻辑和证据规则视为同一主题紧密相关的两个部分是明智的。

8. 改进后的威格摩尔分析是一个用于建构、重构、澄清与是批判有关相对建构性事实问题的论证的有用的知识程序。它尤其可以用于组织大型的数据“混合群”并且使一个论证的特定阶段经受严密的微观分析。在处理特定证据项的评估或证人可信性评价或者一些精细分析的收益将会不抵其成本的情境中，它就不是那么能派上用场。

9. “叙事”采取了多种形式并在法律话语中扮演了多重角色。在诉辩者与法官进行论证的情境中，叙事常常被分别用于合法的、模棱两可的以及显然是非法的目的，这主要根据辩护的伦理学和法律论证的常规标准来作出判断。[27] 对于以不完整信息为基础来重构和作出有关过去事件的判断来说，叙事和分析或许是补充性的而非替代性的。

10. 在规范性证据研究方面，一个更为振奋人心的进展就是对一般性原则兴趣的复苏。[28] 一个健全的证据法的最为重要的一些原则（比如无罪推定、保护犯罪嫌疑人及刑事程序的其他参与者免遭不恰当或不公平待遇以及无辜者免于被定罪）不应该仅仅甚至主要被理解成证据性原则，而是一个更为一般性的政治德性原则框架的组成部分。

三、“新证据学”以及对一个规划理论的需求

在 1979 年对我们的专门性证据研究传统进行的一次初步盘点中，我曾指出，尽管已经取得很多成就，但这一传统很容易招致 4 条主要路线的批判：它的关注点过于狭隘；它是非理论的（atheoretical）；它是不融贯的；以及对证据规则的过分关注已经导致了“对关键性证据问题和现象的曲解与错误认识”[29]。在 1993 年，我又从三个方面对这一一般性论断进行了注解。

第一，尽管非理论与非融贯的指责或许依然与一些对 20 世纪前 75 年无数阐释性著述的批判理由一样水涨船高，但它们并不适用于边沁、塞耶、威格摩尔以及其他不那么突出的一些人，比如杰罗米·迈克尔，以及 19 世纪的相当
245 一些作者。对 20 世纪证据法学者们的指责更恰当的也许是对一个丰富传统的忽略，这一点正如边沁的《司法证据原理》和威格摩尔的《司法证明科学》非同寻常的无视所例证的那样。[30]

第二，对关注范围过于狭隘的指责同样需要作出限定。无论是边沁还是威格摩尔显然都不能被指责仅仅狭隘地关注规范。而塞耶因其历史敏感性和对实践推理的关注也很难符合狭隘阐释者的原型。不过，他们三个人都关注**司法**证据，而塞耶、威格摩尔及其追随者们都将对抗式陪审团审判作为证据法运作场域的一个典型范例，都将法律报告作为他们研究主题的主要知识库。一个象征性标志就是威格摩尔将证据法称为“裁判规则”。

第三，正如之前所指出的，我对专业性证据法研究的批评是在近期学界对

[27] 参见下文第十章。

[28] ［比如，Zuckerman (1989)，Ashworth (1998)，Dennis (2002) and Roberts and Zuckerman (2004)。］

[29] Above，ch. 1 at 3.

[30] See generally *TEBW*.

证据法兴趣复苏的早期阶段作出的。它们在很大程度上已经事过境迁了。那么，“新证据学”情况如何？它在多大程度上会遭到过于狭隘、非理论的、过于关注证据规则或不融贯这样的批判？前面3个指责并未困扰我们：我们已经说了够多的话来论证说新近的证据法研究已经非常关注理论、已经远远超出法律规范并且吸收了范围广泛的众多学科的知识。不过，我们在考虑它们是否或者能否作为一个融贯运动的组成部分之前，需要更为贴近地审视这些新的进展的性质与范围。

1986年，理查德·伦伯特（Richard Lempert）教授——其本身对作为整体的法律尤其是证据法的跨学科研究贡献甚多——用下面这样一段话来描写“新证据学”：“证据法已经从一个关注规范表述的领域转型成为一个关注证明过程的领域了。威格摩尔的其他巨著正在被重新发现，而外在于法学的学科比如数学、心理学和哲学已经深入地检视它们所能给予的指导。”[31]

伦伯特认为，这股全新的、令人兴奋的证据学浪潮首先是受到了《联邦证据规则》颁行的刺激，然后被人民诉柯林斯（People v. Collins）[32] 这个臭名昭著案件的诸多反映推波助澜，这个案件直接带来了有关证明理论与贝叶斯定理及其他概率性推论理论之间关系的热烈——有时甚至是极其猛烈的——争论。

伦伯特的描述似乎反映了对新近进展的一个广泛认同的美国式看法。而从大西洋另一边看来，“新证据学”似乎在范围上要比其所描述的要广泛得多。

有关《联邦证据规则》的文献以及有关概率的争论毫无疑问是对证据之学术兴趣的广泛复苏中的重要例子。但这仅仅代表着一幅更为多变的图画中的两个碎片而已。近些年来，我已经参加了完全致力于“法律中的事实”（杜伦，1982年）、“概率与推论”（波士顿，1986年）、“符号学与法律证明”（墨西拿， 246

[31] Lempert (1988)，61. 这一表述的语境是1986年的波士顿研讨会，该研讨会最初主要关注“贝叶斯主义在证据法中的用途与局限”〔see Tillers and Green (eds. x 1988)〕。伦伯特当时正在对罗纳德·艾伦教授的一篇挑衅性论文进行回应，艾伦认为围绕在现代概率争论周围的不舒服感与其说是因为对概率进行概念化方面令人头疼的分歧，毋宁说是因为需要对民事陪审团审判进行再概念化（Allen，1988)。在那场辩论中，伦伯特说艾伦的主张也许会导致规范民事审判的规则发生一些激进的而且不可欲的变革〔Lempert (1988)，80ff.〕；而在表明对艾伦进路部分赞同的同时，我提出说，这篇文章依然过于拘泥于陪审团思维、法院中心症（court-itis）以及推理的原子主义模式，以至于无法对这种不舒服给出一个恰当的解释。有关牛仔杂技团、蓝绿公共汽车及其他类似东西的一些争论所带有的“非现实性”很大程度上是因为它们与真实诉讼情境的一种现实感相脱离（参见下文）。在这种情况下，伦伯特说艾伦走得太远了，而我则认为他走得还不够远。站在这一具体情境之外，我怀疑我们对于什么构成诉讼的一个“现实主义”视角的观点中存在的分歧并无太大意义。

[32] *People v. Collins* 68 Cal. 2d 319，438 P. 2d 33 (1968).

1987年)、“证据与证明的理论维度”（牛津，1988年）以及“证明的自由”（特伦托，1988年）。[33] 由牛津大学沃尔夫松学院（Wolfson College）所资助的有关法律与心理学的非常出色的工作坊系列从1979年开始便投入了大量的精力在证据问题上。我曾受邀参加——但并不是总能去参加——有关文化中的叙事、法律技能、法律史、刑事程序、统计学、法庭科学以及法律中的专家制度等学术活动，在这些活动当中，推论、证明与事实认定问题占据着突出的位置。在纽约的本杰明·N·卡多佐法学院所举行的有关“诉讼中的证据”第一系列的研讨班所涵盖的主题同样是非常广泛的。[34] 关于这一广泛领域的跨学科兴趣的多样性与广泛性的进一步证据通过看一下在本书后面的**精选**书目中所罗列的自1980年以来所发表的作品即可明了。[35] 为了对这些进展——它们之间似乎彼此之间以相当复杂的方式相互联系——进行解说，拥有一张地图也许是有所帮助的。但所有这些不同的学术事业都能够被容纳进一个单一的融贯框架当中吗？

我认为，对这一广泛领域的具有积极热情的主要探究路线可以被划归8个宽泛的名目之下：

（1）教义性分析；

（2）程序性研究，包括比较程序；

（3）对法律建制和过程的社会学或社会一法律（包括微观经济学）研究[36]；

（4）推论；

（5）话语（discourse）研究，包括建构主义者、解构主义者、符号学、修辞学、叙事学以及现象学进路；

（6）心理学研究[37]；

---

[33] 前3个会议的产物是公开出版的会议论文集：Twining (ed.) (1983) (FL), Tillers and Green (eds) (1988) and B. Jackson (ed.) (1989)。

[34] 全称是纽约叶史瓦（Yeshiva）大学本杰明·N·卡多佐法学院雅各布·伯恩斯研究所“有关诉讼中的证据的国际研讨班”。这个研讨班是由皮特·蒂勒斯教授所组织。在最开始的两年，这个项目获得的投稿来源包括学术法律人、统计学者、信息科学家、哲学家、执业律师以及一位联邦法官。[这一系列研讨班在20世纪90年代一直持续着，然后在一个较大的有关“推论、文化与日常思维”的跨学科会议中宣告结束。参见下文第十五章。]

[35] “社会一法律”中的“社会”涵盖了所有的社会科学，包括经济学、人类学、心理学和社会史。

[36] 话语研究包括由沃尔夫松学院的阿特金森（Atkinson）和波梅兰兹（Pomerantz）在20世纪80年代所发展出来的那种“对话分析”（conversation analysis）。

[37] [关于1990年以来法律与心理学领域的进展 see above p. 188 n. * and p. 96 n. 193.]

（7）科学与技术发展，包括法庭科学、计算机应用与专家制度[38]；

（8）与上述所有都相关的历史性探究。

当然，这一清单并不全面，而且通过不同的方式来表述。比如说，它并未特别提及这些研究群体的哲学或政治维度。不过，一个能够将所有这些类型都容纳在内的框架如果能够服务于以下这些目的，便应该有一些价值：指出看似分离的研究路线之间的连接点；在有关哪些问题应该或不应该被追问以及如何界定问题上使这些研究受到批判性检视；为具体的研究路线提供一个广泛而且现实的背景。

在考虑一个“诉讼中信息”（IL）视角能够在多大程度上服务于这些目的之前，有必要从这一视点出发去对证据理论经典作进一步的审视。在普通法传统上司法证据的3位重量级理论家都为他们的工作提出了融贯性框架。边沁的证据理论从消极一面来看是抨击了所有的技术细节；从积极一面来看则一方面是有关自然程序制度的一般性理论的组成部分，另一方面则是有关日常实践推理的一般性理论的组成部分。特别值得注意的不但有该理论内在的一致性，而且有该理论与边沁为所有政治和法律建制所做的整体设计以及其一般性哲学观点——功利主义原则和虚构理论是其主要基石——之间完全的融合。内在的融贯性过去是，现在还是其力度所在。[39] 不过，**现在看来**，边沁的《司法证据原理》弹性不足且过于植根于其所处时代以至于无法适合当前目的。 247

塞耶的主要关注点是以原则为基础为证据法建构一个清晰的前景。在这一点上他成功了，至少在可采性方面。[40] 尽管后来的专论作者们已经接受了塞耶的基本思想，但基于两点原因他们对证据法的表述倾向于令人困扰：第一，他们一般不会明确处理自由证明原则，该原则为作为整体的学科的一种融贯观点提供了基础。确切地说，他们不是首先研究该原则，而是去集中关注那些显然完全不同的诸多例外。第二，塞耶坚定地将一些主题驱逐给“程序”或“实体法”，比如法官与陪审团之间的功能配置、交叉询问以及一些推定。对此他们已经作了一些实用主义的妥协，认为需要将这些主题包含在内。[41] 这样一些妥协在当时环境下常常是非常明智的，但他们已经倾向于模糊和侵蚀将证据与程序严格分离的人为界限。塞耶的框架同样是融贯的，但其太局限于证据法了。

[38] ［20世纪90年代与证据相关的最为重要的进展主要关注法庭科学和科学证据。See 230 n. 35.］

[39] 有关边沁的《司法证据原理》与其整体观点之间的关系参见《证据理论：边沁与威格摩尔》的第二章。

[40] Above，ch. 6.

[41] 有关“证据”与“程序”之间的差异，see above，ch. 6 and below，254。

通过将该学科划分为两个部分，威格摩尔在拓展证据研究的方向上迈出了重要的一步：证明科学（主要由司法证明的逻辑、心理学和常识维度所组成）和他所称的裁判规则。与塞耶类似，他的本学科基础性观念与裁判中的推理相关："证明科学"尤其是证明逻辑优先于裁判规则，这些规则大体上可以被视为自由探究与自然推理之例外的、人为的诸多限制。威格摩尔在他的专论中同样对处于边界的主题作了一些实用主义的囊括，不过，这一主题的基础性观念是建构一个既融贯又跨学科的框架的一种模式化努力。

威格摩尔的科学经过调整、更新之后能在多大程度上为"新证据学"提供一个融贯的框架？"证明科学"明确指出是以"逻辑学、心理学和一般性经验"为基础。[42] 这就足以容纳前面所列 8 个探索名目中的至少 4 个。因此，威格摩尔将"证明的逻辑"作为一个学科的观念可以很容易便容纳几乎所有新近有关证据与推论的文献，即便他的写作发生在现代对裁判语境中的统计学、概率论和推论性推理发生兴趣之前。许多新的具体问题和答案都是从新近争论中形成的，但它们中几乎所有都与证明逻辑的核心问题直接相关，也就是：什么构成
248 了有关裁判中事实问题的有效、可信及恰当的推理形式？与此类似的是，威格摩尔的法庭心理学观主要局限于不同类型的言词证据之可信性问题这样一个狭隘范围。不过，他的"科学"却能够轻易地容纳一个更为宽泛的法庭心理学观，这种观点同样对有关判决作出、法庭中的交流与互动给予了关注。他的"一般性经验"概念同样包括法庭科学、专家证据、大众知识和常识性概括；在这一名目下，他还对像指纹鉴定、笔迹学和测谎这样的领域的技术进展投入了相关的精力。[43] 当然，从遗传学指纹识别到计算机数据库，自他那年代以来在科学技术领域已经取得了许多具体的进展，不过许多文献依然从一个本质上与威格摩尔相同的视角来获取信息：主要的场域被理解为对抗式裁判，而核心关注的是在法庭上展示的证据的可靠性。威格摩尔清楚地指明他的"科学"与"裁判规则"之间的关系（人们并不必然要同意他的分析）[44]，而且他并未忽略他科学不同组成部分的历史性维度，尽管他的有些历史有些许的粗糙。毫不奇怪的是，他并未在话语分析及相关研究方面投入多少精力，不过将不同类型的法庭话语整合进他"科学"的更新后版本并无困难。因此，在新证据学的主要研究路线中有很大一部分都可以毫无困难地楔入威格摩尔的概念框架当中，并

[42] Wigmore *Science* (1913, 1937), subtitle.

[43] 威格摩尔对那时所称的"警察科学"的发展富有影响〔Roalfe (1977), 60-2., 85-7〕。

[44] Wigmore *Science*, Appendix I, 923-46.

且是以一种可以清晰地指明主要连接点的方式。这就是我所说的一个规划理论的意思。考虑到它第一次被勾勒出来是在 1911 年，它完全可以被认为是一项了不起的成就。

威格摩尔的“科学”中最薄弱的点在于它是以有关诉讼和法律程序的过分单纯的假设为基础的。威格摩尔精通民事和刑事程序，但他的“科学”在这方面却视野狭隘，而且它也并未通过法律程序复杂性的一个恰当观念来获取信息。[45] 这是其阿喀琉斯之踵，因此也成为一个“诉讼中信息”视角的起点。

四、建构一个规划理论：一个组织性概念的选择[46]

我的项目规划最开始的题目是“审判中证据与证明的理论维度”。随着时间的推移，这个标签中的每个要素都在经受着批判性审视。选择一个整体程序模式就意味着从一种判断变成法律程序中的所有重要判断，因此也就需要用“诉讼”来取代“审判”。这转而意味着需要寻找能够替代“证据与证明”的概念。正如我们已经看到的，在审判阶段被算作可采的或不可采“证据”的单一信息“片断”在同一过程的其他阶段的其他判断当中发挥着类似但不完全一样的功能。与此类似，一个“供述”也许是一个与官方合作过程的起点，是一个认罪答辩（可能有交易，也可能无交易）的前兆，或者在撤回认罪答辩之后，可以被采纳或不采纳作为证据，亦可被接收来为上诉提供一个基础。还有审判阶段的“证明标准”与其他阶段的“判断标准”非常相似，比如，提出起诉的 249
决定、是否无案可辩（no case to answer）、作出一个认为陪审员裁判“不安全而且无法令人满意”的上诉裁决，所有规制这些判断的标准都发挥着与证明标准类似的功能，不过无论标准本身还是它们运作的情境，都存在差异。不过，它们都共同连接着裁判的准确性这一概念。[47]

用“诉讼中信息”（IL）来代替“司法证据”或“证据与证明”满足了这些需求点。这不仅仅是一个标签或分类学的问题。的确，人们不要期望传统的标签会被丢弃（基于这一原因，我将继续使用“证据法”），也不应该期望从一个分类的变化中获得太多的东西。需要加以考量的东西是采用一个全新视

[45] 威格摩尔在其《专论》和其他著述中对程序的论述都倾向于平淡无奇，尽管在规则方面往往恰如其分。在走向其职业生涯末尾的过程中，他几乎完全不援引有关诉讼和法律程序的文献。他对非陪审团审判中证据的论述（vol. I，s. 4）如果被放置在一个将对抗式陪审团审判作为典范和学科焦点的框架中就会局促得很。

[46] 对一个领域进行反思的前期步骤之一就是对其传统的分类方式进行批判性审视，比如，参见阿蒂亚用“事故补偿”来代替“侵权”或“疏忽大意”（Atiyah，1970）。

[47] Galligan (1988)，252 - 4，263 - 4. [See now *Analysis* (2005)，ch. 8.]

角——它将使用诉讼（litigation）、判断（decision）与信息（information）这3个关键概念来对一个传统领域进行全新审视——之后我们在阐明问题与内在融贯的潜在收益是什么呢？

（一）诉讼：有关复杂性的一些警告

“诉讼中信息”理论的目标在作为一个整体过程的诉讼背景下，对关涉重要判断的信息进行收集、建构、处理、使用以及论证。从我们的目的来看，用宽泛而又富有弹性的语言来刻画出背景就够了。基于这一目的，参照一个目前正在从事这一事业的诉讼理论将是有所助益的。一个例子是约翰·格里菲斯（John Griffiths），他已经发展出了一个整体程序模式，该模式将法律社会学与法律人类学的当代进展都考虑在内。他的关切点是为了建构一个一般性的诉讼社会学理论——它外在于任何具体法律制度，为了建构“科学的”实证研究，特别进入了荷兰的离婚程序和行政上诉当中。[48]“诉讼中信息”理论，尽管更为狭窄地关注某些方面，但却同时关注规范性问题、阐释性问题以及经验性问题——就它们可以被区分的范围而言。不过，格里菲斯的概念框架及他将诉讼作为一个过程的宽泛概念为勾勒出“诉讼中信息”理论提供了一个成熟而又富有启发意义的起点。

在对此一理论中的概念性问题进行考量之后，格里菲斯提出，“规范性诉求”（normative claim）比“争议”或“案件”更能够提供一个令人满意的基线。

> 那么，一个一般性诉讼理论已经将处理规范性诉求中所必需的社会行为作为其目标。它将由下面三部分所组成：有关规范性诉求的数量、种类和分配的一套系统性命题（入口），与它们相关所发生的互动过程，以及这些过程的诸多结果（出口）。[49]

对这一理论不进行详细检视，但还是值得提出几个要点。第一，它涵盖的面非常宽广：这一过程从很先前的一个点起始，也就是一个诉求的作出，这可能会导致一个纠纷，但也可能不会，而且它也不局限于“国家法”或“官方”规范。格里菲斯的诉讼概念包括了根据——比如在传统非洲社会或者在像学校、工厂或家庭秘密会议这样的“非国家”场域下的——社会规范提出的诉
250 求。这些文章的焦点主要在国家法、正式建制以及官方的决定，但它并不局限

[48] Griffiths (1983), 146－7, 159－61. [See further Twining (1993).]

[49] Griffiths (1983), 169.

于此。将“诉讼中信息”理论置于一个宽广的背景下有着重大的优势，但从我的目的出发，只需要采用一个更为严格一点的“诉讼”概念，也就是将其视为一个过程，这个过程从大多数目的出发被说成是以一个正式的诉求为开端，并且以一个裁判性法庭所发布的一个最终裁断或命令的执行或不执行而告终——如果这一过程延续到一个“最后阶段”的话。

第二，在格里菲斯的用法中，“诉讼”不能简单地同纠纷解决的其他模式——比如协商、调解、宣告无效、排除（elimination）、退出、转包出去、外交手段和战争——进行对比。[50] 一个诉讼过程的例子可能不仅仅包括“指名、指责以及指控”（naming，blaming and claiming）[51]，而且包括双方当事人的协商与和解、多方当事人的调解以及第三方的仲裁或审判。这一点在现代社会的大多数正式法律程序中与其他“非正式的”或“非官方的”程序一样，都是真实的。一个更为开阔的视角再一次帮助我们指明相似之处和连接之处。

“过程思维”是法律思想的一种标准形式。无论是对于实务性法律人还是学术性法律人来说，从时间上按照判决流程和事件流程——涉及不同类型的行动者、制度和场域——来思维是相当自然的事情。[52] 即便非常简单的线性诉讼过程模式也是语境化思维的一种具有潜在威力的工具。从一个规划理论的目的来说，它具有下列吸引力：

> 1. 它能够将法律程序中参与者的主要典型立场和判断都容纳在一个单一框架之内；
>
> 2. 它能够提供一个语境，在其中，特殊的决定（比如审判性裁决）和现象（比如供述）都能够在一幅较为开阔的图景中得以定位。
>
> 3. 它能够相当容易地被改造来契合一个信息处理模式，通过这种模式信息“片断”的进展都能够沿着过程回溯，在这一过程中，可能遭遇到嘈杂之声、被过滤掉、被存储、编码、翻译、改造或转型，最后它将从一个原始的感知或其他导火索性（triggering）事件转变为能够为相关裁决

[50] Cover and Fiss (1979).

[51] Felstiner, Abel and Sarat (1980 - 1).

[52] 作为决定和事件流程的过程（processes）这样一个观点是由哈罗德·拉斯韦尔和迈尔斯·道格尔提出来的，Harold Lasswell and Myres McDougal (e.g. 1967)；McDougal and Reisman (1981)。我希望对“过程”这一概念的采用不会使我自动被标签化为“法律、科学与政策”或所谓的“过程学派”的一位拥护者。

者所接受的东西。[53]

4. 这个模式能够帮助勾画出连接点和来自不同学科与专门性知识飞地（enclave）的潜在投入。

5. 它还作为一个提醒，提醒我们“审判性裁决”与“法律程序”绝不是同延的，有些法律程序并不包含审判性裁决。

从满足大多数目的的角度来说，一个简单的线性模式也许就足够了。不过，新近有关诉讼的人类学和社会学研究提供了一些有关复杂性的有益警告。格里菲斯已经阐释了一个单一线性诉讼模式的一些局限性。像“案件”和“纠纷”这样的概念作为分析单元也是无法令人满意的，这仅仅因为它们通常不是纯粹（neat）的单元：就像一个故事一样，一个“案件”常常不会有清楚的开头或结尾；它常常是一个更长的复杂过程比如一场宿怨或一场政治斗争一样的
251 一个组成部分；而且它也许会有许多分支。[54] 一个“案件”的组成部分也不是保持静止不变的，因为随着故事的展开，议题、场域、参与者、参与者的角色与关系以及其他要素都会改变。[55]

格里菲斯强调了那个常常被忽略的其他一个明显的要点：

> 这个扩展后案件方法（extended case method）一开始是确定一个存在问题的“案件”概念的起始与终结点。正如阿贝尔所观察的，“大多数冲突和纠纷的结果”并非“化解”或“和解”，而是“其他冲突和纠纷，最多只是它们之间的一个暂时缓解而已”（Abel，1973，228）…… 认为根据那些被限制在非洲部落等异国环境——在这些地方，诉讼发生在整个氏

[53] E. g. Lindsay and Norman (1977), Loftus and Loftus (1976), Willmer (1970). 信息科学关于在诉讼时作出决定过程中信息的处理与使用的潜在关系的观点可以通过 3 个例子来说明。第一，这样一种观点：一个单一的信息“片断”，比如一个前科列表，在单一一个过程中的不同点上可以用也可以不用，可以根据一个“影响图表”来进行分析，这个列表会将包含推论与选择之混合物的网络勾画出来〔see, for example, J. Q. Smith (1988), ch. 5〕。第二，除了别的以外，情报分析员近年来对于信息依赖其自身来产生对同一片证据的双重或多重计算日益敏感，比如说，在需要对来自看似独立的 3 个来源——它们事实上已经基于来自同一单一来源的信息而得出同样的结论——的意见之累积赋予分量的地方。对单一信息项的这种多重计算被通俗地称为“自我舔舐的冰淇淋锥”（a self-licking ice cream cone）〔see further Schum (1994), ch. 8, Redundant Evidence〕。第三，舒姆（ibid., chs. 3, 5 and 11）具体探究了不同行动者的信息处理如何影响其证明价值或推论价值，比如，一个警察对一个犯罪嫌疑人在一次会见中所说的话作了笔记，随后把它们写出来。我对大卫·舒姆提供的这些要点深表谢意。

[54] Griffiths (1983), 151 - 8.

[55] 一个个案研究——在其中，当事人、法律领域、议题和竞技场域在某一“事务”过程中都发生改变——的绝佳例子是这样一部电影，*The Sunday Times Case* by Philip Britton and Ian Thompson (1984)。

族之间，这些氏族存在长期的关系，彼此之间包含了反复的协商和诉讼，而且需要一种长期的策略使得在其内部任何个案都仅仅是次要事件——的孤立个案不可能理解诉讼程序，这种看法是错误的……正如加兰特［Galanter（1974）］已经强调说对于许多建制性诉讼者——比如保险公司、法律服务组织、检察官和公设律师——来说，"现代"制度安排同样是如此。但即便在涉及个人的案件中，正如我们目前正在研究的行政上诉当中，我们也有充分的理由来认为诉讼将常常展示那些被扩展后案件方法所强调的特征：一个特定"案件"只有作为一种扩展后关系的一个阶段才能容易被理解，这种关系包含了先前冲突的其他事情还有个人与当地政府主体或两个个人之间的互动。[56]

而且，诉讼过程并不必然是非线性的。想一想，比如说，一次相当常见的"复杂离婚"的后果将会涉及不同的行动者、关系、交易和事件以及他们之间互动关系的复杂性以及所有这些的时间安排。[57]

来自人类学家的有关复杂性的信息与"简单"社会中的所谓常规性纠纷相关。即便是对当代法律系统最为形式化的描述也会提醒我们，不同类型的诉求、场域、诉讼和程序都在诉讼的界限之内。

在这里值得指出的还有一点——在先前一篇文章曾触及。[58] 正如我们已经看到的，诉讼有时候会被拿来与其他纠纷解决模式进行对比，但也常常将其他纠纷解决模式包含在内。将诉讼置于纠纷解决制度和过程的整体图景中有助于保持一幅中肯的人口统计学图景（比如民事主张有多少比例会到达一个令状发布阶段或其他正式动议阶段?）。它还可以作为一种提醒，提醒我们说国家对纠纷解决并不具有完全的垄断状态。

还有其他一些复杂因素。我们已经看到了，单一一个过程也许会设计几种纠纷解决模式。这并非仅仅概念上的争论。将焦点从审判转向诉讼的一个理由在于这样一个大家所熟知的事实：大量的民事诉讼从来不会到达审判阶段，而在普通法的刑事程序中，由于辩诉交易的原因，审判阶段也从不会发生，但会涉及"证据"问题。与此类似，一个人只要对法国和意大利法院有最一般的了 252
解，那么就会意识到他们所说的"裁判"的含义与英国的——更不要说美国

[56] Griffiths (1983)，152 - 3.

[57] 桑普福德〔Sampford (1989)〕在对这样一个观点即法律从来都可以被看成是系统地作出的一个重要批判中让我承担这样一项任务，就是展现一个决定、任务和角色的非线性模式（at 132 - 3）。我同意说许多法律过程绝非如此简单，但我依然相信流程表是分析和描述法律过程的有用工具。

[58] Above，ch. 5.

的——裁判的含义差异非常大。[59] 而且像验尸调查或对灾难的公共调查这样的程序可能会，也可能不会被有用地区分为涉及“诉讼”甚至“纠纷”，但在所有这些程序中都会提出事实认定问题，而且该问题还常常处于核心地位。为了不过宽地打开潘多拉盒子，我们希望将由官员作出第三方裁决来作为一个特别关注的焦点，但是对于“诉讼中信息”至关重要的许多概念、洞见和思维模式都进行了限定，从而对类似或相关程序中的事实处理或信息处理都有着直接的启示。

值得进一步追问的是：诉讼是否仅仅或主要关注纠纷解决？“纠纷”的边界必须被不断扩展，如果这个词要将所有的刑事程序（尤其是存在辩诉交易的地方）或为证明某人的清誉而提起的非对抗性的诽谤诉讼——仅仅挂一漏万——都包含在内的话。[60]

诉讼的一幅现实主义图景承认其在设计和运作上的复杂性。这对于将“诉讼中信息”作为一个融贯和可操作的关注焦点这样一些前景来说，意味着什么？潘多拉盒子开得太大了吗？即便一个人像格里菲斯那样非常宽泛地解释诉讼——而且从一些特殊目的出发来限缩其边界也不是很难的事情，那么还有单一一条线索构成我们关注的核心：在这类背景下作出决定的事实要素。

（二）决定

> 对于一个历史学家来说，有关决定的最有趣的事情是这样一个事实即每个人都在谈论他们自己。对社会思想感兴趣的人中没有人注意到“决定”这个词将在晚近的道德和政治话语的词汇表中起到多大的作用。在每一页里都会见到它。人们难免会问道：“为什么？”[61] ——朱迪斯·施克莱(Judith Shklar)*

毫不奇怪的是，决定与作出决定已经成为法理学和法学学科的一个关注焦点。这不仅仅是因为审判性决定在英美法律思维中被赋予了一个核心性、的确有所夸大的地位。立法性、行政性和其他许多类型的公共与私人决定、选择也都是来自许多视点的法律关注焦点；规范性法律理论核心关注那种迈向为审判性决定和其他官方决定提供正当性并作出批判的推理；决定中的官方裁量权已

[59] Damaska (1986).

[60] Abel (1973), Galanter (1983), Griffiths (1983).

[61] Shklar (1964) 3.

* 朱迪丝·N·施克莱（Judith Nisse Shklar，1928年9月24日—1992年9月17日）是20世纪美国著名的政治学家、自由主义者——译者注。

经逐渐成为公设律师的一个关注点；而在法律程序中那些更为零散的决定——比如起诉决定、辩诉交易决定、量刑决定以及假释决定——已经成为专门性研究的主题。很难认为说法律并未给予作出决定以一个核心位置，但依然值得指出的是，一些美国法学家在他们的“反对形式主义的反叛”中倾向于用“决定”来代替“规则”作为法律理论中的核心概念。这在拉斯韦尔和麦克道格尔——他们提出一种“法律作为决定过程”的观点——的“法律、科学与政策”进路当中得到清晰的例证。从历史上看，这反映了相邻学科中的类似趋势。[62] 253

为了实现在不同探索路线之间勾画出连接纽带这一目的，“决定”特别有用，就因为它是如此之多学科的一个焦点：心理学、逻辑学、政治科学、经济分析、公共选择理论，更不用说决策理论自身都将其作为共同的连接点。我们也看到了司法事实认定与历史探索和科学探索之间的主要差异也许就在于法官有义务以那些具有重要实践性后果的方式来作出决定。对于他们来说，决定是行动的一种形式；科学家和历史学家则主要是得出结论。[63]

决定的作出同样是现实世界中行动者关注的一个焦点。霍姆斯的坏人、公证员、税务咨询师、警察、律师、证人、收债者以及保险理赔员的行为在很大程度上都是以法官和其他官员的决定为中心的。他们的角色和他们自己的选择在很大程度上决定于对官方决定的预测或回应。就这一点来说，这些参与者和他们的选择可以很方便地被视为官方决定的附属品。简言之，将决定和作出决定视为一个研究焦点是保持融贯性和可操作性的一种看似平常但极其方便的方式。

（三）信息

用“信息”来取代“证据”最初是为了强调同样的信息“片断”在同一个过程中可以扮演多个角色。在每一个阶段，它可以被以截然不同的方式来建构、重构、解构、处理、过滤、展示、采纳或运用。

作为一个组织性概念，信息还有其他一些优点。第一，与“决定”一样，“信息”是许多学科和子学科的一个核心概念，比如控制论、信息处理以及不同形式的情报收集。这也许会提出一些从未被系统应用于“诉讼中信息”的一些概念、问题和假设。

第二，由于它多少比“事实”和“证据”宽泛一些，“信息”就超越了以

[62] See above，n. 52.

[63] Cf. above，ch. 4，n. 82.

“事实”为一端和以“价值”“法律”和“意见”为另一端的两者之间的截然两分。在伊迪丝·汤普森的信件中或者一个社会调查报告中所包含的信息并不局限于“纯粹的”或“简单的”事实，无论这些事实是什么。与此类似，“信息”的日常用法在原子主义和整体主义之间是中立的。在一些语境里，我们会谈起相互分离的信息“项”或“片断”，比如伊迪丝的年龄或其他人的住址，但我们也会谈到信息“线”、信息“流”、信息“库”或信息“池”这样一些无法被“原子化”成“片断”的东西。[64] 有关一个人何时以及如何能够为了某一特定目的而离析出个人化“事实”的问题是无法回避的，尤其在主要焦点在事实性信息的时候。但它有助于使作出这样一些区分的问题落在某一领域之内，而不是对其边界进行界定。

第三，用“信息”来取代“证据”意味着需要将我们的关注点拓展到“证明”之外：证明标准仅仅是其属概念决定标准的一类而已[65]；“证明逻辑”是实践推理的一个特殊部分。“诉讼中信息”关注的是诉讼中所有重要决定的事
254 实性要素，但只有在个别情况下事实问题才会与用于认定的其他问题截然区分。当它们如此区分的时候，“事实”这个词以不同于通常用法的方式被巧妙地使用。因此，律师在界定一个陪审团的管辖权、指明需要受到上诉或审查的议题以及决定根据先例规则某一判决的地位和价值时，他们所使用的“事实”都是不同的。[66]

第四，证据法研究的历史表明哪怕法律规范的阐释者在限定他们所选择的领域时也重重困难。吉尔伯特、斯蒂芬、塞耶、威格摩尔及其他没有那么显赫的研究者都在为证据规范区分于程序规则、诉答规则（pleading）、实体法及其他许多规范而努力。[67] 边沁对实体法和程序法的截然区分在其一般性理论中扮演着一个清晰的角色。但他的手稿里包含了大量的例子来反映出他在对“证据”与“程序”进行划分界线时的举棋不定。[68] 比较法学者有时候会将普通法视为在将证据法发展成一个独特的法律领域方面是独一无二的，一个有着专门法典、专论、课程甚至学者的学科。[69] 正如我们已经看到的，现代大陆法系并非“没有证据规则”，比如，可以说在意大利某些方面的证明要比在英国的还

[64] See further Twining (1988), 1542－43.

[65] [See further *Analysis* (2005), ch. 8.]

[66] J. Jackson (1983), Guest (1987), Zuckerman (1986). [See below, ch. 8.]

[67] Above, ch. 3.

[68] 比如大英图书馆边沁手稿中对证人和证据的“可得性”的论述（Twining, 1986b）。

[69] E. g. Duhamel and Smith (1959) ch. 5. Cf. Certoma (1986).

不“自由”[70]。不过，就相关的法律规范而言，证据性问题基于大部分目的而被作为程序的一个组成部分；而大陆法系的法律人和普通法系的法律人一样，在程序与实体法的区分方面存在许多难题。

如果说撕裂法律规范的无缝网络这样的永恒难题在证据方面尤其困难的话，那么对作为一个跨学科研究焦点的“证据”实施一场纯粹的外科切除手术更要困难得多。面对潘多拉盒子的这个版本，一个人的反应是重新回到狭隘的形式主义或者放弃任何在融贯性方面的努力，这丝毫不令人奇怪。一个“诉讼中信息”视角也许无法解决所有因为专门研究而产生的分类难题，但它的确为在证据、程序和过程探究之间进行一个更为接近的整合提供一个可能的基础。

五、一些启示与应用

一个“诉讼中信息”视角对于其他学科和跨学科探索有一些启示与应用。我将在后面触及这一点。不过，我当下的兴趣是法学学科的内部关注。事实已经用一般性术语承认了“诉讼中信息”在法学研究和法学教育中的理论兴趣、实践意义以及更为广泛的分流。这一节将结合一些具体的主题来发展这一点。

（一）法哲学[71]

从狭义上说，法哲学是法律理论中关注有关法律的最为一般性或最为抽象的问题的那一部分。理性主义传统假设彰显了一些清晰的要点，这些要点与本 255
体论、认识论、逻辑学、政治德性以及社会理论的一般性问题紧密相关。在第四章中已经指明了与哲学中怀疑主义的一些潜在关联点，但它表明很少有法律“怀疑论者”是真正的强意义上的哲学怀疑论者。最近有关概率与证明的争论，尤其是乔纳森·科恩有关这一关联的归纳逻辑的著述，对于科学哲学来说同样是贡献。在一个不那么抽象的层面上，米尔伊安·达玛什卡的《司法与国家权力的多种面孔》在一个相对一般的层面上并且以那些对诉讼一般性理论产生一种直接影响的方式探索了政治意识形态与程序系统之间的关系。

前述文章的一个核心主题是有关法律程序中的理性、推理和合理性的哲学问题：什么构成对审判和其他法律语境中争议性事实问题的有效、可靠且恰当的推理？在理性主义传统中，这些写作者采用或假定什么样的推理和合理性概念？这些概念能在多大程度上经受住不同知识传统中所发展出来的哲学理论和怀疑论挑战的批判性审视？在审判性决定或诉讼中其他决定的背景下，多大程

[70] 比如，在资格规则方面，Certoma（1986）。

[71] 本段是以我的论文《证据与法律理论》〔Evidence and Legal Theory（1984）〕为基础的。

度上有可能并且明智地坚持事实问题与价值问题/法律问题/意见问题之间至少是动态的区分？在此背景下，有关事实问题、法律问题的推理和其他律师推理之间是一种什么样的关系？比如说，有关审判中争议性法律问题和事实问题的推理是否应该被视为实践性推理的相近似种类，受到相同的一般性原则的规范——在经过一些语境性变动之后？或者说差异是更为根本性的？等等。

这些例子绝没有穷尽哲学与“诉讼中信息”之间的关联纽带。需要指出的是，与哲学领域的连接点中有许多在传统上并不被认为对英美传统法理学至关重要。[72] 至少直到最近，法理学与哲学之间最为稳定的连接纽带主要和伦理学问题、政治学问题和概念性问题密切相关，而且与疑难案件中争议性法律问题的推理密切相关。

“诉讼中信息”也关注实践推理，而且是关于争议性事实问题的实践推理。它与概率论、知识论、史学和科学哲学这些在很长一段时间里为法律人所相对忽略的学科连接在一起。因此，对这一领域兴趣的复苏包含着对那些可以被恰当地视为在法理学哲学分支中处于核心地位的问题范围的扩展。最后，会有越来越多人意识到将“法律推理”的研究限制在争议性法律问题——阐释性传统狭隘影响的另一个例证——真的是不明智的。从这一点出发可以发展出有关实践推理之性质这一问题的一个开阔得多也丰富得多的视角。对事实问题、量刑
256 问题、伤害评估、假释和法律程序中的许多其他重要问题的决定进行正当化、论证和评估涉及有关实践性推理性质的哲学问题与有关法律程序性质的其他类型问题之间的一个复杂混合；这转而提出了有关推理的形式与风格和不同类型的实践性决定之间相关关系的许多有趣但又相对为人忽视的问题，比如说，在多大程度上被接受对法律问题、事实问题和量刑问题来说恰当的推理模式可以展现出相同的逻辑结构？语境性要素可以在多大程度上产生出不同的相关性标准和恰当性（appropriateness）标准？与此类似，作为理性主义传统之基础的假设和其他知识传统的假设之间的关系所提出来的问题可以扩展来涵盖一些更一般化的问题，也就是我们对待法律中理性的问题。在其他知识传统和我们自己知识传统的新近进展中，这些是如何呈现出来的？它们是植根于一些特殊的历史性概念还是——正如一位评论者坦率指出的——“以西方文明共同的理性观为基础”[73]？

[72] 在很长一段时间里，在英国对凯尔森的“纯粹理论”的争论很少或完全不涉及他的认识论观点（See Tur and Twining，1986）。英美法理学的知识氛围近年来在这些方面已经发生重要的改变。

[73] Galligan（1988）264. 我不同意这种表述，这无法区分合理性的概念（concepts）与观念（conceptions），see above，ch. 4。后者在西方知识传统中“本质上是受到质疑的”。

（二）中观理论

哲学理论与中观理论之间的差异是一般化层次上的相对问题。比起哲学来说，中观的理论化更具语境特殊性，但仍然像特殊法理学意义涵盖的具有一般性的部分。比如，考虑一下这样一个区间：有关一般性推理问题、有关实践性推理的问题、有关裁判中事实问题之实践性推理的问题、英国治安法官或劳资裁判庭所进行的裁判中事实问题之实践性推理的问题以及在某一具体个案中构成最可靠论证的是什么。当某人从这样一个抽象梯子往下走的时候，他也就越来越远离“纯粹的”哲学问题，也越来越卷入日益具体的制度语境当中。

我们的“一般”与“特殊”法理学传统绝大部分属于中观理论化的波段当中，在这一波段，对抽象问题的关注必须与一系列语境性要素结合起来。因为法学研究已经倾向于以关注实践的参与者的关切之处为指针，我们法律理论化传统大量的工作都是采取为不同类型参与者服务的规范性工作理论：边沁的立法理论（包括一个程序法设计理论）、卡尔·卢埃林和罗纳德·德沃金的审判（主要是上诉审）理论以及威格摩尔的证明科学（这表面上是针对庭审律师，顺带针对侦探）都可以作证。有趣的是，我们的诉讼理论（布莱克、阿贝尔、加兰特和格里菲斯）和程序理论（达玛什卡）是实证性或阐释性的，而不是规范性的——就目前所坚持的这些区分来说。[74]

就目前已经勾勒出来的来说，“诉讼中信息”是中观理论化的一个相对清楚的例证，有规范性、阐释性和实证性层面。尽管它专门成长于普通法尤其是英美法传统，但它的许多核心问题和概念经过一定程度的调整之后便可以适用于其他西方法律体系及其他地方。正因为如此，它对于一般性和比较性法理学有着和特殊法理学一样的启示。不过，为了更为详细地进行讨论，也为了避免 257
某些过于概括的危险，我在这里将自己主要限制在英国例子中。

六、宏大视角与具体研究：劳动分工的难题

试图把所有不同探索路线——它们都被确认属于“新证据学”——的一个“诉讼中信息”视角的可能的支脉都讲清楚，已经超出本文的范围了。我已经给出无数的具体运用的例证了；其他的都过于明显，根本不需要再作详细说明；还有另外一些对于具体领域的专家来说也许显而易见或者依然需要他们来解决。不过，有关“诉讼中信息”与专业化之间的关系需要再说一说。

在对我的《证据理论》一书中一个具有穿透力的批评当中，丹尼斯·加利

[74] Conklin（1988）对实证性进路和规范性进路的截然区分提出了挑战。

刚教授对证据的一种宏大进路的新颖性、功效性和可操作性都提出了挑战。[75]他声称，证据与证明研究应该超越法律规则以便同来自社会科学与法庭科学的观念结合在一起这样一个想法是“当下的传统”（now orthodox），而且他感到困惑的是“劳动分工该何去何从”[76]。

> 如果这种批判主要针对狭隘性——这是从其关注证据规则而忽略他们在实践中的应用以及有关证明的更为宏大的主题这一意义来说的，那么证据研究就和所有法学研究领域一样，已经逐渐意识到这些更为开阔的追求以及来自其他学科贡献的重要意义。这些变化在文献中已经有所反映，这些文献在今天比过去要丰富得多。这些都很好，但由此并不能推出，正如特文宁似乎主张的，一个人——除了法律和证据实践之外——如果不是事先精通知识哲学和逻辑学、道德与政治理论、概率论、心理学、民俗方法学以及统计学——仅仅指出一些相关的学科——的话，就会被阻止进入这个领域。所有这些学科当然都与证据相关，正如它们与任何社会或法律探索领域相关一样；但这绝不意味着它们应该被合并成一个学科。专著和概率研究、对排除规则的精细分析和它们的道德基础、法庭心理学与法庭动力学和警察局的组织结构一样，都有一席之地。每一个都可以促进并阐释另外一个，但认为对一个跨学科类型的宏大概括可以取代对某一选定种类进行精细分析就错了。[77]

在有关宏大的跨学科进路在实践中多大程度上已经成为正统这样一个问题上，加利刚也许比我更为自满，但我们都承认新证据学作为一个重要进展的存在。人们都希望在这里已经说得足够多的话来驳斥任何主张说一个“诉讼中信息”视角抑制而非鼓励“对某一特定类型的精细分析”或者主张一个人只有成
258 为博学之人才能着重进行任何专业化研究。对于“诉讼中信息”来说，这里所提出的主张是它不仅为看似分离的探究路线勾画出——还有可能是综合出[78]——一个丰富的分类，而且能够为提出和再提出问题以及以启发性和现实性方式来界定问题提供一个背景。“狭隘”只有当其使感知扭曲或将精力从重要问题转移到对那些细枝末节的追求上或者提出毫无必要的困惑时才会成为问题。一个“诉讼中信息”视角将会成为这样一些毛病的解毒良药。

[75] Galligan (1988).

[76] Ibid., 250 and 264.

[77] Ibid., 251.

[78] 威格摩尔的《科学》提供了一个综合和一幅地图；本文仅仅致力于勾勒出一幅地图的轮廓。

因为从狭隘的证据视角来审视"辨认问题"而导致的失衡和扭曲已经在第五章中指出来了。非常类似的考虑可以适用于几乎所有的审前的决定和事务。一个明显的例子就是有关供述的文献，大量的文献是从证据视角来撰写的，而且主要关注可采性问题。[79] 关注的焦点常常会回避那些本应成为核心的问题对于关注理解供述在刑事程序中角色的人而言，以下问题才是至关重要的。谁"供述"了什么？向谁供述？以什么样的形式，在什么样的环境下以及带来什么样的结果？过于狭隘地提出一个问题的另外一个例子是由乔纳森·科恩所提出的众所周知的"不速之客难题"，他将其与民事证明标准的"优势盖然性"的含义联系起来。这个例子已经提出了广泛的文献，其显著特色是在评论者中存在一种不适感，也就是在问题上存在一些"不真实"或"人为"的感觉。[80]

科恩的例子是关于有 1 000 个观众参加的一个牛仔马戏团，其中 499 个观众买票了，而 501 个没买票。[81] 科恩提出说，在这种情境下，没有一个法律体系应该或可能给予马戏团经营者一种救济手段来针对某一个随机选择的观众，即便是建立在被告人有 51%的可能性没有付钱这样一个"纯统计学证据"基础上。他诉诸法律人的直觉来支持他的观点，也就是说在这类情境下，归纳性（培根式）而非数学性（帕斯卡式）推理要来得更为恰当。[82] 在法律人的直觉方面，无论是马戏团难题还是更受争议的对于依赖纯粹统计学证据来认定个案的抵触，科恩也许是对的。但这些"直觉"并不必然需要完全甚至主要通过不同的推理模式来加以解释。

对于执业律师来说，马戏团的例子因为几个原因而无法令人信服。一位马戏团经营者不可能因为这么一点钱而走法律程序。由于指控主张的是欺诈，证明标准将会高于"证据优势"。不可能只有这么一个证据。如果被告人能够找到，他为什么没有作证？应该还有其他证人（票务员、观众中的其他人，等等）可以很好地成为相关证据的来源。纯统计学证据也许的确是一个真正的问题。科恩的例子最起码例证了其脆弱性。因为，如果被告人去作证说他已经付过钱了，即便没有什么说服力，纯粹的统计学的分量也会被极

[79] 我所读到的对有关供述的文献最具毁灭性的批判是由一位学生斯蒂芬·托马斯为我于 1976 年在弗吉尼亚大学的研讨班所撰写的。他的结论是几乎没有什么法律文献与供述有多大关系，以及很少有什么心理学和神学文献超越推断。也许最令人受益的文本是陀思妥耶夫斯基的《罪与罚》。

[80] Cohen (1977) 所介绍的例子已经被广泛争论了二十多年了。蒂勒斯和格林的讨论〔Tillers and Green (eds.) (1988)〕已经相当清楚地例证了这些争论所特有的非现实感。

[81] 这一段选自《证据分析》[*Analysis* (1991)] 第一版的附录。

[82] Cohen (1977), esp. chs. 7 and 11 and pp. 355 - 6.

大地削弱。[83]

259 而且，至少有3类背景政策考虑可以有助于解释我们对这个案子的直觉性反应。有这样一条法律政策规定，一位原告通过赔偿的形式挽回的损失不能超过受到的总体损失。如果马戏团经营者起诉所有的观众，在每个案件中使用同样的论据，那么这条政策如何才能公平地贯彻下去？法律再一次“鼓励”了那些可以获得相关证据的人；有些人也许会提出说，马戏团的经营者应该承担无法出示进一步证据的风险并且被裁定不得免除其证明责任。而且被告人对于其他潜在的共同被告人难道没有一些程序性权利？简而言之，马戏团例子并未真正支持科恩的主张。

一个威格摩尔式律师也许会更进一步。为了理解某一个论据的一小部分，它需要被放置于对作为整体的案件之论证这样一个背景当中。为了做到这一点，人们需要比马戏团麻烦——这个例子与许多学术性例子一样，被人为从真实法律程序背景中抽象出来了——所能提供的更多信息。谁在起诉谁，因为什么，基于什么基础？在人们可以决定民事证明标准的含义在这一背景下是否存在争议之前，他们需要先知道上面这些问题的答案。[84]

马戏团问题（以及程度较轻但与之类似的蓝绿公共汽车问题）[85] 并无意义，因为它是以一种去语境化的方式展现出来的。在这里，“律师的直觉”也许包含对程序、政策和可行性的不同考虑，它们与民事证明标准几乎或完全没有什么关系。但这些直觉是什么在没有更多相关背景信息的情况下无法自信地辨认出来。因此，这个例子当然没有对这个它本来想要阐明的问题有什么启发。这不是说审判中民事证明标准问题的含义问题是微不足道的或者无趣的。

一个无法令人满意的文献群的另一个相当不同的例证是那些论述已经被讨论过很多的“非法或不当取得的证据”问题。有许多文献核心关注的是司法机关在某一特定环境中决定是否使用这一证据时所处的两难困境；这些文献的主要来源是法律报告及对它们的评论。几乎所有的现代作者都明确或隐含地承认证据法在规训警察和其他庭前官员方面很大程度上是无能为力的，也承认司法机关在规制司法实践中证据获取方式上扮演的可能是一个边缘角色。[86] 当这样

[83] Kaye (1980).

[84] 不同的评论者已经提出了其中一些要点。参见蒂勒斯和格林的讨论〔Tillers and Green (eds.) (1988)〕。

[85] 蓝绿公共汽车问题更容易被翻译进一个真实的情境，see *Analysis* (1990), appendix。

[86] E. g. Cross (1985) (6th edn., ed. by Tapper), 435; Zuckerman (1989). 最好的实证研究依然是Oaks (1970). 这个问题在美国已经吸引了多得多的关注，因为它提出了重要的宪法问题。

一些案件到达法庭的时候，它们无疑会提出令人困难的选项，而且提出重要且有趣的原则问题。从一个“诉讼中信息”来看，“这个问题”并不仅仅是一个证据采纳或者保持司法机关的正直性或者可以被感知的正当性的问题。对于那些致力于设计一套制度来确保庭前官员的行为符合对刑事诉讼中所涉及的所有人都给予得体的和公平的对待这样一个一般性原则的人来说，核心问题在于：在对官员执行社会分配给他们的任务过程中未作不恰当限制的情况下，有什么样的手段能够确保这一原则得以有效实施？这就涉及对所处的情境进行全面细 260
致的考量，也涉及对于可能对多种不同控制手段——程序性规则；刑事、民事和纪律性救济手段；培训；资源；激励手段，等等——的相对有效性产生影响的各种要素进行细致的考量。[87] 类似的考量适用于那些理解这样一个问题——与一个过程每一阶段中的决定相关的信息在实践中如何被收集、处理并使用——的诸多努力。如此观之，这样一个现象和问题主要不是“证据性的”；看到犯罪嫌疑人和其他人被得体且公正地对待这样一条原则被主要视作证据性原则是令人奇怪的；更为奇怪的是将设计和操作中的主要两难困境看作是以可采性问题为中心。

近期有关非法和不当取得之证据的最佳讨论之一是由阿德里安·朱克曼(Adrian Zuckerman)教授作出的。[88] 他对法官在处理此类证据的可采性和用途的过程中所面临的两难困境进行了一个出色的论述。他提出几个可靠的理由来解释排除规则为何不可能有效地规制警察和其他官员的庭前行为。他为这样一个命题——让警察实践受到公共司法审查有其价值——提出一个令人信服的理由。[89] 他甚至走得如此之远以至于说法院之所以发现很难面对这个“老问题”主要是因为两个因素：“第一，无法接受这个问题的本质，而且第二，对于法院在超越证据法当前限制进行展望方面所扮演的角色存在抵制态度。”[90]

朱克曼对法院采用一个狭隘的证据视角进行了批判，但他自己从同样的视角——作为一个可采性问题——来提出问题。他的主要关注点是司法管理的“正当性”[91]，一个更为宽泛的问题。其结果就是他“宏大”的解决办法与其对问题的界定——遵循传统采用他所批判的那种狭隘证据视角——之间的一个令

[87] See, e.g. L. Lustgarten (1986).

[88] Zuckerman (1989), ch. 16. 那一章的很多内容是朱克曼在“当代法律问题”系列讲座中所作的演讲〔Zuckerman (1987)〕，在那里，它并未受到在一本证据法教科书中所受到的限制。[See now Roberts and Zuckerman (2004), 26-7, 161-5.]

[89] Zuckerman (1989), ch. 16.

[90] Zuckerman (1986), 342.

[91] Zuckerman (1986), 344-6, 350-2.

人不安的紧张关系。简言之，我倾向于赞同朱克曼的答案，但不同意他的问题。

有人可能会提出异议说，这段话是出现在一本有关刑事证据的书里，而这本书自然而然关注证据问题，而且作者们也不应该因为他们对主题的选择而受到批评。对这一种异议简单回应如下：第一，大量有关“非法和不当获取证据”的文献都采用了类似的视角，并且基于这一原因都展现出一个被放置于错误语境的主题所具有的所有症状。在这种情况下，在文献中存在的一个显著共识就是，司法机关以及证据法对于这一基础性（underlying）问题最多只能作出边缘性贡献。不过，在这一问题上，几乎没有什么系统性文献。[92]

第二，一个开阔的“诉讼中信息”视角并不排斥对经过狭窄界定之问题的高度专门化考察。在这种情况下，在一本证据法教科书有关这一主题的一章也许会将下列问题视为核心问题：

> 1. 在其他（非证据性）规范的背景下，一条排除规则或者一个排除裁量权能够在哪些方面——如果有的话——促进对官员在信息、潜在的证
> 261 据以及庭前证据收集行为加以规制这一总体目标？
>
> 2. 在什么样的环境下以及在多大程度上此类证据在审判中的应用会与涉及保持法官或其他政府官员的正直性或可被感知的正当性的原则或政策相冲突？如果存在司法管理的“干净之手”或不被玷污这样一项一般性原则，那么这条原则的适用范围、分量和原理是什么？它如何应用于专门的可采性问题？
>
> 3. 现存有关不当获取证据的司法规范和司法实践在多大程度上与类似领域的一项更为广泛的正直性（或正当性或不被玷污）原则相一致？[93]
>
> 等等。

有关这一表述的关键要点在于，这些问题中没有一个能够从一个纯粹证据性视角来进行合理的回答。“诉讼中信息”主要与问题（1）有关。第二和第三组问题都提出了远远超出证据法的政治德性问题，只是提出问题的方向不同而

[92] 不过，参见 L. Lustgarten (1986) 及那里所援引的文献。

[93] 如果有关采纳和使用被玷污证据之适当性的主要关切与政府官员或政府本身的正直性有关，那么就会提出一些有趣的问题，什么构成了那些能够被归入某一单一原则之下的相似情境。比如说，在下列相似情境中有哪些是呢？为了制止艾滋病的扩散，拒绝为犯人提供注射器或避孕套；向妓女、赌博业或堕胎颁发执照；对非法或不道德的收入或利润收取税收；对色情文学、麻醉品、酒类或烟草收取附加税；给予在特定环境中的安全力量成员或其他人以豁免或特免权？这些例子是在与安德鲁·周（Andrew Choo）的一次有趣谈话当中提出来的。

已。有关此类证据的可采性和使用这样一个专门性问题的论证似乎无法理直气壮地忽略这些更为开阔的考量。这并不意味着它们无法被以一种高度聚焦的方式在一本有关司法证据的传统教科书加以论述。采用一个更为开阔的视角并不排斥聚焦于狭窄的问题。不过，一个“诉讼中信息”视角会要求关注有关诉讼中信息获取与处理方法的一般性问题。

七、跨学科的警示

建构一个“诉讼中信息”模式的主要目的是提供一个在法学学科内部勾画出一个领域的框架。在这一领域内所有与诉讼有关的现象和问题都被看做法律过程的一种重要形式。关注的焦点是法律，但，当然，理解这一现象以及对这些问题所提出、提炼和建议的答案，必然是一种跨学科活动。比如，对推论性推理或信息处理或话语分析或记忆或故事讲述感兴趣的其他学科专家当然几乎都会选择在相当不同的框架内来组织他们的研究。“诉讼中信息”视角依然对来自其他学科、希望对那些属于“诉讼中信息”范围内的现象或问题进行研究的任何人都具有潜在的启示意义。一个法学家能够提供给跨学科旅行者的最有价值的服务也许就是对这一具体语境也即诉讼的性质和复杂性给出一些指引。

跨学科警示是这些文章里已经反复出现的一个主题：在论述“辨认问题”时，证人心理学家已经因为完全未经批判便接受一个过分简单且不无偏颇的诉讼图景而遭到批判了。[94] 类似的警示也许应该提供给法庭科学家们，尽管他们与刑事侦查在实践中的亲密接触通常应该使得他们对刑事程序中不同阶段信息的不同使用更为敏感一些。统计学家和律师们已经被提醒律师“事实”观念的独特性，以及过分简单的故事——比如马戏团问题和蓝色汽车问题——一般无 262
法完全描述程序的复杂性。叙事学家、符号学家以及其他类似的专家应该意识到有许多不同的语境和法律话语的模式［既包括法律谈话（talk），也包括有关法律的谈话］，也应该意识到法律人的故事发挥着许多不同的功能，也会为许多不同类似的职员所讲述。[95] 哲学家应该注意法律人的推理并不局限于疑难案件中的法律问题。历史学家和其他人也许会发现在对法律人证据处理进行解释的过程中，像实质性这样的观念和程序性规范至少应该和可采性规则一样重要。针对专家证人已经存在广泛的警示性文献。我们还希望这些有关复杂性的

[94] Above, ch. 5.
[95] Below, ch. 10.

信息可以抑制一部分贝叶斯主义者和决策理论学者的过分狂热。[96]

这些警示当然不是为了将那些来自其他学科的来访者吓跑，他们应该像在一个未开发国家中的旅行者那样被看做备受欢迎的贵客而非擅自闯入者。与任何一位优秀的民族主义者一样，我会在向他们炫耀我祖国的辉煌美妙之处的同时尽量多地从他们身上汲取适合我们当地需要的东西。毕竟，学术法律人处在一种依赖于许多其他学科或者与其相互依赖的关系当中。而且，法律背景中事实认定的独特性和唯一性会很容易被夸大。正如在法律背景中对规则解释产生质疑的几乎所有条件都会在其他背景下产生一样[97]，围绕法律程序中事实认定的主要问题、障碍和困惑会与其他类似的调查共有。反讽的是，事实认定在法学研究和法学教育中被相对忽略的原因之一在于，有关它的教育与研究相对来说很少具有独特性或者特别需要驱魅化：在理性主义传统中对日常认知能力之作用的明确承认便是一个例证。这样一种忽略背后的谬论在于将辨别某一现象的特征或唯一性或独特性与理解它两者之间混淆起来了。[98]

八、现实主义再访

本书是我一个项目的一个衍生物，这个项目将卡尔·卢埃林和杰罗米·弗兰克的“现实主义”作为其出发点。而目标是在一个扩展后的法学学科概念内部对某个法律关注领域发展出一个“语境性”视角，而且正视某些要素——尤其是融贯性问题，在我看来，这些要素有助于解释美国法律现实主义（“现实主义”的一个历史性例证）[99] 的承诺为什么无法实现。在前面的篇幅中，像“现实主义的”“非现实主义的”“扭曲”“误解”“失衡”这样一些词已经被一次又一次地使用来评价一般性进路以及对具体主题的更为专门性论述。在放弃对作为整体的法律的一个现实主义或反现实主义进路将会涉及什么作一个全面
263 的阐述之后，较为合适的是尽力去澄清“现实主义”及相关术语是什么、不是什么、主张什么，并且将这些与像“赤脚实证主义”“天真现实主义”和“规则怀疑主义”这样的标准目标区别开来。[100]

[96] Twining (1986c)，来自 Ward Edwards (1986) 的异议。爱德华的一般性进路在 Winterfeldt and Edwards (1986) 中提出。

[97] ［Twining and Miers (1999)，*passim.*］

[98] *LTCL*，63.

[99] 有关对作为一个概念、不局限于任何特定时间或法律体系的“法律现实主义”与作为一个历史现象的美国现实主义之间作出区别的必要性，see Twining (1985b)。一个常见的谬误是把“现实主义”看成一个美国专属产物。

[100] Twining (1985b).

“现实主义”进路之下的一个持久关注是有关某些类型法律话语的一种“非现实主义”理解。一个特殊的命题或论述是“非现实主义的”，这样一种指责是什么意思？在前面篇幅里，对这类指责有大量的例子。比如，精明的律师和其他人常常会指出在“书本上的法”与“行动中的法”之间、“说了什么”与“做了什么”之间，“纸面规则”、介入性（interposed）规范与真实运作之间，“理想”与“现实”之间以及——区分度弱一些的——“理论”与“现实”之间所存在的诸多鸿沟。有关证据法改革的争论已经被说成是“高度非现实主义的”，而且我已经指出说像供述和辨认列队这样的传统论述已经包含了误解或曲解或者已经忽略了重要的潜在功能，并且也就可以推断出没有反映现实。

为大家所公认的是这样一些指责需要作出区分，比如说，我们需要区别下列指责：对琐碎化的抱怨、与具体关注无关、视野的狭隘、过于乐观的理性主义或乌托邦主义、官方的神秘化和遮遮掩掩以及远离真实的事件与结果——在此只能罗列一部分。简言之，对“非现实主义”的指责有不同的类型，反映了不同的立场和关切。

不过，有两条共同的线索贯穿在这些指责中。第一，它们都是对不满的消极性表达。从它们自身来看，它们并不常常包含非常清晰的积极主张，比如说“行动中的法”或“做了什么”或“现实”这个令人费解的词到底指的是什么？这些指责难道不是太容易涉及那些求助于解释社会学某些核心问题——比如：什么是社会性现实？它如何被重构？由谁来重构？什么是经验的教训？在对它们进行描述、阐释和说明的过程中将会涉及什么？——的常识假设了吗？

法律社会学家们在讨论“鸿沟问题”的过程中已经以两种方式详尽阐释了这样一种批判。[101] 第一，这样一些“现实主义”讨论未经批判地假定理想与现实之间或“纸面规则”与现实操作之间的这样一条“鸿沟”必然受到谴责。高尚的梦想或纸面规则或理想类型或简单图景难道仅仅因为它们无法完美地映照“现实”——无论这是什么——就不是可欲的或毫无用处吗？难道“现实主义”能够使其理想与现实世界形成一种一对一的关系，就像精确的地图同其所表示的领土在其外形和尺寸上完全一致那样？

第二个提醒与现实主义者攻击的目标有关。对于像“书本中的法”或“纸面规则”这样一些目标过于想当然是危险的。多琳·麦克贝内特已经简洁地表明对相关规则性书籍（rule-books）的一个仔细阅读表明，对苏格兰和英格兰刑事程序的详细规定并不反映我们刑事司法系统的职业理念，比如法治和无罪

[101] Nelken (1981).

推定。[102] 在表述的官方理想与具体规则之间存在一条鸿沟。与此类似，批判性
264 法学学者已经将更多的注意力引导去暴露书本中的法律的不确定性、内部冲突或无意义，而不再过分将它们与行动中的法联系在一起加以关注。[103]

一个忽略这些信息的现代“现实主义者”可能被理直气壮地批评为过于天真。不过，这并不能推出标准现实主义关切背后的不满感觉是无法成立的。当精明的律师宣称“书本”中所说的或“法学院所教的”并未反映出他的经验时，这种对不信奉的表达值得认真对待，即便这种抱怨是无声的或者不是对这种经验或信奉非常明确的表达。对于一种成熟的一般性理论或科学研究来说，无须经受某些基本的抱怨，比如，说“陪审团思维”或“上诉法庭症”或形式主义会导致对常规审判、供述和辨认列队的扭曲观点这样一些主张可以通过相当简单的事实和数据而得以坚持。那种“人口统计学现实主义”缺乏对那个正在被谈论的现象的一个成熟的阐释性描述。这或许仅仅有助于去除“现实”的诸多面纱中的一个而已，但任何无法将正在考量当中的现象的规模与分布考虑在内的描述或者将非典型视为典型或将非代表性的视为具有代表性的描述都很难经受到“非现实主义”轻而易举的持续指责。而且任何对法律规范群的描述都假定它仅仅能影响一到两类参与者的行为和预期，当它并非如此时，同样容易受到攻击。

在我探索的过程中，我通常会运用3种标准的“语境化”或“现实主义”思维工具：立场的澄清；从整体图景来进行思考；以及从整体过程来进行思考。[104] 这些工具加上这样一种假设——从大部分法学学术和实践性目的来说，仅仅研究规则是不够的——使得本书中的进路有理由被贴上“现实主义”或“语境化”标签。但“现实主义”并非法律理论的一种独特形式，在我看来，这些技术也无法达到像法学研究的一种综合性方法论这样的东西。[105] 不过，它们应该成为任何法学研究的基本装备的一部分。

很久很久以前，我曾经在一家中西部法学院的迷宫中迷了路，如果我没记错的话，在通过其中一座偏僻的楼梯返回的途中，我看到了一处凹室，里面有一个沙发和一些椅子。它被称为“现实关卡”（Reality Checkpoint）。人们可

[102] McBarnett (1981).

[103] 皮特·蒂勒斯（私下交流）指出了这一点：从事实上看，概率理论家、事实怀疑论者和关注事实认定的其他人都对“不确定情境下的判断”感兴趣，令人奇怪的是，如此之少的批判法学学者——他们宣称对不确定性感兴趣——对这些问题投入关注。See also Tillers (1988). [See, however, Nicolson (1994) and Siegel (1994).]

[104] See further *GJB*, 140-2.

[105] *GJB*, 140-2.

以随心所欲地对其进行解释。我会想起学生们会在课间到那里去与“现实世界”进行沟通。这就好像在一个夏日的夜晚，一个戏迷会在一出令人着迷的戏剧间隙，跑到大街上去呼吸下新鲜空气。每个人带着他们自己的现实感来到这里，而且毫无疑问，是带着在不同日子里的不同的现实。也许法律中现实主义矗立在法律理论当中，就好像现实关卡矗立在教室旁边一样。它本身并不提供法律或生命的或者有关法律或生命的一个圆融理论，但它提供了一个参照点，通过这一参照点可以对任何理论的似真性或者其与那里之外所发生的——当然，如果那里有些什么的话——之间的联系进行审查。这与这样一种观点相当和谐，也就是我们每个人都以多维棱镜——它们建构、构成或展示了许多不同的现实——来审视我们周围的世界。它有助于以一种务实的方式来保持与现实 265
事件、实践以及生活在事实世界的人们之间的联系，无论这个世界可能多么多变、复杂和难以理解。因此，或许我们应该以卡尔维诺的开头来结束：

> 寒冬夜行人，在马尔堡市郊外，从陡壁悬崖上探出身躯，不怕寒风、不顾眩晕，向着黑魆魆的下边观看，一条条相互连接的线，一条条相互交叉的线，在月光照耀的落叶上，在空墓穴的周围……“最后结局如何?”他问道，急不可待地欲知下文。[106]*

[106] Calvino (1981), 204.

* 本段的翻译参考了萧天佑的译文，参见［意］卡尔维诺:《如果在冬夜，一个旅人》，萧天佑译，上海，译林出版社，2007——译者注。

271

第八章　法律推理与论证*

一、裁判中的推理

曾经有这样一种说法，法学教育的主要目标在于发展出“像律师那样思考”的技能，其中包括法律推理技能。这一短语常常被认为意指所有律师的思考；他们仅仅对裁判语境中的法律问题进行思考；对此类问题的思考只有一种正确方式；以及这种思考方式是独一无二的或者专属于法律人的。一种替代性观点对这些假设提出了挑战：律师的推理要远超裁判中的二元法律问题而是覆盖了法律语境和操作中的种类繁多的问题；在每一语境中是什么构成了有效的、令人信服的而且恰当的推理模式以及合理性在多大程度上是可以获得的都是可质疑的；所涉及的相关推理技能并不是法律人的一种垄断品，因为在日常生活中，每个人都在解释和应用规则，都在谈判以及对证据进行权衡，而非法律人也常常被牵扯进许多类型的法律操作与语境之中，比如作为陪审员和外行治安法官。在具体的法律语境中可能会适用独特的地方性条件，比如先例规则或证据规则或程序规则，但对于所有这些操作来说，有效性与说服力的基本标准都可以被纳入这个或那个实践推理一般理论之中。本文朝着更接近于第二种观点的诸多假设前进，不过，由于篇幅的原因，它主要关注有关裁判中法律问题和事实问题的推理。

在这一语境中，对下列问题进行区分是至关重要的：（1）裁判者事实上作出判决的心理过程；（2）被建议的用于获得判决的程序和技术；（3）此类判决得以正当化或获得评价/评估的标准；（4）论辩，即在提出论证时所包含的实际的话语模式。（1）属于实验心理学的领地；（2）关注法律决策的技艺或手艺；（3）与作为一个日常事业的法律推理相关①；对（4）的研究主要是经验性的、解释性的或批判性的。本文主要处理问题（3）和（4），只会偶尔涉及问题（1）和（2）。

裁判中的推理是法律哲学一些永恒难题的一个焦点，这些问题包括：有关

* 这是一篇发表于《社会与行为科学国际百科全书》〔13 *International Encyclopedia of the Social and Behavioral Science* 8670－75（2001）〕的一篇文章的修改版。承蒙 Elsevier Science Ltd. 的好意准许重印在这里。

① Wasserstrom（1961），Hart（1967）.

认识论、合理性和怀疑论的竞争性问题；有关法律与正义的不同观念；法律与道德之间的关系；形式主义；法官在一个民主国家所扮演的角色；官方的裁量 272 权；以及决策的透明度。

根据某种观点，如果对某一法律问题的判决的证成能够以一种简明三段论的形式来合理地重构的话，那么该问题就是简单明了的：

大前提：只要X发生，那么Y也应该会发生［规则（R）］；

小前提：X发生了［事实（F）］；

结论：那么，Y应该会发生（对犯罪、责任等的判决）。

这种法律推理模式常常被拒斥为“机械”法理学，因为大部分解释所提出的问题都与对大前提（R）的表述和精确解释还与对小前提（F）中的事实的类型化（categorization）的怀疑有关。不过，这准确地说应该是在那些“容易”或“明了”的案件中裁判的证成能够被合理地重构的那种形式。大前提或小前提要求证成的时候将会涉及什么？在法学家之间存在这样一种相当广泛但并非普适的共识，即演绎法在像这样的对R（法律命题）的二级证成以及在从有关争议性事实问题（F）的证据的推论性推理中仅仅起到有限的作用。比如说，典型的不在犯罪现场的辩护可以以两个相互关联的三段论形式来加以重构：

> 没有人可以在同一时刻身处两个地方；
>
> 当犯罪发生时，A在另一个地方；
>
> 因此，当犯罪发生时，A从身体上说并未出现在现场。

> 对于一个人来说，亲身出现在现场是实施这一犯罪（X）的必要条件；
>
> 当这一犯罪实施时，A并未亲身出现；
>
> 因此，A并未犯下X罪。

就演绎法在证成R或F中扮演着一个有限的角色这一点而言，所包含的推理并不导致必然的结论（“开放系统推理”）。

二、裁判中推理的一个理性主义模式

有关裁判中推理的传统理性主义观点可以被重构成为许多主流法学家接近的一些观点的一种模式或理性类型。尽管法律问题与事实问题之间存在一种密切联系，我们一开始还是先将它们分别处理。

裁判中推理的一种理性主义模式[②]：裁判的目标与性质

1. 裁判的直接目标是判决的准确性，也就是将有效的法律正确适用于真实的实质性事实（争议性事实）。

2. 司法判决的证成逻辑包含一般性实践推理原理对某一具体语境的
273 适用。

3. 当且仅当一个司法判决通过那些满足形式正义——相似的案件应该得到相似的处理——的道德要求有效论证得以证成的时候，该司法裁判才得以正当化。

4. 在简单明了的案件中，一个有效的证成满足演绎的形式：如果 R，则 C；F 是 R 的一种情况，因此 C。

5. 对 R（比如其有效性、其同一性、其范围）或者其适用于 F 或者 F 是否已经被确立至相关的证明标准等问题或者所有这些，都可能提出疑问。

6. 有关 R 的怀疑产生了法律问题；有关 F 的怀疑产生了事实问题。

7. 在裁判中，无论是法律问题还是事实问题都是典型的二元问题（比如，有责任/无责任、有罪/无罪）。

法律问题

8. 在疑难案件中法律问题的解决要求次级证成，这可能会涉及不同的推理形式，尤其是演绎、归纳、类比推理或者这几项的结合。

9. 在对一个有关 R 的解释或适用问题的判断加以赞成或反对的单一论证中，许多独立的实质性理由将会被提出来，这些理由可能有不同的类型。

10. 不同类型的实质性理由的有效性和说服力将是因制度而异的（system-specific），也就是说，它们在法律的权威来源和论辩的恰当模式上取决于某一给定制度的规则和惯例。

11. 对 R 的次级证成也许会涉及两种理由：（1）权威理由，该理由主要同某一论证路线与制度的规则和原则以及为该制度所承认的权威来源（关于有效性、一致性和融贯性的论证）之间的和谐程度或契合程度相关；（2）实质理由，这主要与制度的价值、目标或建制要求相关。[③]

② 这主要以“证据法学的理性主义模式”为基础（above，ch. 3）并将其扩展至法律问题。

③ Summers（1992）.

事实问题

12. 对裁判中的待证事实（F）之真相的理性认定是一个典型的概率问题，缺乏完全的确定性。

13. 对具体过去事件的事实主张的盖然性之判断可以而且应该能够通过对那些为裁判者所考量的相关且可采的证据进行推理而得以证成。

14. 一般说来，有关盖然性的判断必须建立在有关世事之通常做法所能获得的知识库的基础之上。在这一语境中推理的恰当理论模式究竟是数学性（帕斯卡式）还是归纳性（培根式）的，存在争论。

15. 对 F 的理性认定是一个普通的常识推理问题，伴随着某一给定制度的证据规则和程序的限制。

（一）法律问题

有关法律问题的多种推理理论可以被大致区分为理性主义者的和批判者的。主流的理性主义者的一个合理代表样本可能包括奥利斯·阿尔尼奥 274
（Aulis Aarnio）（芬兰）、罗伯特·阿列克西（德国）、罗纳德·德沃金（美国/英国）、托斯坦·埃克霍夫（Torstein Eckhoff）（挪威）、尼尔·麦考密克（苏格兰）、约瑟夫·拉兹（以色列/英国）以及罗伯特·萨默斯（美国）。尽管他们来自不同的法律传统，彼此之间知识背景差异甚大，但理性主义者在前面 10 点绝大部分是有广泛共识的。许多焦点都集中在对疑难案件中的法律问题的裁决进行二级证成。这些理论家在下列问题上可能会存在分歧：哪些类型的实质性理由是有效的？它们相对的分量或说服力以及这些实质性理由是法律的一个组成部分还是外在于法律？大陆法传统的一些法学家坚持认为二级证成可以通过演绎的形式来加以重构，但在普通法法律人中的主流观点却是这类证成主要涉及开放系统推理。据说，在法学家当中存在一个足够的共识是为开发可用的专家系统以及计算机对法律的其他应用提供一个坚实的理论基础，因为“法律理论家们生来就倾向于关注争议性问题而忽略那些‘一目了然’的问题”④。不过，就这些应用需要以演绎形式为基础这一点来说，主流的观点是“就目前来看，疑难案件将会一直处于人工智能的范围之外”⑤。随着人工智能的发展，这一观点也许将不断受到挑战。

在理性主义者当中，对于次级证成的实质性理由（11）存在诸多分歧。一些分歧仅仅是侧重点或细节或概念提炼的问题，但其他一些问题被视为相当重

④ Susskind (1987), 27.
⑤ Samuel (1994), 290.

要。比如说，罗纳德·德沃金曾经提出过3个经常激起争议的命题：（1）几乎每一个法律问题——即便在非常疑难的案件中——都存在一个唯一的正确答案；（2）一个法律体系的政治德性原则是法律的一个内在组成部分而不是外在于法律；（3）政治德性诸原则对于裁判中的证成是唯一有效的实质性理由；法律之外的政策理由和其他理由都是无效的。这些命题是一个一般性裁判理论的组成部分，该理论主张法律推理本质上是一项道德事业；在一个自由民主国家，法官的职责是在解释的基础上维护法律和捍卫权利以使“其达至最佳状态”⑥。

乍一看，德沃金的理论与法律实证主义的标准信条相互冲突，尤其是（1）在法律如其所是与法律应当如其所是之间必须截然区分；（2）当法律“耗尽”之时，法官可以援引“非法律”理由，包括后果主义理由；以及（3）在此类情境当中，法官能够、可以而且也的确填缺补漏地创制法律。不过，德沃金与其他理性主义者之间的分歧是狭小的。大多数理性主义者同意道德论证在法律证成中扮演着一个有效的角色。如果“一个正确答案”意味着由最可信的论证所证成的解答，大多数人都会承认谈及更强和更弱的论证是富有意义的，也承认即便在开放系统推理当中，这些联系（ties）也是非常罕见的。而且，
275 麦考密克和其他人会将某些类型的后果主义论证视为有效的；相反，德沃金将一些被其他人视为后果主义论证的论据归入“原则”之下。只有那么几种后果主义论证被一些理性主义者视为有效但被德沃金排除在裁判之外的。

理性主义模式已经受到几个挑战。第一，它是狭隘的。它并未提出早些年代或者非西方文化或者不同类型的其他包含实践推理的法律语境中的推理模式。一个正直的法官所作的解释可能为其他官员和善良公民提供一个正确解释的普遍模式，但在裁判中，哪些东西构成有效的、令人信服的和恰当的推理对于其他解释者来说不会完全一样。比如说，一家工厂或者一位税务检查员也许会将不同的条件考虑在内，从而对相同的法律作出与一位法官不同的解释。

第二，怀疑论者也许会质疑理性在裁判中的可能性，或者挑战这样一种思想即这代表着唯一可能的或最恰当的理性模式或者一种单一模式在不同文化中都可用。司法意见仅仅是事后的理性化这样一些主张已经被证明是建立在对证成逻辑和裁决心理学之间混淆的基础之上。⑦ 裁判者应该对他们的判决公开加以证成这样一种要求或预期至少可以作为限制恣意或腐败或纯粹主观性的一种

⑥ Dworkin（1977）（1985）（1986）；cf. Bell（1983）.

⑦ Wasserstrom（1961）.

制度性限制或稳定因素。[⑧] 最近，批判性的和后现代挑战已经论证理性主义模式掩盖了法律裁判的根本的不确定性。比如说：

> 在所有西方制度中，法官、法学权威和政治理论家们用来为国家权力使用提供正当性的话语否定（抑制、遮蔽、歪曲、掩盖、回避）了两种重要现象：(1)（无论是在一部成文法典中还是在普通法中）业已确立的规则建构出公共与私人生活，从而便于以其他群体为代价而将权力授予某些群体的程度，以及这些规则在整体功能上复制那个对问题社会进行描绘的科层系统的程度；(2) 法律规则系统包含了多大程度的缺陷、冲突以及模糊，它们需要通过法官去追求与这些科层问题有关的有意识的、半意识的或无意识的意识形态工程来解决。[⑨]

理性主义者及其批判者之间分歧的范围很容易被夸大，因为被归入强哲学怀疑主义或激进不确定性或者严格理性主义和客观主义这样一些极端的法律人寥寥无几。

第三个挑战提出简单案件与疑难案件之间的区分是有问题的。案件天生就是疑难或者容易吗？还是说有些案件会仅仅被感觉或者被视为容易，而另一些则是疑难的？一位富有创造力的律师难道不能建构出论据来对那些先前已被觉得是板上钉钉的案件提出质疑？这种怀疑主义可以从这样一种考虑中得到初步的支持，即无论法律和非法律规则的解释都可以提出许多不同类型的质疑。[⑩] 即便在一个看似简单的情境中，一个单一的要素也可能成为一种论证的一个起点（starting-point）（惯用语），该论证对那些可能在先前已被视为清楚或确定 276
或简单的东西提出一个质疑；而在同样的情境中也许会发现这样的情形不止一个。从潜在复杂性的这样一种表征中并不能得出结论说，在实践中，每一个常规的或看似清楚的案件可以很容易便被视为疑难案件。的确，在一些案件中法律发生了重要的进展，因为先前被认为确定无疑的东西已经被成功挑战了。[⑪] 但这些案件之所以成为“指导性判例”（leading case），仅仅因为它们是异常的。

第四个挑战提出法律推理的规范理论一般都过于抽象和简单，以至于都无法抓住实际法律论证的复杂性和微妙性。篇幅长达多页的司法意见被“重构”

⑧ Llewellyn (1962), Raz (1975).

⑨ Kennedy (1997).

⑩ Twining and Miers (1999), ch. 6.

⑪ Simpson (1995).

成几个命题，而且这些重构是否具有**真正的**或**盖然性**的论证不得而知。对于一种形式主义的、含糊不清的或晦涩不清的司法意见或者对于没有获得任何公共证成的判决（像普通法的陪审团裁定）的一个重构是对现实存在之证成或者已经提出的最佳证成或其他东西的一个重构吗？比如说，普通法上诉法官的散漫风格常常与法国判决——据说，常常以演绎的形式来表述——的精练风格形成鲜明的对比。如果疑难案件所要求的二级证成只有在偶然的情形下才是演绎式的，那么，这就意味着法国法院通常不会在明确的二级证成中肆意妄为。

（二）事实问题

证据与推论研究已经根植于修辞学与概率论的悠久历史，但对裁判中事实问题之推理的兴趣则是时断时续。证据在普通法中比在大陆法传统中获得更为持久的关注，但主要的关注点集中在证据法（Law of Evidence）。显著的例外包括边沁的《司法证据原理》和威格摩尔的《司法证明原则/科学》。[12] 从 1970 年开始，"新证据学"已经成为活跃辩论的论坛，主题包括：统计性证据在法院中的实际应用；不同概率理论的竞争性主张（以贝叶斯定理为杰出代表）；裁判中盖然性推理的典型范例主要是归纳式的（培根式的）而非数学式的（帕斯卡式的）[13]；根据心理学研究，陪审员所进行的裁决主要是以叙事融贯性的"整体主义"观为基础，这种"整体主义"观能否为理性的"原子主义"模式所容纳。[14] 这样一些法学关注和其他学科中对证据与推论的研究是息息相关的。[15]

在这里，有 3 点值得关注。第一，这一领域的英美思想最近已经扩展到欧洲大陆[16]，但在现代西方传统和其他传统之间对法律中的证据与推论观念几乎没有什么持续的比较。第二，与法律问题中的推理一样，有关法律中的证据与推论的法学研究共享了一系列假设，这些假设与裁判中的理性推理模式非常接近。第三，这些假设都类似地向不同的怀疑性或批判性挑战开放，这些挑战包括：a. 对知识或理性论证或当前语境下客观性之可能性的强哲学怀疑主义；
277 b. 对有关裁判之"自由法治主义"观点的融贯性与稳定性的意识形态质疑；c. 对这样一种主张的怀疑主义，即裁判的主要目的是法律的贯彻和权利的捍

⑫ Bentham（1827）；Wigmore（1913/1937）.

⑬ Cohen（1977）.

⑭ E. g. Pennington and Hastie（1991）.

⑮ Schum（1994）；below ch. 15.

⑯ E. g Wagenaar et al.，（1993）；Nijboer，Callen and Kwak（eds.）（1993）；Malsch and Nijboer（1999）；Feteris（1999）.

卫；d. 对设计制度、程序与规则——通过它们可以在实践中常规性地最大化获得裁判准确性的可能性——之可行性的法律上的事实怀疑主义（legal fact-scepticism）[17]；e. 对于在较为宏大的总体法律程序背景和更为宏大的社会程序之外研究裁判性判决之感觉的背景性怀疑主义（contextual scepticism）。除了这些之外，未来还要加上与后现代主义、女权主义、文化相对主义以及科技哲学之诸多进展相关联的一些挑战。[18]

三、法律与事实

一眼看去，法律与事实之间的区分似乎简单明了。“这一法定条款的适用范围是什么?”是一个法律问题；“在那一特定时刻发生了什么?”则是一个事实问题。不过，这一界限常常很难划定，尤其在规则的适用和某一具体事实情境的恰当分类方面。“X不诚实吗?”或者“这是一起谋杀案吗?”可以被解释成一个法律问题或事实问题或者法律与事实混合的一个问题。在特定的案件中，这些问题会被如何看待将会因不同的制度而有所不同，也会在相同的制度内的不同情境中因为不同的实践性目的而有所不同。比如说，在英国法的陪审团案件中，法律问题属于法官，事实问题属于陪审团；对法律问题的判决有判例的价值，但对事实的认定却没有；与上诉有关的问题、合同中的错误或给出合理的证成开启了法律与事实之间的区分，但界线到底划在哪里，要根据具体语境而定。而且，将具体纠纷中的问题表达为法律问题还是事实问题的趋势在不同法律文化中差异很大。[19]

有关法律问题的推理与事实问题的推理已经激发了在很大程度上相互独立的两大类文献，尽管它们之间存在密切的联系和高度的相似性。它们都被认为是有着二元结构（有罪/无罪、有责任/无责任）和辨证结构（所有理由都倾向于支持或否定最终主张或结论）的实践推理类型。最终判决是一个规范性判断（比如有责任/无责任）。许多“事实问题”都有规范要素，比如，“X在当时情境下合理行动了吗?”是一个事实问题，但又同时涉及评价性要素和经验性要素。在大多数制度中，一旦某一问题被归类为一个事实问题或者一个法律问题，就会适用有着不同实践性后果的不同规则（比如证据法、程序规范）。相应的推理类型也是不同的，比如说，没有人会认真地认为贝叶斯定理适用于法

⑰ Frank（1949）.

⑱ Above，ch. 4.

⑲ E. g. Geertz（1983），Dezalay and Garth（1996）. Cf. the debate between Allen and Pardo（2003）and Kirgis（2004）.

律问题，但它仍然可能会被解释成提供了一个暗示性隐喻，这一隐喻与不同判断的结合有关，而这些判断是基于单一论据内的不同类型的理由而作出的。[20]在有关法律、事实和制裁的裁判责任由单一裁判庭来承担的地方，也许可以有一些自由来从整体上考虑案件问题的一个良好解决之道何在；而在裁判责任在
278 法官和陪审团之间进行划分的地方，这样一种选择通常不易获得。

四、论证

法律推理理论主要是规范性理论。“论证”（argumentation）在这里指的是在提出论据过程中所运用的真实话语（discourse），其中包括那些明确或暗含在此类话语当中的推理、说服的非理性手段以及论证的策略、手段与风格。论证可以从经验性、阐释性和批判性等广泛视角来加以研究，可以从那些应用到社会话语的几乎任何一个视角——包括修辞学、商谈分析、语意学和符号学——获得支撑。对于法律行动者真实但却散乱的实践几乎没有什么持续的研究，与规范性文献一样，大多数研究都集中在裁判和辩护中的论证。

大多数规范理论家都宣称他们的论述与法官和律师实际上如何论辩有着或多或少的亲近关系。比如说，罗纳德·德沃金大胆地宣称他的理论不仅仅是设定了一种理想，而且描述了普通法法庭中的“最佳实践”，但这种宣称没有证据来支撑。[21] 麦考密克使用了来自几个辖区的案例作为例证，但他的样本并不具有代表性。[22] 对司法风格的一些分析是以相当广泛且随机的样本作为基础[23]，但这些研究不具有可重复性。

推理的规范性理论与真实的话语之间的明确关联既样态各异且时断时续。在社会理论中，最重要的联系是与韦伯的一个命题之间的联系，这个命题认为法律的形式理性化是伴随资本主义和现代性兴起的一个产物。对裁判的理性主义理论的批判常常是对“自由法律主义”和法治的一个更为一般性批判的组成部分。[24] 与传统法学文献最接近的是布鲁塞尔学派新亚里士多德主义的“新修辞学”[25] 和德国的菲伟格（Viehweg）[26]，他的核心关注点是描述起点

[20] 有关法律问题的推理与有关事实问题的推理在论证结构方面的可能的相似之处，see *HTDTWR* ch. 10。

[21] Dworkin（1986）.

[22] MacCormick（1978，1992）.

[23] Llewellyn（1962）；Wetter（1960）.

[24] E. g. Kennedy（1997）.

[25] E. g. Perelman and Olbrechts-Tyteka（1971）.

[26] Viehweg（1953，1993）.

(starting-points)（惯用语）、论证框架和可以被展现来尽量说服某一特定听众（比如一个法庭）或者——更具推测性的——某一普遍听众来做某事或决定某事的实质性要素。尽管与新修辞学拥有某些共同的知识先驱，但语用论辩术(Pragma-Dialectics）的阿姆斯特丹学派更为经验导向，其目标在于发展出一种对法律论证进行理性分析和评价的模式，这种法律论证是一般性论证的一种具体化、制度化形式[27]，而这种一般性论证是发展出一套为某一商谈中致力于解决纠纷的理性商谈者所用的行为模式和行为准则的一种整体性努力的一个组成部分。适用到法律当中，这与发达的对抗性论辩放在一起多少显得有些笨拙。对实际当中说了什么进行分析所作的自我设定的限制确保了这种进路是相当具体的，但却使其很难抓住无法言明的惯例。

五、结论

有关现代西方裁判当中的推理的规范性理论十分丰富，但在对有关法律问题推理和事实问题推理的文献加以整合以及将关注的焦点扩展到其他法律操作 279
和其他法律传统方面，还任重道远。在论证方面，人们可以同意两位主流理论家所说的，“需要做的是对现代法律体系中推理实践的现状进行反思性的解释学研究”[28]。

㉗ E. g. van Eemeren et al.（1994，1996）；Feteris（1999）.

㉘ Aarnio and MacCormick（1992）.

280

第九章　叙事与论证*

从前，法国哲学家保罗·利科（Paul Ricouer）曾经访问过华威大学。他离开之后遗留下来的产物是在20世纪80年代中期长期运转的、有关“作为一个文化工具的叙事”（narrative as an instrument of culture）的专题研讨班。组织者们将学术性学科（academic disciplines）大致分为3类：一是“非显性的”（not obvious），比如经济学、科学哲学、物理学和地理学；二是“显性的”（obvious），如文学、历史学和神学；三是“中间学科”（in-between），包括法学、人类学和社会学。①

他们首先从“非显性的”开始，邀请该些学科的学者来作专题讲座。无论他们之前是否已经有所考虑，演讲者们发现叙事在每一个领域都扮演着不同的角色。例如，一位科学哲学家罗姆·哈里（Rom Harre）曾报告科学期刊对一个实验的故事如何很少给出一个真实的描述［“米利打喷嚏时弄翻了本生灯（Bunsen burner）**”，或者“当经费用完时，他们怎样处理”］；相反，他们却经常对主要研究者的生平进行过分恭维的报道，从而使研究结果具有权威性。

当他们转向法学的时候，他们决定邀请丹宁勋爵，那个时代最著名的法官，他以善于讲故事和在判决中对案件事实的传神提审（evocation）而著称。这个邀请不吝溢美之词，从以下的言语中就可以得到证实：“亲爱的丹宁勋爵，我们认为您是您那个时代最伟大的法律叙事者。您能否屈尊来华威来给我们讲授您的秘诀。”据说，丹宁在回信中这样写道：“亲爱的华威，我确实是我这个时代最伟大的叙事者，可能在整个20世纪也是，但我年事已高，实在无法来华威。你亲爱的丹宁。”

这个拒绝还有两个续集。由于无法找到单一一个人来替代丹宁勋爵，所以组织者们邀请了两位法学学者：一位是撰写过有关法律符号学著作的伯纳德·S·杰克逊（Bernard S. Jackson）教授②；另一个就是我自己，华威的前教员，以对文学的业余爱好而闻名。我接受了邀请，但同时也建议，如果丹宁勋爵不

* 原来在2004年发表于Max Leskiewicz (ed.), *Law, Memory and Literature as a Jeu d'esprit*，这个重新修订之后的版本是为了起到衔接作用并且引出本书其余的文章，这些文章特别关注两个重要主题：叙事与论证的关系，和作为一个多学科领域的证据学。

① 其中一些论文发表在Nash (ed.) (1986)。

** 本生灯是19世纪著名的德国化学家罗伯特·W·本生（Robert Wilhelm Bunsen）发明的、在实验室常用的一种灯具——译者注。

② B. Jackson (1985), (1988a).

能来华威，华威也许可以去拜访丹宁勋爵。

直到那时，我还从未以一种持续的方式思考过与法律相关的叙事。我先前对法律和文学的介入、参与主要关乎立场和观点，我的这些立场和观点受到了珀西·卢伯克（Percy Lubbock）和E. M. 福斯特（E. M. Forster）的影响。[3] 281
当我把注意力集中到叙事时，故事和主题（themes）便突然在许多不同的语境中展现出来：出庭律师关于他们案件的“充满火药味的叙事”、律师笑话、对影像性案件和正义错误运送的描述、布赖恩·辛普森（Brian Simpson）对重大案件的精彩的语境化研究[4]、律师小说、丹宁勋爵著名的餐后故事，等等。我记得，约翰·亨利·威格摩尔在西北大学法学院曾广泛收集了有关犯罪、侦查和法律浪漫故事的三流（third-rate）文献。但是除了这种闲情逸致（frivolities）之外，叙事也在法律实践中占据着非常重要的地位。除了是一个篇幅巨大的、有关每种争端的简短故事汇集，法律报告（law reports）还是什么呢？而且在法律报告中，人们在一个单独的判决中可能会发现多个故事：案件事实（有时重复说两三次）；导致判决的程序性事实（但只要当事人仍然关注，故事就很少结束）；以及法律的故事，通过一系列先例追溯可适用规范的发展源流，经常可以回溯到一个世纪以前甚至更久之前［丹宁勋爵是这种技艺的一位大师］。

我感兴趣的是证据和证明；在这一语境下，叙事常常被拿来与理性论证和逻辑分析相互对比，而“原子论”被拿来与“整体论”形成对比。心理学家告诉我们，陪审团更多的是通过衡量竞争性叙事（competing stories）的合理性而不是对证据的细致分析来作出裁决的。辩护手册强调了建构和提出栩栩如生、前后一致、能说服人的故事的重要性。甚至在上诉案件中，一个标准的老生常谈是“对事实的陈述是论证的核心”。这就将我们带回丹宁勋爵那里，因为他最著名的是在他的许多判决中对“事实”的令人难忘的陈述——或者建构。

恰巧，丹宁勋爵确实来到了华威郡（事实上是考文垂），并且华威也确实去拜访了丹宁勋爵。这两件事都是我故事的一部分。首先，当我还在华威的时候，我受邀参加了庆祝华威郡法学会一个重要的周年纪念日的宴会。我通常都会因为紧张而回避这种场合，但是两位最为著名的餐后演讲者（一种特别的英语艺术形式）使这一点得到了缓解：丹宁勋爵和当时威尔逊·哈罗德首相的事

③ Lubbock (1929); Forster (1949); *GJB*, ch. 2.

④ Simpson (1984b), (1995).

务律师（solicitor）及纠纷解决专家古德曼勋爵。所以我去了。在我们等待现场气氛变得热烈起来的时候，我在我们那一桌发起了一个有关演讲长度的一个赌局（book）。丹宁勋爵以健谈、开朗而著称，而古德曼勋爵则言简意赅。所以我把我的赌注放在两个极端：给古德曼勋爵 3 分钟；给丹宁勋爵 45 分钟。我的同伴们更为小心翼翼。

一些开场准备以后，宴会随着贵宾们——穿着白色领带、白色燕尾服，戴着奖章、政府徽章、市长链徽，举着旗帜和拄着权杖——的列队入场开始了。丹宁勋爵非常突出地走在队伍的后面，但这儿却没有古德曼勋爵的签名（又一次迟到了）。觥筹交错之后，我们回到自己的座位坐等演讲的开始。丹宁勋爵已经收集、整理了大量的餐后故事和笑话，它们被整理在一些小小的、标上数字的索引卡片上。这些故事和笑话在伦敦广为人知，但在华威郡却是非常新鲜的。他以 3 个一组来开始——让我们说出第 47、82 和 135 号。他立刻俘获了他的听众。接下来他以 4 个一组继续进行。观众们开始欢愉起来。他继续进

282 行着。

大概 1 个小时以后，一个穿着褶皱的衣服，很不合时宜地带着一个皱巴巴的、挂满了五彩标签的公文包的高大男人，慌忙地走进屋子，坐在了最前面的位子上。古德曼已经来了。丹宁没有理会，继续进行着。观众们都喜欢这种游戏。我们桌的人一致认为接下来将有一个非常困难的表演，尤其是因为已经过了晚上 11 点。终于，丹宁勋爵看起来似乎不太情愿地在热烈掌声中坐了下来。古德曼仔细检查了他的眼镜，接着就开始了——没有稿纸、没有卡片，硕大的右手拿着一个苏格兰玻璃杯：

> 我一直是丹宁勋爵——不仅在他那个时代，而且在整个世纪，不，或许从古至今都是最伟大的法官——的忠实粉丝。我对他很多方面都非常赞赏：他简短的判决；他对先例的勇于挑战；他的勇气；他的积极创新；他对“小人物们”的奉献。但是除了以上这些，我还赞赏他另一方面的才能——他的记忆；特别是他对故事的记忆；特别是他对**非常陈旧**故事的记忆。

他坐了下来。故事不仅仅是幽默的工具。少于两分钟。两个赌注我都是赢家，我得到了 3.25 英镑。

在我的建议下，华威于 1987 年 7 月到丹宁勋爵位于汉普郡（Hampshire）的惠特彻奇（Whitchurch）村庄的家里拜访了他。我们一行 4 人：一位比较文学学者、一位哲学家、一位法学院同事和我自己。我们像来访的学校男生

(schoolboy) 那样受到了亲切的接待，但是我们在让法官认真对待我们的任务方面却存在一些困难——那是一个有关另一个特殊场合的不同故事。我们已经送给了他一张我们希望讨论的四五个案子的清单（包括 High Trees、Lloyds Bank v. Bundy、Candler v. Crane Christmas 和 Miller v. Jackson——它们都是英国法研究者所熟知的)。⑤ 我们询问了他关于他的听众、他对修辞工具的使用、他的散文风格、叙事结构等问题。过了一会儿，他意识到我们是认真的，并且我们的问题也是非常有趣的。但他的回答却令人失望，并且并非总是前后一致。他是一位叙事上的乔丹先生（Monsieur Jourdain）* ——终其一生他都在讲故事，但他从未对此进行反思。

前面一些案子使丹宁勋爵沉浸在英雄的角色中，因此，讨论仍然进行得相当顺利，虽然我们的团队感到沮丧。但是当我们谈到 Miller v. Jackson ——一个臭名昭著的案件，他之前已经对此案提出了许多批评——时，情绪就发生变化了。这是一个非常有名的案件，在这个案件当中，刚搬到达拉谟郡（County Durham）的林茨（Lintz）村的新来者寻求一个禁止地方板球俱乐部的禁令，尽管这些地方板球俱乐部尽了最大努力，但是他们仍然无法找到一个方法来防止板球落在原告的房产上。丹宁勋爵的开篇是这样一段话：

> 在夏天，乡村板球是每一个人的快乐。几乎每一个村庄都有自己的板球场地，在这儿，年轻人玩，年长者看。

我将在下一章来详细地批判这段话，所以我在这里就不再重复了。⑥ 在我们的交谈中，我的任务是提出话题。“我的一些学生没有被说服；他们认为你夸大了案件。”我提出说。“噢，我的天，”他似乎是说，“在我看来，那一定是蹩脚的辩护”。我们婉转地使他谈及审判和辩护的关系，但是没有非常深入。283
他累了，并且对理论不感兴趣。所以我手下留情，友好地告退了。

⑤ Central London Property Trust Ltd. v. High Trees House Ltd. [1947] KB 130, KB; Candler v. Crane Christmas [1951] 2 KB 164, CA; Lloyds Bank Ltd. v. Bundy [1975] QB 326, CA, Miller v. Jackson [1977] QB 966, CA.

* 乔丹先生（Monsieur Jourdain）是莫里哀戏剧中的人物，他讲过一句名言：“我讲了四十多年的散文，而我却对它一无所知。”特文宁用这个形象来比喻丹宁——译者注。

⑥ Below 303 - 5. 对这一篇章的主要批评在于就在这一段话中，丹宁勋爵（a）捏造了事实（“动物们对板球并不介意”）；(b) 作出完全不真实的表述（“板球让所有人都很高兴”。米勒家呢?）；(c) 引入不相关的事实（“他们这样玩已经长达 70 年了”“新来者”——但这并非原告成为令人讨厌者的理由）〔Sturges v. Bridgman (1879) 11 Ch D 852, CA〕；(d) 通过多次修辞性地重复不相关的事实——新来者、新来者、新来者，70 年、70 年、70 年——来加剧（c）当中的缺陷；（e）隐瞒事实（米勒家有一个婴儿）；以及（f）给人这样一种错觉即只有米勒一家在控诉。综上，他显示出对原告不利的明显偏见。

由于先前这些经历，我对法律、文学和叙事的兴趣便一直持续着。它主要集中于3个主题：第一，叙事常常是必要但却危险这样一个观点；第二，想象、推理和与法律相关的后现代主义之间的关系；第三，圣经中的寓言故事、法律先例与叙事在推理和论证中的作用这三者之间的关系。

在被华威的专题讨论会引诱去思考法律中的叙事的同时，我本来还可能被引诱以一种浪漫主义的方式去看待叙事以及法律和文学二者之间的关系。但是很快，我便不再假定叙事会必然对法律产生一种教化作用，也不再弱化法律逻辑所谓的刚性，而是开始强调它们用于“欺骗”的巨大潜力，特别当其与事实调查相关的时候。它们相当地危险，并且律师和法学学生应该意识到这种常见的危险。[7] 在讲授有关叙事的内容时，我的中心主题是在有关事实问题和法律问题的论证语境中它们是必要的但同时也是危险的。正如美国陪审团研究令人信服地表明了，它们似乎扮演着一个必需的心理学角色[8]，但它们同时也是颠覆那些令人珍视的法律原则——比如，裁判的是行为而不是行为人；明确地区分相关要素与非相关要素；仅根据出示的证据来作出判决，等等——的极好工具。故事之所以被接受，不一定因为它们是真实的，也有可能因为它们是耳熟能详的，或令人安心的，或令人难忘的。好的故事可能驱逐（push out）真实的故事（像在这篇文章中那样?）。但叙事也被广泛地认为是重要的，甚至可能是不可或缺的，除了填补缺陷、为严密的逻辑分析加以补充以及“为了理解一个案件”（不管那意味着什么）之外，它还作为论证的一个组成部分。这就引出了有关我们的合理性概念的深刻哲学问题。一条可能的线索存在于约翰·威兹德姆（John Wisdom）有关“逐案论证”（case by case argument）的概念，以及“这是一个关于X的明确的案件”（特殊的）与“X的定义”（普遍的）之间的区别。丹宁勋爵的一些最令人赞赏的判决，比如他在Candler v. Crane Christmas一案中所持的异议，就例证了这样一种观点。[9]

⑦ 由于强调滥用故事的可能性，我有时可能会给人这样一种感觉即我对于法学学术中的“叙事”转向抱有敌意。相反，长久以来我一直为叙事和它们的感染力而着迷，并且承认叙事在挑战抽象的、形式主义的和过度“科学主义”倾向上的重要性。我同意盖欧拉·宾德（Gyora Binder）的观点：“当然，尽管虚构常常是叙事性的，但叙事并非一定是虚构的。尽管如此，叙事和虚构的结合往往与富有想象力的文学有联系。将故事称为叙事是为了强调一位叙事者的想象活动。我们期待用事件的一个‘叙事性’——即便是事实性的——描述来反映一个特殊的并且常常是富有想象力的观点。”（Binder, 1999.）See further *GJB*, ch. 1.

⑧ Hastie, Penrod and Pennington (1983); Pennington and Hastie (1991); Bennett and Feldman (1981).

⑨ See 300－3.

第二个主题与法律、文学和神学有关。近年来，大力推动文学文本解释和法律文本解释之间的相似性已经非常流行了。但是解释像圣经这样的宗教文本可能与解释法规、先例和其他法律文本更相似，特别当它们是权威文本的时候。普遍和特殊之间的相互作用再次给推论性推理和文本解释提供了一个纽带。

第三个主题涉及推理、想象与法律之间的关系。在法律与文学的多条纽带当中，故事并非唯一具有诱惑力的绳索。主要通过文学理论，有关“后现代主义”的流行观点已经来到法律理论当中。这种思想同样是重要但却危险的。后现代主义在颠覆简单的解释观以及挑战事实与虚构、推理与想象、客观与主观 284
之间的截然两分方面已经做了许多工作。这些都是有益的挑战，但它们可能会走向反理性主义、反实在主义（irrealism）或相对主义的极端形式，从而威胁一些值得坚守的理念——在证据法中，它们包括这样一些理念，比如正义的误送、合理的怀疑和令人信服的证据（如大规模杀伤性武器）。打破僵局的方法是由 C. S. 皮尔斯（C. S. Peirce）的著作和他的虚构性盟友福尔摩斯（溯因、想象性推理），以及富有想象力的后现代主义者伊塔洛·卡尔维诺（Italo Calvino）* ——他赞美世界的纷繁复杂，同时并未放弃“那里有什么”［本体论］与“我们有能力去理解它”［认识论］之间的区分——提出来的。[10] 当卡尔维诺的帕洛马尔先生（Mr. Palomar）** 试图描绘一个波浪或者草坪的一块小补丁时，他的神经已经濒临崩溃，但他并未放弃这样一种理念，即存在一个不依赖于我们认知的真实世界。[11]

有关普遍与特殊、法律与事实、寓言与先例、推理与想象、叙事与说服之间相互影响的主题构成了接下来 4 章的核心。[12] 第十章“律师的故事”是这一领域的一个初步探索，是我在 1987 年给华威专题研讨班的论文。第十一章则是对这一理论的一个简要复述，即无论是概括还是叙事在关于争议性事实问题的论证中都是必要但却危险的，尽管是以不同的方式；本章还指出了它们之间

* 伊塔洛·卡尔维诺，意大利新闻工作者，短篇小说家，作家，20 世纪最重要的意大利小说家之一，他的寓言作品奇特和充满想象——译者注。

[10] 尤其是卡尔维诺令人赞叹的《隐形的城市》（1974 年），在 *GJB*，299－309 曾经讨论过。

** 帕洛马尔先生是卡尔维诺生前最后一部作品《帕洛马尔》的主人公。在这本书里，主人公面对繁杂而又不可知的现代世界，苦苦地寻求宇宙与人类之间、自然与人的语言之间、单一的自我与多重性的现实之间的关系——译者注。

[11] Calvino (1985).

[12] 这 4 章是我在这一领域论述的一个选集。See also Twining（1999，2000a），chs. 6－8，and *GJB*，chs. 1，9，13 and 14.

的联系。第十三章用“浪子回头”的寓言故事，来探究文本解释和法律与神学中证据的解释之间的相似之处。第十二章“莎士比亚研究家与法学家”，讲述了两个学者如何独立地分析拜沃特斯和汤普森一案这样一个故事，并且对比了他们的进路，他们的进路都结合了叙事和逻辑分析，但却使用了显著不同的方法。这一章还为将威格摩尔分析法如何运用于一个特别复杂的案件提供了一个具体的例证。与此同时，它还提出了这样的问题：推论性推理的原则与技术在不同学科背景之间的可转移性问题，该问题是一个项目——该项目致力于探索证据本身就是作为一个跨学科领域而存在这样一个观点——的一个组成部分，我们将在最后一章来进一步探讨这一主题。

286

第十章 律师的故事

我理解当他作为一名出庭律师，他的力量并非来自演讲术上的强健有力，而是在于通过论据的推理和说服来尽量使法庭赞同其观点。而当他作为上诉法院法官（Lord of Appeal）出庭时，他继续运用他的说服能力，并回家说他认为他已说服了他的“弟兄们”站到他那边或“某某人还没被说服，但我想明天他会被说服的”。他当然说服了家人来相信他是对的。当他向我们提供案情并询问我们的想法时，他呈现问题的方式是如此之雄辩，以至于在我们的头脑中从不会认为事情还会有其他的可能。

——E·科伯恩·米勒（E. Cockburn Millar）关于她的父亲阿特肯勋爵（Lord Atkin）[①]

是否可以认为，法官和律师们法律心智的核心行为便是将生活中的原始素材……转化进入一个宣称通过法律术语来讲述真相的故事当中吗？

——詹姆斯·博伊德·怀特[②]

一、引言

有一段时间，修辞学曾经是人文学科的中心，而法庭演讲术（forensic oratory）则是修辞学的中心。在修辞学研究漫长而复杂的故事中，讲坛有很长一段时间不再是主要竞技舞台，而说服演讲术也不再是主要的研究对象。另外，法学学科也与修辞学失去联系。在当代的法学研究中，狄摩西尼（Demosthenes）、西塞罗（Cicero）和昆体良（Quintilian）几乎被完全忽略。[③] 当法学家们援引亚里士多德时，被引用的常常是《伦理学》或者《政治学》而不是《修辞学》。当然，执业律师们仍然练习辩护技巧，他们将诱导、转化、构建、叙述、歪曲、抨击故事作为其说服艺术的一部分。另外，法律理论家们关于法官尤其是上诉法院法官的推理撰写了大量的文章，但却很少关注辩护律师

① Millar（1957），14－15.

② J. B. White（1973），859. 比较一下 Fredric Jameson（1980）的主张：“叙事的倾诉（Allinforming）过程是人类心智的核心功能或诉求。”Cited by Nash（1987），2。

③ 主要的例外是佩雷尔曼和他的合作者们的“新修辞学”。See especially Perelman and Olbrechts-Tyteca（1971）以及更为晚近的，Goodrich（1986），（1987），[Scallen（1995），（2003）；Feteris（1999a）] Bernard Jackson（1985），（1988a），还有其他法律符号学方面的工作。

的论证，事实或量刑而非法律存在争议的地方更是鲜有关注。在法律推理的讨论中，“叙述”很少得到凸显；当“修辞”被应用于法官甚至辩护律师的话语时，往往意味着批评。[④] 由此人们可能会推断出，修辞和叙述与法律推理没有或几乎没有什么关联，这意味着人们将“修辞”和“叙述”置于令人怀疑的
287 “非理性说服方式”范围内。根据这一观点，阿特肯法官的女儿关于她父亲的描述也许可以被解释成对一个业务娴熟的出庭律师的例证，他是通过非理性的说服方式——无论是有意识的哄骗还是无意识的成见——来说服其家人的。这是唯一的甚至最合理的解释吗？

本文是对于叙事在大众文化中的作用这一主题所作的一系列开拓性研究的一部分。它质疑任何认为在法律话语中叙事只具有可疑合法性（dubious legitimacy）的边缘地位的观点；它也质疑相反的观点，就像怀特和其他人所主张的建构故事是“法律心智的核心行为”[⑤]。本文主要关注一类法律话语，也就是现代英美法院中的法庭辩护。特别是，本文提出一个问题：在辩护律师对争议性法律问题和事实问题进行**理性**论证过程中，“叙事”的正当功能——如果有的话——是什么？在初步探索过程中，我将主张叙事在辩论中可能扮演多个角色，其中一些角色是不可避免的而且是正当的，但更多的与交流相关，而无关于理性论证和说服；从传统的道德论辩（ethical advocacy）标准来判断的话，叙事可能以被认为是非法的或可疑的方式来运用；但对于辩护律师的理性论证来说，叙事同样具有一些重要的、正当的贡献。而且其中还有一些角色无法轻易地契合于律师推理的一些标准描述。关注焦点是规范性的，而不是经验性的；使用的例子是例证性的，而不是代表性的。

法庭辩护话语仅仅是法律话语其中一种类型。众多不同的角色和评论者参与到法律谈论（law talk）当中，并在一个更为宽泛多样的背景下来讨论法律。法官、立法者（law-makers）、政府律师（office lawyers）、法律学者、法律教师、历史学家、记者、小说家和所有公民，都在常规性地制造和消费法律话语。[⑥] 当代法律学者普遍认为，诉讼仅仅是法律及法律相关活动的一种而已，而公开法庭上所发生的也仅仅是整个诉讼过程的一个——常常是非典型的——阶段而已。对于对抗性审判、对抗式程序的辩证法和理性司法决定具有多大程

④ 一个显著的例子是狄普洛克勋爵（Lord Diplock）批评丹宁勋爵在 Gouriet v. Union of Post Office Workers 的异议判决中的论证时提出的批判意见，因为已经展示出“修辞的某些混乱和某种不合时宜的程度”（[1972] AC 1027，1054）。

⑤ J. B. White (1973)，859；cf. Bennett and Feldman (1981).

⑥ 相关讨论，Twining (1984) 264-5。

度上的典范性或代表性，或成为法律生活与话语中的核心形式，法律理论家们争论不休。在这里，我们无须陷入这些争论当中，但是，相关的是需要表明我个人对这些主张是持怀疑态度的。[⑦] 因为本文的要旨之一是对复杂性的一个提示。法律话语存在多种类型和背景；诉讼也有多种类型和多个阶段；任何涉诉案件都有可能在询问（examination）当中被证明成为一项极端复杂的社会过程。在开始探索叙事在法律话语中的作用时便预测会存在普适性的或可简约的答案的做法是不明智的。

我的法学同行也许会认为，通过聚焦辩护话语来开始这项探索是令人诧异的，甚至是非常古怪的。因为还有其他类型的法律话语被更完备地记载下来并获得更为广泛的研究和分析。比如说，在已报道的判决、立法、法律教科书以及有关法律的二手著作方面，我们已经拥有了一个容易获取且为大家所熟知的文本富矿。与这些相比，辩护律师的论辩只是被间歇性地记载下来，而且至少在现代，它们还是相对未理论化（under-theorized）。[⑧] 我承认， *288*
法律话语的一个系统叙事学，尤其是一个以具体和代表性实例为良好经验基础的叙事学，必须与我们不同类型的广泛文本遗产以及我们对它们的理论化仓库结合在一起。[⑨] 不过，有两个相关的理由让我们使用不同的出发点。首先，在法庭上，辩护律师的情境、目的、角色和观众通常比法官或陪审团或阐释者的要更为清楚，也更少些疑问。[⑩] 辩护律师的首要任务是说服裁判庭在先前已界定好的法律问题和/或事实问题和/或处罚问题方面，作出对他当事人有利的裁判。通过聚焦于一类相对没有争议的角色，人们才能够避开而不是直接冲进围绕在裁判理论和其他为大家所熟悉的法理学争论领域的泥沼之中。虽然我们无法避免我们的脚被打湿，但是在尝试游泳之前，我们可以

⑦ Twining (1984), esp. 299.

⑧ 在对辩护文献进行详细检视的过程中，我已经获得一种片断化印象，而不再是完全忽略。感觉就是并不陌生的文献群在诉说着彼此的过去。在对叙事在有关法律问题之论证中所扮演的角色加以考虑的过程中，我从卡尔·卢埃林和詹姆斯·博伊德·怀特的洞见中获益良多。尽管有一种感觉认为怀特有时候过于夸大他的理由（修辞性夸张?），但我对于他为提出一个法律的人文修辞学所作出的令人印象深刻的努力基本赞同。

⑨ 非法律人应该被警示，有关法律问题推理（e.g. MacCormick, 1978）和有关事实问题推理（e.g. Wigmore, 1937）的大量法理学文献都是规范性的而非经验性的，并且在例子的使用上也是高度选择性的。See further, B. Jackson (1988), ch. 1.

⑩ 在这里，我假定了伦理守则和“法庭职员”的地位会运转起来，作为对普通法诉讼中代表当事人利益的辩护律师角色的一种单方约束。尽管这不无问题，但比起法官与陪审团之间常年争论不休的角色来说，这种主要角色更容易把握。采取辩护律师立场作为区分角色困扰与其他关注点的一个工具，有关这种做法的启发式价值，see Twining and Miers (1982) 286 - 91 [1999 edn., 169 - 75]。

先试试水。

其次，叙事学关注的一个核心问题是故事在理性论辩中的角色。尽管辩护律师作用的一些方面被认为是相对不成问题的，但哪些构成“理性”或“非理性”、正当或不正当的说服技巧或方式的问题，在任何论辩理论中都是核心的而且被尖锐提出的问题。为了使问题简化，我将集中于辩护的通常被视为截然不同的三项任务：有关争议性事实问题的论辩和有关争议性法律问题的论辩以及有关制裁的论辩，比如民事诉讼中有关损害赔偿数额的论辩，或者刑事诉讼中减轻处罚请求的论辩。

在法律理论中，事实问题与法律问题的区别被认为在分析上是成问题的。[11] 人们还认识到，在特定的案件中，事实和法律的认定具有人为的全有或全无（all-or-nothing）的特征（有罪/无罪、有责/无责）。赢者通吃。[12] 相比之下，惩罚的确定却往往具有更大的开放性，包括一个在不同限度内的可能性幅度的选择，比如最高（和较为少见的最低）处罚。

这些区别对辩护律师来说有着实际的后果。一个问题是被列为一个事实问题、法律问题还是处罚问题也许决定着场所、听众、时机和出庭的风格。简单说来，法律问题归法官；事实问题归陪审团或其他事实裁判者；处罚问题通常归法官。有详尽的规则来规范哪些类型的问题应该受到高一级法院的上诉或审查。有充分的理由来采取这一个工作假定（working assumption），即这三种论辩代表三种不同类型的任务，每一种论辩都有着与其相适应的独特话语类型。我将在后面对它们之间的关系加以考量。

正如在手册、审判记录和非正式交谈中所发现的，辩护话语包含相对较少的行业术语。就一个独特的词汇表来说，它们中的大部分词语在程序和证据的
289 正式规则、古典和中世纪的修辞学以及剧本中都有可以辨识的词源。当代英美辩护手册[13]中包含了许多对当下目的非常有用的关键术语：理论、故事、情境、场景、剧本（scenario）、主题（theme）和意念（thelema）。即便是英美最好的手册也往往采用一种非正式的、经常是娓娓道来的风格，在这种风格中为了可读性有时便需要牺牲精确性了。出于理论分析的需要，就需要一个更为精确的词汇表。因此，我提出了一些定义，并且作出了一些比日常用法更为精

⑪ See generally Zuckerman (1986) and Jackson, Ockleton, White and Summers in Twining (ed.) (1983).

⑫ Ehrenzweig (1971).

⑬ 本节主要依赖 Du Cann (1964), Evans (1983), Jeans (1975), Mauet (1980), Rumsey (1986) and Stryker (1954)。这些当然主要是有关辩护话语的例子。

确的区分。

1. 理论

一位辩护律师的“案件理论”就是他关于作为一个整体的案件的论点。[14]它应该能够通过一种支持所想要之结论的陈述形式来加以表达，这种陈述形式应该是合乎逻辑的，而且是融贯的。对这一理论的概括性陈述应该采取一种复杂论辩的纲要（precis）形式。举一些简单的例子：

（1）在唯一争点是一个事实问题的情况下：

（a）“检控方无法提供足够的证据来证明被告犯下了所指控的罪行”；或

（b）“证据表明在谋杀案发生时，我的当事人正在另一座城市，因此他不可能是凶手”；或

（c）“证据表明死者是在一场争斗中被意外杀害的，当时他正试图阻止被告通过枪击自己而自杀”[15]。

（2）在唯一争点是一个法律问题的情况下：

（a）“权威、原则和理性支持这一主张，即专业人士在X、Y和Z情况下为非专业人士提供意见时，负有注意的义务。本案的事实显然是这种情形的一个例子”[16]；或

（b）“这个案子是新的。它应该基于适用现代条件的原则，而不是依靠过时的19世纪的先例和价值来得到解决。建立在现代价值基础上的权威、原则和政策支持这一主张：当很大程度上为了公共利益的合理且由来已久的土地使用（比如乡村板球比赛）与私人享受的利益发生冲突，而且在对相邻不动产不产生伤害、损害危险或干涉时（这一理论是最近形成的），公共利益应该优先于私人利益。”[17]

（3）在一个减轻处罚的请求中：

“尽管我的当事人罪行严重，但他没有污点记录，已经表示悔改，不太可能重新犯罪，有良好的工作前途又有家庭需要抚养，这些事实结合在一起表明判处监禁（custodial）刑是不适合的，并且在这一案件中起不到有益的作用。” *290*

⑭ See below，311 - 18 [and *Analysis* (2005)，at 118 - 20，153 - 58] .

⑮ 对简·哈里斯案件中辩护理论的一个重构，see below 313 - 14。

⑯ 在坎德勒诉克兰·克里斯马斯案（Candler v. Crane Christmas [1951] 1 KB 164）中对原告有利的一个可能的案件理论的重构，discussed below，300 - 3。

⑰ 在米勒诉杰克逊案（Miller v. Jackson [1977] QB 966）中对辩方有利的一个可能的案件理论的重构，discussed below，300 - 5。

辩护手册，尤其是那些关注法庭技巧的辩护手册，都会强调形成和保持一个作为整体的案件的清晰而又连贯的理论的重要性："在审判之前形成一个案件理论并且在审判时贯穿始终地按照它去行动，这一点是至关重要的。"⑱ 这一理论将成为辩护律师策略的基础，而该策略将在诉讼过程中指导辩护律师的选择和行为。

这一"理论"观有助于将辩护关注于理性论辩的那方面与其他方面——比如吸引注意力、交流、质问、说服性展示（presentation）和各种各样的法庭战术（tactics）——分离开来。这一观念同样具有分析上的便利，因为它能提供一种与法律推理理论的清晰联系。

在对法律推理所作的标准——并非完全没有争议——的描述中，"作为一个整体的案件"的典范表现为如下形式："如果 X 则 Y；如果 Y 则 Z。"在这里，X 代表规则适用的**情形**，Y 代表**法律后果**（有罪或有责任）；而 Z 代表**法律制裁**或结果。比如，"在没有法律上正当理由的情况下，只要一个人故意地且有预谋地导致另一个人死亡，这个人就是犯有谋杀罪；当一个人犯有谋杀罪时，这个人将被判处死刑（除非……）"。按照这种看法，一个争议性法律问题的范例是："X 的适用范围是什么？"或"a、b、c 等情况是否构成了 X 的一种？"一个争议性事实问题的范例是："证据支持 X 已经发生这样一个结论吗？"一个处罚问题的范例是：考虑到 X 和 Y，鉴于存在 M_1、M_2、M_3（减轻因素），在这件案子中什么样的处罚才是合适的？⑲

2. 故事

在辩护话语中，"故事"一词被宽泛使用来涵盖如下情形：当事人或证人对发生了什么的说法，或者对一连串事件按时间顺序所作的陈述，或者法官或律师对案件"事实"所作的阐述，或者答辩中所作的正式指控（实质性事实），

⑱ Mauet (1980) 8. 最近在安大略的研究表明，提出策略性计划来作为有效辩论的一个基础的重要性常常为辩护手册和辩护培训所忽视。(N. Gold in Gold et al., 1989, 323.)

⑲ See below 294－6. 一般说来，对 X 和 Y 的确定采用的是一种全有或全无的形式，但是（由于缺乏一个固定的处罚或价目表）恰当的量刑必须从一定范围的可能性中选择。传统理论承认与这一范式的偏差。比如说，事实与法律混杂在一起的问题；在规则适用方面的司法裁量权（比如排除证据的裁量权）或救济中的裁量权（比如衡平救济）；程序的暂时性（interlocutory）问题，等等。

甚至律师的案件理论。[20] 在对叙事在法庭论辩中的角色加以考察的过程中，对“故事”这一术语给予一个更精确的限定性含义是非常重要的。吸收利科的观点，我提出了如下定义：“一个故事就是对按照时间顺序排列并形成一个有意义整体的特定事件所作的叙述。”[21] 在这一特殊表述中，时间、变化和连贯性都是必要的组成部分。但是使故事成为整体的事件之间并不必然具有因果关系。在这种用法中，借用 E. M. 福斯特的说法，“国王死了，然后王后死了”这一说法不是一个故事，而仅仅是一个按时间顺序所作的陈述；“国王死了，然后王后因为悲伤而死”就具有连接点的必要因素。[22] 下面这一种说法也是：“据报道说，国王已经死了；王后因悲伤而死；而事实上该报道是假的，因为国王为了避开刺杀行动而伪装死亡。”虽然最后这一叙述没有遵循严格的时间顺序，而且它的连接点不仅仅依靠因果关系，但是它仍算是一个故事。在这篇 *291*
文章的接下来部分，我将把叙事（narrative）等同于讲故事（story telling）：人

[20] 这是在律师谈话中通常可以发现的有关“故事”的不同用法。故事这个词正如本文所使用的那样，当然会有多种故事。在当前语境下，尤其重要的是要在下面几种类型之间进行区分。第一，是有关事件或者确切地说是被控事件的故事，这些事件引发了程序（“案件事实”）。第二，法律程序的故事，当然，这些程序也许是某一更长流程的一个阶段，比如一场旷日持久的纠纷或宿怨。第三，某一方当事人或证人对事件的说法，他们对其具有第一手的知识。我们对抗式程序制度中有多种方式用于防范或者使证人无法按照他自己的方式以及用自己的语言来讲述“他们的故事”，在这方面有广泛的文献。(See below，n. 40.）第四，有一些故事有关适用于该案件的法律规范的发展过程。这类“法律故事”有时候会构成律师或法官在案件中所作出论证的一个组成部分。(See e. g. Lord Denning in *Central London Property Trust Ltd. v. High Trees House Ltd.* [1947] 1 KB 130.）也可以讲述有关案件的故事，比如说，通过将其置于对某一法律领域的历史性发展进行描述这样一个语境中来解释其作为先例的意义。第五，某一核心参与者的“生命故事”——以一定程度的简化形式——在一个法律程序的某一阶段（比如量刑）也许会被视为相关的，但在另一个阶段也可能被视为不相关的或不可采的（比如，在定罪阶段，存在着复杂的规则用来规制品性证据或包括前科在内的处罚证据之可采性，但量刑阶段没有）。这并非律师故事的一个完整清单，这种清单通过查询《牛津法律轶事大全》(*Oxford Book of Legal Anecdotes*）或《法律灾难大全》(*Great Legal Disasters*）或任何法律传记或影响性案件汇编就可以很容易看到。在律师的俱乐部，人们或许可以期待听到一个相当可预期的有关战争故事、趣闻轶事、玩笑、流言蜚语、传说、谣言和神话的混合。在这里，我们关注的主要是对案件事实的叙事性描述以及叙事在法律论证中的应用（“法律故事”，第一～四种）。

[21] Ricoeur (1981)，278 - 9.

[22] Forster (1949)，82 - 3，discussed Rimmon-Kennan (1983)，16 - 19. 福斯特根据因果律来明确界定“故事情节”；为了将那些独立于“起因”(cause）概念的整体性叙事包含在内，我已经改变了这一点：在第三个例子当中，原因起到了一个作用，但或许不是故事的“要点”。一些作者，比如詹姆斯·博伊德·怀特（1985)、金·莱恩·谢尔佩利〔Kim Lane Schepele (1988)〕和伊塔诺·卡尔维诺〔Italo Calvino (1982)〕似乎坚持，所有的故事都需要有一个出路或结局。尽管我赞同这种观点，但我并未将出路作为我故事概念中的一个必要因素，因为在法律语境中似乎存在相反的例子，比如，一个案子的事实也许会提出无法解决的问题，或者通过一系列案例对某一规范的发展进行一个描述也许会展现“迄今为止的故事”。在这两种情况下，故事讲述都有一个要点，但却没有出路——按照我对该词的理解。

们讲述故事，但是也在描述情境。㉓

在“理论”和“故事”之间存在密切的关系，但是在概念上将它们分开是非常重要的。它们之间的区别和联系可以通过英国王室法律顾问阿奇博尔德·鲍德金（Archibald Bodkin QC）在乔治·约瑟夫·史密斯（George Joseph Smith）案（“浴室新娘案”）中为控方所作的最后陈词得以说明。史密斯被指控故意将贝茜·芒迪（Bessie Mundy）淹死在赫恩（Herne）港湾一处租来的房子的浴缸里而犯有谋杀罪。案件的核心问题是她的死亡到底是意外还是预谋造成的。辩护意见认为，她是由于癫痫的突然爆发而溺死的。有关死亡原因的证据都是间接性的和非结论性的。在鲍德金的开场陈词中和庭审期间，不但向陪审团展示了史密斯与死者之间的关系进程和（案件）后果的故事，而且还有另外两个关于史密斯的新娘死于相似的且无法解释的情况下的故事。鲍德金的最后陈词被记录在案的只占据了四个段落，后一半内容如下：

> 该刑事被告与该女人单独居住在这所房子里，他有犯罪机会。刑事被告的动机已得到证明，机会证据已被采纳，而其关于意外事故的证明被排除了。你们有权考察关于其他两位死者的证据，以查明芒迪女士之死是意外事故还是有预谋的。如果有预谋，谁是受益人？你们还可以考察证据，以查明该死亡是一个系统或行为过程的一部分——这样想会让人不寒而栗——这个行为就是故意致人死亡而使其能够获得金钱利益。
>
> 三个案件都具有一个特点，相似性如此聚合，没有预谋是不可能发生的。在每一个案件中，刑事被告都通过结婚的方式；在每一个案件中，女人的现款或者已经得到，或者已从可能储存的存款账户中提取出来；在每一个案件中，都有一个绝对有利于刑事被告的遗嘱；在每一个案件中，遗嘱都是由一个陌生人与女立遗嘱人拟定的；在每一个案件中，被害人都给自己买了寿险，或拥有没必要买寿险的财产；在每一个案件中，都有一个在死前不久找医生看病的经历，我们主张这从患者当时的身体情况来看是不必要的；在每一个案件中，三个女人都在死亡前夜或当夜写信给她们的亲属；在每一个案件中，都有一个关于浴室（或浴室设施）的质询；在每一个案件中，女人都是溺死，而刑事被告都是第一发现者；在每一个案件

㉓ “叙事”有时候会被用来宽泛地包括一些非故事的描述。本文关注的是法律话语中的故事与故事讲述；在这里说的许多东西也许真的属于其他类型的描述。

中，浴室的门都是关紧的，水在医生到来时还未排掉；在每一个案件中，刑事被告都拿出诸如买鱼、买鸡蛋或者买西红柿之类的证据证明，当妻子死之时他不在房子里；在每一个案件中，都存在刑事被告事后失踪并获得金钱利益或试图获得这种结果的情况。㉔

这通常被视为一个辩论的经典。将它作为叙事话语的一个例子则是具有误导性的。相反，它应该更准确地被描述为直接针对单一问题（设计）的论辩。为了填补三个故事其中之一，也就是贝茜·芒迪之死这一故事的关键不足，通 292
过继续分析和对比三个故事来展开。鲍德金正在为故事的一部分而**论证**，而不是在叙事。该论辩支持控方“理论”即史密斯故意造成贝茜·芒迪的死亡。我们不能在没有某种故事观念的情况下对案件作出一个描述——因为这显然是一个陪审团不得不在竞争性故事之间作出选择的合理例子——但这并不等于说鲍德金在这里把讲故事作为一项说服技巧。

也许有人会反驳说，像讲故事、陈述事实和叙事这样的概念在其日常运用的过程中并不符合前面对“故事”所界定的概念。㉕ 比如说，高级律师的前辈们都是“**叙述者**”或“答辩者”（counter），他们的主要任务是将原告的起诉状（narratio）提交到皇家民事法院（Court of Common Pleas）。但是，“起诉状”远不是一个故事，而是一个诉讼主张的正式陈述，这一陈述被归入一系列受到严格限制的类型当中。叙事者的主要技能是“将其当事人所主张的事实放进适合的模型当中”㉖。这种技巧不在于讲故事，而在于将它们进行转化。它是一个复杂的分类形式，更像是填表格，而不是讲故事。

同样，在一个法律问题的论辩中，在庭前“陈述案件事实”或对论辩中所运用到的某一先例的“事实进行陈述”并不必然涉及狭义上（stricto sensu）的讲“故事”。例如，实质性事实可能涉及一个情境或事态（state of affairs），而不是一系列连续性事件；或者事实也许被用一种与犯罪或侵权行为或其他诉讼缘由的构成要素精确对应的方式来加以陈述。尽管展示得不如中世纪的起诉状那样正式，但是，对案件实质性事实的陈述距离填表只有一步之遥，尤其是就书面诉状而言。

这种论证路线提出了两个重要的问题。首先，很容易承认，在很多案件当

㉔ *Trial of George Joseph Smith*, Watson (ed.) (1915), 261-2; cf. Bodkin's opening speech, 73-74.

㉕ See above 290.

㉖ Milsom (1967), 5-6. 这也许是对法律辩护人功能与话语的一种过度简化。

中辩护律师完全不牵涉到明确的故事讲述。一个一般水平的有关法规解释的论辩，一个简单的不在现场的辩护，一个强调除了被告人对犯罪的描述和态度之外其他要素的减轻处罚请求，这些都是简单的例证。故事是否是一个有关“作为一个整体的案件”之论辩的必要元素，在下文将予以考察。[27]

其次，在填表格与讲故事之间是否可以进行一个截然区分？“3 月 5 日，X 故意且有预谋地恶意地刺伤了 Y，Y 因伤重死于 3 月 6 日”，这句话包含了谋杀犯罪的所有因素并且符合对一个故事的正式定义，也就是说，它是对形成一个整体的特定事件的连续性叙述。我们通常期望故事能够更详细、更精彩、更有趣，但从分析的角度来看，一个诉讼主张或一个指控当中所主张事实的基本陈述常常（但并不总是）就可以满足一个“故事”的要求。[28] 的确，使这种描述成为一个故事的构造（configuration）或连接要素在于所叙述的事件构成了
293 一个具有法律意义的行为，比如谋杀。

3. 情境

情境就是在某一特定时刻的事件状态。对某一情境的描述就像是一张快照或一幅图片。它是一个轮廓，但无论是时间顺序还是变化，都不是必要的成分。“情境”与“故事”之间的区别在法律中是十分重要的，因为法律往往关注事件的瞬间或静止状态。比如说，有人也许要对刹车有缺陷的汽车或无证驾驶或拥有一个违反《健康安全条例》（Health and Safety Regulations）的工厂承担责任，无论这种事件状态如何产生的。[29] 还有，一项减轻处罚的请求可能完全或部分集中在被告在量刑时的情境以及他/她未来可能的行为，而无须去

[27] Below，311－18.；律师在几种不同的意义上来使用“案件”这个词：人们可以提起一个案件（诉讼）、阅读一个案件（报道）、辩论一个案件（论证）、表述一个案件（问题）、赢得一个案件（诉讼）或者依赖一个案件（先例）。我们已经对案件报道和案件研究进行了考察，让我们将这一类称为“案件描述”。这些描述与故事共享了一些特征：它们都有一个一致性；而且它们都被假定为拥有一个要点或含义或意义。当说一个故事或一个案件描述没有要点或没有含义或没有意义时，通常是在批评它。许多“案件描述”都缺乏故事的时间要素——它们也许关注事件的情境或状态；它们在包含非叙事性材料方面——比如论据、诊断或解决之道——也许不同于叙事。但建构的要素、轮廓和具体要素与一般性意义连接在一起使得这种类比成为相近的类比。故事和案件描述将开头与结局和解决之道和含义都赋予情境与事件（but see above，n. 22）。在法律话语内部，尤其在普通法的法律话语内部，不同类型的案件描述扮演了一个突出的而且多变的角色。关于作为一个话语单元的“案件”概念的一个不同视角，see below，ch. 13。

[28] 在比如交通法庭内对固定套路或机械的或恢复性故事的应用，也许有助于简化和通过“类型化”加快这一进程。See Brickley and Miller（1975），693；Carlen（1976）.

[29] 即便在严格责任的案件中，对该情境如何产生的一个描述也许同样是相关的，比如，可以作为一个特殊抗辩的理由或者作为减轻处罚或加重处罚的一个要素。不过，重要的是要牢牢记住，尽管法律责任的分配通常与可被辨别法律人员的行为和疏忽相关，但情况并非总是如此。

考虑他对犯罪故事的说法。故事和事件状态描述有一些共享的特征，但同样存在一些重要的差异。然而，在本文中我所说的关于故事的大多数内容也都同等地（*pari passu*）适用于对情境的描述。

4. 场景、剧本、语境（context）

辩护律师们常常会谈到诸如“场景设置”“提出一个剧本”“给帆布上彩”等类似说法。[30] 有时候它们想要表达的意思被上文定义过的“故事”和“情境”概念覆盖或重叠了。然而，这些说法也暗示了还存在其他一些额外的“背景性”或“语境性”因素，这些因素虽然不是特定故事或情境必不可少的部分，但是对于理解和把握它依然有所帮助。在小说、戏剧和绘画中，对后景与前景、场景与剧本、语境和内容之间往往很难——如果不是不可能的话——进行截然的区分。有关法律问题和事实问题的法律论辩被假定为具有严格而又为公众所能很好理解的相关性标准，这样一个标准为此类区分提供了一个基础。[31] 一种假说——这个问题我们将在后面仔细探讨——认为，在辩护中叙事的运行更多的是通过语境与背景的方式而不是通过公开论辩中的技术性准入得以进入其中。

5. 主题（theme）

“主题”是在有关辩护的文献中被模糊运用的另外一个术语。有时它被用来指对情境或故事的整体特征，有时则用来指它的某一诉诸一套流行套路的要素，例如，“这是一个贪婪的地主剥削可怜房客的例子”，或者“这是一个房地产开发商肆意破坏乡村的案例”。更精确的另外一种用法——这在当前语境下是有用的——是指任何足够重要、值得重复加以强调的任何要素。一位英国出庭律师曾经对他所称的“颂歌”给予如下生动的描述：

> 从你的立场来看，在几乎所有的案件中都会有一个关键的因素在其中起着支配性作用。它可能是“愚蠢”“害怕”“贪婪”“嫉妒”“自私”。选好你的词，然后将它们插入你的开场陈述当中。将它写在单独的一张纸上。重复将会有持久的效果。如果你切中要点并且重复了足够多的次数，它将会在陪审团退庭时回响在他们的脑海中。它将成为第13位陪审员的声音。尽可能在开场陈述时便切中要点吧！[32] 294

[30] E. g. Patrick Bennett QC in Rumsey (1986); K. Evans (1983).

[31] 关于律师是否具有一种特殊的相关性观念，see Holdcroft and Zuckerman in Twining (ed.) (1983)。

[32] Bennett in Rumsey (1986), 3.

6. 意念（thelema）

在辩护手册中不断重复的一个告诫便是赢得裁判庭的信任和同情以及为他们提供达成你想要结果的方法的重要性："从一开始就要获取你的听众的同情并要让他们将这种同情维持下去"[33]；"努力成为忠实的向导"[34]；"你必须获得信任"[35]；"维持你的地位"[36]；"向他们指明出路"（Show them the way home）[37]。这些仅仅是最近对《辩护在法庭》（*Advocacy at the Bar*）一书所作的介绍中的一部分戒律而已。这样的建议一般以单独戒律的形式出现，一位美国法官将其便利地压缩进一个单独的概念当中：

> 意念是一个表示那些能够结合起来让法官或陪审员产生帮助欲望的广泛事物的种类术语。我选择了一个不为人所知的词汇，它能够在不削减相似词语——比如喜爱、呼吁、同情、动机、仁慈、共鸣以及类似的词——语义累积的情况下得到精确界定。在希腊语中，意念（thelema）的意思就是指这些事物的全部。[38]

7. 呈词（presentation）和论据（argument）

先前我已经提出，在法庭上，与其他诉讼参与人相比，辩护律师的角色相对说来没什么问题。它主要在于说服裁判庭在某一案件中作出有利于他/她当事人的裁决。这并不意味着这项工作要么简单要么轻松。在一场对抗性审判中，它可能是极端复杂的，牵涉到众多任务或次角色（sub-role）。用常见的戏剧比喻来说，辩护律师可能必须综合了制片人、舞台监督、演员、解说员甚至在一定限度内的剧本作者的职责。在上诉案件和减轻处罚请求中，参与者更少，但任务并不必然更为轻松。的确，夏普兰（Shapland）提到说，一些大律师认为"做好一份减轻处罚的辩护是辩护中一次更高的考验，常常比一场成功的对抗性诉讼（contested fight）还要难"[39]。只要裁判者是基于合理的理由（rational grounds）来进行裁决，辩护的任务就是通过理性方式去说服。根据

[33] K. Evans (1983), 25.

[34] Ibid., 36.

[35] Ibid., 37.

[36] Ibid., 43.

[37] Ibid., 79.

[38] The Hon. Charles L. Weltner in Rumsey (1986), 6. 在古典希腊语中，*θελημα*（thelema）这个词的主要含义（主题）是"意念"；比较一下 *θεληγω*（thelgo）"带着一种魔力来抚摸，来使人着迷，使人陶醉。说瞎话，拉丁语 mulceo：作弊，欺骗"〔Liddell and Scott, *Greek Lexicon*（节略）〕。

[39] Shapland (1981).

这种观点，辩护律师的角色就在于**提出一个论证**，而且这也就隐含着承认“案件理论”这种观念，而且在关键的角色中会根据它来组织和指导律师的表现。不过，尤其在对抗性审判中，这种论证不仅仅是通过各种明示的论据来得以呈现。案件的故事并不只是在律师的演说中才被告知：通常通过对一连串的证人进行直接询问、交叉询问和再询问，证据便得以展示。有时候，证人会被允许“叙述”他们的证言，但他们常常被限制来只能就被问到的问题进行回答。有些证人会抱怨自己被阻止讲述他们的故事。[40] 在有关法律要点的争论中，律师在展示明确论据方面有着更为直接的作用，即便如此，论证部分也可能是通过 295
提问与回答来进行的。与此类似，减轻处罚的请求也许不仅包括演说，还包括证词和对书面报告［比如社会调查报告、医学报告、前科报告（antecedent reports)］的评论。[41]

在当前语境下，这具有双重意义。首先，一位辩护律师的“论证”也许在一定程度上是隐含的，而且也许不得不通过展现给法庭的材料来进行重构。其次，论证的概念必须与其展现的方式和风格区别开来。辩护手册倾向于将更多的注意力投入到展现当中，而非建构令人信服之论据。[42] 它们强调吸引和保持注意力的重要性；强调说得清楚、让人理解并且简洁明了的重要性；强调肢体语言和其他非言语交流的重要性；强调所有为主题和意念概念所涵盖的重要性。正如我们大家都知道的，在这些手册中，更多的是致力于说服的技艺，而非作出逻辑上令人信服的论证。显而易见，故事在引发听众兴趣、使他们保持注意力、赢得心意以及为论证设置语境方面都有着一定作用。但有人也许会问：在理性说服当中，它们扮演着——如果有的话——什么角色？还有，与此密切相关的，通过什么标准我们得以确定叙事在辩护中的合法性或者相反的用途？[43]

我们已经看到，并不是辩护律师提出的所有论证都会包含明确的故事讲

[40] E. g. Danet (1980), 514 - 19; O'Barr (1982), 76 - 83, 137 - 48.

[41] Shapland (1981) .

[42] E. g. K. Evans (1983), Du Cann (1984) . 美国的辩护手册倾向于更强调准备。“论证”与“展示”之间的区别和亚里士多德对逻辑（logos)、情感（pathos）与人格（ethos）的分类相关，但不是完全相对应。“论证”从广义上说属于逻辑领域，其有效性和说服力需要经由任何通过正确推理的可适用原则来实现的任何东西来加以判断。展示则是指与观众进行交流的方法、风格和技巧，它与说服相关，通过其实际效果来加以判断。辩护的许多戒律都与展示有关，比如吸引并保持注意力、赢得信任以及确保被理解的重要性，这些戒律与“理性说服”的观念是相协调的。如意念、主题、人格和情感这样一些东西在多大程度上属于通过非理性手段进行说服的范围，是辩护理论的核心问题。See generally, J. B. White (1973), 810 - 21.

[43] 合法性这个概念当然是成问题的，see further below 296 - 300。

述。但是，一般认为，就我们所关注的三个标准辩护任务中的任何一个来看，讲述故事确实是一项核心性辩护技巧。因此，在一场有关争议性事实的对抗性审判中，控方一般是被要求，而辩方则有机会来概括他们各自的“案情”，而这经常由通过叙述方式来呈现的事实组成。在法庭的后来阶段，各方律师可能直接地或通过证人复述整个故事或部分内容。据说，通常在对抗制的对抗性审判中，陪审员们要么在两个相互竞争的故事中选择一个，要么从呈现给他们的材料中建构出第三个故事。[44] 在许多刑事审判中，辩方采取攻击控方“故事”或让人其产生怀疑的方式来进行辩护，却没有提供一个替代性描述。

不那么明显的是，在上诉辩护（或其他仅仅涉及法律问题的案件）中，叙述被认为是至关重要的。“事实陈述是核心”是众所周知的箴言。或许经典的陈述是由约翰·W·戴维斯（John W. Davis）——美国律师界一位非常受人尊敬的领袖——作出的：“在上诉法院，事实陈述不仅仅是论据的一部分，它更经常是论据本身。”[45] 这些箴言的精确含义和意义将会得到详细一些的考察。

在减轻处罚的请求中，故事的作用被认为是更成问题的。从官方的角度看，检控方的故事被接受，而且不能公开地进行质疑。在被告不认罪且已经被定罪的场合中，他/她已经有过一次有机会来讲述自己的故事，而且这个故事已经被拒绝。减轻处罚的请求必须在一个对发生了什么的已界定版本这样一个语境下作出。一些可减轻处罚的因素也许会对现有的故事进行注释或
296 扩充，但其他一些也许会涉及“无关”的事情，比如被告过去的记录、他目前的认罪态度或处境以及重犯的可能性。不过，在被告服罪的情况下，情境就大不相同了。尽管控方指控的真相已获得承认，但它还只是处于基本的样态当中。被告还没有得到机会将他/她的版本呈现给法庭，而且希望这样去做。虽然指控的真实性不会受到直接的挑战，但是在一定的范围内还可以通过被告本人或辩护律师复述全部或部分案情的方式来使故事被放置于一种不同的灯光之下。

因此，可以主张说，故事在所有这三种辩护任务中都有所凸显，尽管出现的频率和重要性程度都有所不同。不过，不能假定说它们在每一语境中的角色都是相同的。接下来，让我们更详细地审视这些主张。

---

[44] E. g. Bennett and Feldman (1981), Preface and ch. 1, Hastie et al. (1983) . [Pennington and Hastie (1991).]

[45] J. W. Davis (1940), (1953), 181. 史蒂芬·温特（Steven Winter）已经向我提出这样一种假设说，“最好”的律师在较高级别的法院比在较低级别的法院更倾向于遵循戴维斯的箴言。这一点与“类型化”作为加快基层法院程序的一种手段这样一种观念是相吻合的，see above, n. 28。

二、法律问题的论证：陈述事实

在传统观点看来，一项争议性法律问题涉及对下列问题的分歧：对某一规则、规范或原则的**一般性**适用范围（解释）或者一组**特定**的事实能否契合于这一法律（适用）。按照惯例，有关法律问题的论证通常是在事实给定的基础上来进行的——在其进行过程中事实**仿佛**是真的。反过来说，一项有关事实问题的论证在展开过程中，所适用的法律也**仿佛**是既定的。法律理论和法律实践都意识到，这些传统的区别并非毫无问题。

如果在一个有关法律解释或适用的论辩过程中事实被视为给定的，那么，我们要如何理解这一断言，即对事实的陈述“不仅仅是论证的一部分，它更多的是论证本身”?[46] 最为人所知，并且可能在理论上最为成熟的解释是由卡尔·卢埃林提出来的：

> 在事实陈述过程中，律师拥有了吸引法庭注意力的最早、最好和最宝贵的途径，这已成为老生常谈。法庭不知道事实，而它又想知道。在好律师中有一种老生常谈认为，对事实的陈述能够且应该在陈述的进行过程中形成法律争点；能够且应该同时产生这样一种确信说只有一个明智的结果。到现在为止，还没有被那么多人有意识去关注的一个问题是，事实陈述的风格必须简单明了，沿着简明的路线而不迷失在细节当中：注意力神游四海或（这同样是不好的）精力完全淹没在让法庭理解证据展示或者组织自己这方材料的努力中。[47]

这一解释至少包含了三个要素：吸引法庭的注意力、形成争点以及产生确信。在卢埃林更开阔的上诉审判和辩护理论语境中，还有两个其他要点。首先，他明确指出他认为对事实的技巧性陈述是良好辩护的一个要素，在这一意

[46] J. W. Davis, (1940), (1953); cf. Paterson (1982), 52-65.

[47] Llewellyn (1962), 341-2; cf. (1960), 238. 本段引用紧接着的前一段如下：

真正的也是至关重要的核心工作是满足法院的判断力、体面和正义要求：(a) 在这类情境下你所力争的规则；以及 (b) 你所追求的结果，正如处于这些当事人之间的结果。你的整个案件，在法律和事实上都必须言之成理，必须可以诉诸明显的感觉、无法摆脱的感觉、用简单的生活和司法术语来表述的感觉。如果做到了这一点，则一个在法律方面技术完美的案件可以克服许多进一步的困难：它向法院表明，其对法律的义务不仅没有与其对正义的义务相冲突，而且在完全相同的路线上彼此促进。

最近这些年在最佳辩护进路上的巨大变化就在于此。也就在二十年甚至十年前（即 1945 年之前），主要的上诉辩护律师依然还在私底下为他们的职业需要他们所说的“氛围”而感到歉意……它不再是一个“引入氛围”的问题。它现在是一个让事实说话的问题。因为在说话的理所应当是事实，而不是辩护律师所表达的意见。法院感兴趣的不是倾听律师的夸夸其谈，而是去看事实或从事实中发现，而这正是判断力和正义之所在。(Ibid., at 341.)

义上说，它是合法、合乎伦理的，也是优秀的一种标记。卢埃林很关注辩护的
297 伦理性，并且他小心翼翼地将那些在他看来明显合法的技巧和那些不合法的或有着正当性存疑的技巧区分开来。[48] 其次，卢埃林主张，对于是什么构成了一位律师（在法律问题上）的一个良好论辩和由法官作出的一个好的裁判理由，评价标准应该是一样的。辩护律师的作用是为一个判决提出最好的正当理由。法官所作出的事实陈述和由律师作出的一样，都是论证的“核心”（部分）。[49]

为了简单起见，我们把卢埃林理论的一些要素当成是没有争议的。我们可以接受说，对于一个律师来说，需求吸引法庭的注意力和兴趣既是合法的，也是重要的。在这里，我们不去关注卢埃林视为显然不合法的一些辩护技巧的例子，比如说谎、有意误导法庭、编造事实或者采用转移注意力或有意混淆视听的手段。[50] 我们关注的是优良性而不仅仅是有效性。最后，让我们在下列基础上来展开：在法官和律师所作出的论证的优良性标准之间，至少存在一种足够的重叠来正当地审视已被报道判决中的事实陈述例证。[51] 这是非常便利的，因为已报道的判决文本比律师上诉论辩的速记报告（verbatim reports）更容易取得、更广泛和更为人所熟悉。[52]

如果这些观点被接受的话，那么卢埃林的解释至少有两个方面需要澄清：事实陈述在架构争点时到底起了什么作用？而且，在使人对某一法律问题的答案形成确信时，为什么事实陈述被认为是如此重要？这两个问题的答案取决于人们对于普通法传统的法律论辩中一般性与特殊性之间关系的看法。卢埃林对第一个问题的答案看起来只是对一种耳熟能详的而且相当正统观点的一种重述。他对第二个问题的回答已经在法学家当中引起了困惑和争议。

卢埃林对第一个问题的立场可以重述如下[53]：除了少数例外之外，普通法审判的一个一般性原则是，法院只会对产生于实际争端的问题进行裁判。一般说来，他们不会对假设的事实给出裁定，也不会在剥离一些具体事实情境的情况下笼统地（in general terms）回答法律问题。逐案（case-by-case）判决的本

[48] E. g. Llewellyn (1960), 84 - 6, 256 - 60.

[49] E. g. Llewallyn (1960), 126 - 8, 238.

[50] Twining (1973a), 261 - 3.

[51] See below, n. 88.

[52] 当然，一个人必须意识到卢埃林所称的“对现有之物的威胁”（the threat of the available）(1962), 82 - 3。在这一语境中，值得重复的是在本文中所使用的例子并不意味着对日复一日的实践具有代表性，在实践当中，人们怀疑，明确的故事讲述所扮演的角色比这些例证所显示的要有限得多。大多数律师和法官比丹宁勋爵和卡尔·卢埃林都要形式主义得多。

[53] See further, Twining (1973a) .

质是对特定现实生活情境产生的一些问题作出的回应。在法庭论辩开始之前，争点就已经“预先受到限制、变得分明并且被表述出来”[54]。但是，正如每一个普通法律师都知道的，一个法律问题会在哪个概括层次上提出和回答是存在相当的空间的。用卢埃林的话来说，争点“**被预先作了合理但绝非僵硬的澄清**”[55]。律师或法官对事实所作的最初陈述为提出所使用的分类和恰当的概括层次，从而更精确地表达事实所产生的问题或争点提供一次机会。人们怎样去描述问题取决于他如何去描述事实。用形式化术语表述这一问题是：事实陈述采取的形式是“X 发生了”；法律的问题是：如果 X 发生了，法律后果是什么？对这一问题的回答〔判决理由（*ratio decidendi*）一词的一种用法〕采取了这样一种形式：“如果 X，则 Y。”X 是连接事实陈述、法律问题和适用规则 *298*
（该法律问题的答案）的一个共同因素。X 如何被描述是至关重要的。

到此为止，这看起来还是对一种大家熟知的普通法推理正统观点的重申。[56] 但是，卢埃林引入了一个新的概念——“情境感”（situation sense），这个概念已经引发了大量的困惑与争议。有些人不加批判地使用这一术语，但使用时相当不严谨；有些人则将它看成是无法理解的或毫无意义的；有些人则将其视为被引入法律推理理论中的一个不合理的、主观的或形而上的因素而加以抵制。我在其他地方已经对与卢埃林对“情境感”的描述相关的一些问题进行了探究。在这里，我希望集中关注这一概念在“事实陈述是核心”这一主张中的功能。[57]

由一位庄严（Grand Style）的法官或辩护律师作出的哪类案件陈述可以满足“情境感”的要求，而且因为这种满足而“能够产生这样一种确信说只有一个明智的结果”？[58] 第一个要求是特定案件的事实根据不同类别来陈述，这个分类可直接转化为一种可识别的“事实型模式”（type-fact-pattern）[59]。事实的分类是按照这样一种方式，即构成该情境下的一个明确例子便可以被视为一种**类型**。第二，所说的这个“事实型模式”，通过诉诸“感觉”“理性”和“正义”对具体案件中提出来的问题提出一般性的解决方式。[60] 在独一无二的故事中，那些可能唤起同情或厌恶的要素——“家长里短”（fireside equi-

[54] Llewellyn (1960), 29.

[55] Ibid., note.

[56] HTDTWR (1982), ch. 7. [(1999), ch. 10.]

[57] Llewellyn (1960), 238; Twining (1973a), 216 - 27, 257 - 64.

[58] Llewellyn (1960), 238.

[59] Ibid., 59 - 61, 426 - 9.

[60] Ibid., 60 - 1, 238, discussed Twining (1973a), 216 - 27, 262 - 4.

ties）——被过滤掉或被赋予一种次要角色。[61] 因此，X是从陈述“X发生了”到陈述“这是X类型案件”再到“每当X发生，Y都应发生”这一转化过程中的一个构成部分。

但是，有人可能会问：是什么致使X的一个特定描述（characterization）诉诸“感觉”“理性”和“正义”呢？还有，一个论证是以对某一具体案件事实陈述的形式来展现还是明确作为对一般性事实模式的一种表述或者作为一条规则来展现，为什么在论证的效力和说服力上应该存在一些差异呢？

要对这些问题进行回答，让我们来考虑三种可能的方式，它们代表着对“事实陈述是核心”这种主张的三种不同解释。

第一种，也是最没有说服力的答案是承认，在“X发生了”“这是X类型的案件”“每当X发生，Y都应发生”等类型的陈述中，对X的描述没有分析上的区别。[62]

不过，那些小心翼翼地以这种方式表述其事实陈述的辩护律师实现了两件事情。其一，论辩的一个好的基础被置于刚开始的时候。通过随后的详尽描述，最初的含蓄可以变得明确。其二，它确保，最初的事实陈述与正在被证成的整体法律主张之间能够完全地协调。事实和规则不仅仅一致，从分析的维度看，它们是相同的。在这种解释中，我们一直考虑的箴言以一种夸张的形式包括了合理的建议。因为事实陈述不是论证的“核心”，也不是“论证本身”；确
299 切地说，是它预料到了论证中至关重要的一步，即可适用规则的阐述。

第二种解释是，事实陈述允许以一种独特的方式含蓄地诉诸价值或“感觉”（无论其是什么），如果这种方式明确在一般性层面进行的话可能没那么有效，甚至可能被禁止。杰拉德·洛佩兹（Gerald Lopez）这样提出这个问题：

> 当基于事实意味着什么的争论（论证）被鼓励为比基于事实是什么的争论（讲故事）具有更明确的说服力时，作为一种说服行为的论证在大多数文化中都会受到某种方式的限制，而讲故事却不为这种方式所限制……故事就本性而言可以诉诸那些依照习俗在文化中依然还是禁忌的东西。因为，事实本身就抓住和反映价值，那些不能被明确地辩论的东西可以被偷偷放入一个故事当中。事实上，讲故事作为一种说服行为的天才之处就在于它将论证掩盖在事实中，讲故事从而能够规避那些对被发现事实所赋予之意涵的种种限制。换句话说，和对论证相比，相关性对于故事来说是一

[61] Llewellyn (1960).

[62] Discussed Gottlieb (1968), chs. 3 - 4.

个宽松得多的标准。[63]

这是关于律师们为何会认为事实陈述在说服的任务中扮演重要角色的一种具有洞察力的说明。但是，这与那种合法的、道德的、公平的论证理念是否一致呢？洛佩兹承认，“这听起来非常像伪善（hypocrisy）……然而，在某些方面伪善对于文明生活又是必须的”[64]。另外，上一代的法理学家更强调将清楚、明确和公开作为诚实和智慧辩论的重要保障。卡尔·卢埃林写道，“隐秘的工具永远不可能成为可靠的工具”[65]。约翰·亨利·威格摩尔已经强调，作为对有关证据论证的有效性和说服力的一种审查，对隐含之物的明确阐述是有用的。

第三种解释使得诉诸含蓄的、未明说的或被朦胧感知的因素成为一种正面的美德。按照这种观点，叙事在对“难以表述的、无可解释的东西”施加压力方面扮演了一个积极的角色，绝不是“偷偷放入”这些因素或者获得许可的伪善这样一个问题。[66] 不明确表达在法律论证当中作用的最明确的拥护者是詹姆斯·博伊德·怀特，他既是文学教授也是法学教授，对于叙事在法律话语中的角色曾经提出过一个复杂的——尽管有些理想化——的观点。[67] 其他人通过诉诸直觉、情绪或想象来进行交谈；有些人通过给予诉诸“非理性”考量以一个合法的位置来使其理性化；另外一些人则通过分化理性概念来推进这一点。

即便卢埃林的观点契合于第三种解释，他对普通法传统以及对裁判的庄严风格的美化也还是部分基于这种观点，即法院可以通过一种特殊敏感性对超出现有法律分类的事实所带来的复杂和变化的细微差异加以快速回应。在其他地方，我已经论证了只有通过将某种裁判观囊括在其中才能理解“情境感”，这种裁判观认为为那些被感到“正义的”或“聪明的”或“明智的”东西建构清 300

[63] Lopez (1984), 32 - 3. 为了阐明在律师解决问题——被看成是人类问题解决的例证——的过程中，“我们如何理解世界、我们如何说服他人与我们如何作出困难的选择之间所存在的关联”，这篇文章对故事与故事讲述进行了富有启发的探索（10，2）。这篇文章集中关注一个例子，在该例子中，并不适用律师对事实、法律和处罚问题作出的截然区分。本文的要旨非常赞同洛佩兹的分析。

[64] Ibid., 34.

[65] Llewellyn (1960), 365, discussed Twining (1973a), 227 - 9.

[66] J. B. White (1973), 863 - 5; cf. J. B. White (1985), ch. 2 and 118 - 19. 在有关“说出比我们所知道的更多的东西”的心理学研究中可以找到对这种观点的进一步佐证，e. g. Nisbett and Wilson (1977)。

[67] J. B. White (1973), (1984), (1985). 怀特视角的一些要义——他不认为这是一个定义——可以通过这样一个格言表达出来：“法律最好被理解为一系列文学实践，这种理解很快便会为生活中的意义和行动创造新的可能性，并且以独特的方式构成了人类共同体。”[‘The Judicial Opinion and the Poem: Ways of Reading, Ways of Life’ (1985), 107.] 对怀特观点的一个激烈批判，see Sherwin (1988)。

楚而又富有逻辑的理由已经超出了我们的能力。[68] 卢埃林在给予这些要素以一席之地的同时，又对清楚表达和明确理性化的价值加以强调，至于对其中内在矛盾他能否从容脱身，已超出了本文的讨论范围。在这里只需要说这一点就够了，我相信这样一个辩解是可能的，因为在我看来，在辩护和裁判的规范理论中，理性重构与让法律想象发挥作用两者之间并非必然不可兼容。

（一）作为辩护律师的法官：作为英雄和异常者的丹宁勋爵

对丹宁勋爵两篇最为著名的判决书进行一个简要的考察也许可以对“事实陈述是核心”这一观念有更进一步的理解。现代社会没有哪位英国法官会如此经常、如此公开地奉行这样一个告诫——在证成具有一般意义的争议性法律问题的决定中，陈述某一特定案件事实的习惯扮演了一个重要的角色。同行的法官和学术评论者们对他的事实陈述褒贬不一，有的高度赞扬，有的严厉批判，认为带有一种不安分的内在矛盾。[69]

在坎德勒诉克兰·克里斯马斯（Candler v. Crane Christmas）一案中，上诉法院民事庭庭长丹宁（那时他是这样被称呼的）[70] 给出了一份解释注意义务（duty of care）的异议判决，这个判决通过恰当的渠道被上议院几乎完全按照他的表达加以接受。[71] 它被公认为一个庄严的法官所撰写的一个伟大异议，它创造了法律的历史。判决书中最著名的段落如下：

> ……被告是否对原告负有注意义务？如果我们在讨论这个问题时不循旧规，那么，我应该说，会计师应对原告负有特别注意的义务。他们是专业会计师，要把自己准备好的账目给原告过目，并且他们知道后者要参考这份账目对公司进行投资。由于相信了这份账目，原告对公司投了资，结果遭受了损失［着重号为笔者补充］。反之，如果会计师仔细地准备账目，原告就不会对公司投资。既然如此，难道原告不应该相信经过仔细准备的

[68] Twining (1973a). 对于卢埃林的“情境感”概念，现在已经有非常广泛的相关文献，其中最好的讨论之一是 Whitman (1987)。

[69] See especially, Jowell and McAuslan (1984), esp. 17-19; Robson and Watchman (1981), Harvey (1986). 丹宁勋爵对其风格的讨论同样是可见的，e.g. *The Family Story* (1981), 206-20。重要的是要强调这样一点，在这里讨论的两个案件仅仅是丹宁勋爵最有影响力的判决中的两个而已，因此无法被看做是其整体作品的代表：同样的是，作为故事讲述者的丹宁勋爵更是无法被视为英国法官风格的典型。See further note 52.

[70] [1951] 2 KB 164, [1951] 1 All ER 426.

[71] Hedley Byrne and Co. Ltd. v. Heller and Partners Ltd. [1964] AC 465. 丹宁勋爵已经否定说他撰写该判决是为了说服上议院去推翻有关疏忽大意错报的先例（1987 年 7 月采访）。不过，人们依然将说服他们的功劳归于他〔e.g. Atiyah and Waddams, in Jowell and McAuslan (1984), 57, 468〕。

账目吗？难道他没有权利从自己所信任的会计师那里取得赔偿吗？我认为他有这种权利，而且在这个案件中我要援引布鲁斯爵士（Knight Bruce LJ）在斯利姆诉克劳彻案（1860）［Slim v. Croucher（1860）1 DeG. F. & J. 518］当中说的话，这是一个九十年前相似的案件，在该案中他说，“在目前的规定不符合文明的情况下，一个法制的国家不予赔偿”㉒。

这个判决被公认为丹宁勋爵一生作出最好的判决。在考虑为什么应该是这个判决之前，值得指出的是，这个片段并非出现在这份判决的开端。它包含了丹宁对案件事实的第三种表述。这份判决以单一一段对事实的陈述为作为开端。㉓ 这是相当精练的，但是比前引那一段的版本要更详细些。它是一段概括性陈述，通过其语言和侧重点似乎目的在于为原告赢得同情。第一次阅读这份判决的人在预测法官的裁决上应该没有困难；他们也可能发现它相当具有说服力。不过，它表面上的功能是为争点的陈述奠定一个基础，因为这些事实“提出了一个非常重要的法律要点”㉔。建构争点之后，丹宁勋爵通过一段叙事转 301
入对事实的一个长得多的重述，这个重述占用了《英格兰判例报告》（*All England Law Reports*）的满满两页纸还多（大约一千五百字）；这个非常精细而且详尽的检视包含很少的“修辞学”装饰；它的主要功能在于澄清，在这起案子中被告故意诱导原告去投资那家公司；而原告的损失正是这个疏忽大意的建议“引起的”。很少的“家长里短”偷偷溜进了这个详尽的叙事中。它的主要功能在于确立说，毫无疑问，这个案件事实上已经构成了应列入丹宁勋爵所主张的那条普遍规则之适用范围的一个清晰例子。

在重述这个案例所提出的（具有普遍重要性）㉕ 的法律问题之前，丹宁勋爵接着在下面考虑了法庭上的判决。他在对这一问题的“法律”加以考虑的时候，便是到了前引段落，而且先例——据说——是支持被告的。他在此对事实

㉒ ［1951］1 All ER at 428.

㉓ 在《判例报告》中，第一段被删除了。这一段如下：

在1946年9月，原告在一家名为特雷法兰西矿业有限公司（Trevanance Mines，Ltd.）（以下我将简称为“公司”）的公司中投资了2 000英镑，而且他已经赔了这笔钱，因为该公司最后经营失败了。他现在起诉被告，被告是这家公司的会计师和审计员。起诉书声称他之所以被诱导去投这笔钱，是因为他们给他的是存在瑕疵的账目，而基于对该账目的信任，他才作了投资。法官已经认定，该账目是有“瑕疵和缺陷的”，并且该账目显示出来的该公司状况“与实际情况是完全相反的”；法官还认定会计人员“在准备账目的时候事实上极其粗心”，而原告所遭受的损害是“显而易见的”。不过，法官否决了他的起诉请求，因为，根据法官的观点，会计人员对原告并没有一个注意义务。

有关法官运用不同的语言来重述事实（或规范），see Llewellyn（1951），47；Twining（1973），235。

㉔ ［1951］1All ER at 428.

㉕ Ibid..

的陈述是第三种重述。它很明确是论证的一部分，其主旨可能被诠释为，“如果不是有先例的话，我本该说理性、正义和感觉决定着在这种情况下是存在注意义务的”。

他转而考虑“先例”。帕特里克·阿蒂亚（Patrick Atiyah）教授已经观察到：“当丹宁勋爵像这样开始时，就可以确信为了得出想要的答案他会接着分析先例，这个案子也不例外。对这些案件的技巧性检查显示，它们要么是可以辨别出来，要么与多诺霍诉史蒂文森案件（Donoghue v. Stevenson）所确立的原则不一致。”[76]

然而，这包括了对先例进行的一种大胆的重新解释，而不是对案件的一种“谨小慎微的”分析[77]，这种分析“并非被设想来导出一种预先决定的结论，而是看看这些案件原来的主张是什么”[78]。按照这个观点，为了确保理智和感觉可以战胜一种既定的先例观点，就需要进行创造性解释。尽管他暗示这不甚妥当，但阿蒂亚还是称这是“普通法历史上最伟大的异议判决之一”[79]。

主张其伟大的根据是什么呢？论证的力量并不在于通过“偷偷放入家长里短”或者选择满载感情的措辞来直接诉诸激情。相反，它之所以具有说服力，是因为它在具有如下因素的一类情境中，同时为扩展责任和限制责任提供了基础性理由：在一种接近（proximity）的关系中，一位非专家对一位职业人士的信赖。在这种关系中这个专家提供了疏忽大意的建议，而且他也预期并且期望这个建议为该原告所遵循。信赖的要素将其与被广泛接受的一般原则联结起来，作为承担责任的正当理由；但是，同等重要的是，其他因素（职业的、非专家的、疏忽大意、接近、预期、损失）限制了这种情境的范围，关闭了那种令“谨小慎微的灵魂”感到忧心忡忡的“水闸论证”（the floodgates argument）* 的大门。简而言之，丹宁的表述描绘和限定了这样一类情境，在该情境中，正义、理性和感觉表明其应当存在责任。对早期的先例的解释（或重新解释）及对他主张的规范范围设置严格的界限占据了这份判决剩下的绝大部分篇幅。

乍看之下，在丹宁勋爵的第三个表述中，他那具有高度说服力的事实分

[76] Atiyah (1984), 57.

[77] 有关“谨小慎微的心灵”和“无所畏惧的精神”的著名段落在 432 页；Asquith LJ's riposte is at 442。

[78][79] Atiyah (1984), 57.

* 水闸理论是现代侵权法上一个重要理论，该理论认为若不对纯粹经济损失的赔偿加以限制，行为人承担的责任将会漫无边际，从而是不合理的——译者注。

类，既没有违反任何禁忌，也没有表达那些在一般水平上难以表达的具体细节。相反，它用简单而又实在的术语介绍并巧妙地囊括了某一论证的主旨，这一主旨随后会在一般水平上得到详尽的阐述。在这一解读中，它似乎契合于“事实陈述是核心”的第一种解释，比洛佩兹和怀特的解释要好些。这，我认为，太简单了。因为，我将论证，作为整体来加以解读的话，丹宁的判决从另外两个解释所提出的因素中也获得了一些力量。

从一开始，丹宁将其视为一方面是正义与感觉之间冲突、另一方面是正义与先例（正如按照传统解释的那样）相冲突的一个案子。“从正义出发来进行论证的律师做不好案子”，但是通过事实来含蓄地诉诸正义、感觉和理性的律师，则常常更能说服人。通过对意念和主题的巧妙运用（三种事实陈述!），在对单个先例加以考虑之前，丹宁的判决诉诸“理性、感觉和正义”。任何对于他的事实陈述在其论证中起关键作用抱有怀疑态度的人，都应该试着在剔除这些章节的情况下阅读这份判决。“庄严的”“创造性的”或是“创新的”法官通常会发现他们处于这样一种境地中，也就是所有的或者大部分先例似乎已经被排列好来反对他们。对他们来说，将对手头案子精心的事实陈述作为他们改变或重新解释法律的部分论据，是一项标准技巧。当“外行人”当中就某个特定案子的一个公正或者可接受的结果是什么这个问题存在一种高度共识的时候——就像在坎德勒案一样，这些常常是最有效的。

第一眼看去，作为一个法官或辩护律师通过对特定事实的一个陈述能传达出比一个纯粹抽象的陈述所能抓住的更多东西的例证，坎德勒诉克兰·克里斯
马斯一案是令人沮丧的。无疑，丹宁勋爵的部分成就在于“以一种可接受的方 302
式确定并阐明新规则的构成内容（职业的和非专家、接近、信赖等等）”。毫无疑问，这是那个著名段落具有吸引力的部分所在。不过，我想表明，这是一个特定事实之吸引力的一个绝佳例子。因为如果我们将丹宁勋爵对事实的分类转化为对一条一般规则的陈述的话，那么就会发生一些改变，如下所示：每当一个专业会计师为一个门外汉编制并提交账目，同时知道他将按着这些账目来决定投资，并且基于对这些账目的信赖他作了投资，结果他损失了钱时，就存在注意义务。从分析的角度来看，在转化的过程中并没有发生任何变化。“X 发生了，Y 应该发生”已经变成了“每当 X 发生，Y 就会发生”。但是，尽管这一特定的陈述似乎无懈可击，但对该规则的一般性陈述可能会使律师感到不安。在这种情况下，原因是显而易见的。该规则的表述过于狭窄：即便在 1951 年，这个规则也显然不会被限制在职业会计师基于投资目的而准备账目这种情况上。那其他职业人士呢？其他形式的陈述呢？其他目的呢？其他类型

的损失呢？注意义务应该延伸到多远呢？在坎德勒案中，丹宁勋爵令人信服地论证，在这个案子中应该存在一种法律责任。他提出了存在法律责任的一般性原理，并指出了规则适用范围的一些界限。但是，他将该规则精确适用范围的许多细枝末节都留待将以逐案为基础来加以确定。在一个重要意义上，规制这
303 一情境的一般规则在 1951 年时是“无法表述的”，因为说“这是显然是 X 类案件”与为 X 提供一个一般性定义之间还是存在一个差别的。[80]

（二）米勒诉杰克逊（Miller v. Jackson）

丹宁勋爵在坎德勒诉克兰·克里斯马斯一案中的异议判决赢得了几乎普遍的赞誉，并且创造了法律的历史。但是后来一个异议判决，在米勒诉杰克逊一案中，同样几乎是众所周知的，却代表了部分失败。[81] 该判决太长，不能在这里重印。

这份判决之所以臭名昭著，其中一些风格和原因从这开篇第一段中便可见一斑：

> 在夏日的村庄，板球是每个人都喜爱的运动。几乎每个村庄都有自己的板球场，在那里，年轻人打球，老年人观看。在达累姆县的林茨村，他们有自己的场地，他们玩这些游戏有 70 年了。他们照料得很好。板球场地碾压得很平整，草坪也修剪得很好。外场地距离很近，有一个供球手们使用的很好的俱乐部以及许多供观众坐的座位。该村球队周六和周日都在那里打板球。他们属于一个与邻村打比赛的球队。在其余劳动后的夜晚，他们在晚霞中练习。然而，70 年后的今天，一位高等法院法官竟然命令他们不得在那里打球了。他签发了一纸停止打球的法院禁令。他这样做是回应一位不喜欢板球运动的新移民的请求。这位新移民在板球场旁边建造或已经建造了一栋房子，这块地 4 年前还是一片牧场。动物们并不介意板球。但现在这个相邻区域已进行了房地产开发。这位新移民在板球场旁边购买了一栋房产。无疑，开阔空间是一个卖点。现在他抱怨说，当一个击球员击出一个满分球时，大家都知道这个球会落在他的院子里或房子旁。他的妻子已经因此受到惊吓，所以他们不得不在周末躲出家门。在别人玩板球时，他们不敢进入庭院。他们说，这是无法忍受的。所以他们请求法

[80] 比较约翰·威兹德姆在其弗吉尼亚系列演讲中对“逐案程序”的描述，discussed by D. C. Yaldon-Thomson in Bambrough (ed.) (1974), ch. 3。

[81] Miller v. Jackson [1977] 3 All ER 340. 伯纳德·杰克逊〔Bernard Jackson (1988), 93－7〕对这一段也作了讨论，在其讨论中，他对我的解释作了注解但并未颠覆。

官禁止再玩板球。这位法官感到必须命令关闭板球场，尽管这样做违背他的意愿。我推想结果是：林茨板球俱乐部将会消失。板球场将转为其他用途。我预见会有更多的房子或一座工厂出现。年轻人将不再打板球，而是寻求其他乐趣。整个村庄将变得更加乏味。所有这些都是因为一个新来移民刚在板球场附近买了一栋房子。[82]

当我让大一学生将米勒诉杰克逊一案作为丹宁勋爵晚期写作的一个例子加以阅读时，它引起了不同的反应。几乎每个人都认为它令人享受并且趣味十足。有人认为它具有说服力，有些人认为它有点“过火”或用了某种不太像法官风格的非确定（undefined）方式。一些人将它看成是某种偏见或歧视的展示——喜爱板球，个人反感米勒一家，或者反感土地开发者或私有财产。当我指出，丹宁勋爵似乎编造了一些事实（例如“动物并不介意板球”），省略了相关事实（如米勒有个孩子[83]，他们并非唯一抱怨的人），而且有夸张之嫌（“乡村板球是每个人的乐事”——包括米勒吗?）时，大多数学生同意，这对于一个法官来说是不当行为。那它对于出庭律师来说是不当行为吗？观点倾向于出现分歧。当我指出，在判决的过程中他犯了一个基本的统计错误时[84]，他们同意说，无效的论据对于律师和法官都是不当的。 304

是什么让那些人发现它具有说服力的呢？正如他讲述的故事那样，它确实表明了米勒一家是不讲理的，而板球游戏者在任何方面都表现得合情合理。此外，米勒一家作为新来者，试图阻止已经进行了70年的深受欢迎的社区运动（“新来者”使用了5次；“70年”使用了6次——一个有关“主题”的典型例子）[85]；意念也是显而易见——就光第一段本身难道不是被精心设计用来赢得板球爱好者、环保人士、保守主义者、生态学家和传统热爱者的同情吗?[86]

[82] ［1977］3 All ER at 340－1.

[83] ［1977］3 All ER at 346（per Geoffrey Lane J），350（per Cumming-Bruce LJ）.

[84] “尽管有这些措施，但还是有些球会跑过来。在1975年和1976年赛季期间，俱乐部队所有的六分击打都进行了记分。1975年有2 221个回合，也就是投了13 326个球。在这些球当中，有120个六分球会击打操场所有的边。在这些球当中，只有六分球会越过高高的篱笆进入房产范围。1976年是2 616个回合，也就是投了15 696个球。在它们当中，有160个六分击打。在这些当中，只有9次越过高防护篱笆进入房产范围。”（341页）后来他写道，“如果一名击球手将一个六分球击出场地之外，而且只有千分之一的几率会击中一头牛甚至是农民本人”（344页）。已经有无数的律师和叙事学者应邀来指认这其中的谬误。

[85] At 340－5. 在最近的一次采访中（1987年7月），丹宁勋爵表示，当时对米勒一家已经有很多同情的声音了，他关注的是权利的平衡。他和蔼地承认，如果他的读者感到他过于夸大他的理由，那么这或许不是一个好的主张。

[86] See B. Jackson (1988)，94－7，一个不同的解释。

米勒诉杰克逊一案和坎德勒诉克兰·克里斯马斯一案之间存在着一些相似之处：在每个案子中，丹宁勋爵都意识到了他所谓“优先价值”和过时先例之间的冲突[87]；在每个案子中，在明确处理这些先例之前，他都运用他的事实陈述来为形成争点、为一方赢得同情、削弱那些先前不利先例的力量奠定基础；在每一个案子中，他都准确地找出了那些为他所坚信的正确结果提供一个理由的诸多要素。坎德勒案中的信赖、接近、疏忽，米勒案中的历史悠久的社区运动、为尽量减少对邻居们造成的风险而采取的合理的措施、个人购买毗邻财产时对板球活动和风险的注意。然而，虽然他在坎德勒案中表现精湛，但在米勒案中却存在一些弱点。与其说他在米勒案中过于公然地坐在被告方的位置上，还不如说他的论证被他糟糕的说理给糟蹋了。这不仅仅是因为这些来自法官的失误比来自律师的失误更不能被接受：捏造事实；未曾提及一个棘手的事实[88]；滥用统计数据；并给人一种不公平对待反对方的印象。实质的弱点也不在于一个失败的刻意追求文学效果的努力（我发现，法律专业学生是被逗乐而不是被留下深刻印象）。毋宁说，他没有作出最强有力的可能性论证。这里存在两个致命缺陷：第一，他没有正面面对另一方主要论点（与判例相对）；对于住在临近运动场的人们来说，无论是不是新来者，都要承担板球运动带来的人身伤害或者财产损害的风险，这是合理的吗？上诉法院法官卡明·布鲁斯（Cumming-Bruce LJ）通过判给损害赔偿金（damages）但拒绝颁发禁止板球比赛的禁令来找到一条中间道路。[89] 第二，丹宁勋爵如此沉迷于米勒案中的故事细节，以至于他未能充分地抽身来达到卢埃林关于庄严法官的理想标准，这种法官可以根据情境类型来对案件加以分类，从而找到一条解决之道。这可以沿着如下路线来完成：“这个案子关涉到一个历史长久并深受欢迎的社区活动，尽管已经采取所有合理的努力来把对相邻土地上的人和财产的伤害或损害的风
305 险降至最低，可是只要这种活动继续下去，这种风险因素就无法避免。”一种解决办法就是允许活动继续，但是让那些涉及其中的人士承担损害的风险。[90]这实际上就是最后的结果。

[87] 在坎德勒案中，主要但绝非唯一的否定性先例是 Le Lievre v. Gould [1893] 1 QB 491；在米勒诉杰克逊一案中则是 Sturges v. Bridgman (1879) 11 Ch D 852。

[88] 怀特〔J. B. White (1985a)〕说道：“一个仅仅采纳一方确信的意见完全不值一提。”不过，这就低估了这样一种观念，即最有说服力的辩护律师就是那些直面困难并且超越他们的那些人。Cf. Llewellyn (1960)，241－5.

[89] [1977] 3 All ER，at 351.

[90] Ibid..

（三）事实陈述

总结一下：在法律问题的论证中“事实陈述是核心”这样一种主张是一种夸大说法的例子，但它包含了重要的真实内核。它以两种不同的方式被夸大了：第一，许多由律师及法官作出的“事实”陈述故意弄得无可争辩：也就是说，他们打算成为“中立的”“无偏见的”或“冷静的”。大多数判决都渴望这样的相对中立性；在诉讼过程中通过案件陈述（case stated）某一法院试图作出一个表述，该表述公平地提出那个由上级法院来解决的问题；在某些司法管辖地区，双方都同意某一事实陈述；甚至丹宁勋爵一些最多彩的开篇也被设计成是对那些他视作为真实的两难境地的戏剧化，而不是为一个能够以一种或多种方式为其判断正当化的论证奠定基础。[91] 当然，一个熟练的读者也许能够在一个声称公正的事实陈述的语言中辨别出隐藏在其中的线索或无意识偏见。但是，这同主张说这样的叙事是辩论的核心还是非常不同的。

第二，即使当叙事性陈述显然是一个律师论证或法官判决理由的一部分时，它也完全只有在例外情况下才能成为这种论证的主要部分，更不用说是“论证本身”了。法律论证通常包括先例理由和实质性理由的一个混合。[92] 即便那些无视纯粹决断——判例未曾为那些溢出进“实质内容”的解释所解读——重要性的法律推理理论也会将一个其论证要旨在于事实不言自明的案件看成是完全例外的。至少，在突出重点的故事当中，明确的论证将会抓住一两个要素作为论证中的重点，比如说，作为将本案与案件加以区分或者作为通过类比来展开或者作为原则或政策的一条基本理由的一个基础。事实最多不过是论证的一个组成部分而已。

坎德勒诉克兰·克里斯马斯案和米勒诉杰克逊案的分析表明了更进一步的观点。因为这些案件例证了一位法官如何借助叙事来支撑这样一个论证：在这些案件中，以先例为基础的论据似乎支持一个相反的结论，在这一语境下，法官的论证诉诸“实质内容”。那些将其判决的正当性完全以或主要以“先例理由”为基础的法官也许就没那么必要将他的事实陈述作为其论证的一个组成部分。简而言之，比起那些以一种直截了当的方式来援引权威来源的律师或法官，叙事对于那些致力于对权威来源（无论是判例还是制定法）进行抨击、颠覆或再解释的律师或法官来说，更可能是至关重要的。不过，这句箴言包含着

[91] E. g. Lim Poh Choo v. Camden and Islington Area Health Authority [1979] 1 All ER 332，CA，9.

[92] Summers (1978a)，Fuller (1946)．

一个重要的真相核心。这绝不仅仅停留于下列这样一种主张：具体案件的故事
306 如何讲述在开创性或历史性或特别疑难的案件中有关法律问题论证的实质性理由的强化方面扮演着一个重要角色。确切地说，我的看法是叙事在法律论证中可以扮演多种角色。

对这句箴言的三种不同解释例证了这三种不同的角色，但无论如何也不能说已经穷尽了。对案件事实的一个陈述也许只是用具体的术语预测了那些将在后面被明确表述为一条规则的东西："事实是 X"先于"每当 X，则 Y"。或者，对事实的表达也许以一种在修辞上比公开泛泛论证更具说服力的方式来诉诸"理性、感觉或正义"[93]。在坎德勒一案中，事实的表达本来可以在一般性层面上以理性化的方式来展开，但它却成为对一个归入一条不那么明晰的一般性规则的典型例子的陈述。米勒诉杰克逊案中事实表达包含了一些对"家长里短"的可疑诉求——特定原告被描述为不招人待见和蛮不讲理的。在这两个案件中，对特定案件事实的叙述性描述都被运用了，特别是被用来作为弱化对立先例力量的间接手段。这种用法与下列这样一种主张没有半点不相协调：集中关注具体细节也许同样是抓住那些"没有表达"或"无法表达"的东西的一种方式。坎德勒案是一个普通法法官实在说法的一个例证："这显然是一个应该存在救济的案件。对于我来说，精确地勾画出那些对这个及类似情境加以规制的一般性规则的边界既不必要也不可取。"几个世纪以来，逐案（case-by-case）进行的方法一直为大多数普通法律师和一些哲学家所推崇。[94] 叙事学已经引起我们去注意描述或描绘具体细节方法的重要性。

三、争议性事实问题：证据论证中的整体主义和原子主义

法律问题与事实问题之间的区别在分析层面上是存在问题的；它在法律实践中有着重要的后果。有关事实的争论由不同的程序来规制，牵涉到众多不同的角色和——在对抗制的陪审团审判中——多样化的观众，因为法官与陪审团的各自职责是由一些相当详细的规则所规制的。在我们的法律文化中，对法律问题的裁决往往需要公开的正当理由来予以支持，但是对事实的确认却没有这种一般性要求。因此，律师有着足够的理由把有关法律问题和有关事实问题的论证视为两种完全不同的操作。传统的法律话语进一步增加了缠绕（twist）：当律师们谈论"上诉案件"时，一般就意味着该争论是与法律问题有关；而当

[93] Cf. Lord Atkin，〔see Millar (1957)〕；B. Jackson (1988a)，94－7.

[94] See above，n. 80.

他们讨论“审判实践”(trial practice) 时，就假定当前利害相关的通常是一个有关事实的争论。[95] 这样的说法有时会掩盖了一个复杂得多的现实。

对两个紧密关联的法律话语领域的这种人为分割反映在了二手论述当中。关于“法律推理”的大量理论文献大都只论述有关争议性法律问题的推理，有 307
时候甚至完全不承认法律实践会涉及其他几类问题的论证。[96] 有关事实问题推理的讨论——比如最近关于概率与证据的争论——大部分都是在一个不同的文献群进行论述的，这个文献群属于一个不同的知识传统。[97] 这种人为的分隔依靠一种虚构的事实来得以维持：就像在有关法律问题的论辩中事实仿佛就是既定的，而有关事实问题的论证中法律也仿佛是固定不变的。

叙事与辩论之间关系的复杂程度在有关司法证明的理论化当中已经获得相当生动的例证。通过简单审视下列在这一主题上三个截然对立的视角，其中的一些复杂性便可见一斑：威格摩尔对证明逻辑的描述[98]，一本最近名为“在法庭上重构事实”(*Reconstructing Reality in the Courtroom*) 的书[99]；以及由阿布·哈雷拉和其他人提出的这样一种观点，即许多关于证据评价的判断都是“整体主义的”而不是“原子主义的”——而且严格说来就是如此。[100]

伟大的美国证据法学者约翰·威格摩尔提出了一个“由逻辑学、心理学和一般经验得出的司法证明科学”。在他看来，“正如经常在法庭询问中所展示的”，有两种方式来组织和分析一个混合的证据群：叙事法与图示法。[101] “叙事法根据某一种逻辑顺序对所有的证据数据进行了重新组合，在每一个要点上叙述相关的证据性事实，在每个事实点上指明它所依赖的次级证据 (subordinate evidence)；以一个叙事性概括来结束。”[102]

威格摩尔自己发明的图示法，涉及以一种命题列表形式对作为一个整体的有关证据的论证进行重述，并且在单一图表中将所有命题之间的关系描述出来。该方法在本质上是对论证所作的一种详细而又严格的理性化重构(或建

[95] See e. g. Mauet (1980), Jeans (1975) .

[96] 一个突出的例外是 MacCormick (1978), (1980), (1984)。

[97] 参见下列著作中的参考书目：*TEBW* and Twining (1983) and Tillers and Green (1988)。[See below 332 - 4. 最近的全面审视，see *Analysis* (2005) ch. 9 and Appendix I, and Roberts and Zuckerman (2004) 116 - 132。]

[98] Wigmore (1913a), (1937) .

[99] Bennett and Feldman (1981) .

[100] Abu Hareira (1984), (1986); Schum and Martin (1982); cf. Tillers (1983), cited below, 309.

[101] Wigmore (1937), 821. 有关图示法，see above 12 n. 15。

[102] Ibid..

构），这种重构将一个论证的每一个步骤都表述出来并绘制出所有部分彼此之间的关系。

有关威格摩尔图示法的有效性、用途和局限的问题已经在其他地方进行了广泛深入的讨论。[103] 在当前语境下，令人感兴趣的是威格摩尔将叙事法和图示法看成两种可以彼此替代的方法，前者实际上是后者一个更简单的而且不那么严密的版本。“叙事法……是更简单的方法，更容易被初学者运用，并且它与描述一个证据问题的日常方式更亲近。”[104] 相比之下，图示法“可能无法使某些类型的心智发生兴趣。但它是唯一真正的和科学的方法”[105]。威格摩尔对图示法提出了两点主张：它使人们将论证看成一个整体，并且通过一个训练有素的表达，它可以更容易地在一个复杂的论证过程中识别出谬误、没有根据的跳跃和其他弱点。

威格摩尔认为叙事只不过是证据分析、组织和展示的一种相当随意的形式。故事建构和故事讲述在他的“证明科学”中无足轻重。与此形成鲜明对比

308 的是，现代关于叙事在对抗性审判中的作用最为广泛的描述则主张，“美国的刑事审判是围绕着讲故事而组织起来的”[106]。班尼特和费尔德曼的《在法庭上重构事实》详细且相对老到地探究了对陪审团审判中的竞争性版本加以展示和解释这样一个主题。作者对于在美国刑事审判当中案件如何展现给陪审员而陪审员对其如何进行评估作了无数的实证性研究。这种基础性理论是以加芬克尔、斯考尔（Cicourel）和萨克斯（Saks）这样的民俗学家以及肯尼思·伯克（Kenneth Burke）的想法为基础的。

班尼特和费尔德曼认为，辩护律师和陪审员们通常运用故事来组织那些展示给他们的证据，若非如此，呈现在他们面前的将是一堆杂乱无章的证据片段。这有助于他们对这些数据筛选、解释和评估，若非如此，摆在他们面前的将是大量混乱和难以处理的数据群。“故事以各种方式来组织信息，从而帮助听众实现三种功能”：抓住故事的关键情节；构建围绕故事关键情节的各种因素之间关系的推理；把故事作为一个整体测试其“内部连贯性和描述的恰当性

[103] *TEBW* (1985); Anderson and Twining (1988); Schum and Martin (1982). [*Analysis* (2005) chs. 4 and 5 and MacCormick (2005), ch. 11.]

[104][105] Wigmore (1937), 821 - 2.

[106] Bennett and Feldman (1981)，护封与前言。一个更为温和的描述，see Hastie, Penrod and Pennington (1983)，在其中他们提出了一个陪审员裁决的心理语言学上的“故事模型”。[See further Pennington and Hastie (1991), Wagenaar et al. (1993), Wagenaar and Crombay (2005).]

或完整性”[107]。作者们认为，肯尼思·伯克的社会行为要素的“五个因素”——场景、行为、动因、动力和目的——在这种语境下提供了一个适当的标准：这个总的社会参照系将帮助我们根据这五个因素的完整性和连贯性来对它们之间的关系进行组织和评价。[108] 班尼特和费尔德曼将他们的主要结论总结如下：

> 从故事所表现的情境真实性来看，对故事建构的判断在许多重要的方面是无法验证的。裁判者通过故事中的符号之间的某些结构性关系来评判一个故事的合理性。尽管可能存在书面证据来支持故事中的大多数表征，但是故事的讲述者和诠释者对某些关键表征符号的控制总是有其边界。因此，对故事加以评判是通过结合表征符号的书面或“经验性”凭证与故事所展现的符号集合间的内在结构关系来展开的。换句话说，我们是根据双重标准来对故事加以判断：“它是否是那样发生的？”“它能否按照那样的方式发生？”在任何一个案子中，“经验性”标准都无法单独提供一个完整、充足的判断，并且，在许多案件判断故事真实性的过程中，结构性特征都远不是决定性因素。[109]

在这种描述下，故事实现了几项功能：它们可以帮助从冗余的信息中进行**筛选**并且对信息中的**鸿沟进行填补**；它们是引进价值判断的一种工具；以及最为重要的，它们为证据的组织、评估和解释提供了一个至关重要的**参考框架**。从这个角度看，经验证据和逻辑分析在检验完整性和连贯性方面扮演了一种次要角色。用我们的术语来简要陈述这个问题：在威格摩尔对证明逻辑的描述中，他将故事从属于理论；在班尼特和费尔德曼对庭上律师和事实裁判者作出事实重构的描述中，他们似乎把理论（甚至证据）当作故事的附庸。[110]

在叙事与论证、故事与理论之间存在的这种紧张关系同样潜含在证明理论 309

[107] Bennett and Feldman (1981), 41; cf. ibid., 67.

[108] Ibid., 62-3.

[109] Bennett and Feldman (1981), 33; cf. ibid., 65.

[110] 有人也许会认为，威格摩尔和班尼特、费尔德曼致力于完全不同的事业。威格摩尔的图示法是一种备受推荐的，用于分析、批判和建构基于证据的论证的知识程序，它是“证明逻辑”视角的一个部分。而班尼特与费尔德曼则是希望为律师、法官和陪审员实际上如何“在法庭上建构真相”提出一种社会学分析，因为，它对于一种实证性的或阐释性的法律社会学是一种贡献。不过，这些联系比表面看起来的要紧密得多。因为威格摩尔声称他正在推荐的是一个能反映最佳律师实践的有用的实践性工具。他的图示法是良好实践的一种系统化。相反，班尼特与费尔德曼尽管主要关注描述与解释，但他们也暗示他们在他们的数据中发现的那些类型的故事讲述代表着一种必然存在且具有合理性的裁决程序。他们运用他们的“案件建构策略”这样一个理想类型来解释（并且通过隐含的意思来批判）那些偏离常规的做法，比如浑水摸鱼和声东击西的战术（123—31）以及将偏见引入裁判程序当中(ch. 8)。因此，与威格摩尔一样，他们也为批判律师和事实裁判者的实际做法提供了标准。

中有关“整体主义”与“原子主义”之间的争论当中。在英美有关证据的话语传统当中，迄今为止，在有关对司法证据进行组织和评价过程中会涉及什么的主流观点依然是“原子论”，也就是说，对有关证据的论证所进行的重构和批评当中，涉及的是基于证据的个体命题之间的逻辑分析。在这场由乔纳森·科恩所领导的培根主义者与贝叶斯主义者（还有其他帕斯卡主义者）之间展开的广泛争论中[111]，双方都假定下面这些情况（在大多数情况下）是可能的，也是有意义的：将对概率的判断结合起来（联结、补强、聚合）、建构“推论链条”以及对证据性命题进行评估。处于争议之中的问题是，什么样的标准可以适合作出有关司法证明语境中的概率判断并对其进行评价。

然而，最近阿布·哈雷拉指出说，许多证据评价是而且正是轮廓性的（configurative）或整体性的。比如说，在对一个“证据群”的证明力进行评估时，我们不要也不应该通过将这个群分解成单独的“项”并且赋予每一项一个独立的证明价值来进行。相反，我们应该将证据群作为一个整体、一个完全形态或布局来加以考察，并用一种与分析方法背道而驰的方式来对其整体证明力或可信性加以评估。[112]

一个相当不同的“整体主义”版本则由皮特·蒂勒斯概括如下：

> 对于我们这部分而言，我们倾向于认为，系统、全面地阐述我们推论所依赖的这样一种努力可能导致在事实发现的过程中产生严重的曲解，这部分（但只是部分）是因为这种系统的阐述混淆了我们评估证据的实际的复杂心理过程与应然的心理过程。我们能说出所有我们知道的，这是异想天开，那种想要说出比我们能够说出的更多话的努力很可能减少我们的知识并且降低我们运用这些知识的能力。在我们的日常生活中，我们安心地依赖无数我们通常不能表达或解释的前提和信念，但是我们不能表达这些前提和信念并不必然使他们变得不合理或不可靠。在法庭上事实审查者在证据评估中所依赖的信念同样可能是真实的。[113]

对司法证据的一些非常不同视角的简要描述例证了，故事和叙事的角色问题在这一语境下具有多么重大的意义。它们同时还是对一种过于简化的警示。对这些问题进行详细探讨将会超出本文的范围。但与下一节论证相关的是要特别勾勒出这样一种立场：这些显然不同的视角之间的共同点比表面看到的要多

[111] See n. 97 above.

[112] Abu Hareira (1984)，(1986).

[113] Tillers (1983)，986n..

得多。每个视角都包含了其他视角所缺乏的要素。蒂勒斯和阿布·哈雷拉的“整体主义”进路已经以一种圆融理论的形式呈现出来。每一个视角都以不同的方式将注意力引向有关“合理性”概念这些根本哲学问题的相关性，也引向布局和融贯性这样一些观念在理性论证中的位置。不过，对分析性技巧在证据 310
评估中的角色这一问题充分展开一个“整体主义”描述，还需要拭目以待。[114]

威格摩尔的图示法备受批评的地方在于，由于未能发展出“理论”和“故事”概念，他给人的印象是他的“图示法”几乎仅仅是归纳逻辑的普通原则的机械应用而已。任何尝试将该方法适用于证据群的人很快就会发现，威格摩尔的理论在为构造或者批评一个复杂辩论而作出战略性选择时几乎无法提供任何指导。他对叙事只有一个非常粗略的看法，在将“叙事方法”作为对他的分析方法的一种替代而非补充时，他无疑犯下了错误。

班尼特和费尔德曼的描述则有着相反的缺点。他们夸大了故事在审判中的重要性，而低估了优秀庭审律师的老到。遗憾的是，他们并未对有关律师们应如何应对筛选问题、不完整问题和不融贯问题的标准描述给予足够的重视。特别是，由于他们几乎完全忽视待证事实、实质性、相关性、证明责任、推定以及——所有当中最为重要的——辩护律师有关“案件理论”的概念，他们未能达到一个点，在这个点上，问题与标准的法律描述恰当地结合在一起。忽视“理论”导致他们在构造对争议性事实的理解和决定时，夸大了故事的作用。此外，一名威格摩尔信徒能够指出，在对故事的一致性、融贯性和完整性进行审查的过程中，泛泛的印象无法取代一丝不苟的详细分析。依赖故事来“填补鸿沟”，可能被解释为给那些非正当的跳跃和纯粹的猜测颁发许可证，而这些跳跃和猜测恰恰是可以运用威格摩尔式分析予以揭示的。最后，检验一个论证、理论或故事的似真性的最好方法就是详细地阐明所主张的到底是什么。揭示一个论证中薄弱之处的最好方式之一便是清晰地表达这一论证是什么样的。这也许是图示法的主要价值。[115]

[114] See works cited in n. 100 above and *TEBW* 183 - 5. 无论是阿布·哈雷拉还是蒂勒斯都没有否认分析性方法于有关争议性事实论证中对有效性与说服力的逻辑验证和分析所起的作用。与班尼特和费尔德曼一样，阿布·哈雷拉似乎将这种分析置于次等位置，也就是在一个评价过程——该过程涉及将无法分解的东西进行分析这样一种人为的、没有必要的并且常常是危险的努力——中为证据项个别化的努力提供一个附属性标准。他的理论呼应了传统上执业律师对于“过分逻辑化”进路的怀疑。另外，在对威格摩尔和最近有关概率争论的大部分参与者所拥护的合理性概念提出挑战的时候，蒂勒斯自觉地诉诸另外一个不同的哲学传统。See now MacCormick (1980), (1984) and B. Jackson (1988a).

[115] See further [*Analysis* (2005), ch. 5].

这里所提及的所有理论，在对某一理论或故事之可信性或似真性上都接受了类似的标准：它必须与无争议的或确定的特定事实相协调；它必须是内部一致的；它必须是融贯的，而且它必须与一个特定社会中那些被分别称为“一般经验”“事情的一般发展过程”“常识性概括”或“知识库”的东西相符合。对于融贯性在这一评价中的意义和角色以及这些不同标准的相对重要性，也许还存在一定程度的分歧。但是所有这些被考虑的理论都可被解释为非怀疑主义的认知理论，这种理论将这项事业看成是对事件的某一版本与一个想象中的外在真实之间符合程度的一种探寻。[116] 在这方面，他们可能和后现代主义思潮更具怀疑主义倾向不在一个腔调上。[117]

将这些看似不同的视角看成某种程度上是趋同的或互补的，当我在勾画这
311 一视角的时候，我并不希望给人一个假象，认为在这个领域已经达成共识。在司法证明理论中，还有许多尚未解决的问题和大量的真正的分歧，在许多层次上也存在诸多差异。确切地说，我只是提出，在任何有关对争议性事实问题的裁决进行论辩、获取、证成以及评估的规范性（prescriptive）理论当中，无论是叙事还是明确的论证都注定会有一席之地。叙事在当前语境下的功能到底是什么以及叙事与论证之间的恰当关系应当如何，这都是悬而未决的问题。我的预感是，这些功能是多样化的，而关系是复杂的，不过它们应该与我们在有关法律问题的考虑中的那些问题非常相似。对于这一点，我的理由将在下一节中加以探究。

四、理解作为一个整体的案件：法律、事实、价值与结果

我们可以说，无论是历史还是挂毯（tapestry），在这一方面都类似于一个法律案件：律师知道，为了证明他（或她）的案件，他不仅要展示真相或某些事实主张的可能性，他还必须要向法官和陪审团成员提供一种把

[116] 在上述提及的所有理论中，还有两点共识：大家都同意对于一个故事或理论的合理性来说，最重要的检验标准是与没有争议的或不容置疑的具体事实之间的协调性。辩护（与侦查）有一个基本的戒律，就是无论是建构自己案件理论还是提出一个论证的过程中，都应该直面令人感到不舒服的事实（或证据）。从整体上说，不要想无视或掩饰或者试图将注意力从无争议的或可信的事实转移开。确切地说，一个人应该对它们进行合理的解释或者再解释或者承认它们，但寻求表明他自己的描述与它们是相一致的。除开这一证据，从故事的内部融贯性来考量的话，这是另一种“一致性”。小说通常被认为是“一致的”，但与真实世界的现实事件没有任何直接的关联。一个融贯理论的更强版本，see now B. Jackson (1988)。当然，许多故事都诉诸一个共同体的故事库。[哈克在“基础融贯主义”这样一个不太简洁的标题下优雅地穿梭于真相符合论与真相融贯论之间。Haack (1993) .]

[117] See 142 n. * above and B. Jackson (1988a) .

案件作为整体看待并使其言之成理的方式；而且它不仅作为一个事实可能性问题要言之成理，而且作为判决的一个依据、作为诉讼的一个基础也要言之成理。虽然一个案件在技术意义上可能因一个或多个因素未能证明而被驳回，但在实践中，律师知道自己要做的比那要更多：他必须为法官或陪审员提供一个可供选择的立足之处，将案件作为整体来理解的另一种方式。也就是说，为了做好他的工作，律师必须在致力于对事实进行准确复述的同时就这些事实的意涵提出自己的主张。

（詹姆斯·博伊德·怀特：《赫拉克勒斯的弓》）[118]

到目前为止，我已经按照法律惯例分别讨论了关于法律问题、事实问题和处罚问题的论证。这些区分的**根据**已经在法律实践中和法律理论上都引发了难题，但这些区别在不同参与者之间的职能划分（例如法官和陪审团）、上诉权利、先例规则和其他事项等方面具有重要的实践性**后果**。[119] 问题来了：从叙事学的视角来看，这样一种截然的区分是否言之成理？在像作为整体的案件故事这些概念中，这样一种区分是否会被打破？我打算论证说，这些区分不仅仅是法律话语内部的人为技巧；从辨别出案件（或有关案件的）故事内部及这些故事之间的差异来说，这些区分都是相关的。不过，在法律、事实和价值三者关系上，存在着无法摆脱的传统法理学谜题。

在法律历史上最强大的形象之一是霍姆斯的“坏人”、一个超道德（amoral）的公民，他对行为的道德性、法律论证和法律程序的精确性或者有关遵守法律的义务方面的任何问题都漠不关心。[120] 为了对下面这个单一自我问题获得一个清晰的答案——“如果我这样做，什么会发生在我身上?”，这个“坏人”用愤世嫉俗的硫酸来清洗律师的话语。这个“坏人”关心的仅仅是如果他被逮捕了，这个国家的机关事实上会对他做些什么。对他来说，“底线”是该案件的结果。想象一下，比如说，一个有前科的轻微罪犯，他已经被捕且被指控盗窃，但法律不甚明确、对他不利的证据存在问题、对这种犯罪行为的量刑做法不确定或者存在变数。他会见他的律师并且告诉她，他关心的主要是避免牢狱之灾。从他的角度来看，是对事实还是对法律或对两者都提出异议、是否通过辩诉交易来争取宽大处理，这些问题对他来说都是次要的，可以留给律师来处理。 *312*

[118] J. B.. White (1985) 160; cf. ibid. 174.

[119] See generally, Summers and White in Twining (1983), Zuckerman (1986a) and Guest (1987).

[120] 霍姆斯〔Holmes (1897)〕和怀特〔White (1985)〕都警告要防止过于强调结果的重要性。［关于“坏人”，see Twining (2000a) ch. 5。］

从律师的角度来看，需要作出一些战术性选择。公诉案件是："如果 X，则 Y，则 Z。这是一个 X 类型的案件，因此 Y，因此 Z。"辩方可以对 X 和/或 Y 和/或 Z 提出质疑。从程序角度或者其他方式上看，在对事实、法律或量刑问题提出质疑的过程中会涉及什么，在每种情况下都是相当不同的。这不仅仅是一个关乎准备和提出三种论证类型的问题，还可能面向不同的对象（法官、陪审团、治安官、上诉法院）。一种可能性也许是一种默许的或公开的辩诉交易：不对 X 或 Y 提出质疑的交换条件是检察机关（或法院）可能同意非监禁刑罚，而这是律师的首要目标。把案件作为一个整体来考虑，律师可能形成三种非常不同的理论：一个与犯罪类型相关的法律的理论（Y）、一个与所控事件相关的证据的理论（X）和一个有关减轻处罚情节的理论（Z）。尽管在这三种可能的论证路线之间存在根本的不一致是不明智的（比如，在 X 方面提出不在犯罪现场的辩护，又将精神抑郁症与 Z 联系起来——"我的当事人在案发时正在别的地方；他这样做时正处于精神抑郁的状态"）[121]，但这三种理论基本上很少或完全不会有重叠；在实践中，它们更可能作为单一整体的三个完全融合的部分被整合在一起。在单一一个案件中，这三条论证路线都是通向同样的目标（确保无罪释放，或至少避免被判处监禁）的不同路线，并且可以被运用来相互支持。从"坏人"的律师的立场来看，事实问题、法律问题和量刑问题之间的区分具有实践的意义。不过，即便从他的立场来看，这些区别和他们所作出的决定也是在某种作为一个整体的案件概念语境内部运作的。相反，"坏人"可能不是唯一一个主要关心结果的参与者，检察官在决定起诉时或者陪审团在决定是否宣判有罪时[122]，实际上都是以对坏人行为功过或案件是非曲直的整体判断为基础，而不是以一条更为差别化的、也许会对他们的角色或者他们打算考虑在内的因素加以限制的进路为基础。例如，陪审团可能会以一种或多种方式来作出一个"反常"（perverse）或者"抗议"（protest）的判决，因为他们认为这个法律一无是处，或者这个指控不应该被提起，或者因为他们反对被控方。

戴安娜·特里林（Diana Trilling）就简·哈里斯（Jean Harris）案件审判的描述生动地说明了法律、事实、价值、结果之间的区别在实践中是如何被打

[121] 比较一下这样一个品德故事：律师的儿子被控弄坏了学校教室的窗户："首先，先生，教室没有窗户；其次，教室窗户并没被弄坏；再次，如果窗户被弄坏了，那不是我干的；最后，这是一场意外。"〔Punch，cited Williams（1973），21.〕

[122] 关于起诉决定，see Mansfield and Peay（1987）。

破的。[123] 在这起案件中，琼·哈里斯被指控谋杀了她的情人赫尔曼·塔诺尔（Herman Tarnower）医生。案件最初引起关注是因为被控告方曾是华盛顿特区附近〔马德拉岛（Madeira）〕一所知名学校的校长，而被害人作为畅销书《完整的斯卡斯代尔医疗饮食》（*The Complete Scarsdale Medical Diet*）的作者更是广为人知。案件在未来的很多年都还会受到持续的关注，特别是因为很 313 多人认为哈里斯女士是被错误定罪的。从律师的立场来看，这一案件中几乎不存在任何法律问题，关键问题主要涉及意图：证据是否排除合理性怀疑地支持“简·哈里斯故意造成了赫尔曼·塔诺尔的死”这一命题？检方的论据是塔诺尔医生的 4 处伤口只能是蓄意射击的结果。哈里斯女士对于枪击事件的说法是：她去塔诺尔的家是想在他的花园自杀之前和她的情人在进行最后一次谈话；这次谈话进行得非常不顺；当她试图在他的卧室里向自己开枪的时候，塔诺尔在奋力夺下她的枪时意外被击中了。这把手枪是哈里斯太太的，这一点没有争议。关于意图的问题本质上变成了，在不到 5 分钟里，在塔诺尔的卧室这一空间里发生了什么。

戴安娜·特里林指出，哈里斯女士的律师乔尔·阿尔诺（Joel Arnou）在她的辩护中运用了 4 种不同的策略：“一种老式的博取同情的辩护，基于社会

[123] Trilling (1982). 下面这一段是戴安娜·特里林根据自己的观察对琼·哈里斯审判所作的报道。报道的准确性在此姑且不论。对该审判的一个不同观点，see Harris (1986)。戴安娜·特里林有关该案的书是对审判的一篇印象式和想象式报道，表现为“一部社会批判主义作品”。“我初步的反应是对女校长无条件的同情，而且我承认这本书是在一种参与者精神下写就的”（9 页）。当她坐看庭审并且对她所阅读的、所看到的、所听到的东西进行思索时，这部作品转向她所试图理解的案件。她的描述需要的是一条解决之道，而不仅仅是一个结果：“无论人们对哈里斯女士有无犯罪作何判断，也无论人们对其个人作何反应，在这个故事中她是那个清楚地背负宿命的那个人，就像小说里的一个角色一样。塔诺尔医生没有一个宿命；他只有一个结局，对其生命的一个结论”（23 页）。当然，“这个故事”就是特里林女士所讲述的哈里斯女士和她案件的故事。在同样的历史性事件之上已经建造了而且将来无疑还会建造很多东西。在这种特殊的解释中，故事的要点并非杀害塔诺尔医生，也不是审判的结果，也不是行动中的美国刑事程序的图景，而是哈里斯女士在法庭戏剧中所展现出来的性格以及这种性格如何解释她在庭审之前和庭审期间的行为。对于戴安娜·特里林来说：

> 哈里斯女士具有明星气质……没有了虚构的盔甲，她可以很容易便成为临床研究的对象。要我说，她属于有关性格冲突的想象性写作，正如我们所知，弗洛伊德深谙此道。哈里斯女士无法将她的内在冲突带入可靠、有效的合意当中，但我们对她的兴趣在于其良心与其冲动之间无法化解的对立。她属于艾玛·包法利（Emma Bovary）或安娜·卡列琳娜（Anna Karenina）那一路子的长篇小说。他们也是相互冲突的性格。（435、431 页）

由“作为一个性和社会政治学故事”（广告语）的开端逐渐转变成“小说”，是对一种有趣性格的一个富有想象力和推测性的解释。看起来，这是特里林女士能够理解她作为整体的故事的唯一方式。

哈里斯女士的近著《两个世界的陌生人》〔*Stranger in Two Worlds* (1986)〕也是对她自己的描述。它涵盖了她早年的生活、她作为女校长的职业生涯以及她在监狱中的经历。只有两章较为详细地论述了这一事件，主要围绕着塔诺尔医生的死亡以及对她的审判。

防卫的辩护，对被称为意识形态辩护的一种定义上的扩展（它涉及了哈里斯女士作为一名女性的困境），以及基于实物证据的辩护”[124]。很显然，这里缺席的是一种精神病学上的辩护。[125]

在这每一个战略背后的理论都可以通过威格摩尔式分析者来呈现如下：

1. 哈里斯女士值得你同情，因此她应该被宣告无罪。

2. 哈里斯女士是一个好女士，因此她并没有犯谋杀罪。

3. 塔诺尔医生罪有应得。哈里斯女士的行为正确地代表了所有妇女的利益。因此，这一杀人行为是有正当理由的。[126]

4. 塔诺尔医生是在试图阻止哈里斯女士自杀的搏斗中被意外击中的。

戴安娜·特里林声称对前三种战略“完全不感冒”：“我只考虑它们中的最后一种”。律师们将承认前三种策略是相当常见的法庭战术。他们可以指出，第二种策略指向的是哈里斯女士作为证人的可信性（“她是一个很好的女校长，以诚实而为人所称道；这样的人会讲实话；所以你应该相信她的故事”）。[127] 不过，他们会同意说，作为案件的主要理论，只有第四种理论是合法的而且令人信服的。也许可以公道地说，这是辩方的理论，并且即便其他战略能够发挥作用，也只是辅助性的。然而，一个多星期的审判被来自哈里斯女士学校的一队“品性”证人给填满了，他们——按照特里林德的解释——不仅是为了被告，更多的是为了学校的利益而进行作证：“除了将对塔诺尔医生的枪击看成阿尔诺所称的‘悲惨的意外’之外，没有其他公开的选择，否则，一个暂时的障碍将会妨碍教育向前或向上前进的步伐。”[128]

也许更有意义的是，在辩方的总结陈词中没有将重点放在射击本身：“在阿尔诺三个小时的总结中，这个故事只占了一两分钟而已——如果有那么多的
314 话。”[129] 在这种解释中，大量的辩护被花费在捍卫意念的努力中，而威格摩尔分析法很快就会显示这种意念是建立在瑕疵逻辑的基础上。但它也表明，与至关重要的几分钟相关的核心辩护理论被裹挟在这样一个背景当中：一个故事被传播几年，并以一种混杂着事实、价值、推测——这种推测是在一种相对宽泛

[124] Trilling (1982), 422.

[125] Ibid., 414 - 20.

[126] 前三种“论证”可以被推测来自特里林的描述，at 356, 233, 216 - 17; cf 420 - 38。对该案可能的女权主义解释仅仅被特里林轻微触及，比如9～12页。

[127] Ibid., 422 - 3.

[128] Ibid., 219 - 20; cf. 226.

[129] Ibid., 357.

的相关性概念的范围内——的方式呈现出来。据报道说，陪审团几乎全部将焦点放在发生枪击的那一时刻的环境上，而后裁定并不是所有的枪击都是意外射出的。[130]

关于“案件”“作为一个整体的案件”“个案研究”和“案件故事”这些概念的更一步复杂性，通过将立场从诉辩者转换到某些外部观察者，比如一个法律专业的学生，便可以阐释清楚。[131] 在英美传统中，对法学学术一个常见的批评是它患上了“上诉法院癖”[132]，法学学生和法律学者都过于关注上诉案件报道，而初审记录和描述成为被忽视的法律研究材料。在这个背景下，区分“指导性判例”（leading cases）和“影响性案件”（causes celebres）是有启发性的。[133]“指导性判例”是指那些在法律规范发展过程中成为里程碑的先例，它们对某一具有一般性意义的法律问题或者创建了或加强了某一种解决方法或给予其权威性肯定。一些案件，例如布朗诉教育委员会（Brown v. Board of Education）[134] 或国王诉达德利和斯蒂芬斯（R v. Dudley and Stephens）[135]，在法律界之外也都是众所周知的；但这些案件是例外。这类案件绝大多数只有在专门的法律文化范围内才被认为是“指导性的”。另外，大多数“影响性案件”，无论是著名的还是臭名昭著的或者其他“知名”的，都被更为广泛的观众熟知，比如德雷福斯、萨柯与范泽提，拜沃特斯与汤普森、简·哈里斯。在普通法中，几乎所有的“指导性判例”在普通法中都是由上诉法院作出判决并在判例报告中占据显赫位置。很多“影响性案件”都包括戏剧性的、非常公开的初审；大多数案件很少或者根本没有“法律”意义；这些案件中能够在判例报告中占据显著地位者往往凤毛麟角。当它们在判例报告中占据显著位置时，对案件故事的描述往往相当单薄。[136]

在判例报告中占据显著地位的案件中也只有一小部分可以算作指导性判例。但是，一般说来，在拥有精选判例报告的司法管辖区中，只有案件具有判例价值，也就是说它们提出了重大的**法律问题**时，才会被选择写入。这些报告被加以建构的方式，包括它们所讲述的故事，几乎在每一方面都取决于这个重要性标准。坎德勒诉克兰·克里斯马斯和米勒诉杰克逊是指导性判例边界的例

[130] 报纸报道。

[131] 有关“案件”在法律话语中的不同用法，see above n. 27 and below ch. 13 at 311－8。

[132] 这个经典用语是 Frank（1949）提出的。

[133] 这个主题是在 Twining（1986d）中提出来的。

[134] Brown v. Board of Education 347 US 483（1954），349 US 294（1955）.

[135] R v. Dudley and Stephens 14 QBD 273（1884），affirmed（1885）14 QBD 560.

[136] 比较一下法律报告中和辛普森〔Simpson（1984a）〕对达德利与斯蒂芬斯的描述。

证。坎德勒案为后来法律的变化铺平了道路，但它本身仅仅重申了正统立场，即对于疏忽大意的误报并没有注意义务；米勒诉杰克逊案因为丹宁的表演而臭名昭著，但其作为先例的意义是相当有限的：它只不过证实了 19 世纪的规范，该规范认为原告陷入滋扰这样一个事实并非一个抗辩理由。判例报告告诉我们坎德勒案和米勒案的"事实"，但它们并没有告诉我们具体争端的完整故事。从这一来源我们无法得知在案件判决后，坎德勒先生或米勒家或者林茨板球俱
315 乐部都发生了什么。而仅仅从报告本身，我们无法说出这些案件在过失或滋扰相关的法律的发展中扮演着什么样的角色。

即使在对指导性案件和其他先例的最正统观点当中，三个不同类型的故事与一个被报道案件都是相关的。一个是引发诉讼的原始事实或争端的故事，另一个是关于诉讼本身的故事，还有一个是该先例在其中占据显著地位的某一法律领域发展的故事。我们通常可以依靠案例报告来讲述的只有第一类故事（案件事实）；即使这样，被报道的故事可能仅仅包括那些还没有被证据确认的指控而已——最耳熟能详的就是我们所有指导性案件中最有名的多诺霍诉史蒂文森案，这个案件也许可以被看成是对一只虚构蜗牛的备忘录。[137] 不过，一个判例报告很少因为不完整而遭到批评。根据正统的重要性标准，判例报告通常告诉我们那些我们需要了解的有关某一特定"案件"的情况。[138]

最后一点应该促使我们对"作为一个整体的案件"概念作进一步的审视。在一个具有法律重要性的先例这一意义来说，一个恰当的"案件"报告，既没有必要对诉讼也没有必要对争议给出一个完整的描述；它甚至没有告诉我们双

[137] 多诺霍一案（Donoghue v. Stevenson [1932] AC 562）中，法律问题由上议院裁定，而该裁定是以未曾交付证明的主张为基础的，而案件也是在法院对"事实"作出认定之前便和解了。

[138] Sykes and Heywood (1987)（未出版）报告说，那些已经对故事理解和回忆现象进行研究的心理学家坚持认为，故事语法主要由四个要素组成：背景、主题、情节与结局。判例报告中的案件报道可以很容易地根据这些词来进行分析：背景（S）代表着案件的程序性语境；主题（T）代表着法庭被召集起来作出裁定的法律问题，它是案件被视为先例的基础（案件要点）；情节（P）是案件事实；而结局（R）则是法院对本案和将来案件的此类法律问题如何作出裁判。因此，坎德勒诉克兰·克里斯马斯案的一个大纲可以翻译如下：在坎德勒诉克兰·克里斯马斯案中，原告向上诉法院提起一个有关疏忽大意的诉讼，要求撤销王座法院的判决。P：在诉讼中，被告是职业会计人员，他们已经粗心地准备了一份账目报表，该报表对这家公司的财务状况给出了误导性的图景。这份账目在准备的过程中是有意并且预期到原告在决定是否投资这家公司时将会受到它们的指引。基于对这些账目的信任，他进行了这项投资，结果他赔了钱。T：争点在于，在此类情形下，对疏忽大意重大误报的注意义务是否应该归于原告。R：上诉法院裁定并不存在这样的义务（上诉法院民事庭庭长丹宁反对），但该判决随后在 Hedley Byrne v. Heller 案中被推翻，现代有关疏忽大意重大误报的法律诞生了。在这种翻译中，至少存在三个故事。案件中的故事（事实）；《全英判例报道》[1952] 所报道案件的故事和疏忽大意重大误报发展过程的故事。在这一发展历程中，坎德勒诉克兰·克里斯马斯案和丹宁勋爵特别扮演着一个历史性角色。这三个故事中每一个都可以很容易地契合进（S）（T）（P）（R）这样一个语法当中。

方当事人之间的故事结尾的情节。然而，从法律重要性角度来看，被报道的内容的确是整个“案件”。即使从一个宽泛的意义上来说，什么构成“作为一个整体的案件”取决于个人的视点以及该案件之所以被认为重要的原因。

一些律师可能认为这是对明摆之事所作的过度说明。但法学界一个最新的趋势表明，这其中的含义并不像它们应有的那样明显。过去十年已经见证了许多有关指导性判例的知名背景性研究成果的出版。一个明显的例子是布莱恩·辛普森（Brian Simpson）的《同类相食和普通法》（*Cannibalism and the Common Law*）。[139] 这些研究非常详尽地探究了案件的历史背景，而且，在大多数情况下，检视了其后果和影响。通常它们涵盖了上面提到的三类故事：原始事实的故事；法律诉讼的故事；有关后果（包括法律后果）的故事。

它们通常可读性都比较强，而且常常会改变一个人对原始案件的看法。它们几乎无一例外地指出一点：指导性判例往往从原来的历史背景中被抽象出来，并获得了它们自己的生命。然而，正如我在其他地方曾经指出的一样，这种研究的意义往往是模糊不清的。[140] 原因很简单：指导性判例之所以具有指导性是因为它们具有法律重要性。而对这类案件的背景进行深入研究，无论多么学术化，作为法律生活片段，它们也许令人愉悦和富有启发，但几乎无法增加我们对它们所创造的一般性规范的理解。它们的意义在于，在其他地方，而且有时是模糊的或分散的。判例报告属于向心性的，而背景性研究常常是离心性的。

在缺乏稳定的重要性标准这一点上，指导性案例的背景性研究与其他个案研究并无不同。[141] 的确，指导性案例和先例在这方面恰恰是例外的。当然，为什么影响性案件会广为人知，其原因也是多种多样的：它们可能是涉及著名的人物，或耸人听闻的事件，或戏剧性的审判，或有政治意义的问题。许多人因 316
未解的神秘故事而保持着兴趣。作为明确或含糊的象征性事件，一些案件是重要的。美国重要的影响性案件——萨柯和范泽提案提供了一个显著例子[142]，它最初是作为一个潜在司法不公的案子而引发关注的。

尼科拉·萨柯和巴托洛梅·范泽提都是意大利移民工人，被指控在1920年8月在马萨诸塞州南布伦特里（South Braintree）的一次抢劫工资（payroll

[139] Simpson (1984a).

[140][141] Twining (1986d).

[142] 有关萨柯和范泽提的文献数量巨大。这里的讨论主要来源于 Joughin and Morgan (1948), Felix (1965) and Frankfurter (1927, 1961)。[自从本文撰写以来，这个案件已经被 Kadane and Schum (1996) 用一本书的篇幅来进行威格摩尔式分析。]

robbery）中杀害了两名男子。他们在 1921 年 4 月被审判并被定罪。在一场为拯救他们所展开的旷日持久的法律和政治运动之后，他们还是在 1927 年 8 月被交付执行。

很少有影响性案例曾产生过如此广泛的文献。初审和后续诉讼的完整记录被分成多卷出版。许多律师被卷入该案当中，主流的法学学者，包括菲利克斯·弗兰克福特（Felix Frankfurter）、约翰·亨利·威格摩尔、埃德蒙·摩根和卡尔·卢埃林，发表了相关研究，其中包括对证据的详细分析。许多知名人士参与了国际社会的抗议。该案成为如此多的小说、戏剧和诗歌的主题，以至于引起这样一种评论，说它是两次世界大战期间美国唯一的重要文学事件。[143]

萨柯—范泽提这个故事的法律、政治、文学意义何在？1920 年 8 月 15 日在南布伦特里发生的工资抢劫和谋杀案，从来没有被认真质疑过。初审中的核心问题仅仅是一个涉及身份的事实问题：萨柯与范泽提（或他们其中之一）是否参与了该犯罪活动？此案并没有重要的法律问题，但对于诉讼程序的公正性却提出了许多问题，其中一些涉及证据的可采性。法律意见在这些问题上分裂了，“初审法官、陪审团、最高法院和咨询委员会的每一个人，所有这些人在对［被告］至关重要的每一个问题上作出了不利的决定”[144]。大多数——但并非所有的——法律评论家坚持认为，审判严重违反正当程序，那些将被告与该罪行连接起来的证据并未满足排除合理怀疑的标准。作为历史事实，一方或双方是否参与了打劫，与这一问题相关的证据之评价依然存在着一定程度的分歧。从正统法律观来看，这与其他许多所谓的司法不公案件并没有什么不同。为萨柯和范泽提的利益而积极运动的卡尔·卢埃林认为，该案的重要性不在于它是独一无二的，而在于它是典型的，它揭示了美国刑事司法所存在的严重制度缺陷。[145]

这并非萨柯和范泽提的故事引发“轰动”的原因。它也不是像通常认为的那样仅仅是神秘故事的另一个例子，相反，它被看成（有点迟）并继续被理解为一个重大政治事件。萨柯和范泽提成为不公正的象征。不足为奇的是，他们的故事的重要性被作出了各种各样的诠释。[146] 它被认为代表着资本主义对工人
317 阶级的压迫、移民在美国社会中不被接受、政治激进主义者的指控，以及“当权人物”的阴谋和腐败，或者仅仅是盲目的偏见。在许多评论和几乎所有虚构

[143] 这个评论归属于门肯（H. L. Mencken），但我已经无法回溯到来源了。

[144] Felix (1965).

[145] Discussed Twining (1973a), 341 - 9.

[146] 菲利克斯写道：“萨柯和范泽提案变成了无罪告密者的一个传说。它还变成更多：有关美国社会中告密者的一个寓言。”〔Felix (1965), 240〕我将会认为这仅仅是诸多不同但相互重叠的解释当中的一种而已。

的描述中，通常假定该案件是一个在事实和法律上均属无辜的个人被错误定罪的典型例子。这些解释常常忽略了法庭上三种正义误送之间的区别：一个人可能因法院事实认定错误（在这种案件中就是他们抓错了人）而被错误定罪；或者，作为一个历史事实，无论被告人是否确实犯了该罪，但是根据刑事证明标准，这里并没有足够的证据支持定罪；或者，无论被告人是否犯了罪，所遵循的程序是不公正的。萨柯和范泽提案的许多“非法律”解释往往忽视这些差别，或者认为它们是微不足道的或不相关的。根据这种观点，重要的事实是，萨柯和范泽提被错误定罪并被执行了。他们的故事的要点在于结果：至于这一结果是归因于事实错误或证据不足或程序不当或其他技术细节或以上这些因素的组合，都是相对次要的。他们是巨大不公的受害者。

对于这种观点，无论律师还是其他人，都需要认真对待。因为这个案例之所以被认为重要，原因似乎不依赖于律师们的这些区分。当然，重要的是他们是谁（意大利人，工人阶级，无政府主义者）和他们的遭遇（错误定罪和执行）。对于这些观点的差异中哪些是利害攸关的，也许可以通过考量范泽提的信来加以阐明。

巴托洛梅·范泽提的信件可以列入监狱文学的经典。[147] 这封信用感人肺腑的英文写成，不断用简单的言语重复他的清白，他对他人的关心、他的政治意识和有尊严地接受死亡，这些东西结合起来感动了许多读者。如果带着范泽提是完全无辜的这样一种假设来解读来阅读这封信，或者将其作为证明范泽提完全无辜的证据，那么它们就构成了一个强有力的人为文件。但是，如果从相反的假设——他其实就是劫匪之一——去阅读它们，这是否使这一合集转变成一个巨大的伪善的作品？我不这样认为。这可能是因为范泽提开始相信自己的清白，这是一个自我错觉的可怜或悲惨的例子。或者人们无视这种清白声明——或许将其作为狡猾的甚至可能是必要的、善意的谎言，但依然佩服他的勇气、尊严和对他人的关心。或者，它也许可以被看成一位坚定的政治活动家的遗嘱，他已经清醒意识到他作为不公正的一个象征的意义，有意识地将他的勇气作为这一事业的最后贡献？对这些不同解读的合理性也许众说纷纭。不过，我认为，在巴托洛梅·范泽提故事的任何一种解释中，他是否参与这起抢劫案这

[147] 《萨柯与范泽提书信集》（*The Letters of Sacco and Vanzetti*）出版于1924年，由玛丽昂·弗兰克福特（Marion Frankfurter）和加德纳·杰克逊（Gardner Jackson）编辑，后者负责和萨柯与范泽提辩护委员会的公共关系。菲利克斯对案件和范泽提自己的解释没有像我那么同情，他评论说：“这些书信的出版编辑是对该犯人书信产物进行精细编辑的片段而已，这些书信本身更为残酷、更为原始、更少运用语法，更为暴力，也更为生死攸关。”〔Felix（1965），256.〕

一残忍的事实问题都应该是核心要素之一。无论这个故事的关键点是涉及美国法院的运转还是关于对外国人和激进分子的政治指控抑或仅仅涉及一位不同寻常的人，这个故事的展开是以他事实上不在南布伦特里为基础还是以他被错误
318 定罪——因为对证据存在合理的怀疑抑或因为遵循的是不公正的程序抑或因为在程序上存在技术性违规行为——为基础，是有本质上的差异的。作为历史事实的既定不公与那种仅仅对法律自身标准的偏离所带来的正义误送[148]，两者之间也是存在本质性差异的。

五、法理学和叙事学

法理学，被视为作为一个学科的法学的理论部分，主要关注的法律话语的性质及潜在的假设。法律话语有许多种。本文主要关注其中两个特殊种类：律师和法官在法庭上关于事实和法律问题的“论证”。“法律”“事实”和“价值”之间在概念上加以区分的难度在法理学上存在很多争议。一种观点认为，对此我有些赞同，对事实问题和法律问题的论证都是实践推理的一个种类，它们在有效性、说服力和恰当性方面存在相似但不完全相同的标准。不过，“事实问题”和“法律问题”之间的区分对律师话语有着非常重要的意义。对一个问题如何分类会影响到由谁演讲、向谁演讲、在什么样的竞技舞台、根据什么样的程序性惯例与做法等问题。

在法庭上，有关法律和事实问题的论证中，话语模式也相应地非常不同，不过存在一些重要的结构性或其他方面的相似之处。在本文中，我已经尽力阐明叙事在两种话语类型中和在——在较小范围内——减轻处罚的请求上所发挥的不同类型的功能。不应该感到意外的是，在法律上，像在我们文化的其他部分一样，在一般与特殊、事实与价值、逻辑与修辞、原因与直觉或想象之间存

[148] 有些写作者提出，“法律真实”不同于“历史真实”，审判并不关注历史真实。这是一个错误。这种观点的一个结果就是将法律话语从“错误”或“正义误送”这些强概念中剥离出去。我可以基于一个或多个不同的理由相信萨柯与范泽提或者德雷福斯或卢克·道蒂（Luke Dougherty）是不公正的受害者：

（1）根据规则，在程序中存在若干技术性违规，这些违规本应成为质疑定罪的基础。比如说，一个不可采的供述或传闻被采纳了。

（2）遵循了不公正的程序。比如说，审判是在一种对被告充满偏见的氛围下举行的。

（3）在审判中提出的证据并未满足排除合理怀疑的标准。

（4）作为一个历史性事实，被告是无辜的。比如，存在辨认错误，犯罪是其他人干的。

这四个都是正义误送的例子。但如果第四种主张被排除在外的话，那么对巨大不公正的描述几乎在定性上就完全不同了。法律话语需要历史真实和历史错误这类范畴。

在经常性的张力。[149] 同样不足为奇的是，叙事在法律话语中扮演着多重角色，而在在辩护当中，讲故事和理性论证之间的关系是成问题的。对于一个外来者来说，也许更为奇怪的是发现法律理论几乎完全忘记了它在古典修辞学中的根源；对法律问题、事实问题和量刑的论证的理论化占据了三类几乎毫无关联的文献群；此外，近年来，文学与法律理论之间的接触很大程度上被限制在对第一类问题的关注上。在未来几年的英美语境下，法理学和叙事学可能必须彼此提供些什么的时候，所有这些因素都是相关的。

本文传达的第一个信息是发出一个关于复杂性的警告。不仅仅存在许多不同的语境和不同类型的法律话语，而且辩护的具体语境——诉讼——本身就极其复杂。庭审程序有许多不同的类型，由律师、法官或其他诉讼参与人所作出的任何特定法庭话语的例子，都需要被放置于整个过程——具体诉讼片段的故事——的语境下。我们已经看到，即便是在最令人熟悉的法律文本的正统读物——判例报告中的“案例”，通常要求至少对三种故事加以区分：引发程序 319
的故事（“事实”），诉讼的故事（程序），以及那种能够赋予案件意义的法律发展的故事（作为先例）。不过，正如每个律师都知道但我们有时会遗忘的，判例报告是高度选择性的，是对非典型个案的不完整描述，它们之所以被选中是因为它们“难”，也就是存在法律上的疑问。一个人常常不知道这些诉讼的最终结果，也就是特定诉讼中那个故事的最终结局。比起标准的判例报告来说，我们拿来当作有关争议性事实论证例子的文本更多变、更不容易取得，甚至更不可能是对抗性审判的典型。叙事学家们，要当心！

这一初步探索的第二个教训是，很容易夸大叙事（狭义意义上的）在法律论证中的重要性。它扮演着着重要且多重的角色，有时是在前景，有时作为背景。但为它提出的一些主张则夸大其词：“事实陈述是核心”“陪审团从相互竞争的故事中作出选择”“法律思维的中心行为……是将生活的材料转化……形成一个故事，这个故事据说是用法律术语讲述真相”——这些都是言过其实，夸大了讲故事在法律论证中的作用，更不用说其他法律话语。说“故事”和相关概念在法律理论上已被忽视了，这也许是公道的。就这一点来说，“叙事学”有一些潜在的重要意义可以贡献，至少促使律师去重新审查他们合理性概念。但是，说法律将成为叙事学帝国的一部分，则是天方夜谭了。

[149] 故事是解决此类紧张关系的一种手段的主张恰好契合于克利福德·吉尔兹（Clifford Geertz）的这样一种理论：对法律与事实西方式的两极分化（以及类似的二分法）将误导我们对我们自身过程真相的理解。这与在其他文化中通过职责（dharma）、真理（haqq）和道德风尚（adat）这样的概念所表达出来的裁判观并未存在那么大的差异。〔Geertz（1983）esp. chs. 4 and 8.〕

第三，这篇文章几乎完全关注辩护和论证的规定性理论。关注焦点是有关什么构成了有关争议性法律与事实问题的合法、有效、令人信服和有说服力的推理模式的问题。我只是蜻蜓点水般地提及了辩护中那些可能被视为显然或可能不合法或不合理的说服模式。毫无疑问，叙事有时会被用来“偷偷放入”无关或不适当的考虑或者通过其他许多方式，来掩盖或使注意力偏离某一论证的缺陷或弱点。在这里，叙事学可能有助于提醒法理学家去注意有关论证伦理学的重要问题。这些问题曾经是古典修辞学关注的核心问题，但被英美法理学至少在这一视角上相对忽视了。这些仅仅是规范法理学内一些可能的探索路线而已。

法律的理论化不应该也不限于规范性问题，它还要关注在现实世界中理解和解释法律。近年来，不同类型的法律文本的真实例子一直受到来自各个视角的审视。民俗学家（ethnomethodologist）、现象学家、符号学家、不同风格的结构主义者、解构主义者、文学理论家、阐释学家以及其他的学术开拓者已经开发了这些法律文本的丰富遗产，并取得了许多值得夸耀的、毁誉参半的成功。

本文是对叙事在一般文化中的地位所进行的系列探索之一。一个人能够期
320 望从法律文本的研究中找到特别有启发性或独特性的东西吗？除了多样性和复杂性的双重警告之外，我已漏掉了有关我自己品味的一些线索。我忽然想到，许多法律生活和法律话语都是大众文化的一部分，对外行人而言远远不像我们经常提到的那样有特色、独特或陌生。因此，从许多目的出发，法律文本可以被视作是碰巧在手边的一种标准文化创造物。正如社会历史学家选取法庭记录（legal records）来作为标准的、相对容易取得的关于社会生活这个或那个方面的证据的来源，人们可以从判例报告中找到的一个格外丰富、忠实记载的“实际生活”故事的选集，这些故事可以出于各种原因而加以分析，而不需要去考虑它们最初为什么会被保存、构建和出版。然而，如果我必须阐述法律话语中的叙事为何在文化上会具有一个特殊的意义，我将把焦点放在权力、决定、公众注意力和论证这些关键性因素上。在社会生活的任何其他领域都找不到如此丰富的由有权力的官员作出的实践性决定，这些决定不得不公开地被辩论和论证并被记录在文本中。无论这些文本是成文法规、法律改革文件、审判记录和报告、判例报告还是正式协议，它们都具有权力、决定、记录以及——在较小的范围内——公共责任和正当理由等要素。这样的法律文本并不是唯一的具有这些特点的，看看竞选宣言、（非立法的）议会辩论、公司报告，但作为一个文献群，它们在范围、细节和可获得性上是无与伦比的。在我看来，叙事学为研究这些文本提供了一个富有成果的镜头；而且，如果法律叙事学发展为一个蓬勃的分支学科，它甚至可能有助于促成修辞学与法律理论团聚。但这是另一个故事。

332

第十一章　事实问题论证中的叙事和概括*

学术生活的一个常见现象是两类或更多的文献“各说各话”（talking past each other），即便它们所讨论的问题和议题似乎紧密相连。在法学学科内部，一个显著的例子就是，关注有关法律问题之论证与有关事实问题之论证的文献和争论几乎是完全区隔的。“法律推理”这个词已经被法学家们霸道地（imperialistically）劫持来用于指前者，这些法学家对后者知之甚少或者没那么关注，而后者则被冠以各种各样的名称比如“证明的逻辑”、“证据与推论”、“事实认定”，等等。罗纳德·德沃金自己并不关注贝叶斯定理，贝叶斯主义者和归纳主义者（inductivists）自身好像也不怎么关注德沃金或者其他法律推理的理论家。然而，每一位律师都知道，对“法律问题”和“事实问题”进行区分是有问题的，是权宜之计，而且常常无法持续。的确，有关法律问题和事实问题推理的有效性、说服力和恰当性议题最终都与“律师的推理”的某些方面相关①，而“律师的推理”反过来又是实践推理这一更为一般性主题的一个组成部分。②

在证据研究内部，一个类似的但没那么截然的分野也可以辨别出来，这种分野存在于与“证明逻辑”（包括有关概率与证明的辩论）相关的文献和有关叙事和故事在事实裁判中之角色的著作——这些著作主要是实证性的——之间。在这里并不存在那么大的分野，因为有些作者已经承认在法律背景下研究证据给这两者都留下一席之地。③ 但是，在法律背景的论证中，叙事与推理之间的关系依然还留下许多谜团。本文试图探索这种关系的一个侧面并且进一步改变事实问题讨论和法律问题讨论相互分离的局面。

* 最初发表于 *Festkrift Till Stig Strömholm* (1997) (Uppsala) 821－33，修改后的一个版本发表在 40 *South Texas Law Review* 351 (1999)。

① “律师推理”（lawyers' reasonings）这个有用的术语是朱利斯·斯通〔Julius Stone (1964) 325〕提出的，至少是经由他而流行的。遗憾的是，斯通遵循惯例，把他的注意力主要局限在疑难案件中的争议性法律问题。See ibid.，at 301－37. 这个术语能有效地涵盖在比如谈判、宣判、规则制订和其他律师操作中的推理和关于法律问题与事实问题的两个更标准化的议题之间的关系，而且能够将注意力转移到它上面。

② *LIC* 348－50.

③ See generally *Analysis* (2005)（探究了逻辑分析和故事讲述在在事实认定过程中的运用）；Binder and Bergman (1984)（勾勒出经验性证明和故事讲述在事实认定过程中的运用）。

将我的主题放置于历史背景当中或许是有益的。对“新证据学”④ 发展历程也许可以简要重述如下：有关法律中证据与推论之性质这样一个问题至少可以回溯到18世纪，甚至可以往前追溯到修辞学那令人费解的历史。

现代英美关于“证明逻辑”的争论可以说大致开始于20世纪70年代。⑤
333 在回顾的时候，我们可以区分出5个主要阶段：第一阶段，一个十分现实的忧虑就是律师通常是不精通数学的，因此也就无法应对在诉讼中对统计学使用的剧增，特别是在需要专家证人来解决诸如父亲身份、歧视、反垄断和保险这些问题的领域。⑥ 这样一个问题被凸显出来，是因为在著名的人民诉柯林斯一案——该案涉及对加利福尼亚州一对种族不同的夫妻的辨认——当中⑦，在应对一位所谓的“专家”对统计学的最基本的误用时都遭遇重重困难。最初的评论者强调的是统计分析在评估证据方面的潜力——如果它被适当使用的话。⑧

第二阶段由哈佛大学的劳伦斯·切伯教授所主导，这阶段被导向来抑制数学主义者们的狂热。⑨ 却伯和其他一些人主张，尽管有关争议性事实问题的所有推理主要都是数学性的，但作为一项政策去鼓励和允许对于像刑事证明标准或辨认案件中有罪的可能性这样的问题进行明确的量化既不恰当也很危险。⑩ 他们提出了三点理由：(1) 从交流角度来看，只要法官和陪审员被假定为不精通数学，就应该以他们能听懂的语言对他们演说；(2) 数学上的论据很容易过度诱导或引发偏见，因为看似“硬的”量化变量很容易驱逐“软的”、非量化

④ “新证据学”这个词是由理查德·伦伯特〔Richard Lempert (1988)〕提出来的（特别涉及概率和证明的争论）。从那以后，它已经被扩展到覆盖一个与法律中证据和信息相关的广泛得多的主题范围。[See Jackson (1996) and above 244-8.]

⑤ “证明逻辑”这个术语是由威格摩尔〔Wigmore (1913a)〕提出的，用于描述证据领域的一部分，即处理什么构成审判中争议性事实问题的有效、可靠且适当的论证的那一部分。在这里用这个词来涵盖归纳优越论、贝叶斯主义和怀疑主义以及对于法律背景下事实问题的分析和论证的其他视角。尽管威格摩尔主要关注对抗性陪审团审判，他的继承者把这些基本理念扩展运用到其他程序、法律程序的其他阶段（包括警察调查，威格摩尔在一个附录中作了简要论述）以及在非英美法系国家，荷兰就是其中一个例子。

⑥ See Barnes (1983), 33-4.

⑦ P 2d 33 (Cal. 1968). 近年来，常常在讨论的一个问题是法官和律师不精通数学的话是否还能胜任本职工作。See Barnes (1983) xv; Eggleston (1983) 1-7; John Kaplan (1968) 1065, 1092. 关于这场辩论的有贡献的论文选集，see generally Imwinkelried and Weissenberger (1996)（综合了许多作者关于各种证据主题的研究成果）；Twining and Stein (1992)（将有关法律的事实认定的主流趋势和观点整合在一起）。

⑧ Above 74-5.

⑨ See Tribe (1971).

⑩ See ibid., at 1332-8（给出了数学性概率困扰陪审团的一些案件的例子）。

的变量；还有（3）对某些问题进行量化，比如对无辜者进行定罪之风险的可接受水准，在政治上是不合适的。⑪

在下一阶段，随着一位来自牛津的逻辑学家乔纳森·科恩的介入，争论走向了一个十分不同的、更哲学化的平面。他质疑了这样一种假定：有关概率的所有论据主要都是数学性的，或者，用他的话来说，帕斯卡主义的（Pascalian）。⑫ 他指出，法律提供了一种非帕斯卡主义（non-Pascalian）归纳推理的范例。⑬ 科恩在许多学科引发了争议，尤其是法律、医疗诊断学和心理学。⑭尽管这是以哲学论据为基础，但科恩的命题明显带有政治意蕴。它被看成是对"专家崇拜"的一种警告，同时也为普通市民具有基于日常实践推理来作出合理判断的认知能力这样一种信念提供理论支持。⑮ 这一点在那些对司法中的外行人参与赋予很高价值的辖区中尤其重要。根据这种观点，不精通数学的法官和普通的陪审员是能胜任去裁决有争议性事实问题的，并且依赖"日常经验"通常也是正当的。科恩的理论激起了来自英国、澳大利亚特别是美国的法学家的尖锐批判。⑯

第四个阶段见证了对数学主义者和归纳主义者都支持的那种命题逻辑（propositional logics）之合理性的强烈挑战。这些挑战采取了多种形式：执业律师尤其是英国的执业律师对数学性推理和形式逻辑在法律背景下的作用范围保持高度的怀疑。⑰

形形色色的怀疑论者、相对主义者和主观主义者都对传统的理性概念甚至

⑪ See ibid., at 1334 - 8.

⑫ See Cohen (1977) 38 - 9（主张律师使用有关事实问题的非帕斯卡主义归纳推理）。

⑬ See ibid., at 44.

⑭ See ibid., at 258 - 63.

⑮ See ibid., at 120.

⑯ See 127 - 30. 在概率争论中的这三股支流继续在普通法世界引发关注。比如，在新西兰一位律师和一名统计学家曾发布一个实践性手册来指引法庭科学家和律师们，该手册勾勒出了对科学证据的一个贝叶斯进路。See Robertson and Vignaux, (1995) 17 - 18; *cf.* Aitkin, (1995) 34 - 36（讨论了贝叶斯定理和对证据的评价）。与此类似，无论在理论还是实践层面上，在贝叶斯主义者、频率论者、归纳法优越论者和其他人之间，争论还一直在延续当中。像 DNA 检测和证据这样的发展已经自然地吸引了统计学家的注意，而且我已了解到我的统计学同事正在研究的许多应用性问题对法庭背景、警察调查和其他法律程序都有所启示。See Kadane and Schum (1996) 121 - 31; Schum (1994) 243 - 61. [See further *Analysis* (2005) ch. 9 and Appendix Ⅰ.]

⑰ See, e.g., Cross and Tapper (8th ed., 1995), 173; *contra R v. Adams* (No. 2), CA *The Times*, 3 November 1997（英国法院排斥贝叶斯定理的使用）。[See now Roberts and Zuckerman (2004), ch. 3.]

事实认定中理性的充分（very）可能性提出过质疑。[18] 同样，在数学主义者和
334 在后现代主义者日益增加的混战中最温和的流派之间似乎存在着一个巨大的分歧。[19] 与当前语境最直接相关的是实证主义社会科学家的著作，特别是彭宁顿（Pennington）、黑斯蒂（Hastie）、班尼特和费尔德曼，他们已经提出令人感兴趣的证据来证明，在实践中陪审员和其他事实认定者是通过评估叙事的似真性（plausibility）来获得对特定过去事件的判断。[20] 根据这种观点，陪审员是“整体地”（holistically）进行处理，这种处理是通过对竞争性故事进行比较、对检控方（或其他主张方）所提供的故事的似真性进行判断，从呈现给他们的材料来重构出他们自己对事件的看法。[21]

在最近几年，“新证据学”可以说已经进入了第五阶段。来自荷兰的学者，由来自莱顿的汉斯·尼杰波尔（Hans Nijboer）教授领导，已经将新近的英美思潮引到欧洲大陆，并且在这个过程中，已经刺激了对证明理论和实践研究兴趣在大陆法系的复苏。[22] 更近一段时间，3 位来自荷兰的心理学家已经以一个很大程度上脱胎于美国文献的“锚定叙事”（anchored narratives）理论为基础来分析和批评他们自己国家的刑事程序。[23] 这表明故事模式并不局限于陪审团或普通法系的对抗制程序当中。

在涉及特定过去事件之重构的判断中“整体主义”故事讲述的心理学描述与原子主义——有关事实问题之推理的分析性描述——之间存在一种显著的张力。本章会涉及这种关系的一个侧面。这个问题可以重述如下：逻辑学家声称在关于事实问题的推理中背景概括是必需的，而心理学家告诉我们，在这种背景下作出判断的过程中叙事是必要的。然而，很容易就可以发现，这二者对于事实认定的正统理性主义观念来说都具有潜在的颠覆性。简言之，在这一背景

⑱ Above ch. 4.

⑲ See 142n. *. See also Nicolson,（1994），726，729－30（承认两个方面，因为事实认定涉及的不仅仅是实体法，而且无论法律多么形式主义地看待事实性真相，伦理学、正义和政治学都会在法律过程中发挥一定作用）；Seigel（1994）995－6（指出证据学科已经被基础主义和法律实证主义扭曲了）。

⑳ See Bennett and Feldman（1981）；Hastie et al.（1983），22；Pennington and Hastie（1991），530－1. 伯纳德·S·杰克逊已经往这些研究增加了一个符号学维度。See Jackson（1988a），7－12；Jackson（1995），140－93. 对这些发展的一个中肯评估，see generally Schum（1994）。

㉑ See Hastie et al.（1983），at 22－3；Pennington and Hastie（1991），at 556.

㉒ 除了他自己对这个主题的广泛著述，尼杰波尔教授已经组织了一系列研讨会，首个会议于 1992 年在阿姆斯特丹召开。See generally Nijboer，Callen，and Kwak eds.（1993）（一个关于专家证据的专题研讨会）［Nijboer and Rejntjes eds.（1997）；Malsch and Nijboer（1999）］。

㉓ See Wagenaar et al.（1993）. 这从 *Dubieuze Zaken*（1992）压缩并翻译成英文，在 Twining（1995）中有所讨论。

下，概括和叙事都是必需的，但又都是危险的。看似存在这样一个格局，但是在逻辑学家的规范性命题与心理学家的实证性之间到底是一种什么样的关系？让我们首先简要地浏览一下权威的表述。

一、概括：必要但却危险

主流证据理论对于概括在“理性的”的事实认定中的作用已经给予了一个核心地位。从特定证据到特定结论——从证据性事实（factum proban）到待证事实（factum probandum）——的每一推论步骤都需要通过参照至少一个背景概括来获得证成。用戴维·舒姆的话来说，概括构成了推论性推理的“黏合剂”（glue）[24]。它们也可以用于形成假设、填补故事中的空隙，以及对于那些无法获得特定证据的故事来说，将作为一种最后手段来成为这一故事组成部分的锚定器。[25] 由于为建构理性论据提供唯一可以获得的基础，因此它们是必要的。这种正统的观点同由图尔密、佩雷尔曼、阿姆斯特丹论证学派以及最近由戴维·舒姆发展出来的理论是一致的。[26] 335

大家所广泛承认的是这种概括一定程度上都会存在不确定、不清晰、模糊不清或刻板的问题。它们也许依赖科学证据、“一般性知识”、纯粹推测或者偏见。[27] 它们常常或明或暗地承载着价值。它们被说成是植根于某一特定时代的某一特定社会（或更小的组织）当中被认为常识或知识的东西。因此，对事实的判断植根于某一社会的“知识库”或信念库，又通过它们来得以正当化。理性主义传统——至少在其更成熟的形式上——明确承认知识和信念将随着时间改变而改变。[28] 简而言之，用于事实问题论据的“黏合剂”常常具有历史偶然性和文化相对性，同时也承载着各种价值。

概括在关于可疑的或争议性事实问题的论证中之所以是危险的，是因为它们易于以推论为基础为接受结论提供无效的、不合法的或虚假的理由。当它们是隐性的或未明确表达的时候尤其危险。比如：

[24] See Schum (1994)，at 82 - 3，109.

[25] See Wagenaar et al. (1993)，at 20 - 43.

[26] See generally van Eemeren and Grootendorst (1992)（解释论证的实用一辩证进路）；Perelman (1963)（包括了作者对于公正的最重要著述）；Perelman and Olbrechts-Tyteca (1971)（提出当正当理由不能以客观真实或现实为基础的时候，佩雷尔曼的论证理论将有助于为行为发展出正当理由）；see also Schum (1994)；Toulmin，(1964)（提出法理学而不是数学应当是理性分析过程中的模式，且逻辑不应当是一个纯粹的形式研究而应该是一个比较的研究）。

[27] ［Anderson (1999b)；*Analysis* (2005)，ch. 10.］

[28] Above 75 - 8.

1. 涉及以下方面的时候，提供正当理由（warranting）的概括也许是**不确定的**：

（1）频率或普遍性（所有/大多数/一些）；

（2）抽象的程度；

（3）可撤销性（例外，限定）；

（4）精确性或者“模糊性”；

（5）经验性的基础/信心（被科学共同体接受；日常生活直接或间接经验的一部分；推测性，等等）；

2. 它对于同一性（哪种概括——在一场对话中也许存在双方都可获得的对立性概括）或者来源（谁的概括，比如在家庭暴力案件中男性/女性的经历）也许不甚清楚[29]；

3. 事实上对于问题也许不存在“认知共识”，尤其是在一个多元社会里；

4. 价值判断（包括偏见、种族主义者或性别成见）也许会被化装成实证性命题；

5. 在被明确表达的时候，一个概括也许会用充满价值意味的语言或者原已确定（loaded）的类型范畴来表述。[30]

因而，概括是危险的。因为它们——尤其是未明确表达出来的时候——在频率、抽象程度、经验的可靠性、可撤销性、同一性（也就是哪个概括）和权限（也就是谁的概括）方面常常是不确定的。它们是那些可能被隐藏起来的偏见和成见的有力工具。在对一个隐而不彰的概括加以表述的过程中，存在一定的空间来使用感性语言、对其精确性或信心给人一种错误的印象，或者好像它们是经验事实那样提出价值判断。这些趋向被看成是危险的，这是从下面这一意义上来说的：它一旦澄清被争论的事项到底是什么，就会发现这样一个论据是无效的或者微弱的，因为概括或其在这个案件中的运用也许会遭到理性的批判。[31] 336

二、叙事：必要但却危险

正如我们已经看到的，在同一主流下的另一个新近分支是这样一种理念：

[29] See Martinson et al.（1991）23，36 - 44.

[30] 对于这些“危险”的例子，see *Analysis*（2005），ch. 10。

[31] 威格摩尔图示分析法的一个主要用途是通过强制推进论证中各步骤——尤其是概括，它们常常是内含性的或未明确表述的——表述的公开来精确地澄清被论证的是什么，从而使它们更容易地受到批判性审查。

故事和故事陈述对于事实认定来说是核心性的。第二个主张是：对于在法律背景下作出判断来说，故事和故事讲述从心理学来看是必需的但又是危险的，因为它们常常被用来违背逻辑标准、诉诸情感而不是理性并且颠覆法律原则和惯例。

由班尼特与费尔德曼[32]、彭宁顿[33]以及其他人所作出的实证研究表明，美国陪审团主要通过故事的建构与比较而非通过源自于证据的论据进行评估来认定所主张的过去事件的“真相”。这些发现在其他学科（比如，医疗诊断学和历史学）得到佐证，并扩展到由法律职业人员和警察所作出的事实认定。[34] 简单地说，这种被广泛接受的主张就是为了作出某一类型的决定以及——更为一般性的——为了理解世界，人类需要故事。

在有关故事建构与比较的功能方面，这些文献就没那么清楚了。班尼特和费尔德曼说它们是被用于填补空隙；其他人则提出，为了令人满意事实的裁判者需要去解释人类的动机与行为，即便动机不是一个实质性（material）事实，或者当事实被认定为与一个静态情境或像身份这样一个单一“简单”事实相关的时候。[35] 关于所有法律背景下的事实认定（比如在一起无动机谋杀中的身份）的情形中，故事在心理学上是否是必需的，还存在一定程度上分歧，但是，似乎有这样一种共识，在实践中大多数时候故事被感到是非常重要的。

在法律背景下，故事讲述同样可能是危险的，因为它可以被用来违反或逃避有关相关性、可靠性、完整性和偏见性影响等常规法律规范。[36] 它被公认为诉诸直觉与情感以及作为“非理性说服方式”的一个工具。这些危险包括下列例子：

（1）偷偷带入不相关事实；

（2）偷偷带入捏造的和无根据的事实；

（3）通过影射来暗示事实；

（4）把注意力吸引到行为人身上而不是行为上；

（5）诉诸隐藏的偏见或成见；

---

[32] See Bennett and Feldman (1981), at 10-8.

[33] See Hastie et al. (1983), at 20-3.

[34] 例如，Wagenaar et al. (1993)（讨论了叙事在事实认定情境中的使用）。

[35] 在私下讨论中，特伦斯·安德森和我对于叙事在所有的案件中是否是“必需”的持有不同观点，我自己的观点是它们毫无疑问地在大多数案件中都发挥着重要作用，但是在一些情形下（比如不在场证明、违法停车）仅仅事实本身也许就足够的，而不需要一个故事。

[36] See above ch. 10.

(6) 以带有情绪性的口吻来讲述故事；

(7) 讲述一个能为陈述者或受害人赢得同情但与事实主张不相关的故事；

(8) 利用可疑的类推；

(9) 颠覆律师对事实、法律和主张以及——更为一般性的——事实和价值的区分；

337 (10) 好故事驱逐真故事。[37]

三、叙事和概括之间的关系

有人可能会提出反对意见说，这两种主张是适用于不同的话语范围。概括在理性论证背景下从逻辑上说是必要的；故事在人类作出决断的背景下从心理上说也是必要的。逻辑上的“危险”不同于拙于判断（poor judgement）的危险。

在与决策相关联的基础上，逻辑与心理学之间的关系是一个非常大的主题。在这里，我将把自己限定在以下两点。首先，我接受这种观点，也就是故事讲述的有些功能关乎人际互动与沟通，但在论证中并不发挥作用。例如，在一个律师的口头表达中，故事也许被合法地用于吸引和留住兴趣，设定一个容易理解的语境，提供具体的例证以帮助理解。当然，它们也可以被用于转移注意力或者为陈述者或受害者赢得与争议性问题无关的同情等。所以，部分危险

[37] 进一步的分析和例子参见前面第十章。对好的故事和真实的故事加以区分的一个有益进展 see Wagenaar et al. (1993)。事实上，一个好故事的概念是模糊的，它可以意味着仅仅是一个形式良好（well-formed）的叙事，这就与它的内在结构和连贯性相关，或者它能够契合于不同的目的或者对一名听众产生实际效果。我也许会夸大某一事件，目的是使人们发笑、博得同情，或者使我在其中的角色正当化；一个听众发现一个故事很好，因为它是有趣的、引人入胜的、意想不到的和令人欣慰的。在一场不同叙事的战争中，常常存在对一个事件的两种相互竞争的版本，并且为了支持一方，也许就会有一种修饰或伸展事实的冲动以强化其事实陈述。也可能发生的是一个故事被认为不好，因为它虎头蛇尾，刚到一个要点便戛然而止，或者平淡无奇——但它可能同样是真实的。在刑事案件当中，一个危险在于事实裁判者也许易于相信一个故事，因为它表明一个犯罪行为已经被解决或者因为事件的其他版本可能是有威胁性的、不便理解的或者以其他方式令人烦扰的。最后，一个叙事也许是动人的，因为它是**耳熟能详的**或契合人们的一个认知模式。See below 398－9（在相关的 Warren 案和“浪子回头”寓言中发展了这个观点）。对于新闻记者来说，真实和娱乐价值之间的紧张关系被詹妮特·马尔科姆（Janet Malcolm）在她对希拉·麦高夫（Sheila McGough）——一位因为与信托账户有关的许多指控而被定罪的律师——进行的第一次采访的描述中直率地表述出来：“［麦高夫］对于我们的会面几乎不间断地讲了两个小时。［但她］并没有兴趣讲述一个貌似可信的、有说服力的和有趣的故事。她一心想要的是进行一个更大的游戏，告知大量完全精确的、使人麻木厌烦的事实。”Malcolm (1998), reviewed by Daniel Max, *Miami Herald*, 21 February 1999.

关乎沟通而非论证。

不过，故事似乎在论证中也存有一席之地，并且在这种背景下可以追问一些有关合法性、有效性或者说服力的问题。关于故事之危险的一些主张似乎是诉诸合理性标准。比如，一个为陈述者赢得与主题无关的同情被批评为与论证不相关；在好故事驱逐真故事的情况下，它可能因为其吸引力在于非真相的其他一些东西（比如兴奋、安心、八卦等）并被赋予过高的分量而招致批评。当故事被用于填补证据中的缺口时，它的证成力量也许很微弱或完全没有，但是说一个有关事实问题的论证是通过宣称该情境与一部虚构的作品或一则寓言相似来获得支持，似乎有些怪异。[38] 这种立场的一种版本也许可以重述如下：在日常生活和作出重要决定时，我们需要故事来“理解”世界和特定的过去事件；在事实调查中——包括审判——对于一个故事来说，要被接受为真的话，就需要通过证据来证明为正当（来锚定）。一个良好组织（well-formed）的故事必然是融贯的，但是要真实，它必须既是似真的且获得特定证据的支持。似真性通过背景概括来检验；具体事实性结论的真实性则通过来自特定证据的推理来检验。[39]

还有一些重要的例子——主要存在有关辩护和审判的英美文献当中——例证了这样一些主张，即故事不仅在表述（presentation）和修辞方面而且在分析性地作为论据的一个组成部分上都扮演着至关重要的角色。比如，在一篇被经常引用的论文中，约翰·W·戴维斯坚称，“在一个上诉法院，事实的陈述并不仅仅是论证的一部分，它更经常是论证本身”[40]。卡尔·卢埃林、詹姆斯·博伊德·怀特和其他美国法学家都曾作过类似的表述。[41] 这些表述的精确含义并不是一直都清楚的，但是可以合理地将它们解释成坚守一系列观念，比如故事需要被容纳在法律背景下的理性论证这样一个概念之下。这样的主张是有争议 338
的，但是，为了论证起见，我们姑且接受它们为似真，那么问题就出来了：在这种背景下，故事和概括之间是一种什么样的关系？

在这种背景下故事和概括的主要连接纽带也许在于“知识库”（a stock of knowledge）理念。一个“知识库”并不是由个体的、经过实证检验的并且很容易清楚表述的命题构成的，相反，无论是个人的还是集体的，我们都拥有含

㊳ See below 398 - 9.

㊴ 特文宁〔Twining (1995)〕对瓦根纳等人〔Wagenaar et al. (1993)〕提出的观点进行进一步提炼。

㊵ J. W. Davis (1953).

㊶ See above ch. 10.

混不清的（ill-defined）信念集合，这一集合通常由一个复杂群体来组成，其中包括多少有些根据的信息、成熟的模式、轶事的记忆、印象、故事、神话、箴言、愿望、成见、推测与偏见。事实和价值并不是截然不同。事实、幻想和虚构也不是。也不能理所当然地认为在一个个体或社会的“知识库”内部就是一致或融贯的。

一个“知识库”的内容并非仅仅由或主要由现成的概括单独地或主要地组成，仍然包括较少量的经验性定律。信念可以被嵌入具体的故事、例子和经验当中，它们也可能不会以一般性术语明确表达出来。从这样一些材料中可以或将会从中推断出什么寓意或普遍教训或其他概括，常常存在着相当的不确定性。

对于社会性“知识库”或信念之内容并不能理所当然地认为存在一种高度共识，尤其是在一个多元的或分层的社会当中。[42] 而且，在一个特定的社会中有如此之多存在共识的“常识”其实与时间、地点和特定事项是密切相关的。信念多元且信念在变。当跨越时间和空间认识它们的流变时，我们也许会将像“故事”和“信念库”这样的理念看成是接近普适性的文化性，同时也承认它们将会随着时间和地点的流动而流动。即便在一个亚群体（subgroup）内，多样性以及由此所带来的“相对主义”——至少在一种弱意义上——也存在很大的空间。

四、X＝X＝X

概括就其应用而言也许是不确定的；叙事就其意涵（significance）而言也是不确定的。在有关事实问题的所有论据中，普遍的论据和特殊的论据之间存在一种紧密的互动。概括和叙事之间关系的一个侧面可以以更大的精确性来进行有用的分析。从定义来看，概括是普遍性的，故事是特定性的。[43] 正如每位律师所知道的，普遍的规则和特定的案件之间存在一种亲密的关系。与此类似，正如每位神学家和道学家（moralist）应该知道的，在寓言（和其他道德故事）和它们的意涵之间也存在紧密的关系。那种意涵可以运用像要点、寓意、其他一般性教训或者它所例证的理念这类词来表达。[44] 故事强烈地诉诸想象。这种诉求的一部分在于它们的具体性和特定性。如果这种道德或者要点被

[42] See generally McCormick (1992), ch. 35（讨论了认知共识与一个多元社会之间的关系）；cf. Cohen (1977), at 274 - 6（更多强调了认知共识作为常识推理的基础）。对这一段话的一个批判，see *Analysis* (2005), at 273 - 6。

[43] 仿照利科，我将约定，在“故事”的一个狭义定义中，特殊性、暂时性和连接点（connectedness）都是必要要素。See above 290。

[44] 这在下面第十三章中得到进一步发展。

详细解释或以其他方式来清晰显现，那么它的威力就会受到侵蚀。这为什么应该如此？在当前语境下这一点是至关重要的。 339

先例作为一种法律渊源的理念是普遍性和特定性之间互动关系的一种清晰例证。因为先例在普通法中是特别重要的，关于这种关系已有很多理论总结和争议。

在这里，我们无须冒险闯入那种古老的争议，因为在许多相关的要点上已经达成了广泛的共识。案件的“事实”是特定的。这种事实，至少在疑难案件当中，已经提出了法律问题。这种法律问题应该用一般性术语来加以表达，不是“被告有罪过还是有义务”，而是“在这种情形下，被告有罪过还是有义务”[45]。在对特定案件作出判决的过程中，法院赋予法律问题一个权威的答案，那种答案可能是明确的，也可能是暗示性的。[46]

事实、问题和答案之间的关系在形式上可以重述如下：事实＝X 已经发生；问题＝如果 X 发生，那么会怎样？（法律后果）；答案＝无论何时只要 X 发生，就会 Y。

在这个公式当中，X 是个恒变量，尽管发生从特殊到普遍的转化。从特殊情境到普遍性问题和一个普遍性答案的转化包含着这样一个转变，也就是从“这是那种情境”到“在这类情境下，法律规定……”的转移。在这种语境下，关键点就是 X 是一个恒变量。简而言之，X＝X＝X。

在解释案件的过程中，一个主要难题就是 X 的概括程度是不确定的。这一点同样适用于寓言和道德故事的“寓意”。但如果事实是已知的，且如果 X＝X＝X，那么 X 如何才能在特定层次上是清楚的而在普遍层面上是不清楚的？当然，答案就是事实如何被精确地归类也是不确定的。X 代表着一个可以被视为一种类型的特定情形。那种情形应当被解释到多么精确，还有什么是对那一情境的最好或最恰当描述，则是一个解释问题。而且，由于 X＝X＝X，解释 X 的问题就几乎总是持续存在。[47]

[45] See above at 221.

[46] 一个争论领域围绕着应该赋予一个法官在这一语境下所运用的真实词语以什么样的分量(weight)。很少有人考虑到法院形式上是受到精确措辞的约束，但在司法实践中这样一些表述常常附带有巨大的分量。

围绕法官在这种情境下使用实际的语词应给予多重的分量是一个有争议的领域。对此的考虑很少：法院在形式上被这些精确的语词约束，但在实践中却十分经常对这种公式化的形式给予了很重的分量。

[47] 我说“几乎”，是因为作为一个实践性问题，总是会存在一些差异。例如，在教初学法律的学生怎样写摘要或案件记录时，会有人建议他们采用一条经验法则——“在事实方面，宁多勿少”。之所以这样做，原因在于比起后来添加额外的事实来说，删除不必要细节更为容易。因此，一个学生对案件的最初记录包含的不是对“事实”的确定陈述，而是对潜在的实质性事实的暂时性表述。See Twining & Miers (1999), 307 - 8.

对情境的描述通常运用语言来表达，而对语言的选择并不是十分唯一的，因为那些术语多多少少都会存在修辞上的情绪性或者带有价值倾向。比如，一种分类之所以被断定为适当的，是因为它反映了一个重要的参照群体（reference group）思考或说话的方式（例如，使用一组特定的贸易概念来描述一个商业案件里的情境），或者因为它明确地或内在地符合或契合一些一般性原则或政策（例如，用某一种方式来描述一种情境，这种方式要凸显在一种相当直接的关系中一位非专家正在依赖一位专家的判断）。[48] 选择适当的分类去描述特定事实情境的这样一种理念就处于卡尔·卢埃林的重要但难懂的“情境感”思想的核心地带。[49]

故事的有些所谓的“危险”是和概括共享的，其中包括，比如提出没有根据的事实，好像它们是锚定在或者明示或暗示地诉诸成见或偏见的。也许最显
340 而易见的普通要素是不确定性：不确定性关乎被论证的到底是什么或特定例子的普遍意义是什么。例如，“浪子回头”这个寓言的精确寓意是什么？不确定性常常被展示为论证中的一个弱点。但是，正如约翰·威兹德姆所指出，逐案论证的一个吸引力就是事先人们不会被强迫地界定X的界限。[50] 说“这是X的一种情形”而不用对X进行**界定**，是有效且明智的。这是理解先例在普通法中之魅力的关键。这是用类推来进行论证的一种形式，它并不要求论证者秉承一种超越手头案件所需的立场。这也许是为什么在神学当中重在道德教育，而普通法中的先例在特定的故事中常常把不确定性看作是一种美德。

[48] 这个例子是以丹宁勋爵对 *Candler v. Crane Christmas & Co.* [1951] 1 All ER. 428 一案中的事实所作出的著名的“说服力的”（persuasive）的分类，该案关注的是因为过失性错误陈述而导致经济损失方面是否曾经存在一个注意义务。See above 300 - 1.

他们是专业会计师，准备账目并放在他前面，并且知道他在公司进行一项投资时将受到他们的引导。基于对这些账目的信赖他的确作出了投资，然而，如果这些账目原来经过细心准备，那么，他就根本不会作出这项投资。结果就是他亏了他的钱。（Ibid.，at 431.）

[49] See Llewellyn (1960), 230 - 4, discussed above at 297 - 9.

[50] See generally Wisdom, (1956)，探讨了逐案论证。See also Wisdom (1991)（对于从一个静态前提进行推论性论证的令人质疑之效果进行了讨论）。

第十二章 重构有关伊迪丝·汤普森的事实：莎士比亚研究者与法学家* 344

勒内·韦斯 威廉·特文宁

导言：两个故事

本章将两个故事联系在一起，每一个故事都有着许多次要情节。第一个故事涉及英国法律史上最有名的案件之一：伊迪丝·汤普森和弗雷德里克·拜沃特斯（Frederick Bywaters）的案件。弗雷德里克因谋杀伊迪丝的丈夫珀西（Percy）而于1923年被处以绞刑。第二个是两个学者的故事。他们身处同一机构的不同部门，在获知对方的研究旨趣之前，都已经对这个案件研究了多年，分别完成了大量的研究工作。第一个故事既是一个人间悲剧，也是一个历史谜团；第二个故事表明了不同学术传统下的两位学者在知识上的分歧，并展现了他们发现历史的不同方法。本章对一位法学家（威廉·特文宁）和一位莎士比亚研究者（勒内·韦斯）解决下述问题的方法进行案例式的研究：伊迪丝·汤普森犯有谋杀珀西 ·汤普森之罪吗？我们先从这个更平实的故事入手。

法学家的故事

威廉·特文宁

20世纪70年代早期，先后在华威大学和迈阿密大学，我开始使用原始的审判记录作为给法学专业的大学生讲授证据法的资料。我不仅关注法律语境中的证明理论，同样关注作为证明逻辑组成部分的某些推论性推理的应用技术。我尤其感兴趣的是，如何在法律语境中建构和反驳基于证据的复杂论证。

在一段时间之后，我选定国王诉拜沃特斯和汤普森一案作为实现目标的最佳材料。这仅仅是因为，本案的证据材料极其复杂，并且模糊不明。这个案例也具有其他优点：有真实的人情味，并且存在二次文献作品，它们对伊迪丝·

* 本文首次发表于 Twining and Hampsher-Monk（eds.），*Evidence and Inference in History and Law*（*2003*）。在此处再次发表得到了西北大学出版社和勒内·韦斯的善意允许。本章的第一、二部分是《反思证据》第一版八、九章的缩略版本。此处删除了包括参考性资料在内的大量细节，但几乎是逐字逐句地复制了原文，除非某处指出有所修改。对拜沃特斯和汤普森审判记录的大量摘录，可见于*Analysis*（2005）一书第七章。

汤普森是否有罪问题存在根本分歧。然而，关键的一点是，证据材料非常复杂、棘手，正像一个学生说的，“如果你能分析伊迪丝·汤普森的散文*，你
345 就能分析任何事情”。1982 年，我做了一个关于此案的公开演讲，主要目的是用案例阐明一种分析证据的特定方法，即改良后的威格摩尔分析法。

1983 年，我转任到伦敦大学学院（UCL），并继续在教学中使用这个案例。但是直到 1987 年 8 月，我才修改我的讲稿并将其拓展成一篇长文。当第一次听说伦敦大学学院英语系的一个同事、莎士比亚研究专家勒内·韦斯写过一本关于同一案件的书时，我正在对我的文章进行最终的修改。在读过这本我非常喜欢的书后，我决定不去修改原来的文章。相反，我另写了一篇文章，比较我们总体上的方法、我们对细节的处理以及我们的结论。[①] 从那时起，我们在许多场合公开地和私下地讨论过这个案件。本章将继续这种对话。

莎士比亚研究者的故事

勒内·韦斯

20 世纪 80 年代早期，司法议题在议会议程中占据了显著的位置。紧随下议院于 1983 年 7 月关于死刑的辩论之后，我读了阿瑟·克斯特勒（Arthur Koestler）的论著《对绞刑的反思》（*Reflections on Hanging*）。[②] 这本书为死刑在英国的废除铺平了道路。正是克斯特勒对于伊迪丝·汤普森的评论最先引起了我对拜沃特斯和汤普森一案的兴趣。

在读了《对弗雷德里克·拜沃特斯和伊迪丝·汤普森的审判》（*The Trial of Frederick Bywaters and Edith Thompson*，是“著名英国审判”系列丛书中的一本）[③] ——这本书再现了伊迪丝·汤普森的信件——之后，我决定写她的传记。我确信，对伊迪丝生活和死亡的描述会有效地加强反对死刑的理由。尽管现在看来对她的无辜几乎已达成普遍共识[④]，但在法律上，她仍然被认定犯有重罪。另外，她被处死的方式和对此的传言在当时已引起巨大争议，直到 20 世纪 50 年代当克斯特勒的书出版时还能感受到此事的不良影响。

伊迪丝 20 世纪 20 年代早期在伦敦生活时的通信中详细的讲述，以及她关于书籍、戏剧、歌舞杂耍表演的生动讨论给我留下了印象。作为一个专业的文

* 指伊迪丝写的信——译者注。

① *Rethinking Evidence* (1990), ch. 9.

② Koestler (1956).

③ Young, *Trial* (1923)（下文简称为 *Trial*）。

④ 特文宁不同意这一点。

学读者，我感兴趣的是，在伊迪丝的头脑中，幻想与现实的界限模糊到了何种程度。她不仅是有着很好的事业头脑的一位成功职业女性，还是一个像爱玛·包法利一样的人，能沉醉在无数的浪漫小说中。不完满的婚姻并没有禁锢她的幻想，并且，如果弗雷德里克·拜沃特斯不曾出现过，日常生活的无聊或许就从未变成现实。拜沃特斯好像能提供所有伊迪丝的丈夫未能给予的东西，伊迪丝抓住了这个机会。在《刑事司法：伊迪丝·汤普森的真实故事》（*Criminal Justice*：*The True Story of Edith Thompson*）[⑤] 中，我认为，在她与拜沃特斯发生关系的过程中，伊迪丝完全分不清了现实与幻想之间的重要区别。不仅她 346
在讨论男女主角的命运时仿佛他们是现实的人物，而且她开始沿着同样的思路想象着将自己从她丈夫那解脱出来。伊迪丝没有选择离婚，而是玩弄似的想象着她丈夫的死亡。

她说自己曾试图杀死丈夫，具体而言是用毒药和玻璃。但皇室的病理学家证明这是虚假的。我将这些声明理解成是一些浮夸言辞，用以向拜沃特斯表明自己会不惜任何代价证明对他的爱。相比于离婚所带来的现实社会耻辱和离婚的艰难，想象谋杀看起来似乎更可取。她没有走出她自己的婚姻，也没有与拜沃特斯建立家庭。到了这种境地，她（很可能）是被她的性格拘禁了，也（肯定地）是被她的那个社会阶层和时代拘禁了。

伊迪丝所宣称的谋杀丈夫的意图，是否影响到了后来一个晚上在伊尔福德（Ilford）拜沃特斯对珀西·汤普森的谋杀？自从伊迪丝和弗雷德里克被指控共同谋杀，这个问题就引起了争论。我的观点是，二者没有联系。并且拜沃特斯在谋杀前的几个月里已经开始远离伊迪丝·汤普森。我坚持认为，伊迪丝·汤普森没有犯被指控之罪。她是某种道德环境的受害者，这种道德环境将她视为一个年轻冲动、痴迷发昏的妖妇而谴责她。

《刑事司法》这本书扎根于对伊迪丝·汤普森生活的语境化重现，从翻阅她的小学档案到研究她读过、看过的书籍、戏剧。我分析了那个时期的报纸，并且我得以接触内政部（Home Office）和监狱委员会（Prison Commission）有关此案的封闭档案。在20世纪80年代中期我做这一调查的时候，有些认识故事主人公的人仍然活着（其中之一是拜沃特斯儿时最好的朋友）。他们向我讲述自己的记忆并把保存的伊迪丝、弗雷德里克以及珀西的照片给我看。这使我得以在传记中用可接受的并且的确令人期待的方式详细讲述他们的故事。例如，通过考察伊迪丝和弗雷德里克长大的地方，我能确定在谋杀发生的晚上，

⑤ Weis（1988/2001）（下面简称为CJ）。

伊迪丝和珀西·汤普森是从平时的、最近的路回家的。考虑到法庭上的相反陈述，这是很重要的一点。我的叙述策略是提供一个将来时态的、逐天的讲述，用叙述性“日记”的形式重现伊迪丝·汤普森和拜沃特斯发生牵连的这 18 个月。

第一节 对一个著名案件的剖析

威廉·特文宁

事实

1922 年 10 月 3 日/4 日，星期二/星期三，大约午夜时分，珀西·汤普森和他的妻子伊迪丝在伦敦西区的一个剧院看完一场本·拉弗斯的滑稽剧后正赶回家。他们离在伊尔福德肯辛顿花园的家不到 100 码时，一个穿着雨衣、戴着帽子的人从他们后面走过来，将汤普森夫人推到一边，逼近珀西·汤普森。一
347 番打斗之后，珀西·汤普森倒在了前面 50 英尺远处的人行道上。那个人跑了。一个邻居听到伊迪丝的哭喊声：“啊，不！啊，不要！”随后伊迪丝跑向一群也是从伊尔福德车站回来的人，哭喊着：“天哪，你们能帮我吗？我丈夫病了，他在流血！”5 到 8 分钟之后，一位名叫毛德斯莱（Maudsley）的医生从一个附近的房子里赶来，发现珀西·汤普森已经死了。他妻子将他靠在墙上。汤普森夫人情绪混乱、失控。当毛德斯莱告诉她珀西已经死了的时候，她喊道：“你为什么不早点来救他？”血从死者嘴里流出，但直到被送往太平间，才发现他身上有几处刀伤。身体前部的几处伤口较轻微，脖子后面有两处刀伤刺得很深。

早晨三点当警察叫开汤普森家的门时，伊迪丝·汤普森处在非常痛苦的情绪中。她说，自己只知道丈夫跌倒了并“啊”的叫出声来。她本以为那是他的病发作了。她否认自己或丈夫有刀子。第二天，警察知道了伊迪丝与一个叫弗雷德里克·拜沃特斯的年轻商船船员的关系。在得知那个晚上他在离案发现场两英里处的伊迪丝父母格雷顿家待过之后，10 月 4 日下午六点，警察将拜沃特斯拘押、盘问。他们在拜沃特斯妈妈家他的房间里发现了两张便条、五封信和一封电报，都来自伊迪丝·汤普森。受过警告后，拜沃特斯作了第一次陈述，否认自己知道这起案件，否认拥有刀具。同一天晚上汤普森夫人被逮捕。第二天，警察向她出示了她写给拜沃特斯的一些信件。然后她作了一个陈述，称在她丈夫倒下时没有看到任何人。她承认自己与弗雷德里克·拜沃特斯的关系，承认他们之间以动情的言辞通过信。作完陈述后她马上被带着经过一个房

间，她看到拜沃特斯在那个房间里。她说："天哪，天哪！我能做什么？我并不想让他这么做！"受过警告后，她作了另一个陈述，她说在事件发生那个晚上，一个人跑过来并将她推开，她看到那人和她丈夫扭打在一起。从那人的雨衣和帽子认出是拜沃特斯。10 月 5 日，拜沃特斯得知他和伊迪丝·汤普森将被指控谋杀后，作了进一步的陈述，承认在一番打斗之后杀死了珀西："汤普森夫人当时肯定是吓傻了，在打斗过程中我没看到她做过什么。"

10 月 9 日，根据拜沃特斯的供述，警察找到了谋杀凶器——一把刀子。10 月 12 日，他们在拜沃特斯所在的船"SS 摩里亚号"上发现了一个盒子，里面有 62 封信和伊迪丝发给弗雷德里克的电报，还有装在信中的 50 张从报纸上剪下的片段，以及一张伊迪丝的照片。这些剪报很多都是有关谋杀的，主要是用投毒的方法。在伊迪丝工作的地方发现了 3 封拜沃特斯写给她的信。检控方将这些信的多半数和剪报的一部分作为证据。此案的很多焦点都集中在伊迪丝的信和这些剪报上，它们是主要但非唯一的不利于伊迪丝的证据。 348

是拜沃特斯杀死了珀西·汤普森，这一点被普遍认同。同样也没有争议的是，伊迪丝和弗雷德里克是情人，并且他们看起来都有杀死珀西的动机。弗雷德里克辩称自己无罪，理由是他杀死珀西是出于自卫。因为当时珀西没有凶器，所以毫不奇怪这一抗辩失败了。有趣的问题是，伊迪丝是否也有罪——因为她煽动弗雷德里克谋杀珀西或者因为他们共同策划谋杀他。从这些信中可明确得知的是：伊迪丝和弗雷德里克作为情人已近两年；伊迪丝非常不幸福；她希望结束自己的婚姻；她表达过假如珀西死去自己不会难过这种想法。

1922 年 12 月 6 日至 11 日，伊迪丝和弗雷德里克·拜沃特斯在中央刑事法院接受审判。他们都被指控谋杀珀西，拜沃特斯作为主犯，伊迪丝作为二级主犯（a principal in the second degree)，因为她在凶杀现场。第二份指控包含许多罪状，其中包括指控伊迪丝提供毒药和碎玻璃意图谋杀。但这份指控没有进行下去。仅仅经过两小时的评议后，陪审团认定两名被告人都有罪。他们被判死刑。10 天后，上诉法院驳回了他们的上诉请求；1 月 9 日，即珀西死后的 3 个月 6 天，拜沃特斯和汤普森被绞死。

"著名英国审判"系列⑥刊登了全部审判记录，包含所有在法庭上出示的证据以及伊迪丝写的全部信件。这些信在本案刑事上诉法院（两次上诉）的审判和裁决中未被列为证据。我们因此能接触到威格摩尔所谓的"一个混合的证据群"(a mixed mass of evidence)。这包括两名被告人的陈述、当时在附近或

⑥ *Trial* (1923).

者凶杀发生后随即来到附近的证人的证言，以及有限的间接证据（circumstantial evidence）——包括著名病理学家伯纳德·斯皮尔斯伯里（Bernard Spilsbury）先生的报告，其称在尸体检验中没有发现玻璃片或毒药的痕迹。法庭出示的证据包括谋杀凶器、3封弗雷德里克写给伊迪丝的信和一部分伊迪丝写给弗雷德里克的信，还有在审判中俩被告人提出的证据。为了现在的目的，审判中的证据未给出的其他信息将被忽略。我将集中关注那些被列为证据的伊迪丝的信。但值得简要提及的是：其他证据确信无疑地证明，是弗雷德里克杀了珀西；几乎没有什么证据支持弗雷德里克所说的自己是进行自卫这一辩解，然而却有很多证据足以驳倒它；在交叉盘问中，伊迪丝承认，自己希望让弗雷德里克觉得她在努力让丈夫病倒；尽管俩被告人的证言对于解释信件的某些段落很有用，然而除信件之外几乎没有东西能够支持诉方的案子（the prosecution case），也没有东西能够决定性地和完全确定性地证明其他几个主要理论（theories）。因此，让我们将这些信件作为指控伊迪丝的主要证据对待，并且将在
349 审判中出示的证据视为补充。

关于此案的大量二手文献的一个显著特征是，对于伊迪丝的有罪无罪问题，认为有罪和认为无罪的评论者几乎各占一半。总体上来说这些著作属于供大众消遣的读物，尽管其中有一些非常典型地具备这种风格：经过仔细的研究，经常富有观察力，通常是易读的。既然主要的目标是引起兴趣或者讲述案情，那么就会为了追求易读性而牺牲了细节，并且更注重非专业的心理上的推测，而非单调、严谨的证据分析方面。

对于理解诸如此案的复杂案件而言，某种更学术性或科学性的方法能起到什么作用呢?

改良后的威格摩尔分析法

在这个案例研究中，我将使用威格摩尔证据分析图示法的一个改良版本。原始的方法在前面第一章[7]已经描述过。这里从三方面改良它：首先，只在有限的范围内使用符号和图表。[8] 其次，将案件作为一个整体进行宏观分析时，说明立场（clarification of standpoint）被视为一个基本的要素。最后，将更加强调案件的“理论”（theories）这种观点。

这种分析法涉及以下步骤：（a）说明立场；（b）界定最终待证事实；

⑦ See above 12 n. 15. See further *Analysis* (2005) ch. 5.

⑧ See 389 below.

(c) 简述本案的 4 种主要理论（theories），以及一些各种各样的次级理论、故事和主题；(d) 通过仅对两项证据作细致的分析，用例证的方法检验其中一种理论。这两项证据是：关于刀子的事实和伊迪丝最后一封信中的一段文字（展示件 60）⑨；(e) 基于这一局部分析，提出某些临时性的结论。

这还不能解开谜团；但我希望它将显示，即使这种选择性的、相对简单的分析活动也极大地缩小了多种可能性存在的空间，并使这一特定案件及它所例证的某些普遍论题得到启发。

说明立场

第一步是说明进行分析的立场。为了现在的目的，我将站在身处于 1988 年的历史学者的立场上⑩，面对有限的资料——审判记录——并专注于回答这一狭窄的问题：可得的证据能够确信无疑地支持伊迪丝·汤普森因谋杀丈夫而负法律责任这项指控吗？

采取这种历史学者的立场使我们能够基于分析可得到的证据（已知事实）探究关于伊迪丝·汤普森的事实，这与实际审判中程序复杂性、目标多样性以 350
及涉及参与者的干扰因素无关。⑪ 然而，为了使事情简明，并且保持与实际审判的密切联系，我将对我们的探究施加两个人为的限制。首先，我将把我的分析限制在审判记录中的证据上。一个真正的历史学者通常不会接受这样一个限制。其次，我将集中关注这一问题：伊迪丝是否犯有被指控的罪？当然，这绝非此案中唯一会让历史学者感兴趣的问题——然而，它是与本案中陪审团所面对的难题非常接近的一个标准的问题。

⑨ 最终和次终待证事实表及对本案的主要批评观点，see Appendix4 below 389。

⑩ 即在《刑事司法》出版之前，且不使用任何韦斯提出的新证据。

⑪ 在我的经验里，法学专业的学生难以将原始资料（本案中即谋杀珀西）与后来处理此事件的法律程序区分开来，因此，他们有时将一场不公正的审判所涉及的两种独立的目标混合在一起，即程序的公正和证明原始事件的证据的力度。还有第三重居中的意义：考虑到法庭上的证据，认定有罪或无罪的判决不能被证成。例如，许多法学家认为，O.J. 辛普森在事实上犯有谋杀妮可尔·布朗·辛普森（Nicole Brown Simpson）和罗纳德·戈尔曼（Ronald Goldman）之罪，但是，在刑事审判中提出的证据没有达到确信无疑的证明标准。很多非专业人士难以理解：辛普森在刑事判决中被判无罪，而怎么又会在随后的民事审判中被认定实施了谋杀！必定有一个判决错了吗？从法律的视角来看，有可能两个判决都是正确的：证明的标准不一样，提出的证据不完全一致，并且是由陪审团基于呈现在他们面前的证据来认定事实。〔关于辛普森案，See *Analysis* (2005) at 117－20。〕关于伊迪丝·汤普森，我们此处关注的是她事实上的罪行（而非审判过程），哪些证据材料（例如伊迪丝和弗雷德里克宣誓后的口供）更具有相关性。

界定最终的待证事实

下一步是界定最终的待证事实——我们对作为整体的案件进行裁判必须基于的关键性主张（the material allegations）。历史学者没有“关键性”（materiality）[12] 的概念，他们按其所愿自由界定他们的问题，不受形式限制。当在法庭上针对有争议的事实进行辩论时，律师没有这种自由，法律预先界定了起诉书（或其他诉辩状）将涉及的问题。当法律很清楚时，能极大地简化分析和论证的任务，因为它确定了检验相关性的精确、固定标准。如果一项证据倾向于支持或否定必须被确信无疑地证明的事实，它是相关的。然而，当法律不明确时，这项任务变得更加困难。

关于拜沃特斯，法律是足够清楚的。诉方不得不确信无疑地证明，他故意地、事先预谋地并且无法律上的正当理由，造成了珀西·汤普森的死亡。仅有的争议点是：弗雷德里克是否是出于自卫或者因即时被激怒而作出行为？陪审团对这点显然并无异议，它也不会让一个历史学家感到为难。拜沃特斯辩称：自己找到珀西让他同意分居或离婚，争论自然地引发了打斗。他以为珀西要拔枪，所以出于自卫而用刀刺珀西。有两处刀伤是在后面，并且没有证据证明珀西在此时或其他任何场合持有枪，也没有证据能证明弗雷德里克有理由认为珀西有枪。支持他是因被激怒而杀人这种主张的证据几乎同样地薄弱。弗雷德里克的故事（story）没有被采信，这并不奇怪。

针对伊迪丝的案子却并不如此简单。她被指控为二级主犯，这意味着诉方须证明：（a）拜沃特斯杀死了珀西·汤普森；（b）伊迪丝本人在凶杀现场；（c）她共同参与谋杀。前两项要求相对而言没什么问题，但第三项会引出一些真正的难题。共同犯罪（aiding and abetting）、合谋（conspiracy）和教唆（incitement）是刑事法律中会涉及让人厌烦的解释与适用难题的三个领域。然而，尽管仔细阅读后会发现，审判法官对于法律所采取的观点比诉方所采取的
351 和当时的权威意见会认可的要狭窄的多，但是在审判和上诉中，这些难题几乎没有浮现。法官指示陪审团，必须满足拜沃特斯和汤普森一起策划了这起谋杀

[12] 在刑事案件中，控方需证明的内容规定在实体法中。例如，关于谋杀的法律规定了这种犯罪的构成要件，每个要件都要得到确信无疑的证明。需要证明的事实被称作实质性事实（material facts）、争议事实（facts in issue）或待证事实（facta probanda）。在目前的语境中，这些词汇是可以相互替换的。

这一要件。这一解释非常有利于伊迪丝。⑬

要想成功地指控两名被告都犯有谋杀罪，诉方需要让陪审团相信，以下主张的真实性已得到了确信无疑的证明：（1）弗雷德里克·拜沃特斯故意并事先预谋地杀死了珀西·汤普森；（2）（a）伊迪丝·汤普森与弗雷德里克·拜沃特斯合谋在此时或有机会时杀死珀西·汤普森；或者（b）伊迪丝·汤普森故意地教唆弗雷德里克·拜沃特斯杀死珀西·汤普森；（3）拜沃特斯按照合谋或由于被教唆⑭而作出行为。

这些主张就是争议事实（the facts in issue），即诉方要胜诉就必须确信无疑地证明的关键性主张。对本案任何证据材料之相关性的检验标准就是，它是否倾向于支持或否定这些主张中的某一个。

要想认定弗雷德里克有罪，诉方只需证明第一项主张就足够了。正像我们看到的，这点并不难。证明意图和动机，从而证明：这次攻击是经策划的，或者，他们两人或其中一人早就有杀死珀西的企图。尽管这具有相关性，然而诉方的案子并不严格要求做到这些。在审判中，对于死亡的原因及杀人者身份的认定，不存在争议；只要诉方能证明攻击是故意的，甚至没有必要去证明像他们所声称的那样这是有预谋的。

针对伊迪丝的案子就比较复杂。要想胜诉，诉方就必须证明拜沃特斯犯有谋杀罪（第一项主张）以及伊迪丝与弗雷德里克策划杀死珀西或她因教唆弗雷德里克杀珀西而负责任（第二项主张），并且弗雷德里克出于合谋或由于受教唆而作出行为（第三项主张）。在辩论中，诉方讲述了一个持续的教唆引发了事先策划的攻击的故事，在一定程度上模糊了教唆与合谋的界限——这不奇怪，因为任何一个都足够。⑮ 然而，谢尔曼法官先生在他给陪审团的指示中表示，他们只有在相信这次特定攻击是经事先策划的之后，才能认定伊迪丝有罪。法官的指示清楚、简洁，而他坚持认为要认定伊迪丝有罪只能基于的那个理论，是我希望指出的目前为止本案认定她有罪的可能理论中最弱的一个，这

⑬ “只有满足以下几点你们才可以认定她有罪：她和他达成一致要在可能的时候杀死这个人，她知道他要去做这件事并且指示他去做，他按照他们间的安排做了这件事。如果不能满足这些你们就应认定她无罪；如果满足了这些你们就有责任认定她有罪。”〔*Trial*（1923），155〕对照参见 127 页，在关于教唆问题上，谢尔曼法官先生在秘密谈话（the closing speech）中打断诉方：“当然，有必要注意言辞。并且我不觉得倾向于放任这个事情。”在这个语境中，副检察长解释为：这意味着“劝说”一直持续到凶杀（128 页）。但是他们都掩盖了策划谋杀和商定机会出现时杀人间的区别。

⑭ 当时对于“教唆”（incitement）的法律争议（它使得分析更为复杂），See 272－3。对于有关教唆的法律规定的讨论，见本书第一版（1990）272～273 页。

⑮ 在几点上，副检察长很清楚地指出，教唆或合谋都是充分的。

里存在一个讽刺性的对比。

法官流露出总体上对伊迪丝行为的不认可，表现出对她有罪的确信。然而，随后在分析方法上，却将争议引入一条认定伊迪丝有罪要困难得多的路径。至少理论上是这样。如果，正像看上去的那样，陪审团和后来几乎所有的
352 评论者更多的是针对法官的总体态度而非他的精确言辞作出反应，这将是一个双重的讽刺。

作为整体的案件理论

接下来的步骤是，从历史学者的观点立场，考察对于作为整体的案件其可信度能令人接受的假说（hypotheses）的范围，以及支持或反对每个假说的大致的论证思路——出于方便，我们称之为案件的主要理论（the main theories of the case）。此处的目的就是提供一个相互冲突的总体假说及论证策略的大致框架，在这个框架里，可以组织、衡量所有相关的证据。

在对抗制的刑事诉讼程序中，诉方一般要前后连贯地讲述所发生的事情，以这种形式提出对被告人的指控。[16] 要想使指控成功，诉方必须确信无疑地证明每一个关键性主张。通常，但并非必然，这涉及说服事实裁判者整体接受他们对故事的讲述。案件的理论就是内部具有一致性的一系列假说，这些假说构成了前后连贯的论证，以支持故事。

为了对抗诉方的案子，辩方主要有三种可选择的方法，可以单独使用，也可以结合使用：全部或者在某些关键性方面否认诉方的故事，但不另行提出替代性的故事（如，主张没有发生需要答辩的案件）；另行解释诉方的故事（如，承认多数的假定事实，但用另一种方式将它们解释为无罪——弗雷德里克承认杀死了珀西，但声称这是出于自卫）；或者针对一项或多项关键性事实提出一项反驳性的关于事实的陈述（如提出一项不在现场的证据）。在实践中，许多被告人将三种策略结合使用，但有时它们互相冲突。

在这种意义上，一种理论关涉到案件整体。它具有好几种功能：有助于组织材料；提供了一个从大量潜在相关的证据中作出选择或进行强调的依据——这是对相关性的附带检验；有助于用或多或少具有可信性的假说来填补可知信息的漏洞；并且它提供了检验内在连贯性和一致性的基本依据。从律师的角度来看，每一方的理论都提供了一个策略性的框架，它指导并经常决定了许多具体的策略性选择。

⑯ 关于叙述（story）和理论（theory）的区别及它们间的关系，see above 288－93。

在审判中，当存在对于事实的争议时，经常要求事实裁判者只做一件或两件事情：在相互冲突的案件理论中作选择；或者基于提交的证据，评定是否理论提出者对他的理论的证明达到了所适用的标准。在对抗制程序中遇到不确定的情况时，法律具有引导决定的复杂功能。历史学者没有这种法律工具；他们没有诸如关键性（materiality）、结论性的或可反驳的推定（conclusive or rebuttable presumptions）、证明标准（standards of proof）、证明或举证责任（burdens of proof or production）等概念。[17] 然而，相互冲突的理论或讲述（accounts）这种观念，也与历史学者调查事实的辩证观点相适应。往下进行的一个方法就是，用可得的证据检验一系列相互冲突的假说并选择最可信的一 353
个。在目前的语境中，关于拜沃特斯和汤普森案中事件的一系列可供选择的理论发挥了它们在一场真正审判中所能发挥的完全相同的功能。这一案例的部分趣味就在于，即使在一般的或策略性的层面，仍然存在很大的怀疑和争论空间。

本案的 4 种理论

为了使事情简明，在可以提出的关于本案的许多不同理论（每种理论都可能有变种）中，让我们概括 4 种主要的理论，其中两种支持诉方（或伊迪丝犯有被控之罪这种观点），两种支持辩方。

（1）合谋理论（the conspiracy theory）：这起特定攻击是伊迪丝和弗雷德里克在前一天策划的。弗雷德里克带着刀子出去，意图在汤普森夫妇从剧院回家时杀死珀西。伊迪丝希望这一事件发生，因为她策划过。这种理论的多数版本认为，伊迪丝是出谋策划者，弗雷德里克是被利用的工具。实际的攻击是长期意图杀死珀西的结果。这是诉方所提出的理论中的一种，也是法官在指示陪审团时所强调的那种。这种理论的一种重要变种是，伊迪丝和弗雷德里克曾一致同意在有机会时尽力杀死珀西，但伊迪丝并不必然策划了或预料到这起攻击。

（2）教唆理论（the incitement theory）：伊迪丝或许不知道或未预料到这起攻击，但她在很长一段时间曾故意地努力劝说弗雷德里克杀死自己的丈夫——用直接煽动、暗指映射、提出杀死珀西的不同方法，以及声称（不管是否真实）打算亲自冒险杀他并的确有过几次不成功的尝试等这些方式影响弗雷德里克。简言之，伊迪丝持续不断地教唆弗雷德里克杀死自己的丈夫。这起攻

[17] 总体情况，see Gaskins（1992）。

击的具体时间和方法不是关键性的；伊迪丝刻意地影响弗雷德里克杀死珀西。一个变种就是：在这个情形中，伊迪丝有一些具体的教唆行为影响了弗雷德里克。

(3) 幻想理论（the fantasy theory）：对珀西的攻击很可能是未经预谋的，并且就伊迪丝而言肯定是完全没有预料的。伊迪丝没有在任何时候试图杀死自己的丈夫；她也没有故意地、不考虑后果地或甚至疏忽大意地煽动弗雷德里克去做。按这种理论，许多关键的信的段落都可以作无罪解释，并且最具有潜在危害性的内容也只不过是表露了生动的想象，且弗雷德里克也是这样理解的。当伊迪丝给弗雷德里克写信时，她进入了一个幻想和伪装的世界，她所说的任何东西都不能证明在真实世界中她有杀人或教唆弗雷德里克杀人的意图。正像弗雷德里克实际上理解的那样，她的信只不过是像“情景剧”一样。一个变种就是：尽管某些信件段落被解释为涉及杀死珀西的意图，然而它们只是一场游戏中的一部分，可能是两性关系的游戏，用来给他们的关系带来情趣和刺激——并且，同样，弗雷德里克也是如此理解这些信的。

(4) 断裂链条理论（the broken chain theory）：这种理论否认伊迪丝的行
354 为和弗雷德里克的行为间存在任何联系。在一处或多处，所谓的关系链条断开了。这种理论有两种主要形式：一种形式是，直接否定诉方理论或那些没有提出替代性事实陈述的理论中的一个或多个关键点。一个显而易见的例子就是否定这起攻击是经事先预谋的。另一种形式是，提出一份关于攻击（和先前事件）的反驳性的陈述，它起着同样的作用。例如，伊迪丝生活在一个充满激情、冒险行动和极端手段的幻想世界里，在那里，事实、虚构和幻想难分难解地混合在一起。在信里面她完全释放了她的幻想，假装甚至想象自己曾试图杀死珀西。所有可能具有危害性的段落都在以前的信件中，它们代表了她与弗雷德里克关系的一个特定阶段。在这种理论中。没有必要对这些信件段落的意义得出任何确定的结论，例如，她是否声称（不管是否真实）曾将碎玻璃片放到珀西的食物中。即使对有关合谋、教唆和意图谋杀的关键段落作最具危害性的解释，因为以下一个或多个原因，在实际杀人和信件之间也没有充分的联系：(a) 弗雷德里克没有对它们太在意；(b) 在杀人前的时期，他们的关系进入了一个非常不同的阶段；所有能作危害性解释的信件都写于珀西死亡 6 个月或更久之前；或者 (c) 实际的攻击是自发（spontaneous）的而非经预谋的。这些中的任一个都足以打断伊迪丝的信和弗雷德里克行为间的联系。[18]

简要概括：合谋理论认为，这起攻击是不久前两被告人策划的，或者，是一个更抽象的计划的结果；教唆理论认为，不管这起攻击是不是经策划或有预谋的，它都是伊迪丝连续不断的教唆行为的直接结果；幻想理论认为，所有具有潜在危害性的信件段落都可作另一种无罪的解释，或者仅仅是伊迪丝的强烈幻想所虚构的，弗雷德里克将它们理解为"情景剧"；断裂链条理论认为，不管对信件作何解释，在杀死珀西和这些信件（或伊迪丝的其他行为）之间没有直接的联系。

关于本案的基本理论，值得说几点。首先，它们并非完全是同一种类。前三个都涉及提出一个对事实的合乎逻辑的陈述——建构一个整体上内部一致的连贯故事。断裂链条理论的第二种形式也是如此。尽管在有些地方不精确、模糊不清或存在空白，但每种理论总体上的合理性或可信性部分地依赖于它内部的一致性。作为整体的故事能结合成一体并且与可得的证据相吻合吗？

断裂链条理论的第一种形式不具有这种明确的特点。它必须包含对其他理论中关键性要素的否定性主张。它并不必然要建构一个内部一致的关于发生了什么的故事。这场审判的一个显著特点是：与她律师的强烈建议相反，伊迪丝·汤普森坚持走进证人席。这导致了几种毁灭性的结果。它使得诉方有机会 355
在交叉盘问中从她那里得到一些破坏性的承认；并且她不得不单独提出一份关于事实的连贯陈述，对信件的某些关键性段落给出她的解释，且使得这些积极的主张受到诉方的质疑。因此，她给了诉方一个具体的攻击目标，并使辩方难以对诉方案子中的不同要素积累怀疑（cumulate doubt）。相当于其他理论中的一系列论证，断裂链条理论沿着如下的思路：

（1）信件中没有任何相关的段落能证明伊迪丝试图或假装试图杀死丈夫这种观点。

（2）即使她曾有这种试图，链条也已经断开了，因为弗雷德里克没有相信她。

（3）即使弗雷德里克相信了她，链条也断开了，因为当时他没有基于相信

[18] 有人可能在前面注意到存在一种与断裂链条观点相反的理论——我们可以称之为"尚未爆炸的炸弹"理论（the unexploded bomb theory）。简言之，这种理论认为，即使只有以前的信件是证明伊迪丝合谋、教唆或意图谋杀的证据，且当时弗雷德里克并未有意识地将它们当回事，它们仍然有效地在他的潜意识里引发了这种想法并作用于他的情绪。这样，他就像一颗尚未引爆的炸弹一样，一段时间后在遇到压力时被引爆。如果这一理论是正确的，它引出了一些关于伊迪丝法律责任的有趣问题；但鉴于它没有在审判中被提出，也没有在文献中被正式提及，我将不在此进一步研究。

而行为，且没有证据证明信件和他那晚的行为间有联系。

（4）证据不能证明这项主张：攻击是有预谋的——弗雷德里克怀着攻击珀西的意图出去；但即使攻击是有预谋的，证据也不能证明伊迪丝激发了弗雷德里克的计划这种联系。

通过作证，伊迪丝·汤普森使得陪审团可以在这两个相互冲突的故事间选择它们认为可信的一个，而不是判断是否诉方案子中的每一个关键性要素都根据证据得到了确信无疑的证明。或者换种说法：辩方不是要争论某一信件段落意味着A、B、C或D，但并非诉方主张的E；而是有义务对每个关键段落作出单独解释并使之受到质疑。几乎所有的评论者都认为，如果伊迪丝没有作证，认定她有罪将困难得多。

当然，历史学者没有"决定不传唤证人"这一选择，这是一个法律程序问题。然而，断裂链条理论能很好地为我们的历史学者的问题提供一个充分的答案。因为，不管依据哪种被认为是合理的标准，如果这种理论的某种形式被认为是正确的，那么它就证实伊迪丝没有犯被控之罪。

这些理论的每一个，都是某种复杂论证的一个框架。我只写出了这4种主要论证思路的一些较明显的变种，变种可能存在的范围是很大的。在它们中的几个之间，存在着许多潜在的重合。即使在这个选择总体策略的阶段，我已经说了足够多来证明，在建构和反驳这类论证时，判断和选择是多么地难以避免。关于分析证据的艺术，不存在机械化的东西。这是对威格摩尔声称他的图示法"是唯一……科学的方法"[19] 怀疑的一个原因。

356 在这个选择策略的阶段，经验表明了一些运用分析艺术的有用规则：

（1）"先策略，后战术"（strategy first，tactics later）：尽管前面显示了种种复杂性，然而策略性的理论仍是一种有力的简化工具：虽然看起来宽泛、复杂，但它们是组织、运用和选择材料的一种方法。

（2）"辩证地进行"（proceed dialectically）：历史学者和律师需要弄清他们和对手的理论中的弱点与优势。

（3）"尽可能地建构每个理论的最强形式，并弄清它最弱的地方"（construct the strongest version that you can of each theory and identify its weakest points）：当然，什么构成了力度（strength），对于一个审判中的律师和一个历史学者来说可能非常不同。

（4）"抓住要害"（go for the jugular）：这就是说，在论证中选择一个、两

[19] Wigmore *Science*（1937），858.

个或几个关键点并集中关注它们。

这些规则是律师辩护——并且，或许不那么明确——也是历史学者和其他人分析证据的普通方法。它们是使复杂问题更为可解的基本的启发性技术。它们都以对该过程的反思性观察（a reflexive view）为前提。不考虑细节，就不能建构理论、判断它们的力度和认定关键点。乍看起来，这些建议好像是说从一般转向细节；事实上，熟悉细节几乎总是阐明一般的前提。

次级理论、次要情节和性格

每一个理论都在很大程度上依赖于一个或多个次级理论。首先，对伊迪丝的性格或者至少对它的某些重要方面的评价，与每种理论都相关。例如，幻想理论和教唆理论在很大程度上依赖于对伊迪丝的看法。对她性格的认识与合谋理论也是相关的，尽管重要性小一些。它对于断裂链条理论的第一种形式来说，不是如此重要。后者更多地依赖于理解弗雷德里克对信件可能的反应以及这起攻击是自发的还是有预谋的。此处焦点更在于弗雷德里克，但对伊迪丝性格的评价对所有理论都是重要的，它既有助于解释信件，也部分地解释了他们关系的性质和过程。例如，伊迪丝和弗雷德里克都声称，在伊迪丝最后的信（展示件 60；见附录 2）中，“只剩三年零九个月”这句话是指相约自杀。这句话与所有 4 种理论都相关。是否实际上有这样一个约定，是否伊迪丝提出但弗雷德里克没有当回事，或者是否存在伊迪丝所声称的自己是在幻想的一个事例，这部分地取决于对伊迪丝和弗雷德里克性格的认识，部分取决于对他们关系的认识，并部分取决于其他证据（例如，其他貌似涉及同一话题的信件段落）。

关于这三个主人公及他们相互关系的主要事实没有重大分歧，但是，对他们的性格（尤其是伊迪丝的性格）以及拜沃特斯在杀人时对伊迪丝的态度，却有不同解释存在的空间。

珀西·汤普森于 1916 年 1 月与比他小 4 岁的伊迪丝·格雷顿结婚。结婚后没有孩子。珀西看上去是一个稳重、正经、沉闷、不是特别成功的海运职 357
员。有证据表明，他对伊迪丝和弗雷德里克的关系猜疑、妒忌。她表达过害怕他会使用暴力这种担心，且有证据表明他至少有一次殴打了她。她提到过，她有多次在性生活上向他“屈服”，但也曾拒绝过他并且没有招致他的暴力。

伊迪丝·汤普森具有突出的个性。关于她的无争议的事实包括以下这些：她在阿尔德斯盖特（Aldersgate）为一个女帽批发商当记账人和经理工作了几年，雇主很赏识她。她的薪水稍高于丈夫。除了弗雷德里克还有好几个男性喜欢她，但没有证据表明她与除他之外的任何人发生过婚外性关系。在凶杀发生时，珀西·汤普森 32 岁，伊迪丝 28 岁，弗雷德里克 20 岁。很明显，伊迪丝与珀西的婚姻不幸福。她愿意付出多大的代价，从安全、舒适与体面的家庭环境里逃脱出来？这不是那么清楚。我们有大量的资料可据以判断伊迪丝的性格，但是可以作出多种解释。[20]

弗雷德里克·拜沃特斯被描述成“一个干净整洁、镇静自若、外貌迷人的二十岁年轻人，有良好的性格和履历”[21]。在 16 岁之前他就出过海，在凶杀发生时，各种各样的说法将他说成是一个船上的文书、一个职员或一个洗衣间的服务员。在与汤普森夫妇发生关系的期间，多半的时间他在海上。就在此期间，他与伊迪丝之间有着持续、强烈的联系并且他们的关系可能也有波动。在审判中，他指示自己的辩护律师引导案子以避免妨害伊迪丝被判无罪的机会。这使他从公众意见那里赢得了大量同情，正像流行报刊所反映的那样。但是这有可能损害到了伊迪丝的案子。他看起来像个高尚、忠贞的情人，然而她却被一些人认为是仅关心自保。

在文献中找到的对伊迪丝性格的各种解释既吸引人又令人迷惑。诉方（受到法官的支持，看似也受到内政大臣的支持）和大多数公众意见，将伊迪丝看作是不道德的、要诡计的、利用他人的年长妇女——一个女巫，悄然、持续地操纵一个敏感的、缺乏经验的年轻人去杀死自己的丈夫或帮助自己杀死他。其他的作者将伊迪丝比作包法利夫人，甚至比作玛丽莲·梦露。这些各种各样解释的共同点是，它们都是业余心理学家作出的高度猜测性的、武断声称的、仅凭主观印象的判断。存在许多被单独摘录出来的信件片段，它们可以用来支持这些解释中的任何一个，也无疑可以支持许多其他的解释。在这些文献中，没有任何地方试图用某种方法而非印象将证据作为一个整体来考虑，基于此谨慎地建构伊迪丝个性和行为的图像（picture）。[22] 或许有可能，心理学家（或心理历史学家）基于可得的证据建构起一个关于伊迪丝的较少猜测性的简况。
358

另一个次级理论关注弗雷德里克的性格。除了已经提过的几点，它还涉及评价他作为证人的可信性，以及这起攻击是有预谋的还是自发的这个问题（这个问题对除幻想理论以外的所有理论都很关键；对断裂链条理论很重要，与另外两种理论相关）。

[20] See *Analysis* (2005), 336-7.

[21] *Trial* (1923), xvii；现在见 CJ 各处。

[22] 韦斯是个例外。

对主要行为人之间关系的性质和过程的一些不同说法，至少作为背景而言，也是与本案的全部理论相关的；它对于断裂链条理论的某些部分是很关键的。如果能证明，在（伊迪丝）写了最具危害性的信件之后弗雷德里克感情变冷（有很具有说服力的证据证明这点），以及伊迪丝的情绪反应较冷静、不太狂热，断裂链条理论就会大大加强。然而，即使能接受在某个阶段弗雷德里克曾试图断绝或冷却关系这个事实（他曾在9月提出："我们能只做朋友吗?"），仍有一个与断裂链条理论相反的理论，该理论的大意是：后来他们的感情又恢复了，弗雷德里克杀死珀西这一事实相当重要地支持了该理论。此处不进一步探求细节，我是希望表明，要想全面评价断裂链条理论的可信性并对其作出反应，非常重要的是细致、详尽地考虑在故事的许多阶段中他们关系的确切性质，并检验这一主张：以前的信件写于他们关系的另外一个阶段，那个阶段非常不同于珀西死之前最近那些天他们之间关系的状态。

宏观分析：初步的评估

主张使用威格摩尔分析法的主要理由之一是，它提供了一个有力的工具，基于大量混合证据来组织、建构复杂的论证。指导性的经验规则是：以结论（最终的待证事实、争议事实）为起点，从结论向下或者往回至证据。这种论证的理想类型是金字塔结构，顶端比底部简单。在审判中，典型情况下只有一个顶点（有罪/无罪；有责任/无责任），但经常涉及多个争议事实，这些是"最终待证事实"（ultimate probanda）。在进一步分析与其相关的证据之前，先要界定每个争议事实。这几乎总是必要的。

乍看来，分析伊迪丝·汤普森一案的初步阶段好像并不能显示出威格摩尔分析法是一个使问题简化的工具。第一阶段并不简单，但这是案件性质而非这一方法所致。[23] 通常认为，这个案件之所以很复杂是因为证据数量巨大和解释伊迪丝信件时的困难。我们第一个阶段的分析已经显示出许多进一步的问题。

第一，最终待证事实异常复杂。在许多涉及最终待证事实的著名案件中，诉方需要证明A+B+C+D，此时只有一个要素（如身份或犯罪意图）受到严重怀疑或争论。在伊迪丝·汤普森案中，争议事实表现出更为复杂的形式：诉 359
方的指控中包含了混杂在一起的必要和充分条件。可以表示如下：

[23] 关于对这种方法的应用和限制，see *Analysis*，at ch. 5；also *TEBW*，179-86。

A（弗雷德里克杀死了珀西）＋B｛（i）或（ii）或［（i）或（ii）或可能（iii）］｝。[24]

第二，针对界定争议事实的法律，存在一些疑问：证明有谋杀珀西的抽象的合谋［B（i）］是否就充分了？或者，诉方必须证明这一次攻击是经过策划的？"伊迪丝教唆弗雷德里克"这一主张的确切外延是什么？"教唆"的外延是一个法律问题还是一个事实问题，或者是事实与法律的混合问题？另外，尽管在审判中没有提出，但假如诉方提出"被引爆的炸弹"理论[25]，那么伊迪丝应负有责任吗？这仅仅是例证了如下普遍观点：如果对具有约束性的法律规定的解释与适用不清楚，那么建构和评价对于争议事实问题的论证这项任务就会变得相应更加困难。

第三，最终待证事实的复杂性体现在潜在案件理论的多样性上，并且每一个理论都有变种。这意味着，不管是指控伊迪丝还是为她辩护，都存在几种具有潜在可能性的论证思路。对案件作"全面的"分析，就需要描绘并评价每一个论证。

第四，某些论证思路有重合。例如，正像我们将要看到的，幻想理论既可代表一种认定伊迪丝无罪的充分的论证（相对于合谋理论和教唆理论），又可成为断裂链条理论的一个有力支撑。这在包含多种论证思路的争议案件中并不稀奇。

第五，在许多著名案件中，唯一的或主要的争议点是关于一些相对"硬性的事实"（hard fact），如身份、不在场证据或受害者的死亡。在此案中，我们要解决两个人（不仅仅是一个人）的精神状态问题：伊迪丝是否故意地做了某事？弗雷德里克的行为是被引起的、经合谋的还是为伊迪丝的教唆或策划所助长而作出的？众所周知，关于精神状态的证据，要比关于"简单事实"（simple facts）的证据更难以捉摸。

第六，正像我们看到的，一些在大多数理论中具有潜在重要性的中间的待证事实，涉及解释这两个主要行为人的性格以及他们之间的关系。

这个案件清楚地显示，复杂性会出现在金字塔结构的顶端以及其他地方。然而，前几个步骤的分析已经在一定程度上组织了材料。我们的立场已经澄清；潜在的最终待证事实的范围，尽管异常复杂，也已经被列出；案件的 4 种

㉔ See below 388 - 9.

㉕ See above n. 18.

主要理论已经被详细地阐述，剩下的工作就是在适当的时候，处理它们的变种。[26] 我们现在准备进入下一步骤。

微观分析：预谋

所有运用威格摩尔方法的分析都包含了选择；在这种语境里，完整性和全面性只是相对的概念。然而，本章的目的是展现这种方法在一个非常复杂案件上的应用。因此，我打算高度选择性地往下进行，集中关注对整个案件的潜在 360 论证中的一个小的要素。

首先，让我们只看断裂链条理论中的一个要素——“弗雷德里克对珀西的攻击是自发的/无预谋的”这项主张（中间的待证事实），以及诉方用以证明预谋的主要证据。我将以此阐明威格摩尔分析法的许多要点（如归纳、成见及情绪化语言的使用），但选择这个作为焦点还有另一个原因，即“抓住要害”这句辩护箴言。如果针对“攻击是经预谋的”这项主张能够提出合理的怀疑，就打断了伊迪丝的思想、行动与所有控诉理论——可能要除去那个在法律上有争议的且具有高度猜测性的“被引爆的炸弹”理论——之间的联系。这是一个潜在的“要害”，足以摧毁本案中所有的指控伊迪丝的理论。不管此处的分析是否达到了这个结果——我将此留给读者判断——它显现出对一个或多个关键点的细致微观分析在一个高度复杂的论证中的潜在价值，该论证的主要提纲已经通过细致的、初步的宏观建构而稳固地设定了。

那么，基于可以得到的材料，让我们首先建构最可能有力的论证，即：弗雷德里克对珀西的攻击是无预谋的。可以按照如下的提纲建构这一次级理论：

(1) 在弗雷德里克从格雷顿家出来之前，他没打算去见伊迪丝和珀西，他是一时冲动才决定这样做的。

(2) 一场经策划的谋杀很可能会：(a) 在伊迪丝不在场时实施，(b) 实施时不经过打斗，且 (c) 在其他某个地方实施。

(3) 伊迪丝真的对这起攻击很吃惊。

(4) 弗雷德里克去见珀西的目的是让他答应伊迪丝离婚。当交涉未果、发生了未预料的打斗时，珀西被刺死。

(5) 弗雷德里克携带刀具这一行为是无辜的。

在这个论证中，所有五个支柱都与认定拜沃特斯有杀人罪和否定他出于自卫的理论一致。这五个论点是相互独立的，但可以以各种方式结合。我将集中

[26] See below 353-4.

关注第五项，在本案中它被认为关键的。按我的判断，简单说来：对于（3）有非常强有力的支持；对于（1）（2）和（4），记录中很少有或没有东西予以否定，但在弗雷德里克的陈述之外也几乎没有东西给予它们直接的证明，除了一些推测性的归纳能给（2）和（4）以薄弱的支持。

要认定伊迪丝有罪，诉方不但需要证明弗雷德里克杀死了珀西，还要证明这一攻击是有预谋的。后一主张的两个主要支柱是：A. 携带刀具的行为不是无辜的；B. 有明显证据证明攻击是经策划的。确信无疑地证明 A 或 B 或（A
361 ＋B）就足以达到这一目的。让我们依次来考虑 A 和 B。

A. 刀子。

重构在审判中用到的关于刀子的事实论证是非常能揭露实情的。实际上，诉方的论证是，拜沃特斯意图杀死珀西而买了刀子，且在杀人那天因同样的原因而将刀子装在外套兜里。辩方声称：弗雷德里克在很久以前就买了刀子；他在上次航行时就带在船上；他经常把刀子带在身上；他这样做是很自然的。在关于预谋的辩论过程中，对凶器有各种不同的描述：一把普通的带鞘的刀子、一把英国猎刀、一个致命的凶器、一把匕首、一个刺杀的工具，以及一个恐怖的凶器。有趣的是，这些比较带感情色彩的词汇，有一些被法官使用。

考虑这个问题时所援引的概括（generalizations）也有一些显著的不同。诉方律师提出，拥有这种刀具本身就是可疑的。为了对拜沃特斯早就有了刀子这个主张提出质疑，诉方指出：如果这是真实的，“它会成为笑柄”；法官说：“一个在伦敦生活的有理性的人，不会在衣兜里随身携带那种刀子。”而另一方面，在单独的一段中，辩方律师说：“对于一个要到访国外、在船上航行的人来说，买把刀子并不奇怪，”并且，“很少船员没有刀子”[27]。《著名英国审判》系列中该篇记录的编辑针对最后一句话，在一个脚注里这样评论：“在技术意义上，拜沃特斯不是一个‘船员’。他是在船上的一个职员，更多的是使用自来水笔而非刀子。”[28]

在前面的例子中，不但拜沃特斯被互相不同地界定为水手、到外国港口的航海人员、职员以及一个住在伦敦的人，并且，关于购买、拥有和携带刀具也援引了非常不同的概括。在审判中，陪审团有机会亲自观察这把刀子，因此可以对关于它的描述以及它是否能方便地装进拜沃特斯衣服口袋里这一具体争议形成他们自己的判断。他们也可以检查对拜沃特斯的各种界定的精确性。例

[27] 查阅记录，see appendix 5 below at 390。

[28] *Trial*（1923），110n.，Cf. 140（Shearman J.）.

如，针对以下这点是可以争论的：一方面说他是个住在伦敦的人，另一方面又说他是个到访不同国家的航海人员。但是，关于刀具以及如果有人长期拥有这样一把刀子是否会成为笑柄，对于商船船员（或船上职员）当时在这些方面的习惯，要想作出自信的判断，陪审团成员很可能只是比现代读者稍好一点而已。

在拜沃特斯和汤普森案中刀子是一个简单的例子，说明在选择和表述某些概括并将其作为关于特定争议事实之论证的组成部分时，存在取舍的余地。它表明，存在这样的空间：使用情绪化词汇、进行曲解、针对同一情况选择强调不同的方面。另外，它还是一个引用普遍概括的例子——例如，关于在伦敦携带刀具以及海员拥有并携带刀具的正常性的概括——关于这些，陪审团被期待 362
依赖于自己“普遍经验”（general experience）的内容以得出结论。很明显，在这种语境中，存在着偏见、成见和纯粹猜测侵入的空间。另外，很令人怀疑的是，是否所有相关的背景性知识都能够被完全地表述出来。然而，正像威格摩尔或许曾讨论过的：为了作出这样的裁判，存在什么更好的基础？

购买刀子的日期以及弗雷德里克是否怀着攻击珀西的意图携带刀子这个争议，被主要的诉讼参与人视为是很重要的。几乎所有关于这一问题的可得信息，都能从案件中提出的清晰论证中收集到。对此，可以增加一些进一步的主张。阿尔德斯盖特的器具零售商、奥斯本公司的 H. W. 福斯特先生证实，他的商店出售相同的刀子，6 先令一把，已经供货约有十七年之久了。辩方和诉方都没有试图提出证据强化或否定拜沃特斯所说的他在 1921 年 11 月（即在攻击发生的几乎一年前）就买了这把刀子这一陈述。如果辩方能成功地找到一个或两个拜沃特斯的同船海员，他们能证明他很久以来就有把刀子并且他经常随身带着，这将极大地强化伊迪丝的案子。

建立在可得证据之上，并且从一个相对超然的历史学者的立场建构，那么，与（a）“购买刀子的行为是无辜的”和（b）“携带刀子的行为也是无辜的”这两项主张相关的一系列重要主张，或许可以表述如下：购买刀子是无辜的。携带刀子是无辜的。

（1）这把刀子是在 1921 年 11 月买的。

（2）弗雷德里克·拜沃特斯（证词，53）。

（3）弗雷德里克·拜沃特斯在英格兰的任何地方都携带着刀子。

（4）弗雷德里克·拜沃特斯（交叉盘问，71）。

（5）在海上和在家中它都是有用的。

（6）拜沃特斯（70）。

(7) 拜沃特斯从奥斯本公司买了这把刀子。

(8) 奥斯本公司出售这种刀子。

(9) 这种刀子已经供货约十七年。

(10) H. W. 福斯特（奥斯本公司的主管）证实了（8）和（9）两点（42）。

(11) 辩方没有传唤证人补强弗雷德里克从1921年11月以来就有刀子这一主张。

(12) 谢尔曼J.（137）。

(13)“将这把刀子放在任何一种口袋里都有难度，除非放在外面口袋。”

(14) 谢尔曼J.（137）。

(15) 关于随身携带这样一把刀子的正常性的概括。

(16) 对于拜沃特斯的可信性的补充性证据。

初步看来，上述列表没有给案件中提出的论证增添什么。然而，它可以用
363 作其他一些主张的基础，这些主张进一步削弱了预谋的理论：

(17) 没有证据证明，弗雷德里克·拜沃特斯在杀人当天买了刀子。

(18) 如果拜沃特斯已经拥有了刀子［(1)+(17)］，他离开家的时候就随身带着它。

(19) 从他离开家时到杀人后他都随身带着刀子。

(20) 拜沃特斯至少在三个社交活动中随身带着刀子（早上与伊迪丝喝咖啡，下午与伊迪丝喝茶；拜访格雷顿家）。

(21) 这把刀子很容易装在他口袋里。

所有这些都有助于支持弗雷德里克的这一主张：购买和携带刀子都是无辜的。另外，(17) 表明，预谋论点要求弗雷德里克在离开家之前就有了攻击珀西的计划。然而，在那天见到过他的几位证人都没有发现他的行为有任何奇怪或反常之处。我要表达的是，所有这些的最终结果，是给弗雷德里克这部分的陈述提供了一些（尽管薄弱的）支持；它表明，在关于刀子的证据（除了拥有刀子和用刀子杀人的事实）中没有东西支持预谋论点。

要认定伊迪丝有罪，诉方需要证明拜沃特斯的攻击是有预谋的。即使完全否定弗雷德里克关于那晚上事件的证据（他对23点之前那段时间的陈述总体上是连贯一致的，并且被格雷顿夫妇的证言大大补强），也几乎没有东西证明攻击是有预谋的这个主张。没有证据证明这把刀子是最近为攻击珀西而买的这个主张；没有能支持拜沃特斯那天早上将刀子放在口袋里是因为计划攻击珀西这一主张的证据——诉方最多能做到的就是指出，他声称自己有携带刀子的习

惯这一主张得不到补强。关于他的主观状态的其他假说（策划攻击、一时激动失去控制）基本上是猜测性的。关于伤口的证据或许倾向于支持故意，但对于预谋还是自发的问题，它几乎是模棱两可（并且薄弱）的。关于买刀子的时间、拜沃特斯是否经常携带刀子以及与外衣口袋有关的刀子的尺寸等更多的信息，或许可以帮助诉方或辩方。然而，基于对可得证据的仔细审查，我的结论是，这些信息对任一方都只提供了薄弱的支持；并且，总体而言，它稍微有利于伊迪丝。我们剩下的几乎仅仅是猜测性的概括，它们指向不同的方向。[29] 因此，对诉方两个理论这一共同的关键方面，存在很大的怀疑。

B. 伊迪丝最后的信："茶室"段（展示件 60；见附录 2）。

预谋理论的另一个具体支柱是伊迪丝写给弗雷德里克的最后一封信的末尾一段。在举证时，诉方没有严密地审查它，而是更倾向于集中建构这样一个总 364
体印象：存在一个持续的鼓动和刺激的过程（"用命令或例子，不管是真实的还是假装的"）。伊迪丝教唆弗雷德里克并与他策划谋杀珀西，这直接导致了珀西的死亡。在本案中，伊迪丝的信被认为是动机和意图的证据，但也用作别的目的，包括作为合谋的直接证据。既然法官指示，有必要证明伊迪丝教唆或策划了这次攻击，那么，最后一封信实际上构成了诉方案子的一个关键部分。

我将说明，这封信顶多只能给诉方提供非常薄弱的支持，并且没有其他证据证明"攻击是经策划的"这个主张。值得对这一关键信件段落进行细致的审查，将此作为潜在的微观威格摩尔分析方法和价值的例证。

对于这封信是什么时候写的、它是什么时候被收到的[30]，有些不确定。为了进行论证，让我们用对诉方最有利的时间：信是在凶杀前一天（即 10 月 2 日）写的，并且弗雷德里克在 10 月 3 日离开他妈妈家前收到信。附录 3 完整重现了这封信。整封信是诉方用以证明合谋理论的主要证据。让我们关注下面的话，双方都以此支持各自的案子："不要忘记我们在茶室说的事情。如果你愿意的话，我仍将冒险和尝试——亲爱的，我们只剩下 3 年零 9 个月了。尝试并帮助。"（"Don't forget what we talked in the Tea Room，I'll still risk and try if you will—we only have 3 3/4 years left darlingest. Try & help."）诉方的理论是，"事情"指杀死珀西；辩方声称，"事情"指弗雷德里克尽力给伊迪丝在国外找到工作，这样他们可以逃跑。

如果从历史学者的立场，我们重新认真地看这一段信，很明显，它取决于

[29] See appendix 5，below at 390.

[30] *CJ*，171－2.

非常详细的语境化分析。这里我将只是粗略地描述一种可能的方法。例如，一个人首先会听到一系列关于“事情”可能指代的内容的主张（还有“冒险和尝试”、“尝试并帮助”——冒险干什么？尝试干什么？等等）。如下所示：

（1）“事情”可能指代几乎任何东西（即没有明确的所指）。

（2）“事情”可能指杀珀西。

（3）“事情”可能指在国外找一份工作。

（4）“事情”可能指逃跑。

（5）“事情”可能指一次秘密的约会。

（6）“事情”可能指要求珀西离婚。

（7）“事情”可能指一次笼统的交谈，包含以上几方面或全部，也可能包含除此之外的许多别的东西。

（8）“事情”可能指是否用毒药或匕首（谢尔曼，151）。

尽管上述列表不是穷尽性的，但很可能包含了主要的可能性。存在一些潜在的能帮助理解的东西，它们可以支持这些假说中的一项或多项并排除其他
365 的。这些辅助手段包括：这段文字的直接上下文；作为整体的信件的语境；全部信件和其他信件中某些具体段落的语境（如，伊迪丝经常用“冒险”和“尝试”两个词）；某个关于伊迪丝和弗雷德里克关系状态的次级理论；来自在茶室中看见过（或可能旁听到）他们的人的外部证据（extraneous evidence）；以及在这次约会前后伊迪丝和弗雷德里克的行为。有人也可能去调查写这封信的场合，并且，当然可以询问伊迪丝和弗雷德里克这段信的意思。

诉方和辩方都在他们的论证中，用非常草率的方式，使用了类似于对“茶室”那段信的语境分析的东西；但在我看来，他们都有欺骗性。

这一段信是支持“攻击是经策划”这一主张——这一具体的合谋理论——的主要证据。诉方强调，这段中的“冒险”“尝试”“帮助”和“只”等词本身就支持它们指一个恶意的合谋这个观点。然后，他们将其他一些词和短语（“重大的事情”“他怀疑了”“明晚上做些事情”）从文中挑出并将它们与珀西死去的事实和其他信件联系——这些信件有些是模棱两可的并写于 6 个多月之前，表明茶室里的谈话是持续合谋过程的高潮。

辩方强调了“只剩 3 年零 9 个月”的信件文字（如果他们是在策划某个直接的事情，这个时间很奇怪），并且强调了以下事实：伊迪丝和弗雷德里克都证实，“事情”指逃跑和把她的未来押在拜沃特斯身上。但是，律师随后使用诉方错误解释此段信这一事实，针对他们对其他所有段落的解释提出质疑，同时小心地避免明确指向任何最具有危害性的信件段落。

更值得注意的是谢尔曼法官先生对这段信的看法，因为，没有任何根据并且远超过诉方所争论的，他断言“事情”指是否用毒药和匕首杀死珀西更好些。

使用上面提到的辅助手段进行更仔细的分析，能让我们一定程度上走出这一困境。首先，我们可以非常自信地去除一些可能的假说。例如，依据下述理由，可以反驳法官的意见：(1) 它纯粹是猜测性的，没有证据支持它。(2) 它假定了它要去证明的东西，这包含了循环论证（*petitio principii*)。(3) 它对这段信解释不通：“不要忘记我们在茶室说的事情［关于是否用毒药或匕首］。如果你愿意的话，我仍将冒险和尝试——亲爱的，我们只剩下 3 年零 9 个月了。”

此外，我们可以很自信地去掉第一个假说，即“事情”几乎可以指代任何东西。整封信的语境、句子的语境、他们关系的整体背景以及弗雷德里克和伊迪丝的证言，都支持主张“事情”关涉他们关系的某个方面而非其他的东西。例如，看起来它不像是指买辆汽车或者那天早上的世界新闻。

在还剩下的 6 个假说中［(2)～(7)］，只有第二个支持诉方所说的他们在茶室里合谋杀珀西这个论点。第七个（关于他们状况的笼统的谈话）几乎不能 366
构成合谋的证据。其余 4 个假说都积极地支持辩方提出的谈话与谋杀没有任何关系的争辩。即使我们完全否定两名被告人所说的“事情”指逃跑的证言（“冒险”指财务困境或者指社会耻辱），整封信的语境和“只剩 3 年零 9 个月”这句话都倾向于支持，一个无罪的解释比诉方的解释要可能得多这个判断。至少，在我看来，这些因素对诉方的解释提出了合理的怀疑。然而，这一段信是支持合谋理论的一项主要证据。这一段信支持如下主张：他们见面并认真地讨论他们的关系。但没有明显支持这一主张：他们正在合谋杀人。它甚至倾向于否定这个主张。

对大部分人而言，进行上述分析以及阅读上述内容，看起来令人厌烦。更为有趣的是玩味这个故事而不去理会伊迪丝的事情。然而，这种方法能够（并且确实）让我们有所收获。在这一具体示例中，它排除了某些可能性，并且质疑对于在茶室里说的话所作出的任何自信的判断；除此之外，我不认为它能做更多。但对于其他段落而言，包括一些在案件中起关键作用的段落，严谨的分析能够得出以下结论：某种具体的解释很可能（或几乎确定地、排除怀疑地）是正确的那个。然而，在这个特定的案件中，一个人对于伊迪丝信中不同的单独段落的结论倾向于指向不同的方向。例如，越是仔细地研究“无线电报”那段（附录 2，358 页），越是不太可能认为伊迪丝只是在幻想或玩游戏，或者弗雷德里克没有积极参与那个时候他们之间发生的事。另外，其他一些明显具有危害性的段落，要么经过仔细的审查后变得极其模棱两可，要么看似以此种或彼种方式有利于伊迪丝。简言之，这种分析不可能会结论性地解决关于伊迪丝·汤普森是否有罪的所有疑问。然而，在我看来，它有力地证实了以下判断：至少对伊迪丝有罪是存在合理怀疑的。

结论

我已经表明，即使对于像伊迪丝的暗喻的、模糊的、不连贯的爱情信件这种非常困难的材料进行细致的分析，至少也能缩小似真解释的范围，即使它不能解决所有的疑问。我将进一步指出，这种分析是我们可以使用的、最可能接近事实的最佳方法。但它不是这一审判所使用的那种方法，也不是一种能很好地适应于我们的对抗制程序和口头举证制度的方法。在我看来，诉方不正确地使用挑选出来的段落，将它们从语境中剥离，基于影射、印象和仅仅是断言而
367 非分析和论证对它们赋予特定含义。在法庭上大声宣读信件只能造成一个一般的印象，它不能替代对语境的仔细研究。即使更有技巧地进行了辩护，并且这种情绪化的氛围和时代的压力减弱了，也会存在以下基本缺点：不管是向 12 个普通人还是向一个有经验的专业人士，对这种材料的口头举证都不能为仔细的证据分析和评价提供一个令人满意的基础。因此，我的结论是，对即使像伊迪丝的信这种非常困难的材料进行冷静、合乎逻辑的分析，也是一种可能的甚至确实是必要的尽力接近事实的方法；但这样一种方法与对材料的口头举证（就像在公共演讲中或法庭上那样）是不协调的。

第二节　伊迪丝·汤普森：新证据和新视角

威廉·特文宁

学术生活有一种风险，就是在刚刚完成一项课题之前或之后，才得知关于这一课题已经有一项重要著作。1988 年 6 月，当得知《刑事司法：伊迪丝·汤普森的真实故事》（勒内·韦斯著）出版时，我正在对《对一个著名案件的剖析》（后文简称为《剖析》）作最终的修改。《刑事司法》是目前为止对伊迪丝的生活和死亡所作的内容最充实的研究。值得注意的是，韦斯和我是伦敦大学学院的同事，然而在 5 年的时间里，我们都不知道对方在研究这个案件。韦斯博士的作品是对关于著名诉讼的一般文献资料的学术贡献，并且是第一本全面的伊迪丝传记。

《刑事司法》包含了关于伊迪丝·汤普森的许多新信息和洞察。我共享韦斯博士的许多价值观念，并且我同意他的某些（而非全部）解释和判断。[31] 我们都得出结论，认为伊迪丝很可能被错判了；但我们是基于或多或少不同的理由。不过，本节仅直接处理关于伊迪丝·汤普森的“事实”。更确切地说，它关注的是方法论。它是对一个使用威格摩尔分析法的法学家和一个使用复杂叙事法来重构和展现“伊迪丝·汤普森的真实故事”的英国文学家在方法上之差异的案例研究。我此处的目标是，非常简明地探索并尽可能忠实地报告，我认为初读韦斯博士的解释后，给“伊迪丝犯有被控之罪吗”这个问题上我对此案件的理解增添了什么；以及，修正版的威格摩尔分析法会给韦斯博士的解释增添什么。这是一种“思想实验”（thought experiment）。为了达到相对的超然，我将用第三人称指代两位作者。[32]

《刑事司法》是一本三百多页的内容丰富的著作。这本书采取了吸引普通读者的形式。它建立在广泛、细致的新的研究之上，并包含了一些通常的学术格式：一个内容目录，一个序言，两页致谢，一列插图，主要人物的列表，一个原始资料的附录，以及几乎仅仅是基于适当姓名的索引。值得注意的是，它几乎没有脚注。从当前的目的来说，更值得注意的是，它采取了故事的形式：按时间顺序安排，开始先描述伊迪丝的父母，结束时令人伤心地重现对伊迪丝和弗雷德里克的行刑，并简要叙述伊迪丝最亲近的亲属后来的生活。整本书构 *368*
成了一个可读性强、内容连贯且感人的叙述性传记。韦斯说：“我的读者将最终裁决是否……我已经成功地使伊迪丝·汤普森证明了自己无罪。”[33]

《刑事司法》与《剖析》在诸如目的、篇幅、风格、原始材料、全面性、文体形式和目标读者等方面不同。它们是非常不同的行业的迥然有别的成果。然而，却存在进行比较的坚实基础，因为两部作品都关注伊迪丝是否有罪的问题，使用她的信件作为主要但非唯一的证据。因此，我们可以比较和对照两种不同的解决事件的方法（这些事件是与上述问题有关，从而被挑选出来的），尤其是涉及叙述、分析和论证之间的关系。

㉛ 我们最为一致的相关价值观念是，我们都反对死刑（韦斯强调说他的书并不主要的是反对死刑的一个论辩；*CJ*，xii）。我们将坚定地维持排除合理怀疑的证明标准并对伊迪丝总体上同情。

㉜ 对《刑事审判》的分析是建立在第一版（1982年）文本基础上的，那是在我们交换意见并可能互相影响之前。第二版（2001年）有个新的序言，但文本基本一样。除非另有指出，所说的页码是指2001年版。

㉝ *CJ*，Preface at xi。2001年版的序言语气更肯定。

立场

进行任何这样一种分析，第一步都是用追问的方式澄清立场："我是谁？我处于什么过程的什么阶段？我在努力做什么？"[34] 就《刑事司法》和《剖析》而言，对这些问题已经作出了部分回答。然而，更明确地提出这些问题，表明了一些进一步的联系和对比。两位作者都声称采取一个历史学者的立场，从几乎相同的有利位置——20 世纪 80 年代的伦敦大学学院[35]——探索伊迪丝是否有罪的问题。他们都不是专业的历史学者，都是具有人道主义倾向的自由的学者。他们在经过非常不同的研究过程之后完成了要出版的作品。除去个人因素，他们在视角上的某些不同可能会导致各种差异，这些差异或许是人们所期待的法律思维和文学思维间的差异：特文宁侧重于枯燥的分析，韦斯更擅长于对文学材料和性格的解释。然而，有人会问：用这种方式思考，或者说在法律的和文学的历史真实之间进行明确区分，是否明智？既然他们基本是针对同一个核心问题，那么立场的相似之处是否更大于不同之处？

韦斯的叙事建立在广泛的原始研究上。[36] 他找到了非常多的报纸和官方记录（有一些是首次向公众开放）中的材料、提交给皇家专门调查委员会的"证据"、议会的辩论，当然还有审判记录（菲尔森·杨编辑）以及许多的二次文献。据他说，这些二次文献很少能给杨的丛书补充许多内容。韦斯称得上是有

㉞ *Analysis* at 115－16，124－5.

㉟ "关于历史学者"之概括的危险，见前面第四章。特文宁在《剖析》中的立场可以被描述成是一个威格摩尔分析法的研究者的立场，采取历史学者的有利点（如在自由证明的语境中进行）并思考"伊迪丝是否有被控之罪"这个问题。对这个问题韦斯采取了一个类似的有利点，但没有关注复杂的方法。

㊱ 关于原始资料，see *CJ*（2001），317－20。对比而言，特文宁的努力几乎不能算是历史学者的研究。他读过多数二手资料（但只有少许新闻报道），且他几乎仅关注关于诉讼（审判和上诉）的出版物和伊迪丝的信。他曾接触一些其他的一手和二手法律原始资料，但同意韦斯的判断：多数先前的二手资料〔可能有一个例外，芬顿·布雷斯勒的 *Reprieve*（1965）〕几乎都没有给菲尔森·杨的书补充什么。他也同意，"对伊迪丝·汤普森的最可靠的称赞仍然是 F·坦尼森·杰西的书 *A Pin To See the Peepshow*"（1934）（*CJ*，320），尽管对于它与可能的历史真实的相近性，他比韦斯更怀疑。对于一些韦斯的新证据的潜在重要性，将在下文考虑。韦斯非常信赖斯皮尔斯伯里的证言（和语气）来支持这一论点：如果伊迪丝曾试图毒死珀西，这一事实会在他死后显现出来（*CJ*，215－16，226－7，244）。他没有考虑布雷斯勒的论点：斯皮尔斯伯里的个案记录卡中声称"没发现什么物质以解释器官的脂肪过多退化"。这表示斯皮尔斯伯里怀疑是毒杀。特文宁怀疑布雷斯勒的论点，并且基于"断裂链条"理论认为，即使伊迪丝确曾试图谋杀珀西，这也不过是仅能给诉方第一次诉状里的案子提供间接、薄弱的支持。然而，斯皮尔斯伯里怀疑投毒这一主张不会完全不相关，因为基于以下，可以争论伊迪丝曾试图杀珀西：（a）她希望珀西死亡；（b）她可能有谋杀的意图；（c）有杀死珀西的一系列连续企图。布朗和德利（1951 年）提出，斯皮尔斯伯里相信伊迪丝无罪。

一些显著的创举：他披露了一些新的来自伊迪丝、弗雷德里克、他们的家人和其他人的信件。除了这些信件固有的价值之外，其中一些信件与伊迪丝是否有罪的问题直接相关。他还走访了许多人，他们或者认识某些行为人，或者有助于了解主要人物性格的环境和故事的核心情节。几乎同样重要的是，韦斯称，一些可能很关键的材料丢失了（包括伊迪丝信的原件），并且一些官方档案仍 369
然未开放。韦斯用他的材料迄今为止最为全面地讲述了背景、人物传记和主要行为人的个性，但两位作者都使用伊迪丝的信的出版版本作为导致珀西死亡的事件的首要原始资料。

争议事实：阐明问题

韦斯几乎仅仅是在合谋这方面解释对伊迪丝的谋杀指控，就像谢尔曼法官先生在他给陪审团的指示[37]中所做的那样。然而，他对合谋的相关性的解释非常不同于谢尔曼和特文宁。前者指示陪审团只有确信无疑地相信这对情人策划了这起攻击才能认定有罪。特文宁提出，如果陪审团相信弗雷德里克是由于持续的合谋（当一有机会时就杀死珀西）而作出行为，就足以认定伊迪丝有罪。韦斯倾向于掩盖这一分别。他也将伊迪丝和弗雷德里克是否在5月份之前的这段时间曾合谋毒死珀西这个问题作为伊迪丝有罪问题的核心。[38]另外，特文宁认为，按断裂链条理论，即使伊迪丝被认为曾试图毒死珀西或曾与弗雷德里克合谋为之，这些行为距致命的攻击太遥远而不足以在谋杀案中牵连到她。正如诉方努力论证的那样，一些早期的信件可以解释为支持持续合谋的理论。但辩方反驳说这些证据不能支持这一假说：如果曾经有合谋，那么它是持续的，或弗雷德里克因为该合谋而作出行为。特文宁与韦斯不同的是：在所有早期的信件都可以作无罪的解释这一问题上，特文宁的自信要少得多；但特文宁也相信完全不需要像韦斯所认为的那样依赖这些信件。

韦斯相对而言很少关注教唆的重要性，不管是关于谋杀还是解释信件中一些最可能证明有罪的段落。另外，特文宁认为教唆理论比合谋理论更容易使伊迪丝受指控，即使不考虑那个法律上有争议但具有心理学可靠性的“引爆炸

[37] *Trial*（1923），133－56. discussed above 351.

[38] *CJ*（1988），Preface ix-x；*CJ*（2001），215－16。伊迪丝的支持者认为，斯皮尔斯伯里的证言足以宣判她无罪。即使对这份证言作最有利的解释，然而，它本身并不能单独反驳合谋或教唆理论。

弹”理论。[39] 然而，在他的分析中，关于教唆理论链条也断开了。

可能有人会认为，既然事实裁判者是普通人组成的陪审团，他们有责任作出一般的裁决，那么，他们实际上不会关注这些法律上的微妙之处。他们关于伊迪丝对弗雷德里克的行为所负的法律（及道德）责任作出一致裁决，并且这也是社会期待陪审员做的。相应地，对于一个历史学者来说这也是足够的。按照这种观点，特文宁的区分过于法律化和学术性了。特文宁不同意这点。这种观点在性质上并非不同于伊迪丝“因为通奸而被绞死”[40] 这一判断——这一判断很可能具有历史正确性。我们的事业是理性地建构关于伊迪丝对珀西死亡的法律责任的最可能有力的论证。在这个问题上，精确性的确很重要。关键点在
370 于，按照特文宁对法律的解释，诉方有几种可供他们选择的路径，伊迪丝的辩护人需要应付所有主要的路径。威格摩尔分析法需要在法律解释可以允许的范围内尽可能清晰地阐明法律问题；并且，正像在本案中一样，当存在多个争议事实且其中一些可作不止一种解释时，不得不对于每一个都建构论证。

案件的理论

在《剖析》中，特文宁概述了案件的 4 种主要理论，合谋理论、教唆理论、幻想理论和断裂链条理论。每种理论都有几个可能的变种和次级理论。在这个语境里，提出一个理论就意味着概述了一种关于争议事实的普遍论证。从这个意义来说，一个理论就是进行宏观分析的一个分析手段。对于出庭律师而言，这些理论典型地构成了论证策略的基础；对于历史学者等人，它们同样是组织复杂材料的有用工具。在分析目前案件时，概述 4 种主要理论和它们的变种，有助于阐明双方所拥有的得出他所主张之结论的几种可供选择的不同路径。特文宁认为，断裂链条理论是 4 种理论中最可靠的一种，它具有以下特殊优势：可以用它对对方的理论提出怀疑，而不需要提出一个关于伊迪丝·汤普森事实的全面、连贯的陈述。在对伊迪丝的审判中，这一理论是辩方策略的主要基础。但因为她坚持作证，并因此必须提出一份对关键性事件的陈述和对她的信件中某些段落的解释，这一理论受到损害。多数同情伊迪丝的二次文献的作者，包括韦斯，非常信赖幻想理论。这种理论能引起多数人的兴趣并且符合

[39] Above n. 18. 一些对于引爆炸弹假说的支持意见可见于 CJ 的原始资料，如 39～40 页（拜沃特斯跳船的冲动行为）、177～87 页、289 页（“我忍不住脾气……我很冲动并杀死了他。”——拜沃特斯就在执行死刑前对他妈妈说）。

[40] 伊迪丝的律师布罗德（1952 年）在 219 页、达德利（1953 年）在 123 页引用过。试比较韦斯对于谢尔曼（*CJ*，246 页）、陪审团（247～248 页）、刑事上诉法院（260～261 页）等等各处。

关于著名诉讼的大众读物的功能，这些读物不仅以它们对知识的贡献，而且还——甚至更主要的是——倾向于以它们的娱乐价值作为被评价的标准。然而，特文宁认为，幻想理论很难用证据和论证支撑，它具有高度的猜测性并且难以与某些材料相一致。按照他的观点，尽管幻想理论不像茶室合谋理论那样脆弱，但它是4种主要理论中说服力最差的。

韦斯没有使用“理论”这个概念来区分不同的论证思路。将《刑事司法》理解为主要是建立在某种幻想理论的版本之上，并且用一些断裂链条的观点作为补充，是合理的。[41] 正像上面指出的，韦斯没有很清楚地在相冲突的理论和它们的变种间进行区分。这削弱了他反驳其他假说的力度，并导致他低估了教唆理论在建构不利于伊迪丝的案情，尤其是在作出对某些信件的其他解释方面的重要性。

在积极的方面，可以公正地这样说：通过对伊迪丝的信进行持续、仔细的解释，韦斯建构起了在已经出版的读物中最可信、最能得到支持的幻想理论版本。多数二次文献作者断言（而非试图证明）幻想理论，并且，这样做犯了或接近于犯了循环论证的谬误。韦斯通过娴熟地使用伊迪丝的信来证明以下主题：她长期地混淆了事实和虚构。他至少提供了非常大量的文本来证明这个论点。他微妙地重建伊迪丝的性格，尤其是通过敏锐地使用她对自己曾读过的小 371
说的反应和评注[42]，给幻想理论提供了支持。至少他提供了一个对这些信件的整体上读起来连贯、看似可信的解释，并与上述论证思路相一致。然而，正像我下文将论述的，他的解释包含了过多的断言（assertion）而非论证。另外，幻想理论在性质上非常依赖于“软的”（soft）心理上的推测，当与“较硬”（harder）的材料相比较时，在一些关键点上濒临失败。

初读《刑事司法》，它显示出一个进一步的、讽刺性的曲折。即使韦斯的幻想理论版本是真实的，它也不必然使伊迪丝摆脱法律责任。即使那些表明伊迪丝试图毒死珀西或“梦想着”珀西死亡的信件段落的确仅仅是幻想，她仍然负有责任，因为她用这样一种形式表达那些想法，而这可以合理地解释为如实表达了她的行为和欲望——例如，她曾经尝试过毒死珀西，或者希望他死

---

[41] See especially *CJ*，58－9，104－8，112－3，141，148.

[42] Especially on *The Fruitful Vine*（see *CJ*，147－50）and *Bella Donna*（see *CJ*，140－1）. 这些都是由罗伯特·希琴斯（Robert Hichens）在1911年和1909年分别撰写的。它们在那个时代一般不会被认为是垃圾作品，特别是从法官的角度来看。比如，亨利·詹姆斯就钦佩希琴斯，而这些小说常常在《时代》的显眼位置被加以评论。

去。[43] 如果不提出主张精神错乱的积极抗辩，这些行为可以在法律上证明存在教唆或合谋。还存在以下尚待作出解释的疑难事实：伊迪丝的确作了这些声明；她承认曾在多个场合试图操纵弗雷德里克，像情人所做的那样；她的确寄了至少9份关于毒药谋杀案的剪报[44]；她的确让弗雷德里克寄给她可以被解释为毒药的"东西"[45]；弗雷德里克的确给她一些药品[46]；伊迪丝不止一次表达过希望珀西死亡[47]；弗雷德里克确实杀了珀西。幻想理论需要作出很多解释；它不可避免具有猜测性。并且，幻想能转变成事实，正像事实能转变成幻想一样容易——即使在法律或其他论述中能坚持这种区分。[48] 这不是说幻想理论不正确或者说它对无犯罪意图没有解释力，但是，作为一种论证，它不是非常有说服力。

次级理论、次要情节和性格

在《剖析》中，特文宁认为对主人公性格和他们相互关系的评价与每一种主要案件理论都相关。他描述了在案件的审判中隐含的或在二次文献中提出的对这些事情的许多不同解释，但他没有进行详细论述。

另外，《刑事司法》提出了大量的新的传记性和背景性事实，并且非常详细地建构了伊迪丝、弗雷德里克和珀西以及其他许多人物的画面。它包含了对所有这些事实的丰富的、富有观察力的和看似可信的叙述，这确实增加了我们对这个故事的理解，即使有人不会全盘接受这些解释。在宏观层面上，韦斯最
372 显著的成就是拼凑起一个连贯、细致的对于许多重要关系之发展过程的按时间顺序的叙述——不仅仅是针对伊迪丝和弗雷德里克之间的关系，而且包括这对情人与他们家庭成员、他们的朋友和熟人之间的关系。特别让人感兴趣的是对于伊迪丝和弗雷德里克关系发展过程的详细讲述，包括关于在审判后他们试图

㊸ 仍然有必要证明，这些传播是带着犯罪意图作出的。

㊹ 展示件15a，15b，15c，15d，20a，21a，22a，22b，55a。与Henry George Bolding之死有关的那些剪报在当地令人感兴趣，因为怀疑到了Preston Wallis医生。他是一名船上的医生，曾住在Manor Park且曾医治过伊迪丝（CJ，4，83-4，89）。其他的剪报没有这种具体的解释而需要放在关于其他主题的非常多的剪报的语境中。对Wallis剪报做无罪解释可能会因伊迪丝的这个评论而受质疑："这可能会很有趣，亲爱的，我只想让你知道我是如此的爱你。尝试并帮我。"〔*Trial*（1923），171，展示件15〕；同一封信里包括两张关于有毒巧克力被送给牛津大学副校长的剪报（15c）。See also n. 55。

㊺ 展示件15。韦斯承认在这封信中伊迪丝暗示杀死她丈夫将是很容易的（84～85页），但认为她的评论鲁莽而不予考虑。

㊻ 韦斯对事件的叙述包括这些论点：伊迪丝两次因弗雷德里克而怀孕，她经受了流产，一些关于毒药或药品的段落指堕胎药。（*CJ*，68-74，101-2，124.）如果这些解释是正确的，它驳倒了对一些但非全部早期信件的更恶意的解读。支持和反对韦斯解读的论证太过于复杂而难以在此处分析。

㊼ See n. 43.

㊽ 试比较韦斯对事实/幻想论点的使用，discussed below 375-6，380-2。

互相交流的一些新的重要信息。[49] 有些细节可能与伊迪丝是否有罪的问题不相关或者相偏离，但这个故事本身就值得详细讲述，且韦斯讲述得非常好。最后几章被合理地称赞为是对死刑之恐怖的毁灭性描述。

并不奇怪，这种严谨的重构对所有的主要案件理论都有影响。尽管写这本书是作为支持伊迪丝无罪的一个论证，但它也提供了用于支持或反驳每个主要理论的材料。仅举一例：韦斯对弗雷德里克和伊迪丝之间关系（甚至比之前所注意到的具有更多的起伏）的讲述[50]支持以下一般论点：早期的信件对于解释珀西死亡之前刚刚不久发生的事件所具有的价值非常有限。它有力地否定了对于持续合谋或持续教唆的任何主张。它对以下观点提供了一些支持：早期信件的偏见效果超过了它们的证明价值，它们根本不应该被采纳。[51] 但是，考虑到时间的因素，韦斯的叙述的有些部分可以用以证明伊迪丝对于第二份起诉书（没有进行下去）所指控的在关系发展早期阶段的一些较小的侵害行为很可能是有罪的。[52] 然而，这超越了本文的范围。

韦斯对性格、关系和次要情节（包括一些新的情节）的重构非常有助于解释和弄清伊迪丝信件的许多段落。不需要全盘接受他所有的具体解释，我们也能看到这些中间概括和一个连贯叙事的价值。它们有助于发展出对于疑难文本之含义和意义的基础牢固、互相支持的解释。当然，这个过程是交互性的：我们从信件或其他原始资料建构了性格、事件或事件顺序的画面，并用这些建构来解释信件。这与威格摩尔分析方法是非常一致的，而且，很可能韦斯在这一层面的分析是他所做的最好的。

微观分析

据说，威格摩尔分析法有两个主要价值：在宏观层面，它通过发展出仔细阐述的假说、理论和次级理论，帮助阐明核心争议并组织大量混合证据或数

[49] Chapter 6.

[50] E. g. *CJ*，75 - 78，110 - 11，132，136，143，161.

[51] 排除一些早期信件的论点是柯蒂斯·班尼特（Curtis Bennett）提出来的。〔Young，*Trial* (1923)，3 - 6.〕谢尔曼法官先生和刑事上诉法院将此驳回。王座法庭庭长指出，“存在不止一项理由可以正当化对这些信件的使用”（259 页）。在特文宁看来这是正确的。可以猜想一下：今天的法庭是否会基于它们的偏见影响超过了它们的证明价值而排除一些早期信件？〔参见“警察和刑事证据法中文译名”(1984)，s. 78〕。

[52] 关于第二份指控，see *Trial* (1923)，296。在第二和第三个罪状上（恳求谋杀和教唆实施犯罪行为），伊迪丝看似很难防御，特别是关于展示件 15（1922 年 2 月 10 日），和展示件 17（1922 年 4 月 1? 日）尤其是“无线电报”这段。Dis cussed 375 - 6，380 - 2.

据；在微观层面，它提供了对从一个论证中挑选出来的被认为具有潜在重要性或者值得特别关注的部分进行高度关注和详细分析的工具。在每个层面上，最主要的一点是：它有助于阐明，评估可信性的所谓预备工作到底是什么。在
373 《剖析》中，选择了一些具体的例子来展示宏观分析的适用。在《刑事司法》中，我们已经看到了对其中一个例子的分析，即最后一封信（展示件 60），尤其是关注“茶室”那一段。[53]

特文宁得出结论，这一段信不能给合谋理论提供任何重要的支持；甚至它倾向于否定合谋理论。另外，分析表明，诉方、辩方和法官对这一段信的使用方式都经不住严密的审查。

韦斯从不同的路径得出了相似的结论。[54] 他重建了信件的语境和这一关键段落所指向的那些事件。他一定程度上是根据新的证据，似真（plausibly）地证明了，这封信写于 10 月 3 日星期一下午 5 点之前（即杀人的几个小时之前），以及茶室的约会发生于 9 月 29 日星期五而非诉方提出的 10 月 3 日。[55] 他说：“政府会错误地假定，茶室的谈话发生于周一下午，即杀人的前一天，它应该与这个悲剧有因果关系。”[56] 这是一个不合逻辑、不公正的推论。如果认为伊迪丝和弗雷德里克曾在珀西死的几天前合谋杀珀西，这将足以牵涉到伊迪丝。声称这个约会发生在杀人几小时前而非几天前只是稍微更具有危害性。写信和约会的日期只不过涉及诉方事件版本中的一个次要和非关键性的调整。在这个例子中，文本分析比语境分析更重要，因为争议点是那段信的意思。[57]

特文宁分析的其他具体问题可以被简要处理。韦斯对弗雷德里克杀人前 12 个小时内的行为的讲述要详细得多，但像特文宁一样，韦斯对“攻击是有预谋的”这个主张提出了质疑。[58] 韦斯提供了关于刀子的一些新的信息：

> 在那个环境中，持有一把刀子看起来几乎不能成为用以定罪的证据，尽管在那个晚上他携带刀子是一个不同的事情。这把匕首有双面的刃，刃有 5.5 英尺长，从一个 4 英尺长、有方格图案的手柄中伸出。当在法庭出示时，该凶器引起了一阵骚动，不仅仅是在陪审团中。如果拜沃特斯没有详细地告诉警察去哪儿找刀子，警察或许永远不会找到它。拜沃特斯没有

[53] 展示件 60。
[54] *CJ*，168－72，241，246－7.
[55] Ibid.，171－2.
[56] Ibid.，172.
[57] 韦斯也有根据地指出王国政府对诸如其他在展示件 60 中的段落和其他证据的更为严重的滥用 e.g.，*CJ*，171，241，245－6。
[58] Ibid.，174－87.

意识到刀子的视觉冲击会给他的案子带来的危害。[59]

韦斯对弗雷德里克行为的讲述也支持这把刀子能够很容易并且不显眼地装在弗雷德里克衣服口袋里这个主张：弗雷德里克约中午时离开家（在预谋论点中是一个关键时间），见过伊迪丝两次，做完几个在这个城市里的差事[60]，与格雷顿夫妇一起吃饭，同阿维斯·格雷顿（伊迪丝的姐妹）出去在附近一个饭店喝酒，并乘交通工具走了几程。[61] 没有证据表明有人注意到他带着一把刀子。所有这些反而至少是与弗雷德里克所声称的他总是随身带着刀子相一致。[62] 韦斯援引了辩方关于商船海员在陌生地方携带刀子的概括，但含蓄地承认，这本身不能反驳以下主张：在伦敦拥有和携带这样一把刀子本身就是可疑 374
的。这把刀子是一个非常可怕的工具。韦斯确认，没有证据支持主张弗雷德里克最近为了威胁或攻击珀西这个具体目的而买了刀子。[63] 总之，这印证了特文宁的以下论点：关于刀子的证据几乎不能给预谋理论提供支持；然而，它的性质和尺寸（韦斯和谢尔曼一样，将这把刀子称为匕首）在论证预谋的语境中对伊迪丝及弗雷德里克是有害的，因为这对于合谋理论和断裂链条理论有影响。

或许因为他低估了断裂链条理论的重要性，韦斯没有直接地指出这个关键但复杂的问题："对于这个故事的某些重要阶段而言，伊迪丝是处于支配地位的搭档吗?"如果她是，那就表明，这可以支持对她信中一些关键段落作出与韦斯不同的解释。粗略地说来：如果将伊迪丝视为一个爱操纵别人的、狡诈的或有力量的女人，她对她的年轻、缺少经验的情人施加或试图施加影响，那么，就会支持以下论点：有几段信构成了煽动或教唆谋杀，或者是通过直接的怂恿，或者是通过多多少少微妙的暗示。这能极大地改变韦斯叙事的结构和论点，尽管伊迪丝仍然可能依据断裂链条理论逃脱谋杀责任。在将此适用于一个具体的例子之前，有必要考虑韦斯解释信件的方法。

解释信件

勒内·韦斯旨在重构并展现"伊迪丝·汤普森的真实故事"。他坦率地表达对伊迪丝的同情，并明确声称用她自己的话为她的案子辩护。[64] 在很重要的

[59] Ibid.，179. 鞘还没有找到这个事实可能加重了这是一个"致命的武器"这个印象（*CJ*，207）。
[60] Ibid.，174.
[61] Ibid.，177-8.
[62] *Trial*（1923）70.
[63] *CJ*，178-9，206-7，224.
[64] Ibid.，xi.

意义上，《刑事司法》是关于伊迪丝的故事，并且以一种追求文学、人道主义和出版价值以及追求日常生活事实的方式呈现。它是一个不错的读物。因此在考虑韦斯的方法时，很重要的是区分分析和重现以及叙述和论证。既然威格摩尔分析法的主要价值是关于分析而非呈现（例如，它在审判准备中比在审判呈现中更有用），那么在目前的语境中这一点是特别值得注意的。另外，尽管叙述会合法地成为理性论证的一部分——故事也可以组成论证以及成为呈现案件的工具——但叙述也可以被用来偷偷地提出不相关的或无效的事实、掩盖论证中的弱点、模糊所论证的东西，或者服务于诸如吸引注意、保持兴趣或赢得同情等其他目标。[65] 或许可以这样说：韦斯对案件的处理更耐读、更有说服力，而特文宁的论证更强有力。

在《刑事司法》中，韦斯将信件作为呈现对伊迪丝故事的连贯叙述的主要工具。只有在例外情况下他才明确地讨论对这些文本的其他解释。如果他这样
375 做，就会打断叙述，不仅会降低可读性，而且会损害他呈现的连贯性。这并不是说，他作为一个严谨、公正的学者，没有分析或考虑一些相冲突的解释以及支持或反驳它们的论证；然而，公正说来，在处理这些信件上，他往往是给出他的结论，并且只是偶尔会详细地考虑与之冲突的解释。这引出了很多的问题，这里就不讨论了。不过，让我们以一段信为例来展现一下一些很简单的要点。

在一封日期是 1922 年 4 月 1 日[66]但可能是写了好几天的长信里，附有一个单独的便笺，它开头就写道："不要保留这张纸。"这个便笺的全部内容见附录二。此处，它值得仔细阅读。它曾被本案的律师、评论者及许多富有洞察力的法学学生普遍认为是伊迪丝所有信中最有危害性的部分，而他们中的大多数人都同情伊迪丝。

在对这段信进行概括之后（韦斯对这段信的概括远不如他通常所做的那样细致），韦斯作出如下评论：

> 这段幻想能被理解为是预谋凶杀情节的一部分，这是难以置信的。拜沃特斯知道它是虚构的，并且她曾亲自尝过在茶中放入奎宁，以准确地对珀西的抱怨作出描述。[67] 在法庭上，陪审团被告知"这段信充满了犯罪"。

[65] "Lawyers' Stories", above ch. 10.

[66] 展示件 17 日期是 4 月 1 日〔*Trial*（1923），179〕。韦斯令人信服地认为更可能是 4 月 10 日（私人交流），因为前一个日期与他对这段时期事件的重构不符。这封信看起来是对伊迪丝最有害的信件之一，所以弄错它的日期特别有影响。

[67] 韦斯指出，奎宁被认为是一种堕胎药而非毒药，尽管伊迪丝或许并不知道这点（CJ，86，92）。另一种可能性是，"奎宁"是指代某种更阴险的东西的一个暗语，但这是猜测性的。我发现难以弄懂"奎宁"段落。

是的，只要将“犯罪”理解为指“幻想犯罪”。在伊迪丝大量、热情的信件中区分事实和虚构，这从来就不容易做到。尽管可以得到外部证据来帮助区分两者，但读者对信的内容越是熟悉，信中事实和虚构的胡乱混淆就一定会显得越是复杂。在我们的多数生活中，这样一种模糊并不罕见。它并不总是没有危害，不过很少涉及生与死的问题。但在本案中它就发展成为一个涉及生与死的问题。[68]

这与特文宁所说的他对这段的反应形成了鲜明对比。特文宁说，“越是仔细地研究‘无线电报’那段（附录 2，358 页），越是不太可能认为伊迪丝只是在幻想或玩游戏，或者弗雷德里克没有积极参与那个时候他们之间发生的事”[69]。这只是说出了在几次课程中经过很长的讨论之后所达成的一个经过深思熟虑的判断。我们不对整段信进行细致分析了（这段信看起来包含了好几个具有危害性的陈述），让我们集中关注一个句子并概述一个解释它的策略：“我宁愿我们没有获得电灯——它是很容易的。”在这个语境中，“它”可能指什么？几乎所有初读此句的人都得出结论，在便笺其他部分的语境中，“它”指杀死珀西（用燃气——解释 1）。仅仅从这段信里面的证据就能够建构一个支持这种解释的案情。其他的可能解释包括，使珀西病倒而非杀死他（解释 2）。[70] 但

[68] *CJ*，105.

[69] Ibid.，290（cf. 312）.

[70] See *Trial*（1923），95－6. 在伊迪丝的交叉盘问中，最有危害性的片段发生在此：

亲爱的，这将很容易——如果我有东西——我真希望我有。

什么事情会很容易？

——我请求或说的，如果我有拜沃特斯提议我应该有的东西，就更好了。

什么事情会很容易？

——按他提议的行事。

“我真希望我有”，那是在演戏，还是真的希望？

——那是在给他演戏看。

你都是在给拜沃特斯演戏说，你想毁掉你丈夫的生命吗？

——是的。

大法官谢尔曼先生： 等一下，我不想产生误解。你的意思是说，“我想让他相信，我愿意夺走我丈夫的生命”？

——我想让他相信，我愿意去做他提议的事情。

那是要夺走你丈夫的生命？

——不一定。

继续交叉询问：

反正是去伤害你丈夫？

——让他生病。

让他生病的目的是什么？

——我没有讨论过特殊目的。

在你内心深处，让他生病的目的是什么？那样，他就不会从心脏病中康复了吧？

——是的，确实是这个印象，是的。

休庭。

在前个句子中对死亡的谈论对这种解释提出了质疑。有些评论者曾指出，这段——和其他一些段落——指伊迪丝试图给自己堕胎（解释 3）。即使其他那
376 些段落支持伊迪丝因弗雷德里克而怀孕（像韦斯所认为的）甚至她实验非传统的避孕方法这个次要理论，这些解释在这个语境中也讲不通。例如，怎么才能使这些解释与这些行动的时间安排（“在你回来之前，我不会做更多尝试”，“我会不时地再尝试用玻璃”）相一致？并且，在弗雷德里克对丹（Dan）所说的话中，“如果我们的行动成功了”（什么行动？）或者“需要小心”等等是什么意思？

如果“它”指杀死珀西，这种意思能解释得通吗？一种可能性是伊迪丝假装在尽力杀死珀西。[71] 如果是这样，为什么她会这样做而不督促珀西也去尝试？或者这只不过是个玩笑——一种黑色幽默甚至是在愚人节愚弄别人——或者一种更复杂的假扮游戏？后者是幻想理论最普遍的版本；在这个语境里，它的应用看起来值得怀疑。第一，它看起来源于以下语境：丹这个人是实际上是存在的，“周日早上的轻率举动”确实发生过[72]，并且弗雷德里克的确给了伊迪丝奎宁和其他药物。这一解释意图让人们轻信，无害的部分是真实的，而有害的部分只是幻想。第二，它是谁的幻想？如果仅是伊迪丝在幻想，我们如何解释暗示了弗雷德里克的参与的段落？（“关于无线电报——你的意思是……关于丹的事情？”）如果这是共同的幻想，它又如何能够与我们对弗雷德里克的以下总体印象保持一致：他是一个讲究实际的年轻人，他将伊迪丝的“吹嘘大话”看做是“闹剧”？请读者构建论证，将这个便笺解释为无法成为支持任一下列主张的证据：（a）当时，伊迪丝和弗雷德里克实际上在合谋杀珀西；（b）伊迪丝假装她一直在尽力杀珀西，从而教唆弗雷德里克也冒险和尝试；或者（c）伊迪丝在这个或其他场合，告诉弗雷德里克她希望珀西死。

现在我回到韦斯的方法。在这个案件中，他断言而非论证，整个便笺都是“一纸幻想”，并且弗雷德里克对此知情。[73] 这相当于循环论证。另外，当他说“在我们的多数生活中，这样一种模糊并不罕见。……不过很少涉及生与死的问题。但在本案中它就发展成为一个涉及生与死的问题”时，并不清楚他在精

[71] 参见上文伊迪丝的承认，n. 70。韦斯非常重视 Spilsbury 的病理学证据即没有给珀西喝毒药的证据，假设这是正确的，也不能驳倒这一假说：伊迪丝声称曾试图毒杀他，以劝说弗雷德里克也“冒险并尝试”〔*Trial* (1923)，60，63，79，94〕。韦斯不否认这点。

[72] *Trial* (1923)，183 及伊迪丝和弗雷德里克的证言。看起来韦斯不怀疑这些事件发生过，但将它们解释为无罪。

[73] *CJ*，105.

确地论证什么。一个人在关于她丈夫死亡的问题上混淆了事实和虚构，这并不是很普遍。并且，对该死亡的无害幻想和该幻想目标实际上被谋杀的巧合，在我的经验中是绝无仅有的。经过再次考虑之后，我的判断是，“无线电报”便笺的确对教唆和合谋理论的几个要素提供了支持；它本身也对幻想理论提出了某些质疑，上文已经阐述了原因。然而，这张便笺的时间（攻击发生的6个月之前）仍然给断裂链条理论留下了许多空间。

韦斯对伊迪丝信件的许多解释有助于理解它们并且可信得多。然而，他一般是根据断言和不明确的论证提出一个解释，而不考虑其他解释。[74] 可能不值得用别的方式处理大多数信件，并且那样会冗长、乏味。然而，对于一些挑选出来的关键段落存在相互冲突的解释，对这些解释进行严密的语境分析，几乎是肯定会改善韦斯的论证，甚至可能改变论证。 377

新证据和新视角

韦斯收集了大量的新资料和富有启发性的见解，并且娴熟地将它们编织成一个连贯的整体。对于多数读者来说，这个整体大于它的各部分之和。许多新材料充实了背景；有些对核心问题有直接影响。这些新信息中的大多数都有助于构建一个伊迪丝的非常让人同情的形象；某些信息也可以用于反对她。有些事实是“硬性”（hard）的——如刀子的尺寸；其他资料就比较难以评价。例如，一个历史学者会如何理解玛杰里·弗赖伊的下述判断？她探望过在押的伊迪丝并随后成为一个坚定的废除死刑主义者。据弗赖伊的传记作者的描述，伊迪丝给她的印象是：“一个很傻的女孩，沉浸在自己不光彩的爱情中并真诚地认为自己无罪，不相信自己对她的情人的影响。”[75] 对一个历史学者而言，这是一个影响到伊迪丝有罪问题的证据吗？

这本书的核心主题——法律、事实和价值的相互作用，理性和想象的相互作用，叙述连贯性和微观分析的相互作用——都在本文中再次出现。它是否表明了威格摩尔分析法的用处和局限性？我个人的结论如下：《刑事司法》极大地增加了我对于一个自己已经非常熟悉的案件的知识和理解。它是威格摩尔所谓的“叙述法”（narrative method）的一个非常好的例子。这本书关于伊迪丝是否有罪问题的论证，几乎肯定能通过适用改良后的威格摩尔分析法而得以强化和提炼。首先，是在明确地澄清法律和事实问题、区分本案中几种不同的理

[74] E. g. 104－5.
[75] *CJ*，293.

论和影响它们的大致论证思路方面。其次，在选择出这些论证的关键部分并对它们进行细致的微观分析方面。威格摩尔分析法可能会提供一个更坚实的基础和更清晰的论证思路，围绕它们建构出韦斯的精致体系。最后，勒内·韦斯建构了这样一种对事件的叙述，它包含并已作出了最仔细、令人信服和连贯的支持伊迪丝完全无罪的案情。他的叙述还包括大量的可以用于支持其他几种论证思路的材料。对我而言，阅读、反思和回应韦斯的叙述，更加强了我的下述信念：尽管伊迪丝的某些信件可以合理地解释为牵涉到教唆行为，但韦斯的叙述强化了支持断裂链条理论的案情。

第三节　传记作家对国王诉拜沃特斯和汤普森案的威格摩尔分析的回应

勒内·韦斯

叙述性传记和方法论

威廉·特文宁和勒内·韦斯都同意伊迪丝·汤普森是无罪的，因此两位作
378 者都认为她被错判了。然而，尽管两位作者从伊迪丝·汤普森的信件这同一材料中获得了线索，特文宁对同样证据的分析起初迥异于韦斯的分析。

下文旨在提出对于这两种方法的一些思考，尤其是叙述式陈述案件这种方法以及它如何影响证据细节。叙述式的探究历史的策略，必然不同于如特文宁的那种分析中所展现的策略。后者包含在一个结构化的方法中，这种方法在每个环节都表述出中间性的结论。

关于同一材料可进行各种阐述，不同的读者会对它们作出不同的反应。本文认为，作者头脑中所设想的读者会决定方法上的不同。韦斯的研究被设想成一个讲述从摇篮到坟墓的传记性作品，它的目标是按时间顺序从伊迪丝·汤普森19世纪90年代的出生和童年展开，直至1923年她在霍洛韦（Holloway）被处死。尽管在很多方面这看似是需要遵循的明显套路，但它实际上是作者与出版商的愿望相违背的一个决定，出版商更喜欢一个在霍洛韦死刑牢房里的更有力的披露。鉴于附带研究了案件事实问题，这样一个叙述策略可能具有法律意义。更重要的是，这使得伊迪丝·汤普森的生活成为了一个尽管困难但是具有法律意义的研究对象。然而，这种"戏剧性"披露的长期效果可能与韦斯所追求的效果相反。韦斯所追求的效果是，将读者带进伊迪丝·汤普森的内心生活与外部生活的深处，而无须以对她整个生活的概述开头、以索福克勒斯悲剧的方式收尾。以下方式看似更为可取：描述一个较富裕的伦敦家庭主妇（同时

也是个城市职员）的平凡生活细节，并且假设没有什么灾难性的事情在等着她而不是扭曲我们对于案件的视角，将整个生活放在暴力杀人的语境中。

《刑事司法》中所讲述的“情节”，就是详细地描述伊迪丝·汤普森的生活过程，从而获得读者的同情，使读者认同或至少理解（而不必然宽恕）伊迪丝·汤普森的每个行动。在她的信中，伊迪丝用书面写作的方式重新创造自己的生活，作为吸引拜沃特斯（或试图这样做）的手段。伊迪丝的这一行动，极大地帮助了韦斯实现描述伊迪丝行为的任务。在特文宁对伊迪丝信件的早期分析中，他引用了一个法学专业学生的话（“如果你能分析伊迪丝·汤普森的散文，你就能分析任何事情”）来描述特文宁所谓的她的信的“意识流属性”（stream-of-consciousness quality）所导致的问题。从一个稍微不同的传统走进这些信，韦斯并不非常同意这个看法，尽管这些信确实经常写得很随意、自由联想并且有时像是无拘无束的幻想的产物。另外，同样一段文字，可能被特文宁认为是“致命的”，但对于韦斯来说却通常像是生动有趣的短文——即使在那个时代更有学识和自觉的作家尽管努力追求也并不总是能写得出来。 379

因此，《刑事司法》第一部分的主要目标就是把伊迪丝的生活写得像个生活，就是这点决定了韦斯写这本书大部分用现在时态。用现在时态有许多原因，但最重要一个原因就是，用过去时态叙述在一定程度上预定了事实，而用现在时态叙述，至少在理论上使所有事情具有开放性：在现在时态的叙述里，将来最无法被预料；而在过去时态的叙述里，将来在叙述时已经发生了。因为以上原因，这个传记性的叙述提出一个对案件的“虚构”，它用自己的方式，认同特文宁所强调的需要独立于法庭上的解释评价案件的证据这个策略。

在20世纪80年代写《刑事司法》时，伊迪丝·汤普森的故事确实已经发生了。这当然是真实的（因此，用现在时态可以被看做是一个手法），但对于这本书的读者而言可以认为它还没有发生。这本书背后的目的是双重的：(1) 通过把伊迪丝·汤普森的案子提交给当代英国读者组成的陪审团来澄清她的名誉；(2) 说服当代的内政大臣，作出死后赦免是恰当的。因此，时态的使用可以看做是合法的庭审策略。

韦斯作为一个文献型的学者（textual scholar）所受到的锻炼，使他具有一些剪贴和整理的专长，需要用这些专长从原始资料里寻找证明伊迪丝生活的材料。这涉及按正确的先后顺序整理伊迪丝已公开的（和一些未公开的）信件，阅读她读过的小说，并最终整理所有这些信息以及从几种报纸（包括她喜欢的《每日见闻报》）上搜集的进一步的信息，从而形成一个全面的记述。最后，韦斯几乎能够精确到小时地讲述在任何一天的特定时间里伊迪丝在做什么。这使韦斯得以解读伊迪丝的许多言辞（尤其是当涉及她的性生活时）并提出明确的语境化假说，韦斯认为这些假说对于反驳审判中对她非常不利的涉及教唆的许多指控至为关键。

信件

如果在法律上对伊迪丝的指控是建立在那些信件所提供的证据上，那么以下判断应当是合乎道理的：本来应该提交所有的信件；辩方律师本来应该要么从一开始就坚持他们的结论，要么当副检察长错误地声称关于实际谋杀时间和地点的关键证据将在信件中找到时，要求审判法官纠正副检察长含糊言辞的错误。

陪审团只能接触到半数可使用的证据，他们不可能知道实际情况并非如上所述。即使知道，他们也很可能对未提交的信件内容表示怀疑，因为是辩方决定不提交这些信件的。不管最终会包含什么更好的法律要点，但陪审团意见确
380 实受到信件的重大影响；在这些事件发生 30 年后，陪审团的团长将它们的内容说成是“恶心的”，并且指出，“汤普森夫人的信件是她自己有罪的证据”。

韦斯确信，对伊迪丝生活缩影式的叙述会有助于探究关于珀西·汤普森之死的“事实”。并且，通过讲述关于她生活和背景的故事及仔细分析她的幻想——尤其是当可以对照着激发它们的文本（在本案中即那个时代的爱情小说）来评价这些幻想时——可以最好地证明伊迪丝·汤普森的无辜。

幻想理论

特文宁指出，韦斯的研究主要是基于幻想理论。这是个公允的评价。然而，这不需要使研究受到如下指责：因此可以认为作者是随意地选择他喜欢的东西（如果这有助于伊迪丝的案子）并舍弃他不喜欢的东西（对伊迪丝的无罪有关键性损害），在这样的范围里发展论证。当然，韦斯似乎从未考虑过伊迪丝·汤普森有罪这种观点，这当然导致了许多穿越某些证据的捷径，而对这些证据也可以作相反的解释。韦斯对此的辩护是，坚持认为证明责任的确（并仍然）由诉方承担，且王国政府未曾提出在一场更为公正的审判中将认定伊迪丝·汤普森有罪的决定性的证据。

特文宁还强调这一被普遍认同的观点（马歇尔·霍尔等其他人也认同）：如果伊迪丝没有走进证人席作证，她几乎肯定不会被认定犯有所控之罪，尽管对其他没有进行下去的罪状存在强烈怀疑。考虑到这点，韦斯“提出（在伊迪

丝的信中）无害的部分是真实的，而有害的部分只是幻想”[76]，看似并非完全不合逻辑。如果伊迪丝·汤普森无罪，那么逻辑上就是这种情况。具有潜在危害性的段落可以作无罪解释；没有危害性的段落或者真实或者不真实，但它无关紧要。

另外，韦斯认为，叙事法可以用语境化的方式证明，“所有伊迪丝的信件中最有危害性的部分”即“无线电报”那一段[77]，只要根据无罪推定原则就可以作无罪的解读。

茶室和无线电报

在进行到“无线电报”段落[78]之前，有必要先转向“茶室”段落（展示件60；见附录3）。韦斯和特文宁都很详细地分析了这一段。[79]

两种不同的分析方法，在此处可谓殊途同归。韦斯专注于证明，信中（潜在的）最能表明犯意的句子——“不要忘记我们在茶室说的事情。如果你愿意的话，我仍将冒险和尝试”是指发生谋杀的5天前的一个谈话。王国政府提 381
出，它发生于谋杀的仅仅24小时之前，并推测性地暂且认为这句话与10月3日的谋杀有因果联系。因此导致陪审团也这么想。

特文宁合理地质疑韦斯还原真实时间跨度这一努力的有用性，因为这两种时间跨度的不同最终不足以产生影响。与韦斯相反，特文宁是通过严密论证的文本分析而非语境分析，推翻伊迪丝的陈述对于控方的证明价值。然而，法官没有进行这些考虑，并直接告诉陪审团，这句话中“事情”指是否用毒药或匕首杀珀西更好些。[80] 这里再次显示出，法官的担忧和韦斯的担忧几乎是一致的，尽管是来自相反的两个极端。

这是对韦斯和特文宁方法之不同的一个检验：伊迪丝关于“无线电报”一段（开头写道“不要保留这张纸”）[81] 的问题，竟然会被有些人（王国政府、法官、特文宁以及——特文宁所说的——法律课堂上的学生）认为很有危害性，却被韦斯看作是幻想而排除。[82]

针对韦斯对这段的解读，特文宁特别反对的是，韦斯拒绝认可以下观点：

---

[76] Above，376.

[77] Below，385.

[78] *Trial*（1923），183.

[79] *CJ*，168-72.

[80] *Trial*（1923），151.

[81] 展示件17，see Appendix 2。

[82] *CJ*，105.

这一段应该与伊迪丝信中任何其他鲁莽地触及谋杀想法的明显段落区别对待。韦斯完全接受特文宁的这种批评：当涉及配偶的死亡时一个人混淆了事实和虚构，“这并不是很普遍。并且，对该死亡的无害幻想和该幻想目标实际上被谋杀的巧合，在我的经验中是绝无仅有的”。在我们经验中（尽管可能不是在生活中）这是绝无仅有的这个事实，本身不能使韦斯的观点无效，但它强化了辩方在法庭上所面对的挑战。

韦斯忽略这段信的原因，与其说是因为它是“软性的”（soft）事实推测，不如说是因为所有事实中最硬性（hardest）的部分都清楚地向韦斯表明反对将这段信作为伊迪丝企图谋杀珀西·汤普森的有说服力的证据。这里最“硬性的”事实是指伯纳德·斯皮尔斯伯里先生的尸检报告（得到了第二位内政部病理学家的证实），它表明在珀西身体上没有毒药和玻璃的痕迹。像王国政府那样论证这一段“充满了犯罪”，在病理学家的报告面前是没有根据的（没有毒药，没有玻璃，甚至没有使用燃气的意图——这也是一种可能性）。

在发出“无线电报”那封信的几天里，伊迪丝又写了信，并且大概是为了表明她会坚持信念，声称她现在“用了三次灯泡，但第三次他发现了一片——所以我放弃了——直到你回来”。这里的“灯泡”就是她在“无线电报”那封信的最后一句中所说的“电灯泡”。

在韦斯看来，尽管一个人被“丹”的事情困扰、不明白“周日早上的轻率举动”并且为伊迪丝玩弄幻想谋杀的想法而疑惑都很正常，但在法律上这些被推定为幻想，除非教唆的概念不容许在写信和杀人之间间隔的 5 个月里出现一
382 段“悔过”的时间。并且，教唆（可能）是在法律上唯一一种无线电报发挥作用的方式，因为已经科学地证明了信中所讨论的杀人方法没有付诸实施。在作为一名叙述性传记作者的韦斯看来，无线电报是这样一个例子，在其中硬性事实支持了像心理推测性解释那样的软性事实。

伊迪丝·汤普森的话有不实之处，这是不能否认的。她能用巧妙逼真的手法掩饰自己的谎话，这也是真的。并且，韦斯至少怀疑，在无线电报中珀西非常生动地说“像猫有九条命一样”，很可能是他妻子谎称是他说的。

在本文中，韦斯和法官对案件的反应有时被看做是具有共同的基础。尽管这种情况本来非常困扰着韦斯，然而特文宁指出，这点有助于形成前文中的方法。

本案的法官承受了很大的压力，尤其是因为他那声名狼藉的反对女权主义。这表明，由于法官反对女性主义和内政大臣所宣称的女权主义，伊迪丝在男权性别观（male ideas about gender）的控制下陷入双重困境。更为重要的

可能是以下事实：理智和法律上的限制导致法官过于粗略地为外行陪审团简化了事实。尽管仔细阅读他的归纳概括并不非常证实这点，但几乎肯定的是，他对于不光彩之事和婚姻的坦率声明，以及他明显表现出来的道德上的厌恶，比他关于谋杀时间和地点的不公正的法律观点（上文已解释过），发挥了更大的影响。

韦斯认为，陪审团听到了事实、法官的解释和法律。可以预料，这三者相结合会支配着他们。但最终似乎是这些信件的反道德性首要地使伊迪丝·汤普森被判有罪。辩方不断试图将对案件的关注从有害的道德考虑上引开，但失败了。它成功的几率可能与法官在指示陪审团“不要听”一项律师策略性设置的轻率言行时该指示成功的几率一样大。一旦危害发生了，就难以清除。韦斯坚信：如果关于伊迪丝的事实是在可能的界限内讲述，它将不可避免具有损害性和侵害性，并且需要远远超越在她的审判中所使用的法律上的硬性证据。如果对法律有更深入的了解，将会有所帮助。那会产生一本更好的、感情色彩更淡的书。

结论

威廉·特文宁　勒内·韦斯

在本章，特文宁和韦斯都论述了伊迪丝·汤普森的无辜和错误的定罪判决这一问题。他们的方法非常不同。特文宁严格地和排他性地将他的分析集中在审判记录提供的证据上；尽管韦斯使用了同样的材料，但为了写成一个传记史（a biographical history）而将它们语境化。 383

在这两种情况里，评价证据所根据的逻辑上的标准应该是相同的。通过研究同样的证据，特文宁和韦斯分别得出了对于是否有罪问题的相同结论，并且是通过如此不同的路径。这个事实看起来证明了这点。可以这样说：使用威格摩尔分析法的法学家和文学传记作者都证明了伊迪丝被错判有罪，正像两个独立的专家（例如病理学家或统计学家）可能做的那样。尽管特文宁和韦斯在他们的一些微观分析上有差异，例如在解读“无线电报”信件时，但总体的情况是存在广泛的共识。他们从大量不同的原始材料中得出了相同的结论。

即使在策略的层面（两位作者在此的分歧看似最大），他们也分享了一些共同的历史和叙述的基础。尽管韦斯用许多修辞工具来帮助自己——通常与叙事联系在一起，例如使用时态，但特文宁也讲述“故事”，就像王国政府和辩方在原始审判中确实做的那样。特文宁专注于挑选出来的关键争议点，如刀子、“无线电报”和“事情”这个词的含义等，从而重现了审判中诉讼双方为了构建连贯的案情而对可使用的材料的切削（filleting）。法学家的叙事是以不同的方式构建起来的，但它的寓意与莎士比亚研究者的相同。

384 **附录一**

起诉书

（第 1 号起诉书）[*]

国王控诉

弗雷迪·爱德华·D·弗朗西斯·拜沃特斯

和伊迪丝·杰西·汤普森

中央刑事法院大陪审团指控书

F. E. F. 拜沃特斯和 E. J. 汤普森被指控犯有下列罪行：

罪行陈述：谋杀。

罪行详情：1922 年 10 月 4 日，F. E. F. 拜沃特斯和伊迪丝·汤普森在艾塞克斯郡，中央刑事法院辖区内，谋杀了珀西·汤普森。

（第 2 号起诉书）[**]

国王控诉

弗雷德里克·爱德华·D·弗朗西斯·拜沃特斯

和伊迪丝·杰西·汤普森。

中央刑事法院大陪审团指控书

F. E. F. 拜沃特斯和 E. J. 汤普森被指控犯有下列罪行：

第一项罪状：罪行陈述

合谋谋杀，违反 1861 年《侵犯人身罪法案》第 4 项。

罪行详情：1921 年 8 月 20 日，以及在该日和 1922 年 10 月 2 日之间的若干日子里，F. E. F. 拜沃特斯和伊迪丝·汤普森在艾塞克斯郡，中央刑事法院辖区内，一起合谋谋杀珀西·汤普森。

第二项罪状：罪行陈述

教唆谋杀，违反 1861 年《侵犯人身罪法案》第 4 项。

罪行详情：1922 年 2 月 10 日，以及在该日和 1922 年 10 月 1 日之间的若干日子里，E. J. 汤普森在中央刑事法院辖区内的艾塞克斯郡，教唆并极力说

* 这是定罪判决所依据的那份起诉书。

** 对被告人的审判不是依据这份起诉书。

服且确实提议 F. E. F. 拜沃特斯去谋杀珀西·汤普森。

第三项罪状：罪行陈述

煽动实施一项轻罪。

罪行详情：1922 年 2 月 10 日，以及在该日和 1922 年 10 月 1 日之间的若干日子里，E. J. 汤普森在中央刑事法院辖区内艾塞克斯郡，非法教唆并煽动 F. E. F. 拜沃特斯，与她（即 E. J. 汤普森）一起非法合谋，谋杀珀西·汤普森。

第四项罪状：罪行陈述

蓄意投毒谋杀，违反 1861 年《侵犯人身罪法案》第 11 项。

罪行详情：1922 年 4 月 24 日，在中央刑事法院辖区内艾塞克斯郡，E. J. 汤普森投放特定毒药或其他不明有害物质，使珀西·汤普森服用，蓄意谋杀珀西·汤普森。

第五项罪状：罪行陈述

投放有害物质蓄意谋杀，违反 1861 年《侵犯人身罪法案》第 11 项。

罪行详情：1922 年 4 月 24 日，在艾塞克斯郡，中央刑事法院辖区内，E. J. 汤普森投放特定有害物质，即碎玻璃，使珀西·汤普森服用，蓄意谋杀珀西·汤普森。

附录二 *385*

展示件 17：1922 年 4 月 1 日信中的附件[83]

不要保留这张纸。

关于无线电报——你的意思是，让人说“是”或“否”吗，因为，我将不再发了，在你回来之前，我不会做更多尝试。

上周四我拿定了主意。

他把我“周日早上的轻率举动”告诉了他妈妈等人，他强调，尝起来苦涩的茶，他说“好像放进了什么东西”。现在我想，无论我再试图放什么东西进去，喝起来还会苦涩——如果要是把握不好量的话，他就会察觉到，而且会更加怀疑——这会破坏你回家时我能拥有的尝试机会。你能理解吗？

我想了很多你说的关于丹的事情。

亲爱的，不要信任他——我的意思不是说，不告诉他任何事，因为我知道

[83] From, *Trial* (1923), 183.

你不会这样做——我的意思是，不要让他因为那件事而怀疑你——因为，如果我们行动成功——亲爱的，以后的情况可能让我们需要很多朋友——或帮手，我们不能树敌——甚至是那些知道得太多的人。记住这句俗话："一知半解，会惹出麻烦"。

亲爱的，这世界上现在没人能帮我们，我们一定不能树立不必要的敌人。

他说——对他的人——为了保持清醒，他一直在和自己作斗争——他说"我不会死，除非老死——我就像一只有九条命的猫"，并向他们讲了一个意外事故，小时候，他差点儿因煤气中毒而死。

我宁愿我们没有获得电灯——它是很容易的。

我会不时地再尝试用玻璃——在安全的时候，这次我得到一支电灯泡了。

386 **附录三**

展示件 60：普通信件[84]

我最亲爱的爱人，谢谢你，谢谢你，为周五而千万次地感谢你——多么美好啊——和你出去总是很美好的。

接下来的周六——是的，我真感到很幸福——我不用思考这世上哪怕一丁点儿事情，只想和你在一起——整个周六晚上我都在想你——我和你一起坐在大扶手椅里，看着烧得旺旺的壁炉，感受着一直以来我赢了多少。亲爱的，因为我已赢得如此之多——有时，它对我来说意义如此重大——我都喘不过气来了。

在你离去的日子里，我一看见女孩和男人走在一起——或许他们是公认的恋人——他们看上去是如此平凡，而我却感到很自豪——一想到和感受到你是我的爱人，即使并非大家公认，而我却能拥有你，就很自豪——带着一丝"希望"。

亲爱的，我们说过，我们永远是朋友，是吧？我们应该说，我们永远是爱人——即使是秘密的，或者它（这份伟大的爱）是一件我们无法控制的事情——我们敢这样说吗？——我认为，我敢。是的，我将，"我"将永远爱你——即使你死了——即使你离开我了，即使你不再爱我了，我也将永远爱你。

[84] Ibid.，214－15. 这封信的日期在 *Trial* 中说成是 1922 年 10 月 3 日，杀人的前一天。诉方提出，茶室的约会发生于 10 月 2 日星期一。韦斯（*CJ*，171－2）令人信服地认为它写于星期一下午 5 点之前并且茶室的约会发生于 9 月 29 日星期五。

你对我的爱是清新的，那是某种不同的东西，它是我的人生，如果我们俩的事情变糟了，我将永远拥有这份可以回忆的逝去岁月，并感受“那时我活着”的味道，此前我不曾活过，此后我也不再活着。

最亲爱的爱人，昨晚发生什么了？我不知道自己，只知道我的感觉——实际上不是我的感受，而是我能怎样感受——如果时间和环境不同。

那似乎是爱——感情——惯性的爆发，我就像你手中的玩偶——随你所欲，我感到，你随心所欲就是我的幸福，那是纯肉体的感受，我难以描述它——但你会明白，亲爱的，是吗？你说过，你知道这一天会到来——如果它没有来的话，你会失望吗？亲爱的，当你遇到不幸时，我也会死——请别这样。

这本书真棒——就是看到后面感到悲伤，亲爱的，为什么生活不能总是幸福呢？

我喜欢克拉里——她是如此单纯，不谙世故。

为什么你不能成为一个艺术家，而我就像她一样——我感到，阅读时，我非常嫉妒她——亲爱的，这是一幅图画，真像我曾经制作的一幅切尔西*小房子的图画——为什么他不能一直爱她呢——男人为什么有差别？当我说：爱情对男人来说是身外之物，但对女人来说却是其整个人生：这句话是对的。

今晚，我费尽心思出去，亲爱的，但他起疑心了，现在仍在怀疑——我想我们必须从长计议，研究一下这种欺骗。我讨厌它。我讨厌为了见你而不得不撒的每一个谎——因为谎言对实现我们的目标来说显然是卑劣手段。我们应该 387
能够用更伟大的事情来实现像我们这样更伟大的爱。我渴望能够说：“今晚我要去见我的爱人。”如果我真这么说，他将阻止我，会出现大吵大闹的场面，他会去 168 号干涉，而我受不了这个——在家里，我可能会被打得遍体鳞伤，而仍会大胆反抗——但在 168 号，事情就不同了。这是我的生活——你不想让我靠他生活，是吧？我不想要这种生活。——亲爱的，钱是我们的绊脚石——没有足够的钱，我们一事无成。最亲爱的，给我在国外找个工作吧。我明天就去，别说我去寻找灵魂，我决无反顾。我说过，我不会想那些事情——我尝试遗忘——朋友，帮助我再忘一次吧——直到现在我都是成功的——但我一直在

* 切尔西是英国伦敦市西南部旧区自治市，许多艺术家和作家居于此地。参见《21 世纪大英汉词典》——译者注。

想，今晚和明天的时候，我不能见你并感受你给我的拥抱了。

亲爱的，做些事情吧，就在明晚，好吗？做些使你忘怀的事情。我知道自己将会受伤，但我想要你伤害我。真的！现在似乎是一厢情愿的奋斗，如此不公，但我又能如何改变它呢？

关于手表——我认为你并未多想——我如何才能说清楚我的感受呢？我觉得，我们已经分道扬镳了——你不会来看我了——我留给你一些让你能想起我的东西，而且我有目的地保留了它。如果我说“来取它吧”，你就会来——但仅此一次，那将是以朋友之名，因为你有时不想让我太可怜——那只手表将帮你不感到太沮丧，如果你还没有得到它——感觉就会很强烈——它将违背你的意志而征服你。

亲爱的，当我想到你把这只手表看得比其他任何东西都重要的时候，我就沾沾自喜。那不是一个礼物——那是一件你求我给你的东西——当我们决定成为朋友时的一个信物。那时我还买不起，但很快我就买得起了。你还记得，你是在什么时间和什么地点向我要手表的吗？如果你还记得就告诉我，如果不记得了，就忘了我问过你吧。

我是如何想你对这块手表的感受的？我将感受我自己的感受。

它不是我的，而是属于我们两个人的，除非我们的处境都与现在不同了，我会跟你到天涯海角——直到你把它还给我。

他身体还好——他会一天到晚在你的临时住处盯着你——周三以后。

不要忘记我们在茶室说的事情。如果你愿意的话，我仍将冒险和尝试——亲爱的，我们只剩下 3 年零 9 个月了。

尝试并帮助。

佩蒂

388 **附录四**

国王诉拜沃特斯和汤普森：重要的论证

A. 关键事项表：最终和次终的待证事实

1. 伊迪丝·汤普森谋杀了珀西·汤普森（E 谋杀 P）

2. 弗雷德里克·拜沃特斯谋杀了珀西·汤普森（F 谋杀 P）

（2a. P 死了；2b. F 用刀刺 P；2c. F 意图用刀刺 P；2d. P 因被刺伤而死去；

2e. F 的行为没有法律上的正当性和理由）[85]

3. E 帮助 F 谋杀 P

4. F 谋杀 P 是因为 E 煽动他去杀 P

5. E 煽动 F 去谋杀 P

6. E 带着犯罪意图煽动 F

7. F 因为 E 的煽动而攻击 P

8a. F 的攻击行为是事先有预谋的

8b. F 的攻击行为是临时起意的

9. F 按照与 E 的合谋实施了对 P 的谋杀

10. E 和 F 合谋杀死 P

11. E 和 F 策划了这次攻击

12. E 和 F 计划在有机会时就杀害 P（被希尔曼·J·法官驳回）

13. E 带有犯罪意图与 F 合谋

14. 在 P 死亡时合谋仍在继续

15. E 和 F 在茶室里策划了这次攻击

16. E 缺少犯罪意图

B. 案件的各种理论

指控伊迪丝的理论（控方理论）：

（a）教唆理论（the incitement theory）：F 谋杀了 P，因为，在一段连续的时间里 E 怀着恶意的预谋煽动 F 去杀 P，F 是由于 E 的煽动而实施了杀害行为。

（b）合谋理论（the conspiracy theory）：F 按照 E 与 F 之间的持续犯罪合谋杀害了 P，他们或者策划了这起具体的谋杀（i），或者合谋在有机会时就进行谋杀（ii）。

（a）或者（b）中的（i）或（ii）都足以认定 E 构成谋杀。

为伊迪丝辩护的理论（辩方理论）：

（c）幻想理论（the fantasy theory）：E 生活在一个梦幻般的世界里，从来没有当真地设想过 P 的死亡。因为她没有犯罪意图，所以不存在合谋或者教唆。这主要针对攻击主张 6 和 13，但也可用以对信件中的全部或近乎全部有害段落给出无罪解释。

（d）断裂链条理论（the broken chain theory）：不管 E 是否实施了教唆或者参与了杀 P 的合谋，F 都是单独地作出了杀人行为。在 E 的信件和 F 的行

[85] 在这里没有提出关于伊迪丝的质疑，也没有记录。

为（杀人）之间的联系上有几处可能的断裂。这主要是反驳7、8a和9。

这两个主要的“关键点”或者说主张足以使E开脱：8b和16。

389

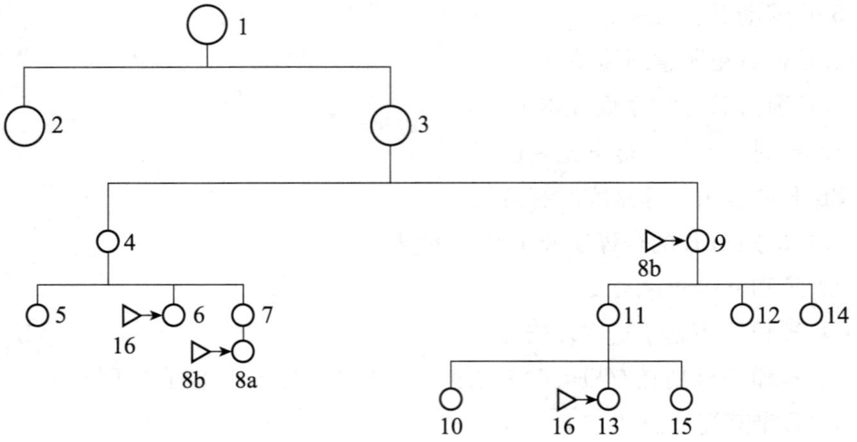

390 **附录五**

重构关于刀子的论证

控　方	辩　方
1. 攻击是有预谋的	14. 当拜沃特斯到达贝尔格雷路时，他还没有杀害珀西·汤普森的意图（110，142）
2. 杀人凶器是拜沃特斯所有的一把刀子（没有争议）	
3. 拜沃特斯将刀子装在口袋里以杀害珀西·汤普森（137）	15. 拜沃特斯携带刀子是无辜的（142）
	16. 拜沃特斯总是随身携带这把刀子
17. a. 拜沃特斯自相矛盾（38－53） b. 拜沃特斯有偏见	17. 拜沃特斯的证言
4. 拥有这样的一把刀子本身就是可疑的（104）	
5. 这把刀子是一个能致命的武器（35），是一把匕首（151），是一个刺杀的利器（151），是一个让人恐惧的武器（132）	18. 这把刀子是一个普通的带鞘的刀具，可用于多个用途（53）
6. a. 刀子（展示件1.34）	6. b. 刀子（展示件1.34）
7. 伤口证据（22－23）	19. 拜沃特斯的证言（隐含的，53）
	20. 福斯特（玩具商）的证言（32）

续前表

控　方	辩　方
8. 这把刀子携带起来不方便（132，137）	21. 这把刀子能很方便地装在拜沃特斯外套的内侧口袋里（137）
	22. 拜沃特斯的证言（隐含的，53）
23. 外套的尺寸不清	23. 外套（展示件29）
9. 拜沃特斯为了杀害珀西·汤普森而买了这把刀子	24. 拜沃特斯买这把刀子的目的不是犯罪
	25. 拜沃特斯是在攻击发生的一年多前买的这把刀子 20. 与上面福斯特的证言相吻合
10. 没有证据显示拜沃特斯把它给任何人看过（132，139）	10.a. 拜沃特斯没有理由向任何人展示它（137）
11. 如果他真的早就有这把刀子，应该有关于玩笑话的证据（132）	
26.a. 拜沃特斯的偏见 b. 没有确凿的证据（132）	26. 拜沃特斯的证言（39，53，110）
12. 拜沃特斯是船上的一个职员，但不是水手（是文职工作!）（110）	27. 对于一个要去往其他国家的航海船员来说，买一把这样的刀子并不奇怪（110，140） 28. 拜沃特斯携带这把刀子出国 29. 拜沃特斯的证言（53）
13. 住在伦敦的理智的人都不会在口袋里装一把这样的刀子（140）	30. 很少有船员没有一把刀的（110，140）

来源：T. Anderson，D. Schum，和 W. L. Twining《证据分析》(*Analysis of Evidence*)（Cambridge：Cambridge University Press，2005)，268页表格10.1。

397

第十三章　寓言“浪子回头”的判决理由[1]

寓意

一个高尚的家庭正在户外散步，
交谈的是一个萦绕我心中的话题；
它包含着所有曾经存在的寓意；
而且还树立了一个楷模。

（希莱尔·贝洛克：《F代表了家》）[2]

本文的目的旨在探究有关寓言的神学作品对于阅读或解释普通法中被报告的案件能否给出一些启示。“判决理由”（ratio decidendi）这个概念与某些类型故事中的“寓意”或某一寓言中的“要点”（point）似乎十分相像。而有关如何确定一个“理由”的问题乍一看与有关解释故事和寓言的问题是非常相似的。最为显著的连接纽带是它们都关注那些具有**普遍重要性的特定**事件（真实的、虚构的、约定的或假定的）。但是普通法中那些已经报告（reported）的案件和寓言，还有其他类型的故事之间的相似度到底有多高？有关寓言的思考（以及有关它们的大量神学文献）对于“判决理由问题”能够有所启发吗？

我对该问题的思考始自证据法课堂上发生的一件事。当时我们正在研究的那个案件主要关注的是事实争议问题，但是如我在其他地方已经论证过的，故

① 这篇文章最初是为了一本纪念普通法上最伟大的故事讲述者之一布莱恩·辛普森（Brian Simpson）〔O'Donovan & Rubin（2000），ch. 6〕的纪念文集而撰写的。经牛津大学出版社惠允，在此处重新发表。他对法学的最大的原创性贡献便是对重要案例进行一个全新的语境化研究风格〔Simpson（1984b，1994，1995）〕。辛普森关于 *Rylands v. Fletcher*（1975，1995）一案的文章中显示出，当代将其理解成侵权法上严格责任的一个重要案件，这与当时将其理解为对水库炸弹这一迫在眉睫之难题的一部分回应是不同的。它也是这样一个过程的一个生动例证：在这一过程中，一项最开始产生是为了对某一情境加以回应的判决可能对原初的问题几乎没有什么影响，但却留存下来，在一个相当不同的社会背景中，成为普通法军火库中的一部分或者成为其神话的一个部分。同他的其他研究一样，它告诉了我们一些法律报告所没有告诉我们的东西。辛普森的研究是有趣的、令人愉悦的且常常出人意表；但它们常常是离心性的而非向心性的；而且人们有时候会问道：从布莱恩对 *Rylands v. Fletcher*，*R v. Dudley and Stephens*，或 *Liversidge v. Anderson* 案的论述中可以概括出什么教训或寓意呢？那部妙趣横生的《同类相残与普通法》（*Cannibalism and the Common Law*）到底能给人以什么样的启示？〔Twining（1986d).〕它告诉我们很多事，但却没有一个判决理由。要点是什么？本文中论点的一部分便是：将普通法案例、圣经寓言或法律报告中的内容的语境化研究仅仅看成或主要看成道德故事来加以考虑是非常局限的。“要点是什么？”并非我们去问的最佳问题。

② Belloc（1939/ 1997），76.

事在有关事实问题和法律问题的论证中扮演着类似的角色，而且它往往会颠覆对事实与法律，还有事实和价值之间人为的截然划分。[③] 当时的讨论主要集中于“浪子回头”这一寓言故事的相关性，这则寓言在神学中的地位相当于多诺霍诉史蒂文森一案*在有关先例的文献中的地位。[④]

我已经记不清我是在什么时候第一次接触到“浪子回头”这个寓言了，但就我所能记得的我曾为该寓言隐隐感到困惑甚至焦虑。该寓言的意义何在？它是一个好故事么？该故事的要点是说宽恕胜过正义、忏悔会受到褒奖、在家陪伴父母的人却要受损失，还是仅仅说互相谅解就能皆大欢喜？现在我意识到过去我倾向于支持大儿子，他一直留在家中扶养父亲、尽子女孝道，结果却是其未尽孝道的弟弟获得了奖赏。在我看来，父亲的回答不足以豁免处事不公的指责。 398

一堂关于《证据分析》（Analysis of Evidence）的讨论课，引发我对此进行了重新思考。我经常援用詹姆斯·达尔遗产案（In Re the Estate of James Dale Warren）作为对事实问题的论证加以重构和细致分析的一个载体。[⑤] 这个模拟案件涉及一份有争议的遗嘱，该遗嘱是老詹姆斯·戴尔·沃伦在他死亡的那天下午于疗养院中所立。这个新遗嘱意将其几乎所有财产都留给他的儿子小詹姆斯·戴尔·沃伦，他在其父生前的大多数时间都与之甚为疏远，但已经在近期与其和好。他在父亲临死前 3 天中勤勉地照顾着他。该遗嘱如果确实有效，将实质上剥夺死者唯一的女儿苏姗及她两个孩子的继承权。苏姗在其父晚年一直与他住在父亲的家中，直到她感觉父亲的身体医疗状况需要将其转往疗养院。老詹姆斯也许对转往疗养院感到生气，除此之外并没有证据显示说在父女之间产生了任何严重的不和；同时存在有力的证据证明老詹姆斯非常喜欢他的两个外孙，而对于他们而言他的房子是他们所知道的唯一的家。对于苏姗来说非常不幸的是，在其父临终前几天她被卷入一场道路车祸当中，并因为怕老

③ See above ch. 7.

* Donoghue v. Stevenson 这个案件在 1932 年由英国上议院作出判决。在该案中，多诺霍女士在苏格兰的公共酒吧中发现她的酒中有一只腐烂的蜗牛，多诺霍声称她为此得病并因此起诉啤酒的制造商史蒂文森先生过失伤害。通过这个案例，普通法确立了“注意义务”。后续的一系列案例以此为基础对注意义务进一步完善——译者注。

④ “浪子回头的寓言……继续衍生着比其他寓言更多的二手文学作品。”〔Blomberg（1994），at 250.〕

⑤ 这一案件被重印在《证据分析》（*Analysis*）（2005 年）第十二章中。这是一个虚拟的案件，最初于 20 世纪 80 年代在美国全国审判竞赛（American National Trial Competition）中作为一个模拟问题而产生。这一案例设计得非常好，不仅因为文件内容全面，而且因为证据难以分析，很难均衡地分配，并且提出了有关审判策略和表达的有趣问题。

人为其受伤担心而有意回避他。在她一无所知的情况下，小詹姆斯已经取而代之并在其父写新遗嘱时到场。苏姗基于两点反对新遗嘱：(1) 立遗嘱人书写新遗嘱时不具备立遗嘱的能力；(2) 该遗嘱的订立受到了主要受益人小詹姆斯的不当影响。主要的争议点在事实方面。

在模拟法庭的环境下，各方当事人的律师被要求各自提出具有说服力的“理论”和“主题”（theme）来支持其主张。[⑥] 意料之中的是，苏姗一方的律师常常提出一个狄更斯笔下的人物形象：贪婪的亲戚讨好一个将死之人。同样不让人意外的是另一方律师常常援引“浪子回头”这个寓言。

发生问题的情形是在一所美国法学院当中，在分配双方角色之前，我让全班同学就该案中提出什么样的主题会更有用进行讨论。像往常一样，“浪子回头”这个寓言是首选的建议。然而，在这个节点上讨论却发生了出人意料的转弯。请允许我通过虚构一场对话来尽力重现该讨论。

特文宁：该寓言对哪方有利？

学生甲：当然是儿子一方。

特文宁：为什么？

学生乙：因为对一位父亲来说，在与疏远多年的儿子和好之后，自然非常慷慨。

特文宁：这是原来寓言的寓意么？

学生丙：寓言的本意可能是悔改和宽恕。这点依旧有利于小詹姆斯一方。

特文宁：你是说一个《新约》中的故事可作为在 21 世纪的美国一个
399 父亲如何行事的证据吗？

学生乙：不行。但是该故事确实支持了这一主张：就父亲一方而言该行为是合理的，因此他的行事并非不合常理。

特文宁：由“应然”不是无法推论出“实然”吗？

学生甲：好吧，这个故事提供了一个好父亲如何行事的常见模式，就像是“典范做法”。

特文宁：再问一次：那是证据么？

学生（异口同声）：是。

⑥ 在这一语境下，“理论”表示将涉及作为一个整体的案件的关键性论据。“主题”是该论据中的一个要素，该要素极度重要，因而需要反复强调。关于理论、主题和故事之间的关系，see above 289 - 94 and *Analysis* (2005), 118 - 20, 153 - 8。

特文宁：你们读过《圣路加福音》上的原文么？

学生甲和学生乙（窘迫地）：呃，最近没有读过。

特文宁（特意出示文本，并且将从圣詹姆斯版本复印出来的复印件分发给大家）[7]：

看，在回答大儿子的怨言时，父亲明确说道：“儿啊！你常和我同在，我一切所有的都是你的。”（LUKE 16：5，31）换句话说，“我并不是剥夺你的继承权。我只是举行一场宴会来庆祝而已”。无疑，这于苏姗有利。

学生丁：这种分析是学究式的。该故事给人的一般印象是关于和解、宽恕和慷慨的。正是故事的印象而非其文本会让陪审团产生共鸣。所以，该寓言的确对小詹姆士一方有利。

特文宁：这是理性的吗？

学生甲：苏珊一方的律师可以指出这一点，如果小詹姆士一方的律师试图用到这个寓言的话……

（对话继续进行）[8]

当然，上文是对师生行为的一种理想化构建。这一原初事件促使我进一步去思考理论和主题在有关事实问题的论证中所扮演的角色。而且我也开始更为认真地考虑这个寓言。我重读了《圣路加福音》，浏览了一些与“浪子回头”这个寓言以及其他寓言有关的神学作品。这表明，在对先例的法理学讨论和对寓言的神学讨论之间可能存在着一些具有启发意义的相似性。在这里，我自己主要探究关于寓言之“要点”的争论和有关某一案件判决理由之确定的争论之间可能存在的相似性，尤其参照了“浪子回头”这一寓言。

一、作为文本的案件和寓言

刚阅读一小部分神学作品时，我们很明显地发现在对寓言和普通法中案件的讨论之间似乎存在着显著的相似性[9]：二者都涉及那些具有潜在普适性的特定事例。二者都与“权威”相关联，尽管是以不同的方式发生联系。神学家和法律人一样，都已经涉足文学理论。[10] 就两者对原初意图、文本、背景和读者 *400*

⑦ See appendix.

⑧ 后来，那些转向这些要点的学生常常避免使用“浪子回头”和马丁·翟述伟（*Martin Chuzzlewit*）两个寓言来作为提出他们论据之主题的明确基础。

⑨ 在这一部分我主要依赖 Blomberg（1994），他的调查集中于1980—1994年这一段时期。See also Otto Via（1967）；Kallas（1992）；Jeremias（1966）；Linneman（1964）.

⑩ 一个有用的调查是 Thistleton（1997/1998）。

反映强调上的差异，存在着可加以类比的样式，诸如“注释”（exegesis）、“诠释学”（hermeneutics）这些术语也找到了进入司法文献的路径。然而，通过进一步思考会发现两者的差别至少是同样重要的。

《牛津英语词典》列举了“案件”（case）（et casus）的14种主要含义，其中包括：一个事件，一个机会，某种情形或某一事件发生或者某物存在的例子，以及某物的真实状态或位置。词典在“司法考量的事实状态”这个标题下还列举了6种法律用法，其中包括：（a）一场起诉或诉讼；（b）对任何尚在审判当中的问题之事实的一个陈述，被拟定出来供更高一级的法院来考虑（正如在案件中所陈述的）；（c）已决案件，包括一个经常被援引的案例［和］一个先例；还有（d）一个论据（［其中一方当事人的］诉讼主张所依赖的依据之和）。[11] 那么，在这里，我们主要关注作为先例的案件，同时也关注作为例证的案件和作为论据的案件。

作为先例的案件和寓言都体现在文本当中，从狭义上说就是以固定的文字形式来书写。[12] 当法律人在阅读和援引案件时，我们实际上是在参考某种特定的文件或文本——判例报道（law report）。当我们原汁原味地（in the original）阅读“浪子回头”这个寓言时，我们通常正在阅读的是圣路加对耶稣讲述一个故事之描述的一个翻译。每个文本的权威性、准确性和可信性都不一样，但都被视为权威的。[13] 判例报道中包含了每位法官的原话，而圣路加的记述顶多只能算作传闻。现代判例报道遵循一种标准的格式，《新约》（*New Testament*）则更为自由。不过，这两种文本都被当作主要的和具有权威性的，尽管是以不同的方式。

对这些文本之间的区别要牢记在心，将寓言和作为先例的案件的两种权威定义进行比较是非常有趣的。C. H. 多德对《新约》寓言作出了如下描述：“从其最简单形式来说，寓言是从自然或日常生活中提炼出来的一种隐喻或明喻，它凭借其生动性或奇特性来吸引听众，同时将那个精确应用寓言来诱使它进入积极思考持怀疑态度的心智放逐出去。”[14]

⑪ 来自《牛津英语词典》的释义。

⑫ 此处的关键点是，《新约》和判例报道都是以（相对）固定的文字形式来书写的（尽管翻译会有所差异），但是对寓言和案例的阐释却不是如此。关于以固定形式来书写的规则（如制定法）和非以固定形式来书写的规则（如习惯法或普通法规则）的区别，see（*HTDTWR*）at 131－2，137，218－9。

⑬ 关于确实性（authenticity）、真实性、准确性和可靠性的区别，see Schum（1994），*Analysis*（2005），ch. 2。

⑭ C. H. Dodd（1932）. 转引自 Donahue（1988）。

神学家们对寓言的本质众说纷纭。在我初步的阅读中，我已经发现了这样一些建议：一个标准——或一个特定的——的寓言应被视作一个隐喻、一个讽喻、一个"样板故事"（example story）。一个经验〔提供的是洞见而非"寓意"（moral)〕、一个类比、一个论据、一道谜语或者一个伦理故事。这些并非必然无法兼容，但是有些建议会带来解释上的深刻差异。如果将"伦理故事"这个词用于指一个含有某一特定"寓意"——该寓意能被表述成一个规范性命题——的故事，那么我将对这种解释提出质疑。然而，如果这个术语被拿来指一个属于道德话语广泛范围内的故事的话，那么，经过宽泛的解释，"伦理故事"可以将所有或者几乎所有这些不同的概念都囊括在内。⑮

比如说，如果将"浪子回头"这个寓言的要点解释为为上帝之爱的本质提供一个洞见（教训)，或者取而代之的是被解释成耶稣为与罪人共处所作的间接辩解（论据)，这两种解释都在"伦理故事"的广义概念中。解释者之间的 401
主要区别之一主要关乎将"要点"看成可以以命题形式来加以表述这种想法的恰当性。⑯ 与此类似，作为先例的案件、作为例证的案件和作为论据的案件都关注规范性话语。一个案件在多大范围内以及如何可能被解释成一个可辨识的、可表述的法律命题的权威根据或一个例证，正是"判决理由问题"所要解决的问题。

多德的定义尽管受到质疑，但却常常被认为具有相当的代表性。将其概念与一个众所周知的对"已报道案件"的美国式界定进行对比是很有趣的：

> 案件是指对人们之间的纠纷和争论的书面备忘录，它以不同程度的完整性和准确性讲述发生了什么、当事人各方都做了些什么、一些被期望公正行事的法官或其他裁判庭为了结束纠纷和争论都做了些什么、法官或法庭这样做的公开理由。⑰

这两种表述——如果被视为具有相当代表性的话——就凸显出《新约》寓言与被报道的判例之间的差异和相似之处。多德的描述强调了寓言性语言的四个方面：(1) 它的诗意的、隐喻的特性；(2) 它的现实主义；(3) 它的自相矛盾而又富有魅力的特性；以及 (4) 它的开放目的（open-ended）属性。⑱

人们也许可以将已报道案件描述成是 (1) 平淡的而非诗意的；(2) 从与

⑮ 这其中的几个以及它们之间可能的差别，Blomberg (1994) 中已有讨论。

⑯ Blomberg (1994) at 237 - 40.

⑰ 摘自 Dowling, Patterson, and Powell (1952), 34 - 5。

⑱ 以 Donahue (1988), 6 为基础。

现实活动（尽管并不必然局限于日常生活）密切相关这一意义上说是现实性的；（3）辩证的而非自相矛盾的；以及（4）尽管能吸引人们的注意力，但这并非它们的主要目的或特点。两者最重要的相似之处在于，无论对案件还是寓言的一般性意义加以解释都存在一定的回旋余地，但都应该受到文本与背景的限制。因此，主要的比较点在于对某一具体事件或情境所作描述之一般性意义的解释空间。有人可能会加一点说，叙事在两种类型的描述中都扮演着一种重要角色。[19]

上文提到的关于已报道案件的美国版定义凸显一些进一步的区别，也就是说，判例报道要遵循一种统一的格式而且一般包含一些标准要素：引发一个争议性法律问题（一般的）的事实（特定的），终结于一个受到合理、正当理由支撑的判决（无论是特定的还是一般的）。寓言区别于案件的地方在于并不总能提出鲜明的争点（“浪子回头”的争点是什么?），不涉及判决，也不要求结论有必然得以表述的合理、正当理由。不具备精心构造的争点和明确的正当理由可能会使对寓言作普遍性意义的解释时更开放一些，但是也许这一区别被夸大了。与此相似，案件会包括一个对特定争端的最终判决这样一个事实并不会影响对其普遍性意义的解释问题。先例对当前的纠纷和之外的事项都有直接的
402 实际影响。要对神学和文学文本的实际影响进行准确定位就没那么容易了。在一个一般性层面上，寓言和案件都以相似的方式来体现权威性。

二、案件的判决理由和寓言的“要点”

正如辛普森在早期一篇文章中所正确指出的那样，对“判决理由”这一术语的含义与确定某一特定案件之判决理由的问题这二者进行区分是非常重要的。[20] 从与该主题相关的大量文献中可以罗列出“判决理由”的 5 种不同定义或

[19] Donahue（1988）.

[20] Simpson（1961），159，168. 辛普森严格了有约束力先例的理由（ratio）这个概念。这源于这样一种观点：〔判决理由（ratio）〕是一个有约束力的先例的具有约束力的一部分。这种用法是正统的，但却不是唯一的。判决理由为一种具有权威性的——这种权威性可能是有约束力的，也可能是有说服力的——法律命题〔原则，规则或规则片段（rule-fragment）〕有两个优点：（1）它将“约束力”这一令人迷惑的问题从解释案件的其他问题中分离出来。先例的含义以及它作为先例的地位通常被作为两个独立的问题来处理。（2）它允许这样一种可能性，即相同或密切相关的解释方法既可以适用于那些对解释者具有约束力的案件，也可以适用于那些不具有约束力的案件。考虑一下对案件 A 的解释，这是一个由上诉法院作出的判决，在某一特定的时刻同时被上议院和一家基层法院加以解释。后者有约束力，而前者没有；然而，它之所以具有权威性，所依赖的命题却常常是一样的。不过，对于上议院和基层法院有关上诉法院在 Davis v. Johnson［1979］AC 272 一案判决的立场上的更细微差别的讨论，see HTDTWR at 266－8。关于我本人和辛普森在判决理由是否会随时间而改变这一问题上的不同观点，see below，n. 25。

用法：

1. 经由法官明确表述来作为判决基础的法律规则（对案件中的法律问题所作出的明确回答）；

2. 法官明确给出的作出判决的理由（判决的明确、正当理由）；

3. 法官为证成判决所作的推理中所潜含的法律规则（针对案件中的法律问题的潜在答案）；

4. 法官为判决所给出的潜在理由（判决的潜在正当理由）；

5. 使案件得以或能够站得住脚或者可为后来解释人员引为权威的法律规则〔针对案件的法律问题作出的归因性（imputed）答案〕。㉑

在日常的法律用法中，对该术语的使用是很宽松的，而且即便在法理学辩论中，每种用法都有其支持者。㉒ 所有这 5 种概念在法律话语和法律推理当中都占有一席之地：明确的规则陈述，潜在的法律命题，对于某一判决的明确与潜在的正当理由，还有法律的归因性命题，以上所有这些都会被作为先例之案件的陈述者在其他语境中使用。从当前目的出发，只需要注意以下几点就足矣：第一，该术语是模糊的，并没有一种固定的用法；还有第二，在前 4 种用法中，判决理由被认为包含在文本当中，因此不会随着时间的变迁而发生变化，而在最后一种用法当中，判决理由会随时间流逝而发生变化。

由于这个词的模糊性以及运用该术语之语境的多变性，对于其是否是一个有用的概念存在不少怀疑。㉓ 如我先前所述，第五种用法最为有用，因为它更紧密地将判决理由这个概念和对以往判例的解释与使用联系了起来：在且仅在对案件的解释需要涉及对每个个案的文本进行独立阅读的情况下，前 4 种用法才得以适用。㉔ 既然理论和实践都不排斥在前后案件、法律发展以及其他因素的背景下来解释先例，那么就不存在这种自我否定的解释规则。

前 4 种用法可以适用于**正当化**（*justification*）的语境——比如从原初法官或某些对案件中的论证进行理性重构的人的立场出发——当中，但大多数情

㉑ 引自 HTDTWR（1999），at 334。此处对定义问题有更为详细的讨论。

㉒ 参考书目，see ibid。

㉓ Twining（1988d），456－471（认为判决理由和附带意见这两个术语模糊了适用和解释先例时所涉及的东西）。克罗斯〔Cross（1968）at 77－8〕通过另一条路径得出了相似的结论。

㉔ Twining（1988d）．当然，一名法官在先前案件中的推理不仅可以被引作权威，而且可以被用作构建一个论据的原材料。在这一语境下，从一篇判决中引用一段话经常包含两个隐性主张：“这是一份有力的论据，还有看看这是谁说的。”

况下不适用于后续**解释和适用**（interpretation and use）。[25] 第五种用法在这里更为可行，因为：(1) 不同的解释者以截然不同的方式来将案件作为他们有关法律问题论证的一部分，比如，存在小心翼翼和勇往直前的两类解释者[26]；
403 (2) 单独的一个先例通常需要根据其他先例和其他背景性因素来加以解释；(3) 在对某一先前案例进行解释的过程中产生怀疑的那些条件同样会随着时间的改变而发生变化[27]：文本岿然不动，解释变动不居。

在神学领域中，对寓言的解释能否以及是否应该随时间变化而变化，存在着许多争论。很显然，解释者的视角、技术和处境会因时因地而发生变化，但是文本的神授来源自然会更加强调“原始意图”。与普通法中的案件相比，在寓言上要在读者与文本之间进行权威干涉的可能性更低；即使是一个专制的教会一般也不声称推翻、取消、限制、修改或者改变原始文本。[28] 尽管作出了如此有力的限制，但是只要对任何一个宗教的神学作品匆匆一瞥，就能了解为寓言和其他宗教文本的解释留有多大的空间。比如说，变迁之后的社会和其他条件与这种解释之间的相关性在伊斯兰教、犹太教及基督教当然都属于中心主题。

那些将“判决理由”视为法律命题（原则、规则或者规则片段）的用法（1、3、5）意味着在先例与那些具有可以被表达为命题的“寓意”的故事之间

[25] MacCormick (1987) 将第五种（归因）界定称为“判决理由怀疑论”（155 页）。他暗示说，采纳这样一种用法就意味着激进的不确定性或其他版本的“随意解释”。这种说法是错误的。后来的解释者经常在重视文本的同时也重视其他因素，这些其他因素更多的是在限制而非扩张解释的余地，比如，针对 *Donoghue v. Stevenson* 一案判决理由的不同解释，在 1999 年就比 1933 年的差异范围要小，而这恰恰是因为其他的背景性因素（contextual factors），尤其是后来的判决已经限制了进行合理解释的范围。我们现在意识到“邻居原则”过于宽泛，也知道了过失中的注意义务并不限于产品的生产者。麦考密克自己的解释更关注提供正当理由而非后来的解释和适用。辛普森（1961）将“一个案件的判决理由是一条规则，这一规则是由后来被要求对案件加以考量的法院所构建的”（168 页）这样一种理论抨击为一种“歪理邪说”。这与第五种定义不同，第五种定义与解释者的立场相关，而与对其他法院解释进行评论的那些人的立场无关。对于解释者 D 的以下说法并没有任何不当或奇怪：“案例 A 在案件 B 和案件 C 中被作出了不同的解释。”D 可能会偏爱这两种解释中的一种，也可能建构另外一种新的解释；D 可能会认为，在当时每种解释都是合理的，但今天没有一种是合理的，等等。

[26] *HTDTWR* (1999), at 336-7.

[27] Ibid., ch. 6.

[28] 杰里迈亚斯〔Jeremias (1966)〕总结道：“这些寓言具有双重历史背景。首先，不仅寓言的原初历史背景，而且耶稣所说的所有话的原初历史背景，都是它们在其世俗生活中的具体个人情境。其次，它们继续生存在原始教会当中。我们只有通过原始教会来接受它们这种形式才能了解它们，因此，我们面临着尽我们所能来恢复它们原初形式的任务。”（87 页）杰里迈亚斯认为其中的意涵也许已经改变，因为传播福音中对“原始教会”的关注以及它那喜欢添加概括性结论的癖好。像朱莉切尔（Julicher）和杰里迈亚斯这样的早期评论者一旦提炼出寓言的要点，就对故事本身失去兴趣。关于这种趋势的描述，see Bankowski (1998), 138; see also Bankowski and Davis (1999)。

存在一种紧密的相似性，两者都涉及从对特定事件的描述中提炼出一般性的规范性命题。狭义上说，寓言常常被视为德行故事。这是我在对神学文献进行审视之前的预设。人们会发现，寻求“寓意”有时候会被质疑是过于肤浅和单纯的。无须过于深入神学争论，人们便可以辨认出寓言解释上的多种不同的立场。这些包括如下命题：

1. 一个寓言的多义性也许有意为之的：有意任由听众从故事中提炼出自己的寓意和观点。由此看来，不同的读者在不同的时间和地点应该对文本作出不同的解释，这是符合这种题材的精神的。这种观点并不必然意味着赞同完全的不确定性和“作者已死”，因为解释的范围会受到诸多限制，比如，一个解释只有当其“契合”文本或者对已知的历史背景或原初观众的信仰背景进行正当的描述时才能被接受。由此观之，对“浪子回头”寓言存在多种解释这一事实应该被视作优势而非劣势。

2. 即使某人重视“原初意图”，也不意味着原文只有一个“要点”。“浪子回头”寓言的意义是变动的，例如，根据人们对浪子、父亲和大儿子的关注度多少而改变。没有理由说明为何一个寓言或者其他故事只需要一个“要点”[29]。

3. 如果“要点”这个词是用来指代“重要的或者本质性的事”（例如，问题的要点）或者“一个故事、一句隽语或者一段笑话的突出特色”（例如，他没抓住要点）[30]，不需要将要点仅仅局限于“寓意”。例如，该要点也许是一种洞见或者是个教训（例如，有关上帝之爱的本质），或者是一种论据〔“浪子回头”这个寓言是耶稣证明他与征税员（publican） 404
和罪人存在联系的方式〕[31]，或者是一个难题（大儿子应该如何行事?）[32]，或者是对那种想当然的假设提出挑战的一种方式（父亲不顾习俗，早在浪子表示悔改之前就跑出来拥抱浪子，父亲还如贵客一般招待他）。[33] 所有这些概念都具有评价的维度，但它们同以道德规则或原则形式表现的“寓意”有所不同。

[29] Blomberg (1994) 237 - 40.

[30] 引自《兰登书屋英语词典》(*Random House Dictionary of the English Language*)（1966 年未删节版）。《牛津英语词典》在解释“point”这个词时用了十几页，并列出了大量的细微差别或相似的词；其中与当前语境意思最接近的是：“28……在讨论中所涉及的确切问题；本质性的或重要的事物”。比较：“29b. 立论：建立一种主张，证明一个论点。”

[31] Linneman (1964), at 23.

[32] Kallas (1992), at 79 - 80.

[33] Blomberg (1994), at 232 - 3.

4. 寓言可以还被视作隐喻或者讽喻，它通过有力的形象来间接表达那些无法以命题的形式来充分表达的思想。[34]“浪子回头”这个寓言有力地抓住了人们的想象力，这与明确表述的一般性主张对人们的影响有所不同。通常，讲出一个要点或者寓意就会使一个故事变味。

该清单还可以大为扩充。

乍一看，这些观点中只有一部分似乎会适用于已报道案件。但是只有在人们阅读和使用案例是为了从其中提炼出法律主张的情况下，判决理由的这种想法才是重要的。当然，人们阅读案件还可能基于许多其他目的：作为司法风格的例证或者作为对当下问题的历史回应（如辛普森所为）；为辨别司法价值或偏见；为解构推理；为实质性论证提供原始素材。[35]“判决理由”的概念与这些阅读几乎甚至完全不相关。

相反的，人们可以为他们的“寓意”（morals）而阅读和使用寓言，但是很多神学家并不将这作为其主要用途。神学作品的启发意义在于提醒我们，除了将案件作为规范性主张的权威来源之外，它们还有很多其他用途。

三、解释、立场、具体个案的力量与怀疑的条件

罗纳德·德沃金提出了这样一个观点：解释使文本“得以充分体现”[36]。这一观点在某些语境下比在另外一些语境下更为适用。它一般适用于戏剧创作、交响乐演奏或者具有可替代结局的文本；它也适用于法律语境，尤其是在解释者参与到法律体系当中的时候，比如，与文本的初创者处于一种合作关系当中或者赞成该法律体系的基本原则的时候。但是，德沃金的解释观无法融洽地容纳对一本书或其他人为作品的一种敌意性批评、对某一文本渊源所作的直观的历史性描述或者试图对其进行“解构”的一种尝试。

在法律语境下，说税务顾问代表纳税人或者一名辩护人试图限制或掩埋一个不利的先例、霍姆斯的“坏人”或者法律委员会一名成员会考虑对有争议的法条进行修改都是为了使每个文本都“得以充分体现”，这将会令人感到很奇怪。就特定的解释者而言，最适当的解释或是从他们的目的来说最佳的解释，或是对于作为整体的法律体系来说最佳的解释，而几乎不会是就他们被要求进

[34] Ibid.，at 237 - 9.

[35] Above，n. 12.

[36] Dworkin (1986)，ch. 2，discussed *HTDTWR*，at 377 - 9. 德沃金的“整全性”（integrity）概念很容易从法律解释转移至神学解释；先例像连环小说的章节这种观点是没那么明显的类比。

行解释的每一个文本来说最佳的解释。带有敌意的解释并不必然涉及对文本的苛刻阅读、曲解或者未曾阅读——尽管他们实际上常常这么干。[37] 405

德沃金的用法也许可以适用于对寓言进行神学解读的大多数情形。即便如此，为了理解对寓言的不同解释，我们需要区分不同的立场。一位将该故事作为布道中例子的传教士、一位对10岁孩子进行讲授的周日学校老师、一位耶稣的传记作家、一位试图对路加的《新约》建构一个融贯解释的神学家，他们也许有着截然不同的优势地位、角色、目标和解释资源，他们也许还有不同的神学理论。与此类似，对于一位法律史学者、一起刑事案件的控方律师、一位上诉法官以及一本学生教科书的作者来说，何谓某一先例的最佳解释也许会根据他们的语境和目的而不同。

解释是一种涉及解释者、文本（或其他解释目标）和——间接地——文本的原创者彼此之间复杂关系的活动。解释是相对于解释者的立场而言的，因为这种活动发生在某一特定的历史情境或背景之下。解释者可能有着不同的优势立场、背景假设、信仰、利益、角色、资源和当前目标。

正如我们已看到的，有关判决理由的困惑主要发生在那些涉及将案件作为某一法律体系之内法律的权威来源而非其他目的来加以解读的语境下。[38] 在这一语境下，先例看起来就像是伦理故事，因为它们的意义在于它们赋予由该故事所提出之问题的一般规范性答案之上。对于一些解释者来说，寓言同样如此。但正如我们已看到的，就何时以命题的形式来表达某一寓言的寓意和要点较为恰当还存在分歧。

先例之所以会被报道，主要是因为先例会提出一般性的法律问题并试图给出答案。在将先例解释为法律的权威性渊源的背景下，常常可以一目了然地辨别出由该案提出的法律问题。关于解释的主要疑虑主要与这些问题及答案应该在何种概括层次上方能最好地表述有关。[39] 事实、争点和这些问题的答案都是

[37] Twining (2001) 119 - 37.

[38] 基于这些目的，德沃金的解释观也许对于大多数官方参与者来说都是恰当的，即便我们不能全部或部分接受他对法律解释和论证的具体理论。不过，正如在其他地方已经指出的，将有关角色的困惑与有关文本解释的其他困惑区别开来是非常有用的。*HTDTWR*, at 335 - 57. 因此，从一个辩护人的立场来辨别对先例的解释会涉及哪些问题（相关先例要么反对其观点要么支持其观点），比从一个法官的立场要简单，因为“法官的角色”更成问题。

[39] 关于某一先例的最佳概括层次的质疑并非仅见，但却是最普遍的。例如，关于一个案件的先例性价值（precedent value）可能产生疑问（其说服力强还是弱?；它已经被推翻还是被加以限制了?）；关于通过概念分类来对情境加以归类的恰当性问题〔例如，对于 Donoghue v. Stevenson 一案中的事实是否提出知情问题（privity）、过失中的注意义务问题或产品责任问题，在不同的时期人们有不同的观点，这些概念之间的差异不仅仅存在于概括层次上〕。

密切相关的，因为单一争点的案件范例契合于如下格式：

事实：X发生（特殊）

争点：如果X发生/在类型X的情形下，会发生什么呢？（一般）

答案：只要X发生，就会产生Y。（一般）[40]

X是一个常量，也就是X=X=X。一般情况下，对一个案件进行解释的主要疑虑在于X是如何界定的，尤其是X的概括程度如何。

X=X=X表明了寓言和先例紧密相似的一种方式。对它们两者来说而言，特殊性是它们的关键诉求。原因何在？三个不同但也许具有互补性的答案如下所述。

1. 如约翰·威兹德姆在讨论逐案（case-by-case）论证时所指出的，说“这是X的一个典型例子”和给出一个X的一般性定义之间存在一个
406 重要的差别。[41] 这是因为，在特定环境下作出确信的判断往往比明确表述一个精准的一般性规则或原则要来得容易。逐案判断比一般性规则的明确表达要来得容易。

2. 讲述一个具体的故事而不讲明其普适性意义也许是有些得过且过。但是这也会为后来的解释者得出他们的结论和作出自己的选择留出余地。在普通法中，将某一特定案件的结果视为已解决而没有对法官在案件中的推理和表述的规则予以同样重视的做法，也会为未来的解释者留有余地，也许会留有或宽或紧的自由裁量。

3. 明确的、命题性的说教或许过于学究化，往往会降低直觉和想象力在作出判断中的作用。[42] 儿童心理学家告诉我们，在进行道德教育时，间接的故事讲述比明确的说教和对道德故事的叙述对儿童更有影响力。也许这就是贝洛克在《警世故事》（*Cautionary Tales*）所讽刺的那样。故事比抽象的原则更容易理解和记忆，但是它们同样也会，如多德所说，妨碍听众进行积极的思考。它们更易于抓住想象力。

因此，某一描述的作用在于：(1) 将那些让案件明晰并且在特定的情景下

[40] “如果X”是一个条件从句，“那么Y”则是一条法律规则的归结。Y典型地与义务或责任相关（有罪/无罪、有责/无责）。

[41] See Yalden-Thomson (1974), discussing John Wisdom's lectures on ‘Proof and Explanation’ (1957). 现在参见一个完整的发表版本，Yalden Thomson (1991)。

[42] See above, n. 31－4.

作出确定判决的因素结合起来；（2）为后来的解释者作出自己的选择留出余地；（3）避免过于学究化的判断。

在寓言和已报道的案件——其中包括作为先例的案件——之间存在一些暗示性类比。但是在对寓言和先例的解释中也有着一些重要的区别。如果对每种类型中存在疑问的主要情形究竟是什么进行思考，这样一些区别就会显得更加清晰。当有解释的难题提出来时，询问“造成这种情形下的困境和疑问的因素有哪些”将有助于我们判断问题之所在。[43] 在当前分析的基础上，我认为至少有五个理由表明对寓言的解释为什么往往没有对先例的解释那样直截了当。这些理由可以重述如下：

1. 文本：在关系到权威性、准确性和可靠性以及翻译——尤其涉及耶稣当年到底说了什么——的时候，对圣经文本的确定比对当代法律报告的确定存在更多的难题。[44] 而且，当代法律报告遵循一种标准的格式，这种格式通常将原始材料（比如判决的确切原文）和二手“装备”（furniture）明确区分开来。

2. 体裁：先例之所以受到广泛报道是因为它们为争议性法律问题提供了权威的判断。作为先例的案件比作为一种体裁的寓言在内容上更能够得到清晰的界定。[45] 它们具有一种对先前未回答的法律问题加以决定的形式品质。

3. 立场：无论是寓言还是已报道案件都会在不同的语境下为各类解释者所阅读和使用。不过，在将案件作为权威先例来解释和使用的时候，来自法官、辩护人、法律顾问和解释者的标准参与者立场从整体上属于同一解释共同体，即便他们的角色、目的等会存在差异。[46] 其中一些角色和 407
目的得到了非常精确的界定。《圣经》的读者和那些援引、复述或使用寓言的人比起法律报告的读者来说数量更大也更为多样化。他们也许没有像这样定位精准的角色。也许在立场方面，最相近的相似点存在于研究《圣经》的学者和法学家在对教义的注释和解释中所扮演的角色之间。此外，对《圣经》的注释和对法律的注释也并非相同的行为。运用先例的大多数其他法律活动参与者——比如法官、辩护人和顾问——一般主要关注在法

[43] *HTDTWR*, ch. 6.

[44] Above, 400.

[45] Above, 401.

[46] 我回避了这样一个问题，即是不是所有阅读和使用法律报告的人，尤其是那些以一个外部的视角来考虑这个问题的非参与人，都可以被认为属于一个解释共同体。

律论辩中解释先例的语境，这种法律论辩关注的是特殊和特殊之间的关系而非特殊和一般之间的关系。这在神学领域则没那么常见。

4. 争点的提出：一个寓言被认为能给出答案的问题常常是不确定的，比如，"浪子回头"的寓言可能被解释为提出了像下列这样不同的问题：上帝之爱的本质是什么？耶稣赞同与罪人结交的理由何在？忏悔、宽恕与正义之间的关系是什么？有人也许会说，寓言不像已报道案件那样简单套用一问一答的框架；或者，取而代之的是，人们将什么问题归结到寓言中往往取决于其关于寓言的理论。案件之所以被选择来报道是因为这些案件涉及先前未得到解决的法律问题，依照先例理论并不会发生严重争议。[47]如果说由寓言提出的问题常常不及先例那样具有确定性，一旦寓言真的提出问题了，那么毫不奇怪的是，对一则寓言的合理解释不会仅仅在或主要集中在一个单一的概括层次区间内运行。[48]不同类型的问题得出不同类型的答案。而且我们无法像看待先例那样信心满满地将寓言看作是提出问题和回答问题的事物。

5. 先例的不断变动的使用条件和地位：变化后的社会以及其他环境（包括解释理论）相关性在神学中很成问题。不过，《新约》作为权威来源的地位是相对稳定的。另外，先例的解释者要将新判例、其他法律发展以及其他变化的环境都考虑在内：先例可能会被立法废除、推翻、限制以及扩展，等等。变化后的条件可能会对先例的地位和使用范围提出质疑，它们也可能会减少或消除疑问：比如，上议院对皮诺切特案的判决无论作为一个先例还是作为一个历史事件的范围和意义再过十年或二十年时间之后也许比今天要清晰多了。[49]

这五点表明，与解释寓言相比，将作为先例的案件解释为权威来源或者为法律命题提供支持要简单得多。当然，在解释先例时存在一些特殊的困难，比如存在多个判决，但是总体上说在《圣经》解释中怀疑的条件要更具实质性。我希望，这将有助于对先例进行驱魅。

[47] 多诺万（Katherine O'Donovan）正确地指出，在某些专业性法律报告系列中，比如像家庭法和医疗法，案例不是因为其作为先例的价值而被遴选出来，报告的案例的增多可能是出于商业原因，这将使遴选案例的范围不局限于那些具有"先例价值"的案例。因此，我在这里的评论仅仅是指一般性的范例，精选的法律报告遴选的标准传统上主要与它们作为先例的价值有关。

[48] Above，405. 当然，关于一则道德故事的"寓意"的概括水平或范围可能还存在一些疑问（见下文），但是这不是对寓言产生怀疑的主要来源。

[49] R v. Bow Street Metropolitan Stipendiary Magistrate，ex Pinochet Ugarte (Amnesty International Intervening) (No. 3) [1999] 2 All E R 97.

然而，对神学的这种小小探险也提醒我们，除了仅仅将已报道案件作为权威来源之外，还可以其他多种重要方式来看待它。近期对圣经解释学中文学理论的兴趣激增，这对于法律报道的其他解读方式比将案件解读为先例可能更具有启发性。[50] 408

四、寓言的判决理由

法律人的解释进路对寓言是否有些许的启示？例如，人们是否可以合理地主张，“浪子回头”这则寓言的要点或寓意可以结合司法方法和神学洞见提炼出来？为了保持简洁，我们先假定詹姆斯国王有关路加对耶稣之寓言的叙述的翻译是一个真实且可靠的主要来源。我的立场则是，一位具备普通法律背景知识的外行人，是出于一般性兴趣而非什么特定目的运用学术性评论来澄清我对寓言之意涵和意义的理解。

首先，背景：文本表明耶稣正在对于法利赛人抱怨其与税吏金和罪人交往作出回应。主要听众由抄写员、法利赛人以及耶稣交往的一些人组成。这两类听众的背景性信仰和态度是有一些历史性证据的。比如说，对于小儿子来说，提前带着所分割的遗产迁居他处并不少见。[51] 法利赛人对忏悔和宽恕有着清晰的思想（规则?），所以父亲宽恕儿子的行为并没有什么新鲜或者让人惊讶的。[52] 但是这位父亲的行为确实有违常理，也许是令人震惊，因为他跑出来迎接儿子，在儿子表示悔改之前就拥抱了他，并且超出了单纯的宽恕，如贵客一般款待，还特别安排了一个盛会来庆祝。如果他减少了大儿子的继承份额的话，情况会更震撼，但是他没有这么做。实际上他劝解他的儿子应当把注意力放到找回迷失的羔羊所带来的欢乐上。路加在同一章还包括了其他两个同样关于欢迎悔改为主题的寓言：迷失的羔羊和丢失的银子两个寓言。对于第二个寓言甚至有一个明确表述的寓意在其中：“同样的，我对你讲，当上帝的天使出现在悔改的罪人面前时就有快乐。”

文本的语境和历史背景将在相当程度上降低进行解释的空间。它们告诉我们，对于读者来说，什么是理所当然的，而什么是新鲜的。它们精确地指出耶稣正在提出的一个核心问题：你们为何要与罪人为伍？先前的寓言明确将欢迎悔改看成是中心主题。实际上，有人可能会问：在解释时有了这些帮助，那还

[50] Thisleton (1997/8) .

[51] Otto Via (1967), at 169－70 (citing Linneman) .

[52] Linneman (1964), at 74－6.

有什么问题？然而这恰恰是神学文献中最具争议的一则寓言。[53]

那么，怀疑的条件是什么？有些困惑和分歧与文本的地位有关、与该文本同圣托马斯的福音书之间的关系有关，也与不同使用者——比如传教士和布道者——的立场有关。从我的目的出发我已经将这些困惑和分歧排除在怀疑条件之外，并且集中关注学术性神学评论。解释的范围依然非常宽泛。何以如此？

一系列困难与体裁有关。一则寓言到底是一种讽喻、隐喻、论据、谜语抑或其他？围绕下列问题的这些细微差别产生了诸多质疑：一则寓言应该被视为
409 仅有一个要点或寓意吗？这些寓意能否被恰当地表述成“命题”？寓言的意义应该被认为随着时间的变迁而改变吗？如果是，会在多大程度上改变？还有，与此相关，应该在多大程度上强调“原初意图”？在这里，与法律解释的相似性是相当显著的。

对于我而言，这其中有些疑问很轻易便能够化解。比如，采纳这样一种建议即“浪子回头”的寓意取决于下列三个特征中哪一个是关注的焦点。（第一个是）儿子的忏悔和他希望他能够被接受回来包含了来自浪子们的一些教训，尽管是在一个较低的位置上。不过，这一语境表明这些基本观念是老生常谈的，而且儿子的行为和态度并没有为法利赛人所提出的问题提供一个答案。因此，我认为这不可能是这一故事的主要要点。

父亲的行为和态度更为令人震撼。在对待浪子这一问题上，他为富有同情心的父亲们提供了一个全新的、有力的榜样。从中人们也可以窥知上帝之爱的本质。不过，故事并没有到此为止，而且这本身也表明父亲对浪子的态度并不是寓言的唯一关注点。

大儿子的反应以及父亲和儿子之间的互动是寓言的第三个关注点。卡拉斯（Kallas）认为寓言以一个谜题来结束：大儿子（以及被类比的法利赛人）应该怎么做？[54] 对此，我并不同意。因为从这一语境中可以很明确地看出，在这种情况下，父亲的行为举止已经暗示了，唯一正确的反应便是全心全意地加入庆祝当中。我们可以提出一个强有力的论据来支持这样一种主张，即大儿子代表着法利赛人，而他的错误就在于过于循规蹈矩。他一直按规矩办事，并认为他理应受到奖赏。或许我们可以进行进一步的解释，从而提出这样一种观点：耶稣是在暗示，拯救依赖于信仰而非工作。但这并非唯一可能的解释，而且它

[53] 相比之下，由辛普森所提出的（参见前注㉕）主导性案件的背景性历史在体裁上倾向于阐明后来的解释将在多大程度上偏离原初的语境，这一语境也许不会对解释的范围带来限制甚至影响。

[54] Kallas（1992）.

也许是对这一寓言的过度解读。在这里我们只要叙说下面这一点就足够了，即便人们接受主要要点和父亲与大儿子之间最后的交流有关，依然还有许多问题悬而未决，比如这种交流的最佳解释到底是什么，以及它能够以命题的形式来恰当地表述出来吗。

与其追逐这只野兔，不如让我们从法律人的角度来采取行动。让我们假设我们被说服，认为寓言中浪子的行为和他父亲对他的方式是恰当的，而大儿子在当时情况下的反应是不恰当的。如果将事实稍加改动，结果将会怎样？

假设浪子尚未悔改：父亲以完全相同的方式——宽恕、特别的欢迎以及一个庆祝仪式——来对待他恰当吗？假设父亲甚至更为慷慨，并将大儿子的部分（或者，如詹姆士·沃伦爵士所说，全部）应得的遗产都给予悔改的浪子呢？如果后来大儿子有进一步的理由表明自己受到委屈了呢？比如，小儿子继续受到父亲的特别宠爱或者被发现是在利用其父亲的宽容之心。大儿子的顺从和善行难道不应给他带来拯救么？或者仅有善行还不够？事先的忏悔、无条件的宽 410
容和一个庆祝派对（但仅此而已）是有关宽容、忏悔与正义之可能寓意范围的潜在限制性因素。[55] 一个或多个这样的因素可能会为区分原始情境和某一将来情境提供一个基础。或许也可能不会提供。在所有这些问题上，寓言是开放的。在为与罪人交往这一问题提供正当理由这一特殊语境中，此类问题并不存在。或许最初的寓言只呈现给我们一个简单的例子。在事实方面，这只是关于X的一个清晰例子，但对于X所涉及的一般性范围而言，它却是模糊的。

五、教训

通过上面这个练习我学到了什么？第一，我一直认为解释法律文本问题比起文学理论来说更接近神学。我的第一次神学学术之旅强化了这一观点。

然而，寓言和先例解释之间的差别与相似点一样明显。像所有的类比一样，这一类比也很容易被过度引申。不过，在这一领域进行进一步硕果累累的跨学科交流的可能性还依然存在。或许因为法学需要处理更大的难题，比起法学有关先例的文献，关于寓言的神学文学总的说来更为广泛和成熟，特别是在解释学和文学理论的相关性上。法学和神学之间具有互惠性，因为法律人在处

[55] 比较在主导性案件中这些限制因素的使用：在 Donoghue v. Stevenson［1932］AC 562 案中，“邻居规则”被提出来限制注意义务的范围；同样的，在 Candler v. Crane Christmas［1951］2KB164 案中，丹宁先生（异议）在试图将注意义务范围扩张至涉及经济损失的过失虚假陈述时，他小心翼翼地强调邻近、专家—非专家关系以及信任来作为潜在的限制因素。See above 300 - 3. 在 Rylands v. Fletcher 一案中对该规则的经典表达依然包含了这些限制因素。

理如问题建构、相关性、实质性以及假设运用这些问题时往往会给神学困惑带来些许启发。

第二，上述练习已经颠覆了对文本进行循规蹈矩的阅读和问题式阅读之间的差别。[56] 对“判决理由”这一术语的不同用法之间的细微差别以及理论文学的一些微妙之处并未对作为先例的案件的常规阅读和运用带来太多的影响。与此相似，我们当中绝大多数人都是在没有复杂神学装备的情况下来阅读或倾听寓言或其他圣经故事的。我的学生对原始文本采取了一种绅士态度。迄今为止，我可能已经错失了“浪子回头”的主要要点——如果它有要点的话，但它依然说了一些有关忏悔和宽恕的东西。当在疑难案件中产生真正的困惑或分歧时，立场的澄清、质疑条件的诊断以及作为规则的判决理由、作为理由的判决理由、论据的重构以及归罪之间的区分便成了重要的工具。[57] 类似的条件在神学中同样适用。

第三，我对“浪子回头”的理解也发生了改变。我不再认为它仅仅或主要关乎顺从和宽恕。对语境的关注从两方面缩小了对其进行合理化解释的范围。历史知识有助于我们去区分对于原初听众来说什么是熟悉的，什么是新颖的、令人吃惊的或甚至令人震惊的。这一语境还帮助我们识别出一个——也许是唯一一个——核心问题：耶稣是如何为与罪人交往提供正当理由的？答案包括这样一些观点：罪人的灵魂与正人君子的灵魂一样重要；当一个迷失的灵魂被
411 “找回”的时候，我们有特别的理由来为之感到高兴。然而，即便我们可以表述出一个清晰的中心问题，这一问题的答案以及这一正当化的范围和意涵还依然存在一些模糊之处。这则寓言本身对答案或寓意所能适用的情形范围保持一定的开放性。这一点已经为故事中的限制因素所例证：儿子事先和真正的忏悔；大儿子的利益未因庆祝而受到实质性影响；宽恕是否绝对地不附条件不甚清楚。

在先例的语言中，这些问题与统领性规范或原则的概括程度有关。但是，当然还存在其他潜在的意涵层次，而这也许是对该故事的一种循规蹈矩而且肤浅的解读方式。我原本在本能上认同大儿子，他经常被解释为代表了循规蹈矩的法利赛人。现在既然我看到了这一点，我可能更强调这位浪子及其父亲。不过，对我来说，这篇寓言依然留下许多关于正义的问题有待解答。

第四，尽管寓言和作为先例的案件之间存在显著的差异，它们之间的类比

[56] *HTDTWR*, at 207－8.

[57] Ibid., chs. 6 and 9.

也是富有启发意义的。正如上面提及的，有关寓言的神学文献是成熟且极具启发性的。比如，它提醒我们，就像案件一样，寓言会在不同的背景下基于不同的目的来加以解读和解释。多视角被带来赋予寓言，有些为法理学所熟悉，有些则没那么熟悉。[58] 这个练习已经刺激我去进一步对作为先例的案件进行反思。它已经在一些方面佐证或强化我先前的观点，比如，在立场、质疑的条件以及“如果……会如何”问题的应用方面。它还让我重新思考其他问题，比如，在一个一问一答的框架内以命题的形式来尽力表述先例的潜在解释是否不会过于学究气。

可能还有其他教训。但与其通过表述一个寓意来使我的故事变味，不如让读者们得出自己的结论。

附录 《圣路加福音》第十五章（詹姆士国王版）

1 众税吏和罪人都挨近耶稣，要听他讲道。

2 法利赛人和文士私下议论说：“这个人接待罪人，又同他们吃饭。”

[3—10]［丢失羊和丢失银币的寓言故事］

11 耶稣又说：“一个人有两个儿子。

12 小儿子对父亲说：‘父亲，请你把我应得的家业分给我。’他父亲就把产业分给他们。

13 过了不多几日，小儿子就把他一切所有的都收拾起来，往远方去了。
在那里任意放荡，浪费资财。 412

14 既耗尽了一切所有的，又遇着那地方大遭饥荒，就穷苦起来。

15 于是去投靠那地方的一个人，那人打发他到田里去放猪。

16 他恨不得拿猪所吃的豆荚充饥，也没有人给他。

17 他醒悟过来，就说：‘我父亲有多少的雇工，口粮有余，我倒在这里饿死吗？

18 我要起来，到我父亲那里去，向他说：父亲！我得罪了天，又得罪了你；

19 从今以后，我不配称为你的儿子，把我当做一个雇工吧！’

20 于是起来，往他父亲那里去。相离还远，他父亲看见，就动了慈心，跑去抱着他的颈项，连连与他亲嘴。

21 儿子说：‘父亲！我得罪了天，又得罪了你；从今以后，我不配称为你

[58] 对多视角范围的有用考察，see Blomberg (1994) and Thistlenton (1997—1998)。

的儿子。’

22 父亲却吩咐仆人说：‘把那上好的袍子快拿出来给他穿，把戒指戴在他指头上，把鞋穿在他脚上，

23 把那肥牛犊牵来宰了，我们可以吃喝快乐。

24 因为我这个儿子是死而复活、失而又得的。’他们就快乐起来。

25 那时，大儿子正在田里。他回来，离家不远，听见作乐跳舞的声音，

26 便叫过一个仆人来，问是什么事。

27 仆人说：‘你兄弟来了。你父亲因为他无灾无病地回来，把肥牛犊宰了！’

28 大儿子却生气，不肯进去。他父亲就出来劝他。

29 他对父亲说：‘我服侍你这多年，从来没有违背过你的命，你并没有给我一只山羊羔，叫我和朋友一同快乐。

30 但你这个儿子和娼妓吞尽了你的产业，他一来了，你倒为他宰了肥牛犊。’

31 父亲对他说：‘儿啊！你常和我同在，我一切所有的都是你的；

32 只是你这个兄弟是死而复活、失而又得的，所以我们理当欢喜快乐。’”

第十四章　再次认真对待事实*

417

引言

1980年，我曾发表过一篇题为“认真对待事实”的论文，这篇文章广为人知，但却几乎未能产生什么影响。① 我觉得，这篇文章的观点非但正确，而且对于我们在法律方法、法律理论、证据法以及法学教育等方面的学术研究的理念和实践都是非常重要的。它的命运让我想起了卡尔·卢埃林的一句名言：“当西塞罗发表演说的时候，你说，‘没有一个德行之人能够如此雄辩’；而当德摩斯梯尼发表演说的时候，你却叫喊道：‘开战!!’”这篇文章似乎已成为一个失败的倡议。

这篇演讲稿最初的场合是在维多利亚英属哥伦比亚一所新法学院大楼启用仪式，背景是一场有关法学教育的研讨会，听众主要由法官、高级律师、法学学者以及法学学生组成。在场的不会超过四五个证据法专家。我的主题是“证据、证明与事实认定”（EPF）领域在法学学科当中理应占据一个更为突出的地位。论证要旨在于事实侦查、事实管理以及在法律语境（不仅仅在法庭）中对争议性事实问题的论证值得关注，同时也和法律问题的解释与推理有着相同的智识需求。这是对事实研究在法学教育中之重要性的一个论证，它是面向一般性法律听众所作的一个论证。

当这篇论文发表的时候，它被客气地接收了，但却未能说服人。这也许是因为它介于多种读者之间吧：实务者们相当喜欢它，但它是有关法学教育的；许多法学学者觉得它是向那些证据法专家说的，因而不在他们的关注范围之内；一些证据法教师把它当成是对传统证据法课程的一个激进而不圆滑的批判；另外一些人则将其当成对不受待见的威格摩尔图示法的可怜兜售。

在这里预期的听众不但包括证据法专家而且还包括一般意义上的法学学者。我的目标包括三个部分：第一，重述原来的主张并且论证它值得支持，这主要不是或者完全不是为了减轻课程压力，而是因为许多问题对于理解和践行

* 本文的一个修改版曾发表于《法律教育期刊》〔（2005）*Journal of Legal Education*（No. 3）〕上，经编辑同意发表在此。我对在伦敦大学学院、伊利诺伊大学和诺丁汉大学所召开的多个会议的参与者们表示感谢，他们对本文提出了有用的评论。对保罗·罗伯茨（Paul Roberts）长久以来鼓舞人心的观点交流，我也谨表谢意。

① Above Ch. 2，originally published in Gold（ed.）（1982）and 34 Jo. Leg. Ed. 22（1984）.

法律是相当重要的。第二，要考虑在课程负担过重还有证据问题在课程的其余
418 部分备受忽略的条件下，如何能够建构起一门融贯的、单一的证据课程。[②] 第三，指出新近证据依其本身特性而逐渐形成一个跨学科领域对法学中的证据研究与教学可能产生影响的几种方式。

一、证据主题理应在法学学科中占据一个更为核心的位置

与其重新走过早前那篇论文已经涵盖的土地，不如让我简要地重述我们的主题之所以重要的几个原因。标题上的那个论点可以化解为以下 5 个小标题：

（1）理解证据是理解法律的一个重要组成部分。

（a）对于法律理论来说，EPF 是非常重要的，因为它提出了一个完整的理论问题疆域，而这个疆域往往并未被涵盖到主流法理学的议程当中。

（b）在法学许多专业领域的研究当中，EPF 应该扮演一个重要的角色。

（2）EPF 在法律实务中是重要的。

（3）对于开发一些基本的可移转的知识技能来说，EPF 是一个良好的工具。

（4）随着法学学科变得更为世界性，在 EPF 方面提出了许多有趣的、全新的比较、概括与杂交问题。

（5）证据主题正逐渐依其本性成为一个显著的多学科领域。

（一）理解证据是理解法律的一个重要组成部分

（a）**对于法律理论来说，EPF 是非常重要的**，因为它提出了一系列常常未被大多数法学理论家的议程涵盖的理论问题：将“法律推理”视为仅仅与——通常是疑难的——法律问题相关的做法不过是法理学议程中多个更具根本性的曲解的表征罢了，这一点我已经在另外一个地方详细论证过了。[③]

令人奇怪的是，事实裁定问题很少在裁判问题当中扮演一个重要角色。[④] 一个人在忽略事实问题认定、程序与判决（disposition）的情况下如何能够拥有一个融贯而又完整的裁判理论？以事实问题与法律问题之间那种众所周知很成问题的区分这种脆弱的基础如何能够为两类文献的截然两分提供正当性基

② 本文主要关注基本法学教育的课程，可能是本科生（比如在英国），也可能是研究生（比如在美国或者其他普通法国家）。一般性的主张对两者都是适用的，但正如下文所指出的，时间上的压力，还有来自职业资格考试的压力，因法域不同而有所差别。

③ Above，ch. 8 and *LIC* ch. 6.

④ 比如，由罗纳德·德沃金在《认真对待权利》和《法律帝国》中所提出的现代最为重要的裁判理论几乎完全忽略事实认定与制裁这样一些问题。

础?[5] 令人感到诧异的是，证据法中的一些基本概念，比如相关性、实质性、证明力、概率、可信性以及推定，很少获得来自分析性法理学的持续关注。[6]

令人奇怪的是，几乎所有法律推理与法律解释的讨论都集中在对法律问题的推理与解释方面，不仅仅很少或完全不曾提及有关事实问题的推理，而且在更为一般层面上也很少或完全不曾提及在其他法律语境比如侦查、谈判和制裁 *419*
当中的推理与合理性（rationality）。这些不同类型的法律人推理之间的关系也未曾得到恰当的探索。

令人奇怪的是，叙事与论证之间的关系、“整体主义”与“原子主义”之间的关系，还有融贯性问题，不应被理解为处于法律推理与合理性理论的核心地位。[7] 如果叙事和故事（stories）仅仅被视为与裁判中的争议性事实问题相关的话，那么叙事在法律话语中的角色以及有关叙事、推理、论证与说服之间的关系问题都将被曲解。[8] 故事与故事讲述（story-telling）在比如侦查、调解、谈判、上诉辩论、量刑以及对危险的预测这样一些领域中同样是重要的。[9] 法律与法律论证当中的一个一般性的叙事理论需要将所有这些问题都涵盖在内。在“法律与文学”的名目之下[10]，这些主题中有一些已经被选择性地讨论过了，但一个整体性的框架依然还有待发展，在这一框架之内，所有的研究路线都应该被视为彼此相关。

对于在理解法律的过程中将会涉及什么的一个平衡性观念，法理学需要更为认真地对待与证据相关的问题。[11] 忽略这些问题所带来的只能是一幅对裁判、诉讼、法律推理以及法律实践加以扭曲的图景。

⑤　Cf. Ronald Allen and Michael J. Pardo（2003）and Kirgis（2004）.

⑥　一个经典的例外是 Montrose（1968）。分析性法理学的一个扩展性概念与其议程的状况在 Twining（2005）中得到了发展。

⑦　尼尔·麦考密克的论文《法律证成中的融贯性》[*Coherence in Legal Justification*（1984）] 已经激发出广泛的文献，但依然主要与法律规则的解释和适用相关。See also Pardo（2000）.

⑧　Above ch. 10.

⑨　Above ch. 10. See also David Schum *Foundations*（1994/2001），195－9；Binder and Bergman（1984）（事实侦查）；Llewellyn（1960）（上诉案件）；Shapland（1981）（减刑请求）；Beecher-Monas（2003）（未来危险性的预测）；《证据分析》[*Analysis*（2005）] 采纳了一个整体的过程模式并且将更多的重点放在侦查（第二章）以及不同类型判决中证据评估标准上（第八章）。

⑩　E. g. Ledwon（2003）.

⑪　比如，保罗·罗伯茨曾报告说，“有这样一种怀疑说特文宁，作为一名法理学者，意图将证据法转变成法理学的一个分支”〔P. Roberts（2002）at 310〕。这是一种讹传。我可能是一位证据帝国主义者，但我的要点在于在法理学内部忽略这些问题将倾向于激发对法律和法律现象的一种扭曲理解。正如卡尔·卢埃林的一位相当虔诚的信徒——同时也是我的合著者——特里·安德森和我都反对在“理论”与“实践”之间作出截然区分，但正如罗伯茨所指出的，我们的“证据分析”教学宣称要比正规的证据法研究具有更为直接的实用性（同前）。

（b）**在法学许多专业领域的研究当中，EPF应该扮演一个重要的角色。**事实问题与其他证据问题在法律的每一个领域中都会被提出，歧视、土地纠纷以及强奸[12]就是典型的例子。这一点被广泛承认，但却不曾被践行。在证据法课程与程序法课程、法律建制（比如陪审团、警察）与法律程序之间存在着广为人知的重叠难题；有关在国际刑事裁判庭中的证明难题（不仅与证据规则相关，而且关于反人类罪是否提出了任何独特的证明问题）的文献也在不断发展当中。[13] 有些问题与一些更为一般性的问题有关，这些问题是有关证明原则在多大程度上是无关语境（context-independent）并且实体无涉（substance-blind）的。[14] 这样一些问题不仅仅在法律语境中提出，而且从跨学科视角对证据进行更为一般性的也更为敏锐的思考。[15]

（二）证据在法律实务中是非常重要的

当杰罗姆·弗兰克提出说裁判和审前工作中超过90%更关注有关事实的怀疑和不确定性而不是有关法律问题的解释和论证的时候，他显然对实际情况略打折扣，这主要是因为他仅仅关注诉讼，还有他的主要关注点是对抗性的陪审团审判。[16] 但其一般性信息大体上是正确的——推论性推理和信息处理的其他方面在法律实务的大多数情境中都是重要的，但在法学教育和培训当中却被相对忽略了。在美国律师资格考试中重点关注联邦证据规则以及在警察培训中重点关注证据规则而忽略推论性推理就是最好的例子。[17]

（三）EPF是用于开发一些基本的可移转的知识技能的一个良好工具

技能在推论性推理当中就犹如法律问题作为“法律方法”的一个组成部分般必要。[18] 在EPF之内，主要的组成部分包括：（a）管理复杂数据，还有
420 建构与批判复杂的论证，其中包括像时序表（chronological tables）、通过来源来区分证据、威格摩尔图示以及故事这样一些用于整理证据的技术[19]；（b）推论性推理与微观分析技能；（c）一些基本的运算技能[20]；（d）建构、沟通与反驳有说服力的故事；以及（e）与以上所有这些相关的伦理问题。

⑫ 比如，Ellison（1998），Kibble，（2004）。

⑬ See below n. 27.

⑭ See Schum in *Evidence and Inference*（2003），ch. 1 and below，ch. 15.

⑮ See below，at 428 - 9.

⑯ On Frank see above 116 - 9.

⑰ Leary（2004），ch. 1.

⑱ 对“技能”受限制的（illiberal）这些反对意见的回应，see *LIC*，ch. 9。

⑲ 整理证据和建构论证的不同方法在《证据分析》[*Analysis*（2005），chs. 4 - 6] 的第二版中得到了详细的论证。

⑳ See Analysis（2005），Appendix Ⅰ，and Hawkins and Hawkins（1998），and Wagenaar and Crombag.

我们中有些人寻求在证据课程的范围内来发展这些技能。[21] 这也可以做得很好，但包含两种代价：第一，有些主题在其他语境中是重要的。将它们隔离在以事实管理为焦点的语境中实质上是在理论和实践层面上将它们与其他相关语境人为地割裂开。比如说，运算技能所运用的范围不能局限于概率和证明。[22] 第二，如果这些问题中有些问题不在其他地方处理，将给证据课程带来巨大的压力。

（四）随着法学学科变得更为世界性，在 EPF 方面提出了许多有趣的、全新的比较、概括与杂交问题

最近几年来，比较程序与证据法还有全球化对法学研究的意蕴已经引起了越来越多的关注。比如说，达玛什卡的开创性著作不仅为程序制度，而且为在这样一些制度中证据问题如何处理的比较提供一个框架。[23] Crombag，von Koppen and Wagenaar 则将美国心理学家和其他人所提出的思想和假设适用于荷兰的案件当中。[24] 这项工作提出了一些重要的问题，即逻辑原则、证据概念、经验发现以及具体规范能在多大程度上"良好地穿梭"（travelling well）在多个法律系统和文化中。[25] 一些大陆法系的法律人告诉我说，比起普通法制度，"理性主义传统"的理想类型似乎更契合于大陆法制度。[26] "真相与和解"委员会、国际刑事法院，还有国际商事仲裁，在这些专业情境中都提出了有关证据与证明的有趣问题。[27] 当然，欧洲人权公约对英国的证据法也产生了直接或间接的影响。[28]

---

[21] 如果一个人相信故事在事实认定中扮演着一个重要角色，但也是"作弊"的首选工具，那么，讲授说服性故事的技能也就会提出一些困难的伦理问题，这些问题与讲授修辞学的经典难题类似。

[22] See，比如，the range of topics covered in Finkelstein and Levin（2001）；Gastwirth（2000）；Dawid（2005）。

[23] Damaska（1986），（1997）.

[24] Wagenaar，von Koppen，and Crombag（1993）（discussed GJB Ch. 13）；cf. van Kampen（1998）；Anderson（1999a），Malsch and Nijboer（1999）.

[25] 关于"良好地穿梭"的概念，see Twining（2005）。

[26] See above 85－6.

[27] 比如说，考虑一下由下面这些人所提出的不同问题，Krog（1999）（有关南非的"真相与和解"委员会）；Jacob K. Cogan（2000）（国际刑事法院中的证据）；May et al.（2001）（前南斯拉夫问题国际刑事法庭）；Wald（2003）（前南斯拉夫问题国际刑事法庭）；Hirsch（2000）（种族灭绝的审判）；Dezalay and Garth（1996）（国际仲裁庭）；Roebuck（2001）（古希腊仲裁）。

[28] Eg. see the Table of International Instruments and Comparative Legislation in Roberts and Zuckerman（2004）；比较一下斯蒂芬·塞德利爵士所说的："我无法理解，比如，现在在没有将［欧洲人权公约］的法理学融合进去的情况下，如何可靠地讲授证据法。"［Sedley（2005），at 7；cf. Choo and Nash（2003），J. Jackson（2005）.］

（五）证据主题正逐渐依其本性成为一个显著的多学科领域

这也许是近年来最为有趣的进展，我们将在下文中讨论到。

基于以上所有理由，EPF 值得在我们的学科文化中占据一个更为核心的位置。

二、在第一学位层次上讲授证据：一个建议性框架[29]

EPF 在法学学科内值得占据一个更为核心的位置这样一种观点意味着这样一个主题在本科生和研究生学位项目中理应获得一个更大的空间。要么在法律方法、法理学、法律制度体系以及类似课程的名目之下应该给予证据性问题
421 以更大的关注，要么在总体领域中至少要留出两门课程的空间出来。不过，在这样一种观点被接受之前，我们还是必须面对这样一个难题，也就是在一个课程负担过重的语境中来设计一门融贯的证据课程。

在一场题为“反思证据法”[30] 的有趣演讲中，保罗·罗伯茨力图对我有关认真对待事实的主要主张给予支持，但对我所作的辩护却加以批判。他集中关注本科生层面上证据法课程的讲授，就课程负担而言，这一层面是最成问题的。在谨慎地重申他对于本科生教育多元化的承诺的同时，罗伯茨已经为一门本科生证据课程建构了一个模式，这种模式与那种视野更为狭隘的证据法课程形成鲜明的对比。这一种模式现在已经由罗伯茨和朱克曼激动人心的《刑事证据》（*Criminal Evidence*）来加以贯彻并加以具体化。[31]

在将第一法律学位作为一种通识教育的最终正式阶段这样一种传统观点的基础上，罗伯茨为证据教学阐明了一个基础性原则。[32] 通过“反复灌输相关的、健康的以及可采用的（或多或少）可传承的技能来帮助学生变成终身的学习者，并且推进勇于担当的公民化”来为这一事业作出贡献。[33]

让我们接受这一点来作为一个可以辨认的起点，以此为起点来将证据这门课程作为一个通识性本科生法律学位的一个组织部分来加以建构，而不去理会

㉙ Nicolson（1999）与 Murphy（2001）赞同这种一般性进路，但却提出了不同的策略。Cf. Mack（1998）（认为多样性嵌入相关的证据性问题与证明逻辑当中）。

㉚ Roberts（2002）.

㉛ Roberts and Zuckerman（2004）.

㉜ 对这一观点的经典美国表述是卡尔·卢埃林的“作为一种通识教育的法学学习”［1960，reprinted in Llewellyn（1962），ch. 17］。

㉝ Llewellyn（1962）301.

有关法学教育目标的诸多争论。[34] 当我对罗伯特的构想进行解读的时候，我们在一些要点（主要在侧重点和优先点）上可能会存在分歧，但从根本上说我们是一致的。在这个解读中，罗伯茨对一门基本的证据课程（假设一个学位项目并未在其他地方以一种稳定的方式来处理证据问题）所构想出来的主要建筑区域如下所示[35]：

1. 证据法的学习应该被置于其程序、制度与理论语境之中。[36]

2. 学习证据应该涵盖法律程序的所有阶段，而不应该仅仅局限于对抗性的审判尤其是陪审团审判之中。比起过去，现在尤其需要关注审前程序（包括事实侦查）。简言之，程序性语境包含了一个整体的诉讼程序模式。

3. 理论语境包括认识论问题、推论性推理和政治哲学原理（包括女性主义[37]、经济分析[38]、批判理论[39]和后现代主义[40]）。

4. 事实分析与证据规则之间的关联需要加以澄清并被视为一个融贯整体的组成部分。[41]

5. 相关性主题是事实分析与法律规范之间的主要桥梁：

（1）相关性是最为重要的排除机制；

（2）要理解相关性就涉及对推论性推理的特征与原理来加以理解；

（3）证明原理要优先于其他证据规则，因为后者主要处理相关证据的排除；

（4）通过塞耶的包容性原则与排除原则，证据法可以被视为一个融贯的整体，这两个原则都是在一个基本的论辩框架内根据相关性来加以表述的。[42]

---

[34] 罗伯茨的演讲将范围限定在英格兰和威尔士。需要指出的是这样一个悖论，即人们可能会预期美国法学院更为职业指向，但发展对事实问题进行分析和论证的知识技能的最大障碍却是律师资格考试，该考试将重心放在对联邦证据规则的具体知识和应用能力而不是基于混合证据群的分析、管理和论证建构的考察。因此，常常会出现一种通识教育哲学可能最好被置于促进那些有用的实践技能的发展方面。

[35] 这个表述用我自己的话来说并且在意思上作了一点推演，但是以我相信罗伯茨能够接受的方式。

[36] Roberts and Zuckerman（2004），Preface.

[37] 比如，Childs and Ellison（eds.）（2000）。

[38] Posner（1999），Lempert（2001）.

[39] Siegel（1994），Nicolson（1994）.

[40] Nicholson（1994）. 我对后现代认识论的观点，see *GJB*，at 289 - 309（在之间指引一条居于哈克与卡尔维诺之间的路线）。关于人权，see above n. 28。

[41] See *Analysis*（2005），ch. 11；Acorn（1991）；Roberts and Zuckerman（2004）*passim*.

[42] Above ch. 6.

422 6. 证明逻辑是在学习像传闻、科学证据、司法认知、相似事实、偏见性影响/证明价值、证明责任与证明标准（及其他判断标准）[43] 以及推定这样一些证据法基本概念时的一个重要因素。[44]

7. 科学与专家证据主题的日益重要是抓住有关证据的一些核心认识论问题的一个绝佳理由。[45]

8. 在所有诉讼类型、所有法律程序以及每一阶段中都会提出证据问题。不过，如果人们集中关注一种诉讼类型的话，这一主题将变得更可控制，也更为融贯。尤其在刑事程序中，该程序在实践中已经成为英国——还有美国，只是程度轻一些——证据课程的主要关注点了。[46]

9. 尽管存在第 8 点所说的问题，但基本推理原理以及对有关事实问题和基本概念——比如相关性、可靠性和证明力——的分析都是实体无涉的（舒姆），也是无关语境的，也就是说它们不仅超越了刑、民之分，而且可以良好地穿梭于西方法律传统之间甚至是学科边界。[47]

10. 随着法学学科逐渐变得更为世界化，更多的注意力将难以避免地被花费在证据的欧洲的、国际性、跨国性和比较性方面。

11. 如果时间允许的话，一门证据课程可以成为一种用于发展涉法运算技能的工具。

12. 基于证据的叙事在建构和提出有关事实问题的论证中扮演着一个核心角色。[48]

---

[43] 有关“裁判标准”一个更为广义的概念，see *Analysis*（2005），ch. 8。

[44] *Analysis*（2005），ch. 11 and *passim.* 在论证应当将更多的精力放在相关性方面，罗伯茨提出说在一门课程的开始先作出一个初步考察，之后课堂上可以在与其他像先前错误证据、传闻及沉默权相联系的基础上对其详细地考察来进一步强化（306－7）。对此，我深表赞同。See further Roberts and Zuckerman（2004）*passim.*

[45] Roberts（2002）324－8. 认识论与科学证据之间的联系已经由哲学家苏珊·哈克作了卓越的探索，Susan Haack（2003a），ch. 9，（2003b），and（2004）。科学技术领域的进展所具有的意蕴，see above 230 n. 35。

[46] 尽管同意这样一种观点即将民事证据法和刑事证据法与其特殊的程序情境相当紧密地结合起来，但还是有必要重申一下证明逻辑是可以高度移转的，这就正如相关性、可靠性和证明力等基本概念。〔Cf. Roberts（2002），at 317.〕为了强调这种可移转性，新版的《证据分析》（2005 年）包括了有关刑事案件、民事案件、情报剧本（intelligence scenarios）以及历史事件的练习。

[47] See below 428－9. 关于跨越学科边界，see Schum（1994）and ‘Twining's hypothesis’ in *Evidence and Inference*（2003），下文第十五章将讨论到。关于超越法律文化，see above n. 22。将改造后的威格摩尔分析适用于历史问题（楔形文字消亡的日期），see Anderson and Geller（2003）。

[48] “基于证据的叙事”与 Wagenaar，Von Koppen and Crombag（1993）所提出的“锚定叙事”（anchored narratives）的观念类似，除了它们将太多的关注点置于概括而不是作为故事之“锚”的具体证据之外（*GJB*，428－31）。

罗伯茨和我在这12个命题上似乎达成了广泛的共识。不过，一些一般性要点在发展的过程中可能会产生一些差异，至少在侧重点和优先性方面。

(一) 在为学习法律中的证据(EPF)提供一个融贯的框架方面，证据理论是重要的

威格摩尔将法律中的证据主题划分为互补的两个部分："证明原理"("基于逻辑学、心理学以及一般性经验")和"裁判规则"。他提出，证明原理要优先于裁判规则，在实践中要更为重要，但却一直为证据法学者与教师所忽略。这种忽略一直延续到"新证据学"在20世纪七八十年代的兴起为止，但直到今天"新证据学"似乎没有一个相应的"新证据教学"来匹配。之所以如此，一个原因就在于没有一个融贯的框架。

如果我们接受说证据最好在一个整体诉讼模式(民事、刑事和其他)的情境中来学习的话，那么，威格摩尔集中关注陪审团裁判和他的"裁判规则"概念就显得过于狭隘了。不过，他有关法律中的证据主题主要由两个紧密相关的部分组成这样一种观念还是颇值得称道的。我更喜欢将这两个部分称为证明原理(或证明逻辑)和证据法，而不是将两者都囊括在证据法的一个扩张性概念当中。但这主要是个标签问题罢了。[49] 423

为法律中的证据学习建构一个融贯的框架还要求两个步骤：两个组成部分各自的一幅融贯的图景以及这两部分之间关系的一个融贯的构想。

我认为"证据法学的理性主义传统"[50]为证明原理提供了一个最为融贯的观点。这可以被浓缩成这样一种边沁式观点：法律程序的直接目的是根据法律通过理性手段实现裁判的正确性来追求正义。为了将之作为一个组织性手段(device)，人们并不必然要将所有的要素都归入这个理想类型当中；的确，我对"理性主义"的具体表述是专门设计来指明那些可能会遭受来自不同类型的怀疑主义者及其他人挑战的潜在要点。不过，基于两个原因，这个模式是强有力的：第一，它代表着一系列稳定的假设，在超过两个世纪的时间里，这些假设已经为证据法的主流作者们所共享。这些假设同样支撑着对证据法加以理性化的重要努力，包括美国联邦证据规则。第二，这一理想类型一开始就将证据

[49] 不过，这种偏好有充分的理由：证据法已经同排除规则过多地联结在一起了，而且常常会导致这样一种虚假的假设即法律中的证据主题等同于证据规则。这将反过来导致夸大规则的重要性，从而不够关注那些未为正式规则所涵盖的层面，比如相关性与分量。(Above ch. 6.) See further below 440.

[50] Above ch. 3.

学习置于其意识形态语境之中，也就是在法律程序设计与操作中所包含的根本性价值。由于所包含的主要价值——真相、理性、正义及公共利益——通常是——也许本质上就是——竞争性的，这一点与一种天真的、武断的功能主义模式相距甚远，因此，它就提供了一种用于考虑争议性问题的语境。

从历史上看，英美证据法研究的大多数争议都可以容纳进理性主义模式内部，因为它们要么与真相和其他价值之间的优先性相关，要么与不同的理性观（比如，培根主义者 VS 帕斯卡主义者）相关，不是与不同的认识论理论相关（比如真相符合论 VS 真相融贯论）就是与不同的政治侧重点（比如，程序价值/程序正义 VS 社会控制）相关。这些都可以被视为理性主义传统内部之争。不过，如前所述，这个模式是被创立用于辨别那些与这一传统的一个或多个假设相背离的潜在要点的，比如来自强哲学怀疑论者、文化相对主义者、后现代主义者或者那些对于诉讼的核心关注点是真相、正义或理性这种预期的合意性、可行性或判断力表示质疑的那些人的挑战。[51]

理性主义传统为将法律中的证据主题作为一个融贯整体（EPF）来加以考察提供了一个起点，这还包括为证明逻辑赋予了一种语境，这种证明逻辑扎根于培根、边沁、J. S. 密尔、杰文斯和西季威克的经验主义传统，后来为乔纳森·科恩、斯蒂芬·图尔密、道格拉斯·沃顿以及大卫·舒姆所传承。

什么是证据法？它能否被赋予一个融贯的框架以使其不仅仅被视为一些关系松散的主题的一个支离破碎的混乱集合？在英国，通过丹尼斯、朱克曼和安德鲁·阿斯沃兹及其他人以一些基础性原则为基础来阐释该法的令人敬佩的努力[52]，在这一方面已经取得了一些进展，但我依然会在伦敦和美国碰到这样一
424 些学生，在他们的印象中该主题是由一个技术性规则的相当随意的集合所构成。这种印象似乎也相当频繁地发生在那些即使已经研习过联邦证据规则——这已经有了一个可辨别的框架——的人身上。对于那些已经接触到我们英国所拥有的看似混乱的零散立法和判例法的学生来说，更是如此。对我来说，这种令人沮丧的事态的原因似乎在于它们并未以一种融贯的整体形式呈现出来，以及它们似乎从整体上忽视相关性问题。[53] 这也许因为相关性并不是一个法律问题，为了理解相关性，人们不得不理解所涉及的逻辑。正如塞耶所说的："法

[51] Above ch. 4. 关于后现代主义，see n. 40 above。比较 Risinger (2004) 撰写的有趣文章（主张在理性主义传统中"事实上的无罪者"应该被辨认出来的一种特殊道德立场）。

[52] Zuckerman (1989)；Ashworth (1998)，Dennis (2002)，Roberts and Zuckerman (2004)．

[53] 比较一下罗伯茨所说的："……在证据法当中，相关性是最少被探索但又最经常被滥用的概念之一……"〔(2002)，at 306.〕

律没有对逻辑能力下命令。”[54]

毫无疑问，在一个融贯的框架内，可以有几种方式来展现证据规则。我的观点是相当传统的，即我们的证据法是以塞耶理论为基础的，这一理论认为证据法不过是一项证明原则的一系列例外罢了，此处的自由证明是指实践性推论性推理的普通原理。[55] 在学习例外之前，人们需要先理解这项原则。这就意味着理解证明逻辑。塞耶也许夸大了陪审团在证据法历史发展中的重要性；由于将证据法等同于争议性审判中的排除规则，他也许已经采取了一个不必要的狭隘观点（但他的确曾就推定、证明责任和司法认知作出过论述）；但在主张证据规则应该被置于一个论证框架之内来加以理解这一点来说，他无疑是正确的。

从教学法的视角来看，相关性问题是证明逻辑与证据规则之间最明显的桥梁。[56] 理解相关性就包含着在某一框架内来理解证明逻辑，这一框架将证明原理与证据规则都视为属于一个单一而融贯的主题。我完全同意保罗·罗伯茨所说的，相关性主题不应该被视为只需要在第一周介绍一下然后被踢到一边。[57] 更确切地说，它应该是一个在证据法所有其他主题中都应该不断学习的题目。不过，在下一节中我将走得更远，我将论证理解证明逻辑不仅包括技能而且包括知识。在课程一开始用相当一段时间来直接学习然后贯穿始终地强化它是理解证据的一种更为经济也更为有效的方式。而且，它发展出了一些有价值的一般性知识技能。

（二）学习怎么做与学习如何做

在学习有关推理的知识与学习如何推理之间需要作一个清晰的界分。对事实问题进行推论性推理的基本技能应该像对有关法律问题的论证进行建构和批判的基本技能那样属于“法律方法”或“像律师一样思考”的一个组成部分。

对法官和律师的推理进行描述、解释和分析是一回事，而精通建构正当、有效和恰当的有关法律问题的论证过程中所包含的技能则是相当不同的另一回事。对大力神加以描述是一回事，模仿他则是另一回事。大多数有关“法律推理”的教学和文献都是纸上谈兵。在一些有关“法律方法”的书籍和课程中， 425

[54] Thayer (1898) 314n..

[55] Above ch. 6.

[56] Roberts (2002), 306-7.

[57] Ibid..

这种区分变得模糊起来。[58] 类似的讨论同样适用于有关事实问题的推理。罗伯茨和朱克曼的《刑事证据法》是一连串已经朝着明确承认证明逻辑（或事实分析）是理解法律中的证据主题的一个组成部分的方向移动的证据法教科书当中最新的一本。但它们很少有跳出来对所涉及的推理类型给出一个论述的。比如说，罗伯茨和朱克曼在“认真对待事实”的名目下花了二十多页来介绍推论性推理、盖然性的基本概念以及法律语境中有关贝叶斯定理的争论。对这些争论加以考察是一回事，学习如何使用这一定理则是另一回事。[59] 那本书的这一节显然属于学习什么那一类而不是学习如何做。考虑到教科书的样式，这是可以理解的，而且有些证据法老师可能会觉得这已经是一个很大的进步了。但问题在于：超越这一种形式来尽力帮助学生掌握所涉及的基本推理技能是不是可欲的和可行的?

保罗·罗伯茨明确承认一门有关证据的课程是“灌输相关的、健康的和可适用的（一定程度上是可移转的）技能”的一个良好手段。[60] 我之所以比罗伯茨更为强调是基于两个原因：第一，掌握推论性推理技能（以及仅仅更少一点，一些基本的运算技能）是法学中一门好的通识教育所能提供的最有价值的事情之一。在我看来，要掌握它最好通过直接学习而不是潜移默化来实现。[61] 第二，如果说证明原理即普通实践性推论性推理是证据法的基础的话，那么，经验表明在这个领域当中，学习如何做将是理解其最快捷也是最有效的路径。

如果对推论性推理加以灌输是可欲的，那么，最好通过什么方式来完成灌输以及需要花费多少时间呢? 威格摩尔所称的“证明的逻辑”包含了推论性逻辑的一般原则在法律语境当中的应用。一个可能性也许是要求学生去上一门有关逻辑的课程，无论是作为他们学位课程的一部分还是在学法律之前的项目（在美国，这是一个更有可能的选择）当中来学。另外一个可能性也许是使用一本标准的有关逻辑或批判性思考（critical thinking）的书本，辅之以一些法律例子。不幸的是，基于两个原因，这种方式效果不是很好：第一，大多数有关逻辑的课程和教科书论述的都是形式逻辑，而且将重点放在归纳，而法律中

[58] 一个例外是 Sharon Hanson, *Legal Method and Reasoning* (2003)，这本书详细论述了有关事实以及法律的推理。有关审判实践中的联系，see Palmer (2003) and Mauet (2005)。Jim Covington 在他即将出版的证据著作中试图将两种进路结合起来〔Covington (即出)〕。

[59] 关于贝叶斯和“贝叶斯怀疑主义者”，see Roberts and Zuckerman (2004) 123－32。主要的分歧在于贝叶斯定理的适用条件而非其有效性。Cf. Dawid (2002).

[60] Roberts (2002), 301.

[61] *LIC*, 181－3.

的推论性推理被公认为主要是非形式的[62]；第二，也可能是更为重要的是一点，法律中最重要的技能之一与建构复杂论证——这在不同的情况下被称为事实管理或证据整理——相关。有关逻辑的一般性书籍和课程绝大多数集中关注相当有限的、仅仅涉及几个命题的例子；当非法律人讨论法律例子的时候，他们倾向于对一个有关某一案件整体的论证中将会涉及的东西提出一个过分简化的图景，甚至在一个相当简单的案件中也是如此。[63]

这样就回到了威格摩尔。 426

（三）图示法及其替代品

罗伯茨写道："一个人并不必然要成为一位威格摩尔图示法主义者才能认真对待事实。"[64] 这无疑是对的，但如果像罗伯茨所宣称的，在教学中"认真对待事实"包含了灌输事实分析技能，那么，一个人就需要对这些选择予以明确。作为事实分析的替代性进路，罗伯茨曾提到叙事以及故事讲述和贝叶斯理论。他认为这些是互补性而非竞争性进路。[65] 但他所援引的文献主要是由有关这些方法的讨论所组成，而不是那些用于发展在建构有关事实问题之论证过程中所涉及的特殊技能的手段。其他替代品在，比如说，阿姆斯特丹论证学派的著作[66]或者在比如亨利·普拉肯（Henry Prakken）所作出的计算机应用的一些进展中可以找到。[67] 不过，在我看来，这些进路都倾向于过于简化法律语境中论证的性质。在任何案件中，它们在构想上与威格摩

[62] 关于非形式逻辑有很多好书，e. g. Douglas Walton, *Informal Logic*（1989）〔see also Walton（2002）〕, Stephen Toulmin, *The Uses of Argument*（1964）；不过，很少有书宣称教授相关的技能和技巧。最好的也许依然是 Max Black, *Critical Thinking*（2nd edn.，1952）。有关"模糊逻辑"，see Zadeh et al.,（1987）and the criticisms by Haack（1996）。

[63] Sally Clark 案件是一个突出的例子，它例证了即便是杰出的医学专家都会对于在证明一起谋杀指控当中所涉及的东西进行过于惊人的简化〔*R. v. Clark*（*Sally*）[2003] EWCA Crim 1020〕discussed in symposium on Statistics and Law in（2005）2（1）Significance, Dawid（2005）, Batt（2005）and Dwyer（2003）。

[64] Roberts（2002），305. 关于图示法，see above 12 n. 15。

[65] 这与舒姆在 *Foundations*（1994）和 *Analysis*（2005）当中的观点一致。

[66] 关于阿姆斯特丹学派，see Feteris（1999a）。将阿姆斯特丹进路和图示法应用于怪诞的"Ball-point 案"（荷兰）的对比，see E. Feteris and A. M. Dingley in Malsch and Nijboer（eds.）（1999），chs. 8 and 9。

[67] Prakken,（1996）and（2004）.

尔的进路非常类似。[68]

正如罗伯茨所承认的，图示法仅仅是基于建构一个论证之目的而对数据加以组织的数种方式中的一种。时序法、故事法和概要法（就像在一些美国审判本中所做的那样根据来源来组织证据）是其他一些标准方法。[69] 不过，这些方法中没有一个是以一种组织性论证的形式来编织材料；每一个通常都是用于建构一个论证（argument）的有用准备，而图示法代表着论证本身。而且，如果人们同意塞耶的观点的话，论辩（argumentation）是证据规则得以最好理解和运用的情境。

对图示法最常见的抱怨是要将它楔入一门有关证据的标准课程或者要使其具有实用价值，需要花费太多时间和心力了。这个论点有些力量，但它需要按照两个区分来加以考察。

首先，是精通一项技能与在实践中应用这项技能之间的区分。要学到完全精通图示法是很困难的，而且旷日持久。但任何其他知识技能可以通过形式法律教育来得到发展又是千真万确的。一个人可以很快将基础知识加以介绍，但真正的技能只有通过反复的练习和经验才能够得以发展。精通一项技能就包括对其用途与局限性的理解。一旦一个人精通一项技能，那么，他就处于一个能够对于何时非正式地使用它以及何时以其最严格的形式来应用它作出明智判断的位置。一旦一个人掌握了这些基本技能，那么，这种方法就会灌输一些心智的规训性习惯，这些习惯可以以一种非正式的形式来进行常规性的练习。因

[68] 对改进后的威格摩尔分析的一般性讨论，see *Analysis*（1st edn.），Preface and 117－31；*TEBW*，179－86。赞成图示法教学的最佳论据也许是“它管用”。安德森、舒姆和特文宁预计在他们之间已经累积了超过50年的、在几个机构教授这一进路的经验，绝大部分是面向法学学生，但舒姆主要面向知识分析者和工程师们。这一经验告诉我们那些常见的反对意见并不适用。几乎所有我们的学生都发现法学学习这一方法的过程富有挑战性而且劳心费力（我们课程的座右铭是“困难，但有趣”）；不过，绝大多数已经成功地掌握了基本的技巧，还有许多人作出了高品质的工作。有趣的是，这一主题在迈阿密一年级法学学生中运行得最好，在那里，这是一门第二学期的通选课。在那些继续法律执业的人中，有许多人已经报告说他们已经发现这种进路在实践中非常有帮助，还有一些声称这是他们在法学院上过的最有用的课程。当然，他们并未花费时间在那些简单明了的案件中绘制复杂的图示，但证据整理以及论证建构的基本技巧可以成为心灵习惯的组成部分，这不管在处理简明案件还是复杂案件中都是非常宝贵且卓有成效的。这一点都不奇怪，因为威格摩尔的方法本质上就是好律师的“最佳惯例”的一个系统化。将图示法应用于实际案子的公开出版物包括：Abimbola（2002）（Stephen Lawrence）；Andersen and Geller（2003）（将威格摩尔分析法应用到有关残存楔形文字手稿的争论当中）；Dingley（1999）（Ballpoint Case，荷兰）。Cf. Feteris（1999b）；Kadane and Schum（1996）（Sacco-Vanzetti）；Robertson（1990）（Arthur Allan Thomas）；Wigmore（1913a）（Hatchett and Umilian）。进一步的例子，see *Analysis*（2005）。

[69] 在新版的《证据分析》（2005年）当中，所有这四种进路都被明确加以论述，它们被视为相互补充的。一个简化的威格摩尔进路对庭审准备的一个有趣适用是Palmer（2003）。

此，它将变得比其他方法更为有效也更为经济，尤其在复杂案件中。

图示法具有两个层面：对作为整体的案件所作的宏观分析以及对某个案件中选定的论证阶段所作的微观分析。第一，这种方式对于在复杂案件中管理事实、整理证据和建构论证来说是一种极其有用的技巧。建构是通过从最终结论（图示的顶端）逆向运转以及将不同阶段的论证组织成具体的、可控的部分来获得，关键就在于通过一个确定的立场、清楚的问题以及精确表述的假设或结论来锚定案件整体的论证。绘制某一论证的基本结构是一种简化的手段。即便在非常复杂的案件中，它一般也不会很费时间，而是相反：它节省了时间。[70] 427

第二个层面则涉及对论证的一些重要阶段所作的精确而详尽的分析。“微观分析”常常被理解为极其费力费时的。不过，娴熟的分析者学会了一些基本的省力原则，在一个论证内部辨认出一些决定性的或至关重要的阶段，然后主要集中在这些阶段。在对抗制中“寻找破绽”意味着将某人的攻击集中于某位对手论证中的最薄弱的结点，或者更为积极地逐步建立对某一主张——该主张如果确立之后将会确保成功——的支持。分析的图示法在辨认某一论证中的关键主张时或者在侦查中通过辨认所需的潜在重要主张而指引探究时尤其有用。实务者的典型反对意见是纯粹的威格摩尔方法过于笨重也过于费时以至于难以成为为庭审做准备的一种实用工具。[71] 但这指的是完成一整个案子的一个完整图示所需要付出的努力。几乎在绝大多数时间里，微观分析可以被限制在某一论证过程中的一些关键阶段。

建构一个论证并不旷日持久；精确的微观分析可以是选择性的；但精通某项技能则需要花费时间。如何将事实分析与证据法在一个单一融贯的整体中结合起来依然是一个悬而未决的难题。虽然显然存在优先性问题，但这一难题是可解的。在我看来，最为行之有效的解决之道在迈阿密大学法学院中已经被采用了：将“证据分析”作为一门独立的一年级选修课（2 学分）。第二种选择是在一门技能定位的法学方法课程中将事实分析与法律分析整合在一起。这种

[70] 建构图示的顶端问题不小，因为所适用的法律是不确定的，而且存在多个指控或主张。但这样一些问题的提出独立于应该采用哪个方法。Louise Woodward（波士顿保姆）案涉及几个可能的谋杀等级，是用于探索这些困难的一个绝佳手段〔*Commonwealth v. Woodward* 7 Mass. L. Reptr. 449，WL 694119（Mass. Super.)〕(http：//www.courttv.com/trials/woodward/)。

[71] 比如，皮特·墨菲说：“尽管有一些努力将威格摩尔的方法描述成为一件可用的实用工具……但从实务者的角度来看，纯粹的威格摩尔方法包含了一种对时间的不必要的且不可行的耗费。”〔*Murphy on Evidence*（7th edn.，2000) at 1n..〕比较 Murphy (ed.)（2003) at 3 中一种更为系统的论述。由于我们讲授的是对图示法的选择性应用而不是纯粹的“威格摩尔方法”，因此并不存在分歧。〔*Analysis*（2005)，at 123-4，140-2.〕

整合奠定了一个可以在后面得以强化的基础。如果这两个选择都不可行的话，那么，证明原理和证据规则将不得不被组合成为一门单一的课程，而证明/事实分析将取代相关性的位置成为第一主题，但需要拨出更多一点时间花在这一主题上。特里·安德森在迈阿密已经用一门4个学分的标准证据课程来完成这一任务，而我在伦敦的LLM项目中以一种相当不同的方式——即在一门有关证据与证明的一学年课程中用前面六周时间来完成这一任务。[72] 尽管一些主题在证据法中已经被挤压（squeezed），但这种进路是经济的，因为（1）证明逻辑和证据规则的基本概念绝大多数都是共享的；（2）用推论性推理和论证的措辞来对证据进行思考将会为作为整体的塞耶式证据法观奠定一个基础；（3）如果相关性和事实分析被视为证据法中大多数具体主题的组成部分，那么当基本技能被引入之后，在整个课程当中，它们都将得到强化；（4）一旦过了初期的磨合（hump）之后，大多数学生发现这种进路不但妙趣横生而且切实可行。

428 这种进路是富有效率的，因为学生学习了图示法的基础知识后，他们开始可以开始掌握其他许多知识。在五到六周的时间里，我的目标在于介绍（1）证据法还有证明逻辑的基本概念；（2）图示法的基础理论（包括与时序法、故事法以及概要法之间的比较）；（3）对一个复杂重大案件的七步规程（protocol）

[72] 仅仅通过例证的方式（因为这样做可以有许多方式），让我来描述一下作为我的伦敦LLM项目组成部分的前面六到七周都做了些什么：第一步是给学生一个有二十个左右概念的清单，然后从〔*Analysis*（2005）第10页（两个杀人犯）和第40-45页（一项假想的警察侦查）〕中运用非常简单的例子来完成这些概念的理解，然后以非常简单的图画——仅仅使用方框和圆圈——来对它们加以阐释。花三个小时左右的时间来解释、例证和讨论绝大多数重要概念。相关性当然处于核心地位。它首先通过相关性与实质性、可采性和可靠性之间的区分来加以阐明。然后通过其与背景性概括、推论链条、汇聚（convergence）、补强之间的关系以及——更为复杂一些的——乔纳森·科恩的串联难题与作为整体的案件之间的关系来进一步阐明。与此同时，学生已经阅读了凯姆尔曼所撰写的迷人故事《九里之行》（'The Nine Mile Walk'）（*Analysis* 11-18），这例证了许多要点，包括想象性推理的意义。然后，我们直接转向图示法，以大纲形式展现，通过一个七步的规程来展现，然后通过同一起谋杀侦查来加以例证。学习这种方法的最佳方式是通过做，因此在前面六周，学生被布置了三组难度递增的书面练习，其中一至两组是在"律师事务所"中完成的。我们经常花费最多三周的时间在课堂上与拜沃特斯与汤普森相联系，系统地完成七步程序（舒姆使用了萨柯与范泽提案，安德森使用了埃贝尔案与阿彻案这两个假想案件以及一到两个美国最高法院案件）。在后面，介绍性课程将通过对练习的反馈性讨论、模拟审判以及一到两次有关证明原理与证据法之间关系的讨论来得以强化。对于学生来说，耗费时间的主要部分是一次主要练习——在课外完成的对一起复杂案件的全方位分析（但包括一些精选的微观分析）。这占用了全年课程的大约35%时间。它直到学年末才交上来，在6月一个为期一天的工作坊（"威格摩尔日"）。在我的八周时段里，我常常找到时间来处理故事、概括与裁判标准问题。接下来3周～4周被用来处理概率与证明问题（由菲利普·戴维德讲授）。在一门本科生课程中，人们不能期望学生能在图示法方面达到如此高的一个标准，有些内容（可能是统计学部分）也许不得已被删除。

中每一要素的具体应用；以及（4）证据规则的塞耶式概念与总览[73]以及证明原则与可采性规则之间的关系。[74]

总结一下：理解证明逻辑是理解法律中的证据主题的一个前提条件；理解逻辑最好通过理论与实践相结合来展开；要精通图示法中所包含的分析方法是费时费力的，但学习基本知识不会那么费时费力。尽管其表象看起来颇为复杂，但明智而有选择性地使用图示法是解决有关事实问题的复杂论证以及为理解和使用证据规则提供一个基础与语境的一种有效方式。

三、作为一个日益形成的跨学科领域的证据：一些意蕴

在过去十年左右，与证据相关的最为重要的进展也许是证据依其本性以一种高度公众化形象日渐形成一个独特的多学科领域。许多不甚相关的发展都促成了这一点：DNA 分析和法庭科学领域的进展，随之而来的是法庭科学家们在小说和电视节目中的高曝光率。在东欧、卢旺达、南非以及拉美所发生的悲惨事件已经激发了对“记忆”的广泛兴趣，不仅仅因为真相与和解委员会及国际刑事法院，还因为在广泛的学术性学科当中。[75] 在数个学科当中的“叙事转向”，医学、公共政策和教育的基于证据之进路的成长，在伊拉克寻找“大规模杀伤性武器”，“伪材料”（dodgy dossiers）* 和赫顿与巴特勒（Hutton and Butler）调查，所有这一切都集中关注证据问题。[76] 最为重要的是，2001 年 9 月 11 日所发生的事件已经对整理、解释和分析信息的知识服务方法提出了根本性挑战。还存在许多其他例证。[77]

在同一阶段，学术性学科当中的一系列进展已经平行发展或者对这些刺激作出回应。意料之中的是产生了一场将所有这些迥然不同的要素整合在一起而成为一个单一的、融贯性的跨学科领域的运动。在这些努力中，最为重要的是

[73] Above，ch. 6.

[74] 在《证据分析》的新版中，全书当中更多的重点将被放在最后一点上，而且有一整章致力于“证明原理与证据法”（第十一章）。像 *DPP v. Boardman* [1972] AC 421 HL，*R v. Sang* [1980] AC 402，HL，and *R v. George Joseph Smith* [1914 - 15] All ER 262，CCA（the Brides in the Bath Case）这样一些案子既是证据法中的重要案件例子，同时也是证明逻辑中用于训练的绝佳工具。See also Acorn (1991) and Anderson (1999) .

[75] 比如，Nino，(1996)，A. Krog (1999)，Amadiume and An Na'im (2000)。

* dodgy dossiers 是英国媒体用语，用来指英国关于伊拉克大规模杀伤性武器判断的报道中频频用到此语——译者注。

[76] Hutton (2004)，Butler (2004)，discussed Runciman (2004) .

[77] National Commission on Terrorist Attacks (2004) . See further below ch. 15.

大卫·舒姆的工作，他的《概率性推理的证据基础》（*Evidential Foundations of Probabilistic Reasoning*）依然是最佳的起点。[78]

很显然，法律已经为这些进展作出了一些贡献，但也从中获益良多。[79] 在当前语境中，一个问题便应运而生：对于法学院的证据课程来说，这些进展的意义是什么？在20世纪期间，证据研究已经向来自其他学科——法庭科学、法庭心理学、统计学、逻辑学、叙事理论、人工智能、复杂理论与计算机应用都是耳熟能详的例子——的影响敞开怀抱。[80] 跨学科工作的这种良好传统已经流入教学之中了。一个独特的跨学科领域的发展至少有希望提出一些有关跨越学科、文化和不同实践语境的证据思想之可移转性的深刻问题。它同样极大地扩展了法律人值得关注的案件、具体例子和问题的范围。

429 法学院中证据教学的这些意蕴要凸显也许还要些时日。但证据教师们在守望这一空间上将做得很好。通过与其他学科建立关联，容易理解的思想和详细的例子的范围正在变得广泛得多。当然，在过去的证据教学中，非法律和半法律例子已经得到了应用：所罗门判决、罗塞塔石碑*、著名的历史谜团与神话，特别是夏洛克·福尔摩斯，都已成为证据课程和教科书中的特色。这些例子可能在教学中加以使用的例证库正在急剧增长。比如，在9·11之后，大卫·舒姆已经为知识分享训练设计了一套方案——其中一些非常可行，在教法学院学生有关推论性推理和事实管理的时候可以加以使用。这样一些非法律例子本身还非常有趣，这就强化了这样一个信息即法学中的证据研究与一般层面上的证据研究从根本上说是不可避免地相关的。

[78] Schum，(1994/ 2001)．*Evidence and Inference*（2003）是推进舒姆议程的一个适度努力．See further below，ch. 15.

[79] 有关法律在这一语境中的限制，see below，at 446－8。

[80] 比较 Erome Michael（1948）的经典表述，cited above at 16－17。

* 罗塞塔石碑，是一块制作于公元前196年的大理石石碑，原本是一块刻有埃及国王托勒密五世（Ptolemy V）诏书的石碑。石碑上用希腊文字、古埃及文字和当时的通俗体文字刻了同样的内容——译者注。

第十五章　证据作为跨学科的主题*

436

本章将提出，新千年的开端是加强使证据依其本性成为跨学科领域——推论性推理居于其核心——这一最新趋势的一个特别令人期待的时间点。[①] 本章认为，通过采纳大卫·舒姆所说的基于证据的推论性推理的"实体无涉（substance blind）方法"，可以赋予这一领域以融贯性。[②] 作为一名法学家，我对于法律中的证据有着特别的兴趣，这是我的优势，也是我的偏爱，但是我的目标是提出一个强调跨越众多学科界限的共同问题和关注点的观点。

这一理念并不新颖。边沁曾写道："证据领域不过是知识领域。"[③] 他将其篇幅最长的著作即《司法证据原理》贡献给了该领域的一部分。两个多世纪以来，在不同的领域，已经有了大量的理论和实用文献。某些文献跨越了学科界限，但是这仅仅是一鳞半爪。最新的进展是，近些年来证据以各种相当迥异的途径越来越引起公众的注意，无论是在媒体上还是在学术界。运动员的兴奋剂检测、艺术品的鉴真以及对大屠杀的证明问题在新闻中占据着主要位置。DNA 经常出现在头版头条中。[④] 在畅销小说中，律师小说家的作品销量有的时候超过了那些写作传统侦探和间谍小说的作家的（作品）销量。在电视上、

* 本章是在一篇提交给 2003 年 4 月在纽约举行的、由皮特·蒂勒斯组织的主题为"纠纷解决中的推断、文化和通常思考"会议论文的修改版。一个更早的版本曾经发表在《法律、概率与风险》杂志（*Law*，*Probability and Risk*，vol. 2，91 - 107）上。主体部分经过牛津大学出版社惠允在这里重印。See also Scallen（2003）（对原来论文的一个评论）。对于特里·安德森、大卫·舒姆以及皮特·蒂勒斯对拙文早期版本的有益评论，我深表谢意。对这三个人，我都还欠着更多的人情债。我已经与特里·安德森亲密合作了很多年了。这篇论文很大程度上是舒姆的《概率推理的证据基础》［*Evidential Foundations of Probabilistic Reasoning*（1994/2001）］一书核心理念的重申与延续。我也希望这是对皮特·蒂勒斯一些基本理念的重申，他那不同寻常的热情、精力以及洞见不仅使我们而且使远超于法律之外的证据共同体从这个及其他会议中受益匪浅。

① 在这一语境中，"证据"最好被叫做"证据科学"（Evidence Science），因为后者可能与学科"自治"这样的不确定的念头有某些关联；它还可能暗含这样的意思，即该科目更属于"硬"的而不是"软"的学科，不是处于二者的交界面。

② Schum（1994/2001，2003）.

③ Bentham VI Works（1810），p. 2.

④ 在法庭科学与技术方面，还有其他一些更有力的进展。比如在英国，几位警界权威已经败给了法庭引导智能系统（Forensic Led Intelligence System），这个计算机程序是一个用来侦查多起犯罪并且在先前不认为存在关联的多起犯罪之间建立联系的强大工具。它的合理运行要求警察侦查人员应该在推论性推理和分析的基本技能方面进行培训。这是由理查德·利里（Richard Leary）开发的，有一部分是以威格摩尔和舒姆提出来的理念为基础的。（Leary 2002，2004.）

书店里，法庭科学家通过帕特丽夏·康薇尔（Patricia Cornwel）* 和《犯罪现场调查》这样的电视节目而跻身侦探和间谍之列。近些年来，国际刑事法院和“真相与和解”委员会进一步提出了一些关于证据和故事讲述的新问题。

许多这种具有新闻价值的事件，已经在学术领域的发展中得以体现。在东欧、卢旺达以及拉丁美洲发生的事件已经在几个学科中激起了关于“记忆”的巨大兴趣。⑤ 在历史学家中，西蒙·沙玛（Simon Schama）和其他人激起了关于过去的重建、想象和证据之间关系的争论。⑥ “叙述转向”已经超越了诸如历史、人类学和神学这样的显学的范围，扩展到了诸如科学哲学、地理学和经济学这样的领域。⑦ 20 世纪 80 年代，“以证据为基础的医学”（evidence-based medicine）和“以证据为基础的政策”（evidence-based policy）成了某些领域
437 的流行语，尽管并非毫无争议。⑧ 甚至有迹象表明有着类似于法律与文学这样的医学和文学运动。⑨ 新的科技对考古学、艺术史、亚述研究、天文学等领域的证据方法从根本上产生了重要的影响。⑩

也许最为明显的例子就是对 2001 年 9·11 惨剧的事后分析：一种标准说法是，情报部门有足够的信息来预测该事件，但是缺少对此进行分析的技能。他们没有能力来“把信息片段串起来”，他们也没有从不同部门从各种来源收集到的大量数据中识别出少数具有重要意义的“琐事”（trifles）的方法。从 2003 年到 2004 年，在关于伊拉克的新闻中，证据是主要的关注点：武器核查、柯林·鲍威尔（Colin Powell）在安理会的致词、对基地组织联系人的审问、对“大规模杀伤性武器”的毫无结果的搜寻、“不可靠的卷宗”以及赫顿

* 帕特丽夏·康薇尔，1956 年出生在美国佛罗里达州的迈阿密，是美国当红的犯罪小说大师。她的职业生涯从主跑社会新闻的记者开始，1984 年她在弗吉尼亚州的法医部门工作。1984 年至 1986 年间，她根据自身的法医工作经验写下了 3 本小说，并且一炮而红。此后，她以女法医为背景陆续写了 9 本书，这些作品不仅是畅销排行榜上的常客，也被翻译成多种语言——译者注。

⑤ E.g. Nino (1996)，Krog (1999)，Amadiume and Na’im (2000).

⑥ 比如，S. Schama，*Dead Certainties* (New York：Knopf，1991)；比较一下最近重构亨利·詹姆斯（Henry James）的两个富有想象力的努力［Tóibín (2004)，Lodge (2004)］，它们以长篇小说的形式例证了“党派”(faction) 与某些类型的小说之间的脆弱边界线。

⑦ Nash (1986). See above ch. 9.

⑧ 我在伦敦大学学院的同事特里沙·格林哈尔希（Trisha Greenhalgh）已经出版了一部非常畅销的有关基于证据的医疗的学生教科书（Greehalgh，2002，1st edn.，1997)，在其之后的一部名为“基于叙事的医疗”(Greenhalgh and Hurwitz，1998)。

⑨ Greenhalgh (1998)，at 273-78；cf. K. M. Hunter，*Doctors' Stories* (1991).

⑩ 比如，Twining and Hampsher-Monk (eds.) (2003)，Anderson and Geller (Assyriology《亚述人》) chs. 3-5；Katrizky (Theatre iconography《戏剧肖像学》) ch. 6；Heck (Musicology《音乐学》) ch. 7；Houben (Economic History《经济史》)；ch. 8，Hampsher-Monk (Intellectual history《思想史》)；ch. 9。

(Hutton）和巴特勒的质询，都与证据问题有着密切的联系。[11]

2003 年 2 月《纽约客》杂志的一篇文章报道了对中央情报局和五角大楼的关键人物的访问。这些人所关注的是改善 9·11 之后的情报分析。[12] 他们包括唐纳德·拉姆斯菲尔德（Donald Rumsfeld）、乔治·特尼特（George Tenet）以及罗伯特·盖茨（Robert Gates）。出发点是这样的判断："就分析［可能的威胁］而言，美国情报部门并不拥有分析深度或者正确的准确分析方法。"[13] 他们在表达诊断和处方时所使用的术语在很大程度上为学习证据和推理的学生所熟悉：假设驱动型（hypothesis-driven）调查的危险性、就建构一个假设与以可得的数据对之进行检验之间进行区别的需要、信息的过度与证据的匮乏所产生的问题的不同、含混和不完整之间的区别、对含混证据进行其他揭示的价值、将"美国人的价值观和信仰投射到美国的对手和竞争者"的"镜像法"的危险性、将不熟悉（unfamiliar）与不可能（improbable）混淆在一起的趋向、风险微积分与可信性的最低限度之间的关系、在情况不明的情况下政治偏见进入判断的可能性。虽然用语有的时候有所不同，所有这些理念都应当为学习证据和推理的学生所熟悉，其中的一些理念似乎直接或者间接来自于威格摩尔和舒姆。

同样表明了这种对证据日益增长的兴趣的是这样的事实：2002 年 9 月，英国最大的私人基金会之一勒伍豪基金会（Leverhulme Trust）邀请人们就按照他们的标准是大项目的两个领域提出课题申请：（1）战争特征的变化；（2）证据的性质。这种并列可能并非巧合。其声明说：

> 争辩构成了人类探寻活动的中心，而证据在其中至关重要。然而，因领域及领域发展状态的不同，其性质存在显著差别。"可采性证据"作为法律制度的基石已经有千年历史。其性质已经从主张和一贯正确的陈述（ex cathedra statement）演变为"客观"观察，现在则得到了法庭科学的支持。在诸如历史、社会科学或者经济学学科中，就定量有着类似的趋势。对"以证据为基础"的政策的追求，就是这种趋势的表征之一。在科 438
> 学争辩中接受的证据是通过度量和观察来加以描述的；不确定性的边界能够被确立并为改善后的或者新的技术所减少。偶然的或者蓄意的错误表

[11] Hutton Report (2004), Butler Report (2004), Guardian Newspaper (2004), Runciman (2004). 比较一下汗牛充栋的美国文献，非常具有可读性的 9·11 委员会报告便是例证〔National Commission on Terrorist Attacks (2004)〕有关威格摩尔进路的知识分析，see *Analysis* (2005)，3－8，47－51。

[12] Jeffrey Goldberg (2003), 40－47.

[13] Ibid..

明，主观方面也依然存在。即使在诸如数学或者逻辑学这样依靠那些立足于充分界定的规则的主张的领域，也存在证据问题。证据的社会、政治、心理方面因而必然成为评估其有效性的中心问题。

这个表述——对此我已经做了一些知识上的保留——已经在英国的学术圈引起了巨大的兴趣。它吸引了来自不同大学的大量投标。在我自己所在的机构伦敦大学学院，有几乎来自四十个系的个人回复了一封邀请表达兴趣的邮件通告。最终，两个机构——伦敦大学学院和伦敦经济学院各自获得了来自勒伍豪基金会和经济与社会研究会对多学科研究的较大经费的联合资助。⑭

一、关于“证据”的不同概念

证据这一标签在不同的语境下会让人有不同的联想。当说到证据的跨学科研究的共同因素是推论性推理时，一些人表示同意，但是其他人表示怀疑或者惊讶。例如，历史学家可能认为将推论性推理与对叙述和真相的更为广泛的关注隔离开来，过于狭隘；对于某些人来说，其主要的兴趣在于特定种类的数据，例如考古学遗迹、DNA 或者关于记忆和偏差的心理学发现；某些人感兴趣的则是证据收集、保管或者可信性评估中的特定问题。这种担心和问题的大多数都是足够真实的，但是就证据作为一个科目来说，有的时候它们导致了一种狭隘甚至扭曲的观点。⑮ 我认为可以相对容易地说明的是，其共同因素是证据具有通过推论性推理将数据与假设或待证事项联系起来的作用。

证据领域的这些不同认识，有些根植于思想史。伊恩·哈金（Ian Hacking）曾指出，归纳推理理论的发展之所以逡巡了几个世纪，是因为在 17 世纪之前，证据的概念仅限于证人证言或者人造记录等典据，并且排除了从物质材料进行推理的思想。⑯ 然而，这一论题受到了质疑。在过去，例如在法律

⑭ 具体参见 http：//www.evidencescience.org/（UCL）与 http：//www.lse.ac.uk/collections/economicHistory/Research/facts/Default.htm（LSE）。我与 UCL 的这个项目有合作。对证据的跨学科进路兴趣日益增长的其他指征包括在爱丁堡的约瑟夫·贝尔中心（Joseph Bell Centre）、信息与计算科学研究所（乌得勒兹）的工作以及新近在像《法律、概率与风险》这样的杂志上的文章。2004 年，在剑桥大学素有声望的达尔文讲座也奉献给了“证据”：Tybjerg，Swenson-Wright，and Bell（eds.）(2005)。

⑮ 在法律当中，供述、无罪推定以及目击证人辨认问题都是某个狭隘的证据失效倾向于混淆具体的问题和现象的例证。比如，聚焦于供述的可采性可能会掩盖这样一个事实即大多数供述并未被取消；与此类似的是，聚焦于作为证据生成机制的辨认列队可能会使注意力远离它们的其他功能与应用。See further above ch. 5 and 258，268 - 9 n. 79.

⑯ Hacking (1975)，at 31 - 48. 这一主张已经被米尔伊安·达玛什卡质疑，他认为证据的观念（conception）有着更大的延续性。[Cf. Damaska (2003) at 128 - 29.]

中，不同的分类方法与来源（例如证人证言、书面证据、实物证据）或者经常用作证据的数据类型（例如指纹、测谎记录、供求）有关。在19世纪，一些法学论文是按照如何证明特定种类的待证事项来组织的，例如，如何证明债权、铁路事故的原因或者特定的犯罪。[17] 关于证据法的论文也努力来为证据规范建构一个一贯的框架，特别是那些无视塞耶提出如下论题的人：证据法不过是自由证明原则，即通常的常识推理的一系列各种例外。[18] 由于没有理解该原则的性质，以及证据规则需要坐落于一个辩论的框架中这一相应认识，无怪乎许多证据法的学生发现它是一锅没有明显组织原则的、令人混淆的大杂烩。 439

然而，与“证据”这一标签有关的其他含义获得了相当稳固的确立。我们举两个例子，一个来自医学，一个来自法学。

首先是医学。勒伍豪基金会的声明中特别提到了“以证据为基础的政策”，近些年来这已经成了英国政府部门的流行语。这在临床医学中特别突出。事情的经过大致是这样的：在20世纪80年代后期开始的相对较短的时期内，出现了一种支持“以证据为基础的医学”［evidence-based medicine (EBM)］以及更为广泛的“以证据”为基础的政策制定的强势运动。这种运动超越了实践决定应当尽可能建立在可靠的经验数据基础上这样的政治、医学或者其他领域的旧思想。相反，它建议某些种类的一般科学数据应当被赋予优于“较软”的特定输入数据的地位，即使在就特定案件或者事件进行决策时，例如对病人的诊断和决定治疗。就像我的同事帕特丽夏·格林纳尔（Patricia Greenalgh，一位初步护理专家）所指出的：

> EBM运动的所谓“哲学”，是一个严格的经验方法，它在很大程度上是以任意控制的临床介入试验为根据，能够——关键是应当——为医生进行临床决策提供所有需要的信息。一个完美的临床决定是一个在对所有相关研究文献（这里“研究”是在一个严格的层次中得到判断的，在该层次中，任意控制的试验处于顶端，专家意见处于底端）进行彻底评估后作出的决定。因此，EBM最为纯粹的形式被视为是与直觉判断、专门知识或者经验相对立的。EBM此后的发展允许临床经验、直觉以及患者的特殊倾向，能够在试验取得的证据之外扮演重要的角色。但是还有许多没有解

⑰ Roscoe (1 st edn., 1827), Phillipps (1st edn., 1814), Moore (1908). Green leaf (1st edn., 1842) and Taylor (1st edn., 1848) 是试图引入一般性概念与原则的著作例证，但它们很大程度上还是根据不同类型的待证事实组织起来的。See above 69 - 71.

⑱ Thayer (1898), discussed above ch. 6. 有关“自由证明”，see Twining (1997e)。

决的问题……[19]

科学概括和特定案件中的地方性的或者个案性的知识之间的关系是一个为历史、法律、医学以及许多其他学科所熟知的话题，乔纳森·科恩和其他人就此已经作了清晰的阐述。[20] 这里，“以证据为基础”这一短语中令人感兴趣的是，与被叫做“直觉判断、专门知识或者经验以及患者的特殊倾向”的内容相比，仅仅是某些种类的科学结论被视为“证据”。这种对“证据”的用法，排除了大多数在法律、历史和许多其他学科特别是人类学中被称为证据的东西。
440 它似乎不允许“混合的证据群”（mixed masses of evidence）这样的思想。[21] 此外，在法律或者医学诊断或者历史的探寻中，在思考一个需要就特定的事实或者事件作出判断的案件时，就在这个问题上的理性辩论而言，主要区别并不是科学判断与直觉（或者主观）判断之间的区别。相反，这是不同种类的概括(科学的、常识的、个案的)[22] 与在辩论背景下具有证据功能并且就其证据特点——相关性、可信性和证明力——受到严格评估的所有特定信息之间的区别。[23] 在从特定的（证据性）前提来主张特定的（中间的或者最终的）待证事项时，对每个推理步骤的保证通常采取的是附属证据和一个或者多个背景概括的形式。[24]

当然，许多实践中的决定不是通过开放、连贯的推理达成或者得到支持的。因此，人们也许应当考虑到明显立足于证据的决策与直觉判断之间的区别，但是“证据”的意思不同于“以证据为基础的医学”中证据的含义——在大多数背景下，“证据”不能限定为“硬”科学数据。[25]

对“证据”一词的另一个稳固的使用是对证据法的简称。就像我在别的地方所主张的那样，这是建立在虚假的、有害的假设基础上的，即证据法与法律中的证据这一科目有着相同的外延。[26] 而法律中的证据包括逻辑证明以及许多

⑲ Greenalgh (2003). See note 8 above.

⑳ Cohen (1977), (1980a), (1983).

㉑ Wigmore (1937).

㉒ *Analysis* (2005), at 262 - 76, Anderson (1999b).

㉓ Schum (1994).

㉔ “当我们可以说概括与辅助证据有助于我们捍卫我们所建构的推理链条的联结强度时，我们也可以说概括与辅助证据代表着能够将我们的论据保持在一起的‘黏合剂’。”〔Schum (1994), at 82〕

㉕ 对证据**种类**进行形式的甚至松散排序的努力常常令人想起杰弗里·吉尔伯特爵士对“最佳证据规则”的依赖（1754 年）。这是边沁在《证据原理导论》(*An Introductory View*) (ch. 31 and Appendix C) 中严厉批评的主题，在前文 39～41 页中有所讨论。对于律师来说，至少获得了胜利，这个规则常常被视为一个“证据性幻象”或最多是一个极端模糊的原则。不过，see Nance (1988)。

㉖ Above chs. 2 and 6；不过，see Murphy (2001)。

其他的内容。这一主张被当作了耳旁风。美国最近的一本标题是“证据”的法学院教科书说明了这种趋向，其前言是这样开始的：

> 证据法所关注的是我们就陪审团听取的信息所设置的限制。[27]

我对此感到失望，是出于两个主要原因：首先，这一陈述错误描述了证据法的范围和功能，将其局限在争议性的陪审团审判的排除规则。证据法［几乎］适用于所有的审判（至少适用于大多数裁判性裁判庭）以及法律过程中的许多其他情况。其次，通过将“证据法”等同于“证据”（请注意从标题到前言的这种省略），这一说法暗含着要排除或者贬低可以包容在“新证据学”这一标题下的许多领域的探寻活动，破坏了法律中的证据这一主题的连贯概念。

这一主题的更为宽泛的概念，包括推理、概率、叙述以及法庭科学、法庭心理学与信息科技的发展所具有的实践和理论含义。到目前为止，这些话题在某些正统的证据法课程中始有立锥之地，焦点被扭曲，知识框架不连贯，并且许多重要的方面被边缘化了，特别是在争辩性的陪审团审判被视为原型性竞技场时——在这个竞技场中，这些话题是很重要的。

我的批评并不是针对这本书，该书仅仅顺从了这样一个市场，在该市场中，为了准备律师资格考试要上关于联邦证据规则的课程，这样的要求无法抗拒。具有讽刺意味的是，联邦证据规则本身也是建立在塞耶式的假设基础上 441
的，该假设为该领域的连贯性概念提供了基础。这一观点值得再次重复：证据法是由自由证明原则的一系列不同的例外构成的；该科目因该原则而具有连贯性；“自由证明”就是适用大多数公民都有能力进行的通常的“常识性”实践推理；“逻辑证明”在证据的基础上为这种推理提供了一个系统的描述。[28]

证据法与证据的这一相同的省略部分也是警察态度和训练的一个普遍特点。至少直到最近，在英国对侦探和其他调查人员的训练，仍集中在证据规则上而没有涉及推理的技巧。

我的观点是，在核心问题上，证据是一个关于推理的跨学科科目，其共同基础是某些关于逻辑、概率、真相和知识的一般哲学问题。“证据”是用于辩论背景下的关于关系的词语（A是关于B的证据）。在这样的语境下，如果信

[27] Fisher (2002), Preface.

[28] “证明的逻辑”是威格摩尔的术语，它包括了归纳、类比还有现在的溯因以及演绎。在这里，“逻辑”的用法比一些逻辑学家所接受的含义要更为广泛一些。不过，它的确符合斯克里姆斯（Skryms）广为人知的定义：“逻辑是论证的前提与结论之间证据联结强度的研究。”［Skryms (1986) 4.］

息倾向于直接或者间接支持或者否定某个假设或者待证事项，则该信息就具有作为相关证据的潜在作用。[29] 人们从证据中进行推理，是为了证明或者证伪某个假设或者待证事项。其框架是辩论，其过程是证明，其引擎是根据信息进行的推理。[30]

二、推论性推理的一个“实体无涉”进路

大卫·舒姆曾主张证据的许多特点、特征和……原则都是“实体无涉的”[31]。例如，我们可以就相关性、可信性、同一性、证明力进行一般性的陈述，而不提及特定种类的数据。我将进一步指出，作为科目的证据的核心概念同样是无关乎来源的类型和要证明的事项的。[32] 证据这一科目的主要的一般性特点是无关内容的、无关来源的、无关假设的。换言之，证据这一学科及其核

㉙ 有关“相关证据”，比较一下联邦证据规则规则 401。有关基于舍洛克·福尔摩斯所说的“蛛丝马迹”通过溯因/想象推理最终形成假设，see *Analysis* (2005) 55－8 and Eco and Sebeok (1983)。

㉚ 在伦敦大学学院讨论问题的时候提出：证据是否总是与一个假设相关？答案取决于“假设”在这一语境中的含义。《牛津英语词典》罗列了几种不同的含义。马克思·布莱克（Max Black）在调查（enquiry）的语境下区分了“（1）一个命题并不知道到底是真的或假的，通过确定从其真相带来的结果来加以检视［以及］（2）对一个问题的试探性结论”〔Black (1959), at 441, cf. 274〕。在这里，我们主要关注（2）(假设作为试探性结论而不是作为前提。)

证据是一个关系语词（A 是 B 的证据）。在逻辑学的传统上，A 和 B 都是命题在这一语境下（在 J. S. 密尔的传统中，非正式的命题逻辑不仅包括归纳与溯因，还包括演绎）通常被视为理所应当。用威格摩尔的术语来说，B 在一个论证的语境中可能是一个最终待证事实或次终待证事实或中间性待证事实。比如，在猜测性（conjectural）或推测性（speculative）或假定性（postulated）的意义上，B 并不必然是“假设性的”，因为 B 可能代表的是一个广泛接受的“真相”，也可能是一个有争议的确信，还可能是一个指控。

正如舒姆所澄清的，证据在假设的形成与假设的验证过程中都扮演着角色。（从狗在夜里没有吠这一事实，舍洛克·福尔摩斯推论出小偷与狗熟识，这就缩小犯罪嫌疑人的范围并且将陌生人排除在外。）当然，一个调查可能涉及形成与验证数个假设，这些假设可能是相互对立或相互替代或相互补充。公道地说，这个证据概念最容易契合于假设驱动型调查的形式（X 发生了吗？是 Y 干的吗?）而不是开放目的调查〔发生了什么？谁干的（Whodunnit)?〕，对于后者而言，对于“什么的证据?”这一问题而言没有答案。一般说，信息直到其与某些具体命题发生关联——它倾向于支持或否定——之前并不会变成“证据”。不过，当然，在一个调查的早期阶段，在没有一个假设清晰指引的情况下，信息可能被视为潜在的证据。警察侦查者不得不在无方向的开放目的调查与“嫌疑人驱动型调查”——在这种调查中注意力被不成熟地集中在一个单一的假设上——之间踩着一条小心翼翼的道路前进。

㉛ Schum, (1994); Schum, (2003); *Analysis* (2nd edn.), ch. 2. 舒姆使用“实体无涉”来描述一种将证据的形式与组合予以类型化而无须考虑其实质内容的特殊方式。这样一种类型化“是以证据的推论属性而不是其内容为基础的”〔*Analysis* (2005), Glossary, at 386〕(See further below, at 449－51)。

㉜ 也就是说它们超越了不同类型证据数据（比如像痕迹、笔迹和证人证言）和不同待证事实（比如一个谋杀的指控、对某一历史事件的解释、一个假设性科学概括或者有关某一未来事件的发生概率）之间的诸多差异。

心超越了学科文化、调查的目标以及特定专业的特殊方法和传统。当然，关于DNA、测谎、证人心理学等也有其特殊问题。但是这一科目的核心是推理。

为什么你认为证据特别需要成为人们的关注点？在回答这个问题时，我的观点在很大程度上是实用主义的：包含经验因素的所有领域，都与关于证据和推理的问题族（shared family of problems）联系在一起。除了其理论利益（这是对人类理解的一个贡献）外，证据在许多实践决策和风险管理领域具有重要的实践意义。特别是对证据的跨学科研究关注的是这样的问题：（1）证据的跨学科特点是什么？什么样的特点最具特色？（2）在某个领域发展的哪些概念、 442
方法和洞察力可以转用于其他领域？（3）什么样的概念是不可转用的？为什么？（4）我们是否能够发展出一般性的概念、方法和洞察力来适用于所有或者近乎所有背景下的证据？

这样的问题，是一个不同寻常的项目的起点。该项目最近在《历史和法律中的证据和推理》（*Evidence and Inference in History and Law*）这本书中已经宣告结项。[33] 1994年，特里·安德森和我都是荷兰高级研究所［Netherlands Institute for Advanced Study (NIAS)，相当于斯坦福行为科学高级研究所（the Stanford Center for Advanced Study in the Behavioral Sciences)］研究“法庭专门知识”（forensic expertise）的律师小组的一员。作为NIAS的研究人员，人们期望我们与其他专业小组的同事进行互动。其他的项目是：(a) 荷兰政治概念史；(b) 剧场肖像学（theatre iconography）——其使用艺术作品作为剧院史研究的证据；(c) 古亚述的巫术和宗教；(d) 社会两难。此外，还有许多研究人员研究各自的项目。乍一看，这些似乎相当深奥且具有多样性。但是一想，可以说NIAS的大多数研究人员那一年共同面对的都是关于证据和推理的方法论问题。因此，安德森和我决定向我们的同事提出挑战，要就这些问题举办一个联合研讨会。其起点后来被叫做“特文宁假设”：

> 尽管在（1）我们特定的探寻目标；（2）可获得的资源材料的性质和范围；（3）各自学科的文化（包括其历史、惯例、发展状态，等等）；(4) 国家背景；(5) 其他背景因素等方面存在不同，所有我们的项目都是这样一个事业的组成部分：从证据中进行推断，以检验假设、证实结论，并且这种探寻的逻辑是由同样的原则所规制的。[34]

[33] Twining and Hampsher-Monk (2003).

[34] Ibid., 4.

这是故意以一种煽动性的语言表述的，我希望在讨论的过程中能够对之提出挑战、颠覆或者修改。然而，该研讨会并不是对方法论问题的一般分析，而是进行了一系列的个案研究，来探讨一系列奇怪的问题：一名律师和一名亚述研究者就与苏美尔语的诞生及消亡相关的证据进行了辩论；一位莎士比亚学者和一位法学家就一起著名讼案中作为证据的大量情书探讨了其方法上的差异[35]；一位政治理论家、一位经济史学家、一位剧院肖像学家以及一位音乐学者也根据我们的讨论在其各自的领域进行了个案研究。[36] 接着大卫·舒姆写了一个导言来概括一些共同的主题。

我们并不是要试图建立一个关于证据和推理的无所不包的理论——确实，这一群体的取向显然是要基于同一种理论。但是其主要的结论性说法值得注意：

> 首先，在证据和推理问题上我们存在着重叠，我们可以跨越学科对此
> 443 进行有益的探讨，就此我们并没有严重争议。其次，该小组的成员都来自于人文社会科学界，都认为证据和推理问题不能与解释和叙述的问题分隔开来。最后，如果有物理学（既包括纯物理学也包括应用物理学）的代表与诸如天文学和数学这样的关联学科的代表，把他们包容进这样的小组可能也不会有什么困难，虽然他们可能更多地强调概率和统计，并在这些问题上有更为尖锐的分歧。困难问题是证据和推断的基本问题与立足于不同学科文化的课题的具体背景和目标的关系问题，但是总的来看，我们没有什么眼中的交流问题。（导论，7页）

这一活动恰恰是把证据本身作为跨学科科目的实验性的第一步。[37]

三、推理、文化、常识和叙述

本文所提交的会议的主题是“推理、文化和通常思考”。如果我们把证据视为一个值得关注的跨学科的主题，如果我们将其核心视为推理，这种推理的概念和方法是无关内容、无关来源和无关任务的，那么文化和通常思考以及关于常识和叙述的思想之间的关系是什么？

我想，就证据法的研究而言，在理性主义的传统内对这些问题有一套可以

---

[35] Above ch. 12.

[36] See above n. 10.

[37] 参见 Abimbola (2004) and Zahle (2004) 中作出的评论。

确认的回答。[38] 我们可以把被称为威格摩尔式观点（Wigmorean view）的观点重述如下：在就事实问题进行辩论的背景下，从证据到中间命题（interim proposition）再到最终的待证事项或者假设的每个推理步骤，都要求有一种保证。这样的保证通常采用了“背景概括”（background generalizations）的形式。背景概括可以是个案性的（例如以地方性知识或者以特定案件的某些一般方面［如被告人的习惯或者品性］为基础）[39]，它也可以来自于相关社会或者社区多多少少共享的“知识库”（the stock of knowledge）。[40] 从感知的可靠性方面看，知识库存可能有很大的不同，从通过以归纳为基础的经验证明的科学法则，到彻底的推测或者成见；从深深地根植于宗教的信念，到偶然获得的念头或者印象（这也会被偶然抛弃）。常识、专家知识以及科学知识的持续集成（continuum）大致可以代表可靠性，这些都属于共享的信念库。因此，在普通法传统中，明确地承认在推理的保证和作为共享的文化的重要组成部分的知识或者信念库之间存在的联系。[41] 在普通法证据理论中，这种联结是通过“一般经验”（general experience）这一理念而得到认可的，例如，威格摩尔的著作《司法证明的原则/科学》的副标题就是“建立在逻辑学、心理学和一般经验基础之上”（as given in logic，psychology，and general experience）。[42] 关于专家 444
证据和司法认知的普通法规则都处于这一概念框架内。

威格摩尔观点也与通常的推理活动相调和。就像乔纳森·科恩指出的那样，可以假定一个社会的成人具有“一般的认知能力”使他们作为陪审员、外行法官和证人参与裁判活动。[43] 这包括两个因素：首先，理解信念的社会库的主要组成部分的现存知识或者能力。其次，将通常的推理原则适用于裁判活动中的争议事实问题的能力。司法活动中的外行参与通常因为两个原因受到质疑：不能够理解复杂的证据，例如在欺诈诉讼或者白领案件中涉及的复杂的会

㊳ 法学中“证据学中的理性主义传统”是建立在一系列假设基础上的，这可以简单地概括为：裁判中的事实确定，要通过推理方法来追求真相，以正当地贯彻法律。这些假设，在理想情况下，既有说明性的一面，也有描述性的一面，其中许多受到了各种“怀疑论策略”的挑战。

㊴ Above ch. 11. See further *Analysis* (2005) 113－15 and ch. 6，Anderson (1999b).

㊵ Cohen (1977) discussed above ch. 11.

㊶ 我偏爱“信念库”一词是因为在某一特定社会中，所谓的知识将随着时间的推移而改变。承认这一点并非犯了苏珊·哈克所标示的“通往谬论的通行证”〔Haack (1998)，93－4，117－19〕。在这一语境中，“知识/信念库”理念是集体性的，比如说，许多科学和专家知识都是“反直觉的”，也就是与常识相悖。

㊷ Wigmore (1937).

㊸ Cohen (1977)，(1983).

计证据；或者是不能够进行正确的推理。[44] 这样的质疑也涉及了民主的根基——其理念是协商民主需要公民具有参与的认知能力。相反，对这种一般认识能力进行辩护的人对这样的观点提出了质疑：计算机程序可以发展得和普通公民的最佳判断一样好或者更好。

也许我们今天可以给正统的威格摩尔观点增加一些解释。第一，我们认识到，关于通常的知识或者信念库的认知共识（cognitive consensus）的说法是存在严重问题的。这一认识超出了多重文化社会的思想，使得我们不再把社会、国家视为一个有着清晰而稳定的边界的自足式的单位。罗尔斯（Rawls）在另一背景下提出了令人称赞的重叠共识（overlapping consensus）的思想。[45] 这可以用来遏制夸大信念库事实上在“文化”之间差别殊大的趋势——在美国或者在世界上有多少人事实上认为公共汽车的轮子是方的、巫婆骑着扫帚飞、可口可乐是汽车燃料？最近关于荷兰刑事司法的著作表明，某些关于警察行为的概括跨越文化和法律文化，得到了相当的传播。[45]

对威格摩尔式简单描述的第二个注释与形式有关。标准的推理，无论是培根式的还是帕斯卡式的，都是命题逻辑。人们从表述为命题的前提推导出结论。当我们谈到作为这种中项的保证或者凝聚因素的“背景概括”时，存在着这样的趋势，即假定我们是从知识库中得出这种概括来作为现成的命题的。但是这在心理学上是似是而非的。就像我在其他地方所主张的那样，一个人的信念库是不可能像齐整的分类编码或者数据库那样存储的。[47]

第三，就个人或者群体的信念库像一个大杂烩这一点而言，这并不像一个有利于就实然和应然、事实和价值保持清晰区分的环境。陈规、格言和故事通常都具有评价因素——这常常是它们的主旨。[48] 威格摩尔式分析的一个主要主
445 张就是透明：通过迫使分析者确切地说出主张的是什么，包括推理保证，一个主张的每个重要环节都要受到公开的严格审查——这是将推测、夸大、成见或者偏见置于阳光下的好办法。但是，在每个阶段的黏合剂的主要来源是非确定

㊹ 在英国富有争议的亚当斯系列案件〔*R v. Adams* [1996] 2 Cr App T 467, CA; *R v. Doheny and Adams* [1997] 1 Cr App R 369, CA; *R v. Adams* (No. 2) [1998] 1 Cr App R 377, CA〕判决排除了贝叶斯定理在法庭中的明确适用，这些判决不仅基于有关其在该案而非其他案件情境下应用的任何理论观点，还基于这样一种实用主义政策理由即法庭中的话语风格应当根据裁决作出者能够理解的方式来形成。See Roberts and Zuckerman (2004), at 118–9, 129 and Dawid (2005a).

㊺ Rawls (2001).

㊻ Wagenaar et al. (1993), Anderson (1999a).

㊼ See above 338.

㊽ Above ch. 13.

性的信念的大杂烩的情况下，某种形式的所谓经验论证如何能够保持其经验性，仍然存在某些困难问题。[49]

故事构成了我们的信念库的一部分。从特定叙述中作出概括存在着重要的困难。这就像确定司法判例的判决理由或者维持其一先例以及探查寓言中的“伦理”那样困难重重。[50] 就诉讼和裁判中以及更为一般的关于特定过去事件的推理中叙述和论证的关系而言，也存在着重要的问题。在其更为严格的图标方法中，威格摩尔将“叙事方法”视为更低层次的替代物。[51] 安德森和特文宁以及其他一些人，无论是从经由辩论达成决断的角度还是从事后根据的角度，都把叙述和辩论视为互补性的。[52] 现代心理学研究——特别是彭宁顿与黑斯蒂的研究（Pennington and Hastie，1991，1993）——表明，美国陪审员的实际决策过程更像是整体性的“故事模式”而不是原子般的“理性主义模式”[53]。乍一看，这说明在关于裁判者特别是陪审员实际的思想与决策的心理学描述（决策心理学）和裁判活动中构成有效、令人信服和适当的事实推理方法的东西（证明逻辑）之间存在着巨大的差异。

罗纳德·艾伦为解决这一矛盾作出了最为持久的理论努力。[54] 其复杂论文的中心观点是证明逻辑没有也不能解决多个因素（要件事实）的结合问题，不能为对案件整体的证据证明力的评估提供标准。[55] 故事提供了一个连贯的证明结构——这是一个从整体考量案件的框架。在普通法裁判活动中，陪审员评估根据相互竞争的故事的连贯性（一致性、真实性和完整性）、涵盖面和独特性角度来评估它们的相对力度。[56] 无论是根据审判时提出的证据、事实审判者的背景知识以及其处理证据问题的技能来评估故事方面，还是在确认或者否认它们方面，“原子”分析方法都发挥着作用。

---

[49] 在法律当中，这一问题常常变得更为复杂，因为“事实问题”和有待证明的事实常常包含着一种裁量性评价要素，还有更为根本的是，对罪责或责任的每一个判断本身就是评价性的：Zuckerman (1989)。

[50] 有关寓言与法律先例之间的类比，see above ch. 13。

[51] Wigmore (1937)，s. 36.

[52] Anderson and Twining (1991) (*Analysis*，1st edition)，at 155－65.

[53] Hastie，Pennington and Penrod (1983)，Hastie (1993)，Pennington and Hastie (1991).

[54] Especially，Allen (1991)，(1994)；Allen and Leiter (2001).

[55] 有关“合取问题”(the problem of conjunction) 的经典讨论是 Cohen (1977)，有关这一问题的争论还在继续。See *Analysis* (2005) 103－4.

[56] Pennington and Hastie (1991). 艾伦非常有用地将这些标准同尼古拉斯·雷舍尔的“合理性要求”结合起来：一致性、统一性、融贯性、简明性与经济性〔Allen (1994)，at 628，citing Rescher (1988)，at 16－18〕。

在这里不可能充分评判艾伦的观点。虽然我们可能在某些细节上有所分歧，就我们对故事的解释和评估而进行分析的重要性的相对强调而言，我认为在裁判活动的背景下，这是一个很好的理论基础，能够将叙述和辩论视为互补性的。[57]

就叙述对于事实决定的至关重要性而言，似乎在学者和律师们中存在着广泛的一致。[58] 然而，讲故事是具有诱惑性的，我认为存在着律师对此加以浪漫化的趋势。在一系列的文章中我曾阐述了这样的主题，即故事是“必要的但是也是危险的”[59]。故事能够帮助我们理解事件，去建构一个论证，并且能提供连贯性。但是，在律师服务活动中，这也是进行“欺骗”的奇妙工具。[60] 例
446 如，对于他们来说将不相关的或者得不到支持的事实偷偷塞进来，诉诸隐藏的成见或者范型，填补证据之间的罅隙，都是轻而易举的。“好”故事能够驱逐真实的故事，等等。[61] 显而易见的是，叙述在许多学科中扮演着中心角色[62]，但是就其确切性质仍然有许多没有解决的问题，例如叙述能够在多大程度上帮助我们“理解”一个事件？在“合法”的运用中，能够在什么范围内使用叙述方法？叙述在裁判、历史编纂和警察调查活动中的作用在哪些方面有所不同？等等。就此还有大量的研究空间。

四、法律的局限性

许多对推理和辩论感兴趣的非律师人员已经认识到，法律提供了丰富、具体、现实的例证资源来说明证据、推理和证明问题的各个方面。图尔密、佩雷尔曼、加斯金斯（Gaskins）、阿姆斯特丹辩论学派以及最为重要的舒姆，就是

[57] “因此，我们看到证明结构理论与证据理论之间的会合。证明结构要求在审判中所提出的故事之间进行选择，而因为数据可以融贯地嵌入或者能够被嵌入故事当中，而这些故事又与双方当事人提出的关于发生了什么的故事高度相似——如果不是相同的话。”〔Allen (1994), at 630〕。在我们看来，一个重要的分歧点在于“一个案件理论”被解释为意味着一个作为整体的案件（a case-as-a-whole）的策略性论证（比如，正如在威格摩尔图示中所描述的），它是提供融贯性的另一种补充性方法。因此，叙事是提供融贯性的重要但绝非唯一方法。See generally, *Analysis* (2005) chs. 3 - 6.

[58] 不过，“叙事”有时候被松散地用于包括剧本、舞台和位置（see above 293）。比较一下在 Tillers and Schum (1991) 当中对“证据支持的剧本”的细致探讨。

[59] Above chs. 9 - 13 and *GJB*, chs. 13 and 14.

[60] “欺骗”在这里是指违反特定法律制度的法律习俗。例如，在英格兰，习俗性的规则有“对行为而不是行为者进行裁判”“根据提出的证据进行裁判”“事实问题与法律问题的分离”“公平裁判，不睬偏见和成见”。当然，这样的习俗性原则本身应当接受来自不同立场的评价。

[61] *GJB*, ch. 14.

[62] Nash (1986).

些现代的例子。[63] 舒姆甚至走得更远，他提出关于证据的法学“构成了主要的灵感来源，对于那些对证据的一般属性和运用的一般研究感兴趣的人来说”[64]。

由于我多少是个法律民族主义者，当我发现其他学科的同事对我所在的领域感兴趣时，我通常是很高兴的。然而，认识到标准的法律例证的局限性是很重要的。在探讨证据和推理问题时，三个区别是至关重要的：以过去为指向的探寻与以未来为指向的探询的区别；特定探寻和一般探寻的区别；假设构建和假设检验的区别。出于各种原因，包括将法律中的证据等同于证据法的趋向，争辩性的审判被广泛认为是产生证据问题的主要领域。对争辩性审判中事实问题的裁判通常是以过去为指向的、特定的和假设检验性的——只有在例外的情况下它才预测未来、证明一般性的经验命题或者进行假设建构。标准法律例证的这些特点可能会对其在许多其他背景下的重要性形成限制。

当然，争辩性审判的典型——特别是普通法中的对抗制程序——的某些特点确实使其成了研究资料的丰富来源：通常情况下该程序是公开的，其冲突是显然的，其争议点是严格界定的，要提出证据并就此进行询问和辩论，法院记录要有条理地充填复杂的材料。包含大量细节、数据和辩论的记录常常是复杂的，是各种证据的混合。最重要的是，审判处理的是“现实生活”中的问题而不是假设或者编造的例子。对于学习推理的学生而言，可能有干扰因素需要过滤，例如程序技术、律师的策略、人为的证据规则以及理性辩论与有效说服之间的模糊界限。但是审判记录能够提供大量例子来说明证据的不同属性和特 447
点、复杂辩论的结构、将混杂的证据结合在一起的问题以及推理过程中的常见错误。

争议性审判通常涉及的是对过去事件的探询，其中的假设已经为法律所预先设定——律师们把这叫做“要件”。此外，案件都是从复杂、繁冗的背景中抽象出来的人工构建的单位，例如，刑事审判可能仅仅是世仇或者其他冲突中的一个事件。这些因素——案件的特定性、过去性、要件性、个性化——使得这种法律材料与许多涉及推理的探询活动分化开来。

在裁判活动中，还有其他的因素，即裁判者作出稳定判决的职责。法官要作出决定，历史学家和科学家也要作出结论，但是他们不需要被迫这么做。这种作出决定的压力导致法律发展出了关于假定、证明负担和证明标准的理念，

[63] Toulmin (1964), Gaskins (1992), Perelman and Olbrechts-Tyteca (1971). On the Amsterdam School, see van Eemeren and Grootendorst (1992) (1996), Feteris (1999), and the journal *Argumentation.*

[64] Schum (1994), at 6. 这一主题在第二章中得以进一步展开。

来帮助作出决定。这些对于其他背景下的决策具有相当的启发性。

因此，历史学家与律师共同的一点是都关注过去的特定事件，但是历史学家缺少实质性（materiality）这一概念，正是这一概念预先凸显要加以证明或者否定的假设，帮助人们预先准确和具体地阐明并标定存在争议的事实问题。历史学家常常不仅要证明发生了什么，而且要解释为什么会发生——这常常是更为困难、更为有趣的问题。[65] 此外，历史学家通常还对证明和解释特定事件之外的问题感兴趣。例如，大量关于萨柯-范泽提案*的文献认为他们是无辜的，或者假定他们是清白的，以探讨涉及当时的政治、社会和法律背景的众多问题。[66]

侦探像裁判者一样，通常情况下也关注特定的过去事件——“谁干的”，福尔摩斯式的问题——并且他们的探询也会为诸如谋杀、杀人和事故这样的法律分类所指导。[67] 但是像历史学家、科学家以及许多其他探寻者一样，他们也要建构假设并对之进行验证。典型的已经判决的案件，并不是学习和培养作为调查过程的一部分的溯因（abduction）和想象推理（imaginative reasoning）技能的良好工具。[68]

现在常常出现在新闻中的情报分析员，也常常需要在信息不断累积的变化背景中预测未来的可能事件及其概率。有的时候人们要求他们就准确概率进行预测——在特定时间内对特定目标进行攻击的可能性有多大？——但是他们也常常关心以关于能力和意图的判断为基础的更不受限定的可能事件。此外，他们还关注建立关于网络、场景等的一般情报图景。就像 9·11 事件后的自我反思所表明的那样，在事件之后识别那些如果被发现并被作为重要信息遴选出来的信息片段更为容易。

448 “纯科学”中的典型探询活动关注的是一般假设的公式化及其测试，这形成

[65] 在实践中，事实认定者希望通过不仅了解发生了什么，而且了解为什么发生，来理解一个案件。例如，在刑事案件中，对动机的证明不仅是形式要求或者证据性需要，而且对于警察、律师和事实认定者而言也常常是具有实践意义的需要。这是诉辩中的故事讲述活动的主要功能之一。

* 美国在 20 世纪 20 年代镇压工人运动中制造的一桩假案。1919 年开始的经济危机使美国国内阶级矛盾激化，罢工浪潮席卷全国。1920 年 5 月 5 日，警察指控积极参加工人运动的意大利移民、制鞋工人萨柯和卖鱼小贩范泽提为波士顿地区一抢劫杀人案主犯而加以逮捕。虽然他们提出了足以证明自己无罪的充分证据，仍被判处死刑。1927 年 8 月 22 日，在国际抗议声中，萨柯和范泽提被处决 。此后，人们不断要求为萨柯和范泽提昭雪。半个世纪后，马萨诸塞州州长 M. S. 杜卡基斯组织法学专家，对该案进行全面复审，1977 年 7 月 17 日宣布萨柯和范泽提无罪，恢复名誉。参见 http://baike.baidu.com/view/298001.htm，2006 年 11 月 11 日访问——译者注。

[66] 参见在 Felix (1965) 中讨论的文献。当然，这一点在 Kadane and Schum (1996) 当中并非真实。

[67][68] *Analysis* (2005), ch. 2.

了预测的稳固基础。经典的“归纳问题”遇到的困难是证明是从一系列细节到一般结论的推理步骤的正当性。在这种情况下，对细节的证明和解释常常被认为是不存在问题的。[69] 典型的裁判探询活动关注的是对细节的证明——这常常是一般科学探询活动的最简单的部分。当然，在将一般的科学原则适用于特定的情况时，例如医学诊断或者法医病理学，更类似于裁判活动中的事实认定活动。

当然，这么说不免唐突：律师在证据和推理方面更为容易，这仅仅是因为特定的探询可能常常比一般的探询更容易，因为有着诸如要件性、证明负担和假定等决策辅助工具。争议性的审判之所以常常产生争议，是因为在证据上存在特别的疑问——否则就会进行有罪答辩或者和解。著名讼案之所以著名，是因为存在着没有解决的神秘。更为重要的是，争辩性审判仅仅是众多法律背景中的一个。证据和推理问题会出现在许多其他法律背景之中——包括调查、谈判、调解、预测未来的或然性事件（例如在合同起草活动中）以及法律制定，在这些背景中，要件、预测、过去和案件的个性特征等因素中的一些并不存在。

非律师人员可能有理由将争议性审判活动视为法律中的典型，而仅仅是因为这方面的二次法律文献（the secondary legal literature）常常作出这种假设，并且因此而日渐发达和高深。出于同样的原因，法学教授们也将证据视为证据法专家的一门技术性科目，因而忽视了关于其他法律领域——例如调查、谈判、调解、法律制定，等等——的事实问题的推理的中心地位。与此类似，法律和文学运动也忽视了叙述和推理之间的令人怀疑的关系；法学家们继续将“法律推理”局限于关于法律问题的推理，直到最近那些对经济分析、后现代主义以及批判法学感兴趣的人才把其注意力转移到证据问题上。[70]

五、一个整合性的“证据科学”?

一个公认的跨学科领域的形成自然会提出有关其一般性、融贯性与效用性等一系列问题。提出问题的一种方式是：能够存在一个整合性的“证据科学”吗？其范围是什么？我们当中有些人可能会犹豫是否要将“科学”的标签贴到这样一个如此根植于人文和社会科学以及物理科学的主题之上。[71] 当然，我们 *449*
不能仅仅**假定**这些理念和问题的一般性与可移植性。不过，有必要尝试提出一

[69] Cf. Allen (1994), at 624:“与法学不同的是，在科学中，数据实际上从来不会成为问题。实际上发生了什么常常是试图解释发生了什么的毫无争议的起点……在法学中，确切地说，对方获得了……有关发生了什么的争议实际上总是会得以和解。”

[70] E. g. Nicolson (1994), Pardo (2000). 有关经济分析，see Posner (1999), Lempert (2001)。

[71] See n. 1 above.

个跨越学科和实践性决策语境的一般性证据理论。

对于这一点来说，一个可能的基础是舒姆的"实体无涉"进路。在这一语境中，澄清舒姆对这一进路之主张的范围与界限是至关重要的。[72] 这一进路的基本主张是有一些概念和推论性推理原则可以远跨学科、调查类型、不同的学科内部以及不同类型的实践决策情境——这些情境包含着一个重要的经验性要素。核心概念就是相关性、可靠性和证明力。与这些概念相联系，舒姆已经汇集了一系列概念和区分，有一些是引自不同的学科，还有一些则是舒姆自己提出来的。在提出实践性知识程序的过程中，他已经在警察调查、知识分析以及诉讼的语境中运用这些概念来分析证据、形成假设和建构论证。[73] 因此，他的进路并非仅仅局限于证据的形式与组合的一个分类学。

不过，"实体无涉进路"的主张也是相当有限的。正如我已经解释过的，演绎性逻辑、贝叶斯定理与统计推理的一般性原则都是在同样的方式上"实体无涉的"[74]。

第一，这一进路并未宣称要对证据在不同类型调查中的运用、要对与具体证据类型相关的具体实践性问题（比如 DNA 样本的损坏、供述的可靠性、对属于不同史学传统的文本的解释）说很多。

第二，这些主张被局限在经验主义的假设驱动型调查[75]，而且在许多语境下，事实与价值的截然两分很难维系。推论性推理的"实体无涉进路"自己并未宣称要阐明诸如某一调查的目的、进行该项调查的条件、"问题"如何形成、具体证据性论据如何被用于潜在相互竞争的利益、价值或功用等问题。反对"基于证据"的政策制定的严格版本诸多理由中其中一个便是一个证据性视角将倾向于在一个"价值中立"科学进路的幌子下掩饰政策制定的政治、意识形

[72] Schum (1994/2001), (2003).

[73] Schum and Tillers (1988), Schum (1987), Kadane and Schum (1996), *Analysis* (2005). 在舒姆的诸多概念中，我发现有用的有：辅助证据；事实探查；作为磁体的假设；可靠属性（真实性、准确性、灵敏性、可靠性）；证人可信性的检验（真实性、客观性/偏见、观察的敏感性）；瀑布式、等级式与多阶段推论；缺失的或不完整的证据。其中有些词是舒姆创造的，另外一些他已经在从证据的推论性推理这一语境中有用地加以解释。

[74] 这一点已经为大卫·舒姆所确认："如果所有 A 的都是 B 的而且我们发现一个 A，那么将会出现这个 A 也是一个 B。" A 和 B 所指的是什么并不重要：也就是这个规则是实体无涉的；我们所拥有的证据类型限定了我们所要评估的假设。这同样可以适用于基于其他阐述所确立的推论性规则，比如谢弗（Schafer）的确信功能或科恩的培根式概率，甚至还包括查德（Zadeh）的模糊概率。在这些系统中没有规则是确立在实体或内容之上的。（与作者的个人交流，2005 年 8 月 24 日。）See further *Analysis* (2005), chs. 2 and 9. 当然，有关舒姆的其他概念和概括的可移植性与可应用性还存在很多重要问题，这些问题在证据一般性理论下一步工作中占据核心地位。

[75] See above n. 30.

态或伦理维度。

第三，关于舒姆的概念框架的可移植性、可应用性及实用性依然还有很多具体的工作需要完成。在这一方面还存在很大的争议空间。比如，很少有人怀疑贝叶斯定理的有效性，这在同样的意义上可以被说成是“实体无涉”的；但对于贝叶斯定理的适用条件以及这些条件能否在具体语境中得以满足，则存在广泛的，有时甚至是热烈的讨论。[76] 与此类似，在某一具体语境中发展出来的概念或数据能否移植到其他语境，还存在许多悬而未决的问题。[77] 比如，法律人的一些概念，如推定、证明标准（和其他裁决标准）和实质性——其中一些概念在法学当中已经受到质疑，在经过或未经过改造的情形下，关于它们的应用性和实用性还需要做很多工作。

第四，正如之前已经指出的，不同类型的调查需要加以区分。对假设形成 450
调查与假设验证调查、过去导向型调查与未来导向型调查、一般性的与特殊的调查的区分仅仅是个开端。[78] 作为一名法理学家，我主要关心对过去事件进行调查这一语境中的假设验证，虽然我已经在舒姆的指导下学到了很多推论性推理在刑事程序不同阶段——尤其是侦查、起诉决定、对抗式与对话式论证以及审判——应用的知识。

我们中有些人总是迟疑于是否将“科学”的标签贴到这样一个像心理科学一样如此深入扎根于人文和社会科学的一个学科。[79] 而且，我们当然不能仅仅假定这些思想和问题的一般性和可移植性。这是一个需要进一步探究的问题。不过，依然非常值得尽力去发展出一个跨越不同学科和不同实践决策语境的一般性证据理论。

也许核心的理论问题应该是：我们在多大程度上能够对不同学科、语境和调查类型之间的证据与推论性推理进行概括？果如此的话，需要提出的更为具体的问题包括：

1. 是否存在普适性的、来自证据的推理原则？

2. 什么算作“证据”这一问题已经随着时间、语言、文化、实践语境与学科的不同而不同。是否可能有一个超越这些不同语境的分析性概念或概念框架？

---

[76] 有关“贝叶斯怀疑主义”，see L. J. Cohen (1977)，Roberts and Zuckerman (2004)，120 - 132；Dawid in *Analysis* (2005)，Appendix I。

[77] 这是 2005 年伦敦经济学院（LSE）项目的核心关注所在，n. 14。

[78] 在法律中的因果关系这一语境中发展起来的另一个区分是描述性、阐释性与归因性调查。Hart and Honore (1985).

[79] See n. 1 above.

3. 一个实体无涉的进路（舒姆）在多大程度上也是语境无涉的？

4. 叙事与推理在论证的语境中是什么关系？这种关系在多大程度上将随着学科和实践语境的变化而变化？故事有助于我们“理解世界”这一主张究竟意味着什么？哪些可以正当地说是叙事能够做的而推理无法做的？

5. 在一个学科或实践环境中发展出来的概念、区分与方法在多大程度上以及在哪些方面——经过或未经改造——可以应用到其他学科或语境当中？

6. 推论性论证的形式代表（贝叶斯数值、威格摩尔图示等）的用途、局限和危险是什么？

7. 对医疗、政策及其他活动的基于证据的进路的用途与局限是什么？

8. 计算机与人工智能可以被合理地预期能够在哪些方面作为推论性推理的助手？

9. 在某一特定语境中，一个有关某一涉及事实与价值的混杂的问题之论证的结构、有效性以及恰当性在哪些方面——如果有的话——会不同于一个有关某些涉及事实与价值的混杂的问题群之论证？[80]

10. 从警察侦查、知识分析、法庭科学和其他实践操作处理证据的最新进
451 展当中可以学到哪些一般性教训？

11. 在任何特定的语境中，人们处理证据的真实实践会在多大程度上偏离于有关他们应该如何与该证据联系起来思考和行动的规范性指令？在多大程度上，这些实践将导致更好或更差的判断？

正在进行的许多工作都具有一种应用性质。这些是现存的但相对晚近的发展。大量的看似迥然不同的活动正在快速发展。比如说，在伦敦大学学院，来自超过20个系的个人都与勒伍豪—经济与社会研究委员会（ESRC）项目有关，该项目开始于2004年1月。除了有关处理证据之形式工具的、调查与侦探、历史证据、人类对证据的态度（心理学）、地理学、经济学、科学史和科学哲学、初步健康护理等具体项目之外，还有三个有关因果关系、叙事和预测的积极的多学科小组以及一个跨学科个案研究。[81] 其他多学科项目在其他几个国家也都蓬勃发展。这些不同的努力最终是否会演进成为一个完全整合的“证据科学”，依然是一个悬而未决的问题，这一问题要得以解决还需要花费许多年来进行理论化、具体研究和争论。这里只不过是一个开端而已。

[80] See n. 49 above.

[81] 详细内容，请参见前述网址（supra n. 14）。

Bibliography

Abel, Richard (1973) 'A Comparative Theory of Dispute Institutions in Society', 8 Law and Soc. Rev. 217.

Abel, Richard and Philip Lewis (eds) (1988 - 9) *Lawyers in Society*: vol. 1, *The Common Law World*; vol. 2, *The Civil Law World*; vol. 3, *Comparative Theories*. Berkeley.

Abimbola, K. (2002), 'Questions and Answers: The Logic of Preliminary Fact Investigation', 29 *Journal of Law and Society* 533.

__________ (2004) Review of Twining and Hampsher-Monk (eds.) 67 *Modern L. Rev.* 527.

Abu Hareira, M. A. (1984) *A Holistic Approach to the Analysis and Examination of Evidence in Anglo-American Judicial Trials*, unpublished Ph. D. thesis, University of Warwick.

__________ (1986) 'An Early Holistic Conception of Judicial Fact-finding', *Juridical Rev.* 79.

Ackerman, Bruce (1973) 'Law and the Modern Mind', 102 *Daedalus* 119.

Acorn, A. E. (1991) 'Similar Fact Evidence and the Principle of Inductive Reasoning: Making Sense', 11 *Oxford Jo. Legal Studies* 533.

Aitkin, C. G. G (1995) *Statistics and the Evaluation of Evidence for Forensic Scientists*. Chichester.

Allen, Christopher (1997) *The Law of Evidence in Victorian England* Cambridge.

Allen, Hilary (1987) 'The Logic of Gender in Psychiatric Reports in Courts' in Pennington and Lloyd-Bostock (eds.), *The Psychology of Sentencing* (Oxford, 1987) 104 - 16.

Allen, Ronald J. (1988) 'A Reconceptualization of Civil Trials' in Tillers and Green (eds.) *Probability and Inference in the Law of Evidence: The Use and Limits of Bayesianism* (Dordrecht, 1988).

(1991) 'The Nature of Juridical Proof' 13 *Cardozo L. Rev.* 373.

__________ (1994) 'Factual ambiguity and a Theory of Evidence', 88 *Northwestern U. L. Rev.* 604.

Allen, Ronald J. and Brian Leiter (2001) 'Naturalized Epistemology and the Law of Evidence' 87 *Virginia L. Rev.* 1491.

Allen, Ronald J. and Michael S. Pardo (2003) 'Facts in Law and Facts of Law', 7 *E and P* 153.

Amadiume, Ifi and Abdullahi An-Na'im (eds.) (2000) *The Politics of Memory: Truth, Healing, and Social Justice*. London.

American Bar Association (1979) *Lawyer Competency: The Role of the Law Schools*. Report of a Task Force of the ABA, Section of Legal Education and Admission to the Bar. Chicago.

American Law Institute (1939) 'American Law Institute Undertakes Code of Evidence', 25 *ABAJ* 380.

__________ (1942) *Model Code of Evidence*. Philadelphia.

Amsterdam, Anthony G. and Jerome S. Bruner (2000) *Minding the Law*. Cambridge, Mass..

Anderson, Terence (1999a) 'The Netherlands Criminal Justice System: An Audit Model of Decision-making' in m. Malsch and J. H. Nijboer (eds.) Complex Cases: Perspectives on the Netherlands Criminal Justice System. Amster, 1999.

__________ (1999b) 'On Generalizations 1: A Preliminary Exploration', 40 *South Texas L. Rev.* 455

Anderson, Terence and William Twining (1998) *Analysis of Evidence*. Evanston.

Anderson, Terence, David Schum and William Twining (2005) *Analysis of Evidence* (2nd ed.) New York and Cambridge. [*Analysis* (2005)].

Anderson, Terence and Mark Geller (2003) 'The Last Wedge', 'Wigmore meets the 'Last Wedge'', 'Wigmorean Analysis and the survival of Cuneiform' in Twining and Hampsher-Monk (eds.) *Evidence and Inference in History and Law* (Evanston, Ⅲ), chs. 3–5.

Anglo-American Judicial Trials, unpublished Ph. D. thesis. Warwick.

Anscombe, Elizabeth (1958) 'On Brute Facts', 18 *Analysis* 69.

Appleton, John (1860) *The Rules of Evidence Stated and Discussed*. Philadelphia.

Archbold, J. F. (1822) *A Summary of the Law Relative to Pleading and Evidence in Criminal Cases*. 1st edn.. London (40th edn., ed. S. Mitchell, 1979).

Aristotle (1926) *The 'Art' of Rhetoric* (trans. J. H. Freese). London.

__________ (1967) *Nichomachean Ethics* (trans. J. A. K. Thompson). Harmondsworth.

Arnold, G. F. (1913) *Psychology Applied to Legal Evidence*. 2nd edn.. (1st edn., 1906). Calcutta.

Arnold, M. (ed.) (1981) *On the Laws and Customs of England*. Chapel Hill, NC.

Ashworth, Andrew (1998) *The Criminal Process: An Evaluative Study*. Oxford. (2nd edn.)

Atiyah, P. S. (1980) *Accidents, Compensation and the Law*. 3rd edn. (1st edn., 1970). London.

Atiyah, P. S. and R S. Summers (1987) *Form and Substance in Anglo-American Law*. Oxford.

Atkinson, J. Maxwell (1981) 'Ethnomethodological Approaches to Socio-legal Studies' in A. Podgorecki and C. Whelan (eds.) *Sociological Approaches to Law*. London, 1981.

Atkinson, J. Maxwell and Drew, P. (1979) *Order in Court*. London.

Atkinson, R. F. (1978) *Knowledge and Explanation in History*. London.

Auden, W. H. (1950) *Collected Shorter Poems*, 1930 – 44. London.

Austin. John (1863) 'The Uses of the Study of Jurisprudence' in H. L. A. Hart (ed.) (1954) *The Province of Jurisprudence Determined*. London.

Ayer, A. J. (1956) *The Problem of Knowledge*. London.

__________ (1961) 'Philosophical Scepticism' in H. D. Lewis (ed.) *Contemporary British Philosophy* (*3rd series*. London, 1961)

__________ (1963) *Philosophical Essays*. London.

__________ (1972) *Probability and Evidence*. London.

__________ (1980) *Hume*. Oxford.

Baddeley, A. and M. Woodhead (1983) 'Improving Face Recognition Ability' in S. M. Lloyd-Bostock and B. Clifford (eds.) *Evaluating Witness Evi-*

dence. Chichester，1983.

Bain，Alexander (1882) *James Mill*：*A Biography*. London.

Baker，J. H. （1984）*The Order of Serjeants at Law*. Selden Soc.，suppl. series，vol. 5. London.

Balding，B. and P. Donnelly (1994) 'The Prosecutor's Fallacy and DNA Evidence'，*Crim. L. Rev.* 711.

Baldwin，J. and A. K. Bottomley（eds.）(1978) *Criminal Justice*. London.

Baldwin，J. and M. McConville (1977) *Negotiated Justice*. London.

Ball，V. （1961）'The Moment of Truth：Probability Theory and Standards of Proof'，14 *Vand. L. Rev.* 807.

Bambrough，Renford (ed.) (1974) *Wisdom*：*Twelve Essays*. Oxford.

Bankowski，Z.，N. Hutton and J. Mcmanus (1987) *Lay Justice*? Edinburgh.

Bankowski，Zenon (1981) 'The Value of Truth：Fact-Scepticism Revisited'，3 *Legal Studies* 257.

__________ (1998) 'Parable and Analogy：The Universal and Particular in Common Law' *Acta Juridica* 138.

Bankowski，Zenon and Claire Davis (1999) 'Living In and Out of the Law'，in *Faith in Law*. Oliver，Douglas-Scott，Tadros（eds.）*Faith in Law*. Oxford，1999.

Barnes，David W. （1983）*Statistics as Proof*. Boston.

Bathurst，J. （1761）*The Theory of Evidence*. Dublin (later incorporated in Buller，1772）.

Batt，John (2004) *Stolen Innocence*：*The Story of Sally Clark*. London.

Beale，J. H. （1905）Review of Wigmore's *Treatise*，1st edn.，18 *Harv. L. Rev.* 478.

Beard，Charles (1913) *An Economic Interpretation of the Constitution of the United States*. New York.

__________（1934）'Written History as an Act of Faith'，39 *Am. Hist. L. Rev.* 219，reprinted in Meyerhoff (1959）.

Becher-Monas，Erica（2003）'The Epistemology of Prediction：Future Dangerousness Testimony and Intellectual Due Process'，60 *Washington and*

Lee L. Rev. 353.

Beck, Anthony (1987) 'The Semiology of Law', 7 *Oxf. Jo. Leg. Stud.* 475.

Becker, Carl (1955) 'What are Historical Facts', 8 *The Western Political Qrtly.* 327, reprinted in Meyerhoff (1959).

Bell, John (1983) *Policy Arguments in Judicial Decisions*. Oxford.

Belloc, Hilaire (1932) *Foreword to Chassaigne*.

__________ (1939/1997) *Cautionary Verses The Collected Humorous Poems*. London.

Benenson, F. C. (1984) *Probability, Objectivity and Evidence*. London.

Benjamin, Walter (1970) *Illuminations* (ed. H. Arendt). London.

Bennett, Judge H. G. (1979) Report of the Committee of Inquiry into Police InterrogationProcedures in Northern Ireland. Cmnd. 7497. London.

Bennett, W. Lance and Martha Feldman (1981) *Reconstructing Reality in the Courtroom*. London and New York.

Bentham, Jeremy (see also List of Abbreviations).

__________ (1808) *Scotch reform*. London (2nd edn., 1811) V *Works*, 1–53.

__________ (1813) *Swear Not at All*. London (V *Works*, 187–229).

__________ (1824) *The Book of Fallacies* (ed. P. Bingham). London (II *Works*, 375–487).

__________ (1825) *A Treatise on Judicial Evidence*, extracted from the MSS of Jeremy Bentham by Etienne Dumont and translated into English. London.

__________ (1827) *Rationale of Judicial Evidence*, ed. J. S. Mill, 5 vols.. London (VI and VII *Works*)

__________ (1837) *Principles of Judicial Procedure*, ed. R. Doane. London (II *Works*, 1–188).

__________ (1838–43) *The Works of Jeremy Bentham*, ed. J. Bowring. Edinburgh.

__________ (1838–53) *An Introductory View of the Rationale of Judicial Evidence* (VI *Works* 1–188).

__________ (1968—) *The Collected Works of Jeremy Bentham*, prepared under the supervision of the Bentham Committee, University College, London. (London, 1968 - 82; Oxford, 1983—).

Berger, Peter (1966) *Invitation to Sociology*. New York.

Berger, Peter and Thomas Luckmann (1967) *The Social Construction of Reality*. London.

Bergman, Paul (1991) 'Of Bentham, Wigmore, and Little Bo Peep: Where Evidence Lost its Way and a Map for Scholars to Find it' (Review of-TEBW) 66 *Notre Dame L. Rev.* 949.

Best, William M. (1844) *A Treatise on Presumptions of Law and Fact*. London.

__________ (1849) *A Treatise on the Principles of the Law of Evidence*. London (8th English edn., ed. J. M. Lely, 1893).

__________ (1856 - 8) 'Codification of the Laws of England', papers read before the Juridical Society. London.

Bienen, Leigh G. (1983) 'A Question of Credibility: John Henry Wigmore's Use of Scientific Authority in section 924a of the Treatise on Evidence', 19 *Calif. Western L. Rev.* 235.

Binder, Gyora (1999) 'The Law-as-literature Trope' in Michael Freeman and Andrew Lewis (eds.) *Law and Literature*, Current Legal Issues, vol. Ⅱ. Oxford, 1999, 63 - 89.

Binder, David and Paul Bergman (1984) *Fact Investigation*. St Paul.

Birch, Diana (1995) 'Corroboration: Goodbye to All That?' *Crim. L. Rev.* 524.

Birkenhead, Earl of (F. E. Smith) (1928) *More Famous Trials*. London.

Black, Max (1952) *Critical Thinking*. Englewood Cliffs, NJ.

Blackstone, William (1765 - 9) *Commentaries on the Laws of England*, 1st edn., 4 vols.. Oxford.

Bloch, M. (1954) *The Historian's Craft*. Manchester.

Blomberg, Craig L. (1994) 'The Parables of Jesus: Current Trends and Needs in Research', in Bruce Chilton and Craid A. Evans (1994) *Studying the Historical Jesus: Evaluation of the State of Current Research*. Leiden and New York.

Blumberg, A. S. (1967) *Criminal Justice*. Chicago.

Bogan, Paul (2004) *Identification, Investigation, Trial, and Scientific Evidence*. London.

Bok, Sissela (1978) *Lying*. New York and London.

Bonnier, E. (1843) *Traité théorique et pratique des preuves*, 2 vols (2nd edn., 1852). Paris.

Borchard, E. M. (1932) *Convicting the Innocent*. New Haven.

Bradbury, Malcolm (1987) *Mensonge*. London.

Brandon, Ruth and Christie Davies (1973) *Wrongful Imprisonment*. London.

Bresler, Fenton (1965) *Reprieve*. London.

Brickey, Stephen and Dan Miller (1975) 'Bureaucratic Due Process: An Ethnography of a Traffic Court', 22 *Social Problems* 688.

Britton, Philip and Ian Thompson (1984) *The Sunday Times Case* (film). London.

Broad, Lewis (1952) *The Innocence of Edith Thompson: A Study in Old Bailey Justice* (reprinted, 1957, sub nom. *The Truth about Edith Thompson*). London.

Bronaugh, R. (ed.) (1978) *Philosophical Law*. Westport, Conn., and London.

Browne, Douglas (1960) *Sir Travers Humphreys: A Biography*. London.

Browne, Douglas and E. V. Tullett (1951) *Bernard Spilsbury: His Life and Cases*. London.

Bruner, Jerome and Anthony Amsterdam (2000) *Minding the Law*. Cambridge, Ma..

Bull, Ray and David Carson (eds.) (1995) *Handbook of Psychology in Legal Contexts*. Chichester.

Buller, Sir Francis (1772) *An Introduction to the Law Relative to Trials at Nisi Prius*. London (see Bathurst).

Burke, Kenneth (1969) *A Grammar of Motives* (1st edn., 1945). Berkeley.

__________ (1972) *A Rhetoric of Motives* (1st edn., 1950). Berkeley.

Burns, Sandra S. (1986) 'The Expanding Domain of Negligent Misstatement', 8 *U. Tasmania L. Rev.* 127.

Burrill, Alexander M. (1856) *A Treatise on the Nature, Principles and Rules of Circumstantial Evidence, especially of the Presumptive Kind, in Criminal Cases*. New York.

Burton, F. and P. Carlen (1979) *Official Discourse*. London.

Butler, Lord R. (2004) *Review of Intelligence on Weapons of Mass Destruction* (HC 898) (The Butler Report). London.

Butler, William E. (ed.) (1987) *Justice and Comparative Law: Anglo-Soviet Perspectives on Criminal Law, Procedure, Evidence and Sentencing Policy*. Dordrecht.

Caenegem, R. C. van (1973) *The Birth of the English Common Law*. Cambridge.

Cahn, Edmond H. (1957) 'Jerome Frank's Fact-scepticism and our Future', 66 *Yale L. Rev.* 3

__________ (1967) *Confronting Injustice*. Boston.

Cairns, Huntington (1935) *Law and the Social Sciences*. London.

Calvino Italo (1974) *Invisible Cities* (tr. W. Weaver). London.

__________ (1981) *If on a Winter's Night a Traveller* (trans. W. Weaver). London.

__________ (1985) *Mr Palomar* (tr. W. Weaver). New York.

Campbell, Colin and Paul Wiles (1976) 'The Study of Law in Society in Britain', 10 *Law and Soc. Rev.* 547.

Campbell, Enid and Louis Waller (eds) (1982) *Well and Truly Tried*. Melbourne.

Carlen, Pat (1976) *Magistrates' Justice*. London.

Carlos Nino, Carlos (1996) *Radical Evil on Trial*. New Haven.

Carr, E. H. (1961) *What is History?*. London.

Carroll, Lewis (C. L. Dodgson) (1865) *Alice's Adventures in Wonderland*. London.

Carroll, William and Michael Seng (2003) *Eyewitness Testimony: Strategy and Tactics*. Eagen, Mn..

Carter, P. B. (1981) *Cases and Statutes on Evidence*. London.

Centennial History of the Harvard Law School, 1817 - 1917 (1918).

Cambridge, Mass..

Center for Advanced Spatial Analysis (2005) http: //www. casa. ucl. ac. uk/news/index. htm.

Certoma, G. L. (1986) *The Italian Legal System*. London.

Chadbourn, J. W. (1962) 'Bentham and the Hearsay Rule-A Benthamic View of Rule 63 (4) c of the Uniform Rules of Evidence', 75 *Harv. L. Rev.* 932.

Chafee, Z. (1920 – 1) Book review, 34 *Harv. L. Rev.* 898.

__________ (1922 – 3) Book review, 36 *Harv. L. Rev.* 1048.

__________ (1931) Review of Wigmore's *Principles*, 80 *U. Pa. L. Rev.* 319.

Chamberlayne, Charles F. (1906) *Cyclopedia of Law and Procedure*. New York.

__________ (1908) 'The Modern Law of Evidence and its Purpose', 42 *American L. Rev.* 757.

__________ (1909) Book review, 20 *Green Bag* 627.

__________ (1911 – 16) *A Treatise on the Modem Law of Evidence*, 5 vols.. Albany, N. Y..

__________ (1936) *Trial Evidence: The Chamberlayne Handbook*, 2nd edn.. New York.

Chassaigne, Marc (1932) *The Calas Case*. London.

Cheshire, G. C. and C. H. S. Fifoot (1969) *Contract*, 7th edn.. London.

Childs, Mary and Louise Ellison (eds.) (2000) *Feminist Perspectives on Evidence*. London.

Choo, Andrew and Susan Nash (2003) 'Evidence Law in England and Wales: The Impact of the Human Rights Act 1998', 7 *E and* P 31.

Christian, Edward (1819) *A Vindication of the Criminal Law and the Administration of Public Justice in England*. London.

Cicourel, Aaron (1973) *Cognitive Sociology*. Harmondsworth.

Clark, Charles (1940) 'Dissatisfaction with Piecemeal Reform', 24 *Jo. Am. Judic. Soc.* 121.

Clifford, Brian (1983) 'Memory for Voices' in S. M. Lloyd-Bostock and B. Clifford (eds.) *Evaluating Witness Evidence*. Chichester, 1983.

Clifford, Brian R. and Ray Bull (1978) *The Psychology of Person Identification*. London.

Cockburn, J. S. (ed.) (1977) *Crime in England, 1550-1800*. London.

Cocks, R. (1983) *Foundations of the Modern Bar*. London.

Cogan, Jacob K. (2000) 'The Problem of Obtaining Evidence for International Criminal Courts', 22 *Human Rts. Qtrly*. 404.

Cohen, L. Jonathan (1977) *The Probable and the Provable*. Oxford.

__________ (1980) 'The Logic of Proof', *Crim. L. Rev*. 91.

__________ (1980b) 'Bayesianism versus Baconianism in the Evaluation of Medical Diagnoses', 31 *Brit. Jo. Phil. Sci*. 81.

__________ (1983) 'Freedom of Proof' in W. L. Twining (ed.) *Facts in Law*. Wiesbaden.

Cohen, Neil B. (1985) 'Confidence in Probability', 60 *NYU L. Rev*. 385.

Cole, P. and P. Pringle (1974) *Can you Positively Identify This Man?*. London.

Colenbrander, Joanna (1984) *A Portrait of Fryn: A Biography of F. Tennyson Jesse*. London.

Collingwood, R. G. (1939) *An Autobiography*. Oxford.

__________ (1946) *The Idea of History*. Oxford.

Conklin, W. (1987) Book review. 7 *Windsor Yearbook of Access to Justice* 243.

Cook, Charles M. (1981) *The American Codification Movement: A Study in Antebellum Reform*. Westport, Conn..

Coons, Jack (1964) 'Approaches to Court-induced Compromise-The Uses of Doubt and Reason', 58 *Northwestern L. Rev*. 750.

Corbett, Edward P. (1965) *Classical Rhetoric for the Modern Student*. New York.

Corbin, A. L. (1914) 'The Law and the Judges', *Yale Rev*. 234.

Cover, R. and Fiss, O. (1979) *The Structure of Procedure*. Mineola, N. Y..

Covington, J. S. Jr.. *The Structure of Legal Argument and Proof*.

Cowen, Zelman and Peter Carter (1956) *Essays in the Law of Evidence*. Oxford.

Criminal Law Revision Committee (1972) Eleventh Report: Evidence (General). Cmnd. 4991 (CLRC Report). London.

Crombag, H. F. M., W. A. Wagenaar en P. J. van Koppen (1992) *Dubieuze Zaken: De Psychologie van Strafrechtelijk Bewijs*. Amsterdam.

Cross, Sir Rupert (1961) 'Some Proposals for the Reform of the Law of Evidence', 24 *MLR* 32.

_________ (1968) *Precedent in English Law*, 2nd edn.. Oxford.

_________ (1970) 'The Right to Silence and the Presumption of Innocence-Sacred Cows or Safeguards of Liberty?' 11 *JSPTL (NS)* 66.

_________ (1973) 'The Evidence Report: Sense or Nonsense-A Very Wicked Animal Defends the 11th Report of the Criminal Law Revision Committee', *Crim. L. Rev.* 329.

_________ (1985) *Evidence*, 6th edn., ed. C. Tapper. London (1st edn., 1958; 5th edn., 1979).

Cross, Sir Rupert and Colin Tapper (1995) *Cross and Tapper on Evidence*, 8th edn. (10th edn., 2004). London.

Crown Prosecution Service 2003, Code for Prosecutors, www. cps. gov. uk.

Cullison, Alan (1969) 'Identification by Probabilities and Trial by Arithmetic', 6 *Houston L. Rev.* 471.

Currie, Brainerd (1951-55) 'The Materials of Law Study', I and II, 3 *Jo. Leg. Ed.* 331; III, 8 id. 1.

Curtis, Charles P. (1954) *It's Your Law*. Cambridge, Mass..

Damaska, M. (1973) 'Evidentiary Barriers to Conviction and Two Models of Criminal Procedure', 121 *U. Pa. L. Rev.* 506.

_________ (1975) 'Presentation of Evidence and Fact-finding Precision', 123 *U. Pa. L. Rev.* 1083.

_________ (1986) *The Faces of Justice and State Authority*. New Haven.

_________ (1997) *Evidence Law Adrift*. New Haven.

_________ (2003) 'Epistemology and Legal Regulation of Proof', 2 *Law, Probability and Risk* 117.

Danet, B. (1980) 'Language in the Legal Process', 14 *Law and Soc. Rev.* 445.

Danto, Arthur C. (1965) *Nietzsche as Philosopher*. New York and London.

__________ (1985) *Narration and Knowledge* (incorporating *Analytical Philosophy of History*) . New York.

Darrow, Clarence (1936) 'Selecting a Jury', reprinted in Jeans (1975) *Trid Advocacy*. St Paul, Minn..

Davis, John W. (1940) 'The Argument of an Appeal', reprinted in-*Jurisprudence in Action* (1953) . New York.

Davis, K. C. (1964) 'An Approach to Rules of Evidence for Non-jury Cases', 50 *ABAJ* 723.

__________ (1969) *Discretionary Justice*, Baton Rouge.

Dawid, Philip (1985) 'Probability, Symmetry and Frequency', 36 *Brit. Jo. Phil. Sci.* 107.

__________ (1991) Appendix to Anderson and Twining (1991) *Analysis of Evidence*. Boston and London.

__________ (2002) 'Bayes's theorem and weighing evidence by juries', *Proceedings of the British Academy* 71.

__________ (2005) 'Statistics and the Law' in Tyberg et al. (eds.) *Evidence*. Cambridge.

__________ (2005a) 'Probability and Proof' [*Analysis* (2nd edn. , Appendix I] .

Dearden, H. (1934) *Some Cases of Bernard Spilsbury and Others*. London.

Denning, Lord (1979) *The Discipline of Law*. London.

__________ (1981) *The Family Story*. London.

Dennis, Ian (1984) 'Corroboration Requirements Reconsidered', *Crim. L. Rev.* 316.

__________ (ed.) (1987) *Criminal Law and Justice*. London.

__________ (1996) 'Codification and Reform of Evidence in Australia', *Crim. L. Rev.* 477.

__________ (2002) *The Law of Evidence* (2nd edn.) . London.

Devlin, Patrick (Lord Devlin) (1976) Report to the Secretary of State for the Home Department of The Departmental Committee on Evidence of Identification in Criminal Cases (the Devlin Report) . HC 338. London.

__________ (1985) *Easing the Passing*: *The Trial of Dr John Bodkin*

Adams. London.

Dezalay, Yves and Bryant Garth (1996) *Dealing in Virtue*. Chicago.

Diamond, A. S. (1971) *Primitive Law, Past and Present*. London.

Dickens, Charles (1843-4) *Martin Chuzzlewit*.

Dingley, Astrid (1999) 'The Ballpoint Case: A Wigmorean Analysis' in Malsch and Nijboer (eds.) ch. 9.

Director of Public Prosecutions (1986) *Code for Crown Prosecutors*. London.

Dodd, C. H. (1932) *The Gospel Parables*. Manchester.

Donahue, John R. (1988) *The Gospel in Parable*. Philadelphia.

Dostoyevsky, Fyodor (1866) *Crime and Punishment* (trans. David Magarshak, 1951). London.

Dray, W. (1964) *Philosophy of History*. Englewood Cliffs, N. J..

Dowling, N., E. Patterson, and R. Powell (1952) *Materials for Legal Method* (2nd edn.). Chicago.

Du Cann, Richard (1964) *The Art of Advocacy*. Harmondsworth.

Dudley, Ernest (1953) *Bywaters and Mrs Thompson*. London.

Duhamel, J. and J. Dill Smith (1959) *Some Pillars of English Law*. London.

Dworkin, Ronald (1977) *Taking Rights Seriously*. London.

__________ (1981) 'Principle, Policy, Procedure', in Tapper (ed.) *Crime Proof and Punishment: Essays in Honour of Sir Rupert Cross*. London, 1981.

__________ (1985) *A Matter of Principle*. Oxford.

__________ (1986) *Law's Empire*. London.

Dwyer, Deirdre (2003) 'The duties of expert witnesses of fact and opinion: *R v. Clark* (Sally)', 7 *E and* P 264.

Eco, U and T. Sebeok (1983) *The Sign of Three: Dupin, Holmes, Peirce*. Bloomington, Ind..

Eddy, J. P. (1960) *Scarlet and Ermine*. London.

Edmond, Gary (1998) 'Azaria's Accessories: The Social (Legal-Scientific) of the Chamberlains' *Guilt and Innocence*', 22 *Melbourne L. Rev.* 396.

Edwards, P. (ed.) (1967) *Encyclopedia of Philosophy*, 4 vols.. New

York and London.

Edwards, Ward (1986) 'Summing Up: The Bayesian Society of Trial Lawyers', 66 *Boston U. L. Rev.* 937 (reprinted in Tillers and Green eds., 1988).

Eekelaar, John (1984) *Family Law and Social Policy*, 2nd edn. . London.

__________ (1983) *Evidence, Proof and Probability*, 2nd edn.. London (1st edn., 1978).

__________ (1983a) 'Generalizations and Experts' in Twining (ed.) (1983) 22.

Eggleston, Sir Richard (1979) 'The Probability Debate', *Crim. L. Rev.* 678.

Ehrenzweig, Albert (1971) *Psychoanalytic Jurisprudence*. Leiden.

Eisenberg, M. (1976) 'Private Ordering Through Negotiation', 89 *Harv. L. Rev.* 637.

Ekelof, Per Olof (1964) 'Free Evaluation of Evidence', 8 *Scand. Studies in Law* 4.

Elias, T. O. (1962) *British Colonial Law*. London.

Ellison, Louise (1998) 'Cross-examination in Rape Trials', *Crim. L. Rev.* 605.

Ellman, Ira M. and David Kaye (1979) 'Probabilities and Proof: Can HLA and Blood-group Testing Prove Paternity?', 54 *NYUL. Rev.* 1131.

Elton, G. R. (1969) *The Practice of History*. Sydney and London.

Empson, William (1828) Review of Bentham's *Rationale of Judicial Evidence*, 48 *Edinburgh Rev.* 457 – 520.

__________ (1843) Review of Bowring's *Memoirs of Jeremy Bentham*, 78 *Edinburgh Rev.* 460 – 516.

Esmein, A. (1913) *History of Continental Criminal Procedure* (trans. Simpson). Boston.

Evans, Keith (1983) *Advocacy at the Bar: A Beginner's Guide*. London.

Evans, Sir W. D. (1803) A General View of the Decisions of Lord. Mansfield in Civil Cases, 2 vols.. London.

__________ (1806) *Notes on Pothier on Obligations*. London (see Pothier).

Everett, Charles W. (1931) *The Education of Jeremy Bentham*. New York.

Faigman, D., D. Kaye, M. J. Saks and J. Sanders (eds.) *Science and Law*. St Paul, Minn..

Farmer, J. (1974) *Tribunals and Government*. London.

Federal Judicial Center (2000) *Reference Manual on Scientific Evidence* (2nd edn.). St Paul, Minn..

Feeley, M. (1979) 'Pleading Guilty in Lower Courts', 13 *Law and Soc. Rev.* 461.

__________ (1979) *The Process is the Punishment*. New York.

Felix, David (1965) *Protest*. Bloomington, Ind..

Felstiner, W., R. Abel and A. Sarat (1980 - 1) 'The Emergence and Transformation of Disputes: Naming, Blaming, Claiming...', 15 *Law and Soc. Rev.* 631.

Fenning, K. (1931 - 2) Review of Wigmore's *Principles* (2nd edn.), 20 *Georgetown Law Jo*. 1092.

Feteris, Eveline (1999) *Fundamentals of Legal Argumentation*. Dordrecht.

Feteris, Eveline and Astrid M. Dingley (1999b) 'What Went Wrong in the Ballpoint Case?' in M. Malsch and J. H. Nijboer (eds.).

Field, R. H. (1970) 'The Right to Silence: A Reply to Professor Cross', 11 *JSPTL (NS)* 76.

Fifoot, C. H. S. (1959) *Judge and Jurist in the Reign of Queen Victoria*. London.

Finkelstein, M. O. (1978) *Quantitative Methods in Law*. New York and London.

Finkelstein, M. O. and W. B. Fairley (1970) 'A Bayesian Approach to IdentificationEvidence', 83 *Harv. L. Rev.* 489.

Finkelstein, Michael O. and B. Levin (2001) *Statistics for Lawyers*. New York.

Finkelstein, N. and B. M. Rogers (1988) *Charter Issues in Civil Cases*. Toronto.

Fischer, D. H. (1970) *Historians' Fallacies*. New York.

Forster, E. M. (1949 edn.) *Aspects of the Novel*. London.

Fisher, George (2002) *Evidence.* New York.

Fortescue, Sir J. (1545 - 6) *De Laudibus Legum Angliae*. London (ed. S. B. Chrimes, 1942. Cambridge).

Frandburg, Ake (ed.) (1997) *Festskrift Till Stig Stromholm*. Uppsala.

Frank, Jerome (1930) *Law and the Modern Mind*. New York.

_________ (1933) 'Why not a Clinical Lawyer School?', 81 *U. Pa. L. Rev.* 907.

_________ (1938) *Save America First*. New York.

_________ (1942) *If Men Were Angels*. New York.

_________ (1945) *Fate and Freedom* (revised edn., 1953). Boston.

_________ (1947) 'A Plea for Lawyer-Schools', 56 *Yale L. J.* 1303.

_________ (1949) *Courts on Trial*. Princeton (rev. edn., ed. E. Cahn, 1970. New York).

_________ (1953) 'Some Tame Reflections on Some Wild Facts' in Ratner (ed.) *Vision and Action*. New Brunswick, N. J., 1953.

_________ (1957) (with Barbara Frank) *Not Guilty*. Garden City.

Frankfurter, Felix (1927, 1961) *The Case of Sacco and Vanzetti*. Boston.

Franklin, James (2001) *The Science of Conjecture: Evidence and Probability Before Pascal*. Baltimore.

Freeman, M. D. A. (1978) 'The Social Construction of Truth: Some Thoughts on Jury Trials and Current Research into juries', 1 *Preston L. Rev.* 3.

Freeman, Michael and A. Lewis (eds.) (1999) *Law and Literature. Current Legal Issues*, vol. 2. Oxford.

Freeman, Michael and Helen Reece (eds.) (1998) *Science in Court*. Aldershot.

Friedman, R. (1997) 'Answering the Bayesioskeptical Challenge', 1 *Evidence and Proof* 276.

_________ (1998) *The New Wigmore: A Treatise on Evidence*. New York.

Fuller, Lon (1946) 'Reason and Fiat in Case Law', 59 *Harv. L. Rev.* 376.

_________ (1978) 'The Forms and Limits of Adjudication', 92 *Harv. L. Rev.* 353.

Galanter, Marc (1974) 'Why the "Haves" Come out Ahead', 9 *Law and Soc. Rev.* 95.

__________ (1983) 'Reading the Landscape of Disputes', 31 *UCLA L. Rev.* 4.

__________ (1986) 'Adjudication, Litigation and Related Phenomena' in Lipson and Wheeler (eds.) *Law and the Social Sciences*. New York, 1986.

Gallie, W. B. (1956) 'Essentially Contested Concepts', 56 *Proc. Aristotelian Soc.* 167.

Galligan, Dennis (ed.) (1984) *Essays in Legal Theory*. Carlton, Victoria.

__________ (1986) *Discretionary Powers*. Oxford.

__________ (1988) 'More Scepticism about Scepticism', 8 *Oxf. Jo. Leg. Stud.* 249.

Gallwey, W. Timothy (1974) *The Inner Game of Tennis*. London.

Garde, Richard (1830) *A Practical Treatise on the General Principles and Elementary Rules of the Law of Evidence*. London.

Gardiner, Patrick (ed.) (1974) *The Philosophy of History*. Oxford.

Garfinkel, H. (1956) 'The Conditions for Successful Degradation Ceremonies', 61 *Am. Jo. Sociology* 42.

Gaskins, Richard (1992) *Burdens of Proof in Modern Discourse*. New York.

Gastwirth, Joseph L. (ed.) (2000) *Statistical Science in the Courtroom*. New York.

Geertz, Clifford (1983) *Local Knowledge*. New York.

Geyl, P. (1955) *Debates with Historians*. the Hague.

Gilbert, Sir Jeffrey (1754) *The Law of Evidence*. Dublin (3rd edn., 1769. London).

Glassford, James (1820) *An Essay on the Principles of Evidence and Their Application to Subjects of Judicial Inquiry*. Edinburgh and London.

Glazebrook, Peter (ed.) (1978) *Reshaping the Criminal Law: Essays in Honour of Glanville Williams*. London.

Gledhill, A. (1964) *The Republic of India: The Development of its Laws and Constitution*. London.

Gobbi, Claire and William Twining (1981) *Adjective Law* (Report to Executive Committee of the Bentham Project), unpublished. London.

Goitein, H. (1923) *Primitive Ordeal and Modern Law*. London.

Gold, David M. (1979) 'Chief Justice Appleton', 18 *Maine Hist. Soc. Qrtly*. 193.

Gold, Neil (ed.) (1982) *Essays on Legal Education*. Toronto.

Gold, Neil, Karl Mackie and William Twining (eds.) (1989) *Learning Lawyers' Skills*. London.

Goldberg, Jeffrey (2003) 'The Unknown: The CIA and the Pentagon take on Al Qaeda andIraq', *The New Yorker*, Feb. 10, 40 – 7.

Golding, Martin (1978) 'On the Adversary System and Justice', in Bronaugh (ed.) *Philosophical Law*. Westport, Conn., and London, 1978, ch. 9.

Goldstein, L. (ed.) (1987) *Precedent in Law*. Oxford.

Good, I. J. (1950) *Probability and the Weighing of Evidence*. London.

Gooderson, Richard (1977) *Alibi*. London.

Goodrich, Peter (1986) *Legal Discourse*. Basingstoke.

__________ (1987) *Reading the Law*. Oxford.

Gorphe, F. (1927) *La Critique du témoignage*. Paris.

Gottlieb, G. (1968) *The Logic of Choice*. Oxford.

Graham, Kenneth, Jr. (1983) 'The Persistence of Progressive Proceduralism', 61*Texas L. Rev*. 929.

__________ (1987) '"There'll Always be an England": The Instrumental Ideology of Evidence' (review of *TEBW*), 85 *Mich. L. Rev*. 1204.

Grasserie, R. de la (1912) *De la preuve au civil et au criminel en droit fran ? ais et dans les législations étrangères*. Paris.

Greenhalgh, Trisha (2001) *How to Read a Paper: the Basics of Evidence Based Medicine*, 2nd edn. (1st edn., 1997). London.

__________ (2003) 'Is Evidence Based Medicine Dead?', UCL seminar on Evidence, Feb. 21st.

Greenhalgh, Trisha and B. Hurwitz (eds.) (1998) *Narrative Based Medicine*. London.

Greenleaf, Simon (1842) *A Treatise on the Law of Evidence*. Boston.

__________ (1899) 16th edn., ed. J. H. Wigmore (vol. 1), J. Harriman (vols. 2 and 3). Boston.

Greer, Desmond (1971) 'Anything but the Truth?' 11 *Brit. Jo. Crim.* 131.

Griffith, J. A. G. (1985) *The Politics of the Judiciary*, 3rd edn. (1st edn., 1977). London.

Griffiths, John (1983) 'The General Theory of Litigation-A First Step', 5 Zeitschrift für Rechtssoziologie, Heft 2, 145.

Gross, Hans (1879) *Criminal Psychology* (trans. Kallen, 1911). London.

Gudjonnsen, G. and J. Drinkwater (eds) (1987) *Psychological Evidence in Court*. Leicester.

Guest, A. G. (ed.) (1961) *Oxford Essays in Jurisprudence*. Oxford.

Guest, Stephen (1987) 'Law, Fact and Lay Questions' in Dennis (ed.) *Criminal Law and Justice*. London.

Gulson, J. R. (1905) *Philosophy of Proof*, 1st edn.. London (2nd edn., 1923).

Haack, Susan (1996) *Deviant Logic: Fuzzy Logic*. Chicago.

_________ (1998) *Manifesto of a Passionate Moderate*. Chicago.

_________ (2003) *Defending Science Within Reason*. New York.

_________ (2003a) 'Inquiry and Advocacy, Fallibilism and Finality: Culture and Inference in Science and the Law', 2 *Law, Probability and Risk* 205.

_________ (2004) 'Truth and Justice, Inquiry and Advocacy, Science and Law', 17 *Ratio Juris* 15.

Hacking, Ian (1975) *The Emergence of Probability*. Cambridge.

Hain, Peter (1976) *Mistaken Identity*. London.

Hale, Sir M. (1682) *Pleas of the Crown*. London.

Halévy, Elie (1928) *The Growth of Philosophic Radicalism* (trans. Mary Morris). London (id, 1955, preface by A. D. Lindsay. Boston).

Hamburger, Lotte and Joseph (1985) *Troubled Lives: John and Sarah Austin*. Toronto.

Hanson, Sharon (2003) *Legal Method and Reasoning*, 2nd edn.. London.

Harr, Jonathan (1995) *A Civil Action*. New York.

Harris, Jean (1986) *Stranger in Two Worlds*. New York.

Harrison, Ross (1983) *Bentham*. London.

Harrison, S. B. (1825) *Evidence*. London.

Hart, H. L. A. (1953) *Definition and Theory in Jurisprudence*. Inaugural lecture, Oxford, reprinted 70 *LQR* 37 and Hart (1983) *Essays in Jurisprudence and Philosophy*. Oxford.

__________ (1960) *Bentham*. British Academy Lecture. London.

__________ (1961) *The Concept of Law*. Oxford.

__________ (1968) *Punishment and Responsibility*. Oxford.

__________ (1973) 'Bentham and the Demystification of the Law', 36 *MLR* 2, reprinted in Hart (1982) *Essays on Bentham*, ch. 1.

__________ (1982) *Essays on Bentham*. Oxford.

__________ (1983) *Essays in Jurisprudence and Philosophy*. Oxford.

__________ (1984) 'Arthur Rupert Neale Cross, 1912—1980', 70 *Procs. Brit. Academy* 405.

Harvey, Cameron (1986) 'It all Started with Gunner James', *Denning Law Jo*. 67.

Hastie, Reid (ed.) (1993) *Inside the Juror: The Psychology of Juror Decision Making*. New York.

Hastie, Reid, Stephen Penrod and Nancy Pennington (1983) *Inside the Jury*. Cambridge, Mass..

Haward, L. *Forensic Psychology*. London.

Hawkins, Peter and Anne Hawkins (1998) 'Lawyers' Probability Misconceptions and the Implications for Legal Education', 18 *Legal Studies* 316.

Hawkins, W. (1716) A *Treatise of the Pleas of the Crown*. London.

Hay, Douglas (1975) 'Property, Authority and the Criminal Law', in Hay et al.. *Albion's Fatal Tree*. London.

Hazard, G. (1965) 'Rationing Justice', 8 *Jo. Law and Ecs*. 1.

Hempel, Carl (1965) *Aspects of Scientific Explanation*. New York.

Heydon, J. D. (1984) *Cases and Materials on the Law of Evidence* (2nd edn.). London.

Hichens, Robert (1909) *Bella Donna*. London.

__________ (1911) *The Fruitful Vine*. London and Leipzig.

Hoffman, John C. (1986) *Law, Freedom and Story*. Waterloo, Canada.

Holdcroft, David (1983) 'Relevance in Legal Proof', in Twining (ed.) *Facts in Law*. Wiesbaden.

Holdsworth, Sir W. S. (1903—38) *A History of English Law*, 12 vols. (misc. editions) . London.

__________ (1925) *Sources and Literature of English Law*. Oxford.

Hollis, M. and S. Lukes (eds.) (1982) *Rationality and Relativism*. Oxford.

Holmes, O. W., Jr. (1897) 'The Path of the Law', 10 *Harv. L. Rev.* 457.

Honoré, A. M. (1981) 'The Primacy of Oral Evidence?' in Tapper (ed.) .

Houts, M. (1955) 'A Course on Proof', 7 *Jo. Leg. Ed.* 418.

__________ (1956) *From Evidence to Proof*. Springfield.

Hughes, Stuart (1959) *Consciousness and Society: The Reorientation of European Social Thought* 1890—1930. London.

Hume, David (1739—40) *A Treatise of Human Nature* (ed. A. Selby-Bigge, 1888) . Oxford.

__________ (1748) *Enquiry Concerning Human Understanding*. Edinburgh.

Hume, L. J. (1981) *Bentham and Bureaucracy*. Cambridge.

Humphreys, Travers (1953) *A Book of Trials*. London.

Hunter, K. M. (1991) *Doctors' Stories*. Princeton.

Hutchins, Robert M. (1933) 'Autobiography of an Ex-Law Student', AALS, reprinted in Hutchins (1936) .

__________ (1936) *No Friendly Voice*. Chicago.

Hutchins, Robert M. and Donald Slesinger (1928) 'Some Observations on the Law of Evidence-Memory', 28 *Col. L. Rev.* 432.

__________ (1928a) 'Some Observations on the Law of Evidence-The Competency of Witnesses', 37 *Yale L. J.* 1017.

__________ (1929) 'Some Observations on the Law of Evidence-Consciousness of Guilt', 77 *C. Pa. L. Rev.* 725.

__________ (1929a) 'Some Observations on the Law of Evidence-State of Mind to Prove an Act', 38 *Yale L. J.* 283.

__________ (1929b) 'Some Observations on the Law of Evidence-Family Relations', 13 *Minn. L. Rev.* 675.

Hutton, Lord Brian (2004) *Report of the Inquiry into the Circumstances Surrounding the Death of Dr David Kelly C. M. G.* (HC 247) (The Hutton Report) .

Hyams, P. (1981) 'Trial by Ordeal: the Key to Proof in the Early Common Law' in M. Arnold (ed.) *On the Laws and Customs of England*. Chapel Hill, NC.

Hyde, H. Montgomery (1955) *United in Crime*. London.

Imwinkelried, Edward J. and G. Weissenberger (1996) *An Evidence Anthology*. Cincinatti.

Inbau, Fred E. (1981) 'John Henry Wigmore and Scientific Evidence', 75 *Northwestern L. Rev. Supp.* 8.

Ireland, R. (1980) 'First Catch Your Toad: Medieval Attitudes to Ordeal and Battle', 2 *Cambrian L. Rev.* 50.

Jackson, Bernard (1985) *Semiotics and Legal Theory*. London.

__________ (1988) *Law, Fact and Narrative Coherence*. Merseyside.

__________ (1988a) 'Narrative Models and Legal Proof', 2 *Int. Jo. Semiotics of Law* 225.

__________ (ed.) (1988-9) Symposium: 'Approches du discours de la preuve en droit', 2 *Int. Jo. Semiotics of Law*, Nos., 3 and 4.

__________ (1995) *Making Sense in Law: Linguistic, Psychological, and Semiotic Perspectives*. Merseyside.

Jackson, John (1983) 'Questions of Fact and Questions of Law' in Twining (ed.).

__________ (1988) 'Two Methods of Proof in Criminal Procedure', 51 *MLR* 549.

__________ (1988a) 'Credibility, Morality and the Corroboration Warning', 47 *Camb. L. J.* 428.

__________ (1988b) 'Theories of Truth-Finding in Criminal Procedure: An Evolutionary Approach', 10 *Cardozo L. Rev.* 475.

(1996) "Analysing the New Evidence Scholarship: Towards a New Conception of the Law of Evidence", 16 *Oxford Jo. Legal Studies* 309.

__________ (2001) 'Silence and Proof: Extending the Boundaries of Criminal Proceedings in the United Kingdom', 5 *E and P* 145.

Jackson, John and Sean Doran (1995) *Judge Without Jury: Diplock Trials in the Adversary System*. Oxford.

Jackson, Stanley (1951) *The Life and Cases of Mr Justice Humphreys*. London.

Jacob, Sir Jack (1987) 'Fundamental Features of English Civil Justice' in Butler (ed.) *Justice and Comparative Law: Anglo-Soviet Perspectives on Criminal Law, Procedure, Evidence and Sentencing Policy*. Dordrecht.

__________ (1987a) *The Fabric of English Civil Justice*. Hamlyn Lectures. London.

Jacob, Joseph (2001) *Civil Litigation Practice and Procedure in a Shifting Culture*. London.

Jacobs, G. (ed.) (1970) *The Participant Observer*. New York.

Jakubowski, M. (ed.) (1990) *Anglo-Polish Legal Essays*. Warsaw.

James, George (1941) 'Relevance, Probability and Law', 29 *Calif. L. Rev.* 689.

James, M. H. (ed.) (1974) *Bentham and Legal Theory*, reprinted from the Northern Ireland Legal Quarterly, XXIV (1973). Belfast.

Jameson, Fredric (1980) *The Political Unconscious, Narrative as a Socially Symbolic Act*. London.

Jeans, James (1975) *Trial Advocacy*. St Paul.

Jeremias, Joachim (1966) *Rediscovering the Parables*. New York.

Jesse, F. Tennyson (1934) *A Pin to See the Peepshow* (reissued, 1979). London.

__________ (1984) 'Rattenbury and Stoner' in Mortimer (ed.) *Famous Tridls*. Harmondsworth.

Jevons, W. Stanley (1877) *The Principles of Science: A Treatise on Logic and Scientific Method* (2nd edn., 1907). London.

Jones, Burr W. (1896) *The Law of Evidence in Civil Cases*, 1st edn. (5th edn., 1958; Supp., 1968). San Francisco.

Jones, Carol (1994) *Expert Witnesses: Science, Medicine and the Practice of Law*. Oxford

Joughin, L. and E. M. Morgan (1948) *The Legacy of Sacco and Vanzetti*. New York.

Jowell, J. and J. P. W. B. McAuslan (1984) *Lord Denning: The Judge and the Law*. London.

Jurisprudence in Action: A Pleader's Anthology (1953). New York.

Kadane, Joseph B. and D. A. Schum (1996) *A Probabilistic Analysis of the Sacco and Vanzetti Evidence*. New York.

Kadish, Sanford (1985) 'Complicity, Cause and Blame: A Study in the Interpretation of Doctrine', 73 *Calif. L. Rev.* 324.

Kallas, J. Ellsworth (1992) *Parables from the Back Side: Bible Stories with a Twist*. Nashville.

Kalven, H. (1958) 'Some Comments on the Law and Behavioral Science Program at the University of Pennsylvania', 11 *Jo. Leg. Ed.* 94.

Kamenka, E. et al. (eds) (1978) *Law and Society*. London.

Kaplan, J. (1968) 'Decision-theory and the Fact-finding Process', 20 *Stanford L. Rev.* 1065.

Katritzky, M. A. (2003) 'The Mountebank: A Case Study in Early Modern Theatre Iconography', in Twining and Hampsher-Monk (eds.) *Evidence and Inference in History and Law*. Evanston.

Kaye, David (1979) 'The Laws of Probability and the Laws of the Land', 47 *U. Chi. L. Rev.* 40.

__________ (1979a) 'The Paradox of the Gatecrasher and Other Stories', *Ariz. St. U. L. J.* 101.

__________ (1980) 'Naked Statistical Evidence', 89 *Yale L. J.* 601.

__________ (1988) 'What is Bayesianism?' in Tillers and Green (eds.) *Probability and Inference in the Law of Evidence: The Use and Limits of Bayesianism*. Dordrecht.

Keane, Adrian (1989) *The Modern Law of Evidence*, 2nd edn.. London.

Keeton, George and Roy Marshall (1948) 'Bentham's Influence on the Law of Evidence' in Keeton and Schwarzenberger (eds.) *Jeremy Bentham and the Law*. London .

Keeton, George W. and George Schwarzenberger (eds.) (1948) *Jeremy Bentham and the Law*. London.

Kelman, Mark (1987) *A Guide to Critical Legal Studies*. Cambridge, Mass..

Kelsen, Hans (1957) *What is Justice?*. Berkeley.

Kemelman, H. (1947) 'The Nine Mile Walk' in Kemelman, H. (1967) *The Nine Mile Walk. The Nicky Welt Stories of Harry Kemelman*. New York. Reprinted in Anderson, Schum, and Twining (2005) .

Kennedy, George (1963) *The Art of Persuasion in Greece*. Princeton.

__________ (1972) *The Art of Rhetoric in the Roman World*. Princeton.

__________ (1980) *Classical Rhetoric*. Chapel Hill and London.

Kenny, C. (1928) Book review, 3 *Camb. LJ* 318.

Kibble, Neil (2004) *Judicial Perspectives on Section* 41 *of the Youth Justice and Criminal Evidence Act*, 1999, Research Report for Criminal Bar Association. Aberystwyth.

King, Michael (1981) *The Framework of Criminal Justice*. London.

Kiraly, J. (1979) *Criminal Procedure: Truth and Probability*. Budapest.

Kirgis, Paul F. (2004) 'Questions of fact in the practice of law: A response to Allen and Pardo's "Facts in law and facts of law"', 8 *Int. Jo. Evidence and Proof* 47.

Koestler, Arthur (1956) *Reflections on Hanging*. London.

Krawietz, W., H. Scheskey, G. Winkler and A. Schramm (ed.) (1984) *Theorie der Normen*. Berlin.

Krog, Antjie (1999) *Country of My Skull*. London.

Kunert, K. (1966-7) 'Some Observations on the Origin and Structure of Evidence Rules under the Common Law System and the Civil Law System of "Free Proof" in the German Code of Criminal Procedure', 16 *Buffalo L. Rev.* 122.

Kurzon, Dennis (1986) 'How Lawyers Tell their Tales', 14 *Poetics* 465-81.

Kyburg, H. and H. Smokler (eds.) (1964) *Studies in Subjective Probability*. New York.

Lambourne, G. (1984) *The Fingerprint Story*. London.

Landsman, Stephan (1984) *The Adversary System: A Description and Defence*. Washington.

__________ (1986) 'When Justice Fails' (The Haymarket Tragedy), 84 *Mich. L. Rev.* 824.

Langbein, John H. (1974) *Prosecuting Crime in the Renaissance: England, Germany, France*. Cambridge, Mass..

__________ (1978) 'The Criminal Trial Before the Lawyers', 45 *U. Chi L. Rev.* 263.

__________ (1983) 'Shaping the Eighteenth Century Trial: A View from the Ryder Sources', 50 *U. Chi. L. Rev.* 1.

__________ (1996) "Historical Foundations of the Law of Evidence: A View from the Ryder Sources", 96 *Columbia L. Rev.* 1168.

__________ (2003) *The Origins of the Adversary Criminal Trial*. Oxford.

Lasswell, Harold and Myres McDougal (1967) 'Jurisprudence in Policy-oriented Perspective', 19 *Florida L. Rev.* 486.

Laycock, G. (2000) 'Scientists or Politicians-Who Has the Answer to Crime?' (Inaugural lecture) http: www. ucl. ac. uk/jdi/publications/inaugural-text. php.

Lea, H. C. (1878) *Superstition and Force*, 3rd edn.. Philadelphia.

Lehrer, K. (1973) *Knowledge*. Oxford.

Leary, Richard (2003) 'UK National Intelligence Model and FLINTS' Int. Jo. Police Science and Management.

__________ (2004) *Evidential Reasoning and Analytical Techniques in Criminal Pre-Trial Fact Investigation* (Ph. D. thesis). London.

Ledwon, Leonora (2003) 'The Poetics of Evidence: Some Applications from Law and Literature', 21 *Quinnipiac L. Rev.* 1145.

Lempert, Richard (1988) 'The New Evidence Scholarship' in Tillers and Green (eds.).

__________ (2001) 'The Economic Analysis of Evidence Law: Common Sense on Stilts', 87 *Virginia L. Rev.* 1619.

Lempert, Richard and Stephen Saltzburg (1977) *A Modern Approach to Evidence*, (2nd edn., 1982). St Paul.

Lenin, V. I. *Materialism and Empiriocentrism*, cited in Kiraly (1979).

Lerminier, E. (1830) *Introduction générale à l'histoire du droit*. Brussels.

Leskiewicz, Max (ed.) (2004) *Law, Memory and Literature* (Australian Legal Philosophy Students' Association). St Lucia, Queensland.

Letwin, S. R. (1965) *The Pursuit of Certainty*. Cambridge.

Levin, A. Leo (1956) *Evidence and the Behavioral Sciences*. Mimeo, U. of Pennsylvania Law School.

__________ (1958) 'The Law and Behavioral Science Project at the University of Pennsylvania: Evidence', 11 *Jo. Leg. Ed.* 87.

Lewis, Andrew (1988) 'Bentham and The Right to Silence', 12 *The Bentham Newsletter* 37.

Lewis, H. D. (ed.) (1961) *Contemporary British Philosophy* (3rd series). London.

Lewis-Ruttley, Hilary (ed.) (1991) *Skills Teaching and Assessment in Practice*. London.

Ligertwood, Andrew (1988) *Australian Evidence*. Sydney.

Lindsay, P. and D. Norman (1977) *Human Information Processing: An Introduction to Psychology*, 2nd edn.. New York and London.

Lindsay, R. C. L. and G. Wells (1983) 'What do we Really Know about Cross-race Identification?' in Llovd-Bostock and Clifford (eds.).

Linneman, Eta (1964) *Jesus of the Parables*. New York.

Lipson, L. and S. Wheeler (eds.) (1986) *Law and the Social Sciences*. New York.

Littman, Richard A. and Ephraim Rosen (1950) 'The Molar-Molecular Distinction', 57 *Psychol. Rev.* 58.

Livingston, Edward (1833) *Introductory Report to the Code of Evidence*. New Orleans.

__________ (1873) *Works* (ed. S. P. Chase), 2 vols.. New York.

Llewellyn, Karl N. (1950) *Law in our Society*, unpublished course materials. Chicago (see Twining, 1973).

__________ (1951) *The Bramble Bush*, 2nd edn.. New York (1st edn., 1930).

__________ (1960) *The Common Law Tradition: Deciding Appeals*. Boston.

__________ (1962) *Jurisprudence: Realism in Theory and Practice*. Chicago.

Lloyd-Bostock, Sally M. (ed.) (1980) *Psychology in Legal Contexts: Applications and Limitations*. London.

__________ (ed.) (1981) *Law and Psychology*. Oxford.

__________ (1981a) 'Psychology and the Law', 8 *Brit. Jo. Law and Soc.* 1.

__________ (1988) *Law in Practice* (*Psychology in Action* series). London.

__________ (1988a) 'The Benefits of Legal Psychology: Possibilities, Practice and Dilemmas', 77 *Brit. Jo. of Psychology* 417.

__________ (2000) 'The Effects on Juries of Hearing about the Defendant's Previous Criminal Record: A Simulation Study', *Crim. L. Rev.* 734.

__________ (2000a) 'Psychology and Law's Evolution from an Applied to an Inter-disciplinary Field', in Roos and van Koppen (eds.), ch. 3.

Lloyd-Bostock, Sally M. and Brian Clifford (eds.) (1983) *Evaluating Witness Evidence*. Chichester.

Locke, J. (1975) *An Essay Concerning Human Understanding* (ed. P. H. Niddich). Oxford.

Lodge, David (2004) *Author! Author!*. London.

Loftus, Elizabeth (1979) *Eyewitness Testimony*. Cambridge, Mass..

Loftus, Elizabeth F. and James M. Doyle (1997) *Eyewitness Testimony: Criminal and Civil*. Charlottesvillle, Va..

Loftus, E. and K. Ketcham (1983) 'The Malleability of Eyewitness Accounts' in Lloyd-Bostock and Clifford (eds.).

Loftus, Geoffrey R. and Elizabeth (1976) *Human Memory: The Processing of Information*. Hillsdale, N. J..

Logie, J. and P. Watchman (1989) 'Social Security Appeal Tribunals: An Excursus on Evidential Issues', 8 *Civil Justice Qrtly*. 109.

Loh, W. D. (1981) 'Psycho-legal Research', 79 *Mich. L. Rev.* 659.

London School of Economics and Political Science (2005) *The Nature of Evidence, How Well do "Facts" Travel?*, retrieved from http://www.lse.ac.uk/collections/economicHistory/Research/How%20Well%20do%20facts%20travel.htm.

Lopez, Gerald P. (1984) 'Lay Lawyering', 32 *UCLA Law Rev.* 1

Louisell, David W., John Kaplan and Jon R. Waltz (1972) *Cases and Materials on Evidence*, 2nd edn.. Mineola, NY.

Low, Colin (1978) 'The Sociology of Criminal Justice: Progress and Prospects' in Baldwin and Bottomley (eds.) *Criminal Justice*. London.

Lubbock, Percy (1929) *The Craft of Fiction*. New York.

Lucas, J. R. (1958) 'On Not Worshipping Facts', 8 *Philo. Qrtly*. 144.

Luckmann, T. (ed.) (1978) *Phenomenology and Sociology*. Harmondsworth.

Lustgarten, E. (1949) *Verdict in Dispute*. London.

Lustgarten, Laurence E. (1986) *The Governance of the Police*. London.

Lyons, David (1973) *In the Interest of the Governed*. Oxford.

Macaulay, S. (1963) 'Non-contractual Relations in Business', 28 *Am. Soc. Rev.* 55.

MacCormick, D. N. (1978) *Legal Reasoning and Legal Theory*. Oxford.

__________ (1980) 'The Coherence of a Case and the Reasonableness of Doubt', 2 *Liverpool L. Rev.* 45.

__________ (1981) *H. L. A. Hart*. London.

__________ (1984) 'Coherence in Legal Justification' in W. Krawietz et al. (eds.) *Theorie der Normen*. Berlin.

__________ (1987) 'Why Cases Have Rationes and What These Are', in L. Goldstein (ed.) *Precedent in Law. Oxford*, 155.

MacCormick, Neil and William Twining (1986) 'Theory in the Law Curriculum' in *LTCL*.

Mack, Kathy (1998) 'Teaching Evidence: Inference, Proof and Diversity', 9 *Legal Education Rev.* 83.

Mack, Mary P. (1962) *Jeremy Bentham: An Odyssey of Ideas 1748 – 1792*. London.

MacNally, L. (1802) *Rules of Evidence on Pleas of the Crown*. Dublin.

MacNeil, Ian (1974) 'The Many Futures of Contract', 47 *Calif. L. Rev.* 691.

McRae, R. F. (1973) *Introduction to J S. Mill's System of Logic*. Toronto.

Maguire, John M. (1947) *Evidence: Common Sense and Common Law*. Chicago.

__________ (1963) 'Wigmore-Two Centuries', 58 *Northwestern L. Rev.* 456.

Maguire, John M. et al. (1973) *Cases and Materials on Evidence* (successor to Morgan and Maguire, 1934). Mineola, N. Y..

Maine, Sir H. (1892) *Life and Speeches of Sir Henry Maine* (ed. Whitley Stokes). London.

Malcolm, Janet (1998) *The Crime of Sheila McGough*. New York.

Malsch, M. and J. H. Nijboer (eds.) (1999) *Complex Cases: Perspectives on the Netherlands Criminal Justice System*. Amsterdam.

Mannheim, Karl (1936) *Ideology and Utopia*. London.

Mansfield, G. and J. Peay (1987) *The Director of Public Prosecutions:*

Principles and Practices for the Crown Prosecutor. London.

Marre, Lady Mary (1988) *A Time for Change*. Report of the Committee on the Future of the Legal Profession (The Marre Committee) . London.

Marshall, J. (1980) *Law and Psychology in Conflict*, 2nd edn.. Indianapolis.

Martinson, Donna et al. (1991) 'A Forum on Lavallee v. R: Women & Self-Defence', 25 *U. Brit. Colum. L. Rev.* 23.

Marx, Robert S. (1953) 'Shall Law Schools Establish a Course on "Facts"?' 5 *Jo. Leg. Ed.* 524.

Mauet, Thomas A. (1980) *Fundamentals of Trial Techniques*. Boston.

__________ (2005) *Trials: Strategy, Skills, and the New Powers of Persuasion*. New York.

May, Richard, D. Tolbert, J. Hocking, K. Roberts, B. B. Jia, D. Mundis and G. Oosthuizen (2001) *Essays on ICTY Procedure and Evidence*. the Hague.

McBarnett, Doreen (1981) *Conviction*. London.

McCloskev, Donald N. (1985) *The Rhetoric of Economics*. Madison.

McCormick, Charles T. (1972) *Handbook of the Law of Evidence*, ed. Clean. et al.. St. Paul (1st edn. , 1954) .

__________ (1999) *McCormick on Evidence*, 5th edn .. ed. John W. Strong et al.. St Paul, Minn..

McDougal, M. and W. M. Reisman (1981) *International Law Essays*. New York.

McEwan, J. (1998) *Evidence and the Adversarial Process* (2nd edn.) Oxford.

McKelvey, John J. (1897) *Handbook of the Law of Evidence* (3rd edn. , 1924; 5th edn. , 1944) . St Paul .

McNair, Michael (1999) *The Law of Proof in Modern Equity*. Berlin.

McNamara, Philip (1986) 'The Canons of Evidence-Rules of Exclusion or Rules of Use?', 10 *Adelaide L. Rev.* 341.

Mehan, H. and H. Wood (1975) *The Reality of Ethnomethodology*.

Memon, A, A. Vriej, and R. Bull (eds.) (2003) *Psychology and Law: Truthfulness, Accuracy and Credibility* (2nd edn.) . Chichester.

Mengler, T. M. (1989) 'The Theory of Discretion in the Federal Rules of Evidence', 74 *Iowa L. Rev.* 413.

Merrills, John (1971) 'Fact and Fancy', 11 *JSPTL (NS)* 155.

Meverhoff, H. (ed.) (1959) *The Philosophy of History in Our Time*. New York.

Michael, Jerome (1948) *Elements of Legal Controversy*. Brooklyn.

Michael, Jerome and Mortimer Adler (1931) *The Nature of Judicial Proof: An Inquiry into the Logical, Legal and Empirical Aspects of the Law of Evidence*, tentative edn., privately printed. New York.

__________ (1934) 'The Trial of an Issue of Fact', 34 *Col. L. Rev.* 1224.

__________ (1952) 'Real Proof', 5 *Wand. L. Rev.* 344.

Midglev, T. S. (1975) 'The Role of Legal History', 2 *Brit. Jo. Law and Soc.* 153.

Mill, John Stuart (1873) *Autobiography* (1924, ed. H. Laski). London.

__________ (1973) *System of Logic, Ratiocinative and Inductive* (*Collected Works*, ed. J. M. Robson et al.). Toronto (1st edn., 1843. London).

Millar, E. Cockburn (1957) 'Some Memoirs of Lord Atkin', 23 *Glim* 13.

Millar, Robert W. (1952) *Civil Procedure of the Trial Court in Historical Perspective*. New York.

Milsom, S. F. C. (1967) 'Law and Fact in Legal Development', 17 *U. of Toronto Law Jo.* 1.

__________ (1969) *Historical Foundations of the Common Law*. London.

Mirfield, Peter (1985) *Confessions*. London.

Moenkmoeller, O. (1930) *Psychologie and Psychopathologie der Aussage*. Heidelberg.

Montesquieu, Charles Louis de Secondat, Baron de (1823) *De l'esprit des lois* (trans. Nugent), 2 vols.. London (1st edn., 1748).

Montrose, James L. (1968) *Precedent in English Law and Other Essays*, ed. H. Hanbury. Shannon.

Moore, Albert J. (1987) 'Inferential Streams: The Articulation and Illustration of the Trial Advocate's Evidentiary Intuitions', 34 *UCLA L. Rev.* 611.

Moore, Charles C. (1907) 'Yellow Psychology', 11 *Law Notes* 125.

__________ (1908) *A Treatise on Facts: Or the Weight and Value of Ev-*

idence. Long Island, N. Y..

Moore, W. Underhill (1923) 'Rational Basis of Legal Institutions', 23 *Col. L. Rev.* 609.

Morgan, Edmund M. (1924 - 5) Book Review, 34 *Yale L. J.* 223.

__________ (1939) (see American Law Institute) 25 *ABAJ* 380.

__________ (1940) Review of Wigmore's *Treatise*, 20 *Boston U. L. Rev.* 776 - 93.

__________ (1944) 'Judicial Notice', 57 *Harv. L. Rev.* 269.

__________ (1956) *Some Problems of Proof under the Anglo-American System of Litigation*. New York.

__________ (1961) 'Some Practical Difficulties Impeding Reform of the Law of Evidence', 14 *Vand. L. Rev.* 725.

Morgan, Edmund M. et al. (1927) *The Law of Evidence: Some Proposals for its Reform*. New Haven.

Morgan, Edmund and John M. Maguire, (1934) *Cases on Evidence* (later edns., 1942, 1951, 1957, 1965). Mineola, N. Y. (see also Maguire et al., 1973).

Morison, W. (1982) *John Austin*. London.

Mortimer, John (ed.) (1984) *Famous Trials*. Harmondsworth.

Mueller, Gerhard O. (1969) *Crime, Law and the Scholars*. London.

Muensterberg, Hugo (1908) *On the Witness Stand. Essays on Psychology and Crime* (reprinted, 1923). New York.

Muller, D. J., D. E. Blackman, and A. J. Chapman (eds.) (1984) *Psychology and Law*. Chichester.

Murphy, James J. (1974) *Rhetoric in the Middle Ages*. Berkeley.

Murphy, Peter (ed.) (2003) *Evidence, Proof and Facts: A Book of Sources*. Oxford.

__________ (2000) *Murphy on Evidence*, 7th edn.. London.

__________ (2001) 'Teaching Evidence, Proof, and Facts: Providing a Background in Factual Analysis and Case Evaluation', 51 *Jo. Legal Ed.* 568.

Murphy, P. and D. Barnard (1984) *Evidence and Advocacy*. London.

Naess, Arne (1968) *Scepticism*. London.

Nagel, E. (1959) 'The Logic of Historical Analysis' in Meyerhoff (ed.).

Nance, Dale A. (1988) 'The Best Evidence Rule', 73 *Iowa L. Rev.* 227.

Napley, Sir David (1983) *The Technique of Persuasion*, 3rd edn.. London.

Nash, Christopher (ed.) (1986) *Narrative and Culture*. London.

__________ (1987) 'Slaughtering the Subject: Literature's Assault on Narrative', unpublished paper, Warwick Seminar on Narrative in Culture.

National Commission on Terrorist Attacks (2004) *The 9/11 Commission Report: Final Report of the National Commission on Terrorist Attacks Upon the United States*. New York.

Nelken, David (1981) 'The Gap Problem in the Sociology of Law: A Theoretical Review', 1 *Windsor Yearbook of Access to Justice* 35.

__________ (1998) 'A Just Measure of Science' in Freeman and Reece (eds.) *Science in Court*. Aldershot.

Nelson, W. (1739) *The Law of Evidence*. London.

Nesbitt, George L. (1934) *Benthamite Reviewing*. New York.

Nesson, Charles (1985) 'The Evidence or the Event? On Judicial Proof and the Acceptability of Verdicts', 98 *Harv. L. Rev.* 1357.

Nevins, A. (1962) *The Gateway to History* (1st edn., 1938). New York.

Newell, Allen and Herbert Simon (1972) *Human Problem Solving*. Englewood Cliffs, N. J..

Nicolson, Donald (1994) 'Truth, Reason and Justice: Epistemology and Politics in Evidence Discourse', 57 *M. L. R.* 726.

__________ (1997) 'Facing Facts: The Teaching of Fact Construction in University Law Schools', 1 *E and* P 132.

Nielson, Kai (1973) *Scepticism*. London.

Nijboer J. H., C. Callen & N. Kwak (eds.) (1993) *Forensic Expertise and the Law of Evidence*. New York.

Nino, Carlos S. (1996) *Radical Evil on Trial*. New Haven.

Nisbett, R. E. and L. Ross (1980) *Human Inference: Strategies and Shortcomings of Social Judgment*. Englewood Cliffs, N. J..

Nisbett, R. E. and T. Wilson (1977) 'Telling More than We Can Know: Verbal Reports on Mental Process', 84 *Psych. Rev.* 231.

Nokes, G. D. (1967) *An Introduction to Evidence*, 4th edn.. London.

Noonan, John T. Jr. (1976) *Persons and Masks of the Law*. New York.

Oaks, Dallin (1970) 'Studying the Exclusionary Rule in Search and Seizure', 37 *U. Chi. L. Rev.* 665.

O'Barr, William M. (1982) *Linguistic Evidence*. New York.

Odgers, Stephen (2002) *Uniform Evidence Law* (5th edn.). Pyrmont, NSW.

Ogden, C. K. (1932) *Bentham's Theory of Fictions*. London.

Ogden, C. K. and I. A. Richards (1923) *The Meaning of Meaning*. London.

Oliver, Peter, Sionaidh Douglas-Scott, and Victor Tadros (eds.) (1999) *Faith in Law*. Oxford.

Ormrod, Sir Roger (1971) Report of the Committee on Legal Education (The Ormrod Committee). Cmnd. 4595. London.

Osborn, Albert S. (1922) *The Problem of Proof*. New York.

__________ (1929) *Questioned Documents*. Albany, N. Y..

__________ (1937) *The Mind of the Juror as Judge of the Facts*. Albany, N. Y..

Otto Via Jr., Dan (1967) *The Parables: Their Literary and Existential Dimension*. Philadelphia.

Paley, Archdeacon WV. (1809) *Principles of Moral and Political Philosophy*. London (1st edn., 1785).

Palmer, Andrew (2003) *Proof and the Preparation for Trials*. Pyrmont, NSW.

Pardo, Michael S. (2000) 'Judicial Proof, Evidence and Pragmatic Meaning: Toward Evidentiary Holism', 95 *Northwestern U. L. Rev.* 399.

Park, Roger C. (2001) 'Grand Perspectives on Evidence Law', 87 *Virginia L. Rev.* 2055 – 81.

Patchett, Keith (1988) 'Palm-tree Justice-A View from a Deck-chair in Law', 56 *Commonwealth Leg. Ed. Assoc. Newsletter*, App. I.

Paterson, Alan (1982) *The Law Lords*. London.

Pattenden, R. (1988) 'The Risk of Non-persuasion in Civil Trials: The Case for a Floating Standard of Proof', 7 *Civil Justice Qrtly*. 220.

Paul, J. (1959) *The Legal Realism of Jerome N. Frank*. The Hague.

Peake, Thomas (1801) *A Compendium of the Law of Evidence*, 1st edn.. London (reprinted, 1979).

Peczenik, A. (1979) 'Cumulation and Compromise of Reasons in the Law' in Pennock and Chapman (eds) 'Compromise in Ethics, Law and Politics', XXI. *Nomos*. New York

Pennington, Nancy and Reid Hastie, R. (1991) 'A Cognitive Theory of Jury Decision-making: The Story Model', 13 *Cardozo L. Rev.* 519.

__________ (1993) 'The Story Model for Juror Decision Making' in Hastie (ed.) (1993).

Pennock, J. Roland and John W. Chapman (eds.) (1979) *Compromise in Ethics, Law and Politics*, XXI *Nomos*. New York.

Perelman, Ch. (1963) *The Idea of Justice and the Problem of Argument* (trans. Petri). London.

Perelman, Ch. and L. Olbrechts-Tyteca (1971) *The New Rhetoric*. Notre Dame.

Philips Commission (1981) Report of the Royal Commission on Criminal Procedure (Sir Cyril Philips, chairman). Cmnd. 8092. London.

Phillimore, John G. (1850) *The History and Principles of the Law of Evidence, as Illustrated by our Social Progress*. London.

Phillipps, Samuel M. (1814) *A Treatise on the Law of Evidence*, 1st edn.. London (9th edn., 1843).

Phipson, S. L. (1892) *The Law of Evidence*, 1st edn. (14th edn., ed. S. Phipson and W. Elliott, 1986). London.

Pitcher, George (ed.) (1964) *Truth*. Englewood Cliffs, NJ.

Plamenatz, John (1958) *The English Utilitarians*, 2nd edn.. Oxford.

__________ (1975) *Karl Marx's Philosophy of Man*. Oxford.

Plucknett, T. F. T. (1929) *A Concise History of the Common Law*. London (5th edn., 1956).

Podgorecki, A. and C. Whelan (eds.) (1981) *Sociological Approaches to Law*. London.

Pollock, Sir F. (1876) Review of Stephen's *Digest of the Law of Evidence*, 26 *Fortnightly Rev*. 383.

__________ (1899) Review of Thayer (1898), 15 *LQR* 86.

Pomerantz, Anita and J. Maxwell Atkinson (1984) 'Ethnomethodology,

ConversationAnalysis and the Study of Courtroom Interaction' in Muller, Blackman and Chapman (eds.) *Psychology and Law*. Chichester.

Popkin, R. (1967) 'Skepticism' in P. Edwards (ed.) *Encyclopedia of Philosophy*, vol. Ⅰ. New York and London.

Posner, Richard (1977) *Economic Analysis of Law*, 2nd edn.. Boston.

__________ (1999) 'An Economic Approach to the Law of Evidence', 51 *Stanford L. Rev.* 1477.

Postema, Gerald (1977) 'The Principle of Utility and the Theory of Procedure: Bentham's Theory of Adjudication', 11 *Georgia L. Rev.* 1393.

__________ (1983) 'Facts, Fictions and Law: Bentham on the Foundations of Evidence' in Twining (ed.) *Facts in Law*. Wiesbaden, Fla..

__________ (1986) *Bentham and the Common Law Tradition*. Oxford.

Pothier, R. J. (1761) *Traité des obligations*. Paris.

__________ (1806) *A Treatise on the Law of Obligations, or Contracts* (trans. Evans). London (see also W. D. Evans, 1806).

Prakken, H. (1996) 'A Dialectical Model of Assessing Conflicting Arguments in Legal Reasoning', 4 *Artificial Intelligence* 331.

__________ (2004) 'Analysing reasoning about evidence with formal models of argumentation', 3 *Law, Probability and Risk* 33.

Putnam, Hilary (1981) *Reason, Truth and History*. Cambridge.

Quine, W. V. and T. S. Ullian (1970) *The Web of Belief*. New York.

Quintilian (80 – 90AD) *De Institutione Oratoria*.

Rabelais, F. (1542 – 52) *Gargantua and Pantagruel* (trans. T. Urquhart, 1913). London.

Radzinowicz, L. (1957) *Sir James Fitzjames Stephen* (Selden Society Lecture). London.

Rajchman, John and Cornel West (eds.) (1985) *Post-Analytic Philosophy*. New York.

Ram, James (1861) A*Treatise on Facts as Subjects of Enquiry by a Jury*, 1st edn.. London.

Random House (1966) *The Random House Dictionary of the English Language* (unabridged edition). New York.

Ranke, L. von (1824) *Geschichte der romanischen and germanischen*

Völker. Leipzig.

Ratner, Sidney (ed.) (1953) *Vision and Action*. New Brunswick, NJ.

Rawls, John (1955) 'Two Concepts of Rules', 64 *Philo. Rev.* 3.

__________ (1972), *A Theory of Justice*. Cambridge, Mass. and Oxford.

__________ (2001) 'The Idea of an Overlapping Consensus' in S. Freeman (ed.) *Collected Papers*. Cambridge, ch. 20.

Raz, Joseph (1975) *Practical Reason and Norms*. London.

__________ (ed.) (1978) *Practical Reasoning*. Oxford.

Redmayne, M. (2001) *Expert Evidence and Criminal Justice*. Oxford.

Reppy, A. (ed.) (1937) *Law: A Century of Progress*, 3 vols.. New York.

Rescher, N. (1980) *Scepticism*. Oxford.

__________ (1988) *Rationality*. Oxford.

Review of Intelligence on Weapons of Mass Destruction (HC 898, 2004) (The *Butler Report*) .

Ricoeur, Paul (1981) *Hermeneutics and the Human Sciences* (trans. John B. Thompson) . Cambridge.

Rimmon-Kennan, S. (1983) *Narrative Fiction: Contemporary Poetics*. London.

Risinger, D. Michael (2004) 'Unsafe Verdicts: The Need for Reformed Standards for Trial and Review of Factual Innocence Claims', 41 *Houston L. Rev.* 1281

Roalfe, William R. (1977) *John Henry Wigmore, Scholar and Reformer*. Evanston.

Roberts, A. (2004) 'The Problem of Mistaken Identification: Some Observations on Process', 8 *E and P* 100.

Roberts, Paul (2002) 'Rethinking the Law of Evidence', 55 *CLP* 297.

Roberts, Paul and A. Zuckerman (2004) *Criminal Evidence*. Oxford.

Roberts, Simon (1979) *Order and Dispute*. Harmondsworth.

Robertson, Bernard (1990) 'John Henry Wigmore and Arthur Allan Thomas: an Example of Wigmorian Analysis', 20 *Victoria University of Wellington L. Rev.* 181.

Robertson, Bernard & G. A. Vignaux (1995) *Interpreting Evidence: E-*

valuating Forensic Science in the Courtroom. Chichester.

Robinson, Daniel N. (1980) *Psychology and Law: Can Justice Survive the Social Sciences?* New York and Oxford.

Robson, P. and P. Watchman (eds.) (1981) *Justice, Lord Denning and the Constitution*. Farnborough.

Roebuck, Derek (2001) *Ancient Greek Arbitration*. Oxford.

Roebuck, J. A. (1828) 'Bentham's *Rationale of Judicial Evidence*', 9 *Westminster Rev*. 198 – 250.

Rogers, Simon (ed.) (2004) *The Hutton Inquiry and Its Impact*. London.

Rolph, C. H. (1957) *Personal Identity*. London.

Romilly, Sir Samuel (1786) *Observations on a Late Publication, Entitled Thoughts on Executive Justice*. London.

__________ (1810) *Observations on the Criminal Law of England*. London.

Rorty, Richard (1979) *Philosophy and the Mirror of Nature*. Princeton.

__________ (1985) 'Solidarity or Objectivity?' in Rajchman and West (eds.) *Post-Analytic Philosophy*. New York.

Roscoe, Henry (1827) *A Digest of the Law of Evidence on the Trial of Actions at Nisi Prius*. London.

__________ (1835) *A Digest of the Law of Evidence in Criminal Cases* (16th edn., 1952). London.

Rosen, Fred (1983) *Jeremy Bentham and Representative Democracy*. Oxford.

Royal Commission on Criminal Procedure (Philips Commission) (1981). Cmnd. 8092. London.

Rumble, W. (1968) *American Legal Realism*. Ithaca, NY.

Rumsey, D. Lake (ed.) (1986) *Master Advocates' Handbook*. NITA, St Paul.

Runciman, W. G. (ed.) (2004) *Hutton and Butler: Lifting the Lid on the Workings of Power*. Oxford.

Rutter, Irvin (1961) 'A Jurisprudence of Lawyers' Operations', 13 *Jo. Leg. Ed*. 301.

Ryan, J. P. (1981) 'Adjudication and Sentencing in the Misdemeanour

Court: The Outcome is the Punishment', 15 *Law and Soc. Rev.* 79.

Saks, M. J. and R. Hastie (1978) *Social Psychology in Court*. New York.

Salmond, Sir John (1907) *Jurisprudence*, 2nd edn.. London.

__________ (1981) *Torts*, 18th edn., ed. R. F. V. Heuston and R. S. Chambers. London.

Saltzburg, Stephen A. and Kenneth Redden (1982) *Federal Rules of Evidence, Manual*, 3rd edn.. Charlottesville.

Sampford, Charles (1988) *The Disorder of Law*. Oxford.

Sarkar, P. C. and S. (1971) *Law of Evidence*, 12th edn.. Calcutta.

Saunders, D., Vidmar, N. and E. Hewitt (1983) 'Eyewitness Testimony and the Discrediting Effect' in Lloyd-Bostock and Clifford (eds.).

Saunders, J. S. (1828) *Law of Pleading and Evidence in Civil Actions*. London.

Scallen, E. A. (1995) 'Classical Rhetoric, Practical Reasoning and the Law of Evidence', 44 *American U. L. Rev.* 1717.

__________ (2003) ' "Mere" Rhetoric about Common Ground and Different Perspectives: a Comment on Twining' s "Evidence as a multi-disciplinary subject"', 2 *Law, Probability and Risk* 109.

Schama, Simon (1991) *Dead Certainties*. New York.

Schepele, Kim Lane (1988) *Legal Secrets: Equality and Efficiency in the Common Law*. Chicago.

Schiff, S. (1988) *Evidence in the Litigation Process*, 3rd edn.. Toronto.

Schlegel, John H. (1979) 'American Legal Realism and Empirical Social Science: From the Yale Experience', 28 *Buffalo L. Rev.* 459.

__________ (1980) 'American Legal Realism and Empirical Social Science: The Singular Case of Underhill Moore', 29 *U. Buffalo L. Rev.* 195.

Schuett, J. T. (1957) 'A Study of the Legal Philosophy of Jerome Frank', 35 *U. Detroit L. Jo.* 28.

Schum, David (1979) 'A Review of the Case against Blaise Pascal and his Heirs', 77 *Michigan L. Rev.* 446.

__________ (1984) 'A Conversation with Wigmore about Psychology, Probability and the Law', Conference paper. Houston.

__________ (1986) 'Probability and the Process of Discovery, Proof and

Choice', 66 *Boston U. L. Rev.* 825.

__________ (1987) *Evidence and Inference for the Intelligence Analyst*, 2 vols.. New York and London.

__________ (1994/2001) *Evidential Foundations of Probabilistic Reasoning*. Evanston, Ill.

__________ (2003) 'Evidence and Inferences about Past Events: An Overview of Six Case Studies', in Twining and Hampsher-Monk (eds.), ch. 1.

Schum, David (1999) 'Marshaling thoughts and evidence during fact investigation', 40 *S. Texas L. Rev.* 401.

Schum, David and Anne Martin (1982) 'Formal and Empirical Research on Cascaded Inference in Jurisprudence: A Summary', 17 *Law and Soc. Rev.* 105.

Schum, David and Peter Tillers (1988) 'Research on the Marshalling of Evidence and the Structuring of Argument' (unpublished).

Scott, Kenneth (1975) 'Two Models of Civil Process', 27 *Stanford L. Rev.* 937.

Shafer, Glen (1976) *A Mathematical Theory of Evidence*. Princeton.

__________ (1988) 'The Construction of Probability Arguments' in Tillers and Green (eds).

Shakespeare, W. *Richard II*.

Shapiro, Barbara (1969) 'Law and Science in Seventeenth Century England', 21 *Stanford L. Rev.* 727.

__________ (1983) *Probability and Certainty in Seventeenth Century England*. Princeton.

__________ (1986) '"To a Moral Certainty": Theories of Knowledge and Anglo-American Juries 1600 – 1850', 38 *Hastings L. J.* 153.

(1991) *Beyond Reasonable Doubt and Probable Cause: Historical Perspectives on the Anglo-American Law of Evidence*. Berkeley, Ca..

Shapland, Joanna (1981) *Between Conviction and Sentence: The Process of Mitigation*. London.

Shepherd, John W., Haydn D. Ellis and Graham M. Davies (1982) *Identification Evidence: A Psychological Evaluation*. Aberdeen.

Sherwin, Richard K. (1988) 'A Matter of Voice and Plot: Belief and Suspicion in Legal Story-telling', 87 *Mich. L. Rev.* 5.

Shklar, Judith (1964) 'Decisionism' in *Rational Decision*, VII Nomos 3 (ed. Friedrich). New York.

Shulman, H. (1913–14) Book Review, 23 *Yale L. J.* 384.

Sidgwick, H. (1883) *Fallacies: A View of Logic from the Practical Side*. London.

Siegel, Michael (1994) 'A Pragmatic Critique of Modern Evidence Scholarship', 88 *Northwestern U. L. Rev.* 995.

Simpson, A. W. B. (1961) 'The *Ratio Decidendi* of a Case and the Doctrine of Binding Precedent', in A. G. Guest (ed.).

________ (1975) 'Legal Liability for Bursting Reservoirs: the Historical Context of *Rvlands v. Fletcher*', 13 *Journal of Legal Studies*, 249.

________ (ed.) (1984) *A Biographical Dictionary of the Common Law*. London.

________ (1984a) *Cannibalism and the Common Law*. Chicago and London.

________ (1986) 'The Common Law and Legal Theory' in Twining (ed.).

________ (1994) *In the Highest Degree Odious: Detention Without Trial in Wartime Britain*. Oxford.

________ (1995) *Leading Cases in the Common Law*. Oxford.

Singer, M. (1983) 'Judicial Decisions and Judicial Opinions', *Crim. Justice Ethics* 22.

Skinner, Quentin (1969) 'Meaning and Understanding in the History of Ideas', 8 *History and Theory* 3.

________ (1978) *The Foundations of Modern Political Thought*, 2 vols.. Cambridge.

Skryms, B. (1986) *Choice and Chance: An Introduction to Inductive Logic*. 3rd edn.. Belmont, CA.

Smith J. Q. (1988) *Decision Analysis*. London and New York.

Smith, J. C. and B. Hogan (1978) *Criminal Law*, 4th edn. (6th edn., 1988). London.

Smith, K. J. M. (1988) *James Fitzjames Stephen: Portrait of a Victorian Rationalist*. Cambridge.

Smith, Sidney (1825) Review of Bentham's *Book of Fallacies*, 42

Edin. Rev. 367.

Smith, W. F. (1918) *Rabelais in His Writings*. Cambridge.

Smyth, Frank (1980) *Cause of Death: The Story of Forensic Science*. London.

Snyman, P. C. A. (1979) 'A Proposal for a National Link-up of the New Legal Services Corporation Law Offices and Law School Clinical Training' (with bibliography), 30 *Jo. Leg. Ed.* 56.

Stallybrass, W. T. S. (1933) Book Review, 49 *LQR* 121.

Starkie, Thomas (1824) *Law of Evidence and Digest of Proofs in Civil and Criminal Proceedings*, 1st edn. (4th edn., 1853). London.

Stein, Alex (1987) Book Review, 22 *Israel L. Rev.* 245.

__________ (1988) 'A Political Analysis of Procedural Law', 51 *MLR* 549.

__________ (1996) 'Judicial Fact-finding and the Bayesian Method: The Case for Deeper Skepticism about their Combination', 1 *E and P* 25.

__________ (2005) *Foundations of Evidence*.

Stein, Edward (2003) 'The admissibility of expert testimony about cognitive science research on eyewitness identification', 2 *Law, Probability and Risk* 295.

Steintrager, James (1977) *Bentham*. London.

Stenning, Anders (1975) *Bevisvarde*. Uppsala.

Stephen, Sir James Fitzjames (1863) *A General View of the Criminal Law of England* (2nd edn., 1890). London.

__________ (1872) *The Indian Evidence Act, with an Introduction on the Principles of Judicial Evidence*. Calcutta.

__________ (1876) A *Digest of the Law of Evidence*, 1st edn.. London (12th edn., 1948).

Stephen, Sir Leslie (1895) *Life of Sir James Fitzjames Stephen*. London.

__________ (1900) *The English Utilitarians*. 3 vols.. London.

Stephenson, Geoffrey M. (1992) *The Psychology of Criminal Justice*. Oxford.

Stone, Julius (1964) *Legal System and Lawyers' Reasonings*. London.

Stone, Marcus (1984) *Proof of Facts in Criminal Trials*. Edinburgh.

Streatfield, Sir Geoffrey (1961) Report of the Interdepartmental Committee on the Business of the Criminal Courts. Cmnd. 1289. London.

Strong, John W. (ed.) (1992) *McCormick on Evidence*, 4th edn.. St Paul.

Stryker, Lloyd P. (1954) *The Art of Advocacy*. Albany, NY.

Sully, James (1892) *The Human Mind*. London.

Summers, Robert S. (1974) 'Evaluating and Improving Legal Processes: A Plea for Process Values', 60 *Cornell L. Rev.* 1.

__________ (1978) 'Two Types of Substantive Reasons: The Core of a Theory of Common Law Justification', 63 *Cornell L. Rev.* 707.

__________ (1978a) 'Comment on "The Adversary System and Justice"' in Bronaugh (ed.), ch. 10.

__________ (1984) *Lon Fuller*. London and Stanford.

Sutherland, A. (1967) *The Law at Harvard: A History of Ideas and Men* 1817—1967. Cambridge, Mass..

Swift, Chief Justice Zephaniah (1810) *A Digest of the Law of Evidence in Civil and Criminal Cases and a Treatise on Bills of Exchange*. Conn. (reprinted 1972).

Swift, Eleanor (2000) 'One Hundred Years of Evidence Law Reform: Thayer's Triumph', 88 *California L. Rev.* 2437.

Tapp, June (1976) 'Psychology and Law: An Overture', 27 *Annual Rev. Psych.* 359.

__________ (1980) 'Psychological and Policy Perspectives on the Law: Reflections on a Decade', 36 *Jo. Social Issues* 165.

Tapper, Colin (ed.) (1981) *Crime, Proof and Punishment: Essays in Honour of Sir Rupert Cross*. London.

__________ (1982) 'Proof and Prejudice' in Campbell and Waller (eds.).

__________ (1985) (see Cross, 1985).

Tapper, Colin (ed.) (1999) *Cross and Tapper on Evidence*, 9th edn.. London.

Taylor, J. Pitt (1848) *Treatise on the Law of Evidence*. 1st end.. London (12th edn., 1931).

Teitelbaum, L. E. G. , G. Sutton-Barbere and P. Johnson (1983) 'Evaluating the Prejudicial Effect of Evidence', *Wisc. L. Rev.* 1147.

Tennant, Emma (2002) *Felony*. London.

Thayer, E. R. (1913 - 14) Book Review, 27 *Harv. L. Rev.* 601.

Thayer, James B. (1892) *Select Cases on Evidence at the Common Law*, 1st edn.. Cambridge, Mass. (3rd edn. , 1925) (see also Morgan and Maguire, 1934).

__________ (1895) *Cases on Constitutional Law*, 2 vols.. Cambridge, Mass..

__________ (1898) *A Preliminary Treatise on Evidence at Common Law*. Boston (reprinted, 1969).

__________ (1927) *Legal Essays*. Cambridge, Mass..

Thibaut, J. and L. Walker (1975) *Procedural Justice: A Psychological Analysis*. Hillsdale, N. J..

Thistleton, Anthony C. (1997/8) 'Hermeneutics, Biblical', in *The Routledge Encyclopedia of Philosophy*. London.

Thomas, P. A. (ed.) (1982) *Law in the Balance*. Oxford.

Thompson, E. P. (1973) *Whigs and Hunters*. London (revised edn. , 1977).

Tillers, Peter (1983) 'Modern Theories of Relevancy', reprinted from 1 A Wigmore *Treatise* (Tillers rev. , 1983), s. 37.

__________ (1986) 'Mapping Inferential Domains', 66 *Boston U. L. Rev.* 883, reprinted in Tillers and Green (eds.) (1988).

__________ (1988) 'The Value of Evidence in Law', 39 *NILQ* 167.

__________ (1988a) 'Prejudice, Politics, and Proof', 86 *Mich. L. Rev.* 768.

__________ (ed.) (1991) *Decision and Inference in Litigation* (Symposium), 13 *Cardozo L. Rev.* 253 - 1079.

Tillers, Peter and Eric D. Green (eds.) (1988) *Probability and Inference in the Law of Evidence: The Uses and Limits of Bayesianism*. Dordrecht.

Tillers, Peter and David Schum (1988) 'Charting New Territory in Judicial Proof: Beyond Wigmore', 9 *Cardozo L. Rev.* 907. See also Schum, D. and Tillers, P..

__________ (1991) 'A Theory of Preliminary Fact Investigation', 24 *U. C. Davis L. Rev.* 931.

Tipson, F. (1974) 'The Lasswell-McDougal Enterprise: Toward a World Public Order of Human Dignity', 14 *Virginia Jo. of International Law* 535.

Tóibín, Colm (2004) *The Master*. New York.

Toulmin, Stephen (1964) *The Uses of Argument*. Cambridge.

Trankell, Arne (1972) *Reliability of Evidence*. Stockholm.

__________ (ed.) (1982) *Reconstructing the Past*. Stockholm.

Trautman, H. (1952) 'Logical or Legal Relevancy-A Conflict in Theory', 5 *Vand. L. Rev.* 385.

Tribe, H. Laurence (1971) 'Trial by Mathematics: Precision and Ritual in Legal Process', 84 *Harv. L. Rev.* 1329.

Trigg, Roger (1973) *Reason and Commitment*. Cambridge.

__________ (1980) *Reality at Risk*. Brighton.

Trilling, Diana (1982) *Mrs Harris*. Harmondsworth.

Trusov, A. (1963) *An Introduction to the Theory of Evidence*. Moscow.

Tulloch, G. Gordon (1980) *Trials on Trial*. New York.

Tur, Richard and William Twining (eds) (1986) *Essays on Kelsen*. Oxford.

Turner, Roy (ed.) (1974) *Ethnomethodology*. Harmondsworth.

Turner, Victor (1974) *Dramas, Fields and Metaphors*. Ithaca, N. Y..

Twining, William L. (1967) 'Pericles and the Plumber', 83 *LQR* 396.

__________ (1973) *Karl Llewellyn and the Realist Movement*. London (re-issued, London and Norman, Okla., 1985).

__________ (1973a) 'The Bad Man Revisited', 58 *Cornell L. Rev.* 275.

__________ (1973b) 'The Way of the Baffled Medic', 12 *JSPTL* (NS) 348.

__________ (1974) 'Some Jobs for Jurisprudence', 1 *Brit. Jo. Law and Soc.* 149.

__________ (1976) *Academic Law and Legal Development*. Lagos.

__________ (1978) 'The Great Juristic Bazaar', 14 *JSPTL* (NS) 185.

__________ (1980) 'Goodbye to Lewis Eliot: The Academic Lawyer as

Scholar', 15 *JSPTL* (NS) 2.

__________ (1980a) 'Debating Probabilities', 2 *Liverpool Law Rev*. 51.

__________ (1982) 'The Rationalist Tradition of Evidence Scholarship' in Campbell and Waller (eds.).

__________ (ed.) (1983) *Facts in Law*. Wiesbaden (FL).

__________ (1984) 'Evidence and Legal Theory', Inaugural Lecture, University College, London, 47 *MLR* 261 (reprinted in Twining, ed., 1986).

__________ (1984a) 'Why Bentham', 8 *The Bentham Newsletter* 34.

__________ (1984b) 'John Henry Wigmore', in Simpson (ed.).

__________ (1984c) 'Jerome Frank', in Simpson (ed.).

__________ (1985) *Theories of Evidence: Bentham and Wigmore*. London and Stanford (*TEBW*).

__________ (1985a) 'Talk About Realism', 60 *NYUL. Rev*. 329.

__________ (1985b) 'Taking Skills Seriously', 44 *C'Wealth Legal Education Assoc. Newsletter*, Appendix.

__________ (ed.) (1986) *Legal Theory and Common Law*. Oxford (*LTCL*).

__________ (1986a) 'Bentham's Writings on Evidence', 10 *The Bentham Newsletter* 34.

__________ (1986b) 'The Boston Symposium: A Comment', 66 *Boston U. L. Rev*. 391.

__________ (1986c) 'Cannibalism and Legal Literature', 6 *Oxf. Jo. Leg. Stud*. 423.

__________ (1988) 'Hot Air in the Redwoods', 86 *Mich. L. Rev*. 1523.

__________ (1988a) 'Legal Skills and Legal Education', 22 *The Law Teacher* 4.

__________ (1988b) 'Adjudication between Freedom and Rules: Freedom of Proof at Common Law', conference paper, University of Trento.

__________ (1988c) 'Il Precedente Nel Diritto Inglese: Una Demistificazione', in *La Giurisprudenza Per Massime e Il Valore del Precedente*. Padova, 461 - 6.

__________ (1989) 'Rationality and Scepticism in Judicial Proof: Some Signposts', 2 *Int. Jo. Semiotics of Law* 69.

_________ (1990) 'Evidence and Proof in Anglo-American Litigation', in Jakubowski (ed.) *Anglo-Polish Legal* Essays. Warsaw.

_________ (1991a) 'Analysis of Evidence', in Lewis-Ruttley (ed.) *Skills Teaching and Assessment in Practice*. London.

_________ (1991b) 'The New Evidence Scholarship', 13 *Cardozo Law Review* 295.

_________ (1991c) 'Five Cheers for Tillers and Schum', 13 *Cardozo Law Review* 713.

_________ (1993) 'Alternative to what? Theories of Litigation and Dispute-Settlement in Anglo-American Jurisprudence: Some Neglected Classics', 56 *M. L. R.* 381.

_________ (1993a) 'The Rationalist Tradition of Evidence Scholarship: An Anglo-American overview and some speculations about Continental Europe', in J. F. Nijboer et al. (eds.) *Forensic Expertise and the Law of Evidence*. New York.

_________ (1995) 'Anchored Narratives-A Comment', 3 *Eur. J. Crime, Crim. L. and Crim. Just.* 106 (reprinted in GJB, ch. 13).

_________ (1997) *Law in Context: Enlarging a Discipline*. Oxford.

_________ (1997a) 'Recent Trends in Evidence Scholarship', in J. H. Nijboer and J. M. Reijntjes (eds.) *Proceedings of the First World Conference on New Trends in Criminal Investigation and Evidence*. Lelystad.

_________ (1997b) 'Civilians Don't Try: A Comment on Mirjan Damaska's Rational and Irrational Proof Revisited', 5 *Cardozo J. Int Comp. L.* 69.

_________ (1997c) 'Other People's Power', 63 *Brooklyn L. Rev.* 189.

_________ (1997d) 'Freedom of Proof and the Reform of Criminal Evidence', 31 *Israel L. Rev.* 439.

_________ (1997e) 'The Reading Law Cookbook', in *LIC*, ch. 12.

_________ (1999) 'Necessary but Dangerous: The Role of Stories and Generalizations in Legal Proof', in Nijboer and Malsch (eds.).

_________ (2000a) *Globalisation and Legal Theory*. London.

_________ (2000b) 'Good Stories and True Stories', in van Koppen and Roos (eds.).

_________ (2001) 'Legal Reasoning and Argumentation', 13 *Int. Enc. Social and Behavioral Sciences* 8670.

_________ (2002) *The Great Juristic Bazaar: Jurists' Texts and Lawyers' Stories*. Aldershot (*GJB*).

_________ (2005) 'Have Concepts: Will Travel', 1 *Int. Jo. of Law in Context* 5.

Twining, William and Iain Hampsher-Monk (eds.) (2003) *Evidence and Inference in History and Law*. Evanston, Ill.

Twining, William and David Miers (1999) *How To Do Things With Rules*, 2nd edn. (London, 1982), 3rd edn. (London, 1991), 4th edn.. London, 1999).

Twining, William and Alex Stein (eds.) (1992) *Evidence and Proof*. Aldershot.

Twining, W. L. and P. E. (1974) 'Bentham on Torture' (including two Bentham mss.) in M. H. James (ed.), reprinted from 24 NILQ 305 (1973).

Tybjerg, K., J. Swenson-Wright and A. Bell (eds.) (2005) *Evidence*. Cambridge.

Unger, P. (1975) *Ignorance: A Case for Scepticism*. Oxford.

Updike, John (1986) *Roger's Version*. London.

Van der Elst, Violet (1937) *On the Gallows*. London.

van Eemeren, F. H. and R. Grootendorst (1992) *Argumentation, Communication, and Fallacies: A Pragma-dialectical Perspective*. Hillsdale, N. J..

van Kampen, Petra (1998) *Expert Evidence Compared*. Antwerp.

Van Koppen, Peter J. and Nikolas H. M. Roos (eds.) (2000) *Rationality, Information and Progress in Law and Psychology* (Liber Amicorum Han Crombag). Maastricht.

Volkomer, W. E. (1970) *Passionate Liberal: The Political and Legal Ideas of Jerome N. Frank*. The Hague.

Voltaire (1772) 'Essai sur les probabilités en fait de justice', *Oeuvres complètes* XXVIII (1879). Paris.

Vosper, Frank (1923) *People Like Us*. London.

Wagenaar, W. A., P. J. Van Koppen and H. F. M. Crombag (1993) *Anchored Narratives: The Psychology of Criminal Evidence*. London.

Wald, Patricia (2003) 'Rules of Evidence in the Yugoslav War Tribunal', 21 *Q. L. R.* 761.

Walker, M. and B. Brittain (1978) *Identification Evidence: Practices and Malpractices*. London.

Walls, H. J. (1974) *Forensic Science*. London.

Walton, Douglas (1989) *Informal Logic*. New York.

__________ (2002) *Legal Argumentation and Evidence*, University Park, Pa..

Waterfield, Gordon (1937) *Lucy Duff-Gordon*. New York.

Watson, Eric R. (ed.) (1915) *The Trial of George Joseph Smith*. London and Edinburgh.

Watt, J. (ed.) (1989) *The Legal Skills Sourcehook: A Bibliography*. Sydney and Windsor, Ont..

Weinberg, M. (1984) 'Evidence Scholarship and Theories of Adjudication-Towards an Integrative Jurisprudence', in Galligan (ed.) *Essays in Legal Theory*. Carlton, Victoria.

Weinstein, Jack B. (1955) 'The Teaching of Fact Skills in Courses Presently in the Curriculum', 7 *Jo. Leg. Ed.* 463.

__________ (1966) 'Some Difficulties in Devising Rules for Determining Truth in Judicial Trials', 66 *Col. L. Rev.* 223.

Weinstein, Jack B. and Margaret A. Berger (1975 -) *Weinstein's Evidence, Commentary on Rules of Evidence for the United States Courts and for State Courts*, 7 vols.. New York.

Weis, René (1988/2001) *Criminal Justice: The True Story of Edith Thompson*. London.

Wellman, Francis L. (1903) *The Art of Cross-examination*, 1st edn.. New York (4th edn., 1936).

Wells, Gary L. (1988) *Identification Evidence: A System Handbook*. Toronto.

__________ (2002) 'Eyewitness Identifications: Scientific Status' in Faigman et al. (eds.) *Science in the Law*. Stpaul, Minn..

Whipple, Guy M. (ed.) (1910) *Manual of Mental and Physical Tests*. Baltimore.

White, Hayden (1987) *The Content of the Form: Narrative Discourse and Historical Representation*. Baltimore.

White, James Boyd (1973) *The Legal Imagination*. Boston.

__________ (1984) *When Words Lose Their Meaning*. Chicago.

__________ (1985) *Heracles' Bow: Essays on the Rhetoric and Poetics of the Law*. Madison.

White, Morton (1964) *Social Thought in America: The Revolt Against Formalism*, rev. edn.. Boston (1st edn., 1959).

Whitman, James (1987) 'Commercial Law and the American Volk: A Note on Llewellyn's German Sources for the Uniform Commercial Code', 97 *Yale L. J.* 156.

Wigmore, J. H. (see also List of Abbreviations).

__________ (1899) S. Greenleaf, *A Treatise on the Law of Evidence*, vol. 1 (16th edn., ed. J. Wigmore).

__________ (1904–5) *A Treatise on the System of Evidence in Trials at Common Law* (3rd edn., 1940). Boston.

__________ (1908) 'A General Survey of the History of the Rules of Evidence', in II *Select Essays in Anglo-American Legal History*. Cambridge, Mass..

__________ (1909) 'Professor Muensterberg and the Psychology of Testimony', 3 *Ill. L. Rev.* 399.

__________ (1913) 'The Problem of Proof', 8 *Ill. L. Rev.* 77.

__________ (1913a) *The Principles of Judicial Proof, as Given by Logic, Psychology and General Experience* (2nd edn., 1931; 3rd edn., 1937, sub nom. *The Science of Judicial Proof*). Boston.

__________ (1935) *A Students' Textbook of the Law of Evidence*. Brooklyn.

__________ (1942) 'The American Law Institute Code of Evidence: A Dissent', 28 *ABAJ* 23.

__________ (1983) (see Tillers, 1983).

Wild, R. and D. Curtis-Bennett (1937) *Curtis: The Life of Sir Henry Curtis-Bennett QC*. London.

Wilkins, L. (1964) *Social Deviance*. London.

Williams, Glanville (1961) *Criminal Law: The General Part*, 2nd edn.. London.

__________ (1963) *The Proof of Guilt*, 3rd edn.. London.

__________ (1973) *Learning the Law*, 9th edn. (11th edn., 1982). London.

__________ (1979a, 1979b), 'The Mathematics of Proof', *Crim. L. Rev.* 297 and 320.

__________ (1980) 'A Short Rejoinder', *Crim. L. Rev.* 103.

Willmer, M. A. P. (1970) *Crime and Information Theory*. Edinburgh.

Wills, W. (1838). *An Essay on the Rationale of Circumstantial Evidence*. London (later edns. *An Essay on the Principles of Circumstantial Evidence*).

Wilson, W. A. (1963) 'A Note on Fact and Law', 26 *MLR* 609.

Winks, R. (ed.) (1968) *The Historian as Detective*. New York.

Winter, Steven (1988) 'The Metaphor of Standing and the Problem of Self-governance', 40 *Stanford L. Rev.* 1371.

Winterfeldt, Detlof von and Ward Edwards (1986) *Decision Analysis and Behavioral Research*. Cambridge.

Wisdom, John (1956) *Other Minds*. Oxford.

Wisdom, John (1991) *Proof and Explanation: The Virginia Lectures*, ed. by Stephen F. Barker. New York and London.

Wittman, D. (1974) 'Two Views of Procedure', 3 *Jo. Leg. Stud.* 249.

Woodruff, Douglas (1957) *The Tichborne Claimant: A Victorian Mystery*. London

Woolf, Lord H. (1996), *Access to Justice* (Final Report). London..

Wright, Charles A. (1998) *Federal Practice and Procedure*. St. Paul, Minn..

Wright, Charles A. and K. Graham (1977) *Federal Practice and Procedure*, vols. 21 – 24 (1988 Supp.). St Paul.

Wright, Lord (1938) Review of *Wigmore's Science of Judicial Proof*, 24 *ABAJ* 478.

Wyckoff, D. B. (1915 – 16) Book review, 1 *Cornell L. Q.* 14.

Yalden-Thomson, D. C. (1974) 'The Virginia Lectures', in Renford

Bambrough (ed.), *Wisdom: Twelve Essays*. Oxford.

Yarmey, A. D. (1979) *The Psychology of Eyewitness Testimony*. New York and London.

Young, Filson (ed.) (1923) *The Trial of Frederick Bywaters and Edith Thompson*. London.

Zadeh, L. (1965) 'Fuzzy Sets', 8 *Info. and Control* 338.

__________ (1983) *A Theory of Commonsense Knowledge*. Berkeley.

__________ (1983a) 'Fuzzy Logic as a Basis for Uncertainty in Expert Systems', 11 *Fuzzy Sets and Systems* 197.

(1987) *Fuzzy Sets and Applications: Selected Papers by L. A. Zadeh*. ed. by Yager, Ovchinnikov, R. M. Tong, H. T. Nguyen, John Wiley and Sons. New York.

Zadeh, L. et al. (eds.) (1974) *Fuzzy Sets and their Applications to Cognitive and Decision Processes*. Berkeley.

Zahle, H. (2004) Review of Twining and Hampsher-Monk (2003), 8 *E and P* 211.

Zander, Michael (1980) *Cases and Materials on the English Legal System* (5th edn., 1988). London.

__________ (2003) *Cases and Materials on the English Legal System* (9th edn.). London.

__________ (2003a) *The Police and Criminal Evidence Act* 1984 (4th edn.). London.

Zeisel, Hans (1971) 'And then there were None: The Diminution of the Federal jury', 38 *U. Chi. L. Rev.* 710.

Zemans, Frances K. (1980) 'Preparation for the Practice of Law in the United States: The Views of Practitioners', Conference Paper, Cardiff.

Zemans, Frances K. and Victor Rosenblum (1981) *The Making of a Public Profession*. Chicago.

Zuckerman, Adrian (1981) 'Privilege and Public Interest', in Tapper (ed.).

__________ (1983) 'Relevance in Legal Proceedings', in Twining (ed.).

__________ (1986) 'Law, Fact or Justice?', 66 *Boston U. L. Rev.* 487.

__________ (1986a) 'The Right Against Self-incrimination: An Obstacle to Interrogation', 102 *LQR* 43.

__________ (1987) 'The Transformation of the English Law of Evidence', in Butler (ed.).

__________ (1987a) 'Similar Fact Evidence: The Unobservable Rule', 103 *LQR* 187.

__________ (1987b) 'Illegally Obtained Evidence: Discretion as a Guardian of Legitimacy', 40 *Current Legal Problems* 55.

__________ (1989) *The Principles of Criminal Evidence*. Oxford.

__________ (2003) *Civil Procedure*. London.

索 引

译后记

本书的翻译前后经历漫长的6年，在这一过程中，多位师友参与了本书的翻译工作，按章节顺序具体分工如下：

吴洪淇（中国政法大学证据科学研究院副教授）：前言、致谢、缩略语、案例表、索引、第一～八章、第十四章的翻译校对，第九、十、十一、十三章重译，第十五章的脚注翻译；

郑飞（法学博士、北京交通大学法学院讲师）：第九章翻译、第三章校对；

邹玉华（中国政法大学人文学院教授）：第十章；

朱盛文（中国政法大学法学硕士、江西省科学院职员）：第十一章；

樊传明（法学博士、华东师范大学法律系讲师）：第十二章翻译、第六章校对；

李鑫（中国政法大学法学硕士）：第十三章；

王进喜（中国政法大学证据科学研究院教授）：第十五章。

最后由吴洪淇负责对全书进行统一校对和统稿。

译事之艰难，在翻译这本具有高度理论性的学术著作当中体会尤深。尽管译者们已经耗尽心力去解读特文宁教授笔下的英美证据法理论，但面对如此巨著，错误翻译可能还是难以避免。希望学术界同仁对本译本提出宝贵意见，也希望本译本的出版能够对我国方兴未艾的证据制度改革与证据法学研究起到些许推动作用。

Rethinking Evidence: *Exploratory Essays*, 2nd edition, 9780521675376 by William Twining first published by Cambridge University Press 2006

图书在版编目（CIP）数据

反思证据：开拓性论著：第 2 版/［英］特文宁著；吴洪淇等译．—北京：中国人民大学出版社，2014.12

（法学译丛·证据科学译丛）

书名原文：Rethinking evidence：exploratory essays，2nd edition

ISBN 978-7-300-20431-4

Ⅰ.①反… Ⅱ.①特…②吴… Ⅲ.①证据-研究 Ⅳ.①D915.130.4

中国版本图书馆 CIP 数据核字（2014）第 297898 号

"十二五"国家重点图书出版规划

法学译丛·证据科学译丛

丛书主编　张保生　王进喜

反思证据：开拓性论著（第二版）

［英］威廉·特文宁（William Twining）　著

吴洪淇 等　译

Fansi Zhengju：Kaituoxing Lunzhu

出版发行	中国人民大学出版社		
社　　址	北京中关村大街 31 号	**邮政编码**	100080
电　　话	010－62511242（总编室）		010－62511770（质管部）
	010－82501766（邮购部）		010－62514148（门市部）
	010－62515195（发行公司）		010－62515275（盗版举报）
网　　址	http://www.crup.com.cn		
	http://www.ttrnet.com(人大教研网)		
经　　销	新华书店		
印　　刷	涿州市星河印刷有限公司		
规　　格	170 mm×250 mm　16 开本	**版　　次**	2015 年 7 月第 1 版
印　　张	35.75 插页 2	**印　　次**	2018 年 8 月第 2 次印刷
字　　数	624 000	**定　　价**	99.80 元